D1258337

ENRIQUE KRAUZE

Nació en la ciudad de México en 1947.
Ingeniero industrial y doctor en historia,
ha combinado la vida intelectual con la
fundación y animación de empresas culturales. Invitado en 1977 por Octavio
Paz a incorporarse a la revista *Vuelta*,
fue nombrado subdirector de la misma
en 1981. En la actualidad es presidente
de la editorial Clío y director de la revista *Letras Libres*. En su abundante obra
como historiador, ensayista, biógrafo y
articulista destacan: *Caudillos culturales
de la Revolución mexicana, Daniel
Cosío Villegas. Una biografía intelectual,
Por una democracia sin adjetivos* y *Personas e ideas*, entre otros títulos. Ahora, en
la colección Fábula, Tusquets Editores
presenta los tres primeros tomos de las
Obras Reunidas de Enrique Krauze:
Siglo de caudillos (VI Premio Comillas.
Andanzas 207/1, y Fábula OR 1), *Biografía del poder* (Andanzas 207/2, y
Fábula OR 2) y *La presidencia imperial*
Andanzas 207/3, y Fábula OR 3).

Obras de Enrique Krauze
en Tusquets Editores

ANDANZAS

Siglo de caudillos.
Biografía política de México (1810-1910)
VI Premio Comillas

Biografía del poder.
Caudillos de la Revolución mexicana (1910-1940)

La presidencia imperial.
Ascenso y caída del sistema político mexicano (1940-1996)

Caudillos culturales en la Revolución mexicana

FÁBULA

La historia cuenta

Enrique Krauze

La presidencia imperial
Ascenso y caída del sistema político mexicano
(1940-1996)

F A B U L A
TUSQUETS
EDITORES

1ª edición en España (Andanzas): febrero de 1997
7ª edición en México (Andanzas): febrero de 2001
1ª edición en Fábula: enero de 2002
3ª reimpresión en Fábula: octubre de 2003

Diseño de la colección: Piereluigi Cerri
Reservados todos los derechos de esta edición para
Tusques Editores México, S.A. de C.V.
Campeche 280-301 y 302, Hipódromo-Condesa, 06100, México, D.F.
Tel. 5574-6379   Fax 5584-1335

ISBN 970-699-050-X

Tomo 3 de las Obras Reunidas de Enrique Krauze
Impresión: Repographie, S.A. de C.V.
José Peón Contreras No. 169 Col. Algarín, 06880 México, D.F.

Impreso en México/ *Printed in Mexico*

Índice

Para Moisés, Helen, Jaime y Perla,
por los días de Agua.

AGRADECIMIENTOS

Para la elaboración de este libro conté con la ayuda de varios jóvenes que hicieron un excelente trabajo como entrevistadores bajo la batuta de Ricardo Pérez Montfort: Javier Bañuelos, Tania Carreño, Ana María Serna, Álvaro Vázquez, Greco Sotelo y Marco Antonio Maldonado. En el capítulo dedicado a Ávila Camacho, me apoyaron Leonardo Martínez Carrizales y Carlos Silva; en temas generales de arquitectura, Xavier Guzmán; en asuntos de cine, Gustavo García; en aspectos jurídicos, José Manuel Villalpando. El joven historiador Alejandro Rosas aportó varios materiales de importancia. Además del mismo Rosas, cuidaron el texto la excelente editora Rossana Reyes, el eficaz Pedro Molinero, y mi gran amigo y colaborador, Fernando García Ramírez. La investigación iconográfica estuvo a cargo de José Guadalupe Martínez y Carlos Silva Cázares.

Prólogo

La presidencia imperial es el último volumen de la trilogía sobre la historia política mexicana que comenzó con *Siglo de caudillos* y continuó con *Biografía del poder*. Cubre el periodo de 1940 a 1996, la historia de lo que Alfonso Reyes llamó «el pasado inmediato». El libro se divide en tres partes. La primera, de índole analítica, se titula «El Estado mexicano: fuentes de su legitimidad». Se trata de un balance (con estado de pérdidas y ganancias) de la Revolución, en el que se analizan también las fuentes de legitimidad que sostenían al régimen revolucionario. No fue en los votos, desde luego, donde el nuevo Estado abrevó su fuerza, vocación social y prestigio, sino en la notable integración de antiguas tradiciones que operaban silenciosamente en las entrañas de la cultura política mexicana. En esta sección, mi interpretación debe mucho a una obra pionera de morfología histórica iberoamericana y mexicana: la de Richard M. Morse.

La segunda sección, la principal, tiene un carácter narrativo y analítico. Cubre cinco sexenios: de 1940 a 1970. En términos políticos, la etapa es historiable no sólo por la presencia de testimonios confiables, sino porque existe también la suficiente distancia con respecto a los hechos. La distancia la da la propia crisis del sistema político mexicano. Ahora sabemos con certeza que el sistema nació con Calles, se corporativizó con Cárdenas, se desmilitarizó con Ávila Camacho, y se convirtió en una empresa con Alemán. El empresario la dejó al contador (Ruiz Cortines), que la cedió al gerente de relaciones públicas (López Mateos), que a su vez la pasó al abogado penal (Díaz Ordaz).

El sistema llegó a su cenit en los años sesenta. Era un mecanismo casi genial, hay que reconocerlo, pero fue víctima de su propio éxito. Como una incubadora, resultaba viable por un tiempo, pero no todo el tiempo. Estaba diseñado para una población mucho menor (en 1950 México tenía 25 millones de habitantes, hoy tiene más de 90). Se trataba de un experimento de economía protegida, sociedad

15

tutelada y política cerrada, insostenible en un mundo que se abría a la competencia y a la comunicación global. La matanza de cientos de estudiantes en 1968 supuso el punto de inflexión, el comienzo de una larga decadencia.

La teoría y el método utilizados en esta sección son semejantes, por obvias razones, a los empleados en la *Biografía del poder*: de 1940 en adelante, la historia política de México siguió siendo cada vez más una proyección –parcial si se quiere, pero no menos decisiva– de la biografía de sus presidentes. El «estilo personal de gobernar» de cada uno, como decía Cosío Villegas, marcó cada periodo. Sin embargo, la estructura y el ritmo de esta sección difieren de la obra precedente en un aspecto fundamental: aquí se anuda la biografía de los presidentes con la pintura de la época y la biografía del sistema político mexicano. De hecho, el libro propone un modelo hermenéutico, una especie de sistema político solar donde los diversos protagonistas colectivos (poder legislativo y judicial, burócratas, gobernadores, ejército, caciques, grupos corporativizados de obreros y campesinos, prensa, empresarios, Iglesia, universidad, intelectuales, partidos de oposición, etcétera) giran alrededor del sol presidencial-priísta con diversos grados de subordinación. Cuando esos cuerpos aparecen en la narración, ésta aporta sus antecedentes históricos para situar, con la necesaria perspectiva, su papel y funcionamiento dentro del sistema. En este análisis, me fueron de particular utilidad los ensayos y notas de Daniel Cosío Villegas (que siguió puntual y críticamente la marcha de la vida política mexicana desde 1946 hasta su muerte, en 1976), la obra crítica de Octavio Paz *(Posdata y El ogro filantrópico)*, *La democracia en México* de Pablo González Casanova y, sobre todo, *El progreso improductivo* de Gabriel Zaid. De esta última obra adopté la tesis del sistema como empresa, y traté de desarrollarla históricamente. En el apéndice final que precede a las Notas y las Fuentes consultadas, el lector encontrará una discusión sobre el modo en que intenté sortear el problema de escribir historia contemporánea, sobre todo en lo referente a esta parte central del libro.

La tercera y última sección, la correspondiente al periodo 1970 a 1996, es testimonial. Lo es por diversos motivos, algunos francamente subjetivos. Desde el movimiento estudiantil de 1968 hasta ahora, he participado en la vida pública del país, primero como un anónimo manifestante en las calles de la ciudad y consejero universitario, más tarde como escritor y crítico. A partir de 1971, comencé a publicar artículos y ensayos políticos. Fundándome en los ensayos publicados a lo largo de veinticinco años y en mis propios recuerdos, he querido reconstruir, a grandes rasgos, el paisaje político de este último cuarto de siglo. Mi tratamiento del movimiento estudiantil –episodio clave en nuestra historia política contemporánea– tiene, en parte, ese carácter directo y personal, que luego se acentúa en los sexenios siguientes. Sin duda el resultado es esquemático, parcial, impresionista, y el tono es polémico, apasionado y quizás injusto con algunos personajes. Pero pensé que este enfoque y este tono reproducían mejor la intensidad de cada momento y, en todo caso, eran preferibles a una pretensión de objetividad, imposible en este caso.

Para el periodo 1970-1996 no confié sólo –aunque sí principalmente– en mi punto de vista personal, sino en el de Daniel Cosío Villegas (para el sexenio de Echeverría) y en el de dos escritores y amigos con quienes he compartido una misma vocación democrática, expresada primero en la revista *Plural* (1971-1975) y luego en la revista *Vuelta*. La influencia de ambos en esta sección es profunda, pero distinta: más general y filosófica la de Octavio Paz, más puntual y estrecha la de Gabriel Zaid.

Hay, sin embargo, razones de más peso para que esta sección no sea histórica sino testimonial. Sabemos cómo se construyó el sistema, cómo prosperó hasta el límite y cómo entró en crisis con el movimiento del 68. Lo que no sabemos es cómo y cuándo terminará esa crisis. Esa incertidumbre, esa condición inacabada y abierta, es la prueba de que no contamos con la suficiente perspectiva histórica para juzgar lo que ha pasado desde 1970 hasta la fecha. El futuro modifica el pasado, lo aclara, lo configura; pero el futuro, en este caso, no ha llegado. Parece claro que la institución mexicana de la presidencia imperial está cercada por un movimiento democrático que crece día a día; pero nadie puede prever lo que ocurrirá, porque la historia se mueve siguiendo trayectorias y estructuras, voluntades humanas y actos de libertad. Y, como bien sabían los antiguos, está gobernada también por un dios inescrutable: el del azar.

I
El Estado mexicano: fuentes de su legitimidad

En las postrimerías del periodo de Cárdenas, apenas estallada la segunda guerra mundial, México vivía un tanto abstraído del mundo, terminando de asimilar la vasta experiencia bélica, social, política y cultural que lo había tenido en vilo durante treinta años: la Revolución. Había llegado el momento de hacer un balance colectivo.

En la primera década revolucionaria (1910-1920), había predominado la violencia física y material. Por causa directa de la guerra habían muerto doscientas cincuenta mil personas, y otras setecientas cincuenta mil por motivos atribuibles indirectamente a ella: el tifo, la influenza española, el hambre. Buena parte de la élite dirigente del Porfiriato (políticos, intelectuales, sacerdotes, militares, empresarios) desapareció a causa de la muerte o el exilio. Lo mismo ocurrió con los cuadros medios y las generaciones emergentes. En un momento dado, hacia 1915, casi no había profesores en las escuelas de la Universidad. La burocracia pública porfiriana (sesenta y cuatro mil personas en 1910, incluidos los treinta y seis mil miembros del ejército y la marina) pasó «a mejor vida» o al retiro. La devastación de la riqueza fue impresionante: cerraron minas, fábricas y haciendas, se desquició el sistema bancario y monetario, desapareció casi todo el ganado y la orgullosa red ferroviaria sufrió un desgaste del que nunca se repuso. Sólo el santuario petrolero de Veracruz había permanecido intacto.

En su segunda etapa (1920-1935), la violencia tuvo un carácter étnico, político, religioso y social. Los «broncos» sonorenses habían peleado ferozmente contra los yaquis, los católicos y, sin descanso, contra sí mismos. La violencia étnica había tenido como objetivo único acabar para siempre con la centenaria insurrección de los yaquis. El propósito se logró, y de esa forma pagaron los generales sonorenses el apoyo invaluable que aquellos bravos indios habían prestado a sus ejércitos durante la Revolución. Por otra parte, la guerra civil librada dentro de la propia dinastía sonorense había hecho retroceder un siglo la vida del país: cada región tenía su caudillo revolucionario convertido en cacique, nuevo dueño de vidas y haciendas que soñaba con alcanzar la silla presidencial. Noticia diaria eran el crimen de cantina, el asesinato político, la puñalada trapera, el envenenamiento, las ejecuciones sumarias. Finalmente, entre 1926 y 1929, cien mil campesinos del centro y el occidente del país se habían levantado en armas contra el «César» Plutarco Elías Calles. Muchos mexicanos vivieron en carne propia escenas de un drama tan antiguo como el que se desarrolló en las catacumbas romanas: misas subrepticias, pasión y fusilamiento de curas, monjas aisladas del mundo. En la sierra o en las células secretas de las ciudades, los cristeros se veían a sí mismos como «una máquina al servicio de Dios y de las almas buenas». Tras el asesinato de Obregón a manos de un militante católico, Calles había cerrado la violenta década de los veinte con dos soluciones destinadas a perdurar: la fundación del Partido Nacional Revolucionario (PNR) como partido de Estado y los arreglos definitivos con la Iglesia. Sin embargo, la violencia social persistía: en varias zonas del país, las bandas agraristas –vinculadas con los gobiernos locales o estatales– intensificaron su lucha a muerte contra los pequeños y grandes propietarios rurales independientes.

Antes de la llegada de Cárdenas al poder, acaecida en diciembre de 1934, los diputados de los diversos bloques existentes en el seno del PNR seguían «echando bala» en los casinos, los prostíbulos o las propias Cámaras. Ya en pleno cardenismo, los sindicatos de la antigua CROM peleaban contra los nuevos sindicatos de tendencia socialista. Una ciudad de Puebla, pequeña pero típica como era Atlixco, fue escenario cotidiano de *vendettas* sicilianas, pues cada día aparecía tirado en sus calles un líder: hoy «rojo», mañana «amarillo». Todas estas luchas tenían un origen ideológico de fondo: la querella entre la concepción sonorense de la Revolución (centrada en el progreso económico promovido por el Estado, orientada hacia la propiedad privada, antirreligiosa y simpatizante, en cierta medida, del fascismo) y la concepción cardenista (centrada en la justicia social tutelada por el Estado, orientada hacia la propiedad colectiva, proclive a adoptar dogmas socialistas y simpatizante, hasta cierto punto, del comunismo).

El triunfo definitivo de Cárdenas sobre el callismo y la claridad misma de su política social detuvieron el baño de sangre, pero no impidieron el último levantamiento militar de la Revolución, el del general Cedillo. México se había ganado a pulso esa imagen estereotipada que lo pintaba como el país de las pistolas; sin embargo, frente a los horrores que el mundo comenzó a vivir ese año, la violencia mexicana parecería un juego de niños.

Junto a las balas estaba su anverso: las obras. En 1940 la Revolución mexicana podía enorgullecerse de haber creado nuevas instituciones económicas y políticas, una red de carreteras, buenas obras de irrigación, miles de escuelas, innumerables servicios públicos. Cualquiera que hubiese vivido en México durante las fiestas del Centenario –y bastaba tener cuarenta años de edad para ello– podía constatar que se habían producido notables cambios.

En 1910, Porfirio Díaz se sentaba por octava vez en la silla presidencial: no sólo tenía un poder absoluto sino vitalicio. En 1940, los presidentes seguían ejerciendo un poder absoluto, pero ya no era vitalicio. Al margen de esta conquista –nada despreciable en el mundo de Hitler, Stalin y Mussolini–, la cosecha democrática era más bien escasa. Los revolucionarios no perdían el sueño por ello: la legitimidad del nuevo Estado no provenía de las urnas de la democracia sino de las legendarias balas de la Revolución. De la famosa frase de Madero «sufragio efectivo, no reelección», el Estado revolucionario escamoteaba tranquilamente la primera parte, pero respetaba, eso sí, de manera escrupulosa, la segunda. Tras el asesinato de Obregón, era difícil que un presidente se aventurara a reelegirse.

En 1910, el campo de México era una constelación de haciendas, estas unidades autárquicas, que no pocas veces usurpaban la propiedad de los pueblos, concentraban el 50 por ciento de la población rural y acaparaban más de la mitad de las tierras. A mediados de los años treinta, como resultado de la estricta aplicación que hizo Cárdenas del artículo 27 constitucional, la hacienda había prácticamente desaparecido. Algunas familias porfirianas retuvieron las antiguas casas y, en cambio, sólo una proporción mínima y simbólica de sus tierras, que en buena medida pasaron a convertirse en ejidos. Los gobiernos de la Revolución –y Cárdenas, más que todos– habían distribuido casi quince por ciento del territorio nacional (alrededor de veintiséis millones de hectáreas), entre 1.812.536 campesinos. Varias zonas del país conservaron la forma de propiedad individual, pero, en 1940, alrededor de la mitad de la población rural correspondía a la nueva clase de ejidatarios. Había veinte mil ejidos en el país, casi mil de ellos colectivos. Criticada por muchos, en ocasiones por los propios campesinos, se había operado una auténtica revolución en la propiedad de la tierra.

En 1910, la exigua clase obrera de México conocía la experiencia de la huelga, pero los patronos la veían como un acto excepcional de desacato, un atrevimiento que ameritaba la intervención represiva de la fuerza pública. En 1940, gracias a la legislación obrera desarrollada a partir del artículo 123 de la Constitución de 1917 y a la política obrerista de Calles y Cárdenas, los trabajadores ocupaban no sólo un sitio legal y legítimo, sino visible y preponderante. Desde los años veinte, la Revolución se había vuelto tan obrerista como agrarista. En 1940 todavía se oían los ecos de sus multitudinarias manifestaciones, cuando sus contingentes llenaban el Zócalo con mantas y pancartas alusivas a la emancipación del proletariado, y sus líderes anunciaban la aurora de una sociedad sin clases. A lo largo y ancho del país, cientos de sindicatos, representantes de todas las ramas de la economía nacional, se aglutinaban en secciones y federaciones. La CTM comenzaba por entonces a integrar verticalmente a la clase obrera mexicana. Se había operado una auténtica revolución en el trabajo.

En 1910, se tenía la impresión de que Díaz había entregado los recursos de México al extranjero. La Revolución reaccionó propiciando un reclamo de afirmación nacional tanto en la esfera económica como en el ámbito cultural: México para los mexicanos. Este impulso culminó en 1938 con la expropiación petrolera. Hombres y mujeres de todas las clases sociales recordarían aquel 18 de marzo de 1938 como el primer gran triunfo mexicano en la arena internacional del siglo XX. Al recobrar la soberanía –concepto clave de la mentalidad política mexicana– sobre los recursos del subsuelo, las nuevas generaciones sintieron que el horizonte se abría, lleno de promesas y posibilidades. Sin llegar, ni remotamente siquiera, a los extremos xenófobos y racistas de los países europeos que por esos mismos años desataba la guerra mundial, en México se había operado una auténtica revolución nacionalista.[1]*

De los cambios en el ámbito religioso, en 1940 los propios revolucionarios preferían no acordarse. La vuelta gradual a la «política de conciliación» con la Iglesia fue el silencioso homenaje que la Revolución rindió al porfirismo. No resultó fácil arribar a este punto. Todavía durante el cardenismo se libraron las últimas batallas cristeras, conocidas como «la Segunda». En general, en esos años el gobierno mantuvo con respecto a la Iglesia una actitud caracterizada por su dureza. Poco a poco, las relaciones fueron volviéndose menos ten-

* Las notas correspondientes a los números voladitos, se encuentran en el apartado de notas, situado en los Apéndices, págs. 507-534 (N. del E.).

sas. Luego de 1940, muchos revolucionarios, incluidos los generales más sacrílegos, como Joaquín Amaro, purgaban sus culpas volviendo mansamente al redil de la fe o donando todos sus bienes a la Compañía de Jesús. Pero había otros cambios sustanciales. El porfirismo había privilegiado la educación superior sobre la popular. Porfirio Díaz se percató de ese problema cuando era ya muy tarde. En treinta años, gracias a las políticas educativas (erráticas y dogmáticas muchas veces, pero al menos persistentes) el analfabetismo en México se había reducido del 84 al 52 por ciento.

¿Había sido mayor la construcción que la destrucción? ¿Se habían traducido los cambios en un orden más libre, más justo, más próspero, más civilizado, más auténtico que el antiguo? Los muertos de la Revolución no tenían voz, las víctimas no tenían voto, los «revolucionados» no se hacían esas preguntas. El pueblo no creía demasiado en los cambios venidos de la mano del hombre, sino de la de Dios y la naturaleza. Sabía que el gobierno provenía de la Revolución y no ponía en duda su derecho de mandar. Quienes contestaban afirmativamente aquellas preguntas eran los revolucionarios, muchos de ellos todavía vivos en 1940. Participantes y simpatizantes, veteranos y aspirantes, generales, escritores, abogados, incluso las voces disidentes *se sentían parte* de la Revolución. Eran «los otros», los «malos revolucionarios» quienes la habían traicionado, desvirtuado, incumplido, desviado, corrompido. En 1940, la Revolución, esa inmensa promesa, seguía vigente.[2]

La Revolución terminó convirtiéndose en el gran mito del siglo xx mexicano no sólo por la traumática experiencia de sus años de guerra, por el atractivo romántico de sus caudillos, por el vértigo destructivo que llegó hasta 1940 o por el impulso constructivo que comenzó a apuntar desde 1920, sino también por un rasgo específico: su originalidad cultural. Como la planta del maguey, la Revolución nació y se nutrió de la tierra de México. Para encontrar su rostro no volteó hacia afuera y adelante, sino hacia adentro y atrás.

El aislamiento material y espiritual en que se había sumido el país durante los años de la primera guerra mundial había propiciado un proceso de recogimiento e introspección; también había creado una noción de autonomía que muchos vivieron como un «descubrimiento de México». Manuel Gómez Morín escribía en 1926, refiriéndose al año de 1915: «Y con optimista estupor nos dimos cuenta de insospechadas verdades. Existía México. México como país con capacidades, con aspiración, con vida, con problemas propios».[3] No era la primera vez que un grupo de mexicanos intentaba construir un nuevo orden sobre los cimientos de una cultura nacional, mexicana, propia. Los jesuitas criollos del siglo XVIII lo habían intentado infructuosamente. Luego de la guerra de Intervención, en 1868, Ignacio Manuel Altamirano –caudillo intelectual de los mestizos– había fundado la revista *El Renacimiento* para «reunir a los literatos de todos los sectores en el terreno neutral de la literatura». Su proyecto cuajó y se sostuvo a través del porfirismo, pero ya en el siglo XX la cultura del país parecía demasiado orientada hacia las modas del exterior.

Si no un descubrimiento sin precedentes, el de 1915 era al menos un nueva toma de conciencia de ellos mismos y de su país. Durante los años de la guerra, centenares de miles de personas, hombres y mujeres, ancianos y niños, abandonaron por su propia voluntad o en contra de ella el «terruño», la hacienda o la «patria chica», y viajaron en ferrocarril por el país en una especie de turismo revolucionario, a un tiempo aterrador y alucinante. Como en un campamento gigante o una interminable peregrinación, haciendo la Revolución o huyendo de ella, el pueblo de México invadió el escenario. Era natural que esta trashumancia se reflejara intensamente en los temas del arte. Como había previsto Andrés Molina Enríquez en su profética obra: *Los grandes problemas nacionales* (1909), los artistas comenzaron a mezclarse con el pueblo y a reflejar sus pasiones y conflictos. Así, a ras de suelo, los pintores descubrieron el verdadero paisaje de la vida mexicana.

Hacia 1921, en un ensayo titulado «Novedad de la patria», el poeta Ramón López Velarde había hablado de la Revolución en términos casi religiosos, como la revelación de una patria muy distinta de la porfiriana, una patria «nueva», «íntima», «castellana y morisca, rayada de azteca»: «El descanso material del país, en treinta años de paz, coadyuvó a la idea de una patria pomposa, multimillonaria, honorable en el presente, epopéyica en el pasado. Han sido precisos los años de sufrimiento para concebir una patria menos externa, más modesta y probablemente más preciosa».[4]

Al calor de este entusiasmo, se vivió un auténtico renacimiento cultural. Su manifestación más notable fue el muralismo, representado principalmente por Diego Rivera, José Clemente Orozco y David Alfaro Siqueiros. Con el paso del tiempo, este movimiento fue manipulado por los sucesivos gobiernos y en beneficio de éstos. De la innovación se pasó a la receta, de la autenticidad a la caricatura. En 1940, el tema de la Revolución predominaba en el arte público, sobre todo por una razón: pintores y novelistas, artistas gráficos y escritores vivían subvencionados por el Estado revolucionario, que de esa forma acallaba las críticas (tachadas siempre de reaccionarias o antimexicanas) y se hacía una eficaz propaganda. Este apoyo proporcionó a los artistas la máxima popularidad, pero a la vez mutiló –con la notable excepción de José Clemente Orozco– su capacidad crítica.

Algo similar ocurrió en la literatura. En un primer momento, cuando el humo de la metralla todavía no se había disipado del todo, floreció el género llamado «la novela de la Revolución». Sus más altos exponentes fueron Mariano Azuela, Martín Luis Guzmán y José Vasconcelos. Ofrecían una visión dramática y pesimista de los hechos. Años más tarde, el gobierno cardenista fomentó mediante concursos la reiteración de este tipo de novelas, con la condición de que en ellas se idealizara la lucha armada. Algunas, aunque muy leídas, resultaron de una pobre factura artística.

En 1940, la pintura y la literatura «revolucionarias» se habían vuelto, en sentido estricto, reaccionarias, es decir, se habían quedado fijas en el pasado. En ambos casos, la innovación estaba en otra parte, en grupos e individuos que creaban en plena libertad, abiertos al mundo y fuera del manto estatal. Sin embargo, el tema revolucionario gravitaba aún en otras zonas del arte, la cultura y el pensamiento. Dos películas filmadas en los años treinta por Fernando de Fuentes se convirtieron con el tiempo en obras clásicas: *Vámonos con Pancho Villa* y *El compadre Mendoza*. Los periódicos publicaban diariamente testimonios, recuerdos, versiones, ataques y contraataques de los sobrevivientes. Las casas editoriales sacaban a la luz memorias de los veteranos. Esta vigencia era natural: los generales revolucionarios eran todavía los amos y señores del país. La Revolución, ese gran mito fundacional, seguía ocupando la imaginación colectiva de México.

Hacia 1940, la Revolución se había transformado ya en un Estado poderoso. La fuerza, el prestigio y la vocación del Estado provenían de la propia lucha revolucionaria, pero su legitimidad residía igualmente en los varios estadios históricos cuyos hilos, sorprendentemente, recogía. En la cultura política de México seguían vigentes el Estado nacional juarista y el Estado «integral» porfirista, aunados, en una resistente urdimbre, a entramados mucho más antiguos, virreinales.

El Estado revolucionario retomó, de manera implícita, la *vocación tutelar* del poder característica del siglo XVI. El proyecto igualitario de la Constitución de 1917, y la noción misma de una «justicia social» en la que el Estado tutela, provee y protege a las clases desvalidas, recordaba nítidamente las Leyes de Indias. El Estado revolucionario asumía para sí una responsabilidad opuesta a la del árbitro imparcial del esquema liberal. Acusando mucho más los rasgos paternalistas del régimen porfiriano, asumía una tarea de manumisión social.[5]

El reparto agrario terminó convirtiéndose en un instrumento de control político del Estado sobre los campesinos. Zapata, anarquista natural, se hubiese opuesto a él: su proyecto era la utópica reconstitución del *calpulli* comunal de los pueblos prehispánicos, aldeas autosuficientes, igualitarias, recelosas del poder central. Pero los orígenes reales de la política agraria eran menos precortesianos que españoles, no sólo por la institución y el nombre del ejido, sino por su raigambre cristiana. No es casual que en Michoacán, la tierra de Cárdenas, el agustino fray Alonso de la Veracruz (el mayor teólogo del siglo XVI novohispano, fundador de la primera universidad en la antigua comunidad indígena de Tiripetío) escribiera un tratado sobre los derechos agrarios de las comunidades, en el que consideraba ilegal todo intento de ocupar arbitrariamente las tierras de los indios, pero al mismo tiempo, y en aras del «bien común», concedía al emperador la facultad de «dar parte de las posesiones comunales superfluas de estos nativos ... incluso contra su voluntad ... para remediar la necesidad de los españoles».[6] Sobre todo en su etapa cardenista, el Estado revolucionario no actuó de otro modo. Heredero histórico de la Corona, representante de la nación y –para todo efecto práctico– soberano del suelo y subsuelo, actuando contra la voluntad de los afectados (y aun de muchos beneficiados), el Estado repartió la tierra y se reservó la tutela (política) sobre millones de campesinos. Muy pocos, en 1940, ponían en tela de juicio el concepto social de tutela; sólo señalaban la miseria de los tutelados y criticaban la concepción de los tutores.

La Revolución recuperó, de manera explícita, el *sentido misional* del siglo XVI y lo aplicó en el ámbito de la educación; ése fue el invento genial de José Vasconcelos. Uno de los aspectos en que se manifestó fue la pintura mural. Del mismo modo que los maestros rurales y las misiones culturales se inspiraban en los franciscanos del siglo XVI, así también el muralismo provenía de los frescos con que los frailes se auxiliaban para catequizar a los indios. Si el tema de aquéllos había sido la historia sagrada, el del muralismo revolucionario tenía que ser, simétricamente, la historia mexicana. La eficacia «catequista» del muralismo fue desde luego menor y más elitista que la de sus antepasados franciscanos o agustinos, pero convirtió a la ideología revolucionaria a varias generaciones de estudiantes que veían cotidianamente los frescos en sus escuelas y sentían que ser político era una forma –bien remunerada– de cumplir una misión.

La recuperación histórica más profunda se dio en la estructura interna del nuevo Estado revolucionario que, con mayor fidelidad que el propio don Porfirio, había adoptado el *diseño estático* del siglo XVII español, la forma –típica de la dinastía de los Habsburgo– de una arquitectura jerarquizada y corporativa «hecha para durar»; no de una plaza pública, dinámica y abierta, donde los individuos discuten y votan para resolver sus diferencias.[7]

Más acusadamente que los virreyes (que tenían contrapesos de poder y límites de tiempo) y tanto como don Porfirio, los presidentes de México seguirían la costumbre de atender lo nimio y lo trascendental, fungiendo a la vez como jefes de Estado y de gobierno. El monarca no sólo ejercía el poder absoluto: el reino era una extensión de su patrimonio personal. Al igual que sus remotos antecesores, los presidentes de México pudieron disponer de los bienes públicos como bienes privados: repartirían dinero, privilegios, favores, puestos, recomendaciones, prebendas, tierras, concesiones, contratos.[8]

Un rasgo sobresaliente del edificio político de los Habsburgo había sido la organización de la sociedad en cuerpos con claras adscripciones étnicas, sociales o económicas. Don Porfirio había restaurado la práctica –si bien no de manera formal sino tácita– mediante lo que Andrés Molina Enríquez llamó su política de «amificación», por la cual otorgó puestos públicos a representantes de los diversos grupos de criollos, mestizos e indios. La Revolución retomó y amplió el diseño corporativo original. Trabajadores, campesinos, burócratas, militares, maestros, profesionistas, empresarios, se agruparon en asociaciones gremiales o sindicales sin contacto entre sí, pero con una fuerte dependencia del gobierno central.[9]

El *ímpetu reformador* de los Borbones de fines del siglo XVIII se hallaba presente también en los impulsos modernizadores del nuevo Estado revolucionario, sobre todo en la esfera económica. Nada más cercano a aquellos imperiosos y racionales «déspotas ilustrados» que los jefes sonorenses y sus colaboradores. En los años veinte, el gobierno central asumió un control creciente sobre los asuntos y mecanismos del Estado a expensas de la vida local. El Estado revolucionario fue el gestor principal de la economía y el creador de una nueva clase empresarial que nació al amparo de las concesiones oficiales (caminos, presas, edificios públicos).

Pero en las relaciones entre la Iglesia y el Estado la impronta borbónica resultó aún más visible. Los Borbones quisieron acotar a la Iglesia; muchos revolucionarios –no sólo los sonorenses– quisieron acabar con ella. Fracasaron, y, no obstante, lograron que la vocación social de la Iglesia fuese transferida, de manera significativa, al nuevo Estado. Se trataba, no puede negarse, de un proceso de secularización que llevaba siglos fraguándose. En la era virreinal, la Iglesia tenía el monopolio sobre la atención del alma y el cuerpo de sus fieles. Desde el tiempo de los Borbones y durante el siglo XIX, el Estado liberal absorbió para sí algunas de esas funciones –la reglamentación de la vida civil, la educación–; pero no fue sino hasta el siglo XX cuando tomó decididamente en sus manos, a veces con intención monopólica, ámbitos como la salud y la asistencia pública. De hecho, en 1940 el Estado había recobrado en su provecho un poder mayor al del Real Patronato que ejercían los monarcas borbónicos, dejando a la Iglesia el ámbito de la devoción íntima y el de la educación privada.

Es evidente que «la Revolución hecha gobierno» –frase común en la retórica oficial– no reconocía la tradición política virreinal, ni se reconocía en ella. Sólo Andrés Molina Enríquez sabía hasta qué punto, y gracias a su inspiración, el presente se había «anudado» al pasado. Pero Molina murió en 1940, y con él desaparecería la ·clara conciencia de ese extraño proceso de recuperación axiológica y política. En la imagen que el Estado revolucionario tenía de sí mismo, y en la que proyectaba hacia los demás, no existía huella alguna del pasado colonial ni del porfiriano: dos zonas negras de la historia. Supuestamente, su única filiación remota y simbólica lo enlazaba con los aztecas. Y su único puente histórico, con la Independencia y la Reforma.

Lo cierto es que el siglo XIX liberal tenía poco que ver con el orden revolucionario. El nuevo proyecto social, económico y político privilegiaba la intervención estatal sobre la iniciativa de los individuos. Es verdad que, al menos en el papel, ninguna de las libertades cívicas y garantías individuales consolidadas en la Constitución de 1857 y las Leyes de Reforma sufrió menoscabo. Sin embargo, todas las libertades políticas –en particular, la limpieza del sufragio– seguían coartadas mediante métodos que ni siquiera Porfirio Díaz hubiera imaginado.

El mayor legado vivo del siglo XIX era el nacionalismo. Después de las guerras e invasiones de este, y tras la humillación que significó la presencia norteamericana en Veracruz en 1914, era natural que el mexicano terminara por sentirse la víctima del exterior, siempre a punto de ser invadido, saqueado, dominado. De ahí que la expropiación petrolera fuera un acto de afirmación nacional más que una medida de racionalidad económica.

A despecho de la retórica, las deudas políticas con el porfirismo eran evidentes. Un rasgo esencial de continuidad estaba en la sacralidad casi prehispánica de la institución presidencial, que tan bien encarnaba Porfirio Díaz y que pasó intacta a los jerarcas de la Revolución. Lejos de atenuarse con los años, esta concentración imperial de la autoridad se acentuó. Tristemente, aún más que en el siglo XIX, el rumbo histórico del país siguió dependiendo de la voluntad de una sola persona: el señor presidente en turno, que proyectaba su vida en la del país convirtiendo la historia nacional, en momentos decisivos, en una biografía del poder.

El nuevo régimen aprendió del depuesto otra lección: la de utilizar el pasado indígena con un sentido de legitimación ideológica. A decir verdad, la recuperación del indigenismo por parte del Estado revolucionario fue mucho más genuina y amplia. Quizás el zapatismo, con su sorprendente apelación al pasado prehispánico, ejerciera una influencia decisiva en este reacomodo de la óptica histórica. La sola presencia de los zapatistas en la ciudad de México hacia 1914 fue un correctivo inmediato a la idea que Porfirio Díaz tenía de México: lo consideraba como una necrópolis griega o egipcia. En los años veinte, el indigenismo tuvo sobre todo un carácter artístico y cultural. En tiempos de Cárdenas se volvió social y político. El general misionero quiso devolverle al indio su posición novohispana, como si de una categoría aparte se tratara, necesitada de una jurisdicción especial. El reconocimiento de los derechos comunales y la creación de un Departamento de Asuntos Indígenas eran señales evidentes de atención que los indios de México habían esperado desde tiempos de la Independencia. A diferencia de Díaz, que los citaba en Palacio Nacional, Cárdenas había acudido personalmente a sus poblados, comía y dormía con ellos, tomaba nota, gestionaba soluciones concretas y sobre todo escuchaba, siempre escuchaba. Quizá por eso los indios parecieron decir un adiós definitivo a las armas.

Una convicción típica del siglo XX reforzaba aún más la recuperación del modelo monárquico español y relegaba los valores políticos republicanos, democráticos y liberales que había defendido Madero:

el prestigio mundial del Estado como promotor de la vida económica, social y nacional. Ya fuera en sus variantes benignas –el Estado benefactor de Roosevelt, empleador de Keynes–, ya en sus tipos totalitarios, fascistas o comunistas, la idea generalizada sobre las bondades del Estado fuerte ejercería una dilatada fascinación sobre las élites políticas e intelectuales de México. El propio Partido Nacional Revolucionario (PNR) y, sobre todo, su segundo avatar, el Partido de la Revolución Mexicana (PRM), fue una creación corporativa parecida a la de sus homólogos fascistas.[10]

Pero sin duda la mayor fuerza del Estado provenía de la propia Revolución, la cual, desde un punto de vista ideológico, se veía como un impulso histórico abierto, vigente y unitario. El Estado –dirían entonces, místicamente, algunos demagogos– era la «emanación» de la Revolución. En su demagogia había un sedimento de verdad.[11]

En una palabra, la legitimidad del nuevo Estado abrevaba en dos poderosas fuentes: la que Max Weber llamó la «rutinización del carisma» (en este caso, el carisma de los generales revolucionarios), y la rica tradición política de México, sobre todo de la etapa virreinal, actualizada por don Porfirio. Por eso mismo, el nuevo Estado no era democrático. De hecho, Madero habría vuelto a levantarse contra él, como hubiesen querido levantarse las clases medias que en 1929 siguieron a Vasconcelos y que en 1940 apoyaron a Almazán. Por las manos de ese Estado corría mucha sangre, sobre todo la de los cristeros, los yaquis, los campesinos opuestos a las bandas agraristas, los obreros enfrentados al sindicalismo oficial, los jóvenes vasconcelistas, y la sangre de otros movimientos o personas que se habían atrevido a ejercer la oposición. Y, sin embargo, el nuevo Estado mexicano no tuvo mayores tentaciones totalitarias: no incurrió en el terror ideológico ni en la represión masiva, no abolió el mercado ni burocratizó la sociedad.

En 1940, este Estado había logrado integrar orgánicamente las diversas etapas de la historia mexicana. En la fuerza de su presidencia imperial y en ese concepto de vida hacia adentro y hacia atrás fincaba su legitimidad. Pero la inmersión podía llevar a la inmovilidad y la asfixia. ¿Cabía profundizar en el espíritu y la obra de la Revolución? Muchos lo creían y lo deseaban. Algunos buscaban orientar el proceso hacia el socialismo. Otros pretendían revertirlo, o al menos, introducir en él rectificaciones profundas. Una minoría defendía la necesidad de volver al ideal de Madero, la libertad y la democracia como únicas fuentes de legitimidad. Otros, en fin, como el general Cárdenas, pensaban que la profundización era idealmente deseable pero prácticamente imposible: había que detener el ritmo del proceso y quizá modificar el rumbo. ¿Cuánto? ¿Hacia dónde? No era a él a quien le correspondería esa responsabilidad.

Por tres largas décadas, México había sido una nación replegada sobre sí misma: una isla histórica. Sin embargo, en 1940 la guerra mundial amenazaba con llegar a las playas de esa isla. Aunque el peligro era real, llegó acompañado de una oportunidad inesperada e irrepetible: el crecimiento económico. El país no podía seguir ensimismado. Por añadidura, las sangrientas elecciones de 1940 habían demostrado la necesidad de apaciguar a la clase media y modificar de alguna manera el orden político heredado de Calles y Cárdenas a fin de evitar el baño de sangre que se repetía cada seis años. Pocos pensaron en intentar una reforma democrática que sometiera al voto popular las futuras modalidades del Estado mexicano. La familia revolucionaria intentaría, en cambio, impulsar una reforma dinámica del orden estático que se había recreado. Había que sacudir la gravitación del pasado. Entre 1910 y 1940, el péndulo de la historia mexicana había oscilado hacia la tradición, hacia las raíces. A partir de 1940 volvería a oscilar, esta vez hacia la llamada impostergable del futuro.

II
Manuel Ávila Camacho
El presidente caballero

Manuel Ávila Camacho, *Revista de Revistas,* 6 de septiembre de 1942.

Cambio de rumbo

La sucesión presidencial era la prueba de fuego en la vida política de México. Por equivocarse de candidato en 1920, Carranza provocó una rebelión y pagó el error con su vida. Por escoger a Calles y no a De la Huerta en 1924, Obregón desató la guerra civil entre los sonorenses. Por olvidar el precepto maderista de la «no reelección», Obregón fue asesinado en 1928. El «Jefe Máximo» vio desfilar a tres presidentes nombrados por él, hasta que el cuarto, Cárdenas, lo mandó al exilio. En 1939 era Cárdenas quien debía ejercer el más delicado de los arbitrios presidenciales. Su elección desconcertó a muchos partidarios de la Revolución, no sólo a los radicales, amigos de Múgica, sino a observadores ponderados, como el intelectual Daniel Cosío Villegas, cuyo ojo crítico vigilaría el sexenio desde el primero hasta el último día:

«Mi decepción llegó, no en el periodo de Cárdenas, sino en la sucesión de Cárdenas. Cuando yo me di cuenta de que Cárdenas apoyaba a Ávila Camacho, que era indiscutiblemente de temperamento y de tendencia conservadora, supe que la Revolución mexicana iba a dar la vuelta ... Cárdenas podía haber inventado a un hombre que hubiera proseguido su obra, no frenado. Pero el giro hacia Ávila Camacho representó un cambio de rumbo».[1]

No era fácil «inventar» candidatos. Muchos años más tarde, Cárdenas mismo reveló los motivos de su decisión:

«... el señor general Múgica, mi muy querido amigo, era un radical ampliamente conocido. Habíamos sorteado una guerra civil y soportábamos, a consecuencia de la expropiación petrolera, una presión internacional terrible. ¿Para qué un radical si yo ya dejé un instru-

37

mento revolucionario? ... A nuestra salida del poder los obreros estaban organizados; los campesinos también y la Reforma Agraria se encontraba en marcha ... los miembros del ejército habían sido incorporados al partido de la Revolución. ¿Era éste, o no, un instrumento de progreso para que México continuara su liberación? De lo que haya ocurrido después no soy yo quien vaya a calificarlo; me siento perfectamente limpio».[2]

Para Lázaro Cárdenas, el acto del «destape» era la cesión real del poder. Podía conservar un poder moral –y de hecho lo conservó, inmenso, hasta su muerte en 1970–, pero no era él, que había liquidado al maximato, quien iba a convertirse en un nuevo «Jefe Máximo». Sintió que había llevado hasta sus últimas consecuencias el programa social de la Constitución, y, sin embargo, calibró con realismo y humildad las tensiones que esa misma aplicación había creado. Su instinto político le decía que no podía estirar más la cuerda de las reformas, pues corría el riesgo de romperla y de sumir al país en una nueva guerra civil. Así arribó a la convicción de que México necesitaba paz. Paz para asimilar el vértigo en que había vivido durante treinta años, paz para decidir cómo habría que usar el «instrumento revolucionario», y paz, sobre todo, porque las circunstancias externas lo reclamaban. A su amigo y colaborador, el ingeniero Adolfo Orive Alba, le confió años después: «... quería que hubiera paz en el país, y el que podía asegurarla en una época conflictiva como la que el mundo comenzó a vivir por la segunda guerra mundial era Manuel Ávila Camacho».[3]

En las disputadísimas elecciones de 1940, Cárdenas debió de ver confirmado su diagnóstico. Las clases medias del país apoyaron al general Juan Andrew Almazán, el hombre que, al frente del Partido Revolucionario de Unificación Nacional, prometía poner fin a la agitación social e ideológica del cardenismo. Por su parte, las fuerzas organizadas por «el instrumento revolucionario» apoyaron a Ávila Camacho. El día de las elecciones, las bandas organizadas por el Partido de la Revolución Mexicana (PRM) provocaron sangrientos zafarranchos: hubo por lo menos treinta muertos y más de ciento cincuenta heridos. Cárdenas, al parecer, estuvo dispuesto a admitir el triunfo de Almazán,[4] pero el «instrumento» cerró sus filas y se decretó el triunfo del candidato oficial por un margen inverosímil, Almazán se marchó a La Habana y, para desazón de sus seguidores, al poco tiempo declaró que no encabezaría una nueva revolución.

Las elecciones habían llevado al país al borde de un nuevo abismo. ¿Adónde lo habría llevado Múgica?, pudo pensar Cárdenas, con alivio, mientras el primero de diciembre de 1940 cedía la banda presidencial a Ávila Camacho, su lugarteniente de toda la vida, el suave y conciliador personaje oriundo de Teziutlán.

Santa Eufrosina

Enclavada en la Sierra Norte de Puebla, colindante con Veracruz, en un marco de abundancia y belleza natural circundado por diversas culturas indígenas, rica en árboles frutales y semillas (desde frijol hasta café), dotada de una generosa mina de cobre descubierta en 1890 por el empresario italiano Vincenzo Lombardo Catti, la ciudad de Teziutlán era un pequeño espejo de progreso porfiriano. Un almanaque poblano informaba en 1897: «Teziutlán es plaza mercantil de importancia, con mucha frecuencia visitada por agentes viajeros de casas comerciales no sólo del país sino extranjeras ... Cuenta con varias casas que giran fuertes capitales haciendo sus compras en gran escala a las principales plazas de Europa y los Estados Unidos».[5]

En la clase media de aquel puerto interior de quince mil habitantes crecía, a principios de siglo, la numerosa familia de Manuel Ávila Castillo y Eufrosina Camacho Bello. Al primogénito, de nombre Maximino, nacido en 1891, siguieron ocho hijos: María, Manuel, Miguel, María Antonieta, Ana María, Rafael, Luis Gabriel y Eulogio. Manuel nació el 25 de abril de 1896, precisamente el año en que Porfirio Díaz se reelegía por cuarta ocasión, y dos años antes de que el ferrocarril llegara a Teziutlán.[6]

Maximino y Manuel cursaron sus estudios primarios en el Liceo Teziuteco, un colegio laico que proporcionaba conocimientos prácticos y que comenzaba a gozar de buena fama en la región; hasta él llegaban hijos de las colonias francesa e italiana establecidas en la cercana tierra caliente de Veracruz y, desde luego, los ricos de Teziutlán, como Vicente Lombardo Toledano, el nieto mayor de don Vincenzo, cuya familia pasaba las vacaciones de verano en el lugar turístico de moda durante el Porfiriato: el lago de Chapala, en el remoto estado de Jalisco. El joven Lombardo acompañaba a su padre a surcar el lago en los dos vapores de la familia, o a cazar venados, jabalíes y otros animales de caza mayor por los alrededores de Teziutlán.[7] La vida de sus condiscípulos Ávila Camacho era mucho más modesta.

Antiguo capataz y administrador de haciendas en la zona veracruzana, don Manuel Ávila Castillo se dedicaba a la arriería, y en esos menesteres que requerían prolongados viajes se hacía acompañar sobre todo por su hijo mayor, mientras Eufrosina atendía al resto de la familia.

Durante la primera década del siglo, la fortuna de los Ávila Camacho dio un vuelco. La llegada del ferrocarril a Teziutlán redujo el número de clientes de los arrieros. Pero lo más grave fue el accidente que sufrió don Manuel Ávila Castillo en uno de sus viajes. Las consecuencias del percance fueron minando su salud, hasta el punto de verse obligado a dejar el negocio en manos de su esposa y sus hijos mayores. Doña Eufrosina tomó el timón de la familia y se apoyó en Maximino y en Manuel, quien por entonces había terminado sus estudios básicos en el liceo. Maximino fue arriero, vaquero de algunas haciendas, agente de correos y hasta vendedor de máquinas de coser Singer.

La Revolución trastocó la vida teziuteca. Los caminos se volvieron peligrosos y el comercio disminuyó. La nave de los Lombardo se fue a pique: la mina cerró por largo tiempo y don Vincenzo murió en su natal Settimo Torinese pensando que la vida en México había sido un sueño y pidiendo a los hijos: «... denme noticia de los trabajos de la mina y fundición que son todos nuestros pensamientos».[8] También el negocio de los Ávila Camacho desapareció. La Revolución se convirtió, de pronto, en la única opción vital para aquellos jóvenes. Cuando don Manuel Ávila Castillo falleció, en 1916, sus dos hijos mayores andaban ya en las filas revolucionarias, Maximino desde 1911 y Manuel desde 1914.[9]

Con su prole a cuestas, y como muchas otras mujeres de aquellos tiempos, doña Eufrosina se las ingenió para ganarse la vida: montó una tienda en Puebla entre 1916 y 1919, se mudó a la ciudad de México donde compró camiones de pasajeros; vivió en Morelia y, más tarde, en Sayula (Jalisco). El itinerario no era caprichoso: correspondía al de Maximino y Manuel. Doña Eufrosina apelaba con frecuencia a las autoridades en turno para hacer recomendaciones relativas a sus hijos o pedir licencias. Por fin, a finales de los veinte, regresó a su amada Teziutlán, donde puso su casa frente a la iglesia del Carmen, en el barrio del Carmen, como fiel devota de esa virgen. Compró propiedades en el centro y en las «goteras» o afueras de la población, y adquirió un camión de volteo que fue contratado para construir el camino de Teziutlán a la costa. El saldo económico de la Revolución no había sido malo, pero el vendaval se había llevado a su esposo y a dos de sus hijos, Eulogio, el menor, y Miguel, muerto por la fiebre de influenza en 1918. Se dice que cuando murió, en 1939, hizo jurar a sus hijos que jamás perseguirían a la Iglesia.[10]

Maximino y su hermano

Los tiempos violentos se avenían bien con el carácter de Maximino, a quien un compañero de juventud recordaba como un «muchacho travieso, inquieto, mordaz, sentimental a su modo y ante todo aventurero».[11] En 1912, acosado por las apreturas familiares, tuvo la osadía de escribir varias cartas al presidente Madero. En marzo le ofrecía sus servicios para formar un cuerpo de voluntarios en un plazo de quince días. En junio le pedía que le encomendara «cualquier comisión ... aun en extremo peligrosa». Al no resolverse afirmativamente sus peticiones, en noviembre informaba al presidente que había resuelto entrar en el Colegio Militar, pues «tenía verdaderos deseos de ser soldado». Sus últimas comunicaciones eran angustiosas: ya no solicitaba empleo, sino «una corta cantidad cada mes para sostener a su hermanito y pagarle su instrucción».[12]

Aparentemente, Maximino ingresó por unos meses en la Escuela Nacional de Aspirantes. Alrededor de la Decena Trágica desertó, para luego incorporarse a las fuerzas del general Gilberto Camacho, en la región poblana. Entre 1913 y 1920 participó del lado constitucionalista en diferentes hechos de armas en Puebla, Oaxaca y Veracruz, ascendió hasta el grado de coronel de caballería y formó parte, en calidad de vocal propietario, de dos consejos de guerra. En 1920 secundó la rebelión de Agua Prieta y se incorporó a la brigada del general Lázaro Cárdenas. En 1924 participó en la defensa de Morelia contra las fuerzas delahuertistas y fue ascendido en virtud de su «comportamiento heroico». Años más tarde, tuvo mando de tropa y combatió con particular ferocidad a los cristeros en una amplia zona que iba desde Calvillo (Aguascalientes) hasta San Juan de los Lagos (Jalisco) y tocaba parte de Zacatecas y Coahuila.[13]

En su hoja de servicios militares no constaban otros trabajos «paramilitares», como su participación en la macabra matanza de estudiantes vasconcelistas en Topilejo en 1929. Hacia los años treinta, Maximino gravitaba ya, fuertemente, sobre la política de su estado. En alianza económica con algunos multimillonarios como William Jenkins, llegaría a amasar una fortuna compuesta de ranchos ganaderos y agrícolas y soberbias «quintas» (como se les llamaba a las mansiones de descanso en la época).[14] Asociado con el hábil político poblano Gonzalo Bautista, ocupó la gubernatura del estado en 1937. Su íntimo amigo, el no menos temible cacique de San Luis Potosí, Gonzalo N. Santos, lo describiría años más tarde: «En Puebla el mando lo tenía el gobernador del estado, general de división Maximino Ávila Camacho, digo el mando y no el gobierno, porque mandaba en la zona militar, en la jefatura de Hacienda, en los telégrafos, en el correo, en la superintendencia de los ferrocarriles, y en el episcopado».[15]

Santos –que era el menos santo de los hombres– decía que Maximino era «fiero». Lo mismo pensaban las almas piadosas de Puebla, que temblaban al oír su nombre. Una familia de inmigrantes que vivía en la calle de 5 de Mayo escondía a las jóvenes hijas de hermosos ojos verdes, no fuera a raptarlas Maximino.[16] No sólo las mujeres le temían; también los obreros. Reprimidos con frecuencia sus movimientos de huelga, en 1937 tenían prohibido manifestarse con esos «trapos inmundos» (las banderas rojinegras). Hay testimonios de que a sus subalternos en el gobierno de Puebla no sólo los regañaba: los fueteaba. Cuando Maximino chasqueaba los dedos, los ricos de Puebla acudían presurosos. «Con Maximino no se jugaba», decía Santos.

Manuel era la copia fiel de Maximino... al revés. Aunque su hoja de servicios en el ejército no consigna su incorporación formal sino hasta el año 1919, hay indicios creíbles de su actividad militar al lado de su hermano. Pero, a diferencia de Maximino, a Manuel no le apasionaban las armas. Aunque parece haber intervenido en acciones contra los ejércitos de la Convención de Aguascalientes y, particularmente, en la toma de Puebla por parte del ilustrado general sonorense Salvador Alvarado a principios de 1915, sus servicios se orientaron más al orden administrativo. Gracias a una modesta formación de tenedor de libros, fue secretario de la Comisión Local Agraria de Puebla y pagador de la División de Oriente. En 1919 conoció en la Huasteca a un joven general, coetáneo suyo, hombre suave y humanitario que sería su hermano sin serlo: Lázaro Cárdenas.[17]

Manuel fue, desde entonces, el hombre de confianza de Cárdenas, el jefe de su Estado Mayor. Por donde lo llevó el azar de la guerra lo siguió: por las Huastecas, a punto de cazar a Carranza; por Michoacán, salvando la vida del radical gobernador Múgica; por el Istmo, Jalisco y el Bajío. No obstante, durante la rebelión delahuertista, acaecida en 1924, no estaba con Cárdenas en el frente de batalla, sino en un hotel de Morelia; allí, despachando como pagador del ejército, fue apresado por el general Enrique Estrada, quien derrotó a Cárdenas y, acto seguido, le salvó la vida. Para respiro de doña Eufrosina, que vivía en Morelia, Estrada mostró la misma generosidad para con su hijo Manuel.[18]

Al mediar los años veinte, Manuel tuvo problemas con los altos mandos del ejército: a juicio de una comisión revisora, no podía demostrar su ingreso en la Revolución, ni sus empleos anteriores, como tampoco su actuación en la lucha y en el ejército antes de 1919, por lo que se recomendaba «no reconocérsele personalidad militar alguna». Quizá la intervención de Cárdenas ante Calles salvara del brete a su compañero. En todo caso, al estallar la guerra de los cristeros, los militares tenían tareas de mayor apremio que la revisión de expedientes.[19]

Ya con mando de tropa, según consta en su hoja de servicios, Ávila Camacho combatió a los cristeros. Pero la palabra «combatió», en su caso, es equívoca. Su arma era la persuasión. Se decía que en Atotonilco el Alto y Sayula «se conquistó el cariño de sus enemigos pues era noble y magnánimo con los espías, a los que daba oportunidad de salir del sector militar y asentarse en otra ciudad».[20] Precisamente en Sayula conoció a Soledad Orozco y allí se casó con ella, en rigurosa ceremonia religiosa. La gente comentaba que Ávila Camacho era «buenísimo». No sólo tenía prohibido a sus hombres abusar de los cristeros, sino que, de hecho, había llegado con ellos a una especie de *modus vivendi* para evitar enfrentamientos y ganar tiempo. En abril de 1927, al principio de la guerra, cuando sus tropas tomaron el pueblo de Pihuamo, en Jalisco, mandó llamar a los jefes cristeros y les propuso una amnistía. Por tres años persistió en su oferta de paz, hasta que los arreglos entre la Iglesia y el Gobierno favorecieron una salida pacífica.

Cuando los jefes cristeros recibieron órdenes de licenciar a sus tropas, decidieron enviar a José Guízar Oceguera a parlamentar con Ávila Camacho. La escena se desarrolló en uno de los viejos pueblos de la Meseta Tarasca por donde había andado el oidor y obispo de Michoacán, Vasco de Quiroga, quien fundó hospitales, urbanizó poblaciones y fue un gran defensor de los indios, que lo bautizaron «Tata» [Papá] Vasco:

«Guízar Oceguera pidió que a los soldados cristeros de Cotija se les permitiera asistir armados "a una misa en honor de la virgen de

San Juan del Barrio", petición que, para su sorpresa, fue aceptada por el general Ávila Camacho; pidió también que se les dejaran sus pistolas a oficiales y jefes argumentando que podrían necesitarlas, también se le concedió; solicitó que no les quitaran sus caballos a los combatientes, solicitud aceptada; pidió que se les dieran diez pesos a cada soldado, a lo que el general Ávila Camacho contestó que no tenía ni dinero ni autorización para hacerlo, explicando Guízar Oceguera que era conveniente dárselos para evitar que robaran por necesidad; sugirió que el dinero se obtuviera "del administrador de la hacienda de Santa Clara y de los ricos de la región que se beneficiaban con la paz", sugerencia que el general Ávila Camacho puso en práctica».[21]

En los años treinta, el «Jefe Máximo» Calles le encomendó la 29 Jefatura de Operaciones, con sede en Tabasco, tierra del más furibundo anticatólico nacido en México, Tomás Garrido Canabal. Comparado con este cacique y gobernador, el general Calles era un dechado de piedad. Cada día ordenaba Garrido a sus lugartenientes y servidores públicos que lo saludaran marcialmente con el grito de «Dios no existe», a lo que él contestaba: «Ni ha existido». Se dice que a uno de sus hijos le puso por nombre Luzbel. (Graham Greene escribiría *The Power and the Glory*, basado en estos años de fanatismo desfanatizador en Tabasco.) Era natural que este endemoniado entrara en conflicto con el morigerado hijo de doña Eufrosina. En alguna ocasión quiso sobornarlo, y en otra, intentó apresar a dos jóvenes, pistola en mano, en la propia sede de la Jefatura Militar. «¿Cómo iba yo a entregárselos para que los sacrificara?», recordaba Manuel, años después. «¡Cualquiera que sea el motivo de esta persecución», le dijo, «vergüenza debía darle a usted andar en estas tareas siendo gobernador!» Una vez más, la persuasión funcionó: «... tengo la seguridad de haber logrado, por medio de varias pláticas sucesivas, iniciar un leve cambio en Garrido».[22]

En 1933, con el ascenso de su amigo Cárdenas a la candidatura presidencial, la estrella de Manuel Ávila Camacho subió a alturas que probablemente él, en su fuero interno, no deseaba. Ocupó el puesto de oficial mayor, más tarde fue subsecretario de Guerra y Marina y, a partir de diciembre de 1937, secretario de la Defensa Nacional. A principios de 1939, su hoja de servicios consigna la solicitud de una licencia ilimitada para dedicarse a asuntos de «carácter particular y político». No eran otros que contender por la presidencia de la República.[23]

«Manuel es un bistec con ojos», debió de gritar Maximino cuando, en su despacho de la gubernatura de Puebla, se enteró por su íntimo amigo, «el pelón tenebroso» Gonzalo N. Santos, que el presidente Cárdenas y un importante grupo de gobernadores apoyaban a su hermano:

«Yo soy el mayor de la familia, a todos los he formado desde niños. A Manuel, de chico, lo hacía "jinetear" un burro bronco y le regalaba una peseta ... yo lo hice soldado cuando yo ya tenía años de militar ... yo soy el gobernador de Puebla, que era un nido de alacranes y que ahora tengo perfectamente controlado ... aquí no hay más voz que la mía».[24]

Maximino, que tenía derechos de primogenitura sobre la familia Ávila Camacho, creía tener derechos de primogenitura sobre la «familia revolucionaria». Ésta, sin embargo, optó no por la fiera sino por el hombre que con el tiempo sería conocido como «el Presidente Caballero».

«Era un hombre cien por ciento ponderado, en sus actos, en sus decisiones», recordaba medio siglo después el general y licenciado Alfonso Corona del Rosal. Había conocido a Ávila Camacho no en un campo de batalla, sino en un *court* de polo, deporte favorito de este último. Ya entonces, le llamaron la atención los rasgos de su carácter: «... muy estable, no se alteraba, escuchaba, tenía paciencia, no daba resoluciones precipitadas, sino siempre sensatas».[25] Otros testimonios dan fe de su comedimiento: recibía a las personas de pie y «siempre envolvía sus deseos en corteses expresiones». Vestía de modo discreto, sin pretensiones: chamarra, saco *sport*. Viajaba en su coche con un solo ayudante. «Estaba muy enamorado de su esposa, doña Soledad», recordaba Adolfo Orive Alba, el joven director de la Comisión Nacional de Irrigación, que solía acompañarlo a visitar pueblos y esbozar pequeños proyectos de irrigación. El matrimonio no tuvo hijos, pero sí un amor que al propio Orive le llamó la atención: «... para el general, conocer a una actriz de las de moda entonces –María Félix, Sofía Álvarez, Dolores del Río–, sería como conocer una fotografía, le gustaban, pero de lejos, como figuras desconocidas».[26]

En el otro extremo del planeta estaba Maximino. Tenía «arrestos de dictador». Ya siendo su hermano presidente de la República, un buen día tomó por sus pistolas la Secretaría de Comunicaciones,

Maximino y Manuel Ávila Camacho, 1939.

despidió al secretario y se sentó en la silla sin haber rendido primero protesta ante el presidente. Aunque Manuel lo toleraba con prudencia, como quien maneja lumbre en un depósito de combustibles, lo cierto es que Maximino desplegó por la ciudad de México las tres ominosas «a» de su carácter: arrogante, atrabancado, altanero. Podía ser volcánico, irascible y majadero, pero también apasionado y sentimental. Fueron famosos sus romances con actrices entonces famosas. Hacia 1945, rondaba su casa la tonadillera española y bailarina de flamenco Conchita Martínez. «Maximino», recuerda Santos (para quien ser «borracho, parrandero y jugador» no era un defecto sino una cualidad), «se había encaprichado con ella, y como el marido de Conchita había dado algunas muestras de "incomprensión", Maximino le mandó dar una paliza y lo expulsó del país, quedándose con la guapa española.»[27] Maximino, incidentalmente, se casó dos veces, tuvo hijos dentro y fuera del matrimonio. Uno de ellos, Eulogio, terminó viviendo con Manuel y Soledad.[28]

Una de las pasiones de Maximino era vestir bien. El sastre que lo atendía desde sus años de gobernador en Puebla, judío originario de Varsovia, recordaba:

«Llegaba el general en su Packard negro, inmenso, y se estacionaba enfrente. Era la hora de mi siesta, pero yo –no faltaba más– subía la cortina y lo atendía. Lo flanqueaban varios pistoleros. En el coche venía una mujer, era la rejoneadora Conchita Cintrón. El general ponía su pistola en el probador (estorbaba para la prueba) y luego, con el dedo índice, recorría todos los cortes ingleses de la estantería. "Quiero un traje gris, uno claro, otro oscuro, de rayitas, de mascota, desde aquél, hasta éste." Podían ser diez trajes a la vez. Cuando se los probaba, me abrazaba diciéndome: "Pídame lo que sea, maestro, una gasolinería, por ejemplo". Por supuesto que nunca le pedí nada. Me pagaba bien y era bueno conmigo».[29]

Un día olvidó su pistola, cuya cacha estaba recamada de piedras preciosas. Al buen sastre casi le da un infarto. ¿Qué hacer con esa «cosa»? Habló inmediatamente con «mi general» y éste envió a sus pistoleros a recogerla. Al hijo del sastre, que le llevaba los trajes, le daba una jugosa propina que le duraba un mes. Así era Maximino.

Los dos hermanos compartían lo que podría llamarse una cultura ranchera: poseían ranchos, les gustaban las canciones rancheras, los chistes rancheros, la comida ranchera. A Maximino lo apasionaban los toros. Se decía que de joven había viajado a España para hacerse torero profesional. Era dueño de la plaza El Toreo, que se hallaba en el barrio de la Condesa y con la que había realizado pingües negocios. Manuel, en cambio, adoraba los caballos. Circulaban conmovedoras anécdotas sobre los caballos que había tenido. Uno de sus amigos más queridos, el veracruzano Justo Fernández, yerno de Maximino, recordaba: «Su afición coincidía con [la de] todos los jefes militares de aquella época, porque la Revolución se hizo a caballos y al ferrocarril le llamaban caballo de hierro ... Como él fue dragón de caballería, siendo presidente le dio gran impulso al deporte hípico ... al final de su vida tenía dos caballos árabes y una yegua, la *Aurora*».[30]

En tiempos de Ávila Camacho, por iniciativa suya y en terrenos que habían pertenecido a La Herradura, se construyó el Hipódromo de las Américas, a donde, ya como presidente, acudía a ver los *derbies* en un palquito construido para él. Mientras «el fiero» Maximino echaba bala en sus francachelas, quizás el mayor placer de su hermano, «el Presidente Caballero», consistía en cabalgar lentamente en su rancho: «... ahí se estaba con su esposa, viendo las labores agrícolas que se hacían ... A cinco kilómetros de La Herradura, le gustaba ver qué obras de irrigación se podían hacer, qué manantial, qué pequeña corriente, qué pequeño río se podía utilizar».[31]

Un rasgo vinculaba a los hermanos: la salud endeble. Había diabetes en la familia. Manuel sufrió un infarto durante la campaña presidencial y otros dos durante la presidencia. Por su parte, a principios de 1945, cuando ya apuntaba a la carrera presidencial para la cual quería hacer valer, de nuevo, sus derechos de primogenitura, Maximino «entregó su alma al Señor». El 17 de febrero de ese año asistió a un mitin en su honor en Atlixco. Después de los discursos, siguió una comida multitudinaria, pero Maximino comenzó a sentirse mal y decidió retirarse sin haber probado, al parecer, los alimentos. Murió en su casa de Puebla, a las siete de la noche. Siendo la malicia una enfermedad mexicana, no faltó quien asegurara que sí había probado la comida y que ésta contenía algo más que condimento.

Tiempos de guerra

A principios de los años cuarenta, frente a un puesto de periódicos situado en el centro de la ciudad de México, un ciudadano cualquiera podía distinguir los dos diarios más leídos e independientes:

Excélsior (con sus tres ediciones) y *El Universal*. Junto a ellos, *El Nacional* y *El Popular*, ambos oficiales aunque de distinta jurisdicción, ya que el primero, de izquierda y nacionalista, dependía del gobierno, y el segundo, de la CTM (Confederación de Trabajadores de México). Entre las revistas destacaban *Hoy* y, de menor penetración, *Todo*, *Futuro* (fundada por Lombardo Toledano), *Sucesos*, *Tiempo* (de Martín Luis Guzmán, fundada en 1942) y *Mañana*. ¿Qué elementos de juicio sobre la guerra proporcionaban esas publicaciones a ese ciudadano?

Hasta la invasión de Checoslovaquia, en marzo de 1939, *El Universal* mantuvo una actitud de germanofilia moderada, y creyó sinceramente que el Pacto de Munich deshacía los entuertos territoriales creados por el Tratado de Versalles y evitaba una guerra en la que «doce, quince o veinte millones de las juventudes de los pueblos europeos quedarían tendidas en los campos de batalla».[32] Para el diario, la ventaja adicional del acuerdo consistía en aislar a la URSS, país de filiación «asiática» cuya revolución había sido obra de «judíos». Como tantas otras voces en Occidente, *El Universal* llegó a la verdad demasiado tarde. Perdió las esperanzas con la invasión nazi a Checoslovaquia de marzo de 1939 y no se sorprendió ya del pacto entre Stalin y Hitler. Cuando en 1941 Hitler lanzó la Operación Barbarroja contra Moscú, *El Universal* declaró: «En la guerra que ahora desgarra al totalitarismo, acaso está la salvación de la humanidad».[33]

La edición principal de *Excélsior* mantuvo, a lo largo del segundo lustro de los treinta, una actitud similar a la de su antiguo competidor. No faltaban, desde luego, los comentarios editoriales en favor de la democracia como «régimen equitativo, de tolerancia, de civilidad y de paz verdadera», pero el énfasis crítico se cargaba más sobre «la farsa trágica del comunismo» que sobre la «dictadura fascista». A raíz de Munich, *Excélsior* editorializó: «Apenas pudo rehacerse el movimiento sudetino por obra de la energía titánica de Hitler y la incomparable disciplina del pueblo alemán, los oprimidos de Checoslovaquia sintieron que podían contar con un protector poderosísimo y reclamaron su derecho».[34] Seis meses después, *Excélsior* corrigió, también tardíamente, su entusiasmo por el «bien inestimable» de la política de Chamberlain: «Checoslovaquia ha desaparecido del mapa ... Las democracias no tienen más que un solo deber ... ir a la guerra, si es preciso, contra el fascismo y contra el comunismo, en defensa de su soberanía como naciones libres».[35] A raíz del pacto, su opinión ya no variaría: «Bolchevismo y fascismo son hojas de la misma mata, e ingenuo el que crea que, en materia totalitaria, los totalitarismos no se entienden».[36]

La edición *Ultimas Noticias de Excélsior* incluía con frecuencia una sección muy leída y comentada: *Perifonemas*. Su anónimo autor escribió:

«[Hitler] es el iracundo, el guerrero cuya voz el mundo escucha. Sus palabras son dignas de meditación ponderada, contundentes como martillazos pero claras y luminosas como la razón más depurada, sin demagogia, pero dotadas del más auténtico patriotismo, sin cobardía, pero dotadas hasta la médula de voluntad de paz, de una paz duradera».[37]

Frente a Hitler, la brújula de la izquierda fue *precisa*. Cuando sobrevino la invasión de Checoslovaquia, el editorial de *El Popular* señaló:

«Dijimos hace meses, cuando lo de Munich, que el plan de conquistas y absorciones fascistas no estaba completamente realizado con la anexión de la zona sudetina. La traición de Chamberlain y Daladier dio a Hitler pacíficamente el derecho de hacer pedazos a Checoeslovaquia ... El nazismo encamina sus pasos a otras tierras de otros continentes».[38]

El diagnóstico de *El Popular* no podía ser más exacto: «Se prepara la guerra más cruel de todos los siglos». El momento desconcertante para *El Popular* llegó con el pacto entre Stalin y Hitler. Los titulares del 23 de agosto de 1939 hablan por sí solos: «RESONANTE TRIUNFO DE LA URSS EN BENEFICIO DE LA PAZ MUNDIAL», «EL EJE FASCISTA, DE HECHO, ANULADO POR EL CONVENIO». La convicción antinazi de *El Popular* duró mientras así lo quiso su matriz en Moscú. Cuando el pacto se rompió, en 1941, *El Popular* adoptó, con *notoria incoherencia*, la causa de los aliados.

Entre las publicaciones políticas semanales de aquel momento, ninguna tenía el público de la revista *Hoy*. Su simpatía por el Eje era menos moderada que la de los diarios. En *Hoy* publicó José Pagés Llergo varios reportajes desde Alemania y Japón que se hicieron célebres: «Tuve el honor de ser el primer periodista que habló con Hitler en los últimos tres años», recordaba poco tiempo después. En una larga reseña de un libro contra Hitler, Pagés lo comparó con Napoleón y Julio César, y apuntó:

«Hitler es el hombre del destino para Alemania ... un cerebro de intuiciones prodigiosas ... como Napoleón, es un realista de pura cepa, odia las ficciones y las farsas ... no obstante sus ratos de ira, su excesivo egoísmo y sus anomalías fisiológicas, Hitler tiene respuestas violentas pero geniales ... [su] mirada da escalofríos ... es un iluminado genial».[39]

Las actitudes de las revistas políticas frente al Eje oscilaban entre la simpatía y la franca adhesión. En este extremo incurrió *Timón*, la efímera revista financiada por los alemanes que dirigió nada menos que el viejo y amargado José Vasconcelos. El proceso interior que llevó a uno de los hombres más extraordinarios de la cultura de habla hispana a abrazar la causa de Hitler sigue siendo un misterio.

«Hitler, aunque dispone de un poder absoluto», escribió Vasconcelos, «se halla a mil leguas del cesarismo. La fuerza no le viene a Hitler del cuartel, sino del libro que le inspiró su cacumen. El poder no se lo debe Hitler a las tropas, ni a los batallones, sino a sus propios discursos que le ganaron el poder en democrática competencia con los demás jefes y aspirantes a jefes que desarrolló la Alemania de la postguerra. Hitler representa, en suma, una idea, la idea alemana, tantas veces humillada antaño por el militarismo de los franceses y la perfidia de los ingleses.»[40]

Al entrar en juego un conjunto tan explosivo de «antis» (anticomunismo, antiamericanismo, antisemitismo, antiliberalismo), el resultado no pudo ser sino una literatura del odio.

Pero el odio ideológico que conduce a la ceguera frente a la realidad no era exclusivo de las revistas de derecha. También la izquierda intelectual incurrió en actitudes de fanatismo. Este fue el caso de la revista política *Combate,* que dirigía Narciso Bassols. En calidad de representante de México ante la Liga de las Naciones, Bassols condenó la invasión de Abisinia por parte de Mussolini. De vuelta en México, escribió artículos que denunciaban el Pacto de Munich calificándolo de «infamia» y «capitulación». De pronto, el cuadro se le complicó: ¿cómo interpretar el Pacto Molotov-Von Ribbentrop? Bassols, como casi toda la izquierda, lo justificó y lo apoyó. Roto el pacto germano-soviético, Bassols dio con una explicación ingeniosa: vivimos «dos guerras en una», se pierde el camino «si se quiere asimilar y confundir dos cosas tan distintas como son, por una parte, el choque armado interimperialista que estalló en septiembre de 1939, y por otra, la guerra de defensa, no imperialista, justa, que sostiene el país soviético a partir del 22 de junio último». Alemania, decía

Bassols, es sólo la «avanzada bárbara del capitalismo decadente». La URSS, en cambio, «es, por su estructura económica y social, una fuerza de paz en el mundo».[41]

La prensa y los intelectuales tomaban posiciones extremas en la derecha y en la izquierda, pero lo hacían con plena conciencia. Hitler había dado muestras suficientes –en sus actos, sus discursos y sus escritos– de sus propósitos genocidas. Hacía apenas unos meses que Trotski había revelado en México los crímenes de Stalin. Pero aquel imaginario lector de la prensa mexicana que en tiempos de guerra se detenía frente a un puesto de periódicos, carecía de los elementos necesarios, no ya para adivinar –algo imposible, que ni el *Times* de Londres hizo–, sino para apreciar con alguna claridad y equilibrio la terrible desgracia que ocurría. La prensa, polarizada en extremos ideológicos irreductibles, se los había negado.

Frente a los hechos, el gobierno cardenista había mostrado mucha mayor serenidad, espíritu de justicia y sentido de la realidad. México protestó contra la invasión italiana a Etiopía, apoyó como ningún otro país la causa republicana contra Franco, defendió en Ginebra la causa de los judíos, condenó la invasión de China por parte de los japoneses y fue, además de la URSS, el único país que repudió el *Anschluss* austriaco de Hitler. Esta coincidencia con la URSS de Stalin no implicó connivencia alguna. Para Cárdenas, la persona humana estaba por encima de las ideologías y los poderes: por eso otorgó asilo a Trotski y a otros perseguidos. *El Nacional* reflejó con fidelidad esta postura. El 22 de mayo de 1940, Cárdenas escribió en su diario personal: «Alemania está desarrollando una propaganda activísima y busca por todos los medios hacer adeptos a su causa. Su campaña de expansión, como todo atropello a cualquier país, está en pugna con los sentimientos del pueblo mexicano».[42]

Para situarse más allá del fascismo y el comunismo, en una zona de relativa libertad, México necesitaba ante todo una actitud de ponderación y cautela. Conforme avanzó la guerra, Cárdenas pudo confirmar el acierto de su decisión sucesoria: aquéllas eran, justamente, las cualidades específicas de Manuel Ávila Camacho. No en balde habían compartido la vida militar, cientos de días y noches con el enemigo o su sombra enfrente. La zozobra de aquella Revolución construyó su amistad. La zozobra de la segunda guerra mundial la consolidaría.

Aunque al estallar la guerra el gobierno mexicano se declaró neutral, para 1941 demostró que su posición era definitivamente contraria a las potencias del Eje y favorable a los Estados Unidos. El 17 de julio de ese mismo año, el gobierno norteamericano dio a conocer una lista con los nombres de cerca de mil ochocientas personas y compañías a las que suponía relacionadas con Italia y Alemania, e incluía algunas empresas e individuos de nacionalidad alemana residentes en México. El gobierno de Ávila Camacho suspendió las relaciones comerciales con Alemania, a la vez que retiraba a los cónsules mexicanos acreditados en ese país. Al mismo tiempo ratificó a las representaciones diplomáticas de los países invadidos, lo que significaba desconocer las conquistas alemanas.

En su respuesta al informe presidencial de septiembre de 1941, Alejandro Carrillo –secretario de Lombardo Toledano y líder de la diputación obrera– justificó la necesidad de cooperar con los Estados Unidos: ambos países, argumentaba, estaban «obligados a caminar juntos no sólo por razones geográficas, sino también por razones de gran responsabilidad histórica en bien del hemisferio occidental y en bien de los pueblos de todos los continentes».[43] Fue la primera declaración pública oficial en que se afirmaba tajantemente la necesidad de cooperación bilateral.

El 30 de octubre de 1941, el gobierno promulgó reformas y adiciones a los artículos 129 y 145 del Código Penal: el primero incluía sanciones para quien alterara el orden interno o proporcionara información a un gobierno extranjero en tiempos de paz; en el segundo se preveía el delito de disolución social. Ambos servirían también para combatir a los grupos políticos opositores al régimen revolucionario.

Tras el ataque japonés a Pearl Harbor, México rompió relaciones diplomáticas y consulares con el Eje y favoreció la solidaridad continental, concediendo permiso a barcos y navíos de cualquier país americano para fondear en aguas y puertos mexicanos. El mismo decreto autorizaba al ejecutivo a permitir, en caso de urgencia notoria, el tránsito por territorio nacional de fuerzas pertenecientes a otras repúblicas de América. Simultáneamente, el presidente Ávila Camacho tomó las primeras medidas de colaboración militar con los Estados Unidos. El 10 de diciembre se creó la Región Militar del Pacífico, que reunía bajo un mando único las zonas militares de Baja California Norte y Sur, Sonora, Sinaloa, Nayarit, Jalisco, Colima, Michoacán, Guerrero, Oaxaca, Istmo de Tehuantepec, Chiapas y las zonas navales de Acapulco y La Paz. El mando de la región fue asignado al general Cárdenas.[44]

En colaboración con el ejército, la Secretaría de Gobernación procedió a concentrar a los alemanes, japoneses e italianos que residían en las costas y en las fronteras, para ubicarlos en ciudades del interior, arrestando, de paso, a algunos presuntos espías alemanes y japoneses (se detuvo a Georg Nicolaus y a Karl Hellerman, de quienes se sospechaba eran agentes de la Gestapo, y al japonés doctor Tsum; todos ellos fueron enviados a campos de concentración en los Estados Unidos). Otros posibles agentes, considerados menos peligrosos, fueron internados en varios lugares: en las Islas Marías, en una hacienda ubicada en el Estado de México, en Temixco, Morelos, y en el fuerte de Perote (Veracruz).

México entró en la guerra el 23 de mayo de 1942. Era la primera vez que el país se involucraba en una guerra mundial. El pretexto fue lo de menos: el ataque a los buques petroleros *Faja de Oro* y *Potrero del Llano* en el Golfo de México. La razón de fondo traslucía gran coherencia y realismo: reanudar la sensata trayectoria internacional del país en los años treinta y apoyar a los Estados Unidos.

Una encuesta de la revista *Tiempo* reflejaba la titubeante actitud de la opinión pública frente a esta decisión,[45] pero poco a poco la aguda germanofilia de las clases medias (reflejo del tradicional antiyanquismo) fue cediendo el paso a una moderada simpatía por la causa aliada. Por primera vez desde la instauración de la política del «buen vecino», el panamericanismo ganó algunas conciencias. Un atisbo de auténtica solidaridad recorrió el continente. Más importante que el encuentro de Roosevelt y Ávila Camacho en la ciudad de Monterrey (en abril de 1943), fueron las simpáticas caricaturas de Walt Disney sobre charros mexicanos, bailarines cariocas y gauchos argentinos, o la discreta introducción del americano amable en las películas del cine mexicano, personaje promovido en esa época por Hollywood. Pero nada contribuyó tanto al interés por la causa aliada como la victoria conseguida con un adarme mexicano. A mediados de 1944, México envió a un grupo de pilotos a la guerra del Pacífico. Era el Escuadrón 201, que luchó en las islas Filipinas, Luzón y Formosa, se ganó el aprecio del general MacArthur y sufrió cinco bajas. Acabada la guerra, fue recibido en medio de una apoteosis: se hicieron películas sobre aquellos herederos de la «estirpe egregia de los caballeros águila».

Unidad nacional

La guerra polarizaba las opiniones en la prensa y nublaba las mentes de los intelectuales que, con muy pocas excepciones, optaban por el fascismo o el comunismo. El frente interno de México estaba también dividido en bandos irreconciliables. En los estados occidentales, la vieja herida del movimiento cristero no sólo no cicatrizaba sino que se abría de nuevo con el sinarquismo, organización armada cuyo designio, apoyado por decenas de miles de campesinos, era acabar con «las tendencias ateas y comunistas». En el otro extremo, con una militancia exigua pero un fanatismo similar, el Partido Comunista denunciaba sin tregua las «tendencias fascistas y falangistas» y se congratulaba de la muerte de ese «aliado objetivo» del nazifascismo que supuestamente había sido León Trotski. La intolerancia religiosa y el extravagante dogmatismo del artículo 3º de la Constitución, que desde la reforma de 1934 prescribía la «educación socialista», constituían, a los ojos de la Iglesia y los fieles de clase media y alta, un agravio imperdonable. Por añadidura, en los círculos politizados de estas clases sociales, las sangrientas elecciones de 1940 habían dejado una estela de desencanto: la gente desconfiaba de Ávila Camacho (chiste: «¿En qué se parece Ávila Camacho al *income tax?*: En que es un pinche impuesto»);[46] pero despreciaba a Almazán: a su regreso a México, lo abucheaban e insultaban en los cines.

El movimiento obrero vivía también un momento de efervescencia ideológica. A partir de los años veinte, los sindicatos se habían convertido en el factor decisivo de poder y legitimidad, pero en los años cuarenta su destino político no estaba claro. La CTM, de tendencia oficialista, se consolidaba paulatinamente, pero el sindicalismo moderado de izquierda era igualmente poderoso y buscaba un mayor margen de independencia con respecto al gobierno. Y estaban también los sindicalismos de corte anarquista y comunista, que operaban con eficacia y desenvoltura. En el campo, la situación no era menos tensa: mientras los ejidatarios del país se acostumbraban a vivir en la nueva circunstancia de la reforma agraria, los pequeños y medianos propietarios (y los no pocos grandes que restaban) buscaban métodos legales y extralegales para defender su patrimonio.

Un primer indicio conciliatorio por parte de Ávila Camacho fue la integración plural del gabinete. Había cardenistas, callistas y un grupo naciente: los avilacamachistas. Entre todos éstos sobresalía el secretario de Gobernación, Miguel Alemán Valdés, de 40 años de edad. Ávila Camacho lo había conocido en 1938, en San Luis Potosí, durante la rebelión cedillista. Alemán era entonces gobernador de Veracruz y no tardó en «echarse a la bolsa» al general, que lo adoptó sin reservas como hijo político (curiosamente, hasta doña Eufrosina llegó a querer mucho a Alemán, porque le recordaba a Miguel, su hijo muerto en 1918). Alemán había dirigido la campaña pro Avila Camacho y había empleado buenas y malas mañas para sacar adelante la elección. Entre otros avilacamachistas, destacaban el secretario de Asistencia, doctor Gustavo Baz (veterano zapatista, cirujano eminente); el de Agricultura y Fomento, agrónomo Marte R. Gómez (veterano de las legendarias comisiones agrarias en el Morelos zapatista y, en los años veinte, subdirector del Banco Nacional de Crédito Agrícola, director de la Escuela de Agricultura de Chapingo, secretario de Agricultura); el regente del Departamento del Distrito Federal, licenciado Javier Rojo Gómez (hombre fuerte del estado de Hidalgo), y el director de la Comisión Nacional de Irrigación, ingeniero Adolfo Orive Alba (a cargo de varias presas en los años treinta, miembro de la Comisión de Aguas del Río Colorado). Estaban también los cardenistas García Téllez, en Trabajo, y Sánchez Pontón, en Educación; así como el callista Ezequiel Padilla, en Relaciones Exteriores.

Otro signo de los nuevos tiempos fue la voluntad personal de autocontención que demostró Ávila Camacho. Cuando, en el marco de la guerra, decretó la suspensión de garantías individuales, casi de inmediato procedió a reglamentarlas mediante un estatuto que la Procuraduría General de la República debía revisar de modo permanente. En 1934 Cárdenas había suprimido tranquilamente la inamovilidad de los ministros de la Suprema Corte de Justicia, disponiendo que el periodo de los jueces coincidiera con el sexenio. En 1941, Ávila Camacho promulgó una reforma que restablecía la inamovilidad. Para integrar la Suprema Corte, pidió y siguió el consejo de Luis Cabrera, conocido opositor del cardenismo. Los ministros elegidos fueron personas probas y aun independientes. En la lista de candidatos a la Suprema Corte de Justicia que envió al Senado, Ávila Camacho incluyó al licenciado Teófilo Olea y Leyva, quien había participado activamente en la campaña almazanista.

Se trataba de pequeños pasos republicanos en un marco general de centralización política. Literalmente «a empujones», el PAN comenzó a romper –a rasguñar apenas– el monopolio político del partido oficial. Con los gobiernos de los estados, Ávila Camacho rompió la pauta de Cárdenas, que en su sexenio había removido al menos a diez gobernadores callistas. Alguno pidió licencia, otro sufrió la revocación de sus poderes, otro más renunció, dos fueron asesinados; pero lo cierto es que Ávila Camacho procuraba intervenir lo menos posible en el ámbito estatal. Cuando el procurador de la República, José Aguilar y Maya, apresó a un diputado local de Guanajuato violando el fuero respectivo, el presidente estuvo a punto de despedirlo.

El paso decisivo hacia la «unidad nacional» lo dio el presidente en septiembre de 1942, cuando convocó a todos los ex presidentes a aparecer unidos junto a él el 15 de septiembre. Sobre un gran templete construido para la ocasión en el Zócalo de la capital, aparecieron Abelardo L. Rodríguez, Pascual Ortiz Rubio, Adolfo de la Huerta, Emilio Portes Gil, sin faltar, a izquierda y derecha de Ávila Camacho, respectivamente, Lázaro Cárdenas y Plutarco Elías Calles.[47] «¿Cómo está, mi general»?, debió de preguntar Cárdenas. «Bien, mi general», contestó sin duda Calles. Tres años más tarde, a la muerte de este último, Cárdenas anotaría en su diario: «Al regresar del exilio, el general Calles me saludó con nobleza».[48] «El Presidente Caballero» había logrado el pequeño milagro.

Más que una bella frase, un estado de ánimo frente a las potencias del Eje, un acto de equilibrio en su gabinete o un acto simbólico con los ex presidentes, para Ávila Camacho la «unidad nacional» era la pauta del sexenio. Ningún presidente de México se había atrevido a declarar públicamente su filiación religiosa. Acaso por cumplir un último deseo de doña Eufrosina, por inclinación propia, por astucia política (o por las tres razones juntas), en 1940 Ávila Camacho había confesado a la revista *Hoy:* «Soy creyente ... pero ser católico no es ser clerical, ni fanático. Soy católico por origen, por sentimiento moral».[49] Nadie leyó las salvedades, sólo la afirmación. «La frase conquistó muchísimo», recordaba su sobrina.[50] Para la izquierda, aquella declaración era un error: no cabía mostrarse tolerante con quienes «formaban en los niños y en la juventud una conciencia contrarrevolucionaria».[51] Pero la opinión, en su conjunto, la recibió con alivio: representaba el principio de reconciliación entre el Estado revolucionario y la Iglesia católica. El alto clero respondió a esa declaración en voz del arzobispo Luis María Martínez, quien instruyó a la grey: «... es deber de los católicos, como ciudadanos, cooperar sincera y eficazmente con el gobierno».[52]

«Tú violas la Constitución un poquito», habría dicho el Estado. «Yo me hago de la vista gorda con los artículos anticlericales de la Constitución», habría respondido la Iglesia. Las procesiones y manifestaciones religiosas volvieron a salir a la calle. En 1945, en el marco del 50 aniversario de la coronación de la Virgen de Guadalupe, se inauguró el Congreso Mariano Interamericano. Como Carmelita y el obispo Gillow en tiempos de don Porfirio, así doña Soledad y el arzobispo Luis María Martínez tenían acceso al oído del presidente.

El sinarquismo, con su organización secreta y sus tesis místico-militares, dio algunos golpes, como las «tomas» algo más que espectaculares de Morelia y Guadalajara en 1941. Para frenar su avance y lograr su cooperación en tiempos de guerra, el gobierno le cedió la colonia María Auxiliadora en Baja California. Esta concesión al grupo encabezado por Salvador Abascal ahondó las pugnas internas del sinarquismo y por lo tanto consiguió debilitarlo. Al final del sexenio, el talante conciliador de Ávila Camacho logró aún más: encauzar el sinarquismo hacia la acción política dándole registro como partido político. Con todo, las células irreductibles dentro de la Iglesia no dejaron de operar: el 10 de abril de 1944, un teniente de filiación católica extremista apellidado De la Lama y Rojas disparó contra el presidente Ávila Camacho y, al fallar, le dijo: «no pude, por desgracia, cumplir mi misión» (quien sí pudo cumplir la suya fue Maximino: probablemente fue él quien ordenó la ejecución del fallido magnicida).[53] Al margen de este y otros incidentes, las reformas conciliadoras seguirían siendo la pauta en el más antiguo y espinoso de los problemas mexicanos.

La izquierda, por supuesto, consideraba errada o por lo menos excesiva esta nueva política de conciliación, pero no estaba sola en sus reparos. También las solitarias voces liberales temían la reaparición de la Iglesia en la vida política de México. En un ensayo que levantaría ámpula, escrito al final del sexenio, Daniel Cosío Villegas advirtió sobre el peligro de un arribo de las derechas al poder. En esas circunstancias, «la mano velluda y macilenta de la Iglesia se exhibiría desnuda, con toda su codicia de mando, con ese incurable oscurantismo para ver los problemas del país y de sus hombres reales».[54]

Como prueba adicional de buena fe (y de fe sin más), el gobierno reformó el controvertido artículo 3° constitucional. Ocurrió en un momento tardío del régimen (diciembre de 1945) y a esa reforma contribuyó no poco la presión y las ideas del Partido Acción Nacional (PAN). Para Manuel Gómez Morín, ésta era una batalla personal. Entre 1933 y 1934, cuando el Estado impuso la educación socialista, Gómez Morín era rector de la Universidad. Aquéllos habían sido tiempos de intensa radicalización, en los que el gobierno llegó al extremo de cortar el presupuesto universitario y amenazar con el cierre de una institución que consideraba «elitista, superflua y reaccionaria». Mientras el rector Gómez Morín ejercía una cuidadosa administración de los exiguos recursos públicos que quedaban y echaba a andar una exitosa campaña para allegarse fondos privados, miles de estudiantes y decenas de profesores defendieron la libertad de cátedra en jornadas memorables para la Universidad. Acaso la polémica más importante del siglo XX mexicano haya sido la que protagonizaron entonces Antonio Caso y Vicente Lombardo Toledano, aquél defendiendo la libertad de pensamiento e investigación, éste proponiendo la adopción del materialismo histórico como la verdad científica y revelada.

La lucha universitaria de 1934 era un antecedente claro de la fundación del PAN, pero faltaba dar la batalla por la educación. El PAN la dio en la prensa y la Cámara, con el apoyo de la Iglesia y la Unión Nacional de Padres de Familia. No era ajeno a esa presión el relevo del primer secretario de Educación –el cardenista Sánchez Pontón– por el moderado Octavio Véjar Vázquez, ni la subsiguiente remoción de éste por el poeta Jaime Torres Bodet (secretario particular de Vasconcelos en 1921). Las enmiendas definitivas, si bien no cumplieron todas las expectativas del PAN (que se hubiese ido al extremo opuesto, suprimiendo la obligatoriedad del laicismo), sí abolieron la cláusula «socialista» y «desfanatizante»: la educación pasó a ser «democrática y nacional». «La reforma», recordaría Torres Bodet en sus *Memorias*, «se proponía suprimir un alarde político manifiesto: que la educación mexicana era socialista. ¿En qué parte de nuestro territorio se daba, en verdad, esta educación? ... Ni siquiera en los libros de propaganda los fanatismos se combaten con fanatismos.»[55]

En su momento, Ávila Camacho le comentó a Torres Bodet que en su negociación directa con los diputados y senadores había contado con el eficaz apoyo de un brillante intelectual: nada menos que su paisano Vicente Lombardo Toledano. A Narciso Bassols, redactor del artículo original en 1934, el presidente no lograría convencerlo, pero el puesto público que ocupaba no daba pie a una oposición extrema: desde 1944 fungía como embajador de México en la URSS.

La presencia de Torres Bodet en Educación fue un nuevo eslabón en la cadena de la «unidad nacional». No sólo había que superar las querellas ideológicas de los años treinta, sino volver a los contenidos indiscutibles de la Revolución. El más ecuménico de todos era la educación. Y ¿quién mejor que un secretario de Vasconcelos para llevarla a cabo? En su paso por la secretaría, Torres Bodet retomó la idea vasconceliana de la alfabetización y emprendió una intensa campaña dirigida a niños y adultos: capacitó al magisterio, revisó planes de estudio, rehizo textos escolares, imprimió diez millones de cartillas de alfabetización, impulsó la iniciativa privada en la construcción de escuelas (se construyeron 588). Los resultados, desgraciadamente, fueron exiguos: en 1940, la población mexicana mayor de seis años era de 12.900.000 habitantes, más de la mitad de la cual era analfabeta. Para 1946, al terminar el periodo de Ávila Camacho, sólo se había logrado alfabetizar a un millón de personas.

En su balance de 1946, Cosío Villegas lamentaba el relajamiento de la «tensión evangélica» de los años veinte y comparaba la trayectoria de la educación con la de «quien en su momento de gloria la personificó». Como Vasconcelos, la educación «ha terminado por ser caóticamente inconsistente, más aparente que real ... y ha fracasado en conquistar a la juventud».[56]

La unidad nacional incluía al mundo de la cultura. Vasconcelos, que gracias a los buenos oficios del «Presidente Caballero» había aceptado la dirección de la Biblioteca Nacional, debió ver con simpatía los esfuerzos de «Jaimito» (Jaime Torres Bodet), su antiguo subalterno. Por lo demás, «el Maestro de América», junto con sus viejos compañeros del Ateneo de la Juventud (Antonio Caso y Alfonso Reyes) y con otros mexicanos distinguidos (los pintores Orozco y Rivera, el músico Carlos Chávez, el cardiólogo Ignacio Chávez, el escritor Mariano Azuela, entre otros), había fundado en 1943 El Colegio Nacional, institución copiada del Collège de France con la que el gobierno reconocía a sus sabios. Como corolario natural, el gobierno estableció en 1946 los Premios Nacionales de Artes y Ciencias.

En aquel clima de distensión interna, surgieron varias instituciones de estudio e investigación científica, no pocas revistas y casas editoriales, casi todas de alta calidad y perdurables. Sus fundadores pertenecían a la generación de 1915.

Al terminar el periodo del «Presidente Caballero», varios de estos personajes tendrían al menos un instituto, una escuela, una revista, una editorial, en su respectivo haber. En sus *Cuadernos Americanos*, el economista Jesús Silva Herzog llevaba a cabo un esfuerzo complementario al de Daniel Cosío Villegas en la editorial Fondo de Cultura Económica. Significativamente, otro hombre de la generación de 1915, el rector de la Universidad y eminente arqueólogo Alfonso Caso, promulgó en 1945 la Ley Orgánica de la Universidad Nacional Autónoma de México. En 1943 se fundó también una excelente institución académica: el Tecnológico de Monterrey.

La cultura católica, después de casi un siglo de retraimiento, experimentó un renacimiento notable. Dos humanistas, los hermanos

Méndez Placarte, fundaron la revista *Ábside;* Gómez Morín creó la editorial Jus y el padre Ramón Martínez Silva inauguró la Universidad Iberoamericana. En el ámbito científico, Luis Enrique Erro fundó y dirigió en 1941 el observatorio astronómico de Tonantzintla. El propio presidente Ávila Camacho podía sentirse miembro legítimo de esta generación de 1915 gracias a la fundación del Instituto Mexicano del Seguro Social (IMSS). Aunque Gómez Morín lo había esbozado en 1927, sólo ahora cristalizaba. Ávila Camacho no era médico, pero, como buen paciente, se supo rodear de buenos médicos que resultaron espléndidos fundadores. Al final del sexenio, funcionaban ya dos clínicas del IMSS que, aunadas a los flamantes institutos nacionales de Cardiología (fundado por el doctor Ignacio Chávez en 1944), de Nutrición (fundado por el doctor Salvador Zubirán en 1946) y al Hospital Infantil creado en 1942 (una de las muchas obras del doctor Gustavo Baz, secretario de Salubridad y Asistencia), sentaban las bases de un nuevo sistema de salud y asistencia social.

En un ámbito menos olímpico que el de la cultura, el del movimiento obrero, «el Presidente Caballero» trató en vano de estrechar los lazos de «amor y concordia» (como él mismo afirmaba, no sin cursilería). La unidad, en sentido estricto, parecía imposible. La carestía de la vida, que en la ciudad alcanzó momentos críticos, provocó protestas de los trabajadores. Por otra parte, había demasiados factores ideológicos en pugna. La izquierda ortodoxa del Partido Comunista seguía las directrices de Moscú. Persistía la CROM (Confederación Regional Obrera Mexicana), al igual que la anarquista CGT (Confederación General de Trabajadores). En la izquierda sindical que operaba dentro de la CTM y permanecía aliada al gobierno, seguía teniendo gran influencia Vicente Lombardo Toledano, pero su involucramiento en la Central de Trabajadores de la América Latina (CTAL) favoreció desde 1941 el ascenso de Fidel Velázquez, líder moderado de una ideología camaleónica, que ya había probado su eficacia al desplazar a los comunistas de la dirección de la CTM en 1937.

Con ayuda de su paisano Lombardo Toledano, Ávila Camacho logró acuerdos importantes. En diciembre de 1941, el proletariado nacional «pedía» al presidente que «señalara las tareas que le corresponden ... para resolver del mejor modo la crisis que pesa sobre nuestro pueblo».[57] El «mejor modo» fue la creación, en junio de 1942, de un consejo obrero nacional que optó por «evitar enfrentamientos» y dar su «apoyo total al gobierno». El 7 de abril de 1945 la CTM firmó un Pacto Obrero-Industrial que prescribía la cooperación entre patrones y trabajadores para lograr la «revolución industrial» de México.

Hubo ocasiones en que el presidente intervino de manera directa para calmar los ánimos y conciliar los intereses. Así ocurrió con una de las empresas públicas más conflictivas del país, los Ferrocarriles Nacionales. El gobierno se debatía entre dos opciones: cumplir con los deseos del combativo gremio de los ferrocarrileros, que tenía una propensión natural hacia una concepción socialista de la economía, o modernizar en el sentido capitalista una empresa estatal sobresaturada de personal, descapitalizada e improductiva. En tiempos de Ávila Camacho, el problema tan sólo se difirió. Cuando las elecciones entre tres grupos opositores (independientes, comunistas y progobiernistas) dieron el triunfo a los primeros, la animosidad de los perdedores orilló al presidente a sentarlos ante una mesa y a aplicar su conocido método de persuasión para formar un comité ejecutivo de coalición. A pesar de los buenos oficios, el comité no funcionó. Un intento por parte de la gerencia de ajustar el contrato colectivo se topó con la natural resistencia de los líderes independientes, a quienes el siguiente sexenio depararía sorpresas desagradables.[58]

El crítico Cosío Villegas opinó que el movimiento obrero había

«llegado a depender de un modo tan completo de la protección y el apoyo oficiales, que se ha convertido en un mero apéndice del gobierno. [Este] maridaje [era] perjudicial a ambos cónyuges ... al gobierno le ha impedido resolver problemas de tanta importancia para la economía general del país como el de los ferrocarriles y el petróleo, problemas cuya solución, por otra parte, le hubiera dado prestigio y una autoridad de que tanto necesita; a la organización obrera, la ha envilecido y degradado».[59]

Baluarte inmaculado de las instituciones

Hacia 1950, Daniel Cosío Villegas hizo un estudio sobre lo que llamó el «trasfondo tiránico» de América Latina. Según sus cifras, de los veinte países que formaban la región, siete «vivían bajo un régimen tiránico indudable», nueve transitaban por una situación política a tal grado precaria que cualquier pequeño empujón podría precipitarlos «a la tiranía sin embozo», y sólo cuatro (México, Guatemala, Cuba y Uruguay) «vivían a flote, pero no inmunes» al militarismo, el más tradicional de los males políticos latinoamericanos. El tiempo demostraría muy pronto que el único país inmune al militarismo, además de Costa Rica, era México.[60]

Desde cualquier ángulo que se viera, la desmilitarización de México era un fenómeno tan admirable como misterioso, sobre todo si se contrastaba con el trasfondo militar de su historia. Con la excepción notoria de dos breves interregnos –la República Restaurada: 1867-1876, y los quince meses del maderismo–, el país, desde su independencia, había sido gobernado principalmente por militares. Entre 1910 y 1920 había vivido una experiencia revolucionaria única en América Latina, obra también de generales que no solían aceptar fácilmente su retiro del poder. Para sostener a los treinta y cinco mil hombres de caballería y a los treinta y un mil de infantería que en tiempos de Calles combatían a los cristeros, el gobierno gastaba el 30 por ciento de su presupuesto, más del triple que lo destinado a educación (9 por ciento).[61] Muchos otros países latinoamericanos manejaban una proporción más sensata: Argentina (17 por ciento, 20 por ciento), Uruguay (15 por ciento, 14 por ciento). Pero a partir de entonces, el descenso relativo del presupuesto dedicado al ejército había sido constante. Cárdenas lo bajó al 19 por ciento; Ávila Camacho al 14 por ciento (a pesar de la guerra), y los futuros presidentes lo llevarían hasta el 6 por ciento.[62] Paralelamente, el número de puestos que en cada gabinete se otorgaban al ejército disminuyó también. ¿Cómo se explicaba el tránsito pacífico del poder militar al civil?

A diferencia de los ejércitos argentinos, peruanos o chilenos, el ejército mexicano posrevolucionario carecía de tradición. Para los hijos de las clases altas en esos países, criollos en su mayoría, la carrera de las armas no era por fuerza una vía de acceso al poder, sino un signo de prestigio que solía transmitirse de generación en generación. En México, los vaivenes del siglo XIX habían modificado esa situación: el ejército criollo de Iturbide y Santa Anna no tenía muchas glorias de las qué envanecerse: había perdido la guerra contra los Estados Unidos y la guerra de Reforma, y había sido cómplice de la Intervención. Sus adversarios liberales no eran militares de carrera sino advenedizos con talento militar, muchos de ellos mestizos, como Porfirio Díaz. Fueron estos militares los que cosecharon las victorias históricas de la Reforma, el 5 de mayo o el 2 de abril. Cuando llegó al poder, Díaz instituyó la política del «pan o palo» con sus antiguos compañeros de armas y, con el paso de los años, fue consolidando de nuevo un ejército profesional. En los años finales del porfirismo, cuando los veteranos habían muerto, los jóvenes generales se formaban en Saint

Cir, tenían un colegio suntuoso y se daban el lujo de patentar armamento. Pero se trataba de un ejército más vistoso que eficaz. Madero lo conservó casi intacto, y esa sola medida le costó la presidencia y la vida. Con excepciones notables, como la de Felipe Ángeles, los altos oficiales de este ejército llegaron al poder con Victoriano Huerta y fueron liquidados por la Revolución constitucionalista.

Los nuevos generales revolucionarios, geniales algunos de ellos, eran, de nueva cuenta, militares advenedizos y como tales se comportaban. Antiguos maestros de escuela, agricultores, empleados públicos, contadores, soñaban con bajarse del caballo, quitarse las charreteras militares y encabezar un orden civil. Otros le tomaron más gusto a la profesión de las armas. Terminada la etapa militar, unos (los parecidos a Manuel Ávila Camacho) y otros (los semejantes a su hermano Maximino) se convirtieron en los dueños indisputados del país.

Obregón pertenecía a la segunda especie. Su fuerza era tal que, pasando por encima del dogma mayor de la Revolución –la no reelección–, había pretendido emular a don Porfirio. No dudó en eliminar a buena parte de los generales que lo habían secundado en los años de lucha, incluso a sus lugartenientes más cercanos. De haber alcanzado la reelección, es probable que hubiese permanecido en el poder por algunos lustros, fincando una nueva tradición militarista. Su asesinato cambió el cuadro.

Calles formaba parte de la primera especie. Su genio específico era la política. Se sentía cómodo en su atuendo de civil. Su discurso sobre el paso de «la era de los caudillos a la era de las instituciones» enfiló al país, a mediano plazo, hacia la solución que Carranza había querido imponer prematuramente en 1919. El solo hecho de que los generales –muy mermados ya, es verdad, pero poderosos aún– se avinieran a poner las pistolas sobre la mesa, y a convenir en reglas ordenadas de acceso al poder, suponía un avance notable de autolimitación. Un paso previo al civilismo.

Cárdenas avanzó un trecho más en esa dirección. Militar pundonoroso pero sin mayor brillo ni talento, en sus apuntes personales había consignado con desaprobación las borracheras, juergas prostibularias, aprehensiones injustas, plagios, fusilamientos y robos cometidos por los militares en los tiempos de la lucha armada. La violencia de cualquier índole le parecía repugnante. Al llegar al poder, acentuó aún más la supeditación política de los militares. Colocar a Calles en un avión en lugar de ponerlo frente a un pelotón de fusilamiento fue, en términos simbólicos, un acto de civilidad que hubiera sido impensable en los años veinte.

Cuando Cárdenas ordenó el ingreso masivo del ejército en el PRM, los militares no chistaron. La docilidad militar no sólo se explica por el triunfo paulatino de la tendencia civilista entre los caudillos. Tenía también orígenes demográficos. Muchos de los representantes de la generación revolucionaria (nacida entre 1875 y 1890) habían muerto durante la Revolución o en las sucesivas «limpias» de los años veinte. Otros vivían en el exilio. El resto sobrevivía, pero con las fuerzas muy menguadas por el cansancio y la edad. El hecho mismo de que el presidente fuese un hombre más joven que ellos –como lo era Cárdenas– marcaba un límite simbólico a las ambiciones de los generales más viejos, a quienes la opinión bautizaría entonces como «los cartuchos quemados». Aunque los más radicales se sintieron molestos porque Cárdenas había «destapado» a un hombre «chiquito» y «recién llegado», en la mayoría de los casos se abstuvieron o «se alinearon»: no apoyaron significativamente a la oposición de izquierda (Múgica) ni a la de derecha (Almazán).

La generación militar de Cárdenas había intervenido en la Revolución de manera tardía y en mandos menores, o se había incorporado al ejército en los años veinte; en él vieron acción contra las diversas «infidencias» de aquellos años. Muchos se habían vuelto políticos, y como tales se les reconocía, pues una vez cambiada la casaca militar por el traje de civil, era difícil volverla a vestir. El caso típico era el del propio general Juan Andrew Almazán, convertido desde hacía tiempo en próspero contratista de caminos. Consumado el fraude en su contra, fueron los civiles, más que los militares, quienes estuvieron dispuestos a levantarse en armas junto a él; pero, arriesgándose al escarnio público, Almazán hizo un servicio más al civilismo en México: renunció a la vía violenta.

En tiempos de Ávila Camacho, una nueva oficialidad estaba en ascenso. Caso emblemático fue el general y licenciado Alfonso Corona del Rosal, aquel compañero de polo del presidente. Nacido en 1906, había participado en diez acciones de guerra durante los años veinte, pero toda su trayectoria –y hasta su doble título de general y licenciado– denotaba una tendencia hacia la vida civil. Su tesis de licenciatura versó sobre «El estatuto militar: el ejército como un servicio público». Medio siglo después recordaba:

«Cuando yo fui cadete había clases en las que aprendí virtudes militares ... pero les faltaban fundamentos filosóficos, teóricos ... yo los adquirí en la Universidad, en la Escuela de Leyes, tuve maestros como Antonio Caso ... así me preparé y logré un cambio. El general

Ávila Camacho mandó traducir un libro sobre virtudes militares y le puso un prólogo. A veces negaba audiencia y nos poníamos a platicar de enseñanza moral».

Durante la campaña electoral de 1940, la afinidad moral entre el caballero militar y el militar abogado surtió efectos:

«Almazán era de ideas fascistas, un peligro para México ... en esa época empezaron los almazanistas a hacer propaganda en el ejército ... Yo ya me había recibido de abogado, daba clases de moral militar y civismo en el Colegio Militar, incluso contribuí a hacer el nuevo programa de estudios, y me fue fácil organizar un grupo que abarcó ... generales de división, jefes de corporación y corporaciones enteras ... Fue el grupo Morelos, con él contrarrestamos la acción de Almazán en los cuarteles y salimos adelante».[63]

En la presidencia de Manuel Ávila Camacho, la supeditación militar cerró su ciclo. En su discurso inaugural indicó con toda claridad el nuevo rumbo: «Todo intento de penetrar la política en el recinto de los cuarteles es restar una garantía a la vida cívica y provocar una división de los elementos armados ... Necesitamos engrandecer nuestras fuerzas armadas como un baluarte inmaculado de las instituciones».[64]

Por un nuevo ucase del presidente, los militares salieron del PRM, regresaron a los cuarteles y se abstuvieron de mezclarse –salvo algunas excepciones– en política.

Para asegurar que el «ejército favorezca siempre al gobierno, defienda las instituciones y sea leal», el gobierno empezó a discurrir toda suerte de medidas: en terrenos de La Herradura donados por Ávila Camacho, el ejército inició la construcción de un moderno edificio sede y del Hospital Central Militar; se apoyó a las escuelas militares de medicina e ingeniería; continuó la construcción de las escuelas llamadas «Hijos del Ejército» iniciadas por Cárdenas, y se creó un fondo de ahorro con el que se crearía un banco del ejército y de la armada. Otro género menos honorable de apoyo a los altos mandos fue el otorgamiento de jugosas concesiones, como, por ejemplo, el manejo de gasolinerías.

«Pa' los toros del Jaral, los caballos de allá mesmo», decía un refrán popular. Éste fue, justamente, el caso notable de los generales revolucionarios mexicanos, de Calles, pero sobre todo del dueto Cárdenas-Ávila Camacho. Cambiaron por cuenta propia la política de las armas por las armas de la política y, cosa aún más extraordinaria, legaron esas armas a una generación de civiles. Su mayor lección fue poner límites a su propio poder, salir del escenario histórico a tiempo. Sus sucesores, los universitarios en el poder, se beneficiaron de esa decisión pero, llegado el momento, carecerían de la visión y la grandeza de aplicársela a sí mismos.

«El Alazán Tostado»

Algunos generales se hicieron fuertes en estados o regiones y construyeron férreos cacicazgos que el gobierno no combatió sino que utilizó en provecho propio. «Tú me obedeces, yo te protejo», ésa era la regla de oro. Cárdenas no había tenido más remedio que usar el palo contra el general Cedillo, pero al presidente Ávila Camacho sólo le tocó repartir el pan. En esto, como en muchas otras cosas, las prácticas de los gobiernos de la Revolución se ajustaban a la tradición porfiriana.

El ejemplo más acabado de esta práctica fue Gonzalo N. Santos, heredero del cacicazgo de los Cedillo en San Luis Potosí. Miembro fundador (credencial número 6) del PNR; organizador profesional de campañas electorales victoriosas por la buena o por la mala; militar, diputado, senador según la ocasión, Santos había acumulado al amparo de la Revolución decenas de miles de hectáreas. Tenía bajo su mando directo a doce mil hombres armados: «sus huastecos». Por testimonio propio (al final de su vida, cosa rarísima entre los políticos mexicanos, compuso sus regocijantes, macabras y no mal escritas *Memorias*), se sabe que sus matones profesionales lo acompañaban dondequiera que él fuese. Si un cura predicaba contra él, tranquilamente lo balaceaba. Si unas tierras le gustaban, acudía a ver al dueño para que pusiera precio. Si éste se negaba o mostraba dudas, Santos se alzaba de hombros: «Que su viuda decida».

A cambio de la impunidad en su territorio, Santos prestaba grandes servicios a «la Revolución». En las elecciones de 1929, un periódico de la ciudad informaba: «Cuando se hallaban más de dos mil personas, dos camiones cargados de esbirros del PNR empezaron a disparar sobre la multitud con ametralladoras Thompson». Hubo muertos y heridos, pero para Santos, que dirigía la operación, aquello había sido sólo una «descarga al aire para que huyeran las codornices».

Durante la campaña de Ávila Camacho, Santos desempeñó varias tareas, desde procurar el acercamiento de viejos líderes revolucionarios hasta dispersar «codornices» con sus Thompson. En sus memorias narra «las sangrientas elecciones de 1940» sin sombra de cinismo, con absoluta candidez y sinceridad, como si se tratase de una campaña militar. Dos extractos:

«Arremetimos contra esa casilla a pistolazo limpio y como hubo algunos que dispararon contra los nuestros les contestamos en forma enérgica a balazo limpio. Recogimos todas las ánforas que ya estaban repletas de votos almazanistas, las quebramos y nos llevamos todos los papeles, actas, boletas, etcétera, dejando hecha añicos la mesa de casilla y dispersando a los almazanistas ... Yo les dije a los escrutadores: "A vaciar el padrón y rellenar el cajoncito a la hora de la votación, no me discriminen a los muertos pues todos son ciudadanos y tienen derecho a votar"».[65]

Cuando su compadre Ávila Camacho llegó al poder, Santos cobró sus servicios de dos maneras: en efectivo y en especie.

«–Mire, compadre –le habría dicho al presidente–, para que no crea usted que yo me hago del rogar para todo, le voy a pedir que me compre mi rancho Tres Filos, que está en el municipio de Tamuín, son diecisiete mil hectáreas que compré a unas viejitas norteamericanas que lo habían heredado y que viven en Estados Unidos.
»–Que la Secretaría de Agricultura y Ganadería compre diez mil hectáreas y las otras siete mil las voy a regalar dividiéndolas en pequeñas propiedades; póngale precio, compadre –me dijo don Manuel.
»–Quinientos mil pesos –le contesté.
»Él me dijo:
»–De aquí váyase a ver a Marte R. Gómez y que tramite el pago inmediatamente.
»Y así fue.»[66]

Hacia el año de 1943 el cobro se realizó en especie. Santos iba a ser gobernador de su estado por un periodo de tres años, los que señalaba la Constitución. Pero sus planes eran más ambiciosos. En presencia del ministro de Gobernación, Miguel Alemán, escuchó el dictamen que el secretario de éste, Rogerio de la Selva, había preparado sobre el caso:

«–No puedes ser electo legalmente por seis años, porque el Congreso no tiene tiempo de reformar la Constitución cuando va a ser electo el mismo día que lo vas a ser tú.

»Yo le contesté, en presencia de Alemán:

»–Éstas son muy pocas dificultades para un hombre de carácter; las convocatorias para elecciones en San Luis Potosí van a ser dos, primero se elegirán los diputados y después vendrá la elección de gobernador cuando ya los diputados hayan reformado la Constitución para ampliar el periodo.

»Alemán le dijo a De la Selva:

»–Ya no estés cavilando ni entretengas a Gonzalo, vamos a ˝darle tormento˝ a la Constitución y que su periodo sea de seis años.

»Y así fue. La Constitución no se quejó de haber recibido tormento».[67]

Su «mandato» –como se le llamaba, cómicamente, a ese poder absoluto– no sólo duró los seis años de su gubernatura. En San Luis Potosí no se movía una mosca sin el permiso de Santos. Desde su rancho El Gargaleote, Santos mandó «al que le siguió, y al que siguió al que le siguió». ¿Quién tenía los pantalones para oponerle resistencia? Era «"el Alazán Tostado": primero muerto que cansado».

Como otros caciques en diversas regiones del país, y a diferencia de Maximino, Santos sobrevivió muchos años aferrado a su feudo, pero su misma excentricidad, como la de Maximino, denotaba un anacronismo. En el México de la posguerra, en un mundo de aviones y automóviles, los caciques regionales y los caballos alazanes comenzaban a ser piezas de museo.

Ganado político

Para los críticos de la reforma agraria, no había misterio alguno en su fracaso económico. En las crudas palabras de Miguel Palacios Macedo, los campesinos eran «el ganado político» de la Revolución.[68] Resultaba penoso ver a los hombres y mujeres del campo acarreados desde sus pueblos para desfilar, antes de las elecciones de 1940, en apoyo de Ávila Camacho. «Viva el que dijimos endenantes», gritaban algunos que ni siquiera sabían el nombre del candidato.

Tras el reparto masivo e indiscriminado de Cárdenas, el problema se había agravado hasta convertirse en el más doloroso y urgente del país. Aunque confiaba en el ejido como la salida económica de México, en el fondo Cárdenas había concebido el reparto de la tierra en términos de humanitarismo religioso: como una vasta restitución moral a los mexicanos pobres. Poco a poco, él mismo había tomado conciencia de que la entrega por sí sola no bastaba para lograr una mínima prosperidad. Pero nunca pudo (o quiso) ver el vicio jurídico y político escondido en su diseño. El ejidatario, en efecto, no podía legalmente vender, hipotecar, rentar o comerciar de ningún modo con su tierra. Si dejaba de trabajarla dos años, la perdía. Su suerte quedaba en manos del comisario ejidal, que podía quitarle la parcela en cualquier momento, incluso inventando cualquier cargo. El ejido había liberado al peón de la hacienda; sin embargo, su generoso espíritu tutelar había reproducido, en la práctica, las mismas paradójicas iniquidades de las Leyes de Indias.

Y, sin embargo, había un consenso en favor de la tutela. Una vez repartida la tierra, el problema era de «visión ... de técnica, de consistencia y honestidad».[69] Había faltado una estrategia de reforma agraria que la llevase a cabo escalonadamente, primero en las zonas de cultivos industriales y luego en las más pobres, las cerealeras. Había faltado técnica porque no se había hecho esfuerzo alguno por averiguar qué cultivos y métodos podían sortear las desfavorables condiciones del suelo mexicano. Había faltado consistencia, entre otras cosas, porque «las dotaciones no han sido dictadas por la prudencia ni la necesidad sino por el afán de pasar por el mayor repartidor de tierras». La labor educativa pudo y debió hacerse alrededor de los ejidos, al igual que las obras de salubridad, riego, asistencia. «En cuanto a la honestidad... ¿sería preciso hablar?»[70]

Planteada así, una nueva administración de reforma agraria –visionaria, técnica, consistente y honesta– aún podía resolver el problema. Pero Manuel Gómez Morín pensaba que el mal era más profundo y residía en el concepto político del ejido. En el fondo de la tutela estaba el control. Con el objeto de mantener controlada a la población campesina para fines de perpetuación política, el gobierno negaba al campesino la propiedad de la tierra. En la práctica, los «derechos ejidales» de los campesinos significaban poco: si legalmente no poseían la tierra que trabajaban, no era de extrañar que no se animaran a invertir en ella. Quienes en realidad controlaban la tierra no eran los campesinos sino los comisarios ejidales: hacían favores a los campesinos a cambio de apoyo político para el partido en el poder. La otra pinza era el crédito. Los bancos agrícola y ejidal no eran bancos: utilizaban el dinero de la tesorería federal para controlar al campesino por esa vía, aunque perdieran anualmente la quinta parte de sus operaciones. A juicio de Gómez Morín, se necesitaba nada menos que una revolución moral en el campo mexicano, el arribo de tutores honestos y desinteresados que aportaran implementos, créditos y enseñanzas prácticas a los campesinos sin restarles libertad, sin atarlos al carro del PRM: «Los explotan», sostuvo siempre, «los "muerden", los multan, les dan alcohol, los "acarrean" a mítines del partido. Es una grande reservación de indios todo el país, en manos de un departamento del interior, que es el gobierno federal, que no tiene encima ningún vigilante».[71]

El gobierno de Ávila Camacho percibió algunos de estos problemas y, desde los primeros días, optó por cerrar parcialmente la válvula: de las 17.890.000 hectáreas de Cárdenas, repartió sólo cinco millones. Mientras que los trámites ejidales se volvieron más lentos y difíciles, la parcelación privada y la emisión de certificados de inafectabilidad a la pequeña propiedad se realizaron con mayor fluidez. Al final del periodo, el PAN sometió un proyecto para reintroducir en la Constitución la figura del «amparo agrario», proyecto que el Congreso desechó.

Como sus antiguos jefes sonorenses, Ávila Camacho volvió a privilegiar la irrigación, pues la consideraba la palanca del desarrollo agrícola en un país árido como es México. Al concluir la guerra, el gobierno dedicaba el 15 por ciento de su presupuesto a la irrigación. Sin descuidar las obras de pequeña irrigación, durante el sexenio se construyeron 35 obras de gran irrigación, en su mayoría localizadas en las zonas potencialmente productivas del centro y norte del país. El total de hectáreas de riego nuevas y mejoradas (549.129) rebasó la superficie irrigada por todos los gobiernos anteriores.[72] Animado por este impulso, así como por las medidas de rectificación agraria y la expansión de la demanda externa, el sector privado del campo, el de los «rancheros», acrecentó su producción de cultivos comerciales como las frutas y las legumbres.

Las opiniones sobre el problema del campo mexicano siguieron dividiendo a los mexicanos. Los viejos revolucionarios vivirían siempre en la convicción de que el ejido, más allá de sus limitaciones, había liberado al campesino. Si no lo había hecho más rico, al menos lo había hecho más digno.

«El hacendado», señalaba Marte R. Gómez a un crítico del ejido, «movía a sus peonadas para que se encaminaran a los campos de cultivo entonando el "Alabado" ... al dueño de la hacienda había que besarle la mano y decirle "Tata" o por lo menos hacerle una profunda reverencia con el sombrero en la mano ... los adeudos se heredaban de generación en generación ... no había escape posible, porque el que nacía en la hacienda, aunque legalmente no era su esclavo, sí era su siervo.»

La reforma agraria había cambiado de raíz esos usos coloniales:

«Compare usted fotografías de principios de siglo con otras de nuestros días –fiestas, desfiles, manifestaciones– y verá usted que salvo contados lugares, el campesino de México usa ya pantalón de mezclilla y calza zapatos de suela gruesa, que su mujer va más o menos bien trajeada y calzada. Si una mayoría de nuestros campesinos son ejidatarios, y si el ejido ha servido para hacer desaparecer de nuestra indumentaria el calzón blanco y el huarache, ya es mucha ganancia».[73]

La titulación individual de las parcelas que pedían los críticos se topaba con argumentos de índole tutelar: ¿qué harían los campesinos con ellas? Las venderían al primer postor, se propiciaría con ello una vuelta al latifundismo, los campesinos se volverían de nueva cuenta jornaleros en la que había sido su tierra. La reforma agraria no había resultado una panacea, pero cualquier regreso al pasado parecía peor.

A juicio de Cosío Villegas, que no en balde había estudiado economía agrícola en Cornell, la reforma agraria, ese sacramento del credo revolucionario, también estaba en crisis:

«La verdad es que se encuentra en la peor condición posible: ha sido lo bastante recia en su faena destructiva para concitar en su contra todo el odio y la saña de quienes la sufrieron ... pero en el aspecto constructivo su éxito no ha sido lo bastante transparente para mantener inquebrantable la fe de quienes esperaban de ella la felicidad terrenal de diez o doce millones de mexicanos».[74]

El periodo de Ávila Camacho marcó el principio de un proceso largo, penoso y lento como el caminar de una tortuga: el ascenso del Partido Acción Nacional. La proximidad de sus miembros a la jerarquía católica, la simpatía de muchos de ellos por el régimen de Franco y su inicial reticencia al ingreso de México en la guerra, volvían sospechosas sus credenciales democráticas. Pero, con todas sus limitaciones, el PAN descendía legítimamente de los dos grandes movimientos democráticos del siglo XX en México: el maderismo y el vasconcelismo.

Gómez Morín había trabajado desde 1927 para constituir un grupo político independiente. En 1929, predicaba inútilmente a Vasconcelos:

«... improvisar un grupo para jugar su destino como grupo histórico y el destino individual de sus componentes como hombres, en el albur de las primeras elecciones que se presenten, me parece indebido por temerario. En cambio, sí se puede hacer una gran labor si llega a constituirse firmemente un grupo que entre de lleno a la política con toda actividad y con todo valor, pero sin que necesite escoger desde luego a un hombre para presidente».[75]

El rectorado de Gómez Morín en la Universidad había tenido el mismo objetivo: formar un grupo capaz de organizarse y sobrevivir en un marco político hostil y en vistas a una victoria a largo plazo. A la postre, resultó que muchos de los fundadores del PAN habían sido estudiantes en aquella universidad de 1934, acosada por el Estado y la educación socialista.

En su origen, el PAN congregó tanto a maderistas como a huertistas, a intelectuales y financieros, pero su cuerpo básico lo integraban profesionistas independientes de clase media. La autonomía económica sería decisiva para la supervivencia del partido. «Todos tuvimos que seguir trabajando, fue un principio que ... todos consideraran la labor política como un dato más en la agenda de todos los días: atender a los hijos, ir a su casa, trabajar y hacer política.»[76] Se trataba de una especie de apostolado. Era tal el predominio del PRM (jamás había perdido una presidencia, una senaduría, una diputación, una gubernatura, una presidencia municipal), que pensar en el poder parecía imposible, impensable: «Cuando fundamos Acción Nacional, dijimos que no era una tarea de un día sino brega de eternidad.

Y que se requería una labor que en latín se dice muy bonito: *instauratio ab imis fundamentis,* una instauración desde los cimientos mismos».[77]

El funcionamiento interno del PAN se ajustó desde un principio a las reglas normales de un partido moderno: formación de comités en toda la república, filiación voluntaria e individual, discusión abierta, celebración de asambleas y convenciones con votaciones democráticas. La plataforma básica del PAN consistía, entre otros puntos, en reformar los «textos persecutorios» (artículos 130 y 3°), y el artículo 115, «para alcanzar la autonomía municipal; una reforma agraria sobre bases no partidistas, creación de la propiedad familiar de los ejidatarios, crédito agrícola sin compromisos de sujeción política; pequeña irrigación, rendición de cuentas públicas, ley de servicio civil, reforma electoral, libertad de sufragio».[78] El primer número de la revista *La Nación* –dirigida por el periodista Carlos Septién García y publicada de manera ininterrumpida desde entonces– empezó a circular el 18 de octubre de 1941.

En 1943, el PAN participó por primera vez en las elecciones legislativas con 50 candidatos a diputados. Argumentando el triunfo de 21 de ellos, procuró defender su caso ante el Colegio Federal Electoral, que comenzó sus audiencias el 4 de agosto. Aquel día, los representantes del PAN notaron que la puerta de acero se encontraba cerrada... para ellos. Tras mostrar sus credenciales, los miembros del PRM entraban tranquilamente. De pronto, se desató la «batalla de los empujones»: mientras los diputados del PRM se abrían paso a codazos, a los del PAN se les empujaba para afuera. A la postre, el Colegio Electoral otorgó todas las diputaciones al PRM. Ninguno de los candidatos panistas ocupó curul en la XXXIX Legislatura.

En 1944, el PAN desarrolló una intensa campaña para la gubernatura de Aguascalientes. Alegando fraude, el candidato Aquiles Elorduy pidió al Congreso local la nulidad de las elecciones y la intervención de la Suprema Corte. No obtuvo respuesta. El siguiente episodio ocurrió en 1945, en la ciudad de León. El PAN había realizado una vigorosa campaña y estaba convencido de haber ganado por lo menos algunos puestos menores. El PRM declaró la victoria de todos sus candidatos. Hubo una manifestación masiva en la plaza principal. Intervino el ejército. El saldo fue de trescientos heridos y más de cuarenta muertos. Acción Nacional envió inmediatamente una nota a la Suprema Corte de Justicia, solicitando su intervención en el caso. El 7 de enero de 1946, por primera (y última) vez en su historia, la Corte acordó por veinte votos contra uno investigar los hechos. Al día siguiente el presidente Ávila Camacho solicitó a la Comisión Permanente la «declaración de desaparición de los poderes» del estado de Guanajuato, con lo cual cayó el gobernador, Ernesto Hidalgo.[79]

De particular importancia para la historia política del país serían las iniciativas sobre reforma electoral que presentó el PAN en 1942 y 1945. Su empeño fue la integración de órganos electorales independientes del gobierno. Aunque la CTM declaró que debía «continuar en vigor la ley electoral, ya que garantiza la existencia de regímenes revolucionarios que propician, en proceso evolutivo, el ejercicio de los derechos cívicos», el 6 de diciembre de 1945 la Secretaría de Gobernación envió al Congreso una nueva Ley Federal Electoral que incorporaba las propuestas del PAN, entre ellas la exigencia de membresías estrictas en los partidos políticos, la creación de una comisión federal (ya no local o municipal) de vigilancia electoral y de un consejo del padrón electoral. Pero los nuevos órganos electorales, sin excepción, siguieron siendo monopolio exclusivo del partido en el poder.[80]

En 1946, el PAN postuló a ciento diez candidatos; se reconoció la victoria de cuatro de ellos. Esos diputados presentaron cerca de ochenta iniciativas diversas sobre banca central, educación, política monetaria, la necesidad del amparo agrario, la organización de la democracia, el sistema electoral, la reorganización de los ferrocarriles, la irrigación:

«Muchas de esas iniciativas no fueron ni siquiera dictaminadas», recordaba Gómez Morín. «No lograron que en los tres años se dictaminaran. Otras sirvieron de base a iniciativas que el gobierno presentó, más o menos cambiando la redacción ... a lo cual nosotros no nos opusimos; no nos interesaba quién presentaba la iniciativa, siempre que se hicieran las cosas».[81]

El propio Gómez Morín fue uno de los candidatos derrotados. Había contendido por el distrito de Parral, en Chihuahua, su lugar natal. Los cantineros partidarios del PRM irrumpían en sus mítines poniendo a todo volumen sus «ruidolas» (en otros lugares se usaban tamborazos, mariachis, animales, bocinas y, eventualmente, balazos). En la Cámara, los adversarios de Gómez Morín argumentaron que no era mexicano porque su padre había nacido en España. El cargo era improcedente, porque la Constitución otorgaba la nacionalidad a todos los nacidos en México, pero Gómez Morín se defendió con un largo alegato jurídico y moral. De pronto, desde las tribunas, un diputado exclamó que ya se callara, que había excedido su tiempo. Gómez Morín respondió:

«–¿Está usted muy cansado, señor diputado?
»–¡Sííí!
»–¡Viera usted qué cansado está el pueblo de México!».[82]

La crítica acerba de Cosío Villegas alcanzó también al PAN. Su líder, viejo amigo de Cosío desde los años de la Preparatoria, tenía el «mérito indudable» de haber sido «el primero en sacudir la apatía política característica del mexicano», pero, fuera de ese triunfo moral, casi nada le concedía. Los panistas carecían de atractivo popular, pertenecían a lo más granado de la sociedad, rondaban la penumbra de las iglesias, representaban «intereses plutocráticos bien deleznables». Acción Nacional, proseguía Cosío, «no cuenta ahora ni con principios ni con hombres y, en consecuencia, no podría improvisar ni los unos ni los otros ... su escasa actividad se ha gastado en una labor de denuncia; pero poco o nada ha dicho sobre cómo organizaría las instituciones del país».[83]

La cercanía del PAN con la Iglesia despertaba al jacobino que Cosío llevaba dentro. Había en el PAN, es verdad, una corriente autoritaria casi indistinguible del sinarquismo; pero había sobre todo hombres y principios. Era un partido político, no una organización religiosa. Los abogados panistas habían despertado fugazmente de su sueño al más servil de los poderes de la Unión. Lo cierto es que Cosío Villegas, gran lector, no leyó sus numerosas iniciativas.

Ventanas al mundo

La alianza militar con los Estados Unidos favoreció el arreglo de la espinosa cuestión petrolera, la reanudación de las habituales compras de plata (suspendidas a raíz de la expropiación) y la cancelación casi total de los intereses de la añeja deuda con el Comité de Banqueros, que databa de 1921. México comenzó a dar un salto cualitativo en su economía, sobre todo en el ámbito industrial. La protección arancelaria y los estímulos crediticios y fiscales fueron factores que incidieron en el proceso. La nueva consigna era fabricar en el país lo que antes se importaba. Mientras Europa y los Estados Unidos dirimían el destino del mundo, México, proveedor tradicional de materias primas y metales preciosos, tuvo un modesto despegue en áreas como la fundición, los productos metálicos, textiles, alimenticios, químicos, electrodomésticos, los muebles y la industria de la construcción. Entre los empresarios que experimentaron un auge en esa época estaban Manuel Suárez, compadre del presidente, dueño de la compañía de asbestos y techos Eureka, y Aarón Sáenz, presidente de la Asociación de Banqueros y propietario de varios ingenios azucareros. Otras empresas se hallaban en pleno desarrollo, entre ellas Altos Hornos, Hojalata y Lámina, Celulosa y Derivados, Industria Eléctrica de México (IEM Westinghouse), Sosa Texcoco, Cementos Anáhuac, la planta de celulosa de Loreto y Peña Pobre, etcétera. Cabe destacar dos hechos importantes relacionados con el sector industrial: la creación de la Canacintra (Cámara Nacional de la Industria de la Transformación) y la aprobación de la Ley de Cámaras de Industria y Comercio en diciembre de 1941.

Paralelamente, se consolidaron nuevos bancos para competir con los establecidos desde antes de la era porfiriana (Nacional, 1884; De Londres y México, 1864) y grandes tiendas departamentales como El Puerto de Liverpool. Debido a los capitales que se refugiaban en el país, México acumuló entonces una importante reserva, pero no pudo usarla para importar bienes de producción y refacciones indispensables. Uno de los efectos negativos de esta circunstancia fue la inflación de casi cien por ciento en el lustro completo de la guerra.[84]

Cuatro «industrias sin chimeneas» ilustran el despegue de las empresas mexicanas en tiempos de la guerra: el turismo, los libros, la radio y el cine. Para el mexicano de clase media (los ricos seguían yendo a Nueva York), hacer turismo tenía cierto tono de bautizo: bañarse en los manantiales sulfurosos de Cuautla (Agua Hedionda), sumergirse en las aguas medicinales del gran hotel Peñafiel de Tehuacán o en las de San José Purúa. A veces también consistía en caminar por los jardines Borda de Cuernavaca, las callejuelas de Guanajuato o sentarse en el quiosco de alguna ciudad colonial. Sólo algunos se aventuraban a tomar el avión o recorrer las brechas que conducían a Acapulco. Desde los años cuarenta, el puerto de esta ciudad se volvió el lugar de la luna de miel por excelencia. No lejos del viejo aeropuerto estaba el hotel Papagayo, propiedad de Juan Andrew Almazán (su «premio de consolación», decían algunos). Un magnate norteamericano llamado Blumenthal que oficiaba en el lujoso bar Ciro's del hotel Reforma en la ciudad de México, abrió en Acapulco el soberbio hotel Casablanca, que al concluir la guerra comenzó a recibir estrellas de Hollywood. El turismo, como tantas otras actividades en México, tenía desde entonces un caudillo, en este caso Miguel Alemán, secretario de Gobernación. Veía en esa actividad una mina de oro para el desarrollo del país y, desde luego, para el suyo propio.

El caudillo editorial de México fue Daniel Cosío Villegas. Nacido en 1898, en los años veinte había formado parte de la cruzada educativa de Vasconcelos. Más tarde, en tiempos de Calles, la había abierto al mundo. Estudió economía en Harvard, economía agrícola en Cornell e hizo cursos en la London School of Economics. En 1929 regresó a México y fundó, junto con su contemporáneo Jesús Silva Herzog, la Escuela Nacional de Economía. En los años treinta, tras un intento infructuoso por embarcar a editoriales españolas en la traducción y publicación de textos de economía, creó una casa editorial que estaba llamada a desempeñar un papel central en el desarrollo intelectual de Iberoamérica: el Fondo de Cultura Económica.

El Fondo comenzó sus operaciones, lentamente, en 1934. Aquellos fueron años cruciales para Cosío Villegas, porque el rompimiento entre Calles y Cárdenas estuvo a punto de favorecerlo con la Secretaría de Relaciones Exteriores. La maledicencia de algún conocido, la imprudencia de otro y el poderoso azar lo privaron del puesto público que anhelaba. Tal vez su temple crítico –expuesto ya, para entonces, demasiadas veces en la palestra pública– fue el factor decisivo que suscitó la desconfianza entre los políticos. En todo caso, en 1936 Cárdenas lo envió a una especie de exilio: le confió la embajada de Portugal. Al poco tiempo de su arribo, estalló la guerra civil española. En 1937 Cosío Villegas se estableció en España, donde concibió la idea de proponer al presidente Cárdenas dar asilo a la crema y nata de la intelectualidad española. Muy pronto comenzáron a llegar a México poetas, ensayistas, editores, pintores, historiadores, filósofos, lingüistas, científicos de toda índole y especialidad. La lista sería inmensa. Algunos nombres: los filósofos María Zambrano, José Gaos, Eduardo Imaz, Joaquín Xirau; el sociólogo José Medina Echavarría; los historiadores Ramón Iglesia, José Miranda y Rafael Altamira. Eran los «transterrados», que dejarían una huella profunda en la vida cultural y académica de México.

El florecimiento de este proceso de «transtierro» ocurrió en tiempos de Ávila Camacho. Con la «mano de obra» intelectual de los españoles, Cosío Villegas expandió de inmediato el horizonte del

Fondo convirtiéndolo, por un tiempo al menos, en la editorial más importante de habla hispana. En el punto crítico de la segunda guerra, mientras en España y aun en Sudamérica languidecía la actividad intelectual, México se volvió la capital editorial de Iberoamérica. Con el sello del Fondo, comenzaron a aparecer y a circular a lo largo de la América española traducciones de autores clásicos en todas las disciplinas, que tardaron años en ver la luz en lenguas distintas a las originales. Un solo ejemplo entre cientos, casi todos notables, fue la obra *Economía y sociedad* de Max Weber, cuya parte principal tradujo Medina Echavarría mucho antes de su aparición en inglés. Paralelamente, Cosío Villegas viajó por toda América Latina abriendo sucursales y contratando autores para escribir diversos estudios monográficos sobre sus respectivos países. Era, en cierta forma, un cumplimiento del viejo sueño bolivariano en el ámbito de los libros.

Complementando la labor editorial del Fondo de Cultura Económica con trabajos docentes y de investigación académica, otra institución fundada por Cosío Villegas y Alfonso Reyes dio abrigo a los «transterrados»: El Colegio de México. Por largas décadas fue, junto con la Universidad, el lugar de encuentro entre las nuevas generaciones intelectuales mexicanas y los maestros españoles. La historia, la sociología, la filosofía, la lingüística y otras disciplinas se cultivaron en esas aulas, salones y bibliotecas. Y, para completar el paisaje, en las márgenes literarias de estas instituciones culturales se dio una confluencia particularmente creativa.

Ya desde tiempos de Cárdenas, pero con mayor desenvoltura y libertad en los tiempos de Ávila Camacho, los escritores mexicanos que desde hacía años buscaban salidas al cerrado e intolerante nacionalismo cultural crearon, junto con sus colegas españoles, revistas literarias de primer orden, entre las que destacaron *Taller* y *El Hijo Pródigo*. En los cafés del centro de la ciudad de México comenzó a reproducirse el ambiente cultural de Madrid de la generación del 98. Cualquier tarde en el café París, se formaba la «peña» donde discutían acaloradamente los españoles José Bergamín, Juan Gil-Albert, Juan Larrea, León Felipe, José Moreno Villa (entre muchos otros), y escritores mexicanos de diversas generaciones, como Xavier Villaurrutia, Jorge Cuesta –quien murió por aquel entonces– y un joven poeta que había viajado a España para incorporarse a la causa republicana: Octavio Paz. A veces acudían también refugiados de otros países y otras tradiciones: el surrealista Benjamin Péret, el trotskista Victor Serge. México, la ciudad del águila y la serpiente, respiraba los primeros aires de genuino cosmopolitismo cultural.

Gracias al esfuerzo de los grandes empresarios culturales mexicanos como Cosío Villegas y Jesús Silva Herzog (que por esos años fundó también la muy difundida revista *Cuadernos Americanos*) y al fermento espiritual español –eco venturoso del siglo XVI, siglo de misioneros–, la cultura mexicana comenzaba a buscar un lugar, *su* lugar, en el mundo. Lo mismo en la literatura que en la pintura, en las ciencias sociales que en las humanidades, la doble consigna era certera: asimilar lo antes posible la cultura universal y reelaborar, a partir de esa asimilación, los materiales propios.

El caudillo de la radio mexicana era un empresario de origen vasco: Emilio Azcárraga Vidaurreta. Nacido en Tampico en 1895, había estudiado en los Estados Unidos. Fue agente viajero, representante de empresas zapateras, distribuidor de automóviles y concesionario de la compañía RCA Victor. En 1927 estableció una compañía grabadora de discos y editó un exitoso catálogo de canciones mexicanas. Tres años más tarde fundó la estación matriz XEW, que tendría repetidoras en varias ciudades del país. En 1938 creó la XEQ y, tras ella, una red de estaciones hermanas. La W se había anticipado cuando menos diez años al espíritu de «unidad nacional». En 1938, al estrenar sus cien mil watts de potencia, la escuchaban las señoras ricas en el exclusivo fraccionamiento de Las Lomas Heights, los muchachos de clase media en la colonia Condesa, el carpintero en una accesoria del centro de la ciudad, los chicos de la vecindad. Un antiguo anuncio decía: «De Sonora a Yucatán se usan sombreros Tardán». Esos sombreros gozaban de gran aceptación, pero lo notable era que el anuncio se escuchara de Sonora a Yucatán. Las melancólicas canciones yucatecas empezaron a sonar en los desiertos de Sonora. México se enteró de que era un mosaico musical.

Al atardecer, tanto en Veracruz que en Acapulco, Oaxaca o Monterrey, madres e hijas se daban cita frente a la consola de radio para escuchar *La hora íntima,* con el compositor romántico más famoso de México, Agustín Lara. Sólo algunos niños participaban en el programa de *Los niños catedráticos,* pero muchos más escuchaban los *Cuentos del tío Polito* y las filosóficas canciones de un genio cuya zoología musical era contemporánea a Walt Disney: Gabilondo Soler, apodado «Cri Cri, el Grillito Cantor».

La radio ofrecía también programas cómicos (el «Panzón Panseco» con Cuca «la Telefonista»), series (*La sombra, Anita de Montemar, El monje loco*) y de concurso (*La hora de los aficionados,* con Yadira

Jiménez; el programa del «Doctor I.Q.»: «¿Abajo a mi derecha?: Aquí tenemos una dama, doctor». Los sábados por la noche, las familias seguían por la radio los triunfos y derrotas de famosos boxeadores como Juan Zurita y Luis Villanueva, «Kid Azteca». Los domingos a mediodía, padres e hijos estaban pendientes del partido de *soccer* entre los mexicanos del Atlante y los españoles del Asturias, transmitido con pasión por Julio Sotelo. El beisbol tenía, por supuesto, su público radiofónico, sobre todo en la región del Golfo de México, donde destacaban los grandes peloteros cubanos (Ramón Bragaña, Lázaro Salazar, Silvio García y Martín Dihigo, entre otros), y los magníficos peloteros norteamericanos de color (como Joshua Gibson y Raymond Dandridge) tuvieron la generosa cabida que se les negaba en su propio país. Por la tarde, no se perdían la recreación pormenorizada de la corrida de toros en la voz de Paco Malgesto. Con su cadencia «hooonda y profuuuunda», una tarde de febrero de 1946 transmitió la inauguración de la Plaza México con un cartel histórico: Luis Castro, «el Soldado»; Manuel Rodríguez, «Manolete», y Luis Procuna.

En los años cuarenta, México se convirtió en el puente musical de América Latina. Cuando don Pedro de Lille abría la programación diciendo: «XEW: La voz de la América Latina desde México», la frase, más que un eslogan, era una realidad. Una gama enorme de géneros populares pusieron música en los ambientes urbanos y provincianos del país. Cada género tuvo uno o varios intérpretes que la radio difundió por todos los rincones y lanzó hacia los «países hermanos» del sur. Huapangos, sones jarochos y de mariachi, canciones rancheras, valses istmeños y trovas románticas yucatecas competían con piezas provenientes del Caribe —boleros, rumbas, danzones, claves— y con los ritmos norteamericanos del momento. Panamericanismo musical: en México y desde México uno podía escuchar el *Chatanooga choo choo* con Glenn Miller, la *Oración caribe* con Toña «la Negra», el tango *Volver* con Carlos Gardel, un valsecillo peruano, una samba brasileña, una cueca chilena, sin olvidar la tradicional copla española. En estrecho y amoroso maridaje con la radio, la industria cinematográfica tuvo un notable desarrollo, orientado a la exportación. El paso del micrófono al cine era inmediato: casi todos los galanes eran *crooners* (Fernando Fernández, Ramón Armengod), cantantes (Emilio Tuero, «el Barítono de Argel»; Pedro Vargas, «el Tenor Continental»), o, al menos, locutores (Arturo de Córdova).

Cualquier extranjero que pisaba México por primera vez percibía cuatro cosas extraordinarias: el trato cortés de la gente, su devoción religiosa, el cielo azul y la afición universal por la música, que la radio extendió al sur de la frontera.

México se volvió sinónimo de su música y sus actores. El mercado latinoamericano compraba por adelantado todo lo que procedía del país que vivía la «época dorada» de su cine. La década anterior había preparado el terreno. Allí estaban ya los temas explorados por el caudillo fílmico, Fernando de Fuentes: la amarga remembranza de la Revolución (*Vámonos con Pancho Villa*, 1935, y *El compadre Mendoza*, 1933), el exitoso melodrama ranchero (*Allá en el Rancho Grande*, 1936), el incipiente sondeo de temas urbanos (*La casa del ogro*, 1938). Allí estaban también los gérmenes de un *star system:* los hermanos Soler, Joaquín Pardavé y, sobre todo, Mario Moreno, «Cantinflas», quien en 1940 rodó su película definitoria, verdadera contribución mexicana a la picaresca mundial: *Ahí está el detalle*. Pero faltaba el impulso económico, y éste llegó con la guerra.

La oficina del coordinador de Asuntos Interamericanos del Departamento de Estado otorgó un apoyo privilegiado a dos medios que consideró estratégicos para un país de poquísimos lectores como era México: la radio y el cine. A partir de 1942 fluyeron el capital, el equipo, los convenios, los intercambios y las becas a técnicos por cuenta de Hollywood o Washington. La 20th Century Fox donó equipo de sonido a los estudios Clasa, la RKO apoyó en la construcción de los estudios Churubusco (fundados por Azcárraga en 1944). El impulso externo puso en marcha al inversionista mexicano, tanto privado como público. Con apoyo del Banco Cinematográfico (fundado en 1942) se crearon varias compañías, en las que no sólo invirtieron los empresarios Gregorio Wallerstein y Alfredo Ripstein, sino hasta el mismísimo Maximino Ávila Camacho. Los resultados estaban claros: de 29 largometrajes en 1940, se pasó a 82 en 1945.

Con el ingreso del país en la guerra, la imaginación nacionalista se desató: los mexicanos descubren nidos de espías japoneses y alemanes o mueren en la lucha. *Escuadrón 201* (1945) inventaba acciones bélicas del célebre grupo para afianzar el sentimiento patriótico: un refugiado español (Ángel Garasa) moría en el aire defendiendo la nueva patria que años antes le había abierto los brazos.

La retracción de la industria en Europa y los Estados Unidos favoreció la consolidación de un *star system* mexicano que alcanzó niveles de leyenda en el mundo de habla española. Mientras la atormentada Lupe Vélez se suicidaba en Hollywood, Dolores del Río regresaba a México, dejando atrás a su amado Orson Welles, para interpretar papeles de un indigenismo romántico, salidos, diríase, de un mural de Diego Rivera. Pero sin duda los artistas más célebres de aquella época –pareja fílmica en *El peñón de las ánimas* (1942) y pareja real una década después– fueron María Félix y Jorge Negrete. Tras su papel en *Doña Bárbara* (novela del venezolano Rómulo Gallegos, adaptada por él mismo al cine), la bellísima María sería conocida en todos los países de habla hispana como «la Doña». A Jorge Negrete, «el Charro Cantor», se le recibiría de manera apoteóstica en Madrid, La Habana o Buenos Aires.[85]

Ha muerto la Revolución mexicana

Jorge Negrete, el cantante consentido de doña Soledad Orozco de Ávila Camacho, representaba al México ranchero que tanto amaba el presidente: era el prototipo nacional. Pero aquella estentórea afirmación del México ranchero, aquellas canciones en que «el Charro Cantor» exclamaba «¡Yo soy mexicano, mi tierra es bravía!» y, recorriendo las ferias pueblerinas, besaba muchachas, ladeaba su sombrero «de plata bordao», echaba balazos en las cantinas, aquel personaje, en suma, no representaba el futuro sino el pasado.

El mexicano de las ciudades, aun el mexicano de medios modestos, no se veía ya reflejado en la imagen del charro; no obstante, amaba esa desvaneciente estampa de sí mismo: por eso le dedicó un largo y romántico adiós. No es casual, en este sentido, que las peleas de gallos, la máxima diversión popular durante siglos, cedieran su sitio por esos años a la lucha libre.

El campo estaba pasando de moda. México estaba lejos de ser un país urbano. De hecho, el 65 por ciento de los mexicanos vivía en el campo. Sin embargo, en las élites rectoras se gestaba una mutación fundamental, un cambio de paradigma: de lo rural a lo urbano, del campesino al obrero, de lo agrícola a lo industrial. El proceso se evidenciaba en la política y en los negocios. La vieja élite revolucionaria había tenido empresas agrícolas: Obregón plantó garbanzo; Calles tuvo ingenios; Cárdenas, ranchos agrícolas; Ávila Camacho, ganaderos. La joven generación que llegaba al poder provenía de la provincia, pero había adoptado una óptica económica distinta: parte de su dinero procedía de la urbanización de haciendas arruinadas.

Significativamente, durante esos mismos años en el cine se puso de moda el género de la nostalgia porfiriana. Un cómico notable, Joaquín Pardavé, interpretaba a «don Susanito Peñafiel y Somellera», amigo y servidor de don Porfirio. En torno a él, la trama reconstruía las atmósferas porfirianas: la bohemia literaria y artística, el teatro de revista, la música de zarzuela, las modas y la vida cortesana. «¡Ay, qué tiempos, señor don Simón!», decía la letra de una pegajosa melodía. Encantados con el nuevo género, los ricos antiguos (pocos) y nuevos (muchos) comenzaron a asumir su posición social, y con una ostentosa naturalidad que no se veía en México desde hacía muchos años: suntuosos bailes de «Blanco y Negro» en el viejo Country Club de la ciudad de México, fundado por la colonia inglesa en 1905, nuevas secciones de Sociales en los periódicos... El clima moral estaba cambiando, y se asemejaba cada vez más al del régimen que la Revolución había depuesto.

¿Era el México porfiriano que renacía de sus cenizas? No. Era más bien la Revolución que, al bajarse del caballo, se subía al coche (Packard, de preferencia), y ya a bordo de él pensaba que, después de todo, «el orden, la paz y el progreso» no eran fines tan deleznables. Las élites rectoras del país, al margen de ideologías, aprobaban el cambio. Sostenían que el país no podía estancarse. Tal vez por eso hasta los comunistas apoyaron la candidatura presidencial del hombre a quien Vicente Lombardo Toledano bautizó como «el Cachorro de la Revolución»: Miguel Alemán Valdés.

Meses antes del «destape», «el Alazán Tostado» había recibido la encomienda de ablandar a Maximino y persuadirlo de que Alemán era «el bueno». El «fiero» cacique tronó contra su hermano, reclamó sus derechos a ocupar la «Silla» amada por todos, juró matar al «facineroso de Alemán», amenazó con armar un «sainete mundial», pero en eso se atravesó la misteriosa comilona en Atlixco: Maximino descansó en paz, y con él muchos mexicanos. Otros miembros del gabinete aspiraron a «la grande», pero «el Presidente Caballero» los disuadió por las buenas. El general Miguel Henríquez Guzmán, antiguo compañero de Cárdenas, quiso continuar el linaje militar cuando menos un sexenio, pero Ávila Camacho estaba decidido a entregar el poder a los civiles. Sólo el secretario de Relaciones Exteriores, Ezequiel Padilla, se indisciplinó y lanzó su candidatura fuera del partido oficial. Por su parte, el PAN ofreció la candidatura a Luis Cabrera, quien declinó por razones de edad.

Para el primer domingo de julio de 1946, día en que se llevaron a cabo las elecciones, el partido oficial había estrenado nombre: ya no se llamaba PRM sino PRI, Partido Revolucionario Institucional. Una vez más, hubo zafarranchos y muertos, pero no alcanzaron las proporciones de 1940. La propaganda oficial que pintaba a Padilla como un aliado de los norteamericanos surtió efecto: su popularidad no podía compararse con la de Almazán. Sin embargo, el PRI no quiso correr riesgos, y para remachar el triunfo puso en marcha novedosas técnicas de fraude electoral que se volverían tradicionales. Las cifras finales fueron: Alemán, el 77,9 por ciento; Padilla, el 19,33 por ciento.[86]

Fue en aquel mes de noviembre de 1946, en medio de la euforia generalizada por el arribo del «Cachorro», cuando Daniel Cosío Villegas escribió su ensayo «La crisis de México». Lo publicó a principios del año siguiente, en la afamada revista de ideas que desde México se distribuía hacia toda América Latina: *Cuadernos Americanos*.[87] Dio la nota disonante de la fiesta. Cosío Villegas decretaba nada menos que la muerte de la Revolución mexicana:

«México viene padeciendo hace ya algunos años una crisis que se agrava día con día; pero como en los casos de enfermedad mortal de la familia, nadie habla del asunto, o lo hace con un optimismo trágicamente irreal. La crisis proviene de que las metas de la Revolución se han agotado, al grado de que el término mismo de revolución carece ya de sentido. Y, como de costumbre, los grupos políticos oficiales continúan obrando guiados por los fines más inmediatos, sin que a ninguno parezca importarle el destino lejano del país».

Cosío hablaba de la Revolución como un hecho histórico y un programa nacional que, tras corresponder «genuina y hondamente a las necesidades del país», se encontraba ahora *in articulo mortis*. Describió minuciosamente, uno por uno, sus propósitos originales –el impulso democrático, la vocación popular de justicia social y mejora económica en el campo y la ciudad, el afán nacionalista, la cruzada educativa–, explicando en cada caso el modo en que habían sido desvirtuados o abandonados.

«Todos los revolucionarios fueron magníficos destructores, pero resultaron inferiores a la obra que la Revolución necesitaba hacer», afirmaba Cosío: Madero destruyó el porfirismo pero no construyó la democracia, Calles y Cárdenas destruyeron el latifundio pero no crearon la nueva agricultura mexicana. Incluso el nacionalismo mexicano había sufrido una extraña transformación. En tiempos de Vasconcelos «los festivales de música y danza no eran curiosidades para los ojos carnerunos del turista, sino para mexicanos, para nuestro propio estímulo y beneficio». Del espíritu apostólico original de la educación casi nadie se acordaba.

Pero la Revolución no debía ser un ciclo histórico cerrado. «El único rayo de esperanza –bien pálido y distante, por cierto– era que la propia Revolución depurara a sus hombres y reafirmara sus principios», decía Cosío. México había encontrado su camino en la Revolución; abandonarlo no era sólo un error, era un suicidio:

«Si no se reafirman los principios, sino simplemente se les escamotea; si no se depuran los hombres, sino simplemente se les adorna con ropitas domingueras o títulos... ¡de abogados! entonces no habrá en México regeneración, y, en consecuencia, la regeneración vendrá de afuera, y el país perderá mucho de su existencia nacional a un plazo no muy largo.»[88]

Se desató una jauría. Alguien lo llamó «el enterrador de la Revolución». El secretario particular del nuevo presidente le habló para amenazarlo. Marte R. Gómez escribía a un amigo, consternado por el ensayo: «Afortunadamente ni Cosío Villegas ni México agonizan ... México se despertará con el tónico vientecillo de un fresco mañanero y se pondrá a caminar. Hará nuevas carreteras, más presas, otras escuelas».[89]

En público, el secretario de Gobernación le perdonó la vida: «... en México, señores, ningún heterodoxo será perseguido».[90] Ese perdón, desdeñoso de sus ideas y de la angustiosa advertencia que había proferido, le dolería «más que la cárcel o la muerte». De la *Historia del pueblo de Israel* de Renán, Cosío copió una cita: «Los espíritus estrechos acusan siempre a los clarividentes de desear las desgracias que anuncian. El deber de Casandra es el más triste que puede caer sobre los amigos de la verdad».

Al poco tiempo, solicitó a la Fundación Rockefeller una beca para estudiar el tránsito del porfirismo a la Revolución y así comprender el tránsito de la Revolución al neoporfirismo.

Después del «Cachorro de la Revolución», el hombre más feliz de México era el presidente Ávila Camacho. Su estilo personal había dado buenos resultados: paz con el exterior, orden en el interior, progreso en las ciudades. Una sensata política de conciliación presidía las relaciones con la Iglesia. En lo personal, sintió quizá la satisfacción adicional de dejar un legado. Como el viejo fundador de una empresa familiar que cede el control al hijo universitario, Ávila Camacho legaba el poder a su hijo simbólico. «¡Qué bueno que los universitarios lleguen ahora a la presidencia!», comentó el penúltimo día de su sexenio a Torres Bodet. «Pertenezco al ejército, y lo quiero mucho. Pero ha pasado ya para México la época de los generales. Estoy seguro de que los civiles acertarán en el cumplimiento de su deber.»[91]

Ávila Camacho y Alemán

«eran hombres muy parecidos», recuerda un inteligente político veracruzano, amigo de ambos; «tenían una enorme amistad ... Pasaban temporadas en La Herradura montando a caballo, las esposas –doña Cholita y doña Beatriz– eran muy amigas, inclusive el señor presidente Ávila Camacho fue compadre del licenciado Alemán. Tengo entendido que él y doña Cholita bautizaron al último hijo del licenciado Alemán, a Jorgito».[92]

Y como emblema de los nuevos y neoporfirianos tiempos, el general y el licenciado se reunían también en el campo, pero no en el campo de batalla, ni entre campesinos, sino en el campo de golf.

III
Miguel Alemán
El presidente empresario

Miguel Alemán, 1948.

La «Revolución Institucional»

El 17 de mayo de 1947 se estrenó en el teatro de Bellas Artes la pieza *El gesticulador*, del dramaturgo Rodolfo Usigli. El público la acogió con gran interés, pero el gobierno reaccionó con violencia: hubo suspensión de funciones y ataques pagados en la prensa. Aunque Usigli la había escrito, premonitoriamente, en 1938, y publicado en la revista literaria *El Hijo Pródigo* en 1943, ningún director se atrevía a ponerla en escena. El miedo estaba justificado: reflejando por primera vez en la literatura mexicana el lenguaje real de la política, la obra no sólo denunciaba la muerte de la Revolución –que en esos mismos días documentaba Cosío Villegas–, sino su transfiguración en la mentira de su existencia perenne, institucional.

El personaje central de la trama, César Rubio, es un mediocre profesor de historia de la Revolución mexicana, que se ha mudado al norte del país en busca de mejor fortuna. Lo acompañan su mujer, Elena, y sus hijos, Julia y Miguel. Recién llegados, reciben fortuitamente la visita de un profesor de historia de la Revolución mexicana de la Universidad de Harvard, dedicado a investigar la biografía del verdadero precursor de la Revolución, un general llamado también César Rubio. Mientras conversa con su colega americano, el profesor mexicano concibe la idea de ostentarse frente a aquél como el verdadero César Rubio. A sabiendas de que el general murió asesinado y que casi no quedaban sobrevivientes que lo recordasen, convence al «gringo» de su versión: en un último acto de abnegación, desilusionado por el derrotero moral de la Revolución, él, César Rubio, había decidido perderse en el anonimato hasta que ahora, treinta años más tarde, revela su identidad.

La noticia aparece en el *New York Times*. Las fuerzas políticas del Estado se acercan a Rubio con veneración. Un anciano combatiente, casi ciego, lo reconoce conmovido. El pueblo lo aclama. Algunos le

91

piden que se lance de inmediato para contender por la gubernatura del estado contra el general Navarro, típico cacique revolucionario que se ha perpetuado en el poder. Ante la mirada impotente de Elena, que en privado lo conmina a renunciar a la farsa y a abandonar el lugar, el profesor César se transfigura: sabe que él no es el verdadero César Rubio, pero siente que lo es o que debe serlo. Su máscara se funde con su cara. La identidad individual se disuelve. La verdad es lo de menos. La mentira se vuelve más real que la verdad. Su mentira revitalizará a la verdad de la Revolución:

«El gran político», les dice a sus seguidores, que lo escuchan arrobados, «viene a ser el latido, el corazón de las cosas ... es el eje de la rueda; cuando se rompe o se corrompe, la rueda, que es el pueblo, se hace pedazos; él separa todo lo que no serviría junto, liga todo lo que no podría existir separado. Al principio, este movimiento del pueblo que gira en torno a uno produce una sensación de vacío y de muerte; después descubre uno la función de ese movimiento, el ritmo de la rueda que no serviría sin eje, sin uno. Y se siente la única paz del poder, que es moverse y hacer mover a los demás a tiempo con el tiempo. Y por eso ocurre que el político es, en México, el mayor creador o el destructor más grande».

Aparte de su mujer, que se pliega dolorosamente a la mentira, sólo una persona sabe la verdad: su contrincante, el corrupto general Navarro. Miguel escucha a escondidas cómo Navarro trata a su padre con desdén: «No sé cómo has tenido el descaro, el valor de meterte en esta farsa ... te llamas César y te apellidas Rubio, pero eso es todo lo que tienes de general». No obstante, el profesor no se arredra:

«Puede que yo no sea el gran César Rubio. Pero, ¿quién eres tú? ¿Quién es cada uno en México? Dondequiera encuentras impostores, impersonadores, simuladores; asesinos disfrazados de héroes, burgueses disfrazados de líderes; ladrones disfrazados de diputados, ministros disfrazados de sabios, caciques disfrazados de demócratas, charlatanes disfrazados de licenciados, demagogos disfrazados de hombres. ¿Quién les pide cuentas? Todos son unos gesticuladores hipócritas».

Navarro era nada menos que el asesino del general Rubio. Cuando el profesor le revela su conocimiento de este secreto, Navarro se da cuenta de que su denuncia pública es imposible. Cada uno sabe la mentira del otro. El pueblo debía decidir en un plebiscito por cuál de los dos optaría, pero antes de que esto ocurra, unos pistoleros a sueldo de Navarro asesinan a Rubio. Navarro finge consternación y declara al pueblo:

«César Rubio ha caído en manos de la reacción en defensa de los ideales revolucionarios. Yo lo admiraba ... Estaba dispuesto a renunciar a su favor porque él era el gobernante que necesitábamos. *(Murmullo de aprobación.)* Pero si soy electo, haré de la memoria de César Rubio, mártir de la Revolución, víctima de las conspiraciones de los fanáticos y los reaccionarios, la más venerada de todas ... La capital del estado llevará su nombre, le levantaremos una universidad, un monumento que recuerde a las futuras generaciones. *(Lo interrumpe un clamor de aprobación.)* ...»

«¡Es usted repugnante!», le dice Miguel en otra escena a Navarro. «Y hace de México un vampiro ... pero no es eso lo que me importa ... es la verdad, y la diré y la gritaré.» Jura que encontrará pruebas de que su padre no era un héroe y Navarro es un asesino. Éste no se inmuta.

«–¡Viva Navarro! –clama el pueblo al verlo.
»–¡No, no muchachos! –les responde–. ¡Viva César Rubio!»

Miguel exclama una sola palabra: «¡La verdad!»

La verdad es que la Revolución había muerto, pero la realidad es que no podía morir. La rueda de la política, que «lo concatena todo» alrededor del político, «que es su eje», necesita a la Revolución para continuar el movimiento, para construir, para destruir. Por eso el profesor disfrazado y el asesino disfrazado se complementan. Ambos alimentan el mito de la Revolución: uno muere reencarnándola y el otro –su asesino– la honra. Sólo Miguel «quiere la verdad para vivir», sólo él tiene «hambre y sed de verdad» y siente que se asfixia en esa «atmósfera de mentira», pero su destino es salir del cuadro, huir en la escena final: «Se cubre un momento el rostro con las manos y parece a punto de abandonarse, pero se yergue. Entonces toma, desesperado, su maleta ... El sol es cegador. Miguel sale, huyendo de la sombra misma de César Rubio, que lo perseguirá toda la vida».[1]

En 1947, México había entrado en la zona incógnita de la mentira institucional. Justo Sierra había escrito a don Porfirio en 1899:

«... vivimos en una monarquía con ropajes republicanos».[2] Tenía razón, pero lo cierto es que Porfirio Díaz mentía poco. No disimulaba el ejercicio de su poder absoluto, monárquico, y tampoco simulaba que México fuese ya la república representativa, democrática y federal que consignaba la Constitución. Su secreto no estaba en la simulación, sino en una especie de tutela o salvaguarda histórica sobre el país, hasta que éste asumiera por sí mismo la Constitución. En su entrevista con Creelman había declarado sin ambages: «... hemos conservado la forma de gobierno republicano y democrático; hemos defendido y mantenido intacta la teoría; pero hemos adoptado en la administración de los negocios nacionales una política patriarcal, guiando y sosteniendo las tendencias populares».[3]

La Revolución, considerada en su conjunto, tampoco simuló. Continuó tan monárquica como el porfirismo –o más–, y tan poco republicana, representativa, democrática y federal como aquél, pero las profundas reformas que introdujo en la vida del país fueron «revolucionarias» en el sentido verdadero de la palabra. Madero no simuló su ideario democrático, y de hecho, murió por sostenerlo. Zapata no mintió en su voluntad de reivindicación agraria, y de hecho, también murió por sostenerla; Villa no fue un justiciero falso, ni Carranza un disfraz de primer jefe constitucionalista. Quizás Obregón había sido sólo un militar sin ideología revolucionaria, pero tampoco fingía tenerla y permitió que Vasconcelos revolucionara la educación. Calles, por su parte, cambió en mucho la vida social, económica, política del país, y llevó su espíritu revolucionario al extremo de pretender acabar con la religión católica; podía acusársele de todo menos de ser un impostor de la Revolución. En cuanto a Cárdenas, su reforma agraria, su política obrera, la expropiación petrolera y la integración de las masas trabajadoras al PRM lo acreditaban como un revolucionario no sólo en el sentido mexicano sino incluso en el socialista, tan influyente en su época. Equivocada en muchos aspectos, destructiva en varios otros, la Revolución mexicana había sido un movimiento auténtico, no un disfraz de revolución.

A partir de 1940 y con el paso del tiempo, las metas de la Revolución se borraron sin haber sido resueltas. La misma indignada reacción oficial contra el ensayo de Cosío Villegas probaba el acierto de su diagnóstico. Prescribía Cosío «una depuración de los hombres y una reafirmación de los principios»;[4] la salida práctica que encontró «la familia revolucionaria» fue distinta: depuró, en efecto, a sus hombres, abriéndoles las puertas a una nueva generación de jóvenes abogados, pero ésta, una vez en el poder, cambió radicalmente los principios originales simulando que, al hacerlo, los cumplía.

«La política lo relaciona a uno con todas las cosas originales», había dicho César Rubio; en su transfiguración, «se sabe la causa y el objeto de todo; pero se sabe a la vez que no puede uno revelarlos. Se conoce el precio del hombre.»[5] El presidente es el propietario de la verdad y de los hombres. Es él quien decreta qué y quién es, o no es, revolucionario. Por eso, en 1946, el partido que llevaba al poder al nuevo presidente de México había cambiado de nombre y se daba el lujo (o incurría en el *lapsus* freudiano) de adoptar uno que en sí mismo implicaba una contradicción en los términos y, por ello, una mentira, pero una mentira asumida como verdad: el PRI, «Partido Revolucionario Institucional».

En el eje del poder, en 1946, y como en tiempos de don Porfirio, como en tiempo de los *tlatoani* o los virreyes, estaba el nuevo presidente. A su alrededor giraba la rueda, que es el pueblo. El eje se movía y movía al pueblo. Era «el mayor creador y el destructor más grande». Como el César Rubio, representaba el papel de un revolucionario muerto, pero terminó por creer y sentir que gracias a él, y en él, la Revolución vivía. La rueda del poder se volvió una fiesta de disfraces; algunos se disfrazaban por cinismo, otros por inconsciencia o por albergar la sincera convicción de que su disfraz no era tal. La rueda creció hasta casi abarcar al país entero. La Revolución había muerto, pero en el Zócalo, frente al balcón presidencial, la multitud clamaba: «¡Viva la Revolución!»

Perseguido por la sombra de su padre –el falso revolucionario César Rubio–, Miguel dedicaría su vida a la búsqueda de la verdad. Algunos, muy pocos, mexicanos, la buscarían con él. Perseguido por la sombra de su padre –el verdadero revolucionario Miguel Alemán González–, el nuevo presidente, Miguel Alemán Valdés, instauraría el régimen de una revolución simulada: la «Revolución Institucional». La mayoría de los mexicanos se avendría por propia voluntad a él. Sectores muy amplios prosperarían bajo su sombra. La historia verdadera de cómo esa mentira se volvió realidad es más dramática que la de César Rubio.

A salto de mata

«El Cachorro de la Revolución» no era sólo una afortunada frase de campaña. En el caso de Miguel Alemán Valdés, era el sello mismo de su destino. Su padre había sido el general Miguel Alemán González, uno de los precursores de la Revolución, hombre que en vida no había hecho otra cosa que seguir haciendo la Revolución.

Año de 1906. Escenario general: el estado de Veracruz. «Sólo Veracruz es bello», dice una de las infinitas frases que los veracruzanos pronuncian agradeciendo a Dios la bendición de haber nacido en un lugar dotado de todas las riquezas naturales imaginables. Escenario concreto: la región tropical del sur del estado. Cercana a la cuenca del río Coatzacoalcos y los afluentes del Papaloapan, rodeada de lagunas donde los niños pescaban mojarras con la mano, poseedora de una flora lujuriosa de la que echaban mano los célebres brujos del lugar, la zona de los Tuxtlas era famosa por su belleza, por sus plantaciones de tabaco y café, y por la proclividad de sus hombres a «venadear» al prójimo a la primera provocación... o un poco antes. Escenario específico: el pueblo de Sayula. Allí vivía Alemán González, personaje de novela.

Nacido en los inicios de la década de 1880, Alemán González fue sobrino de un poderoso cacique de la región, pero él no poseía mayor fortuna. Antiguo telegrafista y supervisor en el tendido de rieles del Ferrocarril Interoceánico, contaba al menos con una tienda de abarrotes; sin embargo, le apasionaba devorar la literatura revolucionaria del proscrito PLM (Partido Liberal Mexicano), y conspirar contra el gobierno del dictador Díaz. Un obrero oaxaqueño llamado Hilario C. Salas lo había acercado al movimiento anarquista de los Flores Magón y muy pronto participó junto con él en la rebelión de las vecinas comunidades indígenas popolocas contra el gobierno.[6] El motivo: la cesión de sus tierras a la compañía inglesa Pearson. Acayucan, donde vivían los padres de Alemán, era el centro neurálgico de la conspiración. El estallido ocurrió el 23 de septiembre de 1906. Aunque contaban con simpatizantes en varios pueblos de la región, los revolucionarios fracasaron. Algunos de sus líderes terminaron en los húmedos calabozos de la antigua prisión de San Juan de Ulúa.[7]

Tanto él como su mujer, Tomasa Valdés, estaban casados en segundas nupcias. Con ella procrearía dos hijos: Miguel, el primogénito, nacido en Sayula en 1900, y Carlos. El hijo de su primer matrimonio, Antonio, vivía con ellos. En la escuela de Sayula el mobiliario era muy pobre: los niños Alemán se sentaban en cajas donde venía el jabón Octagón.[8] Cuando tenían que ir a comunidades cercanas, o a Almagres por donde pasaba el tren, lo hacían por caminos de herradura, en mulas. El chico Miguel recordaría muchos años después que sus huaraches, de piel muy tosca, le lastimaban mucho: «... para que se ablandaran tantito, para mojarlos tantito, los orinaba».[9]

Cuatro meses antes de estallar la revolución maderista, Alemán dejó a la familia a cargo de sus padres en Acayucan y se fue de nuevo a los balazos con su amigo Cándido Aguilar. Al poco tiempo, doña Tomasa se mudó con los hijos a la casa de los abuelos maternos, en Oluta. La extensa familia de los Valdés tenía allí pequeños negocios agrícolas y ganaderos y fabricaba «jabón prieto». «Hacían ese jabón con la grasa de la res», recuerda una maestra del lugar; «era un jabón muy suave que ocupaba toda la gente».[10] Mientras tanto, en Ciudad Juárez, el maderismo triunfante otorgaba a Miguel el grado de teniente coronel.

De regreso en Acayucan como jefe del Cuerpo de Voluntarios, Alemán disfrutó –o, más bien, padeció– unos meses de paz, hasta que el golpe de Victoriano Huerta lo devolvió a su querencia natural, la de las armas. En 1913 suscribió, junto con su jefe Salas, la «Proclama de los Tuxtlas» y formó parte de la columna mixta Morelos. Miguel, su hijo de trece años, ayudaba a su madre guiando viajeros de Ojapan a Acayucan o repartiendo leche a caballo en todo el municipio, pero ocasionalmente asistía también a su padre. Junto con su hermano Antonio, el muchacho solía hurtar cartuchos a los soldados federales acantonados en la zona. Metida en botes lecheros, discretamente escondida entre los mangos y las guayabas, aquella provisión llegaba a su padre en la sierra.[11]

A las órdenes de Cándido Aguilar, Alemán es ascendido en 1914 a jefe de Armas de Puerto México y participa en varias acciones en Puebla y Tlaxcala. En 1915, mientras su familia se refugia en Orizaba, Alemán conoce su porción de gloria: participa con bravura en las grandes batallas de Celaya. Obregón le encomienda el resguardo de la línea telegráfica y del ferrocarril de Hidalgo a Querétaro, así como la importante Jefatura de Plaza en Pachuca. En 1916, ya con el grado de general concedido por Carranza, combate a Peláez, el cacique a sueldo de los petroleros. De pronto, una orden superior lo traslada a Tuxtepec, en Oaxaca, adonde va molesto. La considera una degradación. Hay quien lo vincula entonces con Félix Díaz, que no dejaba de tramar su propia revolución. Misteriosamente, por un tiempo, el general Alemán queda en disponibilidad, pero en 1919 funge como jefe de la Guardia Civil en la región de Córdoba.[12]

En 1920, se ha mudado con su familia a la ciudad de México. Los sonorenses desconfían de él y lo mantienen vigilado. En 1921 Alemán González publica un largo manifiesto en el que llama a levantarse en armas contra el régimen y que en su parte medular decía: «Obregón no es más que un usurpador altanero que nos precipita al abismo, y la mayor afrenta que pueden tener aquellos que aún conserven rasgos de patriotismo y de vergüenza, es el servir de sostenes a un tirano que encarna todas las vilezas concebibles y que es el verdugo y afrenta de la patria».[13]

En 1922 Alemán huye a San Antonio, a compartir el exilio con su amigo Cándido Aguilar, pero al poco tiempo aparece de nuevo, no en la capital sino en la sierra veracruzana, levantado en armas contra el gobierno y al lado del fiel carrancista Francisco Murguía. Al estallar la rebelión delahuertista, cuyo bastión principal fue Veracruz, el general Alemán se mantiene alzado, pero no toma el partido de los rebeldes.

Su hijo Miguel ha interrumpido sus estudios de preparatoria en la ciudad de México para estar cerca de él y, no sin correr algunos riesgos, auxiliarlo en lo posible. En un momento, ambos sostienen una conversación decisiva, en la que el padre le hace ver «la conveniencia de que reanudara sus estudios y eligiera una profesión más estable que las armas».[14]

En abril de 1924 el general, al ver sus tropas en estado lamentable, decide volver al redil poniéndose a las órdenes de Plutarco Elías Calles, entonces candidato a la presidencia.[15]

Un año después, Alemán es electo diputado a la Legislatura local por San Andrés Tuxtla. Parecía su adiós a las armas, pero la estabilidad no era lo suyo. En 1927 se lanza de nueva cuenta a la oposición. Esta vez su antirreeleccionismo apunta contra Obregón, y su jefe es el general Arnulfo R. Gómez, antiguo hombre de confianza de Calles. En Xalapa lo encuentra su hijo Miguel, pasante ya de la Escuela Nacional de Jurisprudencia. El destino del padre parece ineluctable. Desaforado de su puesto y tras el asesinato de Gómez, Alemán vive a salto de mata, en la sierra. En marzo de 1929 se suma a la rebelión nacional del general Gonzalo Escobar, que en Veracruz secunda un antiguo enemigo de Alemán, compañero ahora del mismo bando: el general Jesús M. Aguirre.

El 9 de marzo, el general Alemán toma por asalto la capital del estado. Las fuerzas federales reaccionan y lo persiguen. «Mi padre», recordaría medio siglo después el licenciado Alemán, «no consideró siquiera la posibilidad de una capitulación, por más que sus enemigos le ofrecieron, según parece, la garantía del indulto.»[16]

El 20 de marzo ocurrió el desenlace: «... lo rodearon aquí, por San Juan Evangelista, en un lugar que se llama Mata de Aguacatillo ... Allí lo rodearon y le echaron lumbre pero no lo agarraron vivo. Mató primero al general que andaba con él, Brígido Escobedo, y después se suicidó».[17]

El grupo H-1920

Bajo el manto protector de Cándido Aguilar, la familia del general Alemán se refugió en el Hotel Español de Orizaba. Mientras su madre atendía un estanquillo, el cachorro del general cursó los estudios primarios en la escuela Modelo y, más tarde, en el Joaquín Oropeza, colegio inspirado en los métodos que el pedagogo suizo Enrique Rébsamen había introducido en Xalapa a fines de siglo. Acostumbrado a ganarse la vida desde muy niño, el muchacho llevó a la práctica los rudimentos mercantiles que aprendía en el colegio: organizó la compraventa de botellas vacías e inauguró el primer mercado escolar de canicas. Estaba rezagado con respecto a sus compañeros, pero la irregularidad era consecuencia natural de la vida gitana que les daba don Miguel.

En 1920, el joven Miguel ingresa en la Escuela Nacional Preparatoria. «El Cachorro» tiene frente a sí a los grandes maestros del Ateneo de la Juventud. Es el momento cumbre de Vasconcelos: «... impetuoso hasta la violencia, tenía la fuerza de un huracán que estremecía las conciencias donde se presentase». Antonio Caso, el «egregio maestro ... daba rienda suelta a su elocuencia». «Sumamente serio y retraído, Ramón López Velarde daba la impresión de hallarse fuera de lugar.» El joven maestro Vicente Lombardo Toledano, imprimía un tono de homilía cristiana a su curso de ética.[18]

Sobre sus compañeros de banca, «el Cachorro» tiene un múltiple ascendiente. Es mayor que todos ellos, cinco años en algún caso. Pero además tiene un temperamento desbordado: como la tierra de donde viene, la riqueza le corre en la sangre; es simpático, amiguero, risueño, hiperactivo; está ansioso por emprender cosas por su cuenta. Ama a su padre pero resiente la zozobra permanente de la casa y el diferimiento continuo de sus estudios. De hecho, en 1923 no tiene más remedio que interrumpirlos de nuevo.

Los largos meses de 1923 en que trabaja como empleado de la compañía petrolera El Águila en Coatzacoalcos no son tiempo perdido. Todo lo contrario: «el Cachorro» aprende inglés y pasa del departamento postal al de exploración, donde se hace amigo de un geólogo norteamericano apellidado Pike. Tras un riesgoso intento de persuadir a su padre para que se acogiese a la amnistía, «el Cachorro» regresa a la ciudad de México y se matricula en la Escuela Nacional de Jurisprudencia, que dirige Manuel Gómez Morín.

Ahora sus maestros son algunos de los famosos Siete Sabios de México: el propio Gómez Morín, en derecho público; Lombardo Toledano, en derecho industrial; Alfonso Caso, en filosofía del derecho; Alberto Vásquez del Mercado, en derecho mercantil. Otro miembro de la generación de 1915, Daniel Cosío Villegas, le enseñó sociología. En aquellas aulas universitarias se estaba formando una nueva generación.

De acuerdo con la caracterización de Ortega y Gasset, era la generación que *consolidaría* la Revolución. La mayoría de sus miembros carecía de memoria porfiriana, pues habían nacido en la Revolución. Hijos intelectuales de la generación de 1915, hijos biológicos de la generación revolucionaria, eran herederos por partida doble y como tal actuaron en la vida pública. Su líder y hombre representativo fue el hijo del general: Miguel Alemán junior.

Alemán quiere hacer la Revolución (como la generación de su padre), pero no con las armas o en la oposición, sino con las obras y dentro del régimen (como la generación de 1915). Su misión desde 1924 es integrar en un grupo compacto a sus amigos. Con Antonio Ortiz Mena (jefe de redacción), Agustín Millán y Héctor Pérez Martínez, funda el periódico literario *Eureka*. «Nuestra presencia obedece a una necesidad espiritual y a un anhelo de acción», proclamaba el primer número; «ir a la vanguardia siempre, agitando el gonfalón revolucionario.»[19] Aunque *Eureka* se quejaba de «la fragmentación estudiantil», el «nosotros» de estos jóvenes se fraguaba a una velocidad sorprendente. No es casual: toda la vida estudiantil ocurría en un pequeño perímetro del centro de la capital. Escuelas, casas de estudiantes, escritorios públicos, bibliotecas y la propia Secretaría de Educación eran parte del mismo barrio. La Preparatoria, donde Orozco pintaba por aquella época sus murales, ocupaba el viejo colegio jesuita de San Ildefonso. Cruzando la calle se hallaba la Escuela Nacional de Jurisprudencia. A dos cuadras, en el antiguo Palacio de la Inquisición que daba a la plaza de Santo Domingo, la Escuela Nacional de Medicina. Un poco más retirada, en el mismo edificio de la escuela de minería construido por Tolsá, la Escuela Nacional de Ingeniería. «Todos nos conocíamos», recuerda Antonio Martínez Báez, «teníamos bachilleratos comunes y algunos de nosotros estudiamos cursos libres de la Universidad.»[20]

«Alemán era muy conocido por su condición de veracruzano y por lo bromista; se especializaba en ser bañador: desde el segundo piso bañaba a los estudiantes que pasaban y algunas veces a los profesores; era muy agradable.»[21] Parecía tener una idea muy clara de su destino generacional y sabía imbuirla en sus «compañeros de banca». La lista de sus amigos era interminable. Sus dotes de liderazgo se afinaban y acentuaban. En septiembre de 1927, propuso a la vieja guardia de la preparatoria, el grupo H-1920, firmar un pacto notable:

«dispuestos, y así lo juramos por lo más sagrado, a ayudarnos en la lucha tremenda de la vida y a no escatimar un solo átomo de fuerza para levantar a aquél a quien el destino le sea adverso o se vea en un momento dado urgente de ayuda. Muchos de nosotros, y tenemos fe en ello, llegaremos a ocupar prominentes lugares en nuestra vida social o política, ellos quedarán obligados para ayudar a aquellos que lo necesiten del grupo. Constituirán el grupo H-1920 solamente los que formaron parte de él en el año de 1920, al hacer sus estudios en la Escuela Nacional Preparatoria de esta capital. Quedan los componentes de este grupo obligados a prestar, cualquiera que sean los medios, ayuda, al serle pedida por uno de sus miembros. Aquel que pudiendo prestar dicha ayuda y se niegue a hacerlo, previo estudio y aprobación del grupo, será expulsado aplicándosele el castigo que sea determinado por la mayoría de los miembros del grupo. Aquel que no desee seguir formando parte del grupo, deberá expresar sus motivos, según los cuales se aceptará o no la renuncia en reunión especial del grupo; pero si la causa de excluirse del grupo es la de eludir la ayuda a los demás, será severamente castigado, con el agravante de faltar al compromiso sellado por el honor».[22]

El adjetivo «tremenda» debió ser de Alemán. El grupo no se constituía para servir al país o al prójimo, sino a sí mismo. La amistad, entendida así, como un pacto de ayuda práctica, sería la norma de su conducta. El concepto de generación, que Gómez Morín había empleado con un sentido idealista y moral, adquiría entre sus discípulos una connotación pragmática. Alemán, que había perdido ya a su hermano Antonio y tenía a Carlos enfermo, había constituido una hermandad política.

En esos días de 1927, la efervescencia estudiantil subía de tono. En Oaxaca se reunía el IV Congreso de Estudiantes, encabezado por uno de los futuros líderes estudiantiles del vasconcelismo, Alejandro Gómez Arias. Se formó el Centro Nacional de Estudiantes Antirreeleccionistas que apoyaba a los generales Arnulfo R. Gómez y Francisco Serrano contra Obregón. El nombre de Miguel Alemán Jr. apareció en la lista fundadora. Su lucha coincidía con la del padre, que estaba a punto de volver a la carga en la Huasteca veracruzana. Pero aquella filiación oposicionista sería fugaz. Al año siguiente, cuando el vasconcelismo despierta el ánimo cívico de las clases medias en el país, Alemán, ya recibido de abogado, permanece lejos de Vasconcelos: «... nuestra generación se mantuvo entre extremos, asumiendo los ideales revolucionarios, pero confiriéndoles un sentido más acorde a la tan deseada pacificación del país».[23]

A sabiendas de que el general podía requerirlo en cualquier momento, y a cargo ya, en gran medida, de su madre solitaria y de su hermano Carlos (muchacho triste y «encogido», que estudiaría odontología en Guadalajara), Miguel «doblaría años» y terminaría la carrera de leyes en 1928. El 29 de junio de 1928, el joven Alemán se recibió de abogado. Su tesis sobre «Las enfermedades y riesgos profesionales» era producto de un buen trabajo de campo en las minas de Real del Monte, en Pachuca, donde con frecuencia se contraía la silicosis. Dos semanas más tarde, Obregón fue asesinado. Al año siguiente, el padre de Alemán se suicidaría en Mata de Aguacatillo. ¿No había sido su vida un suicidio eterno y postergado?, ¿o una ruleta de la muerte? En los oídos del flamante abogado resonaban las palabras del general: «... vuelve a los estudios, elige una profesión más estable que las armas». ¿No era ésta una receta aplicable al país entero?

De los negocios a la política

Ya como abogado, trabajó por un tiempo en Las Choapas (Veracruz), litigando a favor del sindicato petrolero. Muerto el padre, regresa a México y trabaja en el despacho de su tío paterno, el político don Eugenio Méndez. A principios de 1931 se casa con Beatriz Velasco, hija de una familia acomodada de Celaya, y entra en el gobierno como abogado auxiliar de la Secretaría de Agricultura y Fomento, donde más tarde ocupó la dirección del Departamento Forestal. Al ponerse en marcha las Juntas Federales de Conciliación y Arbitraje, renuncia a la burocracia y se dedica a litigar. Había abierto un despacho con sus amigos Gabriel Ramos Millán, Manuel Ramírez Vázquez y Rogerio de la Selva en la calle de Humboldt. Su especialidad era el derecho laboral, que entonces se llamaba derecho industrial. Alemán defendía trabajadores y representaba sindicatos: los mineros de Real del Monte y los petroleros de El Águila. También empleaba sus buenos contactos con políticos veracruzanos para acercarse a sindicatos transportistas.[24]

Pero el «gusanito» de la política no lo dejaba. ¿Por qué iba a dejarlo? Era el hijo del precursor de la Revolución en Veracruz y su destino era seguir haciendo la Revolución... por otros medios. Lo alentaban los viejos amigos de su padre, como Cándido Aguilar y Eugenio Méndez. «Llegaba a verlo el licenciado Alemán, con su portafolio, con sus trajecitos corrientes. Todavía estaba muy pobre.»[25] Sobre el bando a seguir nunca tuvo dudas: había ingresado en el PNR, el Partido Nacional Revolucionario, en 1929. En 1932, mientras nace Miguel, su primogénito, el licenciado lanza su candidatura a la diputación por Coatzacoalcos. Por influencias de los Franyutti (ricos terratenientes de la región desde el siglo XVII), el PNR opta por un pariente de ellos. Alemán se pliega:

«... mis esfuerzos quedaban neutralizados privándome, acaso, de un primer triunfo en las lides electorales; había hipotecado mi casa, vendido algunos de los muebles y empeñado hasta un fino reloj que me obsequiaron, todo ello para reunir fondos con los cuales solventaría la campaña. Tuve además la amarga experiencia de verme amenazado por Felipe Fernández –llamado "el Tigre"–, un asesino a sueldo bien conocido en la región, quien se jactaba de haber ultimado a veintiocho personas ... La decisión del partido estaba tomada».[26]

De esa experiencia extrajo una lección: para hacer política debía, primeramente, hacer dinero. A la par de los litigios laborales, y sin contradicción ideológica alguna, el despacho se dedicaba a hacer negocios. La exportación de frutas a Holanda, la explotación de una mina de plata en Taxco, la fabricación de sidra o la explotación de madera fueron las aventuras primerizas que terminaron mal. De pronto aquello fue jauja gracias a una idea de Ramos Millán: la urbanización. Fra-ccionamientos México, nueva compañía del grupo de amigos, se dedicaba a comprar grandes terrenos colindantes con la ciudad y pertenecientes a viejas haciendas arruinadas, abandonadas o en peligro de expropiación. A los miembros de la antigua aristocracia porfiriana les urgía vender, aunque fuera barato, para cambiar de giro en negocios urbanos. Los jóvenes abogados vieron la oportunidad y con el apoyo de militares poderosos consiguieron créditos blandos. Las primeras aventuras inmobiliarias tuvieron lugar en los intrincados terrenos de Cuernavaca, que los jóvenes abogados urbanizaron con el apoyo del general Ávila Camacho, a quien cedieron un buen lote. Más tarde abarcaron la amplia zona de los llanos de Anzures –cerca de donde vivía el «Jefe Máximo»–, hasta la hacienda de los Morales, propiedad de don Carlos Cuevas. El rancho de Polanco se convirtió en un lujoso barrio residencial. En un extremo del bosque de Chapultepec, con vista al castillo, el licenciado Alemán y sus amigos construyeron soberbias residencias de tipo californiano. En esos años adquirió también, a un precio muy bajo, el rancho Los Pirules en el norte de la capital, que con el tiempo se convertiría en la populosa Ciudad Satélite. Aquella actividad profesional, según dijo, le había proporcionado «la seguridad necesaria para proseguir libre de presiones mi carrera política».[27]

Por aquella época, don Eugenio Méndez comentaba a un paisano suyo: «[Miguel Alemán] será el mejor político veracruzano de la historia».[28] Lo estaba demostrando. En 1933, Alemán dirige la campaña de Cárdenas por Veracruz. Un año más tarde, en reciprocidad, Cárdenas pretende nombrarlo ministro de la Corte; pero debido al impedimento de la edad, Alemán se conforma con la magistratura del Tribunal Superior de Justicia del Distrito y Territorios Federales. En aquella «sala laboral» duraría poco tiempo. Con el propósito de revitalizar los cuadros del PNR, Alemán y sus socios se integran a la agrupación Socialistas Veracruzanos, a través de un manifiesto representativo del lenguaje político revolucionario:

«Es una apremiante obligación de los elementos con ideología avanzada y adecuada preparación que estén interesados en el futuro del estado de Veracruz, que de una vez por todas asuman la responsabilidad histórica del momento en que viven, aprestándose valientemente a la lucha, para conseguir que los anhelos de la clase proletaria sean una realidad benéfica y efectiva».[29]

Con el apoyo directo de Cándido Aguilar y del secretario del presidente, Luis I. Rodríguez, en 1935 Alemán se postula para senador por su estado. En esos días, el Café Tacuba es escenario de un ruidoso crimen: los pistoleros de un cacique veracruzano entran tranquilamente en aquel céntrico restaurante y asesinan al candidato a gobernador que hacía mancuerna con Alemán, el licenciado Manlio Fabio Altamirano.

Adalberto Tejeda, ex gobernador y hombre fuerte del estado durante todo el régimen sonorense, era una especie de Múgica veracruzano: como muchos de sus paisanos liberales, detestaba a los «ensotanados». El amigable embajador norteamericano, Josephus Daniels, había comentado al presidente Cárdenas que «los mexicanos éramos muy malos vendedores, porque nuestra vitrina ante el mundo era Veracruz y allí no existían libertades y garantías, sobre todo la libertad de conciencia». El problema terminaría pronto, respondió Cárdenas, «porque iba a llegar al gobierno de Veracruz un joven liberal, pero hombre sin prejuicios para nadie, respetuoso de todos: el licenciado Miguel Alemán».[30]

El primero de diciembre de 1936, el licenciado Miguel Alemán toma posesión de su nuevo cargo. Sabe que Veracruz tiene el 92 por ciento de la operación petrolera del país y en su discurso sugiere ya la futura expropiación, no sólo del petróleo sino de la industria eléctrica: «... ahora, después de largos años angustiosos, podremos rescatar, en toda su extensión, el suelo de México; en toda su profundidad de riqueza, nuestro subsuelo; y en toda la longitud, sus corrientes, las caídas que son la fuerza hidráulica; energía en los dinamos para fábricas, y calor y luz en los hogares y en los talleres».[31]

Integra su gabinete con «compañeros de banca». Evidentemente, la amistad que los unía desde la escuela de jurisprudencia gravitó en forma decisiva sobre estas designaciones. Quiere «modernizar la administración pública».

Su objetivo de fondo es desechar las viejas pasiones revolucionarias que perdieron a su padre, y consolidar una labor constructiva. Por eso emite una nueva ley inquilinaria (el tema había sido la causa de agitación revolucionaria en el puerto desde hacía veinte años). Por eso también, con la venia del presidente Cárdenas, pone fin a veinte años de tensión religiosa en su estado: concede de buena gana la reapertura de las iglesias y pide al obispo Guízar y Valencia: «... la única cosa que le suplico es que no lo hagan con escándalo, sino con decencia y decoro». Otro de sus triunfos es la unificación campesina. Los tiempos de Tejeda se habían caracterizado por el habitual enfrentamiento de ligas agrarias «rojas» (radicales, inducidas por el gobierno, algunas con tendencia comunista), blancas (defensoras de la propiedad grande y pequeña) y a veces hasta amarillas (de un reformismo moderado). Pero en 1936 la reforma agraria cardenista desalentaba en sí misma las causas de la agitación. Había campesinos sin tierra, pero había tierra suficiente para los campesinos. Sin enemigo al frente (Tejeda era el nuevo embajador de México en Francia), Alemán procedió con rapidez. El 27 de marzo de 1937 reunió a una multitud de campesinos en el estadio de beisbol de Xalapa. Se trataba de elegir un nuevo comité para la Liga Campesina:

«Como no llegaban a un acuerdo las planillas» recordaba Alemán, «prolongándose durante varias horas las deliberaciones en torno a la integración del comité que presidiría la liga, don Gabino Vázquez, jefe del Departamento Agrario, anunció que los cargos serían asignados en proporción directa al número de votantes registrados. Sabiéndose derrotado, el candidato de la Liga Roja [Carolino Anaya] exhortó a sus exaltados simpatizantes para acatar la resolución y, en gesto conciliador, me dio un abrazo cordial al que seguiría el intercambio de banderas entre todas las agrupaciones, símbolo vivo y elocuente de la tan deseada unificación campesina».[32]

A raíz de la expropiación petrolera, Cárdenas recibió del gobernador Alemán el apoyo más decidido: no sólo hizo declaraciones inmediatas, sino que viajó a México y encabezó un bloque de gobernadores que avalaron la decisión presidencial, y mostró firmeza en exigir la entrega de las instalaciones por parte de la compañía. A pocos sorprendió que Ávila Camacho lo designara coordinador de su campaña y que, como corolario, lo integrara a su gabinete encomendándole la Secretaría de Gobernación.

El impulso al turismo, la cinematografía y la regeneración penitenciaria fueron las caras amables de su gestión en esa secretaría. El acoso a periodistas independientes fue uno de sus lados oscuros: cuando Miguel Palacios Macedo publicó una serie de artículos críticos sobre la política inflacionaria del régimen en *El Universal*, el director del diario recibió una atenta llamada de Alemán para invitar al colaborador a no seguir colaborando.[33] También en este aspecto, la vuelta a los usos porfirianos era patente.

Gracias a la muerte sospechosa, pero en todo caso oportuna, de Maximino Ávila Camacho, la vía quedaba abierta para que Alemán fuese el primer presidente civil de la Revolución mexicana. Había, sin embargo, varios obstáculos. La embajada norteamericana, siempre tan perceptiva, favorecía al secretario de Relaciones Exteriores, Ezequiel Padilla, y desconfiaba de Alemán por considerarlo atado a sus apoyos sindicales en la izquierda, en particular a Vicente Lombardo Toledano. La revista *Time* publicó el artículo «Ayudado por la muerte», en el que se hacía una maliciosa referencia a las muertes que habían precedido el ascenso de Alemán: Manlio Fabio Altamirano y Maximino Ávila Camacho. Pasarían varios meses hasta que en marzo de 1946, en una entrevista confidencial con Guy Ray, primer secretario de la embajada norteamericana en México, Alemán aclaró sus intenciones: Lombardo no impondría a nadie en su gabinete; su gobierno solicitaría apoyo tecnológico norteamericano para la rehabilitación de los Ferrocarriles Nacionales y el desarrollo de Pemex; la ayuda para industrializar a México provendría de los Estados Unidos, no de Gran Bretaña, y menos de Rusia. El compromiso de Alemán debió impresionar al Departamento de Estado, porque al poco tiempo el atolondrado embajador Messersmith era sustituido por Walter Thurston.[34]

Quedaban otros escollos. En la apacible ciudad de Tehuacán, rodeada de manantiales, tres generales revolucionarios hablaban de la sucesión presidencial. Eran el presidente Ávila Camacho, el general Cárdenas y Cándido Aguilar. Cárdenas se oponía en principio a la candidatura de Alemán. Aguilar argumentaba a su favor, arguyendo que con ella se cumplía el designio civilista que le costó la vida a Carranza y, por otro lado, «pues es hijo del general Miguel Alemán que peleó en la Revolución por una causa noble».[35] Estas razones lo convencieron... a medias. El presidente Ávila Camacho tenía la última palabra y su decisión era no sólo transferir sino heredar el poder.

Ávila Camacho convenció al jefe del Departamento Central, el hombre fuerte de Hidalgo, Javier Rojo Gómez, para que retirara su candidatura. Con mayor dificultad, logró lo mismo con el general Miguel Henríquez Guzmán, al que Cárdenas discretamente favorecía con vistas a un albazo de la derecha. Quedaba Padilla, quien decidió seguir en la carrera a través de un nuevo partido, el Demócrata Mexicano. Mañosamente, la propaganda alemanista lo presentó como un candidato de esposa francesa (los Couttolenc, de origen francés, llevaban un siglo viviendo en México).

La campaña de Alemán no tenía precedentes. Madero había hecho giras predicando su apostolado democrático. Cárdenas había recorrido a caballo cientos de poblaciones escuchando las quejas de los campesinos. Pero «el Cachorro» era otra cosa:

«Alemán arrolla, a bordo de camiones de redilas, rodeado de muchachas y con el mejor eslogan de su campaña en su sonrisa juvenil, natural, contagiosa, optimista y jamás borrada. La Revolución se ha bajado del caballo para abordar, en público, los camiones de redilas rebosantes de chicas preciosas, flamantes adelitas de la primera generación de los hijos de la Revolución; y, en privado, los Cadillacs de largas colas o los Packards ... Mientras, Alemán repasa al país que ya conoce bien desde el arranque provinciano y pobre, en una campaña alegre, a los acordes de *La bamba*, segundo himno nacional, durante siete años».[36]

La «cargada» –término clave en el vocabulario político mexicano– es total. Al «carro» de Alemán se suben obreros (camioneros, electricistas, tranviarios, maestros, litógrafos), agrupaciones femeninas, burócratas, diputados, un frente socialista de abogados, gobernadores, legislaturas, intelectuales comunistas y, desde luego, la CTM, en cuyo seno había pronunciado un primer discurso: «... los trabajadores deben tener conciencia de que las exigencias desproporcionadas redundan en contra de ellos mismos. El país reclama la industrialización».[37]

Lombardo, el intelectual que lo escuchaba en el desaparecido teatro Iris, pensaba quizá que Alemán convergía con su peculiar concepción de la historia de México. La Revolución había liquidado la etapa semifeudal, pero no había desarrollado un capitalismo pujante, etapa previa al socialismo. Había que apoyar a la burguesía nacionalista para alcanzar ese estadio y de allí saltar a la venturosa realidad que sólo existía en la URSS, aquella «tierra del porvenir» que Lombardo había visitado por primera vez en 1936 y a la cual volvería con frecuencia, siempre arrobado por sus logros. Pero el universitario Alemán era tan socialista como Lombardo proyanqui. Tenía otros planes en mente. Aplicaría su convicción capitalista al país, no como un medio sino como un fin.

Sus amigos, más amigos que nunca, pensaban en el capitalismo del país... y en el de sus personas. ¿No lo merecían? Con el epónimo de su generación, con el líder del grupo H-1920, habían llegado a la cumbre tras muchos años de colaborar fielmente con los generales. Habían actuado por las buenas, no como los universitarios Vasconcelos y Gómez Morín, que quisieron formar una base electoral independiente del Partido de la Revolución Mexicana y por eso fracasaron. Por las buenas, no como Lombardo Toledano, que desde la izquierda ejercía una permanente presión ideológica sobre la Revolución mexicana. Por las buenas, no como el heterodoxo Cosío

Villegas, solitario y resentido. Por las buenas, organizando mesas redondas para estudiar la solución de los problemas nacionales: en León la industria del zapato; en Acapulco el turismo; el azúcar en Cuernavaca; el petróleo en Ciudad Madero (Tamaulipas). Por las buenas, señores, por las buenas, como el amigo Fernando Casas Alemán recomendaba a los periodistas tras el triunfo de su candidato en las elecciones de julio de 1946: «El primero de diciembre quebraremos la piñata. A ver qué nos toca».[38]

Les tocó la colación completa. Los sonorenses y Cárdenas habían compuesto sus gabinetes con una alta proporción de personas de clase humilde. Con Alemán, la gente de clase media y alta desplazó por entero a la de clase baja. El reclutamiento de sus amigos y maestros fue, en verdad, impresionante: al menos once de los viejos compañeros de banca de Alemán llegaron a tener altos puestos públicos.[39] Otros amigos no obtuvieron puestos sino contratos oficiales y toda suerte de oportunidades, lícitas e ilícitas, para prosperar económicamente. Aquel pacto de ayuda mutua firmado en el despacho de Humboldt en 1927 se cumplía con creces. La «amificación» que Andrés Molina Enríquez había ponderado tanto en Porfirio Díaz reapareció modernizada en el sexenio de Alemán.

«Estamos haciendo patria»

Desde el momento en que se cruza la banda presidencial, Alemán toma decisiones que definen ya su política. Ha prometido la modernización de México por la doble vía del crecimiento industrial y el incremento de la producción agrícola; sus actos inmediatos lo respaldan. Una de sus primeras medidas consiste en reformar la legislación agraria de Cárdenas, el artículo 27 en particular, introduciendo –como sugería el PAN en un proyecto rechazado inicialmente por la Cámara– el amparo para propiedades agrícolas o ganaderas que tuviesen ya, o estuviesen en posición de tener, certificados de inafectabilidad. En esencia, la reforma protegía a la propiedad privada de cualquier amenaza de expropiación y fijaba las superficies máximas de pequeña propiedad de acuerdo con los diversos cultivos y condiciones: cien hectáreas en el caso de tierras de riego, trescientas hectáreas para cultivos comerciales como el azúcar o el plátano, quinientas hectáreas para las zonas ganaderas. El cambio devolvió la seguridad y la confianza al pequeño propietario, pero se topó con la acerba crítica de la izquierda oficial (cardenista, lombardista) y con la crítica independiente.

«Es una cosa curiosa que la institución de la inafectabilidad la creara el general Cárdenas», señalaba el eminente constitucionalista Antonio Martínez Báez, secretario de Economía de Alemán. «Cárdenas hacía muchas veces esas compensaciones fuera de la ley ... El pecado de Alemán no fue jurídico, sino político.»[40] Pero Alemán no sintió que pecaba: estaba dispuesto a probar que su «teoría de la abundancia» funcionaba. Pasó por alto las críticas, aseguró el apoyo de la Confederación Nacional Campesina (para entonces enteramente servil al poder presidencial) y echó a andar el más ambicioso proyecto de crecimiento agrícola de la historia mexicana.

El subdirector del Banco Nacional Hipotecario Urbano y de Obras Públicas, Antonio Ortiz Mena (amigo de Alemán desde los tiempos de *Eureka* y vecino suyo, además de buen abogado y mejor financiero), percibió con claridad los resortes íntimos en la actitud del presidente. Alemán

«proyectaba la noción veracruzana de riqueza a todo el país ... Con él se inició la transformación del campo, su orientación productiva ... El campo estaba muy rezagado tecnológicamente. No nos preocupábamos por la productividad ... entonces se empezó a buscar la manera de producir más ... y así aumentar el ingreso del campesino ... se empezaron a usar semillas mejoradas, la fertilización, los pesticidas».[41]

La inversión del gobierno en el campo con respecto a la inversión total bruta subió del 12 por ciento en el sexenio de Ávila Camacho al 20 por ciento en el de Alemán. Buena parte de ella se destinó a llenar de presas las zonas potencialmente productivas del país, aquellas que ya practicaban, o estaban en condiciones de practicar, una agricultura capitalista y moderna: los estados norteños de Sonora, Sinaloa, Chihuahua, Tamaulipas y Baja California. El ingeniero Adolfo Orive Alba no sólo continuó a cargo de la irrigación, sino que su comisión se convirtió en la Secretaría de Recursos Hidráulicos:

«Con el esfuerzo de veinte años, se había puesto bajo riego una superficie de 575.000 hectáreas. El señor presidente Alemán, en su solo sexenio, puso en operación otras 575.000 hectáreas de riego ... no había un solo estado de la nación en que no hubiera una obra hidráulica en construcción, ya sea de riego, o para aportar agua potable a alguna de las poblaciones de México, grande, mediana o pequeña».[42]

La irrigación fue el capítulo más importante, pero no el único: se importaron treinta mil tractores; con el apoyo de la fundación Rockefeller se desarrollaron nuevas variedades de trigo y maíz; se creó la Comisión del Maíz (a cargo del viejo «cuate» de Alemán, Gabriel Ramos Millán, a quien se le llamó «el Apóstol del Maíz»), que distribuyó con eficacia las semillas mejoradas; se profesionalizó el manejo del Banco de Crédito Agrícola, canalizando sus fondos de manera preferencial a la pequeña propiedad; se abrieron al cultivo varias zonas de colonización; se creó en 1947 la compañía estatal Guanos y Fertilizantes, e inspiradas en la Tennessee Valley Authority de la era de Roosevelt, se crearon las comisiones para el desarrollo de la cuenca del río Papaloapan y la del Tepalcatepec.

Los resultados no se hicieron esperar. La tasa de crecimiento agrícola en el sexenio fue del 8 por ciento, 2,8 por ciento más alta que la del Producto Interno Bruto. El valor de la producción en varios cultivos comerciales se incrementó de manera impresionante: entre 1946 y 1952 (año de sequía), el principal producto de exportación, el algodón, subió de 80 a 199 millones de pesos; el café pasó de 78 a 283 millones de pesos; el jitomate, de 78 a 179; el azúcar, de 159 a 292; el trigo, de 139 a 375 (en 1951 había llegado a 442). Los dos productos más preciados para la población desde tiempos prehispánicos (el maíz y el frijol) se comportaban de forma similar: de 680 a 1.600 millones de pesos, y de 94 a 180 millones, respectivamente. La agricultura alimentaba a las ciudades y quedaba un remanente de exportación. El aporte de los productos agrícolas, con respecto al total de exportaciones, subió del 44,3 al 55,7 por ciento. Aunque el algodón predominaba en la lista, la oferta mexicana era notablemente variada.[43]

El ex presidente Cárdenas reprobaba los cambios en la legislación agraria. Pensaba que propiciaban de nueva cuenta la concentración de la tierra en pocas manos. No le faltaba razón: muchos políticos, utilizando su propio nombre o el de familiares, amigos o prestanombres, acapararon tierras y se beneficiaron del crédito y la infraestructura: la gente los comenzó a llamar «agricultores nailon». Un día, al pasar enfrente del latifundio de los Pasquel en Ciudad Valles, Cárdenas ve un letrero que dice: ÉSTA ES UNA PROPIEDAD PRIVADA, y el general apunta en su diario: «afectable». Con todo, institucional siempre, Cárdenas no lleva su disgusto al punto del rompimiento. Cuando a principios del sexenio sobreviene la severa epidemia de fiebre aftosa que atacó a buena parte del ganado mexicano, Alemán procura que Cárdenas dirija la campaña. Había dos posiciones encontradas frente al problema: el rifle sanitario recomendado imperiosamente por el gobierno norteamericano –e instrumentado con rigor por el mexicano– o la vacunación. Cárdenas favorecía el segundo recurso y rechazaba la intervención yanqui en el asunto. Por ello no aceptó la encomienda, pero al poco tiempo recibió una oferta que, dada su vocación humanitaria, no podía rechazar. Alemán le encarga un plan para el desarrollo de la cuenca del río Tepalcatepec. Aquella tierra caliente michoacana le atraía: «... en ella pasé mis primeros años de revolucionario. Lo insalubre de la zona y las condiciones precarias en que viven los campesinos me obliga a convivir con ellos».[44] Al poco tiempo, Cárdenas somete a Alemán su proyecto y éste lo nombra vocal de la Comisión del Tepalcatepec.

Lo cierto es que el éxito económico del esquema alemanista fue su mejor argumento. De los 934 ensayos de explotación agrícola colectiva registrados en 1940, en 1950 sólo restaban 688: muchos habían cerrado o adoptaban pautas de producción individual, como ocurría en Nueva Italia. En los ejidos era clara la tendencia a la renta de parcelas y otras formas disfrazadas de la producción mercantil. El presidente empresario realizaba el sueño de los sonorenses: crear la agricultura moderna mexicana. Lo que aquellos generales no pudieron imaginar –y quizás hubiesen reprobado– es que la agricultura llegara a subsidiar algún día el nuevo paradigma de riqueza mexicana: la industrialización centralizada en la ciudad de México.

Alemán dijo alguna vez, tal vez seriamente, que quería que «todos los mexicanos tuvieran un Cadillac, un puro y un boleto para los toros». En su sexenio se consumieron muchos puros, se llenaron domingo a domingo las plazas de toros y se vendieron, si no veinticinco millones, algunos cientos de Cadillacs. Se decía que Alemán «enseñó a México a pensar en millones», y que en su tiempo «había paz, había tranquilidad, había fuentes de trabajo». Ambas cosas eran ciertas. Alemán cambió la escala de la economía y muchos mexicanos se beneficiaron con ello.

Alemán dotó a la industria de infraestructura eléctrica, energética, de comunicaciones y transportes; la trató como la niña de sus ojos. «En el periodo inicial de la posguerra», recordaba un importante empresario mexicano,

«el gobierno empezó a ayudar a las empresas con leyes impositivas, impuestos a la importación, fondos de inversión en la Nacional Financiera, y se asociaba como inversionista si dichas empresas no tenían el capital suficiente, como sucedió con la industria siderúrgica. Fue un gran esfuerzo para ayudar al sector privado, y la política iniciada por el presidente Alemán persistió hasta los años setenta».[45]

La industria creció a un promedio del 7,2 por ciento anual. En 1940 había trece mil establecimientos industriales en México, el 65 por ciento de los cuales se dedicaba a la producción de alimentos y de textiles. En 1950 eran ya setenta y tres mil, y aquella proporción había bajado al 48 por ciento.[46] Las áreas más dinámicas eran las de productos químicos, celulosa y papel, y siderurgia. La política de sustitución de importaciones tomó carta de naturalización. ¡Hasta surgió la fábrica de refrescos Jarritos para competir con la Coca-Cola! Muchas de las empresas importantes del país se fundaron entonces: Condumex (conductores eléctricos), ICA (la mayor constructora del país), Grupo Chihuahua (celulosa), Telesistema Mexicano, Industrias Ruiz Galindo, Industrias Resistol, Industrias Nacobre. La inversión extranjera (norteamericana sobre todo) fluyó hacia diversas áreas: se abrieron fábricas textiles, huleras, químicas. Aunque la industrialización alemanista privilegiaba la zona centro del país, y en especial la capital, irradió riqueza a la provincia. Se crearon empresas como TAMSA en Veracruz (fabricantes de tubos de acero); Sosa Texcoco, y Celulosa de Chihuahua.[47]

El carácter deficitario de este crecimiento, el hecho de que las nuevas industrias importasen más de lo que exportaban, era visto como un fenómeno natural de despegue. Pocos imaginaron entonces que se volvería crónico. La gran mayoría de estas inversiones tenía, además, un rasgo en común: se localizaban en la ciudad de México. Esta centralización debió de llamar la atención de los planificadores de la época, pero lo cierto es que también se le veía como un hecho natural. Lo que ocurría, en el fondo, es que *el nuevo paradigma, antes que industrial, era urbano, y urbano, por antonomasia, de la ciudad de México*. El moderno sueño reforzaba un resabio antiguo de imperialismo azteca y español. La ciudad de México volvía a ser, como en tiempos de los aztecas, el «ombligo de la luna». Desde sus industriosas alturas (temporalmente subsidiadas por la producción del resto del país, sobre todo la agrícola, pero también la minera y la petrolera), el progreso se derramaría, supuestamente, hacia todo el país. Había algo monstruoso en el concepto de subir insumos a dos mil metros de altura en el centro del país para transformarlos y surtir al país entero.

Casi nadie imaginaría tampoco que ese subsidio se volvería no sólo permanente sino exponencial.

En tiempos de Alemán, los negocios medianos se volvieron grandes y los pequeños, medianos. «Los alemanistas se apoderaron de México, pero lo hicieron crecer», recordaba un joven industrial que desarrolló su empresa en esos años. El caso de este joven es emblemático. Había estudiado ciencias químicas en la Universidad, pero no quería ser burócrata ni técnico asalariado, sino ganarse la vida por su cuenta. Con una vieja máquina Chandler de pie, abrió una imprenta en una accesoria. De pronto, la política de sustitución de importaciones tocó a su puerta. Su nicho particular en las artes gráficas era la fabricación de carteles, boletos, etiquetas para medicinas y, en especial, cajas plegadizas para cosméticos. La guerra civil española y la guerra mundial habían propiciado el desarrollo de industrias nativas, con capital español en su mayoría. Al cabo de la guerra comenzaron a arribar marcas francesas (y en los años cincuenta, norteamericanas), pero las barreras arancelarias volvían prohibitivos los precios de importación. Decidieron fabricar sus productos en México y cubrir el creciente mercado interno. Aquel industrial viajó a los Estados Unidos para comprar maquinaria usada. Al finalizar la época de Alemán, contaba ya con cinco máquinas de *offset* y una planta propia. Para el muro de la entrada, discurrió una idea «revolucionaria»: encargar a Fanny Rabel, discípula de Diego Rivera, un mural con una alegoría de la imprenta: en el campo, al aire libre, una maestra rural enseña a leer a un grupo de humildes campesinos; a su lado, el joven empresario, su socio y sus obreros, trabajan en su máquina Chandler; dos niños vocean unos diarios en los que se leen las frases «Todo México debe saber leer», «La imprenta al servicio de la cultura»; a lo lejos, en un extremo, casi imperceptible, aparece el humo de la ciudad.

También en aquel mural había una involuntaria simulación. Todo era muy hermoso, pero todo era mentira. La fábrica estaba en la ciudad de México, no en el campo; la maestra que enseñaba el *abc* a los campesinos era en realidad una muy citadina secretaria; la fábrica producía cajas plegadizas para cosméticos, no cartillas de alfabetización; la imprenta no estaba al servicio de la cultura, sino de los perfumes Yardley, Jean Patou o Emir. Cuestión de paradigmas, pero el joven empresario se sentía revolucionario.

«ESTAMOS HACIENDO PATRIA», anunciaban los letreros en las muchas obras públicas que se hicieron durante el sexenio de Alemán. Era la época de «las grandes realizaciones». La industria de la construcción tuvo un desarrollo sin precedente. Las carreteras se volvieron lo que los ferrocarriles en el porfiriato: el símbolo del progreso. Se construyeron más de once mil kilómetros en el sexenio. La de Cuernavaca, primera supercarretera, con carriles separados de ida y vuelta; la de México a Ciudad Juárez; la de Acapulco, con un modesto puente (que parecía impresionante) sobre el río Mezcala. Significativamente, Alemán realizó también importantes obras ferrocarrileras, como la que, cruzando el desierto de Altar en Sonora, vinculó a Baja California con el resto del país. Cuando Alemán inauguró la vía, no cortó un listón sino una cadena con soplete, para simbolizar lo arduo de la tarea cumplida.

La fiebre constructora incluyó otros ámbitos, además del de las presas y carreteras. Se terminó la obra titánica de conducción de aguas desde la laguna del río Lerma hasta la ciudad de México (en su remate, Diego Rivera realizó una escultopintura de Tláloc, el dios azteca de la lluvia). Se inauguró la moderna red de aeropuertos (México, Acapulco, Tijuana, Ciudad Juárez, entre otras ciudades).

El turismo era una actividad prioritaria para Alemán. Antes de su gestión, Acapulco era poco más que un risueño y tranquilo puerto enmarcado por el viejo fuerte de San Diego, testigo mudo del siglo XVII, cuando, repleta de sedas, especias y porcelanas, llegaba a Acapulco la Nao de China. Había unos cuantos hoteles de tradición española o estilo colonial californiano (se les llamaba «cocacoloniales»), playas con palapas y sillas de madera, barcazas de pescadores en el mar. Alemán lo «revolucionó». Construyó el aeropuerto, urbanizó (con abuso sobre los campesinos, según se decía) la bahía aledaña a Puerto Marqués, y amplió la gran calzada panorámica que circunda a la bahía, accediendo, sin demasiado rubor, a que la bautizaran Costera Miguel Alemán. En su periodo, y con el impulso que Alemán continuó prestándole en los años cincuenta, Acapulco comenzó a llenarse de modernos hoteles y un ambiente cada vez más internacional que presagiaba la época del *jet set*.

Nueva grandeza mexicana

Más de tres siglos después de que el poeta Bernardo de Balbuena escribiera su *Grandeza mexicana* (1604), otro poeta, Salvador Novo, hizo una descripción literaria de la ciudad de México denominada *Nueva grandeza mexicana* (1947). El paralelo profético se justificaba: si hay una metáfora del proyecto alemanista, de su indudable grandeza, pero también de su megalomanía, ese espejo fiel es la ciudad de México.

La urbanización de la ciudad revelaba la impronta de cada periodo político. Los sonorenses levantaron edificios públicos y escuelas, y propiciaron la apertura de nuevos barrios o colonias residenciales. El maximato y el cardenismo alentaron apasionadamente la construcción de viviendas obreras. En 1940, México era todavía una apacible ciudad de 1.757.530 habitantes, en un país de más de veinte millones de personas. Una célebre línea recogida por Alfonso Reyes bastaría para describirla: «México era la región más transparente del aire».

Siguiendo una pauta centrífuga inaugurada desde el Porfiriato por las familias ricas, a partir de los años veinte y a lo largo de los treinta, la «gente decente» de clase media abandonaba sus viviendas en el centro de la ciudad (que poco a poco se llenó de arrabales y vecindades) para mudarse a las nuevas colonias de la periferia. Los ricos que provenían de tiempos porfirianos vivían, por lo general, en la colonia Juárez o en Las Lomas. Los nuevos ricos creados a partir de la Revolución (incluidos los sonorenses Obregón y Calles), preferían la Roma, la Condesa o Lindavista. En los años cuarenta, la clase media vivía en la Roma Sur, Polanco, la Condesa, la Hipódromo o, tal vez un poco más al sur, en la naciente Del Valle o en el antiguo Tlacopac. En los viejos pueblos del valle de México, como Tacubaya, Coyoacán, San Ángel, Tlalpan, Mixcoac (dotados cada uno de su cultura y tradiciones), se respiraba aún el aire provinciano que habían conservado a través de los siglos.

De pronto llegó Alemán. La fisonomía de la ciudad cambió vertiginosamente y para siempre. Sus tres millones de habitantes vivían experiencias nuevas: el tráfico, el primer rascacielos, prodigio de ingeniería hidráulica en una zona de alta y severa sismicidad y un subsuelo blando. Pero, sobre todo, las nuevas avenidas, brazos que partían de la ciudad habitada hacia los extremos del valle, absorbiendo los viejos pueblos y cruzando llanos deshabitados. Sólo Alemán podía tener la mentalidad visionaria para entubar el Río de la Piedad y construir la primera vía rápida, dotada de pasos a desnivel (Viaducto Miguel Alemán, 1950), abrir la avenida División del Norte o prolongar la ya muy larga avenida de los Insurgentes hasta la Ciudad Universitaria, que se construía a pasos agigantados en los pedregales del sur.

México contaba ya, desde el principio de los tiempos, con una sólida tradición urbanista. Aztecas, españoles y mexicanos habían sido grandes arquitectos e ingenieros. Alemán encauzó esa tradición contagiando su audacia a su propia –y muy nutrida– generación de arqui-tectos. En 1949 se estrenó en la ciudad de México la primera vivien-da vertical del país, el multifamiliar Miguel Alemán. Fue obra de Mario Pani. El proyecto original preveía la construcción de doscien-tas viviendas. Pani, no obstante, propuso construir mil viviendas en el mismo y reducido terreno y se asoció con el joven ingeniero Bernardo Quintana, reciente fundador de la empresa constructora más importante de México, la ICA. El multifamiliar contaría con mil ochenta departamentos y sería notable por hacer realidad las propues-tas de Le Corbusier antes de que éste terminara de construir la uni-dad de Marsella (1946-1952).

Cobijada muchas veces por el dinero público, la arquitectura pri-vada se contagió del vértigo constructor. Grandes almacenes o tiendas departamentales norteamericanas, como Sears y Woolworth, constru-yeron sus sedes en la calle comercial de los Insurgentes; aparecieron los primeros edificios de (y con) estacionamiento; una novedad más del periodo fue la apertura de la colonia residencial Jardines del Pe-dregal de San Ángel. Aquella vastísima extensión de lava, producto de la erupción del volcán Xitle hace dos mil años, parecía destinada a per-manecer como una rareza natural en el valle de México, un paisaje lunar de exuberante vegetación (pirules, palos bobos, diversas variedad-des de cactus) habitado sólo por iguanas y víboras de cascabel. En la mente de su creador, el arquitecto Luis Barragán (inspirado por el pintor de los volcanes mexicanos, el extravagante «Dr. Atl»), las for-maciones rocosas se volvieron acantilados, islas floridas entre jardi-nes. En el Pedregal los políticos alemanistas construyeron mansiones. Significativamente, dos senadores del PRI y futuros presidentes de la república fincarían en aquella zona: Adolfo López Mateos y Gus-tavo Díaz Ordaz. El Pedregal era, a no dudarlo, la colonia de la «Re-volución Institucional».

Si la nueva ciudad de México era el espejo del alemanismo, la Ciu-dad Universitaria fue el espejo de ese espejo. En un terreno volcánico localizado en el Pedregal de San Ángel, con la participación de va-rios arquitectos (casi todos de la generación de Alemán), se constru-yó un inmenso conjunto en el que destacaban varios edificios: la Bi-blioteca Central, de Juan O'Gorman; los frontones, de Alberto T. Arai; el Pabellón de Rayos Cósmicos, de Félix Candela, y el estadio, en el que Augusto Pérez Palacios aprovechó una concavidad en el terreno para rodearla con un terraplén de tierra (técnica con que se construían las presas) y adaptar su obra a los conos volcánicos del valle que se miran desde las graderías.

117

Con un costo aproximado de veinticinco millones de dólares, la Ciudad Universitaria era el monumento del presidente a su régimen. De ahí que, para culminarla, en el centro de la inmensa explanada erigiera una estatua. Representaba, naturalmente, al presidente Miguel Alemán.

La empresa del poder

El «milagro político de México» maravilló hasta 1968 a propios y extraños. Se dice que De Gaulle lo consideraba notable, que algunos gobiernos africanos enviaron especialistas para analizarlo con miras a adoptarlo, que era la envidia de los «gorilas», los dictadores militares latinoamericanos. No faltaron profesores norteamericanos que terminaron por ver en él lo que los políticos querían que se viera: no una simulación sino una excéntrica democracia revolucionaria de partido único. Pasada la euforia, cuando el milagro había mostrado sus vastas limitaciones, un joven ingeniero mexicano (consultor de empresas, poeta y ensayista por añadidura), Gabriel Zaid, la definió con precisión: «El sistema político mexicano es la mayor empresa moderna del genio mexicano».[48] El sistema tenía raíces «castellanas y moriscas, rayadas de azteca», ancestros liberales (Juárez y Porfirio), padre sonorense (Calles), padrino michoacano (Cárdenas), pero como empresa fue obra del presidente empresario: Miguel Alemán Valdés.

El sistema político mexicano difería de las dictaduras comunes y corrientes de América Latina. El mexicano es un régimen institucional y, por ello, más moderno. Se fundamenta en la investidura de la presidencia (en la silla presidencial), no en la persona de un tirano que ha irrumpido en la escena política e instaurado un régimen de excepción ligado a su carisma o a su fuerza. El principio cardinal de la «no reelección» es otro rasgo moderno. Rige para la presidencia, las gubernaturas, las presidencias municipales, las diputaciones y senadurías, tanto federales como estatales. Es el dogma intocable que resguarda efectivamente al país contra la permanencia de un hombre en el poder y aun contra su influencia dominante y prolongada.[49]

El sistema mexicano se diferencia de los regímenes totalitarios por otro aspecto moderno y particular de México: el respeto, no total pero sí amplio, de las libertades cívicas. El terror y los métodos de represión masiva fincados en la hegemonía ideológica de una raza, credo o doctrina no forman parte de la mentalidad mexicana, inoculada desde tiempos del mestizaje contra esa versión de la intolerancia.

La tradición política de México influía también de manera positiva: el gobernante debía inspirar respeto y hasta temor, pero al mismo tiempo tenía que ser, o al menos parecer, patriarcal, como antes de la Independencia, y tolerante y liberal, como en la tradición del siglo XIX. Aunque la nación se subordinaba al presidente y el presidente no se subordinaba a nadie, existían amplios márgenes de autonomía en la vida económica, social, religiosa y cultural. La política era coto exclusivo de la llamada «familia revolucionaria»; sin embargo, con el paso de los decenios, diversos episodios y circunstancias la forzarían lentamente a coexistir con grupos independientes y opositores. No era una dictadura ni un régimen totalitario. Tampoco era una república, representativa, democrática y federal, como prescribía la Constitución. No faltó quien notara la similitud entre el sistema político mexicano y el sistema político porfiriano. Con la gran salvedad de la «no reelección», ése era, en efecto, el verdadero antecedente. Cosío Villegas acuñaría otra larga expresión: «Monarquía sexenal absoluta hereditaria por vía transversal», frase exacta que sin embargo dejaba de lado el respeto formal a las formas constitucionales y la simulación de fe revolucionaria. Quizá fue José Vasconcelos quien mejor describió este régimen autoritario indefinible: «porfirismo colectivo».[50]

Si la clave del contrato social porfiriano radicaba en la vinculación personal de cada grupo social con don Porfirio (lo que Molina Enríquez llamó la «amificación» de México), la clave del contrato social revolucionario –explica Zaid– estaba en una reedición aumentada y mejorada del método porfiriano del «pan o palo». El supuesto, que llegó a contar con un gran consenso, era que todos los individuos y grupos podían ascender –o, por lo menos, no perder la esperanza de ascender– en la escala económica y social, a condición de hacerlo amigablemente, por dentro del sistema, y no independientemente, por fuera del sistema. Zaid detectó una similitud entre el funcionamiento del sistema mexicano y las grandes corporaciones burocráticas, como la General Motors. La empresa mexicana proporcionaba una gama amplísima de servicios a la sociedad (seguridad, estabilidad política, paz, crecimiento económico, obras públicas, infraestructura, educación, salubridad y asistencia, seguro social, etcétera); pero su objetivo principal era coordinar el poder en el país.

En su concepto, existía en México un «dinámico mercado de compraventa de obediencia y buena voluntad». Desde arriba y como en cascada, el poder centralizado subastaba, otorgaba concesiones y contratos, prebendas y plazas públicas al postor que le ofreciese los mejores paquetes de clientes. «La esencia de ese contrato social, el bálsamo que apacigua los ánimos, concilia los espíritus y resuelve las contradicciones, es el dinero estatal.» «La política no consiste en ganar votaciones públicas, sino ascensos internos.» Los votantes, supuestos dueños de la corporación, pierden el control frente a los funcionarios, quienes, para todos los efectos prácticos, son los verdaderos dueños. Éstos, a su vez, dependen de la voluntad del «señor presidente», que es, a un tiempo, presidente del consejo de administración y director ejecutivo, por seis años, de la empresa.[51]

Con la creación del PNR, Calles había disciplinado a los generales y caciques regionales, ofreciéndoles el «pan» del poder cada seis años, pero amenazándolos con el «palo» a la menor disidencia. (Erróneamente, Calles quiso absorber con violencia a su único competidor: la Iglesia. La trató a palos y provocó que los campesinos le respondieran de la misma forma.) Cárdenas, por su parte, abandonó la peregrina idea de acabar con la Iglesia (ni «pan» ni «palo»), dio al «instrumento» (como él lo llamaba) la definitiva rectoría económica del país y la propiedad del petróleo, y fortaleció al PNR integrando en él directamente, como ejércitos políticos de reserva, a las masas campesinas y obreras, a los burócratas y los militares. Ávila Camacho completó el ciclo ofreciendo el «pan» de la conciliación a la Iglesia, apartando definitivamente a los militares y subordinando a los caciques. Pero faltaba el empresario joven que pusiera en marcha el «instrumento». El edificio estático orientado al pasado azteca, Habsburgo, Borbón –obra de caudillos, jefes y generales–, debía convertirse en una corporación dinámica orientada al futuro –obra de universitarios–. El presidente empresario que modernizó el edificio y dinamizó el «instrumento» fue Miguel Alemán.

La empresa dio un uso moderno a un expediente antiquísimo: lo que Octavio Paz llamaría «la transmisión del arquetipo azteca de poder político». En muchos aspectos, Porfirio Díaz –y antes que él, Juárez– se había comportado como un *tlatoani*; era considerado, tratado y temido como tal. Pero su permanencia en el mando terminó por identificar el poder con su persona, no con su investidura. A despecho de su respeto por las formas republicanas, siguió siendo el caudillo, el hombre fuerte al margen de la ley, el que hacía la ley e imponía su ley: «don Porfirio» antes que «el señor presidente». Con el sistema se consolidó «la secreta supremacía del modelo azteca». Ambos, el *tlatoani* y el presidente, se amparan siempre en la legalidad. Su poder es absoluto, casi sagrado, pero no reside en su persona sino en su investidura. «El *tlatoani*», agrega Paz, «es impersonal, sacerdotal e institucional.»[52]

El momento cumbre, la prueba de fuego del sistema, tenía lugar cada seis años: la sucesión presidencial. Los aztecas habían desarrollado un complejo sistema de sucesión que, por los medios más misteriosos, llegó casi intacto al México del siglo xx. Se trata del «tapadismo». Un cónclave de nobles y jefes militares deliberaba en secreto sobre el nombre del elegido al trono. Éste permanecía oculto hasta que el grupo de notables lo «pepenaba». (Según otras fuentes, el *tlatoani* anterior, antes de morir, lo había designado.) En todo caso, ocurría el develamiento, el «destape», y el elegido podía mostrarse al fin «delante de la gente ... todos lo miraban».[53]

Porfirio Díaz había ensayado con éxito el método en la persona de su compadre Manuel González (presidente por cuatro años, entre 1880 y 1884), pero después no tuvo necesidad de utilizarlo: cada cuatro años Díaz fue el «tapado» de sí mismo. Ya en la era revolucionaria, Carranza murió por «destapar» equivocadamente a Bonillas (1920), y Obregón por querer seguir los pasos de don Porfirio (1928). Calles pudo destapar con absoluta tranquilidad a Cárdenas (1934), pero a Cárdenas le costó trabajo hacer lo propio con Ávila Camacho (1940), cuyo destape estuvo a punto de provocar una nueva revuelta. Todavía en 1946, el destape de Alemán acarreó algunos problemas, pero en 1952 empezó a ajustar claramente sus reglas hasta alcanzar, hacia 1958, un refinamiento azteca.

Una vez destapado, el elegido recorre todo el país en una larga campaña presidencial. Simula denodadamente que va en busca de votos, pero en realidad busca convalidar simbólicamente la legitimidad del destape, hacer *como* si el voto popular fuera el que cuenta. La mentira democrática es necesaria para que la rueda del poder siga girando. Su campaña es una peregrinación cívica para que el pueblo vea y reconozca al destapado. Lo acompaña una caravana de aspirantes a puestos públicos. Sus jóvenes oradores son «jilgueros» que cantan los primores de la Revolución mexicana. En cada lugar se le recibe con bombo y platillos, se echa la casa por la ventana, se organizan festejos, mesas redondas, discursos. El candidato escucha peticiones y quejas, recibe cartas, hace promesas: escuelas, drenaje, caminos. Ordena a sus secretarios que tomen nota. Aunque dice que necesita del voto popular, en realidad no lo necesita porque, gracias al voto del «Gran Elector» –el presidente saliente–, las elecciones están ganadas de antemano. Nadie se engaña sobre el resultado.

Por lo demás, la apatía y la ignorancia fueron los mejores aliados del sistema. Hacia 1952, hay diez millones de electores posibles, pero de ellos sólo votaban dos (básicamente los votos cautivos de campesinos y obreros, y un pequeño margen de votos conscientes, a veces opositores, de clase media). Los demás se abstenían o incluso ignoraban el significado de los comicios. La verdadera esencia del sistema radicaba en la cultura política tradicional, premoderna, de la mayoría de los mexicanos, según la cual *los políticos son los dueños legítimos no sólo del poder sino del país*. Por eso los políticos, y muy en especial el presidente de la República, actúan con impunidad casi absoluta.

En suma, el sistema político mexicano era una edición funcional y moderna de un modo muy antiguo de coordinar el poder. Poniendo «vino viejo en odres nuevos», la corporación moderna operaba al servicio de un producto centenario: el mando patriarcal de los soberanos, la obediencia filial de los gobernados. Y, sin embargo, a pesar de que «el mercado de la buena voluntad» pagaba mucho más que el de la libertad, la subordinación no era universal. El sistema imperaba sobre el país, pero el país no era el sistema.

Apoyado y legitimado por la maquinaria electoral del PRI, el presidente regía de manera directa –además de su propio ámbito burocrático-ejecutivo y el de la ciudad de México (nombraba al regente de la capital como miembro de su gabinete)– la vida de los grandes poderes subordinados. Éstos eran de tres tipos: formales, corporados y reales. Los poderes formales eran el legislativo, el judicial, los gobiernos estatales y municipales. Los poderes corporados estaban en su mayoría dentro del PRI, en sus sectores obrero, campesino y popular. Los poderes reales tenían armas y gente armada: los caciques y el ejército.

En una zona gris, independientes pero desconectados entre sí y siempre bajo el control al menos potencial del presidente y sus tentáculos, habitaban otros poderes: la prensa, la Iglesia, los empresarios, los intelectuales, la Universidad Nacional, las universidades estatales y otros institutos de educación superior, incluyendo en todos ellos al cuerpo docente y al estudiantado.

En la zona negra de la oposición, porfiaban los demócratas, los valientes, los irreductibles, los iluminados y, a veces, los locos: la oposición de derecha e izquierda, y los opositores liberales e independientes.

«Las que usted guste, señor presidente»

Por un sexenio, el presidente gozaba de un poder absoluto. El que entraba le debía el puesto al que salía. El que salía, se iba de manera impune e inmune: el que entraba le cubría las espaldas. El presidente entrante podía ejercer con toda largueza el nepotismo, pero no al extremo de legar la silla presidencial a sus hijos biológicos o sus hermanos (el ejemplo de Maximino estaba claro). Los elegidos provenían de un clan distinto; no carnal sino político. Debían ser miembros de la «familia revolucionaria».

En su origen, la «familia revolucionaria» había sido una cofradía cerrada de generales empistolados rodeados de «tinterillos» que escribían discursos y «jilgueros» que los pronunciaban. A partir de la corporación, en la etapa «institucional», la «familia revolucionaria» pulió sus maneras y se amplió. De hecho, cualquier joven de provincia con inteligencia, astucia, aspiraciones y los debidos contactos, podía incorporarse a la familia a través de sus múltiples avenidas –el partido, el sindicato, la escuela, el municipio– y, desde allí, comenzar a trepar hasta la cúspide de la corporación. A la pregunta: ¿qué quieres ser de grande?, once de cada diez niños mexicanos respondían: presidente de la República. Sentarse en la silla presidencial, cruzarse en el pecho la banda tricolor, ha sido siempre la forma mexicana de alcanzar la gloria. Al preguntársele, ya en su vejez, si en alguna ocasión había soñado con ser presidente, Daniel Cosío Villegas, el más crítico de los intelectuales mexicanos, contestó de manera terminante: «... nunca, jamás, en ningún momento ... dejé de querer ser presidente».[54]

Por mero formulismo o retórica, al presidente de México se le llamaba «primer mandatario de la nación». Ése era su carácter legal, pero en realidad los presidentes no obedecían a otro mandato que el de sí mismos: no eran mandatarios sino soberanos. La Constitución de 1917 propició esta concentración ilimitada de poder: radicó la soberanía sobre el suelo, el subsuelo, las aguas y los cielos en la nación; ésta, a su vez, la delegaba en el Estado, que la transmitía al gobierno, que finalmente la depositaba en el presidente. El único control posible que llegaba a ejercerse sobre un presidente en funciones (además del que provenía del exterior), era el que el propio presidente, por temperamento, convicción o por lo que se llamaba «austeridad republicana», consentía en ejercer sobre sí mismo.[55]

Miguel Alemán decidió tantear por su cuenta los límites del poder presidencial y encontró que, entre los límites externos (el poder de los Estados Unidos, por ejemplo) e internos (el límite sagrado de la «no reelección»), podía hacer, como se decía en tiempo virreinales, «su real gana». Igual que aquellos remotos antecesores, los presidentes de México podían disponer de los bienes públicos como bienes privados, *como patrimonio personal:* repartir dinero, privilegios, favores, puestos, recomendaciones, prebendas, tierras, concesiones, contratos.[56] Los sonorenses (incluidos Obregón y Calles) se volvieron grandes empresarios agrícolas y hacendados. Para desarrollar sus empresas agrícolas contaban con el generoso apoyo de los nuevos bancos oficiales a través de lo que eufemísticamente se llamó «préstamos de favor». «La Revolución», solían decir algunos generales, «nos hizo justicia.» La reforma agraria de Cárdenas –dueño a su vez de algunos ranchitos– frenó pero no erradicó la práctica.

Las historias populares en torno a la corrupción alemanista llenarían volúmenes. Muchos amigos de Alemán, fuera y dentro del gobierno, se acogieron con gusto a la oferta de «pan» presidencial y se hicieron ricos gracias a concesiones oficiales, no necesariamente ilegales, pero muchas veces inmorales. Se creó una mentalidad monopólica y concesionaria. Un vendedor de automóviles lograba que el gobierno le comprara sus unidades de manera unilateral y sin competencia. Los funcionarios que previamente poseían empresas lograban que el gobierno les comprase grandes partidas, y quienes no tenían empresas las fundaban para surtir o servir a sus ministerios en condiciones y precios fijados por ellos mismos. Un subdirector médico del Seguro Social estableció *ad hoc* un negocio de medicinas. Si el gobierno anunciaba un proyecto de construcción, los funcionarios organizaban, ellos mismos o por interpósitas personas (llamados «prestanombres»), la compra de terrenos aledaños a la zona del proyecto y posteriormente la desarrollaban a precios inflados. El contrabando tolerado, los préstamos de favor y el tráfico con los bienes incautados en la guerra a propietarios italianos o alemanes fueron otras variedades de esta peculiar forma de capitalización colectiva que, si bien tenía antecedentes coloniales, era obra de la «Revolución Institucional».[57] Con pocas excepciones, la crítica a la corrupción del régimen permaneció en los ámbitos privados. No podía ser de otra manera, porque el régimen era intolerante con la crítica pública. Al terminar el sexenio, muchos de los «trinquetes» o malos manejos aparecerían publicados en libelos y folletos, pero sin que se siguiera juicio alguno contra los posibles infractores y sin que se aportaran, a menudo, pruebas fehacientes. Tal vez el caso más sonado de corrupción en la época fue el que, según versiones publicadas con posterioridad, involucró la cuestión petrolera. A sabiendas del inminente arreglo con la compañía El Águila, Alemán y sus amigos habrían adquirido a precios bajos parte de las devaluadas acciones de la compañía. Cuando el gobierno aceptó pagar a El Águila algo más de mil millones de pesos en quince anualidades, el grupo de Alemán redondeó el gran negocio.[58]

Es cierto que los generales revolucionarios se habían enriquecido gracias a sus puestos: Obregón, Calles, Cárdenas y Ávila Camacho poseían ranchos que no hubiesen podido adquirir únicamente con sus sueldos de militares. Muchos de los generales de la Revolución (famosos y oscuros) «cobraron» sus servicios haciéndose por la fuerza de las viejas haciendas porfirianas.[59] Pero la escala a la que el grupo H-1920 llevaba el proceso era algo nunca visto. El ensayista francés Jean-François Revel, «comisionado por la prestigiosa revista *Esprit* para preparar un artículo sobre la democracia mexicana», escribiría horrorizado (con el seudónimo de Jacques Severin): «Uno puede hacer todos los negocios que quiera en México, a condición de "ponerse de acuerdo" antes con el gobernador del estado o con alguna personalidad federal importante. Siempre se puede "interesar" a los políticos; México es, para los hombres de negocios, un paraíso».[60]

Los nuevos ricos se comportaban como tales: construían mansiones de película, organizaban bacanales romanas, el dinero fluía a raudales, la ostentación llegaba, sin recato ya, a las páginas de los periódicos. Jorge Pasquel, uno de los amigos de infancia de Alemán, aduanero poderoso, gran contrabandista y dueño de vastos latifundios, andaba con la célebre actriz María Félix. Ella recuerda en sus memorias:

«Cuando me hizo la corte estaba en la cumbre de su poder, porque su amistad con el presidente le abría todas las puertas, dentro y fuera de México. Cuando hice la película *Maclovia* en los lagos de Michoacán, me llenó de atenciones. Una vez le dije por teléfono que se había acabado el hielo en el hotel de Pátzcuaro donde estaba hospedada con todo el equipo de filmación y a la mañana siguiente me mandó un hidroavión con un refrigerador. Le di las gracias impresionada y él quiso mandarme todos los días el hidroavión con manjares y golosinas. Era un lujo excesivo que contrastaba con la pobreza del lugar, y entonces le pedí que en vez de enviarme caviar y langostas, llenara el hidroavión con sacos de maíz, arroz y frijol para repartirlos entre los indios de Janitzio».[61]

«Vivimos en el cieno», declararía en 1952 Lombardo Toledano, mil veces arrepentido de haber destapado al «Cachorro»:

«... la mordida, el atraco, el cohecho, el embute, el chupito, una serie de nombres que se han inventado para calificar esta práctica inmoral. La justicia hay que comprarla, primero al gendarme, luego al ministerio público, luego al juez, luego al alcalde, luego al diputado, luego al gobernador, luego al ministro, luego al secretario de Estado...»[62]

Lombardo no dijo «... luego al presidente de la República», pero no hacía falta. De todos era sabido que el presidente seguía haciendo o haría negocios desde la política y que adquiría o expandía su participación en empresas de aeronáutica, telefonía, construcción, urbanística, siderurgia, tubería, televisión y, desde luego, en su ámbito consentido: la hotelería y el turismo en general. Y dado que el mismo presidente hacía negocios con el poder, la permisividad se extendió como en cascada a la corporación entera. Por lo demás, el gusto por los ranchos y las haciendas no descendió.

El ciudadano común toleraba la universalidad de la mordida porque o bien creía que los políticos eran *dueños* del poder y podían hacer su «regalada gana», o bien porque sabía que contra el uso impune del poder no había recurso eficaz. Muy pocos advertían entonces que sólo el ejercicio real, no simulado, de la democracia y la división de poderes podía revertir la corrupción. La gente humilde de la ciudad se vengaba asistiendo al teatro Follies a reír con los *sketches* políticos del cómico Jesús Martínez «Palillo», «flagelador de los inverecundos», fustigador de «los políticos inmorales, pulpos chupeteadores del presupuesto nacional». Lo que no podía decirse por escrito y en público, se hacía público a través de las cadenas del rumor, como estos versos contra Alemán y su grupo, compuestos luego de que dejó la presidencia:

> Alí Babá con sus cuarenta ratas
> ha dejado a este pueblo en alpargatas
> Pero el sultán se siente muy feliz
> gastando sus millones en París.
> Si un nuevo sol en las alturas brilla,
> ¡maldito sea el sultán y su pandilla![63]

Que Alemán gustara de los deportes como el beisbol (había sido *pitcher* en una «novena» o equipo de Coatzacoalcos) no tenía nada de particular, pero no resultaba fácil conciliar sus discursos revolucionarios con su pasión por el golf. Junto con sus amigos construyó el Club de Golf México en el sur de la ciudad. En el bar Hoyo 19, un mural lo inmortalizaba con su atuendo de rigor y una cachucha característica. Hay quien sostiene que alguna vez tiró un «par de campo», pero los viejos *caddies* recuerdan una anécdota que lo desmiente: Alemán pega un tiro *(drive)* raso y malo («toppea» la pelota, como se dice), pero el compañero a su lado exclama: «¡Ésas corren, licenciado!» Desde entonces, todos los golfistas de México utilizan la expresión.

Alemán «chorreaba encanto», exclamaban sus amigos y mascullaban sus enemigos. «Siempre andaba sonriendo», recordaba un paisano suyo; tenía «una sonrisa patentada».[64] «A todo mundo buscaba encantar», señalaba otro político novel en esos años.[65] Lo cierto es que Alemán, «aquel hombre de la sonrisa eterna», era irresistible. Prestaba una cortés atención a quien debía, cuando debía, cuanto debía. Encantaba sobre todo a las damas. El pueblo le endilgaba romances con todas las actrices de moda, hasta con la mismísima María Félix, de quien se decía que había construido un pasadizo subterráneo desde su casa en Polanco hasta la residencia oficial en Los Pinos. (El romance más conocido de Miguel Alemán fue con la guapísima brasileña Leonora Amar, con la que se paseaba por los aeropuertos del mundo muy poco tiempo después de dejar la silla presidencial.)[66] «Él no fumaba, ni bebía, pero todo lo demás sí», afirmaba uno de sus médicos.[67] Pero más allá de sus pasiones deportivas y eróticas, era el poder lo que lo atraía. El poder era el verdadero negocio, la mayor industria nacional. Por eso, hacia 1950, intentó retenerlo de varias maneras.

Algunas de ellas fueron simbólicas. Aspiró a ser académico de la lengua, y por supuesto lo logró. Quiso ser doctor *honoris causa* de la Universidad, y por supuesto lo logró (aunque algunos decían que el suyo era un doctorado *ignoramus causa).* Tuvo la manía de poner su nombre a todas las obras públicas que inauguraba (plazas, escuelas, avenidas, hospitales); pero al final de su régimen hizo algo nunca visto en el país desde los tiempos de otro presidente veracruzano: descubrir él mismo su estatua en la Ciudad Universitaria, como lo hizo Santa Anna con la estatua ecuestre que se hallaba en la antigua Plaza del Volador.

Puertas adentro, sólo un obstáculo le impedía perpetuarse en el poder y volver, ahora sí plenamente, a los buenos tiempos porfirianos: el incómodo precepto de la «no reelección». En 1951, el quinto de gobierno, todo parecía posible. Se había organizado una campaña nacional para glorificar a Alemán. La CTM lo nombraba «Obrero de la Patria»; en la asamblea del PRI, el senador poblano Gustavo Díaz Ordaz proponía (y fue aceptado) que el ideario del Partido se enriqueciese con el «pensamiento del presidente Alemán». En ese ambiente de exaltación y utilizando como pretexto –según Lombardo– que la guerra de Corea anunciaba la inminencia de una nueva guerra mundial, Alemán sondeó seriamente, a través de su secretario particular, Rogerio de la Selva, la posibilidad de reelegirse o, cuando menos, de prorrogar su «mandato». Acaso lo hubiera logrado, de no ser por la decidida oposición de los viejos generales revolucionarios. Ávila Camacho se opuso a lo que con su acostumbrada caballerosidad formulaba como el «torpe intento de los falsos amigos del licenciado Alemán». Cárdenas le comentó a Gonzalo N. Santos: «Pobre licenciado Alemán, rodeado de tanto indeseable. Te autorizo para que digas tú, donde quieras y ante quienes sean, que el general Ávila Camacho y yo estamos completamente unidos y que nos opondremos tenazmente ... a la reelección».[68] Pero ninguno de los generales reaccionaría con mayor vehemencia que el viejo padrino político de Alemán, el amigo de su padre, el hombre que había cobijado a la familia Alemán desde el remotísimo año de 1915: Cándido Aguilar.

A principio del sexenio, Alemán había nombrado a Aguilar vocal ejecutivo de la Comisión Nacional Campesina y le puso despacho en el Palacio Nacional, cerca de su propia oficina. El general, apasionado agrarista, comenzó a tomarse en serio su función, cosa que naturalmente lo enfrentó con algunos amigos de Alemán, en particular con el senador y coronel Carlos I. Serrano, que despojó a unos campesinos por los alrededores de Matamoros. Al poco tiempo, Alemán pidió la renuncia de su querido «jefe». Meses más tarde, el general Cándido Aguilar desbarató –según testimonio de su yerno, el doctor Justo Manzur– un intento de Cárdenas por derrocar a Alemán con un golpe militar. De ser verdad, éste habría sido el enésimo servicio del viejo general al «Cachorro» Alemán. Pero en agosto de 1950 se disgustaron nuevamente:

«Se andaba haciendo propaganda para reelegir a Alemán. Y en Yucatán, entre los ejidatarios, pronunciaron discursos proponiendo la reelección de Alemán. Entonces el general Aguilar fue a hablar con él y le dijo:
»–Te va a costar la vida...
»Alemán le dijo:
»–No, general, yo no pienso reelegirme.
»Y aprovechó estas palabras el general Aguilar y fue al periódico y dijo:
»–Yo acabo de hablar con Alemán y dice que no se va a reelegir.
»Y ¡pum!, se derrumbó la reelección».[69]

Bloqueada la alternativa de la reelección o la prórroga, quedaba buscar la reelección disfrazada que paralelamente se estaba tramando: ceder el poder a uno de los amigos que le debían todo, el regente de la ciudad, Fernando Casas Alemán, famoso por la suntuosidad oriental de su casa y a quien algunos llamaban «el Príncipe Idiota».[70] Tan seguro estaba Casas Alemán de ser el candidato, que mandó imprimir toneladas de propaganda. Hasta el semanario *Newsweek* daba su «destape» por un hecho. No está claro por qué falló el intento. Al parecer, en el propio círculo íntimo de Alemán había divisiones y no faltó quien vetara a Casas Alemán. Pero un hecho decisivo fue la actitud de Lázaro Cárdenas, que, a juicio del ex presidente Ávila Camacho, era la «reserva moral de México».[71] Cárdenas repitió el amago de 1946: prestó un apoyo simbólico a la candidatura de Miguel Henríquez Guzmán, formalizada desde principios de 1951. El apoyo simbólico se limitó a la presencia ostensible de su familia en el grupo de Henríquez: su cuñado ocupó un puesto en la campaña, mientras que Amalia, su mujer, y su hijo Cuauhtémoc, repartían volantes u octavillas en los mítines de Henríquez. El propio Cárdenas anotó en su diario el sentido de su jugada. Cuando en marzo de 1951 recibe la visita de Henríquez, le dice: «A la representación nacional sólo se llega por uno de dos caminos, por voluntad unánime del pueblo, a tal grado que el gobierno se vea obligado a reconocer el triunfo, o cuando el gobierno simpatiza con la candidatura en juego, siempre que no haya oposición mayoritaria».[72]

Cárdenas esperó pacientemente a que el «henriquismo» creciera. La «voluntad unánime del pueblo» no se inclinaba por Henríquez, pero «dándole tiempo al tiempo» Cárdenas forzó un destape distinto al que hubiese preferido Alemán. El presidente debió comprender entonces que tampoco la reelección *por interpósita persona* le estaba dada y optó por su secretario de Gobernación, un civil de sesenta años de edad, Adolfo Ruiz Cortines. En ese momento, utiliza los oficios del ingeniero Adolfo Orive Alba –el miembro del gabinete más cercano a Cárdenas– para visitar al general en Michoacán y convencerlo para que apoye al candidato oficial. No sin renuencia, «dejándose querer», Cárdenas acepta entrevistarse con el candidato. Su hijo y su esposa dejan de asistir a los mítines henriquistas. En Jiquilpan, lugar natal de Cárdenas, el propio Henríquez se echa la soga al cuello y «desmiente que cuente con el apoyo de Cárdenas». Habiendo bloqueado la reelección real o virtual de Alemán, Cárdenas se plegaba a la «institucionalidad».[73]

Los límites internos estaban claros. El presidente no podía reelegirse él, ni reelegirse a través de parientes o de amigos tan cercanos que fuesen, más que parientes, cómplices. El primer mandamiento del poder en México estaba escrito: «Cederás el poder al terminar tu sexenio».

Quedaba probar la gloria externa. «Ser superior por sus merecimientos así como por sus loables esfuerzos pacifistas», «gran ciudadano de América, orgullo de México», no podía menos que aceptar que su nombre se propusiera para el Premio Nobel de la Paz. En el Senado, la moción se votó por unanimidad.[74] Aquel año, por desgracia, el jurado de Oslo informó que había veintisiete candidaturas y finalmente declaró vacante el premio. Al enterarse, el presidente Alemán repitió quizá la escena palaciega de la que los maledicentes hablaban tanto en la calle:

«–¿Qué horas son, Rogerio?
»–Las que usted guste, señor presidente».[75]

Maquinaria electoral

«Eran otros tiempos», explicaba Alemán, muchos años después, a los animados asistentes a una comida, y procedió a narrar con lujo de detalles su contribución a la maniobra electoral de 1940. Era el jefe de la campaña de Ávila Camacho. Sabía que la ciudad de México era abrumadoramente almazanista. «Estas elecciones no se pueden perder», le había dicho a su candidato. «Proceda usted», habría contestado «el General Caballero». Entonces Alemán puso en marcha un dispositivo militar de toma de casillas similar al de Gonzalo N. Santos. Emplazó su cuartel general en un taller de alquiler de coches, donde concentró soldados, máuseres, pistolas y metralletas. Cuando llegaban noticias de que una casilla había sido «tomada» por almazanistas –la de la calle de Cozumel, por ejemplo–, el licenciado Alemán enviaba brigadas con la consigna de robar las urnas sin miramientos, llegando a utilizar de modo preventivo o efectivo las metralletas. «Misión cumplida», le habría dicho al jefe. «Así se ganaron las elecciones ... el premio fue la Secretaría de Gobernación ... eran otros tiempos.»[76]

Antes del nacimiento del PNR, en 1929, las sucesiones presidenciales se resolvían a balazos. Ya en tiempos del PNR, pero antes de la institucionalización del sistema político mexicano, las elecciones corrían el riesgo de que se establecieran rivalidades entre los revolucionarios, hecho que generalmente volvía a conducir a los balazos. Vasconcelos tenía más cartas revolucionarias que su rival Ortiz Rubio, Almazán había participado en más batallas que su oponente Ávila Camacho. La diferencia entre ganadores y perdedores residía en que los primeros pertenecían al partido de la Revolución; en ambos casos la victoria fue más que dudosa y costó mucha sangre. No fue sino hasta la tercera transformación del partido en 1946 (la que dio lugar al nacimiento del PRI), cuando la recurrencia a los balazos fue mucho menor. El secreto estaba en que el PRI había desarrollado una compleja, original y maquiavélica tecnología de control electoral.

La vieja ley electoral carrancista de 1916 disponía que las casillas pertenecían a los ciudadanos que llegasen primero a ocuparlas, lo cual convertía a la casilla en un bastión de poder. Muchos de los terribles incidentes de 1940 provenían de esta disposición: había que tomar las casillas antes que el enemigo, desplazarlo de las casillas que hubiera tomado, apoderarse por la fuerza de las urnas o, por lo menos, intimidar a los votantes de oposición. La nueva ley de 1946 encomendaba el control de las elecciones y de las casillas a comités distritales de vigilancia controlados a su vez por el gobierno. Fue entonces, en las elecciones que llevaron al triunfo a Alemán, cuando en verdad comenzó la era moderna del PRI.

Los métodos desafiaban la imaginación y abarcaban todos los pasos del proceso electoral, desde sus prolegómenos hasta el último minuto del conteo. Meses antes del primer domingo de julio (día en que cada seis años se celebra la elección para «la grande», es decir, para la presidencia), se celebra un empadronamiento amañado y selectivo: se segrega del padrón a los sospechosos de simpatizar con la oposición y se privilegia a los miembros del PRI. Se niega la entrega de credenciales a electores independientes y se les suplanta por electores simulados a quienes se provee de «credenciales provisionales». Todos los burócratas y gran parte de las organizaciones oficialistas de obreros y campesinos reciben la consigna de votar masivamente por el candidato oficial, a riesgo de perder respectivamente (método del «palo») sus puestos, empleos o tierras, o con la promesa (método del «pan») de acrecentarlos. Muchas veces estos votos se depositan como relleno días antes o después de la elección, en urnas separadas que se integran al conteo final. Grandes camiones de línea acarrean campesinos desde lugares remotos para votar, portando boletas previamente señaladas a favor del PRI, en una casilla que no corresponde o ya se encuentra cerrada.

El «sufragio efectivo», parte primera del lema maderista, se desvirtúa de mil maneras: si una casilla va mal, brigadas de choque la asaltan a saco, roban las urnas, amenazan a los votantes, expulsan con la frecuente ayuda de la policía a los representantes de otros partidos y, ocasionalmente, recurren a los balazos. Un acta se pierde, un fotógrafo que saca imágenes del fraude es golpeado por pistoleros, las urnas están llenas antes de que empiece la votación, hay incontables casos de personas registradas tres o cuatro veces, otros traen consigo cincuenta o cien boletas de elector y pagan gente para que entre a votar varias veces. Días más tarde, mientras ocurre el conteo, los medios de información reciben la consigna de adelantar el triunfo del candidato oficial.

En las elecciones de 1952, contendieron contra el candidato oficial Ruiz Cortines tres aspirantes principales: el general Miguel Henríquez Guzmán, el licenciado Efraín González Luna (por el PAN) y Vicente Lombardo Toledano, por el Partido Popular, que había fundado en 1948. Según *El Popular*, órgano de Lombardo, las irregularidades electorales de 1946 se repitieron en 1952, con modalidades nuevas o renovadas: en varias fincas de Tlalpan se encontraban grupos de campesinos acarreados del estado de Morelos «para formar grupos de choque» en las elecciones; se presentaban votantes con botones amarillos, contraseña convenida para que los responsables de la casilla los dejaran votar varias veces; albañiles de la Ciudad Universitaria y trabajadores de transporte y limpia del Departamento del Distrito Federal viajaban en peñas o «porras volantes» a votar sin credencial ni padrón; los propios presidentes de casilla robaban las urnas; se instalaban casillas clandestinas; en San Luis Potosí, sostenía Lombardo, «hasta los niños de las escuelas primarias fueron obligados a votar, y en la capital de ese estado las fuerzas armadas votaron varias veces»; los empleados de la compañía oficial de subsistencias populares, CEIMSA, fueron «llevados el día anterior a las bodegas de la compañía en Peralvillo, donde bajo amenaza de gente del PRI se les obligó a llenar boletas en favor del candidato de dicho partido».[77] Para asegurar el triunfo, con remache del proceso, siempre quedaba el último recurso, el de la violencia, que en 1952 volvió a utilizarse con liberalidad similar a la de 1940. Al otro día de las elecciones el gobierno lanzó a la policía montada contra los manifestantes henriquistas en el Hemiciclo a Juárez. Hubo escenas de brutalidad y un número de muertos que permanecería indeterminado porque, según ciertas versiones, habrían sido incinerados.

«El PRI es un organismo de legitimación electoral», admitía Antonio Mena Brito, un antiguo militante del PRI, director de Acción Juvenil del Partido en los años cincuenta. Lo había sido desde su origen, pero Cárdenas le había dado un poder real: la integración orgánica de las masas obreras y campesinas como fuerzas eventuales de choque. El PRI alemanista conservaba el diseño corporativo pero lo ponía al servicio de su maquinaria electoral. «En los meses anteriores a "la grande"», recuerda Mena Brito, «el PRI era el consentido.» Tenía todo el apoyo en especie, y a veces en efectivo, del gobierno. «Bastaba una tarjeta del PRI para que lo recibiera a uno cualquier secretario de Estado. A mí me preguntaban "¿qué quieres? ¿papel?". Y me lo daban. Me invitaban a comer, a cenar. Pero, al concluir el periodo de las elecciones, el PRI se volvía una especie de mendigo del poder público.» Años más tarde, el presidente López Mateos (1958-1964) le diría a Mena Brito, por entonces senador de la República, que el lapso entre una «grande» y la siguiente, «es la etapa en la que el PRI tiene que inventar su trabajo».[78]

Uno de los trabajos que «inventaba» era la fabricación de la retórica revolucionaria. Pasada la «grande», en abril de 1947, el general Rodolfo Sánchez Taboada, activo presidente del PRI, dio a conocer su plan de acción: «... ilustrar al pueblo sobre el contenido de la Constitución ... emprender una campaña en pro del respeto y la obediencia a la ley ... orientación cívica del pueblo para orientar la responsabilidad del ciudadano ...»[79] En el primer Comité Ejecutivo Nacional del PRI (instalado el 5 de diciembre de 1946), había dos futuros presidentes de México: el segundo secretario, Adolfo López Mateos, que muy pronto pasaría a ocupar su curul en el Senado, y un joven licenciado de veintiséis años, Luis Echeverría, a quien se encargaría la Secretaría de Prensa. Entre sus funciones estaba la organización de los juegos florales de la Revolución, el primer concurso de oratoria del PRI y un certamen sobre historia de la Revolución mexicana.

Sánchez Taboada y los jóvenes licenciados que lo rodeaban quisieron instituir elecciones primarias en el partido. Para ello alentaron a la Confederación Nacional de Organizaciones Populares (la CNOP), que debía representar a la clase media, y probaron la fórmula en algunos estados, pero los sectores campesino y obrero hicieron abortar el intento. A partir de entonces, el «reparto del queso» electoral para el poder legislativo en los niveles federal, estatal y local se hizo mediante representación corporativa y no individual, en asambleas a puerta cerrada. Los sectores del PRI, en especial el sector obrero, sabían que contaban con una parte del queso, pero la última palabra en ésa y en todas las cuestiones electorales la tenía el dueño del queso y del cuchillo: el presidente de la República.

El general Sánchez Taboada nunca tuvo dudas de que el presidente era el dueño del PRI, pero las circunstancias que rodearon al «destapamiento» de Ruiz Cortines seguramente se lo confirmaron. Un testigo presencial de los hechos le narró a Cosío Villegas su versión. Sánchez Taboada comía con sus amigos en el Restaurant Tampico del centro de la ciudad.

«Quería que, en cuanto se recibiera de la presidencia el nombre del ungido, todos se pusieran a trabajar en su destapamiento oficial. Se acabó el almuerzo, vino el café, la copa de coñac, y la buena nueva no llegaba. Otro café, otro coñac, y ¡nada! Pero a las dos horas llegó el primer telefonema: nada se había decidido aún. A la hora siguiente, otro telefonema: seguía el examen reñido de los posibles candidatos. A la tercera llamada, Sánchez Taboada regresó a la mesa malhumorado por la larga espera ... y exclamó: "¡Ahora resulta que hasta el viejito Ruiz Cortines quiere ser presidente!" Y a la media hora escasa [vino la confirmación]. Sánchez Taboada comunicó la noticia a sus comensales sin otro comentario que un "a trabajar muchachos".»[80]

Vendría la campaña, los discursos, los volantes u octavillas, las manifestaciones, la «cargada». La maquinaria electoral se ponía en marcha. Había llegado la hora de «la grande».

La marcha de la obediencia

Ávila Camacho había logrado la subordinación definitiva de los dos grandes poderes reales al sistema: los caciques y el ejército. Si Gonzalo N. Santos había soñado con ocupar un puesto en 1940, en 1946 entendió que el plazo que le pedía Alemán para nombrarlo miembro de su gabinete era ficticio: «En política, lo que se aplaza no se verifica».[81] Aunque Santos, como muchos otros caciques, conservó su feudo intacto muchos años, el levantamiento armado de un cacique contra el gobierno resultaba ahora impensable.

En lo que al ejército respecta, en su sexenio Alemán no hizo sino completar la obra de su predecesor: fundó el Banco del Ejército y la Armada (9 de mayo de 1947), creó la primera colonia urbana militar, rejuveneció los altos mandos, modificó la división territorial militar y –acto político supremo– se dio el lujo de designar como secretario de Defensa a Gilberto R. Limón, hombre que formaba parte de las fuerzas que sitiaron al general Miguel Alemán González hasta orillarlo a la muerte en 1929. De la célebre frase de don Porfirio: «En política no tengo ni amores ni odios», el presidente Alemán cumplía puntualmente con la segunda parte.

Alemán heredó de sus dos antecesores la obediencia de los campesinos incorporados en el PRI. No obstante las protestas de los viejos generales revolucionarios que hacia final del sexenio trabajaban en la formación de un nuevo partido (el Partido Auténtico de la Revolución Mexicana, PARM), Alemán no varió un ápice su política agraria y contó con el apoyo –a veces sólo tácito, pero no menos eficaz– de la Confederación Nacional Campesina. Por lo demás, en el interior del PRI, las nuevas generaciones de políticos hacían esfuerzos por formar otros «paquetes» que hicieran contrapeso a obreros y campesinos, grupos obedientes de clase media para ofrecerlos a las autoridades. La variedad corporativa de los tiempos coloniales reapareció en la estructura del PRI con las siglas más variadas. Alguien formaba un paquete con mujeres profesionistas, otro con arquitectos revolucionarios, otro con autores musicales.

La integración subordinada del sector obrero fue infinitamente más compleja, y de hecho nunca se logró del todo. Calles, Morones, Cárdenas y Lombardo habían utilizado a los obreros como ejércitos sociales de reserva. Los obreros eran cada vez más conscientes de esa fuerza y algunos de sus líderes pensaron que México podía convertirse en un Estado sindical o corporativo, encabezado por los obreros o, más bien, por los líderes de los obreros. Si Alemán quería crear las bases de una economía de mercado regulada por el Estado, tenía que sentar nuevos precedentes y hacerlo frente a las dos grandes empresas estatales: Petróleos Mexicanos y Ferrocarriles Nacionales.

«No deben realizarse paros ilícitos», había advertido con toda claridad Alemán el primero de diciembre de 1946, en su discurso de toma de posesión.[82] Unos días más tarde, recibe la primera amenaza de paro por parte del sindicato petrolero. Su respuesta es inmediata: la madrugada del 19 de diciembre los soldados ocupan las instalaciones de la refinería de Atzcapotzalco y las gasolinerías. La distribución y expendio de gasolina no paró un solo día. Para los líderes se trataba de una agresión. Para los alemanistas, era una acción necesaria.

«Desgraciadamente», recordaba Marco Antonio Muñoz, gobernador de Veracruz entre 1950 y 1956, «los líderes se habían convertido en abusadores ... acostumbraban hacer paros ilegales de la noche a la mañana ... ¿cómo íbamos a fomentar y fortalecer la economía de un país que estaba sujeto al capricho de sus líderes? Tuvo que constreñírseles ... Cuando un grupo quiere romper el orden, el gobierno pone el orden y lo hizo el presidente Alemán, haciendo sentir que la paz pública está sobre un grupo.»[83]

En una comida de amigos en que estaba con ánimos de hablar claro, Alemán narró las entretelas del caso. Antes del paro había instruido a Antonio Bermúdez, el hábil y capaz director de Petróleos Mexicanos, para que concediera al sindicato un aumento de salario del 10 por ciento, con opción de subir al 15 por ciento. Los líderes lo rechazaron: querían varios puntos más. Luego de la intervención del ejército, las partes habían vuelto a la mesa de negociación. Ahora eran los líderes quienes aceptaban el 15 por ciento, pero la empresa se bajó de nueva cuenta al 10 por ciento original. Los líderes no tuvieron más remedio que aceptar. Tuvo lugar una comida de reconciliación a la que asistió el presidente. Ya con copas, los líderes comentaron:

«–Pero si nada más lo estábamos calando, señor presidente».
»A lo que Alemán contestó, entre burlas y veras:
»–¡Pues ya me calaron, hijos de la chingada!»[84]

También la acción de Alemán había calado hondo en el ánimo de los sindicatos de industria más poderosos del país, que «pusieron sus barbas a remojar». En marzo de 1947, la mayoría de ellos abandona la CTM (telefonistas, mineros, petroleros, telegrafistas, tranviarios, electricistas, obreros del cemento) y trabajan junto con los siempre combativos ferrocarrileros en la integración de una nueva central independiente del régimen, la Confederación Única de Trabajadores, CUT. Cuenta con un contingente aproximado de doscientos mil obreros. El caudillo de la nueva organización en ciernes es el líder de los ferrocarrileros Luis Gómez Z. Días antes había contendido para encabezar la CTM, pero la alianza de Lombardo Toledano y Fidel Velázquez lo había neutralizado.[85]

Mermada pero no vencida, apoyándose en multitud de sindicatos pequeños y en el reclutamiento al vapor de burócratas y organizaciones campesinas, la CTM capea el temporal y cambia su lema: en lugar del socialista «por una sociedad sin clases», adopta el nacionalista «por la emancipación de México». Lombardo inspira el cambio, pero desde mediados de 1946 ha anunciado su propósito de formar un partido político independiente del gobierno, el Partido Popular. Fidel Velázquez había prometido apoyarlo, pero a los pocos meses la alianza entre el obrero y el intelectual se rompe con un anuncio histórico: ningún obrero de la CTM podía pertenecer a otro partido que no fuera el PRI. Menos aún a un partido de «comunistas» como el que pretendía formar Lombardo. La ruptura de Lombardo con la CTM, en noviembre de 1947, propiciaría que comenzara a fraguarse el pacto entre el gobierno y la organización sindical más importante de México.[86]

El movimiento obrero tendría un caudillo suprasexenal, un Porfirio Díaz de la clase trabajadora: Fidel Velázquez. Nacido en 1900 en San Pedro Atzcapotzaltongo (Estado de México), en su niñez había trabajado en el campo. Ya en la ciudad de México, fue aprendiz de carpintero. Trabajador de la compañía lechera El Rosario, creó en 1924 la Unión Sindical de Trabajadores de la Industria Lechera. Hacia 1929, su radio de acción se había ampliado de manera notable: dirigía la Federación Sindical de Trabajadores del Distrito Federal, afiliada a la poderosa CROM de Morones. Desde entonces fungía como el representante mayor del grupo de líderes conocido como «los Cinco Lobitos»: Amilpa, Yurén, Sánchez Madariaga, Quintero y Velázquez. En los años treinta, se desligó poco a poco de la CROM de Morones (que se desmoronaba tras el asesinato de Obregón) y se acercó a la CGOCM de Lombardo Toledano. Con él, fundó la CTM en 1936 y segregó a los comunistas en 1937. En tiempos de Ávila Camacho, mientras Lombardo viajaba por América Latina como secretario de la CTAL, Velázquez afianzaba su liderazgo en la secretaría general de la CTM. Cuando en 1947 Lombardo intentó separar a la CTM del PRI y atraerla a su nuevo Partido Popular, los «Lobitos» y el viejo lobo Fidel se negaron a acompañarlo en la aventura.[87] Desde entonces, la clave del éxito de Fidel Velázquez consistiría en tener una idea precisa de los límites de su poder. A diferencia de Morones, secretario de Industria y Trabajo de Calles que había soñado con ser el presidente de los mexicanos, Velázquez se conformó con ser el presidente vitalicio de los obreros mexicanos. A diferencia de Lombardo Toledano, que con frecuencia supeditó la práctica sindical a la teoría marxista (y quiso también ser presidente), Fidel era un ave rara, un camaleón ideológico; daba pasos a la izquierda o a la derecha, según conviniera mejor a su encomienda específica: la *in-*

El secretario de Gobernación Miguel Alemán y, a la derecha, Fidel Velázquez, 1942.

termediación entre el gobierno y los obreros. Muchos intelectuales y líderes de izquierda lo consideraban un manipulador de la clase obrera, un «lacayo de los intereses del gobierno aliado a los empresarios». Pero su permanencia en el poder sindical durante más de medio siglo (en 1997 seguía en esa posición, tan campante) sugiere que su desempeño había sido notable. En el interior de su pirámide sindical, Fidel Velázquez reproducía la consigna porfirista del «pan o palo». En la CTM todo se toleraba, todo salvo la independencia de los sindicatos, cuyos movimientos más leves debían contar con la aprobación del «compañero Fidel». Sus célebres anteojos negros, el laconismo de su hablar entre dientes, su finísima ironía, pertenecen a la leyenda política de México. Para muchos, Fidel sería el político mexicano más importante de los últimos cincuenta años. Para él, Alemán merecía ese título.

A mediados de 1948 se anunció una devaluación de casi el cien por ciento. Los sindicatos de industria fundaban la CUT. Los campos se definían. Del lado del presidente estaba fundamentalmente la CTM, columna vertebral del PRI que moderaba sus demandas en nombre de la «unidad nacionalista». También con el régimen, pero al margen de la CTM, estaban varias antiguas organizaciones obreras como la CROM, la CGT, los sindicatos textiles (agrupaciones que, en total, reunían quinientos mil obreros). Frente al presidente, o luchando por un margen de independencia, estaba la CUT, además de una nueva agrupación sindical formada por Lombardo (ambas contaban en total con trescientos mil obreros). Entonces sobrevinieron hechos definitorios. Alemán no esperó a que el sindicato de la otra gran empresa estatal –los ferrocarriles– lo calara: él se adelantó a calarlos.

Desde principios de 1948, en la secretaría general del Sindicato de Ferrocarrileros había sucedido a Luis Gómez Z. un personaje pintoresco, Jesús Díaz de León, a quien apodaban «el Charro» por su folclórica costumbre de asistir a las asambleas con esa vestimenta. Una vez en la silla de montar sindical, «el Charro» ejecutó, con apoyo oficial y policiaco, una suerte riesgosa: se dio un autogolpe de mano desplazando a los miembros de su propio comité ejecutivo afines a Gómez Z. y a la tendencia comunista. Gómez Z. fue acusado de fraude, perseguido y encarcelado. A los seis meses salió libre, sin que pudiese probarse que había desviado dinero de los ferrocarrileros para la fundación de la CUT; sin embargo, carecía ya de medios para influir en la marcha del sindicato. En privado, Alemán lo llamó para aconsejarle que no agitara más. Por unos años, Gómez Z. cambió de oficio y se dedicó a lo que todos se dedicaban: a los negocios. Vendió automóviles. «Mi éxito se acrecentó cada día», recuerda en sus memorias, «y mis ingresos fueron siendo [sic] importantes, lo que me permitió vivir con holgura y pude satisfacer ciertas excentricidades como la de iniciarme en el golf.»[88] En cuanto a Díaz de León, a partir de entonces, a todo líder obrero que se vende se le ha llamado y se le sigue llamando en México «líder charro».[89]

Durante el sexenio tuvieron lugar algunas huelgas (Altos Hornos, Compañía de Luz, Ford Motor Company) que las instancias oficiales declararon inexistentes. Ante la derrota de la CUT, se intentó crear la nueva Unión General de Obreros y Campesinos de México (UGOCM), pero la Secretaría del Trabajo le negó el registro. Con todo, en 1952 nacería otra central, la Confederación Revolucionaria de Obreros y Campesinos, o CROC. El presidente terminó su periodo con la misma inflexible decisión con que lo empezó: «... no deben realizarse paros ilícitos». Por eso, ante la llamada «marcha del hambre» de los mineros despedidos por la empresa minera de Nueva Rosita (Coahuila), quien tuvo que intervenir para calmar los ánimos obreros sin necesidad de cesión alguna por parte de la empresa fue el general Cárdenas.

Las reglas que regirían el juego por medio siglo estaban claras: con el gobierno, «pan»; contra el gobierno, «palo». Significativamente, en diciembre de 1951, los petroleros regresaban a la CTM. Tras ellos, una larga marcha obrera volvería al redil. La CTM designó a Alemán «primer obrero de la patria» y «secretario general honorario».

«En México no hay sindicalismo, sino corporativismo dirigido» escribía, con exageración, Jean-François Revel (alias «Jacques Severin»).[90] Si todos los líderes de la CTM hubiesen sido «charros», la CTM no hubiera sobrevivido, porque los obreros, con toda su sumisión, no los habrían tolerado. Los sucesivos «palos» dados por Alemán habían sentado las bases del pacto y trazado los límites de maniobra, pero sin una amplia y variada oferta de «pan» por parte del gobierno a los líderes, y de éstos a los obreros, cualquier arreglo se hubiera desmoronado. El primer «pan» consistía en una pequeña tajada de poder político en la cámara de diputados y, eventualmente, en la de senadores (Fidel Velázquez fue senador por el Distrito Federal entre 1946 y 1952). El segundo «pan», el de los líderes a los obreros, consistía en lograr para ellos una tajada del pastel económico nacional mediante la presión sindical a las empresas.

Los obreros de aquella empresa litográfica eran un buen ejemplo. Estaban afiliados a un antiguo sindicato fundado en 1920 y perteneciente a la CTM: la Unión de Artes Gráficas. En la fábrica había elecciones internas para designar delegados y subdelegados. Estas elecciones eran genuinas. El sindicato, a su vez, también celebraba comicios periódicos para renovar su comité ejecutivo o, en su caso, para reelegirlo. En la vida sindical, a diferencia de la política, no operaba el dogma de la «no reelección», lo cual podía tener sus inconvenientes, pero permitía un conocimiento mayor entre los líderes y sus representados. Las elecciones internas en el sindicato eran reales, tan reales que a veces terminaban a balazos o con uno de los dos contendientes entre rejas.

En el local sindical, por la tarde, el comité ejecutivo atendía a los obreros en mil y un asuntos: despidos, permisos, solicitudes de ascenso, quejas sobre malos tratos, préstamos en efectivo, recomendaciones a parientes o amigos, uniformes del equipo de futbol, festivales del día del litógrafo, asistencia a una misa por la inauguración de una fábrica, otorgamiento de créditos para la compra de una vivienda, etcétera. En una gran antesala con retratos del señor presidente y de los héroes de la patria, muchos esperan al líder. Lo esperan horas enteras, porque el líder no tiene límite de tiempo en su agenda. Los afiliados son miles, pero escucha y habla con cada uno personalmente, a cada uno lo conoce por su nombre. El líder es el patriarca de la organización, un pequeño Fidel Velázquez, el presidente de la República en miniatura.

Las negociaciones con la empresa no se simulan. Cada dos años hay aumentos de salario y revisión del contrato colectivo, pero el sindicato presiona constantemente para subir el tabulador. Es verdad que los patrones sostienen pláticas secretas con los líderes en un discreto restaurante de la ciudad; es verdad que los líderes a veces –no siempre– reciben «mordidas»; pero las maniobras a espaldas de los obreros tienen un límite, porque éstos no aceptarían migajas y porque existe oposición dentro del sindicato. Si una planilla opositora se enterara de arreglos turbios, no dudaría en denunciarlos ante las autoridades de la CTM ni en llegar, de ser preciso, al juez de jueces, al mismísimo «compañero don Fidel», que para todos tiene la puerta abierta.

El sindicato, a cambio de su papel de intermediario entre los obreros y los patrones, exige fidelidad total. Contra el obrero siempre pende la llamada «cláusula de exclusión» por medio de la cual un sindicato puede despedir al trabajador (cosa que a la empresa le es imposible, a menos que pague una indemnización de tres meses y algunos días por año de antigüedad). La empresa no puede contratar a ningún trabajador de manera independiente. Todas las contrataciones deben hacerse por medio del sindicato. Si un trabajador no cumple con las exigencias gremiales (asistir al desfile obrero del primero de mayo, votar por el PRI cada seis años, acudir a un mitin político), puede recibir una severa reprimenda. En los casos de burócratas, la reprimenda suele llegar al despido.

Muchos obreros de esa fábrica habían llegado del campo y sentían que el paso a la industria y la ciudad significaba un progreso indudable con respecto a la vida de sus padres. Nunca pierden el vínculo con sus pueblos, desde ellos reciben cartas y hacia ellos mandan dinero. Hay quien pide permiso cada año para ausentarse unos meses y sembrar sus «tierritas», no vayan a querer despojarlo del ejido. Pero la mayoría se arraiga definitivamente en la ciudad. Alguno ha comprado ya «un terrenito», otro está pagando su departamento de vecindad o posee una flamante «carcacha». En su «humilde casa», como ellos dicen, pueden encontrarse casi todos los instrumentos modernos comprados por ellos a plazos: lavadora, refrigerador, plancha, radio. La vida era dura para aquellos obreros en tiempos de Alemán, pero sin necesidad de comprobarlo con estadísticas, sabían que su situación era mejor que la de la gran mayoría de los mexicanos.

La frase correcta de Revel-(Severin) debió ser: «En México hay sindicalismo real y corporativismo dirigido».

Los subordinados

En el siglo XIX, según estudios de Gabriel Zaid, los presidentes de México gobernaban con cuatro ministros: el de Guerra y Marina, el de Justicia, el de Relaciones Interiores y Exteriores, y el de Hacienda. Con don Porfirio aumentó el dinero destinado a la cartera de Fomento, al grado de absorber el 23 por ciento del presupuesto. Con el Estado revolucionario, el fomento se volvió más importante que el gobierno. En el periodo de la «Revolución Institucional» (1946-1970), casi todo el gabinete llegaría a ser de fomento, con decenas de secretarías, departamentos y comisiones dedicados a administrar operaciones mineras, agropecuarias, petroleras, industriales, comerciales, educativas, de comunicaciones y transportes, asistenciales, bancarias, hospitalarias, etcétera. Entre 1935 y 1946, el presupuesto destinado a las actividades de fomento alcanzó el 56 por ciento y llegó al 66 por ciento una década más tarde. Ya fuera para el fomento o para el gobierno, las llaves del presupuesto las tenía una sola persona: el señor presidente.[91]

Por fortuna para el país, Alemán afianzó una práctica que seguirían a pie juntillas todos los presidentes hasta 1970: ceder la llave a quienes verdaderamente sabían cómo, en qué medida y cuándo usarla: los secretarios de Hacienda y los directores del Banco de México. Se trataba de una regla no escrita de la administración pública desde tiempos de don Porfirio: la autonomía del sector hacendario y financiero. Por dieciocho años, Limantour había dirigido la economía de México con excelentes resultados para la economía y las finanzas del país. Los sonorenses (1920-1934) siguieron la receta: sus hombres de confianza, en diversos periodos, fueron Pani, Gómez Morín y Montes de Oca. Cárdenas y Ávila Camacho tuvieron como secretario de Hacienda a Eduardo Suárez (1935-1946). Alemán tuvo a Ramón Beteta en Hacienda y a Carlos Novoa en el Banco de México. Ambos desempeñarían bien su papel, superado por las administraciones siguientes hasta 1970.

En tiempos de Obregón, el presidente nombraba personalmente incluso a los maestros de la Universidad. Al establecerse el sistema político mexicano, el presidente en turno llegaría a nombrar secretarios, subsecretarios, oficiales mayores, senadores, diputados, jueces, magistrados, gobernadores, el regente del Distrito Federal, secretarios de gobierno, embajadores y uno que otro presidente municipal. Todos tenían un objetivo común: «quedar bien con el jefe», para empezar, quedar bien con el jefe inmediatamente superior y, en último término, con el jefe de todos los jefes: el Señor Presidente. Como es natural, la «empleomanía», ese mal endémico del país que había denunciado el doctor José María Luis Mora en el siglo XIX, siguió siendo una enfermedad nacional. Muchos mexicanos soñaban con tener «chamba» en alguna de las múltiples estribaciones burocráticas del poder ejecutivo, ganar dinero, subir escalones y sentir que su progreso personal era el progreso de la patria. No es casual que un viejo amigo de Alemán que había vivido siempre gracias a los puestos públicos –César Garizurieta, «el Tlacuache», fundador con Alemán de la agrupación Socialistas Veracruzanos–, acuñara una de las frases más célebres del diccionario político mexicano: «Vivir fuera del presupuesto es vivir en el error». Hombre coherente, cuando años después se quedó sin trabajo, «el Tlacuache» se sintió a la intemperie y se suicidó.

Se fue recreando en el país una cultura cortesana. En vez de dirimir en la plaza pública los problemas nacionales, la familia revolucionaria solía lavar los trapos sucios en casa y recurría a la intriga palaciega, la penumbra, el cuchicheo, la puñalada trapera. Los periódicos informaban poco y mal, de ahí que el medio específico de información política fuera el rumor. Un entretenimiento nacional –además del futbol, los toros, la lucha libre y el box– era adivinar lo que pasaba por la mente del hombre que despachaba en el viejo palacio de los virreyes.

La silla presidencial era una, pero quien se sentaba en ella tenía dos funciones: presidir el gobierno y ser jefe de Estado. La primera implicaba una gama inmensa de atribuciones y el uso discrecional de enormes recursos económicos. La segunda llevaba consigo todo un boato ceremonial. Como en la época porfiriana, el presidente ostentaba el poder supremo de la nación y oficiaba como supremo sacerdote de la patria. El mes de septiembre, «mes de la patria», era el más activo. Mientras en la calle aparecían los vendedores de banderitas nacionales, el presidente cumplía con varias actividades. El día primero leía su informe de gobierno en el Congreso (adonde Alemán llegó, en 1951, luego de cruzar una serie de arcos triunfales, como solían hacerlo los virreyes novohispanos). Nadie lo interrumpía ni interpelaba. Un diputado del PRI le contestaba cada año con un elogio de los «logros alcanzados por la presente administración». El 13, rendía honores a los Niños Héroes de Chapultepec. El 15, daba «el Grito» en el Zócalo.

Hacia 1954, un joven poeta fascinado, intrigado, asqueado por el despliegue de poder alemanista, escribió un poema que expresaba el pasmo de muchos mexicanos frente al gran tótem, viviente y sexenal, que los había gobernado:

Yo soy el Excelentísimo Señor Presidente don Fulano de Tal
Y cuando la tierra trepida
y la muchedumbre muge
agolpada en el Zócalo
y grito «¡Viva México!»
por gritar «¡Viva yo!».[92]

El poder recaía en la investidura presidencial, no en la persona del señor presidente; pero el poder era tan absoluto que los rasgos específicos de la persona se trasmitían por fuerza a la vida política del país. El temperamento, el carácter, las simpatías y diferencias, la educación, las experiencias *personales* del presidente, daban a cada gobierno un sello peculiar. La psicología presidencial influía, no siempre de manera negativa, en el destino nacional. El fenómeno, ciertamente, no era privativo de México. En cualquier tiempo y país, el gobernante determina con su personalidad la vida política. No obstante, al menos en las democracias occidentales, la división de poderes, la prensa y otras formas del escrutinio público han propiciado el ejercicio institucional, no personal, del poder. En México, los valladares que separan la biografía presidencial de la historia nacional son muy débiles. Bien vistos, los presidentes del México institucional eran herederos naturales de Santa Anna, Juárez, Porfirio Díaz, Madero, Carranza, Obregón, Calles y Cárdenas, hombres que habían enlazado su vida con la de México reduciéndola por momentos, para bien o para mal, a una biografía del poder.

«A los ojos de la opinión nacional», escribía Cosío Villegas, «nada hay tan despreciable como un diputado o un senador ... han llegado a ser la medida de toda la espesa miseria humana.»[93] Apenas exageraba. De la gran tradición parlamentaria del México liberal pocos se acordaban. Nada tenían que ver los diputados de «ahora» con los de «antes»: los que se envolvían en la bandera nacional en la caótica Convención de Aguascalientes en 1914 o los utopistas radicales del Constituyente de 1917. Ni siquiera con los diputados que en los salvajes veintes resolvían las diferencias a balazos. Al disolver «por sus pistolas» la legislatura callista e imponer una a su medida, Cárdenas había dado el tiro de gracia al Congreso. Así, ya en 1940, los diputados y senadores habían vuelto a la ortodoxia porfiriana: formaban un club de amigos del presidente.

El paso del tiempo acentuó aún más la docilidad del Congreso. Muy rara vez se dio el caso de que un «representante» representara a su distrito o los senadores a su estado. Los diputados hacían campaña cada tres años, y los senadores, cada seis: pronunciaban discursos, recibían peticiones, hacían promesas. Pero todos sabían que se trataba de un ritual. Una vez electos, apenas volvían a pararse por allí, porque su puesto no lo debían a la elección de los votantes sino a la voluntad del Gran Elector que había «palomeado» o señalado previamente su nombre en la lista de «aspirantes». Cuando en 1943, celebradas ya las elecciones legislativas, la autoridad modificó su decisión de apoyar al candidato triunfador de Oaxaca y se inclinó a última hora por otro «más influyente», el desairado subió a la tribuna y se suicidó.[94]

Parte del problema debía atribuirse al texto constitucional, que extendió el principio de la «no reelección» a los legisladores, impidiendo así la relación entre los ciudadanos y su supuesto representante. Sea como fuere, el paso de los diputados o senadores por la Cámara baja o alta era eso, un paso, un escalón hacia las alturas de la administración pública, un lugar donde había que hacer méritos para seguir subiendo.

Las dos primeras obligaciones de los diputados, según la Constitución, consistían en hacer una revisión de la cuenta pública del año anterior, que «no se limitará a investigar si las cantidades gastadas están o no de acuerdo con las partidas respectivas del presupuesto, sino que se extenderá al examen de la exactitud y justificación de los gastos hechos y a las responsabilidades a que hubiese lugar», y a «examinar, discutir y aprobar el presupuesto del año fiscal siguiente, y decretar los impuestos necesarios para cubrirlo». Ninguna legislatura se tomó en serio estos preceptos. Por lo general, los diputados aprobaban los presupuestos al vapor, con modificaciones intrascendentes (generalmente hacia arriba), y se hacían de la vista gorda cada vez que el presidente gastaba más de lo debido.[95]

La conformación del Congreso reflejaba el reparto de puestos al interior del PRI. Desde tiempos del PRM se estableció un sistema de cuotas que el PRI mantuvo: tantos diputados para el sector obrero, tantos para el campesino, unos pocos para el popular. A los senadores los elegía el futuro presidente. Alemán, por ejemplo, consintió en que el senador por Puebla para el sexenio 1946-1952 fuese Gustavo Díaz Ordaz, a pesar de que ya había sido «destapado» otro candidato, y de que el grupo político que apoyaba a Díaz Ordaz había trabajado para el entonces finado Maximino Ávila Camacho. Alemán conocía el trabajo de Díaz Ordaz como diputado en la legislatura de 1943 a 1946, y por eso accedió. Por su parte, Díaz Ordaz le devolvió con creces el favor: entre sus servicios destaca su defensa del régimen ante los ataques por su «pretendida» inmoralidad, y la propuesta para la concesión del Premio Nobel de la Paz al presidente.

Aunque no faltaban momentos de discordia interna entre los sectores del PRI representados en las Cámaras, la pauta general para diputados y senadores era abstenerse de proponer iniciativas de ley y votar «en bloque», «al vapor», «con dispensa de trámites» a favor de las que presentara el ejecutivo. El pueblo empezó a identificar a los diputados –si es que los identificaba– con la imagen de un brazo levantado que dice «sí».

A aquel observador francés de la revista *Esprit* le llamó la atención la extraña ceremonia «republicana» del primero de septiembre de 1951, en la que el Congreso de la Unión escuchó el informe presidencial. Salvo el dato de los arcos triunfales, el acto se repetía año tras año:

«... después de pasar bajo los arcos de triunfo, erigidos para la ocasión entre su residencia y el Congreso a expensas de diversos estados y sindicatos, el presidente lee a los diputados su informe, que es una larga enumeración de los beneficios de que ha cubierto a la nación a lo largo del año. Todas las estaciones de radio del país difunden su informe y el día es feriado para permitir que el pueblo lo escuche. Al final, los diputados aplauden, felicitan al presidente y le aseguran su apoyo total».[96]

Al observador se le habían pasado algunos detalles: al informe –rito imperial por excelencia– acudían, además de los diputados y senadores, representantes de las «fuerzas vivas» de México: el gabinete en pleno, los ministros de la Suprema Corte, los gobernadores, el ejército, los líderes sindicales, campesinos, juveniles y empresariales, y un buen número de invitados especiales (a la Iglesia se le excluía siempre). Asistían también representantes de los medios de comunicación y los miembros del cuerpo diplomático. La respuesta al discurso, a cargo de algún diputado del PRI, era invariablemente una alabanza. (Cuando en 1945 el diputado Herminio Ahumada tuvo la osadía de mencionar la palabra «Dios» en su respuesta, para luego fustigar a los «falsos revolucionarios», señalar el «retraso político de México» y admitir «la tragedia de la democracia mexicana», se le condenó a la hoguera: fue destituido.) El presidente salía del recinto en un coche descubierto (Cadillac, de preferencia), en medio de una lluvia de confeti (cortesía del PRI). Una valla de seis mil soldados escoltaba su paso. Quinientas mil personas –muchas de ellas acarreadas para la ocasión por el PRI– le lanzaban vítores. Luego venía el «besamanos»: todos los invitados hacían cola para saludar al presidente en el Palacio Nacional.

Por lo que al comportamiento de los diputados y senadores oficiales respecta, el veredicto de Cosío Villegas era sin duda exacto: «... los congresos revolucionarios han sido tan serviles como los del porfirismo».[97] El poder legislativo era un poder simulado. Y, sin embargo, la entrada de la oposición panista a la Cámara de Diputados en 1946 marcó una pequeña diferencia: al menos cuatro de los casi ciento cincuenta diputados alzaban la mano... para votar en contra.

Frente a la larga lista de atropellos cometidos por el poder ejecutivo en la era revolucionaria, la Suprema Corte de Justicia registraba un solo caso de renuncia: la de Alberto Vásquez del Mercado, en mayo de 1931. El entonces presidente Ortiz Rubio se había tomado la libertad de expulsar del país al famoso intelectual Luis Cabrera por haber criticado su gobierno. Los mismos ministros que habían guardado silencio en la Corte, mientras Vásquez del Mercado leía su renuncia, lo felicitaban en privado.[98]

De nueva cuenta, el texto constitucional se pronunciaba en contra de la independencia. La Constitución de 1917 descartó por completo el sistema de elección popular de los ministros implantado por la de 1857, y encomendó a las dos Cámaras reunidas la designación de la Corte. A partir de 1923, se aprobó también el principio de la inamovilidad. Por desgracia, a sugerencia de Calles, en 1928 se encomendó al presidente la designación de los ministros con la aprobación del Senado (que, siendo servil al presidente, se avendría siempre a sus propuestas). En 1934, Cárdenas suprimió tranquilamente la inamovilidad y dispuso que el periodo de los jueces coincidiera con el sexenio. Cada presidente tendría su corte (en el doble sentido de la palabra).

Las sensatas reformas de Ávila Camacho y su espíritu de autocontención no devolvieron a la Corte el legendario prestigio de la época de la República Restaurada (1867-1876), única etapa (además de la aurora de Madero) en que el país llegó a ensayar una auténtica división de poderes. A pesar de que sus ministros gozaban de buen salario e inamovilidad, la Corte no participó en ningún juicio de interés nacional, no intentó modificar el estatus que la ataba al ejecutivo, ni discurrió nuevos planteamientos constitucionales para afianzar su poder específico y defender de manera expedita las garantías individuales. Tuvo varias oportunidades de hacerlo. Los atropellos electorales contra candidatos a diputados del PAN en 1946 y 1949 llegaron a la Corte ampliamente documentados. Bastaba aplicar el párrafo tercero del artículo 97 constitucional, que permitía a la Corte practicar una investigación si estimaba que se habían atropellado las garantías individuales. El PRI propuso la supresión del párrafo debido a que «ponía en peligro la autonomía y dignidad» de la Corte al «mezclarla en contiendas políticas». El PAN, por el contrario, sugirió que el artículo se reglamentara, debido a que no se actuaba con la debida presteza y eficacia, e incluso algunos magistrados ponían trabas para dar cabida a una investigación. Un ministro, Fernando de la Fuente, tuvo el valor de declarar:

«Si a la Corte se le cercena el poder político que le otorga el artículo 97 constitucional, queda reducida a un tribunalito de casación y dejará de ser el Alto Tribunal, el custodio de la Constitución, sus fallos no serán respetados por ninguna autoridad ... y el caciquismo quedará libre enteramente para cometer sus desmanes y oprimir al pueblo».[99]

Finalmente el artículo quedó sin modificación ni reglamentación.

El ingreso de una mujer al Tribunal Superior de Justicia del Distrito Federal (María Lavalle Urbina) fue un progreso simbólico que palidecía, sin embargo, ante las omisiones y silencios de la Corte. Cuando el ministro Luis G. Corona lanzó un juicio vitriólico sobre «el jardín en que Alemán y su gobierno convirtieron el Pedregal de San Ángel» y aludió a las obras de la Ciudad Universitaria como un «mausoleo bajo el cual estaba enterrada la dignidad mexicana», la revista independiente *Siempre!* lo criticó con el artículo: «Habla usted un poco tarde, señor Corona». Tenía razón: el magistrado arriesgaba su crítica seis meses después de la salida de Alemán.[100] La Suprema Corte, en efecto, se había convertido en un «tribunalito de casación». El poder judicial, en su conjunto, era un poder simulado.

En tiempos de don Porfirio era normal que en cada estado se repitiera la experiencia federal: un Porfirio vitalicio para México, un «porfirito» vitalicio para cada estado. En la Revolución se crearon feudos estatales que tardaron décadas en desaparecer. En la tradición porfiriana, Calles propuso a los caciques dos alternativas: «pan o palo». Algunos optaron por el palo, se levantaron en armas y terminaron «empujando margaritas» en el camposanto. Otros, los más, se avinieron al nuevo juego del Partido Nacional Revolucionario: renunciaron a usar las armas para llegar a los puestos públicos. Fue así como muchos «generalotes» llegaron a ser respetables gobernadores o impusieron gobernadores «peleles».

Para minar aún más el poder de los estados frente a la federación, Cárdenas quitó a varios gobernadores callistas. Alemán no se quedó atrás, sobre todo con los militares. En los primeros ocho meses de su gobierno fueron cambiados, por diversas causas, diez gobernadores. El caso más escandaloso quizá fue el del general Marcelino García Barragán, gobernador de Jalisco. En 1946 había cometido el pecado de ser henriquista (volvería a cometerlo en 1951-1952), y en febrero de 1947 le faltaban sólo dos semanas para entregar el poder a su sucesor. Como queriendo subrayar dónde estaba el poder, Alemán indujo su desafuero y el nombramiento de un gobernador sustituto. García Barragán interpuso un recurso en la Suprema Corte, pero ésta, manidamente, dilató su consideración hasta el momento en que el gobernador había sido desaforado.[101]

El pretexto era lo de menos, las fórmulas legales sobraban (desaparición de poderes, desafuero, renuncia, licencia ilimitada, sustitución, interinato); lo importante para el presidente entrante era desplazar a los gobernadores problemáticos heredados del saliente, no sólo por un asunto de lealtad y control político sino de reparto del queso. El sucesor de Alemán, Adolfo Ruiz Cortines, solía explicar así la lógica de los nombramientos presidenciales: «Los gobernadores y los senadores son del presidente; los diputados federales son de los sectores del PRI; los diputados locales son de los gobernadores y los presidentes municipales son del pueblo».[102]

El sistema podía tolerar que el pueblo se equivocara al elegir algún presidente municipal de la oposición; o que, por excepción, un gobernador no tuviera más remedio que admitir un diputado local ajeno al PRI; ya en el colmo, podía incluso soportar la presencia de cuatro diputados del PAN en la Cámara. Pero ¿que uno de los 64 senadores o uno de los 31 gobernadores (nombrados todos por el presidente) fuesen ajenos al PRI? Eso jamás.

El municipio era una institución de abolengo en España y México. La primera decisión de Hernán Cortés al desembarcar definitivamente en costas mexicanas fue crear el ayuntamiento de la Villa Rica de la VeraCruz. Esta célula de democracia local había operado con cierta eficacia durante la Colonia, inclusive en zonas indígenas. La legislación federalista y liberal del siglo XIX adoptó de buena gana al municipio, que conservó su prestigio y eficacia aun en tiempos porfirianos. De hecho, los grandes jefes revolucionarios, Obregón y Carranza, habían sido presidentes municipales. Ningún otro presidente defendió al municipio libre como Carranza. Gobernar por varios años a Cuatro Ciénegas había sido su mejor escuela para gobernar a México: «El municipio libre», proclamaba *El Pueblo*, periódico carrancista, «se convertirá en el almácigo de ciudadanos, de una gran patria, libre, fuerte y culta.»[103]

La realidad fue distinta a los sueños. Por un lado, persistía la viejísima práctica de los cacicazgos. El hombre fuerte de la región ponía y quitaba presidentes municipales a su arbitrio o se erigía él mismo presidente municipal. Pero llegaban a ser tan magras las partidas presupuestales dedicadas a los municipios que en muchos casos personas honestas se negaban a ser elegidas o, ya en el puesto, preferían no tomar posesión so pena de ir a la cárcel. El sueldo del secretario de Hacienda podía ser miles de veces más alto que el de un regidor de hacienda municipal y cientos de veces mayor que el presupuesto de todo un municipio pobre.[104]

El federalismo y el municipio libre, consignados en la Constitución, eran sistemas simulados. El poder ejecutivo subordinaba a los gobernadores y a los ayuntamientos de mil formas, sobre todo una: por el presupuesto. La comparación histórica entre los ingresos federales, estatales y municipales sería el desmentido más claro a la teoría federalista y municipal de los gobiernos «emanados» de la Revolución. En 1950, al gobierno federal le correspondía el 78,3 por ciento de los ingresos; a los estatales, el 18,4 por ciento, y a los municipales, el 3,3 por ciento.

El centralismo de la federación se manifestaba en la creciente suplantación por parte de ésta de funciones que teóricamente hubiesen pertenecido al municipio: la construcción de caminos, mercados, rastros y hospitales, la introducción de agua potable y hasta las obras de embellecimiento. Todas pasaban a cargo de secretarías, agencias o programas federales. Para colmo, las constituciones de por lo menos trece estados facultaban a los gobernadores a deponer al personal de los ayuntamientos. En suma, la frase de Ruiz Cortines era exacta, salvo en su afirmación final: los presidentes municipales no eran del pueblo sino de los gobernadores y, por extensión, de los presidentes.[105]

En la era de la «Revolución Institucional», el PRI ganó también, si no todas, casi todas las presidencias municipales. Los candidatos que comenzó a postular el PAN sufrían un auténtico viacrucis, ya no para ganar sino para llegar sanos o hasta vivos al día de las elecciones. En 1947, por ejemplo, el diputado del PRI Enrique Bravo Valencia advirtió a su público en Zamora (Michoacán):

«No podemos permitir que el PAN vuelva a ganar en las elecciones municipales próximas. El PRI es el partido del gobierno, el partido oficial, y por lo tanto el partido único ... El gobierno les dio las tierras y les hizo los sindicatos, y por lo tanto ustedes deben ser del partido del gobierno. Si sabemos que ustedes se hacen de Acción Nacional, el gobierno les quitará las tierras y los echará de los sindicatos».[106]

El primer caso de una administración panista ocurrió cerca de allí y en ese año. Fue en Quiroga (Michoacán). Los volantes de propaganda habían surtido su efecto: «Si quieres un hogar, hazlo en tu municipio».

«Hasta el día en que entró el presidente municipal de Acción Nacional, desde el tiempo de don Vasco de Quiroga», recordaba Gómez Morín, «no se había hecho una obra de agua; por primera vez se llevó agua entubada, y el ayuntamiento no hizo más que traerla cuatro kilómetros. ¿Con qué fondos? No le había dejado el estado ni un centavo al municipio, y menos en manos de un presidente municipal del PAN. Éste llamó a los vecinos y les dijo: vamos a cooperar todos ... Y desde entonces tienen agua entubada en Quiroga.»[107]

Desde el periodo de Alemán hasta 1970, la oposición obtendría nuevos triunfos: cerca de cuarenta presidencias municipales de un total posible –en cuatro sexenios– de veintisiete mil.

Los no tan subordinados

Como en un sistema político solar, tres anillos giraban en torno del sol presidencial y de su maquinaria electoral: los poderes subordinados (formales, reales y corporados), los no tan subordinados (la prensa, la Iglesia, los empresarios, la Universidad, los intelectuales) y los casi imperceptibles planetas que lo circundaban a lo lejos y en la oscuridad, con ninguna o muy poca subordinación: la oposición de izquierda y derecha. Es natural que un observador venido de una galaxia democrática (como fue el caso del ensayista de *Esprit*, Revel [Severin]), juzgara el panorama con los ojos de un astrónomo o un astronauta ... y a veces con la perplejidad de un astrólogo.

Para los escasos mexicanos que a principios de los años cincuenta leían periódicos de manera regular, era cosa común y corriente aceptar que la prensa no informara con veracidad, ponderación e independencia sobre los hechos y los hombres de la política, sino que, por el contrario, sirviese como caja de resonancia o, peor aún, como comparsa del gobierno. El lector podía enterarse con detalle sobre el crimen pasional de la noche anterior; los resultados del beisbol de las Grandes Ligas; la crónica pormenorizada de la corrida de toros; la guía del buen católico, sus misas y santorales; las carteleras de cines y espectáculos; las fiestas y los bailes de «los 300 y algunos más» (como se llamó una columna de Sociales que apareció en la época). Podía incluso estar al día de las últimas corrientes culturales de Occidente, gracias a excelentes suplementos literarios. Éstos eran una tradición desde hacía algunas décadas y secundaban la labor de varias revistas literarias que circulaban entre las minorías cultas del país. Si se interesaba por el arte, la radio, el cine, las ciencias o las humanidades, el lector contaba con decenas de publicaciones periódicas, algunas de ellas de calidad comparable a las homólogas en Europa o los Estados Unidos (*Trimestre Económico, Cuadernos Americanos, Historia Mexicana, Problemas Agrícolas e Industriales de México*). Pero si lo que buscaba eran la verdad informativa y la opinión desinteresada sobre la realidad nacional, tenía que acudir a una prensa no escrita: la del chisme, la conseja y el rumor.

Acostumbrado a *Le Monde* o *L'Humanité*, se entiende que Revel juzgase con severidad el panorama mexicano:

«Se puede muy bien leer la prensa mexicana durante meses sin encontrar el menor artículo que ataque verdaderamente al gobierno. El respeto zalamero del mundo oficial, la más llana aceptación de sus declaraciones más insignificantes, la ausencia de cualquier investigación independiente, de cualquier reportaje sincero sobre la realidad del país caracterizan al conjunto de los periódicos. Su tiraje, por lo demás, es insignificante. México es una ciudad de dos millones de habitantes y los diarios de información política, seis o siete, tiran en total alrededor de trescientos mil ejemplares. El tiraje del conjunto de los diarios de provincia no pasa tampoco de trescientos mil. Eso da seiscientos mil lectores de diarios e información política en un país de veinticinco millones de habitantes.

»Y sin embargo, los periódicos son grandes negocios, y los directores de los periódicos, potentados de las finanzas. Un periódico vive de la publicidad comercial, de los artículos pagados, del chantaje (todas las grandes empresas son de algún modo extorsionadas: "La Coca-Cola es nociva"; tal o cual marca de cigarros es "mala para la vista"), pero sobre todo de la política: se trata de entrar en el juego de quienes están en el poder, y a cambio, asociarse a los negocios seguros que son privilegio de los círculos políticos.

»Eso por lo que toca a los propietarios de los periódicos. En cuanto a los periodistas que escriben en sus órganos, sus salarios son miserables. Algunos de ellos son por eso empujados a buscar otras entradas de las que corresponden a la caja del periódico, y puede decirse que, en ese medio, la honestidad es tanto más meritoria en la medida en que no paga.

»Un diario matutino se compone en México de cuarenta a cincuenta páginas: veinte están enteramente cubiertas de publicidad; diez, por las secciones sociales, espectáculos y deportes; entre seis y diez, por inmensos desplegados en tipografía comercial: son mensajes de diversos organismos, estados, sindicatos, cámaras de comercio o grupos privados, dirigidos a los poderes públicos para felicitarlos, pedirles un favor, desearle un buen cumpleaños al presidente, etcétera.

»Todo lo cual se paga. Lo demás, entre cinco y seis páginas, da la línea oficial, destaca si es posible el acontecimiento que el gobierno desea que se resalte: generalmente, una inauguración, un viaje oficial, son los que merecen un titular de ocho columnas en primera plana. Desde el punto de vista internacional, se reproducen textualmente los despachos de las agencias, que siguen estrictamente la línea de Washington.

»De modo que la prensa forma parte del sistema gubernamental, entre cuyos primeros beneficiarios están los propietarios de periódicos. Además, el gobierno dispone, en último caso, de una medida radical: se reserva el monopolio de la importación y reparto de papel. Por ello los periódicos están constantemente en relación con una institución gubernamental de crédito, Nacional Financiera, con la que todos están más o menos endeudados.

»Así, la prensa está encadenada de cien maneras y, por otra parte, soporta alegremente sus cadenas».[108]

Y sin embargo, a pesar del carácter oficioso de los principales diarios de la ciudad de México *(Excélsior, El Universal, Novedades),* y aun del oficial *El Nacional,* la prensa mexicana no caía en los extremos dogmáticos de los diarios en los países comunistas o fascistas. ¿Qué clase de prensa era entonces? ¿Cómo explicar su condición?

Siempre alerta, Daniel Cosío Villegas, incómodo cometa en aquel sistema, aportó una definición precisa: «Es una prensa libre que no usa su libertad».[109] El fenómeno le parecía especialmente doloroso, porque estrenando en esos años su nueva «casaca» de historiador del México moderno y contemporáneo, Cosío Villegas vivía sumergido en un mundo político e intelectual mucho más afín a su temple y a sus convicciones de liberal del siglo XIX. Con nostalgia y fascinación por aquellos tiempos en que México se había acercado, como en ningún otro momento, a la apariencia de una democracia occidental, Cosío hojeaba los cientos de periódicos políticos (doctrinarios, satíricos, analíticos, literarios, católicos, conservadores, liberales) que cruzaron la época de la Reforma e Intervención, y en algunos casos sobrevivieron hasta 1896, año en que Porfirio Díaz prohijó el establecimiento del primer diario industrial del país: *El Imparcial*. En el primer caso, el periodismo no era ni podía ser un negocio sino «una extensión de la actividad del hombre de letras». El periodista fundaba un diario para expresar y defender una doctrina, y hallaba en la libertad de expresión su razón de ser y la condición de su éxito. Pero con el advenimiento de *El Imparcial*, las cosas cambiaron debido a tres factores que, en el fondo, seguían operando en el México alemanista: el régimen de Porfirio Díaz era dictatorial, los fundadores del diario eran sus amigos, y la suya era una empresa netamente industrial para la cual la libertad de expresión y su defensa no resultaban ya requisitos de éxito.

Si el poder legislativo era, en el mejor de los casos, sólo «un censor silencioso y potencial» del ejecutivo; si el judicial se reducía a administrar la justicia rutinaria en los conflictos entre individuos, pero «vacilaría en sostener una opinión adversa al ejecutivo cuando un acto de éste estuviera en conflicto con otro poder de la Unión y aun con un simple particular», entonces México necesitaba con urgencia que el llamado «cuarto poder» ejerciera su papel histórico, como lo había hecho en el siglo XIX y, por momentos, en el tiempo de Calles y Cárdenas, cuando los propios *Excélsior* y *El Universal* habían representado un periodismo crítico, independiente y hasta de oposición. En la era de Alemán, esos resabios de independencia tendían a desaparecer. Alemán mismo había ejercido sutiles censuras a la prensa en su gestión como secretario de Gobernación. Siendo presidente, recobró el patrón de relación porfirista, completándolo con nuevos candados:

«La prensa sabe que no puede en verdad oponerse al gobierno porque éste tiene mil modos de sujetarla y aun de destruirla; sabe más, muchos de esos medios podrían tener una apariencia jurídica impecable y hasta cierto punto elegante. Piénsese, por ejemplo, en una restricción de papel fundada en la escasez de divisas; en una elevación inmoderada de los derechos de importación al papel o la maquinaria; en la incitación a una huelga obrera y su legalización declarada por los tribunales del trabajo, en los cuales el voto del representante gubernamental resulta decisivo, etcétera».[110]

A mediados de 1951, ocurrió «etcétera» gracias a una efímera revista de oposición. Se llamaba *Presente,* la hacía Jorge Piñó Sandoval a la cabeza de un grupo de periodistas independientes. Durante treinta y seis semanas, en editoriales y caricaturas, *Presente* se dedicó a criticar la corrupción en el régimen de Alemán: señaló por su nombre y apellido a los «tanprontistas», que «tan pronto» ocupaban los puestos públicos, se compraban o construían mansiones de ensueño que la propia revista reseñaba con detalle. *Presente*, como es natural, no tenía anuncios, pero contaba con la aceptación del público lector. Fue tal su éxito que era imposible encontrar un número en los puestos a las cuántas horas de haber salido. Para domar a Piñó, el gobierno intentó varios métodos de control indirecto: suprimió las entregas de papel, entregó remesas de un papel finlandés mucho más caro que obligaba a subir el precio, estorbó cualquier relación profesional de los colaboradores de *Presente* con el gobierno (por ejemplo, el trabajo literario de la escritora Margarita Michelena en el programa radiofónico oficial *La hora nacional*). Cuando estos métodos de disuasión fallaron, el gobierno pasó a su último recurso: el «palo». Como en los viejos tiempos en que la policía de Porfirio Díaz allanaba la imprenta de los Flores Magón, así la policía del régimen revolucionario-institucional irrumpió en el local de *Presente* –cuando estaban en circulación los números 8 y 9 de la revista–, y destruyó su equipo, obligando al cierre; sin embargo, llegó a publicarse hasta el número 23. Escondido y temeroso de seguir la suerte de un periodista recientemente muerto a balazos, o de otro encarcelado, Piñó emigró a Argentina. Al poco tiempo, y a expensas del presidente, Piñó Sandoval regresó. Como en el caso de los obreros petroleros, y acudiendo a la consabida técnica del halago, Alemán logró que el periodista se aviniera a recibir el «pan» y evitar el «palo»: al cabo del tiempo, Piñó producía noticiarios cinematográficos para el gobierno.

Poco antes de estos hechos, cuando ya la espada de Damocles pendía sobre *Presente*, Alemán discurrió otra de sus grandes inauguraciones. No se trataba de un edificio o una carretera, sino de una ceremonia que en el contexto inmediato tomaría un tinte cercano al cinismo: el «día de la libertad de prensa». En teoría, el gobierno honraba a los sucesores de los grandes periodistas del siglo XIX. En la práctica, el gobierno exigía entonces, y exigiría año tras año, el refrendo de una subordinación maquillada de independencia. Así pudo constatarlo días más tarde el periodista José Pagés Llergo: «Lo que *Hoy* ha dicho del actual régimen, le habría costado un dolor de cabeza dicho bajo otro gobierno. Es más, considero que ningún gobierno se habría manifestado no sólo respetuoso, sino tan amigable y auxiliador de la prensa como el actual».[111]

Pagés no tardó mucho en arrepentirse de sus afirmaciones. Él mismo sería tácitamente corrido de su revista por publicar una fotografía que mostraba al yerno del ex presidente Alemán clavando los ojos con deseo sobre los pechos desnudos de una modelo francesa, mientras su mujer –Beatriz, hija consentida del ex mandatario mexicano– veía con enojo a su esposo. La consigna a la prensa estaba dada: «... que escriban lo que les dé la gana mientras no toquen ni al presidente de la República ni a la Virgen de Guadalupe».

Era mejor atenerse al «pan» que provocar el «palo», como admitía implícitamente el gran novelista de la Revolución, Martín Luis Guzmán, fundador en 1942 y director desde entonces de la revista *Tiempo*. Cuando en mayo de 1952 el gobierno reprimió severamente una concentración de henriquistas en el Hemiciclo a Juárez, Martín Luis Guzmán se negó a publicar otra versión distinta de la gubernamental. «Tengo atribución», les habría dicho a sus colaboradores, «para mutilar y deformar la verdad si eso conviene a los objetivos políticos que *Tiempo* persigue.» Los principales redactores presentaron su renuncia colectiva.

Era «una prensa libre que no usaba su libertad», porque cobraba por no usarla. La venta de periódicos al público era una meta secundaria: el verdadero cliente era el anunciante público, es decir, el gobierno, con sus inserciones pagadas o con noticias que se pagaban por «debajo de la mesa». También estaba el anunciante privado, es decir, el empresario, que muchas veces prosperaba gracias a concesiones gubernamentales y que por ello no tenía el más mínimo interés en que su periódico atacara al gobierno. O era «una prensa libre que no usaba su libertad», porque si un periodista hacía uso de ella con sentido crítico podía costarle, en último extremo, la vida.[112]

Era una prensa económicamente próspera y técnicamente moderna, pero su fortaleza no se manifestaba en la devoción por ninguna causa.[113] Podía combatir con denuedo al comunismo (de hecho, éste era uno de sus «caballitos de batalla» en los años cincuenta), pero no advertía –o simulaba no advertir– la paradoja de su propia situación: el hecho de que en México la libertad de prensa fuese más teórica que real, un menguado cuarto poder, no tan subordinado al primero como los diputados, senadores, militares, caciques, obreros sindicalizados y ejidatarios, pero subordinado al fin. Si la nueva consigna era «contra el presidente nada, nunca», la misma concentración de poder en el presidente significaba, en los hechos: «con el presidente todo, siempre».

Pocas cosas desconsolaban más al liberal puro y hasta anacrónico que era Cosío Villegas como la comparación entre dos viejos adversarios: la prensa y la Iglesia. Mientras uno había perdido su entraña moral, el otro la fortalecía y se fortalecía. ¿Por qué la prensa no ejerce la libertad que le permite su situación de hecho legal? Aquí es donde el contraste con la Iglesia resultaba esclarecedor:

«La Iglesia sabe, como la prensa lo sabe, que el gobierno es un adversario todopoderoso; ha tenido la experiencia –que la prensa jamás ha tenido– de haber sido objeto de vigilancia y de una persecución que en más de una vez ha sido hecha con las armas, con fusiles y cañones. La Iglesia católica sabe más todavía: mientras la prensa está amparada por la ley suprema del país, porque en la Constitución está consignada la garantía de la libertad de pensamiento, esa misma ley le prohíbe a la Iglesia muchas cosas: adquirir bienes raíces, mantener congregaciones religiosas, enseñar, hasta que sus miembros anden por las calles vestidos con sus hábitos. Pero la situación de hecho en los últimos veinticinco años es la de una gran tolerancia, la de un verdadero disimulo de las autoridades oficiales. La Iglesia católica, contra la experiencia y contra la ley, aprovechando una mera situación de hecho, la misma exactamente que existe en cuanto a la prensa, trabaja febril y resueltamente para afianzar su posición y lograr sus fines: el número de congregaciones ha crecido, como han aumentado las escuelas primarias, secundarias y aun de instrucción superior; su riqueza es grande, se manifiesta en impresionantes construcciones y obras materiales de todo género; y su presencia y su influencia son generales».[114]

Descontando el ímpetu jacobino, Cosío Villegas no exageraba. En 1945, al cumplirse el 50 aniversario de la coronación de la Virgen de Guadalupe como reina de México, Cosío Villegas había aconsejado poner coto a la tolerancia con la Iglesia, institución intolerante por excelencia. Nadie lo había escuchado.

La política de conciliación entre la Iglesia y el Estado era una realidad sin marcha atrás que la Iglesia aprovechaba para recomponer, en una escala relativamente inferior y a través de interpósitas personas, su antigua riqueza y, sobre todo, para afianzar sin mayores trabas sus ámbitos específicos: la labor pastoral y la educación. Sólo la represión contra los sinarquistas y panistas de León (Guanajuato) en 1945 empañaría una convivencia pacífica que estaba llamada a ser no sólo definitiva sino cordial. En las antípodas de aquellos furibundos radicales de los años veinte y treinta, los suaves licenciados de la generación alemanista consentían de buena gana en que sus familias acudieran a misa, sus esposas ayudaran pecuniariamente a la Iglesia y sus hijos se educasen en los prestigiados colegios confesionales de los hermanos maristas o las monjas del Sagrado Corazón.

Adicionalmente, en la época de Alemán la Iglesia puso en marcha una campaña de moralización en el Distrito Federal: «... las censuras que hacía la Iglesia de las películas, los espectáculos y las revistas las hacía en unas hojitas, fue de orden nacional y fueron muy eficaces».[115] Y no es casual: según el censo de 1950, el 90 por ciento de los mexicanos se declaraba católico. Era tal la fuerza de la Iglesia en la opinión que bastaba una campaña periodística de desprestigio contra una importante marca de jabón acusándolo de «protestante», para que las ventas de ese producto se desplomaran. En ese caso, la solución de la compañía fue envolver todos sus jabones con el retrato del Papa, pero cuando el anatema caía no sobre una empresa «protestante» sino sobre los propios protestantes, los resultados eran menos incruentos.

Así y todo, el país vivía un clima general de tolerancia religiosa. Sólo en el Distrito Federal circulaban 55 publicaciones católicas, 35 protestantes y siete de otras religiones, incluidos dos periódicos en yiddish. El sistema político subordinaba con más o menos naturalidad a buena parte de los mexicanos, pero de aquellas vagas tentaciones totalitarias de los años veinte y treinta, cuando Calles predicaba la necesidad de «apoderarse de las conciencias infantiles», no quedaba rastro. La libertad de conciencia, como otras muchas libertades cívicas que los liberales de 1857 habían dejado impresas en la Constitución, seguían plenas y vigentes. A diferencia de muchos países de Europa y Asia, la historia había vacunado a México contra casi todas las variedades de la intolerancia extrema, incluida la religiosa.

El propio Cosío Villegas lo había comprendido así en un ensayo previo donde se dolía de la escasa o nula contribución de México, y en general de los países latinoamericanos, a la civilización y la cultura occidentales, salvo en un aspecto: ser «albergue acogedor de todo perseguido, de todo inconforme». A pesar de que la vida política mexicana había sido siempre «ingrata y tornadiza», la libertad era real y las leyes «jamás tuvieron un sentido opresivo permanente».[116]

Los empresarios más poderosos de Monterrey tenían una vieja deuda flotante con Manuel Gómez Morín. Una deuda no económica sino moral. En su papel de abogado corporativo, los había rescatado de la posible quiebra a que los orillaba el *crack* de 1929. Pero cuando en los años cuarenta Gómez Morín intentó cobrar a sus amigos y socios comprometiéndolos en el PAN, éstos se rehusaron. Aunque habían tenido desavenencias verdaderamente serias con Cárdenas en 1936, y habían resistido con dificultad la centralización sindical de la CTM en los años cuarenta, cuando llegó la oportunidad de convertir su bien ganada independencia económica con respecto al centro en una militancia política abierta, la decisión casi unánime fue negativa. El presidente Alemán, por su parte, sabía que Monterrey había sido desde finales del siglo XIX la ciudad de vanguardia en la industrialización del país, y se avino desde luego a la designación de un gobernador que contaba con las simpatías de aquellos empresarios.[117]

Si esto ocurría con los empresarios más libres del país, los que acababan de fundar en 1943 el Instituto Tecnológico de Monterrey, los que debían su crecimiento al esfuerzo propio en la fabricación de vidrio, acero, hojalata y lámina, cerveza, empaques de cartón, corcholatas o chapas, celulosa y derivados, camiones, dos periódicos independientes y modernos, y otras centenas de ramos industriales (en los cuarenta se establecieron en Monterrey ciento cincuenta empresas industriales al año), ¿qué insubordinación cabía esperar de los textileros poblanos, acogidos a los altísimos aranceles? ¿Y cuál de los empresarios capitalinos beneficiados con los apoyos múltiples que daba el gobierno? Muy poca, restringida a asuntos de estricta política fiscal, industrial, comercial o bancaria, pero en todo caso mayor a la de los nuevos empresarios surgidos por las mil vías de acceso directo o indirecto al dinero estatal.

En tiempos de Alemán se fundaron muchos negocios concesionarios del gobierno, a los que acompañó, necesariamente, una mentalidad oficialista. Ya sea que proviniesen del sector de la vieja clase capitalista porfiriana que había alcanzado a salvar parte de su patrimonio rural convirtiéndolo en urbano, o que representaran al nuevo empresariado nacido en tiempos de la Revolución o, con mayor razón, al grupo de políticos al que «la Revolución le había hecho justicia», los empresarios del alemanismo sabían que su gran cliente, a veces su único cliente, era el gobierno. ¿Qué sentido posible tenía hacer política de oposición contra el régimen que había llevado la Revolución a las empresas o, mejor aún, que había hecho de la Revolución una gigantesca empresa de promoción industrial y control político? Ningún sentido.

Ser rico y ser de oposición parecía una locura sólo digna de los abogados idealistas del PAN y de una extraña y romántica variedad:

la de un puñado de «millonarios marxistas» que tenían por sacerdote a un hombre de moral rígida e impecable, el intelectual jacobino más puro del siglo XX en México, Narciso Bassols.

La integración de la Universidad a los propósitos y las tareas del Estado había sido total en tiempos de los Habsburgo y aun después, en la época borbónica. Existía un consenso unánime sobre las fuentes de legitimidad del Estado, el alcance de su poder, su responsabilidad de asegurar justicia e igualdad. De las aulas universitarias salían los cuadros intelectuales que servían al monarca en materias humanas y divinas. En México, la Universidad Pontificia, fudada por el virrey Velasco en el siglo XVI, había cerrado sus puertas tras el primer embate de la legislación liberal, hacia 1833, pero, en las fiestas del Centenario, Justo Sierra la reinauguró en su versión laica. Era una más de las muchas formas en que el pasado del virreinato reaparecía en el mundo moderno. Para aquel sumo sacerdote de la «religión de la patria», la Universidad Nacional debía suplantar a su homóloga colonial y católica en un ámbito moderno y cívico: ser el surtidor de la inteligencia al servicio del Estado, constituirse, según palabras de Sierra, en el «cerebro de la nación».

La Universidad estuvo a punto de desaparecer hacia 1917. Se la veía como un resabio elitista del pasado porfiriano. Sus defensores en ese momento fueron los llamados Siete Sabios. En el centro del mito universitario que se estaba gestando había una premisa que con el tiempo se volvería axioma: sólo el paso por la Universidad (y no cualquier universidad sino *la* Universidad Nacional) daba las credenciales necesarias para aspirar al poder. En la apertura de cursos en 1918, Manuel Gómez Morín y Vicente Lombardo Toledano hablaron de una deseable «sofocracia» y formularon la profecía política de la Universidad:

«Soñamos con la realización del pensamiento del maestro ... la ciencia protegiendo a la patria. Soñamos con la Universidad centro y guía de la evolución de nuestro pueblo. La misión de la Universidad consiste en preparar ese grupo superior por su buena cultura y su moral superior. De ellos ha de depender ... la grandeza y poderío del país».[118]

El mito cristalizó en la persona y la obra de José Vasconcelos. En 1920, el filósofo exiliado regresaba a México llamado expresamente por los militares que, faltos de letras, lo requerían para ser el rector de la Universidad y convertirla en «centro y guía» de la evolución nacional. Con la antorcha de Justo Sierra, el nuevo sacerdote de la patria acuñó el epígrafe perfecto para expresar la vocación misional de la Universidad: «Por mi raza hablará el espíritu». Meses después, en un movimiento natural, el rector de la Universidad pasó a regir la educación federal y en 1929 contendió en las elecciones para regir a la nación entera. «Por encima de todo», sostenía Vasconcelos, «hacía falta que el país designase para su gobierno a los mejores, no a los peores, como venía haciendo; a los ilustrados, no a los palurdos».[119]

En el fondo, algunos militares se sentían beneficiarios temporales del poder: sabían que a la larga debían cumplir el ideal de Juárez, Madero y Carranza, y entregar el mando a los civiles, en particular a los civiles supuestamente preparados para el poder, a los egresados de la Universidad. En 1929, apoyado por los estudiantes universitarios y sectores amplios de las clases medias urbanas, Vasconcelos sintió que podía acelerar este desplazamiento por la vía de los votos y sin necesidad de pedir permiso a los generales. Había que «echarlos» sin miramientos, convocar a un plebiscito instantáneo para librar al país de la «camarilla que viene explotando a la Revolución». La respuesta no se hizo esperar: los militares emplearon la violencia física y el fraude electoral. Si alguna vez iban a dejar el poder a los universitarios, tenía que ser a los universitarios que ellos eligieran, en el momento que ellos eligieran y, sobre todo, por las buenas.

Como Calles, muchos militares revolucionarios habían sido maestros; otros resentían el no haber podido educarse suficientemente; la mayoría respetaba a los universitarios, no al grado de entregarles de inmediato el poder, y ni siquiera un poder (y un presupuesto) tan sustancial como el que ejerció el mismo Vasconcelos, pero sí lo suficiente para confiarles labores técnicas y, en su caso, subsecretarías o ministerios completos. La excepción fue Cárdenas. Desconfiaba de los universitarios, y aunque no los marginó del gobierno, hizo que compartieran su gabinete y sus puestos medios con amigos suyos, gente modesta de Michoacán.

En los años treinta, con el ascenso de la política de masas y la ideología socialista, la Universidad tuvo un periodo de fricción con el gobierno. Era el castigo por su apoyo al vasconcelismo. Aunque la institución había logrado su autonomía en 1929, esta condición de independencia legal la puso en graves aprietos. En 1933 el gobierno interpretó la autonomía en sentido estricto: cerró las llaves del presupuesto. No se trataba tanto de acabar con la Universidad como de transformarla –según las ideas de Lombardo Toledano, convertido ya para entonces, plenamente, al marxismo– en una *nueva* universidad, donde todas las enseñanzas se impartieran de acuerdo con el dogma del socialismo científico. La labor del rector Gómez Morín salvó la autonomía financiera y académica de la Universidad, que por unos años se convirtió en un islote de independencia crítica frente al gobierno.

El distanciamiento entre la Universidad y el gobierno no destruyó el mito. De hecho, ocurrió lo contrario: la relativa insubordinación de la Universidad subió, por así decirlo, su cotización en la bolsa de valores de la política mexicana. Ávila Camacho lo entendió así: integró su gabinete con una proporción mayor de universitarios y en 1945 dio a la Universidad el equivalente a su constitución, su Ley Orgánica, que entre otras cláusulas dejaba la designación del rector al arbitrio de una junta de gobierno integrada por los propios universitarios.

Si Cárdenas era el poseedor del mito revolucionario, Alemán se apoderó del mito universitario. Desde su campaña colocó a la Universidad en el centro de su proyecto: los grandes problemas nacionales debían ser discutidos, dictaminados y, más tarde, resueltos por universitarios. ¿Qué esperanza podía tener un general casi iletrado de conservar el poder en un país moderno? Ninguna. ¿De qué servían sus horas de combate frente a las horas de estudio de un universitario? De nada. Si el 48 por ciento de los miembros del gabinete de Cárdenas tenían título universitario, con Alemán la proporción llegó al 75 por ciento. Ingenieros, arquitectos, médicos, cumplían por fin el sueño de «sofocracia» de los Siete Sabios. Los acaudillaba la nueva casta divina, los elegidos entre los elegidos, los abogados egresados de la Universidad.[120]

La buena estrella de Miguel Alemán se notaba hasta en el calendario. En septiembre de 1951, a unos meses de inaugurar la casa del mito universitario, el espacio sagrado del México moderno –la Ciudad Universitaria–, se cumplieron 400 años de la fundación de la Universidad por el virrey Velasco. Alemán invitó a los universitarios extranjeros a conmemorar con grandes fastos el acontecimiento. «Los intelectuales del mundo entero vienen a rendir homenaje a la Universidad de México», proclamaron los periódicos. «Cuando el bisonte recorría todavía las planicies de Missouri, en México se fundaba la Universidad», recordó el rector Luis Garrido en su discurso. Ahora los universitarios alemanistas que se consideraban revolucionarios, resultaban herederos de una tradición cuatro veces centenaria.

A partir de entonces, la carrera de Alemán se convertiría en el paradigma de los universitarios mexicanos: en vez de: «Por mi raza hablará el espíritu», el epígrafe podía ser: «De las aulas al poder». Una frase común de la época en la Facultad de Leyes decía así: «Aquí se estudia para presidente». ¿A qué universitario en sus cinco sentidos podía ocurrírsele ejercer la oposición?[121] A ninguno. Lo que había que ejercer era la oratoria patriótica, porque a través de ella un joven podía incorporarse al «carro» de la política. Cuando llegó el momento de mudarse a la Ciudad Universitaria, los estudiantes les llevaron serenata a las viejas escuelas en el centro. Atrás habían quedado los motines estudiantiles, una tradición mexicana desde la época de don Porfirio. El propio Alemán había sido testigo en 1929 del fervor de sus amigos vasconcelistas, pero ahora toda la política que hacían los estudiantes era universitaria.

En su periodo no faltaron los disturbios, sobre todo en las universidades de provincia, las que no eran la Universidad. Justamente en aquella remota comida de amigos, Alemán hacía memoria («¿Se acuerda usted?») con uno de los líderes estudiantiles que le habían causado problemas pero que, con los años, había llegado a gobernador de su estado. Alemán lo había mandado llamar preguntándole qué quería: dinero, una beca, un viaje... Sin corromperse, desde luego, el joven escogió las tres cosas. Pasó largos meses en Europa a cargo del presupuesto. Cuando, en alguna remota capital europea, se le acabó el dinero, acudió al consulado mexicano, escribió al presidente y de inmediato recibió su dinero contante y sonante.[122]

Como un signo de los tiempos, el fervor estudiantil se había vuelto deportivo. Una estruendosa multitud llenó el estadio de la Ciudad Universitaria para ver el juego entre los dos colosos del deporte estudiantil por excelencia, el futbol americano colegial. Eran rivales «a muerte» desde finales de los treinta: los burros blancos del Politécnico (uniforme guinda y blanco) y los pumas de la Universidad (uniforme azul y oro). Ganaron los pumas. Cesó el «güélum», la porra del Politécnico. Se oyó el repetido estruendo de la «goya», universitaria. En el crepúsculo, las tribunas del lado universitario se llenaron de antorchas. Testigos mudos y orgullosos, rodeando la inmensa explanada, los edificios del *campus* universitario parecían centinelas de una imponente ciudad prehispánica. A lo lejos, los volcanes se integraban al paisaje. El cielo era transparente. A la salida, los universitarios podían ver la estatua del Santo Patrono de su ciudad: Miguel Alemán, vestido con toga de doctor *honoris causa*.

Todos los universitarios eran mexicanos, pero sólo veinticinco mil mexicanos de una población de veinticinco millones tenían títulos universitarios.[123] Casi todos los intelectuales eran universitarios, pero sólo unas decenas de universitarios eran intelectuales. Para distinguir a los intelectuales no había mejor método que el tautológico: intelectuales eran... los que los demás consideraban intelectuales. Los médicos, ingenieros y, sobre todo, los abogados universitarios incorporados al gobierno no eran intelectuales: pertenecían al estamento social de los «universitarios», grupo destinado a cobrar una influencia creciente, hasta el punto de dominar la vida pública mexicana. Intelectuales eran los hombres de libros que opinaban por escrito y con crédito público sobre asuntos de interés general.[124]

Intelectuales habían sido casi todos los hombres de la Reforma. Quizá por eso, el filósofo Antonio Caso había escrito que «parecían gigantes». Habían ejercido el poder durante la década fugaz de la República Restaurada, con excelentes resultados para la historia cívica y moral del país. Según Cosío Villegas, eran «fiera, altanera, soberbia, insensata, irracionalmente independientes».[125] Muy pocos en la historia posterior merecerían esos adjetivos.

Tras su golpe de Estado de 1876, Porfirio Díaz había reconstruido el cuadro virreinal. El intelectual volvió a incorporarse orgánicamente al Estado. Incluso hombres visceralmente críticos, ácidos casi, como Francisco Bulnes, habían rendido sus armas intelectuales al régimen para trabajar «por dentro» en la «construcción nacional». Generaciones enteras de escritores políticos reales o potenciales usaron la pluma para escribir poesía, historia, novela, para frecuentar libremente todos los géneros, salvo el coto vedado de la crítica política. Imperceptiblemente, se fue creando entre los intelectuales un sentimiento de dependencia con respecto al poder. En su diario personal, donde se atrevía a formular las mayores críticas, el novelista Federico Gamboa apuntaba hacia 1895: «¿Por qué quiero a fuerza vivir con empleo del gobierno? ¿Por qué no aprendí otras cosas? ... Es el viejo pacto tácito: nosotros contamos enteramente con el gobierno para vivir, y todos los gobiernos, desde los virreinales hasta nuestros días, cuentan con que nosotros contemos con ellos».[126]

Don Porfirio, en suma, tenía a los intelectuales «colgados de las tripas». El consenso porfirista entre los intelectuales se mantuvo hasta los últimos años del régimen, cuando aparecieron las voces disonantes. Tan necesarias eran que Francisco I. Madero, el caudillo democrático de la Revolución, no encontró mejor manera de subir al escenario histórico que poner su verdad por escrito y publicarla en un libro.

Durante la Revolución, los intelectuales desempeñaron un papel más que desangelado. Porfirio Díaz les había dado pequeñas chambas, puestos secundarios, becas y subvenciones, pero el nuevo régimen de Madero rechazó esas prácticas paternalistas y dejó a muchos sin trabajo. El resultado previsible fue el apoyo mayoritario de los intelectuales a Victoriano Huerta. No es paradoja menor que el gabinete con más peso intelectual de la historia mexicana (después de la República Restaurada) haya sido el de Huerta. Al caer su régimen, en julio de 1914, hubo una auténtica caravana de intelectuales rumbo al exilio: los porfiristas (Bulnes, Pereyra, Rabasa) y los huertistas (entre ellos varios miembros del Ateneo de la Juventud) se refugiaron en los Estados Unidos o en Europa. Algunos murieron allá; otros, como Alfonso Reyes, se volverían exiliados profesionales.

En tiempos de la lucha, todos los generales revolucionarios tuvieron cerca de sí a su grupo de «licenciaditos» que escribían discursos, redactaban planes, leyes y proclamas. No eran propiamente intelectuales sino universitarios con ambiciones políticas. Algunos se acercaban a la Revolución movidos por una pasión auténtica de redención popular. Fue el caso del abogado y periodista revolucionario Octavio Paz Solórzano, hijo del abogado y periodista Ireneo Paz: desde 1914 fungió como representante oficial de Emiliano Zapata en los Estados Unidos. Su amigo, el abogado anarquista Antonio Díaz Soto y Gama, era un ideólogo tardío del zapatismo, que, por su parte, no necesitaba ideólogos para formular sus demandas de tierra y libertad. Lejos de México, el mayor intelectual anarquista, Ricardo Flores Magón, languidecía en prisiones norteamericanas.

Entre los intelectuales que por convicción se habían incorporado a las facciones revolucionarias, sólo dos alcanzarían puestos de mando: Luis Cabrera, ideólogo de Carranza que contaba con el apoyo de una eminencia gris, Andrés Molina Enríquez, y José Vasconcelos, secretario de Educación en el gabinete del efímero presidente de la igualmente fugaz Convención de Aguascalientes. Martín Luis Guzmán, prosista finísimo, había tenido menos suerte: fue por un tiempo secretario de Francisco Villa, y como tal hubiera pasado desapercibido de no ser porque años después publicó *El águila y la serpiente*.

«Salvo José Vasconcelos», explicaba Cosío Villegas, «primero como rector de la Universidad y después como secretario de Educación, ningún intelectual mexicano gozó de la plena confianza de un jefe revolucionario, ni alcanzó fuerza política directa o propia, como lo atestigua el hecho de que Vasconcelos resultara a poco un contendiente serio a la presidencia de la República.»[127]

En efecto, mientras Gómez Morín se avino a crear las instituciones económicas del nuevo régimen, había sido el querido y joven «Morincito», el consentido de Calles; pero cuando, a raíz de la matanza de Huitzilac, Gómez Morín se separó voluntariamente de los sonorenses, se afilió al vasconcelismo, fue rector de la Universidad y fundador del PAN, se convirtió en un intelectual «reaccionario». El caso de Lombardo Toledano, tan distante en lo ideológico, no era distinto en la práctica. Cárdenas había confiado en él hasta el punto de permitirle fundar la CTM, nada menos, pero nada más. Cárdenas no permitió que los campesinos formaran parte de la central obrera y mucho menos habría discurrido dar al ideólogo una tajada mayor de poder: se había convertido en un intelectual «comunista». El propio Cosío Villegas era el ejemplo mejor del intelectual marginado: gozaba de un gran ascendiente moral, pero vivía hundido en la impotencia política. «Hubiera podido prestar algún servicio o una utilidad que no me fue posible prestar», pensaba en su vejez, «pero no hay que olvidar que yo siempre he tenido una *n* de *no* en la frente, que nunca he sido un *yes man.*»[128] Y, sin embargo, agregaba con razón, pensando en las muchas instituciones públicas y empresas culturales y sociales que su generación había fundado con apoyo estatal, «yo no vacilaría en decir que sin nuestro concurso el México de hoy no sería lo que es hoy, o que habría llegado allí pero bastante más tarde».[129]

Si habían fracasado en ejercer el poder, ¿hubieran podido ejercer el poder de la crítica? Vasconcelos era, una vez más, el ejemplo que debía seguirse. En su exilio de 1925 a 1928, y siguiendo la pauta de Madero en *La sucesión presidencial*, Vasconcelos era considerado por muchos mexicanos como la conciencia moral del país. Semana a semana publicaba en *El Universal* artículos que literalmente incendiaban el ánimo de los estudiantes y las clases medias lectoras en el país. Con esa plataforma moral, había vuelto a México y lanzado su candidatura presidencial. Dueño del poder de la crítica, quiso pasar de la crítica al poder, y fracasó. Durante su siguiente y largo exilio de diez años, había escrito, además de varios tratados filosóficos, los cuatro tomos de sus encarnizadas memorias: *Ulises criollo, La tormenta, El desastre* y *El proconsulado*. Su éxito de ventas no tendría parangón con ningún otro autor en la historia de México. Seguía siendo la conciencia moral de México. Nadie ocuparía ese sitio por varias décadas. La fuerza moral de Gómez Morín y Lombardo Toledano no partía ni desembocaba en la obra escrita: ambos creyeron mucho más en la acción política directa, la formación de partidos con bases independientes de poder. A corto plazo fracasaron.

Pero si uno no podía, o no quería, convertirse en conciencia moral del país a través de una obra escrita, podía seguir el ejemplo de Alfonso Reyes, quien, fuera de México también, en puestos diplomáticos en Europa o Sudamérica, construía su riquísima obra literaria. Fue precisamente Reyes quien, ya desde 1923, había advertido a Cosío Villegas que «entendía y aplaudía el entusiasmo y la decisión de convertirnos en hacedores de un México nuevo; pero si entre nosotros había gente de talento y con vocación literaria, a la larga beneficiaríamos más al país con la pluma que con la pala».[130]

Sólo Cosío Villegas siguió la sugerencia... veinticinco años más tarde, cuando, convencido de que los gobiernos revolucionarios desestimaban su intervención y consejo, hizo incursiones en el género del ensayo político y, más tarde, en la historia. A pesar de tener talentos literarios reales, los principales miembros de la generación de 1915 siguieron obsesionados por «la pala». ¿Hubiesen hecho más Gómez Morín y Lombardo Toledano con la pluma que con la pala? Cosío Villegas terminó por creerlo así. El tiempo los había convertido a todos en «actores mudos e inmóviles», sólo la obra escrita personal los hubiera salvado.

En tiempos de Miguel Alemán, los principales intelectuales del Ateneo habían muerto (Caso, Henríquez Ureña), vivían en un retiro epicúreo (Reyes), místico (Vasconcelos), o seguían activos, como Martín Luis Guzmán, ejerciendo un periodismo moderno pero al servicio del gobierno. Algunos de sus antiguos discípulos, los intelectuales de la generación de 1915, vivían al margen del gobierno, «mudos e inmóviles» o enfrentados con él de manera más o menos infructuosa. En 1948 Lombardo fundaba el Partido Popular; lo secundaba otro intelectual de izquierda, Narciso Bassols: en el otro extremo ideológico, Gómez Morín seguía siendo presidente del PAN; entre Escila y Caribdis navegaba Cosío Villegas. Sus nuevos ensayos políticos, que como secuela a «La crisis de México» publicaba en la excelente revista *Cuadernos Americanos*, le ganaban el aprecio de una minoría intelectual en México y América Latina, pero no llegaban, como aquellos remotos de Vasconcelos en los años veinte, al gran público. Cuando por excepción publicaba en un diario un ensayo sobre los desconcertantes paralelos entre el neoporfirismo alemanista y el porfirismo original, nadie protestaba, porque su prestigio y honradez lo volvían casi intocable; aunque había otra razón de más peso:

en plena borrachera del triunfalismo, ¿a quién le importaban las profecías y críticas de un señor *n* con la de *no* en la frente?

Fuera de esos casos, la relación entre el poder y los intelectuales (jóvenes y viejos) había vuelto a los viejos y sonrosados tiempos de don Porfirio. «Chambas y más chambas» era la consigna. Emulándose a sí mismos, emulados por una corte de copistas, convertidos en iconos nacionales, los muralistas Rivera y Siqueiros (Orozco había muerto) seguían contando con el generoso patrocinio estatal mientras pintaban los muros de edificios públicos y privados, hoteles, teatros, retratos de artistas y damas de sociedad. Los poetas –incluido el grupo los Contemporáneos, que habían regresado al presupuesto– tenían chambas ocasionales en varias secretarías, pero, siguiendo los pasos de Jaime Torres Bodet, convergían de manera progresiva en la de Relaciones Exteriores. En 1950, además del propio Torres Bodet (a la sazón secretario general de la UNESCO), trabajaban en ella, entre otros: el poeta José Gorostiza (que hasta 1949 había sido director general del servicio diplomático); el mismísimo Rodolfo Usigli, autor de *El gesticulador*, que se desempeñaba como segundo secretario de la embajada de México en París, y un poeta de treinta y seis años llamado Octavio Paz, tercer secretario de la misma embajada, que por esos días publicaba en la editorial de *Cuadernos Americanos* uno de los libros más importantes del siglo XX mexicano: *El laberinto de la soledad*.

Justo Sierra había dado becas, chambas, subvenciones, apoyos de toda índole a los intelectuales y artistas a través de la Universidad, el Departamento de Bellas Artes y el Museo Nacional. Miguel Alemán siguió la receta. Los arquitectos tuvieron su sexenio dorado con la ola de obras públicas, y en especial la Ciudad Universitaria. En el nuevo Instituto de Bellas Artes hallaron cabida los artistas plásticos, los músicos, los poetas y demás artistas. En el Instituto Nacional Indigenista o el de Antropología, bajo la estrecha supervisión de su fundador, el arqueólogo Alfonso Caso, trabajaban los antropólogos, arqueólogos e historiadores. Los sueldos de la Universidad eran pequeños, aunque no despreciables. Lo mismo cabía decir de las becas de investigación que daba El Colegio de México, que además financiaba buenos viajes de posgrado a París, donde el gobierno alemanista había promovido la primera exposición artística internacional del país y abierto la Casa de México. Si un intelectual era comunista, había pasado años confinado en las Islas Marías, tenía talento y se llamaba José Revueltas, encontraba cerradas las puertas del gobierno, pero podía escribir argumentos para el cine. Si todo eso fallaba, siempre quedaba la salida modesta del periodismo cultural.

El régimen de Alemán, en suma, había logrado en seis años lo que Porfirio en treinta: la subordinación indirecta de los intelectuales, «agarrados por las tripas». Como entonces, los intelectuales consintieron en el sacrificio de su libertad política, lo cual podía tener consecuencias desastrosas en términos políticos y morales. Pese a todo, muchos intelectuales podían repetir, legítimamente, la frase de Cosío Villegas: sin su concurso, aquel México moderno no hubiese llegado a donde estaba. Por lo demás, la subvención estatal les permitía seguir trabajando en lo más preciado: la obra personal.

Los no subordinados

A años luz del círculo mágico de la subordinación (donde habitaban los poderes reales, formales y corporados), más allá del anillo concéntrico de la subordinación relativa (en el cual giraban los planetas de la prensa, la Iglesia, los empresarios, la Universidad, los estudiantes y los intelectuales), sobrevivían los seres más extraños del sistema político mexicano. No eran grupos políticos o personas insubordinadas sino, sencillamente, no subordinadas.

Hacia la derecha ideológica del sistema, el gobierno reprimió al sinarquismo (canceló su registro y de hecho volvió ilegal su actividad política), pero no tuvo más remedio que tolerar la perseverante y pacífica actividad del PAN. En 1949, al cumplirse los primeros diez años de la fundación de su partido, Gómez Morín dejó la presidencia. Mantenía, desde luego, la convicción de que «el corazón de los problemas nacionales es de índole política», pero consideraba que la primera fase del partido había concluido. El régimen alemanista había hecho suyas muchas de las iniciativas panistas (sobre todo en el ámbito económico) y otras se irían incorporando a través de los años (o de las décadas, como sería el caso de las reformas políticas y electorales). Los nuevos tiempos exigían un cambio de estrategia. Fue entonces cuando Gómez Morín acuñó una fórmula que se haría famosa: «Hay que mover las almas», es decir, conquistar el compromiso político de la gente en estados y municipios.[131]

Si el PRI seguía ganando «de todas, todas», el PAN tenía la ventaja de poseer una paciencia casi religiosa: «... pueden derrotarlo en una y otra ocasión», observaba un periodista de la época, «eliminar de la Cámara a sus líderes más respetables, acusarlos de reaccionarios. No importa. Acción Nacional continúa en pie y progresa».[132]

Para el PAN, en efecto, los atropellos electorales eran «el pan nuestro de cada día»: en Zacoalco (Jalisco), en 1951, un grupo de propagandistas del PAN fue detenido «por instrucciones del señor presidente de la República», que supuestamente declaraba «anticonstitucional» toda actividad política de oposición; un año más tarde, en Oaxaca, el candidato panista a la presidencia, Efraín González Luna, sufrió el boicot de sus mítines y el encarcelamiento de sus simpatizantes; en Toluca, los taxistas de la ciudad tocaron las bocinas de sus autos hasta acallar al candidato del PAN; en Puebla, el candidato a diputado por el segundo distrito electoral, Guillermo López Guerrero, amaneció asesinado. Cuatro o cinco curules en el palacio legislativo cada tres años y una o dos presidencias municipales cada sexenio parecían una magra cosecha frente a aquellos sacrificios y humillaciones, pero los panistas no cejaban. Estaban convencidos de que sembraban para el futuro.[133]

En su último discurso ante la Asamblea General del PAN, Gómez Morín resumió el espíritu de su partido con palabras que resonarían por muchos años en la memoria de una nueva generación de militantes:

«La ciudadanía demostró ... su creciente decisión de crear la impetuosa corriente ... de limpieza y de autenticidad en la vida nacional ... Sólo un comentario puede hacerse de esta conducta de la ciudadanía, el mismo que viene resonando desde los tiempos del Cid en la historia de nuestra estirpe, como tremenda constancia de la deserción de la autoridad y como estímulo y mandato, simultáneamente, para la lucha obligatoria de salvación: ¡Oh, Dios, qué gran pueblo, si hubiese gran señor!»[134]

Hacia la izquierda del sistema político, no había un planeta sino un conjunto de minúsculos asteroides: los grupos de izquierda. El más antiguo era el Partido Comunista, fundado por el activista hindú Roy en los remotos tiempos de Venustiano Carranza. Minoritario, combativo, honesto, disciplinado, asido fanáticamente a su ideología, en treinta años había sufrido todos los vaivenes: poderoso en tiempos de Obregón y Calles, proscrito con violencia durante el maximato, influyente en ámbitos sindicales y agrarios en tiempos de Cárdenas, declinante con Ávila Camacho. Aunque en 1946 apoyó la candidatura de Alemán, una vez en la «Silla» el presidente empresario le deparó la misma suerte que al sinarquismo, su homólogo opuesto en el espectro ideológico: canceló su registro. Muchos comunistas pasaron el sexenio de Miguel Alemán en la cárcel.

No todas las desgracias que cayeron sobre los hombres de izquierda en México fueron responsabilidad del gobierno. Casi desde de su fundación, el Partido Comunista Mexicano comenzó a reproducir fielmente las actitudes intolerantes de su casa matriz: en México, como en la Unión Soviética, se practicaron expulsiones, excomuniones, anatemas, persecuciones, delaciones, todo en nombre de la verdad revelada por Marx. El asesinato de Trotski (perpetrado en la ciudad de México por un agente de Stalin) y el Pacto Molotov-Von Ribbentrop, fueron piedras con las que tropezaron muchos comunistas incapaces de justificar doctrinal o moralmente esos actos. Con todo, a pesar del acoso exterior y las purgas interiores, el PC sobrevivía en la clandestinidad o la cárcel en espera de tiempos propicios.

Por lo demás, en tiempos de Alemán, el comunismo conservaba cierto prestigio en algunos ámbitos estudiantiles, universitarios y sindicales. En México, como en toda América Latina, la propia URSS mantenía un halo de atrayente misterio que hasta un liberal puro como Cosío Villegas reconocía en 1947: «... la Unión Soviética es el caso moderno único de un país que ha emprendido y logrado obras materiales y espirituales de grandes proporciones, atacándolas de un modo decidido e inteligente, y obteniéndolas con sacrificios espeluznantes, pero deliberados».[135]

Cuando, en 1951, el poeta Octavio Paz, residente entonces en París, quiso publicar noticias sobre los campos de concentración soviéticos, nadie en México se atrevió a hacerlo porque nadie le creyó. Tuvo que publicar su escrito en la revista *Sur* de Argentina. Los datos eran convincentes, pero el propio Paz, que desde joven había empeñado su fe en la revolución socialista, y había vivido en España la guerra civil, se apresuró a concluir: «Es inexacto ... decir que la experiencia soviética condena al socialismo ... Los crímenes del régimen burocrático son suyos y bien suyos, no del socialismo».[136]

La alta cultura mexicana comenzaba a ser, mayoritariamente, de izquierda.

En los cafés del centro de la ciudad se oían todas las voces de izquierda imaginables: desde los marxistas-leninistas hasta los cardenistas nacionalistas, pasando por los socialistas, trotskistas, anarquistas, etcétera. Marxistas ortodoxos eran el pintor David Alfaro Siqueiros (que había comandado tropas en la guerra civil española) y los agresivos líderes ferrocarrileros Valentín Campa y Hernán Laborde. Comunistas heterodoxos eran el escritor José Revueltas (que vivía el marxismo con el espíritu de un mártir cristiano en las catacumbas) y el pintor Diego Rivera (expulsado del PC por alojar en su casa a Trotski). Marxistas convencidos pero no afiliados a Moscú eran los antiguos redactores de la revista *Combate*, adinerados muchos de ellos y seguidores todos de Narciso Bassols: Víctor Manuel Villaseñor, Ricardo J. Zevada, entre otros. Pero quizás el hombre de mayor prestigio en la izquierda mexicana de entonces era el gran líder, orador, filósofo, editor y maestro Vicente Lombardo Toledano, cuya ideología era una extraña y original síntesis de marxismo y nacionalismo: México alcanzaría el socialismo, pero su acceso debería ser gradual, apoyado por grupos progresistas de la burguesía nacionalista y, ante todo, decididamente antiimperialista.

Varios de estos hombres organizaron a principios de 1947 unas «mesas redondas marxistas» cuya conclusión se acercó a las teorías de Lombardo: había que llevar hasta sus últimas consecuencias la revolución democrático-burguesa como paso previo para instaurar el socialismo en México. En términos políticos, las mesas aceleraron la creación de un nuevo partido político, el homólogo del PAN en la izquierda. Años atrás, en 1943, Narciso Bassols había fundado con sus amigos una efímera Liga de Acción Política. Por su parte, y como extensión de su Universidad Obrera, Lombardo Toledano había creado la Liga Socialista Mexicana. En plena campaña de Alemán, e influido acaso por el ejemplo de su antiguo condiscípulo Manuel Gómez Morín, Lombardo gestó la idea de fundar «un nuevo órgano de combate», el «verdadero partido de la Revolución». En 1948 nacería el Partido Popular, un

«partido de masas para defender la independencia nacional, elevar la vida del pueblo y promover e impulsar la verdadera industrialización del país ... Un partido democrático, nacional, revolucionario, antiimperialista, integrado por obreros, campesinos, intelectuales progresistas y otros núcleos de la pequeña burguesía de la ciudad y el campo».[137]

La apuesta original de Lombardo consistía en atraer a la CTM hacia el Partido Popular. Ideólogo e idealista antes que líder práctico, Lombardo desestimó el pragmatismo político de los «Cinco Lobitos». Aunque su antiguo discípulo, Fidel Velázquez, siguió admirándolo y llamándolo «maestro», la CTM prohibió a sus miembros la afiliación a cualquier otro partido que no fuese el partido oficial. A Lombardo le ocurría con los obreros lo que a Gómez Morín con los empresarios: ni unos ni otros acompañaron a los intelectuales en la aventura de crear una base política independiente del sistema. Los dejaron solos, como pequeños e inofensivos asteroides alrededor del sol.

El Partido Popular contaba, no obstante, con un apreciable contingente de líderes, campesinos y obreros que habían seguido a Lombardo a lo largo de su brillante trayectoria, pero su fuerza inicial residía sobre todo en los intelectuales. Por desgracia para el PP, también en su seno se presentó muy pronto la enfermedad crónica de la izquierda mexicana: el «divisionismo», y no por razones banales: por un lado, pesaba la gran personalidad del caudillo intelectual Lombardo, hombre intachable de izquierda, pero proclive a tender puentes de colaboración, o al menos de comunicación profesoral, con el gobierno; por otro lado, estaba el ala radical que representaba Narciso Bassols, impermeable a toda componenda, así pareciera menor.

En las primeras elecciones legislativas en que participó (las de mediados de sexenio en 1949), el PP se dividió. El gobierno le reconoció una curul. Ese mismo año, el partido postuló a un candidato en verdad popular para la gubernatura de Sonora, pero el gobierno se negó a reconocer su triunfo. Indignado ante el fraude, Bassols declaró que el PP no podía aceptar, como el PAN, los «mendrugos de tres o cuatro curules» que aventaba el gobierno. Lombardo, en cambio, adoptó una postura conciliadora que determinó de inmediato la salida de Bassols y su grupo: «No he tenido ni tengo», escribía Bassols, por aquellos días, «la menor confianza en el respeto al voto ... vivimos ... el más completo desdén para el sufragio». Tiempo después, en una conferencia sobre «el problema político de la Revolución mexicana», Bassols pronunció una de las condenas más severas contra el sistema que Alemán había perfeccionado:

«... la consecuencia ... más grave de la prolongación de la situación electoral actualmente existente no es tan sólo la de falsificar los resultados de la elección ... sino que toda la vida política del país está ya viéndose envenenada, paralizada, sofocada ... el propio aparato de mistificación del fenómeno electoral no tiene más camino que la inacción, no tiene más vida política que la que lo lleva a no hacer política».[138]

Lombardo tenía una concepción ambigua de la democracia. Su ideología marxista le murmuraba al oído izquierdo que la «democracia burguesa» era tan sólo una «máscara» (Lenin había usado otra esdrújula: cáscara) que, tras la igualdad abstracta de los individuos, regía la explotación de la clase capitalista sobre el proletariado. Pero la práctica política de muchos años le susurraba en el otro oído algo distinto: en México, admitía Lombardo, «los votos nunca se cuentan». A su juicio, el país padecía una «dictadura unipersonal».

Lombardo Toledano contendió para la presidencia en las elecciones de 1952. Aunque fue víctima de atropellos electorales, no vaciló en acercarse a Ruiz Cortines y, tras una reunión secreta, congratularse de que éste asumiera el compromiso de corregir el rumbo de la Revolución mexicana. Para entonces, no era secreto ya que el Partido Popular recibía algún apoyo presupuestal del gobierno. La suerte posterior del PP estaba echada: oponiéndose selectivamente a las acciones del PRI que consideraba retrógradas o apoyando las que consideraba progresistas, el partido se convirtió en una oposición leal de izquierda. La selectividad en cada caso estaba, como tantas cosas en México, en manos de un solo hombre, en este caso de Lombardo Toledano.

Entre los muchos generales no subordinados que en 1952 apoyaron la candidatura de Miguel Henríquez Guzmán, estaban dos viejos divisionarios de inmenso prestigio moral: Francisco J. Múgica y Cándido Aguilar. Cuando la policía montada del gobierno dispersó con lujo de violencia un mitin de henriquistas en la Alameda de la capital, dejando un saldo de varios muertos, ambos generales sufrieron persecución. El mexicano no era, ni remotamente, un régimen de terror, pero la vieja lección porfiriana volvía por sus fueros: «pan o palo», la insubordinación se pagaba con la cárcel y a veces con la vida. Múgica se salvó del acoso de la Dirección Federal de Seguridad escapándose en la cajuela de un coche. Aguilar sufrió un arresto de cuarenta días en Veracruz. Meses antes le había escrito una carta a su protegido de toda la vida, el presidente Alemán:

«Tu gobierno ha tenido muchos éxitos pero también varios errores; el más grave de ellos quizás es el de haber tolerado que muchos de tus colaboradores aprovecharan el poder para enriquecerse. Estas fallas o errores te serían dispensadas ante la posteridad si, pasando sobre mezquinos intereses de grupo o de amigos, te colocaras a la altura de los grandes patriotas y estadistas e implantaras en México la democracia que aún no hemos podido realizar después de cuarenta años de lucha».[139]

El hombre a quien Aguilar quería convertir en el «padre de la democracia mexicana» consentía en el atropello electoral y físico a los partidarios de un grupo político registrado y legal. Abrigando un agravio profundo contra Alemán, Aguilar no quiso volver a verlo. Sólo en la antesala de la muerte –recuerda el doctor Justo Manzur Ocaña, médico de Aguilar– la voluntad del viejo carrancista flaqueó:

«... estaba yo en la puerta del cuarto cuando llegó Miguel Alemán. El general estaba muy extenuado ya. Entré y le dije:
»–Señor, ahí está el licenciado Alemán que quiere saludarlo. ¿Le digo que pase o que no pase?
»–Dile que pase.
»Ya pasó. Yo entré primero y vi cómo Alemán le abrió los brazos. Le dijo:
»–Jefe, jefe –y se acercó a abrazarlo. Se reconciliaron. Y murió a los pocos días, el 20 de marzo de 1960».[140]

«El Cachorro de la Revolución» había completado el ciclo de vuelta al origen: la «política integral» de «paz, orden y progreso» había sido restaurada. ¿Qué faltaba en el esquema alemanista? Una sola subordinación: la del humor popular.

Desde los años veinte, en modestas carpas de barriada y teatros de revista, el pueblo se divertía escuchando los chistes políticos de doble sentido y las parodias de cómicos célebres como Roberto «el Panzón» Soto; Armando Soto la Marina, «el Chicote»; Mario Moreno, «Cantinflas» y, a partir de los años cuarenta, Jesús Martínez, «Palillo».[141] «Para el público mexicano», decía Soto, «el chiste político es la única forma de demostrar su civismo, desgraciadamente, renegando de todo lo que sea gobierno.» Calles los había sufrido y tolerado, Cárdenas les había dado teatro propio, Ávila Camacho había temblado ante las burlas contra su hermano Maximino, pero los había respetado. En 1946, la sátira política estaba más viva que nunca.

Cuando los universitarios de Alemán llegaron al escenario político, dispusieron la censura en el escenario teatral. Los libretos debían obtener el visto bueno de las autoridades de Gobernación, que acudían a fiscalizar cada función. «Una vez», recuerda «Palillo», «soy llevado ante el jefe de la Policía. Me habla. No le contesto y me pega dos bofetadas. No me quedó más recurso que aventarle escupitajos. Sangrando me volvieron a meter al calabozo.» No sería la última vez.

En tiempos de Alemán, «Palillo» salía al escenario con un amparo en el saco para evitar las detenciones.[142]

El 20 de julio de 1948, día en que en el teatro Lírico se estrenaba la obra *El cuarto poder*, el jefe de la Oficina de Espectáculos ordenó la clausura del lugar porque sospechaba que habría «alusiones políticas» contra el presidente Alemán. En protesta contra la medida, todos los teatros de la ciudad cerraron sus puertas. Volverían a abrirlas eventualmente y «Palillo» seguiría fustigando en escena a «los políticos inmorales, pulpos chupeteadores del presupuesto nacional», pero se había sentado el precedente: bienvenido el chiste político, siempre y cuando no aluda al primer mandatario de la nación. Desde entonces, el chiste político comenzó a abandonar poco a poco las carpas y los teatros para refugiarse en los ámbitos privados: los cafés, las calles, las conversaciones telefónicas y las alcobas.

Míster Amigo

Si el Departamento de Estado norteamericano tenía algunas dudas sobre la veracidad en las intenciones conciliatorias y cooperativas de Alemán con respecto a los Estados Unidos, los primeros actos del presidente las habían disipado. En tiempos de Alemán, la relación entre los dos países había adoptado tonos de luna de miel.

En marzo de 1947, y por primera vez en la historia, un presidente norteamericano visitaba la ciudad de México. No era cualquier fecha. Un siglo atrás, en marzo de 1847, las tropas de Winfield Scott bombardeaban Veracruz y meses después combatían a los soldados mexicanos en Chapultepec. Ahora el presidente Truman visitaba Chapultepec para rendir homenaje y depositar una ofrenda floral en el monumento a los Niños Héroes.

Los tiempos, qué duda cabe, habían cambiado. El olvido era más ancho que la memoria. La animosidad del mexicano hacia el gringo se había vuelto más legendaria que real. Los primeros agravios históricos, la intervención y la posterior pérdida de más de la mitad del territorio original de México, eran hechos poco vigentes. A pesar de los monumentos, las estatuas, los libros de texto y los discursos políticos que la recordaban, la invasión era un suceso distante, sepultado por otros terremotos sociales que ocurrieron tras ella, como la guerra de Reforma, la Intervención francesa y, sobre todo, la Revolución mexicana. A la lejanía temporal de aquella malhadada guerra se aunaba la falta de una memoria viva. Los territorios que el país perdió se hallaban, en su momento, poco poblados. Por ello no fueron escenario directo de pasiones nacionalistas similares a las que acababan de desgarrar la vida europea.

La historia que siguió a la invasión separó profundamente a los dos disímbolos países, pero no volvió a enfrentarlos en una querella mayor. Mientras que Europa y sus colonias modificaban incesantemente sus fronteras, el mapa de América permanecía casi intacto. Grandes imperios coloniales desaparecieron o estallaron en pequeñas e inestables naciones. Otros engulleron el espacio de minorías raciales o religiosas que, aferradas a sus irredentos territorios, esperaron pacientemente izar de nuevo sus banderas nacionales. Estos reacomodos no fueron característicos del Nuevo Mundo y menos aún de América del Norte. Desde mediados del siglo XIX, pese a que hubo algunos momentos de tensión, México y los Estados Unidos se concentraron en sí mismos. Las redes del ferrocarril propiciaron el tránsito creciente y espontáneo de personas, bienes y servicios, pero no tendieron un verdadero puente sobre el río Bravo. De un lado quedó la debilidad desconfiada, del otro la fuerza desdeñosa. Y, en medio, se extendía un desierto de ignorancia, recelo e incomprensión mutua, pero no de violenta enemistad.

«La sangre pudo haber llegado al río», como reza la expresión, en muchas ocasiones. Si no llegó fue merced a la diosa Fortuna, al buen juicio de muchos gobernantes mexicanos y la sabiduría de algunos gobernantes norteamericanos. Si en la guerra de Intervención, entre 1862 y 1867, hubiese ganado Francia, si los confederados hubiesen triunfado sobre los yanquis ... quizá la guerra del 47 no hubiese sido la última.

Por suerte, además de la Fortuna, la diplomacia mexicana hizo su parte. Se dice que Porfirio Díaz fue el autor de la frase «Pobre México, tan lejos de Dios, tan cerca de Estados Unidos». Sea cierta o falsa la atribución, Díaz manejó las relaciones con el inmenso cuidado de quien domestica una fiera: cumplió sus compromisos financieros, cabildeó sutilmente en Washington, fortificó sin aspavientos la frontera y, sobre todo, diversificó calladamente los vínculos mexicanos hacia los otros puntos cardinales: reconcilió a México con Europa, lo acercó a Centroamérica, abrió una ventana a Japón.

La Revolución mexicana no puede explicarse sin la influencia norteamericana en el ámbito diplomático, militar, político, financiero, etcétera. La lección fue siempre clara: ganó quien contó con el apoyo de Washington. Lo notable es que esta dependencia no se tradujera en sumisión ni en agresividad excesiva. A partir de entonces, la norma a lo largo del siglo había sido una prudente distancia, como la que estableció Venustiano Carranza. El más nacionalista de los presidentes mexicanos no podía satisfacer los deseos de las compañías petroleras, porque hacerlo implicaba una enmienda a la Constitución, lo cual a su vez supondría la destrucción de la propia Revolución. Pero, al mismo tiempo, no comía lumbre: desoyó a las sirenas del famoso telegrama Zimmerman, en el que Alemania prometía a México nada menos que la reintegración del territorio anexado en 1847.

También la buena diplomacia norteamericana había hecho su parte. Las crisis entre los dos países habían acaecido aproximadamente cada diez años. Del lado mexicano pendía siempre el temor a una represalia militar y la resentida memoria sobre el papel del embajador norteamericano Henry Lane Wilson en el asesinato del mayor demócrata de la historia mexicana, Francisco I. Madero. Del lado norteamericano, el conflicto se centraba en el artículo 27 de la Constitución: las consecuencias de este artículo en la propiedad del suelo y el subsuelo para las compañías y ciudadanos establecidos en México antes de la Revolución, se consideraban no sólo expropiatorias sino violatorias del derecho internacional.

En 1917, algunos sectores conservadores de la sociedad norteamericana presionaban a Washington para que se desatase una intervención en toda regla, pero Carranza tuvo la suerte –que acaso no calibró en toda su dimensión– de tener un hombre de principios en la Casa Blanca. Wilson se rigió más por un imperativo moral que por los dictados de las compañías o una anacrónica hambre territorial. En un discurso dirigido a los editores mexicanos en julio de 1918, declaró:

«Establezcamos una garantía común de independencia política e integridad territorial que firmaremos todos [los países de América]. Convengamos en que si alguno de nosotros, Estados Unidos incluso, viola la independencia política o la integridad territorial de cualquiera de los demás, todos ellos pueden saltar sobre Norteamérica. Ofrecemos prendas de que llegaremos a un arreglo en virtud del cual quedaréis protegidos de nosotros».[143]

En 1927, Calles estaba convencido de que los Estados Unidos invadirían de nuevo el país. Estaba dispuesto a quemar los pozos petroleros. Un émulo de Lane Wilson, el embajador Sheffield, predicaba entonces la intervención contra el «Soviet Mexico». Por fortuna prevaleció el buen juicio. El cambio de actitud se debió en gran medida a la influencia de algunos escritores norteamericanos, entre ellos Walter Lippman, Carleton Beals, Ernest Gruening y Frank Tannenbaum.

Con su diplomacia respetuosa y su estilo de acercamiento personal, Morrow había hecho maravillas. Tras su partida, llegó un embajador igualmente sensible: Josephus Daniels. ¿Había en Daniels, y en el propio Roosevelt, deseos de contrapesar el papel que habían desempeñado en la fugaz intervención de los *marines* en Veracruz en 1914? El caso es que al sobrevenir la expropiación petrolera de 1938, al margen de las naturales tensiones diplomáticas, Roosevelt se negó a convertir el asunto en un *casus belli*. Suficiente problema tenía con el verdadero caso de guerra que se preparaba en Europa.

La cooperación de México con los Estados Unidos en la guerra mundial resultó el mejor antídoto contra los mutuos recelos. De un plumazo, en tiempos de Ávila Camacho se habían resuelto los litigios agrarios y petroleros. Todo estaba preparado para la gran reconciliación.

En mayo de 1947 Alemán visitó Washington. La última vez en que un mandatario mexicano había visitado Washington había sido el año de 1836, cuando el ex presidente Santa Anna, tomado preso después de su debacle texana, escuchó el discurso admonitorio de Andrew Jackson. Juárez había vivido desterrado en Nueva Orleáns y, ya como presidente, en la guerra de Reforma, hizo escala en esa misma ciudad antes de establecer su gobierno en Veracruz. También en Nueva Orleáns, Porfirio Díaz y Carmelita habían pasado su luna de miel, pero ya en la presidencia la única visita de Díaz a los Estados Unidos fue el encuentro con Taft en El Paso. Madero había estudiado en los Estados Unidos y pasado meses exiliado en San Antonio y la propia Nueva Orleáns, pero como presidente no viajó a ese país. En plena revolución constitucionalista, Carranza se había demorado largos meses en cruzar la Sierra Madre Occidental, y hubiera cruzado a nado el océano Atlántico, todo, antes de pisar el territorio de los hombres que habían arrebatado Texas a su amada Coahuila. Aunque Obregón, Calles y los presidentes del maximato y Cárdenas visitaron alguna vez los Estados Unidos, no fue nunca estando en funciones. (Sólo Calles acudió como presidente electo.) De joven, Cárdenas pasó quizá la frontera por unas horas, pero una visita a Washington le hubiera parecido una traición a la patria. Y aunque el encuentro entre Roosevelt y Ávila Camacho en la ciudad mexicana de Monterrey era ya un augurio de cordialidad, el tabú seguía en pie.

La visita de Alemán lo rompió. Se le recibió con grandes honores. En su discurso en el Congreso se refirió a la «fe absoluta en la democracia y el amor esencial a la libertad» que vinculaba a los dos países. En un acto inusitado desde tiempos de Porfirio Díaz, Alemán invitó al capital norteamericano a invertir en México y logró que el gobierno norteamericano se abriera a la posibilidad de apoyar proyectos de infraestructura que presentara su contraparte mexicana. Sobre el espinoso caso de una posible vuelta de las compañías petroleras a México, Alemán fue muy claro: una participación general de las empresas extranjeras en la propiedad y explotación del petróleo mexicano estaba fuera de discusión ya que la ley la prohibía, pero su gobierno estaba dispuesto a otorgar permisos de perforación y exploración.

Truman estaba empeñado en apoyar el desarrollo de México. Las dificultades que encontró en el camino se allanaron con la guerra de Corea. Por primera vez desde tiempos de don Porfirio, los Estados Unidos abrieron una línea de crédito de ciento cincuenta millones de dólares a México (que el país podía utilizar en el desarrollo de su planta petrolera), prestaron cincuenta y seis millones adicionales para la reestructuración de los ferrocarriles y firmaron un acuerdo migratorio, todo ello sin que México tuviese que firmar un convenio militar (como otros países latinoamericanos) o formar parte del bloque anticomunista que los Estados Unidos integraban en América Latina. El súbito deshielo en las difíciles relaciones de los vecinos valía la pena. Alemán merecía el título de «Míster Amigo».[144]

El profeta gringo

En 1951, cuando el régimen de Miguel Alemán se encontraba en el ápice de la gloria, cuando cada día se inauguraban nuevas obras públicas con su nombre y se hablaba a media voz de su posible reelección, cuando el gobierno mexicano daba la espalda a la comunidad rural y adoptaba decididamente el paradigma de una nación urbana e industrial, cuando el sistema político subordinaba por medio del «pan y el palo» a casi toda la sociedad, cuando México vivía su primera luna de miel con los Estados Unidos tras un siglo de amargas desavenencias, salió a la luz la traducción castellana de un libro que indignaría a toda la clase política e intelectual... salvo al joven agrónomo Edmundo Flores y a Daniel Cosío Villegas. Su autor era un viejo amigo de México, quizás el mayor que ha tenido entre los norteamericanos: Frank Tannenbaum. Su título, *Mexico: The Struggle for Peace and Bread* (1950).

«Si este ... libro de Tannenbaum nos da la impresión de *final*», escribió Cosío Villegas, «... es porque a estas alturas México no engaña a nadie ... como alguna vez engañó al propio Tannenbaum y a tanto extranjero buscador de pueblos valerosos, capaces de atacar con soluciones propias sus problemas y hasta señalar rumbos a otros países más desdichados».[145]

Ningún norteamericano había recorrido, estudiado, comprendido a México como él. Lo había hecho durante más de veinticinco años. Tannenbaum no era sólo un historiador, como Prescott; un periodista, como John Reed; un escritor, como Jack London. Era todo eso y más: un filósofo social cuya trayectoria política, formación intelectual y actitud moral le habían dado ojos privilegiados para entender la Revolución mexicana.

Formado desde muy joven en la escuela anarquista de Piotr Kropotkin, discípulo muy querido de la madre del anarquismo norteamericano, Emma Goldman, en 1914 Tannenbaum había encabezado, a sus veinte años de edad, a una multitud de desempleados en la toma pacífica de la iglesia de San Alfonso, en Manhattan. Tras un sonado juicio, se le condenó a cumplir un año de prisión. A su salida de la cárcel se matriculó en la Universidad de Columbia, donde obtuvo los más altos grados. Tres campos de interés absorberían su tiempo, todos ligados íntimamente al sufrimiento humano: la situación de las cárceles, el drama de los negros en los antiguos estados esclavistas del sur y el movimiento sindical. Sobre esos temas escribiría a lo largo de los años varios libros (algunos célebres como *Slave and Citizen*, publicado en 1946 y a raíz del cual el dueño de los Dodgers contrató al primer negro en el beisbol de las ligas mayores: Jackie Robinson). Pero la mayor pasión de Tannenbaum, el lugar histórico donde creyó que podría realizarse su utopía, fue México.[146]

Desde su primera visita al país, en 1922, Tannenbaum se enamoró de México porque creyó ver en los postulados sociales, económicos y educativos de la Revolución mexicana nada menos que la realización del viejo sueño de solidaridad anarquista. Además de publicar varios ensayos encomiásticos en revistas norteamericanas, y al tiempo en que recorría a lomo de mula el país entero recogiendo datos para un libro sobre la revolución agraria en México (publicado en 1929), Tannenbaum ejerció un intenso cabildeo ante las autoridades norteamericanas en favor de la política revolucionaria.[147] Lector atento y sensible de Molina Enríquez, en su libro *Peace by Revolution* (1933)

Tannenbaum delineó una interpretación de la Revolución mexicana que se volvería canónica. Vería ésta como una gesta popular anónima llevada a cabo contra las haciendas y el poder central por parte de decenas de pueblos libres cuya vocación centenaria era permanecer fieles a su cultura, a su identidad, a su tierra. En esencia, la suya era una interpretación zapatista. Publicadas en 1933, esas ideas constituían una profecía y una justificación de la política agraria radical que llevaría a cabo Cárdenas.

Como es natural, Tannenbaum no sólo fue un partidario decidido de Lázaro Cárdenas sino su amigo personal y su representante oficioso ante el Departamento de Estado norteamericano. Su tenaz defensa de México, sobre todo en el caso de la expropiación petrolera, le valió la suspicacia del FBI: Edgar Hoover le seguiría la pista por décadas hasta completar un grueso expediente; sin embargo, nunca pudo probar su supuesta filiación comunista.

Hacia los años cuarenta, el entusiasmo de Tannenbaum por la Revolución mexicana –o, más bien, por su desenlace– había decaído. Un honrado ejercicio autocrítico lo llevó a publicar en 1948, en la revista *Foreign Affairs*, un largo ensayo donde advertía sobre los inmensos riesgos de lo que él llamaba «el gobierno personal en México»: «... el gobierno en México es el presidente, no hay otra forma de decirlo», explicaba, señalando la fragilidad intrínseca de un sistema que, si bien provenía de estructuras mentales muy antiguas, en la práctica se traducía en costos inmensos para la población. La concentración de poder en una sola persona traía consigo, inevitablemente, una creciente ineficiencia, arbitrariedad, despilfarro, servidumbre y corrupción.[148]

Sin embargo, hacia mediados de siglo Tannenbaum seguía creyendo que México podía corregir el camino volviendo al origen campesino de la Revolución. El populismo de Tannenbaum era todo menos primitivo. De hecho, fue muy poco comprendido entre sus propios amigos mexicanos. Había una diferencia profunda entre el agrarismo mexicano y la lectura agraria de Tannenbaum. Los agraristas ponían el acento en el ejido, institución tutelar de raigambre colonial que a despecho de sus fines humanistas se había vuelto un instrumento de control estatal. Tannenbaum, por su parte, seguía fiel al esquema de su padre intelectual, Kropotkin: veía a México como una posible constelación de pequeñas comunidades rurales creativas, autosuficientes, pero sobre todo autónomas y libres.

Desde 1928 Tannenbaum había enviado a su amigo y viejo condiscípulo, el subsecretario de Educación, Moisés Sáenz, cinco mil cuestionarios para ser repartidos entre los maestros en otros tantos

183

pueblos de México. Se proponía obtener una fotografía estadística de la vida material en el campo y así diagnosticar vías de mejoramiento práctico para la comunidad rural que, en opinión de Tannenbaum, fue siempre la célula fundamental de la vida mexicana. Le respondieron 3.611 maestros. La muestra era más que representativa: englobaba a 1.877.313 personas, el 17 por ciento de la población rural en 1930.

Tannenbaum no veía a los campesinos como parias pobres y aislados: había que *interpretar* su pobreza y aislamiento en términos de los propios campesinos. La gente del campo no se dedicaba sólo a la agricultura: vivía inmersa en una cultura material y espiritual considerablemente autárquica pero compleja, rica y variada. Sus nociones del bien y el mal, su sentido de lo bello, lo bueno, lo justo, desafiaban las estadísticas; no obstante, había otras facetas que cabía medir. Aquel estudio, completado en 1933 y publicado en 1946 en *Political Science Quarterly* con el título «Technology and Race in Mexico», daba fundamento científico a sus interpretaciones sobre México.[149]

Molina Enríquez revisitado: el México indígena, más pobre y aislado, tendía a *escaparse* hacia el México mestizo. Los pueblos mostraban su notable fortaleza histórica: muchos habían retenido sus tierras comunales y practicaban una economía autárquica no monetaria. Dependían del mercado parroquial, que podía estar a unos cuantos kilómetros del lugar, pero no dependían del mercado nacional. El 54,3 por ciento de los pueblos no poseía arados de acero; sin embargo, en casi todos había vacas, cerdos, pollos, caballos y otros animales domésticos; el 80 por ciento carecía de comunicación alguna con el exterior (tren, teléfono, correo, telégrafo, carretera); el 50 por ciento no contaba con bestias de carga y los hombres seguían llevando sobre sus hombros el producto de su trabajo; casi el 100 por ciento carecía de profesionistas (médicos, abogados); el 49 por ciento no contaba con carpinteros; el 52 por ciento vivía sin albañiles. Un pequeño dato llamó la atención de Tannenbaum. El 90,5 por ciento de los pueblos poseía un equipo moderno: la máquina de coser. Se trataba de una auténtica revelación, como explicaba en su libro final sobre México. Kropotkin revisitado: en *Mexico: The Struggle for Peace and Bread*, Tannenbaum llegaba a la conclusión natural de que había que apoyar la economía parroquial y multiplicar los objetos útiles como la máquina de coser.

Su análisis se apartaba de las visiones convencionales, tanto las oficiales como las de oposición. Ambas partían de una premisa *agriculturalista* del campo mexicano: ver al campo sólo como proveedor de la ciudad. Para Tannenbaum, en cambio, la comunidad rural mexicana no era un escalón en la pirámide de ascenso social en México, ni las pequeñas localidades eran colonias de productores agrícolas domiciliados ayer para producir hoy alimentos y emigrar mañana. Habían estado allí, en el mismo lugar, por siglos, y su vocación era permanecer allí, en el mismo lugar, por siglos. Su cultura era mucho más que agricultura: «La cultura peculiar de la "localidad" comprende costumbres familiares y matrimoniales, régimen municipal, jerarquías sociales especiales, festividades, Iglesia y organización religiosa, creencias, supersticiones y tabúes, artes particulares, cantos, danzas y música. Así ha sido siempre».[150]

El equilibrio de estas localidades había sido trastocado por primera vez en el porfirismo. Tannenbaum concebía la Revolución mexicana como un movimiento conservador y espontáneo de estos pueblos para recobrar sus tierras y defender sus formas de vida. La buena política revolucionaria había entendido este mensaje y en un principio se había volcado al campo para proveerlo de tierra, libertad, alfabeto y enseñanzas prácticas. Lo correcto hubiera sido continuar el empeño: desplegar una labor educativa alrededor de los ejidos, enviar al campo una multitud de extensionistas, proveer animales, herramientas, semillas, medios de transporte baratos. Pero a partir de los años cuarenta, y sobre todo en el régimen de Alemán, el paradigma cambió del campo a la ciudad, de lo agrario a lo agrícola y de allí a lo industrial, provocando la decepción del filósofo social, amigo de México.

Mexico: The Struggle for Peace and Bread aportaba una visión integral de México: su pasado, presente y futuro. Sus capítulos históricos y su recuento de la Revolución mexicana reafirmaban las tesis de *Peace by Revolution*, pero introducían el desconcertante elemento político que había faltado en aquel libro, demasiado optimismo. Un solo ejemplo: en 1933 Tannenbaum confiaba en la democracia social del movimiento obrero y campesino. En 1950 veía en ambos poderes oficialistas una representación de los antiguos estamentos coloniales regidos paternalmente por la Corona. Pero su tesis principal, resumida por Cosío Villegas, era más dolorosa: México había «errado el camino», y en la situación actual «no puede jugar con éxito la carta del grande, del fuerte, del rumboso, sino la del alerta, del modesto, del equilibrado; ... jugar aquélla lo ha metido en una ratonera sin salida, y ... aun jugando a la segunda, la salida no es tan ancha ni el camino tan llano».[151]

El problema número uno de México era la división entre los dos Méxicos: el parroquial y el moderno. Por un lado, estaba el país rural,

185

pues la mayor parte de la población vivía en comunidades pequeñas como las que respondieron a la encuesta. De hecho, según el censo de 1950, el 63 por ciento de los mexicanos vivía en comunidades de menos de cien habitantes. Por otro lado, estaba el México que buscaba quemar etapas e industrializarse. ¿Podría lograrlo a la velocidad y con los resultados que se esperaban? Tannenbaum lo dudaba, y su duda irritó al lector mexicano. Casi todo conspiraba, a su juicio, contra el proyecto de crecimiento acelerado por la vía industrial. Dos fuerzas naturales trabajaban calladamente en su contra: la erosión de los suelos y el crecimiento demográfico. México no debía olvidar nunca que era un país pobre, sin agua, con sólo el 15 por ciento de superficie cultivable. El desierto avanzaría inexorablemente, secando un suelo incapaz de mantener a una población que, a fin de siglo, podía alcanzar la cifra de sesenta millones de habitantes. La producción y la productividad del campo, incluso en cultivos como el maíz o el trigo, permanecían estacionarios. La minería daba muestras de agotamiento, mientras que los yacimientos petroleros (exiguos, al parecer) eran incapaces de suplirla como fuentes de divisas. ¿De dónde iba a sacar México los once mil millones de dólares que necesitaba para rehabilitar a los ferrocarriles, levantar su industria petrolera, ampliar considerablemente su red de carreteras, construir obras de riego, aeropuertos, puertos, para mejorar la salubridad? Sólo podía sacarlos de la inversión extranjera, pensaba Tannenbaum, como en el Porfiriato: «... sin ese capital México hubiera continuado siendo un país completamente primitivo». Pero era dudoso que la inversión fluyese en esas proporciones, que fuese bienvenida, o que, aun viniendo, pudiera mantenerse productiva y pagarse a sí misma.

El libro mostraba algunas fallas. Tannenbaum no podía prever el potencial petrolero de México. Acaso su limitación mayor, apenas señalada por los críticos, era su base de datos, extraída casi toda del censo de 1940. Su análisis no daba cuenta del impacto de la política alemanista en varios ámbitos de la economía. Tannenbaum no podía ignorar que la nueva industria, en especial la manufacturera, mostraba índices notables de crecimiento y una apreciable capacidad exportadora. Pero era allí, justamente, adonde apuntaban sus mayores críticas. ¿A qué costo social se industrializaba México? Citaba el caso de la industria textil. Al abrigo de una alta muralla arancelaria, se estaba creando una alianza monopólica de los tres beneficiarios del proyecto alemanista a costa de la mayoría de la población: «Nos encontramos aquí con lo que casi resulta ser una conspiración de unos pocos propietarios, cien mil obreros y unos pocos funcionarios gubernamentales, para proveer a la gran masa de la población de la sencilla indumentaria que con tanta urgencia necesitan, a un costo excesivamente elevado».[152]

La situación no era privativa de los textiles. Una pequeña clase obrera privilegiada que no abarcaba más del 20 por ciento de la población se estaba desarrollando sin conexión alguna con la masa del pueblo. El cuadro, apuntaba Tannenbaum, contenía «todos los elementos de la tragedia, y los líderes sindicales mexicanos no pueden soslayar las consecuencias que van implícitas en este programa». El apoyo integral del gobierno a la industria no lo impresionaba mucho más. Una política industrial que elevaba el costo de la vida para toda una nación en beneficio de una minoría era, por lo menos, dudosa:

«Económicamente, el abismo entre la población urbana y la rural continúa abierto, y acaso el problema es tan serio como era antes, aunque se halla encubierto por el esfuerzo general de reconstrucción del programa revolucionario. Vendrá un día, sin embargo, en que la Revolución estará superada y el cisma interno se revelará con claridad y seguirá siendo tan irremediable en sustancia como antes era».[153]

Lo que el México moderno tenía que ofrecer al México parroquial era muy poco. Excepto los artículos industriales a bajo precio (vestidos, zapatos), la industria no estaba orientada hacia la gran masa de consumidores pobres del campo. ¿No había allí una oportunidad para las máquinas de coser y sus sucedáneos? Tannenbaum lo creía así, y de esa convicción extrajo sus conclusiones definitivas:

«Sería infinitamente mejor para México ... que volviera sus ojos a Suiza o Dinamarca, tomándolos como modelo, más que a Estados Unidos, y tratase de hallar la solución, sobre una base local, parroquial, en miles de pequeñas comunidades, adaptando a ellas todo cuanto la ciencia y la técnica moderna puede ofrecer para así satisfacer las necesidades de una pequeña colectividad, sin hacerlas cada vez más dependientes de un mercado nacional. No constituye ventaja alguna inundar estas pequeñas localidades con productos deficientes, de manufacturas que trabajan a elevado costo, cuando pueden hacer la mayoría de las cosas que necesitan en sus propios pueblos y en los de las cercanías, con sus propias manos, con sus propias técnicas, y hacer productos sólidos, hermosos y útiles. Nada se consigue destruyendo la comunidad rural mexicana. Es la cosa mejor que México posee; allí están su fortaleza y su resistencia. La Revolución probó hasta la saciedad dicho aserto.

»Lo que México necesita es enriquecer sus comunidades locales para lograr una producción agrícola cada vez más amplia, y aumentar la variedad y calidad de los bienes producidos por las artesanías locales, en cantidad suficiente para las necesidades domésticas, y, además, para la exportación. *México necesita realmente una filosofía de cosas pequeñas*».[154]

En el fondo de aquel libro *final* de Tannenbaum, resonaba aquel texto escrito por López Velarde el año de su muerte, pocos meses antes del primer viaje de Tannenbaum por México: ambos recelaban de la patria «pomposa y multimillonaria», ambos predicaban en favor de una patria «menos externa, más modesta y probablemente más preciosa».

De pronto, el amigo se volvió ex amigo. Para los economistas su nombre era tabú. Cuando Tannenbaum vino a México para charlar con sus conocidos en el restaurant típico Tampico, sufrió un desaire generalizado: casi nadie se presentó. En 1956, los estudiantes de derecho de la UNAM lo repudiaron y su revista *El Estudiante* lo tachó de *non grato*. De la derecha, el centro y la izquierda llovieron los anatemas. La suya era una «novela difamante», un texto «demagógico», una obra de «clara estirpe enajenante que nos niega capacidad de ver nuestras propias cosas con la debida perspectiva», un libro escrito desde un «mirador imperialista», una «utopía bucólica ... que nos condena para siempre a vivir en la miseria, en la insalubridad y en la ignorancia, porque la evolución económica del mundo enseña que sólo las naciones que se industrializan llegan a ser ricas, sanas y cultas». Un prestigiado economista de izquierda, Manuel Germán Parra, se tomó el trabajo de escribir un libro para refutar a Tannenbaum. Con innumerables tablas y gráficas, pretendía revertir la tesis estudiando el desarrollo industrial de los Estados Unidos en el siglo XIX. ¿No habían pasado de la economía rural a la industrial, del campo a la ciudad? Las «leyes generales» del desarrollo histórico mostraban que México había tomado la dirección correcta. ¿Iba México a lograr su crecimiento aferrado a sus artes y oficios folclóricos? Y en un párrafo largo y cruel, citando hasta el absurdo decenas de productos artesanales que México podría supuestamente cambiar por productos industriales, Parra preguntaba: «¿Vamos a comprar motores de combustión interna con jícaras de Uruapan?»[155]

Más que una reducción al absurdo de la tesis de Tannenbaum, Parra incurría en un sofisma. Para proveer a los pueblos de los implementos modernos que pudieran hacer más fácil su vida diaria no hacían falta grandes inversiones, sino inversiones pertinentes basadas en una lectura adecuada y respetuosa de la cultura parroquial. Para equipar a sus comunidades locales con máquinas de coser y otros sucedáneos, México no necesitaba volverse una potencia industrial. Por lo demás, Tannenbaum insistía en que sus ideas no significaban una condena del nuevo proyecto industrial, sino una advertencia razonada sobre sus dificultades.

Su mayor defensor abierto fue Daniel Cosío Villegas. Cinco años antes, él mismo había sufrido la condena universal por sostener ideas de alguna manera similares. Desde 1940 consideraba que la riqueza legendaria de México era precisamente eso, una leyenda, y que el país debía optar por un futuro modesto y equilibrado, viviendo a tercias partes de su agricultura, su industria y su minería. El libro de Tannenbaum caía «como bomba en esta atmósfera de optimismo infantil», a pesar de que era

«la historia, después de todo conocida, de cuándo y por qué este país sin ventura ha vagado como alma en pena antes de hallar su camino; por qué lo encontró con la Revolución; y por qué, falto de hombría, abandonó la solución penosa, pero firme y segura, por la brillante y fácil, a pesar de la falsedad que denunciaba a leguas su propio oropel».[156]

En su defensa de Tannenbaum, Cosío Villegas postuló su teoría pendular de la historia de México. Desde su Independencia, el país había buscado afanosamente las dos grandes metas del mundo occidental: libertad política individual y bienestar material general. Incapacitado para alcanzar ambos al mismo tiempo, había alternado los periodos de libertad sin progreso con periodos de progreso sin libertad. En uno y otro caso, la exacerbación de una de las metas había conducido a la Revolución. Sin progreso pero con libertad, la República Restaurada había caído en manos del dictador. Sin libertad pero con progreso, el México porfiriano había estallado en pedazos. La moraleja era clara: el país debía procurar un moderado avance en ambos sentidos, sin dejar que uno prevaleciera sobre otro. Pero, ¿cuál era la situación del país en 1951?

189

La peor imaginable, pensaba Cosío Villegas. Por un lado, México no optaba por la vía del progreso, porque el proyecto alemanista no buscaba el *bienestar material general* sino una variedad restringida y particular: el crecimiento industrial, que privilegiaba –como señalaba atinadamente Tannenbaum– a la triple casta de los funcionarios, los obreros y los empresarios: «Así una tesis fascinadora por su contenido de evidente justicia social se transforma en una tesis económicamente discutible, social y políticamente repugnante». Este agostamiento del proyecto económico entrañaba un peligro grave, pero no tanto como el otro, el peligro moral que a Tannenbaum parecía habérsele escapado y que Cosío Villegas formuló en clarísima alusión al presidente empresario, Miguel Alemán:

«... el tan decantado progreso material y no sólo el minúsculo industrial, es usado como chorro de luz que se arroja a los ojos del pueblo para cegarlo deslumbrándolo, e impedirle así ver sus propias llagas ... ¡sus llagas políticas! Es más, el gobernante cuyo programa es exclusivamente de progreso material, declara que es tan esencial a la dicha del pueblo, que mide y refleja tan esplendorosamente la pujanza de la patria, que, para dárselo, principia por pedir orden, trabajo, disciplina y acaba por exigir acatamiento ciego y servil, la sumisión abyecta de todo el país. Exige más ese gobernante: el reconocimiento de que es obra personal suya todo ese progreso material, hecho, no con el dinero personal del gobernante, sino del país; no con las manos del gobernante, sino con las del obrero mexicano; y a un costo que, de conocerse a ciencia cierta, produciría un vértigo mortal. Exige, pues, que cada una de las obras lleve su nombre propio para que las generaciones futuras lo vean en todas partes, como a Dios».[157]

Ni libertad política individual, ni bienestar material general. Para Frank Tannenbaum y Daniel Cosío Villegas, México había perdido el camino y volvía a vagar como alma en pena. El tiempo, desafortunadamente, les daría en mucho la razón.

IV
Adolfo Ruiz Cortines
El administrador

Adolfo Ruiz Cortines en el tren presidencial, de gira por San Luis Potosí, revista *Tiempo*, 8 de diciembre de 1957.

La ley del péndulo

El primero de diciembre de 1952, día en que cada seis años se verifica el cambio de poderes, la perenne sonrisa de Miguel Alemán desapareció de su rostro. Era costumbre que el presidente entrante recibiera del saliente la banda presidencial, tomara la protesta de rigor y pronunciara su discurso inaugural. En el caso de Obregón a Calles, de Cárdenas a Ávila Camacho, de Ávila Camacho a Alemán, la ceremonia había tenido un carácter cordial: el entrante alababa al saliente y delineaba su programa de gobierno. Pero esta vez el nuevo presidente se salió del libreto: una vez puesta la banda presidencial, pronunció un discurso que por su tono era ya una corrección del triunfalismo alemanista, pero cuya conclusión no dejó lugar a dudas. Señalando repetida y admonitoriamente a Alemán con el dedo, empleó palabras graves: «... no permitiré que se quebranten los principios revolucionarios ni las leyes que nos rigen ... seré inflexible con los servidores públicos que se aparten de la honradez y de la decencia».[1] Algunos testimonios coinciden en que Alemán «odió» desde ese momento «al viejo».[2]

Era la primera, sorprendente señal de que el péndulo del poder oscilaba. Seguirían muchas más. En su gabinete, Ruiz Cortines no llamó de manera exclusiva o preponderante a los jóvenes ni a los universitarios. Lo integró con personas experimentadas, ajenas casi todas al ex presidente, mayores que Alemán, aunque no tan grandes como el propio Ruiz Cortines. A lo largo de la campaña corrían toda clase de chistes en torno a su edad. Se decía que había «escapado de los sarcófagos faraónicos», y cuando acudió a felicitarlo el legendario sargento De la Rosa (pintoresco personaje de ciento doce años, último sobreviviente de la guerra de Intervención), se dijo que «el presidente recibió a uno de sus nietos».[3] Originario de Veracruz, donde el humor es una segunda naturaleza, Ruiz Cortines no se inmutaba:

«... no me eligieron para semental sino para presidente».[4] Lo cierto es que no era particularmente viejo –tenía sesenta y dos años–, pero comparado con «el Cachorro Alemán», que no había cumplido aún los cincuenta, parecía un anciano. Por lo demás, ningún presidente de la Revolución, ni siquiera el viejo prototípico Venustiano Carranza, se había sentado en la venerada «Silla» después de los sesenta años.

Con los amigos –y tenía muchos y buenos, sobre todo entre sus compañeros de dominó en su natal Veracruz– Ruiz Cortines fue implacable. Siguió practicando con ellos su juego favorito, pero les negó puestos, dinero y prebendas, y, llegado el caso, les obligó a hacer verdaderos sacrificios. A uno de los más cercanos, su consejero José Rodríguez Clavería, le pidió que, para trabajar en el gobierno, vendiera las acciones que poseía en varias empresas.[5] A otro viejo compañero que se le acercó en un acto público, le leyó las intenciones y, abriéndole los brazos, le dijo en voz alta: «No te imaginas la necesidad que tenía de un saludo desinteresado. Todos vienen a pedirme algo».[6]

Al día siguiente de anunciar su gabinete, publicó la lista completa y detallada de sus bienes patrimoniales: una casa en la ciudad de México, un rancho en copropiedad con un amigo en Veracruz, unos ahorros más bien modestos, un Lincoln 1948, el coche de su mujer y su mobiliario. El valor total era de treinta y cuatro mil dólares. Acto seguido, exigió que la totalidad de los doscientos cincuenta mil empleados públicos hicieran lo propio, con la clara advertencia de que esas declaraciones patrimoniales se verificarían de inmediato y al finalizar el sexenio. Cuando la Secretaría de Hacienda le envió un cheque de cuatro mil dólares para sus «gastos especiales», Ruiz Cortines lo devolvió argumentando que con su sueldo le bastaba. A principios de 1953 los concesionarios de automóviles quisieron seguir la costumbre de regalar al presidente un coche último modelo, pero Ruiz Cortines declinó la oferta. Su esposa, doña María Izaguirre, tenía un ascendiente enorme sobre él, pero no al grado de persuadirlo para que le permitiera conservar los trescientos regalos que llegaron a su casa en el día de su cumpleaños: la primera dama debió conformarse con los que provenían de los antiguos amigos, ni uno más.[7]

Había algo teatral en ese despliegue de honestidad. ¿Cuándo se había visto, por ejemplo, que un policía de tránsito (de los llamados «mordelones» en México, por ser el símbolo mismo de la pequeña corrupción), parara al chofer del presidente por dar un giro prohibido en *u*? Nunca, pero más allá de su calculada excentricidad, estos actos enviaban un mensaje claro a los burócratas y al público: Ruiz Cortines era el presidente y no toleraría la deshonestidad y el despilfarro.

Al poco tiempo, pasó de los actos simbólicos a los prácticos. Ordenó la suspensión de todos los pagos a los contratistas del gobierno con el objeto de revisar el estado de cada proyecto. En un caso, la Secretaría de Comunicaciones informó que se había recibido una factura por una carretera de ciento veinte kilómetros que sólo existía en esa factura. Ruiz Cortines ordenó que se multase al contratista con el triple del valor que pretendía cobrar. Con los «tanprontistas» del alemanismo fue implacable: de un plumazo acabó con el monopolio de distribución petrolera que tenía Jorge Pasquel y con el de los transportes, que había reportado a su dueño, el ex director del Seguro Social, varios millones de dólares.[8]

Mientras algunos órganos de la prensa se lanzaban sobre el ex presidente Alemán con una saña que jamás exhibieron mientras éste estaba en funciones, Ruiz Cortines trazaba su proyecto de gobierno. No se trataba de corregir el rumbo impuesto por su antecesor, sino de «consolidarlo» en un marco de «honestidad, decencia y moralidad». Alemán no se había equivocado en los fines sino en los medios o, más precisamente, en la forma de usarlos. A sabiendas ya de los treinta y cinco millones de dólares que el régimen de Alemán había girado contra el presupuesto de ingresos de 1953,[9] Ruiz Cortines señaló la existencia de varias obras públicas inauguradas pero inconclusas. «Somos todavía un país muy pobre», dijo en su primer informe de gobierno, el primero de septiembre de 1953, y aportó un alud de datos incómodos: el 42 por ciento de los mexicanos eran analfabetos, diecinueve millones de campesinos vivían al margen del progreso, el 60 por ciento de la población percibía apenas la quinta parte del ingreso nacional, en los últimos diez años la población había aumentado en seis millones de personas, buena parte de las cuales no encontraba más salida que cruzar la frontera como «espaldas mojadas». México necesitaba absorber productivamente a esa población y para ello era imprescindible alimentarla. «Es indispensable que nuestros recursos –tan limitados aún– sean empleados con tanta atingencia y honradez que beneficien a la colectividad y en un plazo lo más corto posible.» Para entonces, Ruiz Cortines había discurrido ya la intervención marginal de una agencia oficial en el mercado de las subsistencias populares, como el frijol y el maíz. Era la forma de ganar la «batalla contra los hambreadores».[10]

Para conjurar la «crisis de México», en 1946 Daniel Cosío Villegas había pedido una depuración de los hombres y una renovación de los principios políticos, sociales, nacionalistas y educativos de la Revolución, que él consideraba abandonados.[11] Frank Tannenbaum predicaba la corrección del modelo industrializador y una vuelta a los principios agrarios que representaba Cárdenas.[12] El presidente Ruiz Cortines no podía convenir con las visiones de aquellos dos profetas. Aunque pertenecía a su generación (de hecho era mayor que ambos, había nacido en diciembre de 1889), políticamente formaba parte de la «Revolución Institucional» y, en consecuencia, no pensaba en la Revolución como un ciclo cerrado o en crisis, menos aún como un programa agotado o muerto. Todo lo contrario: a su juicio, la Revolución estaba tan viva y vigente como en 1910, pero necesitaba, en efecto, una vasta depuración de sus hombres. Nada había en su plan sexenal que significara una rectificación hacia las políticas sociales de los años veinte y treinta, o contradijera los fines propuestos por Alemán. Sólo los hombres y las formas habían fallado.

El primer hombre que había fallado en términos morales era el propio Alemán. Tal vez Ruiz Cortines hubiese podido actuar en contra de él, o ejercer mayor presión legal e incluso penal sobre sus amigos. Prefirió no hacerlo, y con su decisión sentó una nueva norma del sistema político mexicano: los ex presidentes son jurídicamente intocables. Lo que no podía asegurarse era la buena imagen del ex presidente en la opinión pública y la prensa. Con Ruiz Cortines la prensa se sintió libre para servir como válvula de escape a los agravios morales del ciudadano común. Hasta un general del PRI se atrevió a denunciar que Alemán y sus amigos habían drenado al país con ochocientos millones de dólares.

Viajando por Europa con la actriz brasileña Leonora Amar, o cruzando en su yate la bahía de Acapulco, la sonrisa volvió poco a poco al rostro de Alemán. Sabía que todos los ex presidentes pasaban por un purgatorio, y si bien era cierto que un sector de la opinión lo criticaba, en otros ámbitos contaba con gran popularidad. Quizás entendió desde entonces que jamás tendría el único poder específico reservado a los ex presidentes, el del ascendiente moral, que Cárdenas ejercería hasta la muerte. Pero Alemán podía en cambio dedicarse a los negocios y al desarrollo del turismo mexicano que tanto le interesaba. Ruiz Cortines, que le llamaba «el Magistrado», comentaba con sorna: «"El Magistrado" es un turista nato». Nunca se hablaron de «tú», nunca rompieron la barrera del «usted».

En el fondo, poco había cambiado: el sistema político creado por el genio político y empresarial de Miguel Alemán entraba en una segunda etapa, con sus poderes –los subordinados igual que los no (tan) subordinados– cada vez más subordinados. Era sólo un cambio en la cúspide: el creador de la empresa había dejado el sitio al contador de la misma. Pero dada la gran concentración de poder en manos del presidente, las consecuencias prácticas del nuevo estilo fueron varias. Lo cual lleva de la mano a la pregunta: ¿quién era, de dónde había salido Ruiz Cortines?

Custodiando el tesoro

El Tren Olivo que en mayo de 1920 conducía las huestes errantes de Venustiano Carranza hacia Veracruz contenía nada menos que ciento cincuenta millones de pesos oro: el tesoro nacional. Cuando la caravana del antiguo «Primer Jefe» llegó a la estación de Aljibes y don Venustiano tomó el camino de la sierra de Puebla que lo conduciría a la muerte, un joven agregado civil, adscrito con el grado de mayor a las tropas rebeldes de su concuño, el general Jacinto B. Treviño, se hizo cargo de escoltar el tesoro y entregarlo notarialmente al nuevo presidente de México, don Adolfo de la Huerta. Era su tocayo, Adolfo Ruiz Cortines.

Muy «catrín» con su pulcro traje claro de verano y su sombrero de carrete, con aquellos profundos ojos negros y las tupidas cejas que denotaban su ascendencia andaluza, el pintor David Alfaro Siqueiros lo describía como un «embrión de *dandy* porteño».[13] Siendo joven, en los prostíbulos de las calles de Bravo, en Veracruz, se le conocía como «el Faquir»,[14] y en el salón Villa del Mar, donde se bailaba danzón, como «el Cintura Brava».[15] Bueno para la copa sin ser borrachín, bueno para el beisbol sin ser una estrella, su pasión era compartir con tres amigos una mesa en el portal del Diligencias, el café más típico de Veracruz, y pasar las horas absorto en ese curioso juego de la adivinación, el disimulo, la estadística y el azar llamado dominó.

Adolfo no era un hombre de estudios, pero sí de números. Hijo póstumo de Adolfo Ruiz Tejeda, debía sus pocos años de estudio en la escuela Amiga y el Instituto Veracruzano a la protección de su madre, doña María Cortines, a un tío materno que fue como un padre adoptivo, don Gabriel Cotera, y a un circunspecto cura jesuita llamado Jerónimo Díaz, que le enseñó el esmero formal del lenguaje. Impelido a trabajar, dejó la escuela muy joven y aprendió a conciencia la teneduría de libros. Si había un lugar en México donde aquel oficio era útil, ese lugar era Veracruz, el puerto comercial por excelencia. A los quince años, Adolfo ingresó como ayudante de contador en la empresa del español Julián Aragón.

Entre 1912 y 1914 los datos se vuelven borrosos. Las biografías «oficiales» de Ruiz Cortines dicen que viajó a la ciudad de México, donde lo sorprendió la Decena Trágica. A partir de la caída de Madero, se relacionó con el ingeniero Alfredo Robles Domínguez –quien había sido mediador entre Madero y Zapata–, bajo cuyas órdenes entró por la vía civil a la Revolución. Sin embargo, en 1937, cuando su estrella política comenzó a ascender en Veracruz, y, más tarde, en 1952, cuando resultó candidato a la presidencia, surgieron versiones comprometedoras. Se afirmaba que Ruiz Cortines había permanecido en Veracruz, y que hacia 1914 trabajó en la Aduana, al servicio de las tropas norteamericanas. La firma de un tal Adolfo Ruiz C. entre los pagadores que sirvieron a las fuerzas de ocupación provocaría ataques terribles contra su homónimo a lo largo de su vida política.

De lo que no cabe ninguna duda es de que, en 1915, cuando Venustiano Carranza estableció su gobierno en el puerto de Veracruz, Adolfo Ruiz Cortines ingresó como oficial en las filas constitucionalistas al mando del general Jacinto B. Treviño y marchó a combatir a las tropas villistas en la batalla del Ebano, en San Luis Potosí. A los veinticinco años contrajo tifo y se casó casi *in articulo mortis* con su primera mujer, Lucía Carrillo. Este matrimonio estrechó la relación de Adolfo con Treviño, quien estaba casado con la hermana mayor de Lucía. Al lado de su concuño, Ruiz Cortines haría una efímera carre-ra militar-administrativa entre 1915 y 1920.[16]

Sus jefes sucesivos fueron el propio Robles Domínguez, Heriberto Jara y Jacinto B. Treviño; su función principal, la de pagador del ejército con grado de capitán segundo. Aunque vio muy cerca las balas en la batalla del Ébano, su trabajo fue estrictamente contable: «... no estorbaba a los oficiales ni a las soldaderas», recuerda Gonzalo N. Santos, quien combatió en esa misma batalla; «tenía mucho sentido comercial y mucha práctica administrativa ... se sujetaba estrictamente al sueldo que se había impuesto».[17] Su momento de gloria llegó en mayo de 1920: fue la marcha de regreso desde Aljibes a la capital custodiando el tesoro público en el Tren Olivo.

Por el brevísimo tiempo en que Treviño es secretario de Industria y Comercio, su concuño Ruiz ocupa la secretaría particular. Siempre entre papeles, más tarde trabaja en la comisión revisora de hojas de servicio militar, en la oficina de reorganización de los Ferrocarriles Nacionales y en el ayuntamiento del Distrito Federal. Al poco tiempo, se da de baja del ejército y encuentra su ámbito natural, tan natural que permanecerá en él hasta 1935: el naciente Departamento de Estadística Nacional. Un joven maestro recién llegado de Harvard recuerda una escena: «Durante tres meses continuos, y de lunes a viernes, di el curso de estadística, al que asistía con una puntualidad religiosa, sentado en la primera fila y tomando extensas notas, don Adolfo Ruiz Cortines.»[18]

Aquel profesor era Daniel Cosío Villegas. «México necesita suplir con el trabajo tesonero y multiplicado de sus hijos los bienes que la naturaleza le negó», diría Ruiz Cortines en su discurso de toma de posesión en 1952.[19] Acaso sin recordarlo, estaba repitiendo la sombría visión de Cosío Villegas en 1925. El maestro abrigó esperanzas de que su antiguo alumno lo llamara para formar parte del gabinete. No lo hizo, aunque en el último año de gobierno le encomendó una misión que lo volvió una pequeña celebridad internacional: la representación mexicana en el Ecosoc, la Comisión Económica y Social de las Naciones Unidas. Por su parte, Ruiz Cortines aprovechó sus clases al grado de convertirse muy pronto en una de las mayores autoridades mexicanas en estadística.

«Era afecto siempre a citar estadísticas de todo: tal año había tantos automóviles en la ciudad de México y teníamos tantos kilómetros de ferrocarriles ... de todo daba estadísticas», recordaba su amigo Hesiquio Aguilar.[20] A principios de los años treinta, Ruiz Cortines cimentó su prestigio en una Convención Nacional de Migración y con la publicación de varios artículos técnicos en la revista *Crisol*, órgano de expresión del Bloque de Obreros Intelectuales (BOI), fundado en 1922 por el sonorense Juan de Dios Bojórquez.[21] Escritos sin el menor vuelo literario –aunque limpios de retórica–, propuso en ellos tesis que sonaban extrañas para la época pero que el tiempo justificaría con creces: la deseable autonomía política del Departamento de Estadística, la necesidad de descongestionar las grandes ciudades (en tiempos en que el Distrito Federal apenas tenía 1.225.000 habitantes), la importancia de crear una conciencia demográfica en el país. «La tesis de que México debe aumentar su densidad de población, ¿será conveniente?», se preguntaba en mayo de 1932. «No es la cantidad sino la calidad lo que hace a un pueblo o Estado moderno.»[22] Malthusiano sin citar a Malthus y en un país católico donde este tema ha sido casi siempre un tabú, Ruiz Cortines pensaba que el aumento desorientado de la población podría desembocar en «graves perturbaciones sociales».[23] Su ciclo de estadígrafo de tiempo completo concluyó en 1935, cuando el VII Congreso Científico Americano premió su trabajo «Necesidad de una sabia política de población».

A la no muy tierna edad de cuarenta y cinco años comenzó su carrera política. El puesto exigía todas las habilidades: oficial mayor del Departamento del Distrito Federal. Ahí, opina Aguilar, «empezó a desarrollar sus cualidades, sus dotes políticas, que fueron formando su experiencia, una experiencia enorme como yo creo que ningún político de los que han actuado en México en el presente siglo la tuvo».[24] Además de los asuntos administrativos, técnicos y políticos de rigor, en el Departamento del Distrito Federal había que lidiar con 73 organizaciones de burócratas. El encargado de «torear a esos tigres», como él mismo decía, era Ruiz Cortines: «sentencioso en sus expresiones, con un dejo de amargura que manifestaba vistiendo siempre de negro», recordaba un testigo, «todos salíamos satisfechos de las pláticas con don Adolfo, aunque los asuntos quedaran "para estudiarlos", porque el hombre tenía un gran don de gentes».[25] Precisamente en el Departamento del Distrito Federal (del cual dependía el Tribunal Superior de Justicia) conoció y trabó amistad con «el Magistrado» Miguel Alemán.

En 1936, Ruiz Cortines fue el precandidato oficial perdedor para la gubernatura por Veracruz. Al año siguiente contendió con éxito para la diputación por Tuxpan. Cuando el gobernador Alemán pidió licencia para dirigir el Comité pro Ávila Camacho, Ruiz Cortines se encargó de manejar los dineros de la campaña, cosa que hizo con disciplina y honradez. Al poco tiempo se fue a la Secretaría de Gobierno de Veracruz con la encomienda de vigilar los pasos del manirroto gobernador Casas Alemán, y a partir de diciembre de 1940 se desempeñó como oficial mayor de Gobernación, hasta que en abril de 1944 alcanzó la gubernatura de su estado natal. A todas luces se estaba volviendo uno de los administradores públicos más solventes del país.

Comisionado por Ávila Camacho para asistir a la toma de posesión de Ruiz Cortines, Jaime Torres Bodet observó en el personaje rasgos desusados para la época:

«Lo encontré en una sala pequeña, con muros de escasa altura; más despacho que sala y, realmente, más vestíbulo que despacho. Una lámpara eléctrica proyectaba su luz anémica sobre una mesita de pino, barnizada de rojo oscuro, un rimero de libros y una máquina de escribir. Toda la austeridad del personaje [que habría de ser tan célebre] brillaba en aquella sombra».[26]

Como gobernador, Ruiz Cortines administró con discreción y eficiencia. Formó su gabinete con veracruzanos, no como Alemán, que había llamado a universitarios «fuereños». Mediante comisiones creadas *ex profeso*, mantuvo a raya la corrupción y duplicó los fondos fiscales. Había quien le llamaba «el estudiante» porque, en vez de pronunciarse de inmediato sobre los problemas, procuraba hacer que antes se estudiaran,[27] pero en el ámbito político logró que su lema «unidad veracruzana» –homólogo al de Ávila Camacho en el ámbito nacional– se convirtiera en realidad. Su moralidad personal era tan famosa como su afición al dominó, que seguía practicando religiosamente en el portal del Diligencias. Cuando en el hotel de Fortín de las Flores se le ofreció una *suite* de cien pesos, prefirió una recámara simple de veinticinco. La más celebrada y perdurable de sus ideas fue la creación de las juntas de mejoramiento moral, cívico y ciudadano:

«Se le ocurrió que pidiendo la cooperación ciudadana se podían hacer muchas cosas, y comenzó diciéndoles: organícense en juntas de vecinos, en grupos para las obras más urgentes ... el gobierno no puede solo ... cooperen con trabajo, con materiales ... por cada peso que ustedes pongan y administren, el estado coopera con otro peso ... Fue un gran acierto ... en Veracruz las juntas no han desaparecido nunca».[28]

Sus prendas, de por sí poco usuales, parecieron aún más extrañas en el sexenio de Alemán, época en que, a la muerte del primer secretario de Gobernación designado por «el Cachorro» –Héctor Pérez Martínez–, Ruiz Cortines pidió licencia en su estado y ocupó la secretaría. No entró por recomendación de Alemán sino por la de Ávila Camacho, que lo estimaba.[29] Compró una casa en San José Insurgentes, un barrio conservador de clase media; la decoró sin candiles, porcelanas ni tapetes persas, y allí vivió con su segunda mujer. Solía verse a la pareja caminando sola y sin guardias por las calles, conversando con la gente.

El simple hecho de que Ruiz Cortines fuese desde entonces sujeto de incontables anécdotas sobre su sencillez, solvencia y honradez es sintomático de lo extraña que esa conducta parecía en un ambiente público donde la corrupción, el desorden y el despilfarro se daban por descontado. Él era distinto, y procuraba proyectar una imagen inmaculada, quizá porque venía de muy lejos y muy atrás. Había visto partir a Porfirio Díaz y había conocido a Carranza. Había recorrido sin mayores pretensiones, con la mirada atenta y la mayor cautela, el México bronco de los generales empistolados. Quizá por la lentitud con que había construido su carrera política, o por la conciencia de ser un hombre mayor –mayor incluso que Ávila Camacho y Cárdenas–, se habían pronunciado en su carácter los rasgos de un hombre grave: «Serio en el humorismo, sonriente en la seriedad, incrédulo ante el elogio y con la capacidad de discernir ... la rendija –para otros imperceptible– que media siempre entre lo que parece ya cierto y lo que, en efecto, lo es».[30]

Cuando los jóvenes universitarios se arrojaron con voracidad sobre la piñata de la Revolución, Ruiz Cortines, en silencio, reprobaba sus excesos. «Hay que tragarse muchos sapos en esto de la política», comentaba.[31] Desde la penumbra, su táctica fue esperar con humildad y escepticismo a que ocurriera lo inesperado. Y lo inesperado ocurrió. Cuando el dominó de la política le deparó las fichas de un juego perfecto, cuando supo que era el «tapado», reaccionó como era natural: con un par de amigos tomó unos tacos en un expendio del centro y se metió a ver una película en el cine Metropolitan.[32]

El «viejito» sería presidente. No había llegado para innovar sino para afianzar, consolidar y, sobre todo, cuidar un legado histórico del que se sentía depositario. Con métodos de estadígrafo, moral espartana y malicia de jugador de dominó, seguiría repitiendo su instante de gloria en la Revolución: seguiría custodiando el tesoro de la nación. Como dato significativo, en sus giras presidenciales no solía ir en avión o en coche sino en tren, pero no cualquier tren sino aquel mismísimo Tren Olivo que había custodiado en mayo de 1920. Veinte kilómetros por hora era una marcha lenta, pero Ruiz Cortines no tenía prisa: había tardado casi medio siglo en escalar hasta la presidencia, su investidura lo reclamaba y, ventaja adicional, en el compartimiento del tren se podían organizar buenas partidas de dominó.[33]

El inspector y la investidura

«Ahora vamos a la labor de inspector», le dijo varias veces el presidente a Antonio Ortiz Mena (director del Seguro Social), pidiendo que lo acompañase muy temprano a la calle del Factor, sitio donde tradicionalmente se concentraban las panaderías y los expendios de tortillas. A la hora en que los distribuidores comenzaban su venta, el presidente «les caía» de sorpresa, averiguaba los precios y pesaba los productos en una pequeña báscula que guardaba en el coche.

Así verificaba que la relación entre costo, producto y precio fuera la justa.[34]

Cárdenas había entregado tierras como panes, aunque el efecto práctico de la entrega fuera reducir la oferta de pan. Alemán pensaba más en los toros, los puros y los Cadillac que en los panes. Careciendo del temple mesiánico del primero y de la megalomanía del segundo, Ruiz Cortines concebía su trabajo simplemente como el de un buen administrador: poner orden, cuantificar necesidades, establecer prioridades, delegar en personas competentes, llevar seguimiento del proceso, verificar resultados. Su gestión se caracterizó por la atingencia de sus medidas y la sensatez de sus proyectos. Él mismo se describió con su solemnidad característica: «ni caudillo, ni hombre único, ni salvador ni verdugo: servidor».[35]

En 1954, Ruiz Cortines tuvo que pagar la factura de la aceleración económica alemanista: en Semana Santa devaluó el peso de 8,50 a 12,50 por dólar. Era claro que la nueva paridad estaba subvaluada, pero Ruiz Cortines decía que «no quería pasarse el sexenio devaluando».[36] Pensó que se sostendría muchos años y el tiempo no lo desmintió: hasta 1976 no se produciría una nueva devaluación.

En lo que al campo respecta, se preocupó por la producción de alimentos básicos e intensificó selectivamente las obras de irrigación e infraestructura. Tanto o más que Alemán, Ruiz Cortines tenía la convicción de que el reparto agrario por sí mismo no resolvía el problema de la miseria campesina. Conocía los datos estadísticos de primera mano y sabía que quedaban pocas tierras en verdad aprovechables para repartir. Por ello en su sexenio la dotación ejidal se redujo a tres millones y medio de hectáreas. No obstante, cuando se presentó la oportunidad de expropiar un latifundio real, como por ejemplo, el de los herederos de W.R. Hearst en Sonora, lo hizo sin aspavientos; de manera inmediata, pero concertada.[37]

Las escuelas, que solían construirse a la orilla de las carreteras para que el turista comprobara de manera tangible el progreso del país, comenzaron a erigirse en los poblados mismos. Una de sus buenas ideas fue la llamada «marcha al mar». De acuerdo con sus viejas teorías demográficas, una de las ventajas de México estaba en sus dos largos litorales. El país podría redistribuir su pauta de población si lograba desarrollar sus puertos pesqueros, turísticos y de cabotaje. Sus proyectos se fundaban en la experiencia: apreciaba la importancia de los puertos por provenir de uno. También en Veracruz había comprobado la eficacia de los médicos familiares y trató de instituirlos en el Seguro Social. El director de ese instituto recordaba:

«... teníamos que equilibrar el Seguro sin subir las cuotas. Fue la instrucción que me dio don Adolfo. Que no hubiera dispendio del gasto de médico y medicinas, y que hubiera un uso adecuado de los recursos de pensión ... Al mismo tiempo, la instrucción de don Adolfo fue que lleváramos el Seguro a todo el país y además iniciáramos el Seguro Social para campesinos».[38]

Para el trabajo mayúsculo de regente de la ciudad de México, Ruiz Cortines optó por Ernesto P. Uruchurtu, sonorense de gran carácter que de inmediato actuó con eficacia y honestidad: lo mismo reparaba drenajes, tendía nuevas calles y construía mercados, que cerraba burdeles o imponía rígidas normas de moralidad (rayando por momentos en la intolerancia puritana) en centros nocturnos, teatros y publicaciones periódicas. «Palillo» siguió arriesgándose con sus *sketches,* pero, astutamente, el Departamento del Distrito Federal limitaba los horarios y empujaba las carpas fuera del centro de la ciudad. «No conozco un acto de deshonestidad que pudiera atribuírsele», comentaba Uruchurtu muchos años más tarde a propósito de Ruiz Cortines. «En su vida era honesto y, como consecuencia, la administración pública lo fue: el colaborador sigue al jefe.»[39]

Otros capítulos acertados de su administración: el crecimiento de los salarios reales de los trabajadores, el financiamiento de las obras petroleras, logrado con emisiones de bonos y sin contratar deuda externa (al finalizar su sexenio, en 1958, Ruiz Cortines dejó una deuda de sesenta y cuatro millones de dólares); la puesta en marcha de una exitosa campaña nacional para la erradicación del paludismo; la creación de juntas de mejoramiento cívico y moral en todo el país, similares a las veracruzanas; el fomento activo del ahorro nacional desde la niñez; la fundación de un Instituto Mexicano de Vivienda; el establecimiento de una Comisión de Inversiones que aconsejaba sobre la conveniencia y productividad de las mismas. Ninguno de estos proyectos significó un crecimiento desproporcionado del sector público a expensas del privado. Como buen comerciante, Ruiz Cortines tenía una fe axiomática en el mercado, aunque también creía firmemente en la necesidad de evitar los abusos de los comerciantes. Tenía una preocupación especial por el abasto popular, que se reflejó en el apoyo a CEIMSA –antecesora de la Conasupo– y en el combate a quienes especulaban con los productos básicos. Muchos de sus proyectos se truncaron en sexenios posteriores cuando el estilo personal de los presidentes en turno cambió. Pero, en términos generales, la ética de Ruiz Cortines en el ámbito económico privó sobre la de Alemán y Cárdenas en la administración pública de México hasta 1970.

A lo largo del sexenio, la inspección tocó zonas de corrupción o de intereses creados. No encarceló a los corruptos, pero no cesó de acosarlos. Un caso entre varios fue la compañía inmobiliaria que unos militares influyentes habían establecido en la frontera de Baja California. Para esquivar el artículo constitucional que impide poseer propiedades en un margen de 20 a 50 kilómetros en las fronteras, habían recurrido a la figura del fideicomiso, que les daba la posibilidad práctica de vender terrenos por noventa y nueve años. De Cárdenas a Alemán, el fideicomiso fue respetado, pero al llegar Ruiz Cortines la situación cambió, como recuerda su subsecretario de Gobernación, Fernando Román Lugo:

«Era muy desconfiado, don Adolfo. En ese caso me encargó la revisión del decreto. Le fui a decir que eso era inconstitucional ... Que así empezó Texas, le dije yo. Y don Adolfo, que era muy perspicaz, muy ágil, me dijo: "Usted me responde de que se hagan las cosas y ya no quiero saber nada de este asunto" ... Los generales me vinieron a ver, para darle "una vueltecita". "No, yo no sé de vueltas" ... Pues total, pasó el gobierno de don Adolfo, y se ha vuelto a hacer aquello».[40]

Era un «apasionado agarrado», comentaba David Alfaro Siqueiros.[41] «En esto de la "fierrada", Ruiz Cortines era más duro que la cantera de Chiluca», recordaba Gonzalo N. Santos.[42] Discurrió los métodos más ingeniosos para moderar el gasto. En su escritorio había lápices de cuatro colores. A quienes le venían a pedir una ampliación presupuestal los recibía con amabilidad y «palomeaba» la solicitud con un color distinto según el tanto por ciento de descuento que el encargado de egresos tenía que aplicar: si era rojo, la petición se aprobaba al 100 por ciento; si era verde, se reducía al 50 por ciento.[43]

En la tradición burocrática española era lo que se llamaba un consumado «papelista». Sobre su mesa colocaba los asuntos en distintos montones de papeles, según la importancia: los urgentes, los postergables (había quien decía que sólo los movía de lugar indistintamente). Apuntaba todo en una libreta y le dio gusto saber que Abraham Lincoln hacía lo mismo.[44]

En lo económico, el administrador custodiaba el tesoro nacional inspeccionando los dineros, los productos y los servicios que se ofrecían al público consumidor. En lo político, el administrador custodiaba el tesoro nacional respetando y haciendo respetar lo que él llamaba «la investidura presidencial» y, en general, todas las formas de la liturgia cívica. Educado en tiempos porfirianos, Ruiz Cortines participaba, ejercía y promovía, con un fervor anacrónico y desusado, lo que Justo Sierra llamó «la religión de la patria». En su primer informe de gobierno, interrumpido decenas de veces por los «nutridos aplausos» de los miembros del poder legislativo y los representantes de los otros poderes subordinados, que lo ovacionaban de pie, expresó:

«Incesantemente hemos pugnado por infundir en la conciencia cívica el culto permanente a los campeones de nuestra nacionalidad, de nuestras luchas libertarias y de nuestro beneficio colectivo ... Es resolución inquebrantable del gobierno que en todo el país se acreciente dicho culto, al igual que el del símbolo patrio, la bandera nacional».[45]

La resolución tuvo su efecto. Muchos niños de aquella época escuchaban a las diez de la noche cada domingo *La hora nacional.* Aunque había sido instituida durante el cardenismo, en tiempos de Ruiz Cortines adquirió un formato dramático. Con el fondo musical del «Huapango» de José Pablo Moncayo –una de las composiciones más célebres del nacionalismo musical mexicano–, una voz grave se oía a lo lejos: «Soy el pueblo, me gustaría saber». Enseguida se narraban y representaban cuadros históricos, hechos heroicos, vidas ejemplares de los grandes liberales y revolucionarios: Guillermo Prieto interponiendo su cuerpo entre los soldados conservadores y Juárez, exclamando: «¡Alto, los valientes no asesinan!»; Vicente Guerrero rechazando el indulto que a través de su padre le ofrecían los españoles con la frase: «La patria es primero»; el viejo profesor de literatura Erasmo Castellanos Quinto, cruzando la Plaza Mayor en plena Decena Trágica, para dar su clase en la Preparatoria. A las once de la noche, los niños apagaban la radio creyéndose nuevos Cuauhtémoc.

Por formación política y por edad, Ruiz Cortines se fusionó del culto patriótico liberal del siglo XIX con el culto revolucionario del XX: vinculó los dos panteones en uno. De la estirpe temperamental de Juárez y Carranza resultó, según concepto de un alto funcionario del PRI en esos años, «el más grande oficiante del poder que hemos tenido».[46] «En su tiempo», decía su colaborador Gilberto Flores Muñoz, «no hubo más pontífice que él ni más Iglesia que la suya. Ofició a solas.»[47] Ceremonioso en extremo, pocas cosas le gustaban más que escuchar sermones patrios pronunciados por jóvenes oradores o acuñar él mismo frases de bronce, destinadas a la eternidad. ¡Lo que hubiera dado por un apotegma como el de Juárez: «El respeto al derecho ajeno es la paz»! Se tuvo que conformar con frases como: «No siembro por mí, siembro por México», o llamadas al «trabajo fecundo y creador».

Ese mismo priísta recuerda una escena emblemática. Ruiz Cortines visita el estado de Chihuahua. Lo recibe el gobernador Teófilo Borunda. De inmediato le pregunta: ¿dónde está el mausoleo de nuestro padre Hidalgo? (Hidalgo, recuérdese, murió fusilado en Chihuahua.) Ambos acuden al antiguo templo de San Francisco. El presidente exige la presencia de los representantes del poder legislativo, judicial y municipal. Se toma la foto. «Ahora sí», comenta, «vamos a la política.»[48]

Algo similar ocurrió en San Luis Potosí, donde el que mandaba de verdad no era el gobernador sino el eterno cacique Gonzalo N. Santos. Amigo íntimo de Ruiz Cortines desde el remoto 1915 en El Ébano, había esperado inútilmente a que su compadre –que lo era– le diese un puesto. Cuando el Tren Olivo llegó a San Luis, antes de abrir las puertas el presidente indicó: «Primero el gobernador». Su «hermano Gonzalo» tuvo que esperar.[49]

Cuidaba la investidura presidencial hasta en los más pequeños detalles, por ejemplo el lenguaje. Si por excepción –veracruzano malhablado al fin– se le escapaba una mala palabra, de inmediato corregía: «... dicho sea con perdón a la investidura».[50] Su obsesión por las formas de expresión llegaba al grado de tener siempre cerca de sí un diccionario para corregir las imperfecciones gramaticales de sus interlocutores.[51] «Costal de mañas», usaba el lenguaje también como arma diplomática, ya sea para alabar –Santos lo llamaba «tío Coba»– o para desorientar al interlocutor. Su atuendo (traje serio y la famosa corbatita de moño) constituía una función más de la investidura: «Era enemigo desde su juventud de toda ostentación y pecaba de austero», escribe Santos.[52] Pero lo principal era la gravedad que imprimía a su papel. Un testimonio sorprendente en este sentido proviene de uno de sus más enconados enemigos políticos, el líder del sindicato de maestros, Othón Salazar, quien a fines del sexenio, a raíz de una importante huelga de su gremio, sufrió la persecución del régimen:

«La respuesta que dio don Adolfo fue más o menos así: "El gobierno de la República ha hecho todo lo posible por atender las necesidades de los educadores, hemos hecho lo que permite el presupuesto, espero que ustedes sigan en el camino del patriotismo" ... Yo vi en don

Adolfo grandeza personal. A mí me impresionó desde que dejó su despacho para venir a hablar con nosotros. Yo le vi solemnidad en su paso, y a la hora que habló también. Me impresionó el sentido de grandeza personal».[53]

Subordinación (casi) universal

Ruiz Cortines era exigente con el idioma en todos los aspectos de su administración, menos en el principal: el de la verdad política. Mejor dicho, era extremadamente riguroso y hasta elegante en la formulación de la mentira que desde 1946 se había apoderado de la vida política mexicana. En su largo discurso de toma de posesión dijo que el respeto recíproco entre los tres poderes de la Unión y los de los estados, así como el fortalecimiento de la organización municipal, «vigorizarán la vida institucional», pero renglones adelante hablaba de la vida política mexicana calificándola de paraíso terrenal: «... la libertad, la democracia y la Revolución son los ejes de nuestro desenvolvimiento».[54] Allí no había artimañas ni matices lingüísticos que valieran.

En tiempos de Ruiz Cortines el sistema político mexicano vivió su periodo de apogeo. En este sentido, la identidad de propósitos entre «el Magistrado» Alemán y el austero burócrata que lo sucedió era completa y total. Con un añadido paradójico: la honestidad y el severo estilo personal de Ruiz Cortines no sólo contribuían a afianzar su ascendiente moral, sino que volvían aún más sagrada la ya de por sí sacralísima institución presidencial.

El sistema operó con mayor eficacia que en tiempos de Alemán. A su función de maquinaria electoral, el PRI aunó otra, muy acorde con el estilo de don Adolfo: los servicios de retórica oficial. Bastaba oír los discursos del presidente del PRI, el general Gabriel Leyva Velázquez, para comprobarlo. En la II Asamblea Nacional Ordinaria exclamó:

«Señores delegados: muy cerca de aquí, en el Palacio Nacional, está gobernando a la nación un ciudadano ejemplar, un hombre pleno de patriotismo y virtud, el señor presidente de la República don Adolfo Ruiz Cortines ... el Partido de la Revolución proclama con orgullo que el pueblo es su guía, la Constitución su lema y Adolfo Ruiz Cortines su bandera».[55]

Con los poderes reales, el presidente dio una vuelta más a la tuerca. Igual que en el caso de Alemán, en el gabinete de Ruiz Cortines sólo dos puestos de un total de 17 fueron ocupados por militares,[56] pero la proporción del presupuesto destinado al ejército se redujo respectivamente del 9,7 por ciento al 8 por ciento.[57] Algo más debía hacerse, sin embargo, con los «cartuchos quemados», esos viejos generales que habían participado en la Revolución e insistían en que Alemán había traicionado los principios revolucionarios. Una parte de estos militares mantenía una actitud arisca. Tal era el caso de Henríquez Guzmán y sus seguidores (Marcelino García Barragán, Celestino Gasca, Francisco J. Múgica, entre muchos), vinculados en la Federación de Partidos del Pueblo. No conformes con los resultados de la elección de 1952 ni con la represión que habían sufrido, seguían jugando con la idea de un levantamiento. De hecho, en enero de 1954, un supuesto grupo armado henriquista asaltó un cuartel militar en Ciudad Delicias (Chihuahua), lo cual daría pie a que el gobierno decretara la disolución de la Federación. Con estos «cartuchos» no había cuartel. Se les expulsó del PRI, se les relegó con licencia del ejército o se esperó pacientemente su muerte. El henriquismo se desvaneció poco a poco, pero favoreció la radicalización posterior de algunos de sus militantes más jóvenes, como fue el caso del líder agrario de la zona zapatista de Morelos, Rubén Jaramillo.

Otros «cartuchos quemados» se avinieron con gusto a una solución distinta: formar su propio partido político, el Partido Auténtico de la Revolución Mexicana, PARM. Entre sus fundadores, además del ex concuño de Ruiz Cortines, Jacinto B. Treviño, estaba el general Juan Barragán, que años después recordaba el curioso origen de su organización:

«Siendo presidente de la república don Adolfo Ruiz Cortines, este ilustre mandatario concibió la idea de que nos agrupáramos todos los revolucionarios sobrevivientes del movimiento en sus diferentes etapas ... y fuéramos al mismo tiempo testigos de la obra de la Revolución mexicana, vigilantes de su cumplimiento, con la autoridad moral necesaria para en un momento intervenir en su defensa ... tuvimos el honor de que fuera el propio presidente Ruiz Cortines quien nos otorgara el registro».[58]

Se trataba, pues, de un invento del presidente, que acaso pretendía con ello contrapesar la influencia del único militar que desde hacía años contaba con verdadera autoridad moral: Lázaro Cárdenas. Si bien permanecía a cargo de la comisión del Tepalcatepec, y a pesar de su silencio público de esfinge, Cárdenas todavía se erguía como una figura disidente en los márgenes del sistema, pero sin salirse nunca de él. Quizás Ávila Camacho, que murió apaciblemente en 1955, podía haber desarrollado más su propio ascendiente, pero su propio talante reservado y modesto se lo impidió.

Con los diversos caciques que sobrevivían (Bonifacio León en Nuevo León; Leobardo Reynoso en Zacatecas; Dámaso Cárdenas, hermano de Lázaro, en Michoacán; Cándido Aguilar en alguna zona de Veracruz, y, claro está, Gonzalo N. Santos en San Luis Potosí), Ruiz Cortines siguió la pauta de contemporizar sin enfrentarse a ellos. Dichos caciques habían prestado gran apoyo en la campaña presidencial de 1952 frente a los generales «henriquistas». No había razón para combatirlos. De hecho, «los aquietó a todos», recuerda Hesiquio Aguilar, «a todos los atrajo, los tuvo en calma y los hizo colaboradores del gobierno ... los combatió sin rifle, digamos que a sombrerazos».[59] Con respecto a Gonzalo N. Santos, cuando Ruiz Cortines, pese a su antigua lealtad, no le ofreció más que la conflictiva embajada en Guatemala, Santos se indignó; el presidente tuvo que soportar el vendaval de improperios que el cacique le soltó y, según cuenta el propio Santos, finalmente lo mandó a «seguir gobernando su califato en San Luis Potosí».[60]

Los poderes formales lo fueron tanto o más que en la época alemanista. Los diputados de la legislatura 1952-1955 aprobaron 49 proyectos enviados por el Ejecutivo, 29 por unanimidad y 20 por mayoría. En promedio, únicamente el 3 por ciento de los votos fueron en contra de las propuestas del ejecutivo. En la legislatura siguiente (1955-1958) se aprobaron 37 proyectos, 23 por unanimidad y 14 por mayoría relativa. En este caso, el promedio de votos en contra subió al 5 por ciento. La Suprema Corte de Justicia tuvo un comportamiento más digno: amparó al 41 por ciento de los quejosos contra actos del Ejecutivo, si bien estos casos fueron de poca monta.[61]

Los procedimientos de selección de los legisladores adoptaron un tinte decididamente porfiriano. Un nuevo líder de los ferrocarrileros había sucedido, en elecciones democráticas, al «Charro» Díaz de León: era un rielero de cepa, David Vargas Bravo. Al poco tiempo de llegar a su puesto y tras hacer limpia con los pistoleros y adláteres del «Charro», Vargas se entrevistó con el presidente para proporcionarle nombres de ferrocarrileros que podían ser candidatos a diputados. Vargas le dio una lista de diez, pero Ruiz Cortines le dijo: «No, pollito», como se refería a los jóvenes, «no es tan grande el pastel,

Adolfo Ruiz Cortines, revista *Tiempo,* 22 de enero de 1952.

elige cinco». Así llegaron los elegidos por Vargas a las diputaciones federales. En otra ocasión, el presidente le dijo: «Usted va a ser senador por San Luis Potosí». Vargas respondió que, si bien era oriundo de San Luis, había salido a los cinco años y que por tanto nadie lo conocía. Además, no pertenecía al PRI. «Nada de eso es problema», respondió el presidente, «ya se encargará Gonzalo, ya le hablará.» Y así fue: Santos proveyó la documentación requerida. «No hice campaña ni nada», recordaba muchos años después Vargas, «fui senador porque el presidente me nombró y ya.»[62]

Tiempo después, Vargas tuvo una amarga experiencia por tomarse en serio su función de senador. Cuando se discutía la ampliación de sanciones a los accidentes por imprudencia en las vías férreas, defendió a su gremio con tal vehemencia que el líder del Senado –José Rodríguez Clavería– lo llamó a un lado y le dijo: «Ya nos tienes hasta el gorro... O te largas a la chingada o te atienes a las consecuencias». Vargas tuvo que salir de México por algunos años. El «charrismo» volvería al Sindicato Ferrocarrilero en la persona de Samuel Ortega.[63]

Otro caso representativo fue el del líder estudiantil de Jalisco, Carlos Ramírez Ladewig:

«No me lancé yo como diputado ni me lanzó el partido. Me escogió el presidente Ruiz Cortines ... En la Cámara, sin tomar la opinión de los diputados, nos enteramos por la prensa de que "los representantes del pueblo" habíamos señalado como nuestro futuro líder al señor Rosendo Topete Ibáñez ... Con cada nuevo acto en la Cámara, la impresión inicial que tuve acerca de lo que somos los diputados tomó perfiles más claros y precisos. El nombramiento de comisiones, donde los más rebeldes apenas si se atreven a murmurar; la elección de secretarios y la elección de presidente de la Cámara una vez al mes, espectáculo vergonzoso que como martirio chino se repite una y otra vez; los "debates" de la Cámara con una supuesta oposición tan indigna como la imposición, y, por último, las votaciones que acaban con las ilusiones de participación libre que uno pudiera tener, todo termina por sepultarlo a uno en la indignidad».[64]

Con los gobernadores, la pauta siguió siendo la misma que con Alemán: removerlos a discreción. En el primer año de su gobierno, Ruiz Cortines contaba con siete gobernadores «propios» frente a los veintidós de Alemán. El primero en caer fue Tomás Marentes, de Yucatán; en aquella época se sospechaba que la Secretaría de Gobernación no era ajena a los disturbios ocurridos en el estado –insubordinación de la legislatura local, movimientos estudiantiles y protestas de grupos henequeneros–, que culminaron con la caída del gobernador en junio de 1953. Mediante los métodos usuales de la remoción, la desaparición de poderes, la renuncia inducida, los gobernadores alemanistas fueron cediendo uno a uno su lugar a los ruizcortinistas, que a finales del sexenio eran 28 de un total de 29.[65] En instancias extremas, se echaba mano del ejército para inducir el cambio o, como mínimo, se enviaba a un alto funcionario de la Secretaría de Gobernación para que hiciera ver al gobernador la necesidad de su renuncia. Tal fue el caso, en Tabasco, del licenciado Manuel Bartlett, a quien el oficial mayor de Gobernación, el enérgico Gustavo Díaz Ordaz, indujo a dimitir.[66] Los legisladores se avenían con gusto a ser utilizados por el presidente en la danza de los gobernadores. Cuando se logró la caída de Alejandro Gómez Maganda, gobernador de Guerre-ro, el senador Jesús Yurén –uno de los «Cinco Lobitos» de la CTM– declaró: «... ésta es una clarinada para que los gobernadores ... ajusten sus actos a las normas que inequívocamente ha trazado el jefe de la nación».[67]

Ésa era, bien vista, la mejor definición del presidente: el «jefe de la nación». Por eso era el mejor y único elector: «Ruiz Cortines nunca fue partidario de dejar a las bases que decidieran sobre los hombres para los cargos de elección popular. Sostenía que siempre se ve mejor desde arriba para escoger a los hombres y que una objetiva e imparcial auscultación daba siempre con el hombre adecuado».[68]

A la semana de tomar posesión, Ruiz Cortines envió al Congreso la iniciativa por la que se otorgaba el voto universal a las mujeres. Se aprobó, como no podía ser menos, por unanimidad. Pero no dejaba de ser paradójico que el mismo presidente que promovía esa reforma tuviera tan baja opinión de los electores. Cuando una mujer chiapaneca lo increpó preguntándole por qué había designado a Efraín Aranda para gobernar ese estado, Ruiz Cortines respondió: «Porque si los dejo a ustedes elegir se agarran de las greñas».[69]

En su abono, hay que decir que para los llamados «puestos de elección popular» –que, en realidad, eran «puestos de elección presidencial»– Ruiz Cortines no eligió a sus amigos. Una anécdota célebre:

«Tenía un amigo veracruzano con el que se llevaba mucho. Este amigo era medio vaquetón. Un día fue a decirle que quería su apoyo para ser diputado del estado de Veracruz.

»–Eso se tiene que decidir allá en tu pueblo, anda ve y trabaja.

»El amigo replicó:

»–¿Me quieres decir que vaya para allá y trabaje?

»–Así es.

»El amigo pensó que "estaba hecho". Vino la decisión y el PRI local nominó a otro. Días después llegó muy triste a ver a don Adolfo, y cuando éste lo vio entrar, don Adolfo, muy triste también, le abrió los brazos:

»–Dame un abrazo, perdimos».[70]

Los campesinos incorporados orgánicamente al PRI a través de la Confederación Nacional Campesina no tuvieron mayores márgenes de maniobra. Cruelmente, siguieron siendo el «ganado político» del PRI. Cualquier observador objetivo de una gira presidencial lo comprobaba. A la plaza mayor de cada pueblo o ciudad llegaban los campesinos en camiones. Negarse a acudir les podía costar la tierra. Si acudían, se les prometía una torta, un refresco, unos pesos. Se les proveía de mantas o carteles y cuidadosamente se les instruía sobre lo que tenían que gritar cuando el personaje político apareciera en el estrado. (Lo mismo ocurría en el acto de votar: sus votos se llenaban de manera colectiva.) Cuando los oradores pronunciaban sus discursos, se escuchaban loas a la intervención de los campesinos en la Revolución y numerosas menciones a Zapata, cuyos ideales seguían «vigentes» en el PRI, partido que, según sus voceros e ideólogos, era «resultado de nuestras necesidades sociales y económicas» y estaba animado «por ese criterio unitario y rector que ofrece la Revolución mexicana, sostenedora incansable de anhelos libertarios y de justicia social».[71]

La Confederación Nacional Campesina (CNC) apoyó «con místico fervor» las iniciativas rurales del presidente Ruiz Cortines, y a cambio obtuvo algunas concesiones: los poseedores de certificados de inafectabilidad ganadera tuvieron que entregar un porcentaje de sementales a los ejidos, los adeudos de algunos campesinos con el Banco Ejidal fueron condonados, se eliminó a los intermediarios en la venta de productos de los candelilleros, se promovió la electrificación de algunos municipios ejidales y la contratación colectiva en varios ingenios.[72] Era el antiguo método de dar «pan», que surtía efecto en todos los ámbitos políticos del país, pero que en el caso de los campesinos resultaba barato. Su misma dispersión geográfica tornaba innecesaria una inversión mayor. Sólo cuando surgía un auténtico líder campesino, el sistema reaccionaba recurriendo al otro extremo de la fórmula porfiriana: la represión, el «palo». En ese caso estaba el pundonoroso líder Jacinto López, entre cuyas acciones estuvo la invasión de varios latifundios encubiertos legalmente como pequeña propiedad en Sonora, Coahuila, Nayarit, Colima y Baja California. López sufrió varias veces el encarcelamiento, pero su cercanía al Partido Popular de Vicente Lombardo Toledano favoreció el éxito de algunas de sus iniciativas. Por contraste, desde abril de 1954 el líder cañero Rubén Jaramillo se encontraba huyendo en la sierra de Morelos, perseguido por la policía del estado. Francisco Martínez de la Vega, un honrado periodista liberal, escribió: «... los motivos de Jaramillo pueden localizarse en este sistema ya tradicional de "carro completo" ... que permite a los caciques brutales, primitivos y sanguinarios hacer lo que quieren, por espíritu partidista, por complicidad o por defender un principio de autoridad».[73]

El otro gran ámbito corporado, el de los obreros, parecía destinado a seguir las pautas de subordinación. Con una novedad: Ruiz Cortines actuó de inmediato para curar algunas heridas infligidas por Alemán. Los mineros de Nueva Rosita (Coahuila), que en 1951 habían sido despedidos sin miramientos, pudieron integrarse a los trabajos de la presa Lázaro Cárdenas que estaba a cargo del propio general. Tras la devaluación de 1954, la CTM hizo un emplazamiento a huelga general para conseguir el 24 por ciento de aumento en los salarios de sus agremiados. La negativa por parte del gobierno y la industria hubiese llevado a una crisis general, pero el sistema sabía muy bien sus límites y dejó el arreglo de la cuestión en manos de Adolfo López Mateos, el hábil y simpático secretario del Trabajo que en once días resolvió cinco mil emplazamientos a huelga. Los aumentos fluctuaron entre el 10 y el 16 por ciento, y en apariencia todos quedaron contentos, sobre todo el presidente, que acuñó entonces una de sus frases: «México al trabajo fecundo y creador».

A fines del periodo de Alemán, se había creado la Confederación Revolucionaria de Obreros y Campesinos, la CROC, que, dirigida por Luis Gómez Z., vinculaba organizaciones independientes de la CTM. Su formación no minó mayormente el poder de la CTM, que en 1955 llevaría la voz cantante en la integración de un nuevo Bloque de Unidad Obrera (BUO), al cual se adherirían nada menos que sus dos rivales históricas, que para entonces habían visto pasar sus mejores años: la anarquista CGT y la CROM del viejo líder Luis N. Morones.

A juzgar por la incidencia de las huelgas (que se mantuvieron en un nivel anual inferior a las doscientas durante el periodo de 1953 a 1957),[74] parecía el mejor de los mundos posibles. Sólo en algunos ámbitos corporados del sistema empezaban a aparecer notas disonantes. En julio de 1956, el gremio de los maestros se movilizó en todo el país demandando un incremento de salarios. Acaudillada por los líderes Othón Salazar y Encarnación Pérez, la sección IX del Sindicato Nacional de Trabajadores de la Educación tomó una medida que tendría fuertes repercusiones en los terremotos obreros que sacudirían al sistema en el año electoral de 1958: se separó del sindicato regenteado por la CTM.

José Pagés Llergo, aquel periodista que había sido expulsado de la revista *Hoy* por publicar las miradas lascivas del yerno de Alemán, reunió a un buen equipo de periodistas y creó en 1953 una revista destinada a perdurar como su nombre: *Siempre!* Su fórmula era similar a la de la extinta *Presente,* pero más imaginativa. Aparecía cada jueves y congregaba autores de la más diversa y aun opuesta filiación política: desde el líder de izquierda Lombardo Toledano hasta el ex secretario de Instrucción Pública del régimen de Victoriano Huerta, el escritor conservador Nemesio García Naranjo. Muchos de sus colaboradores habían participado en la campaña presidencial de Vasconcelos en 1929; entre ellos, Alejandro Gómez Arias destacó por su apoyo. En un país ajeno a la discusión política abierta, *Siempre!* hizo el pequeño milagro de constituirse en una especie de plaza pública donde cada autor exponía su punto de vista sobre los hechos políticos del momento.

El ensayista Gabriel Zaid tenía diecinueve años cuando los primeros números de *Siempre!* llegaron a su natal Monterrey: «Recuerdo la irritación de un amigo: "¡Qué se pongan de acuerdo! No puede ser que en cada vuelta de hoja haya opiniones tan opuestas". Me llamó la atención el comentario, porque nunca había visto ese criterio implícito de unidad, hasta entonces, [criterio] que *Siempre!* ... rompía y mi amigo lo hacía explícito».[75]

La diversidad fue un criterio que imperó desde el primer número: «En la derecha tradicionalista, en el centro que aspira al equilibrio moderado, en la izquierda impaciente y apasionada, vive y alienta el pensamiento mexicano».[76] *Siempre!* se leía en muchos sitios, pero había uno donde se volvió lectura obligada: las peluquerías. En México no había discusión pública abierta, y por ello personajes como los peluqueros o los ruleteros (llamados «libres») eran los únicos que podían hablar con todos los estratos y comportarse como ciudadanos cabales. *Siempre!* fue el vehículo de la pluralidad.

En *Siempre!* se leyeron las invectivas más feroces y fundamentadas contra el despilfarro y la corrupción alemanista: «El alemanismo es la apoteosis, la cumbre de la burocracia ... es una fórmula práctica para utilizar los recursos del poder en beneficio de un grupo», escribió Martínez de la Vega.[77] «¿No es posible que entre treinta millones de mexicanos haya algunos que piensen que se llegó en el lujo y en el derroche a la insolencia, que hubo fortunas súbitas, ostentación sin límites, abusos, cursilería, rapiñas?», apuntó Rafael Solana.[78] Frente al régimen de Ruiz Cortines, *Siempre!* tuvo una actitud de apoyo moderado, como en el caso de la devaluación de 1954, que el editorial de la revista vio como «el pago de cuentas de la etapa alegre y de febril derroche que se proclamó como prosperidad».[79] Al sobrevenir los conflictos obreros de 1958, el apoyo se confirmó: con todo su bien ganado prestigio, la línea editorial de *Siempre!* tomó el partido de la empresa y del presidente y criticó «la insolente, radical actitud de los trabajadores». En el fondo, seguía operando el primer mandamiento de la prensa mexicana, acuñado en tiempos de Alemán: «... no tocarás ni al presidente de la República ni a la Virgen de Guadalupe».

Las procesiones en honor de la Virgen de Guadalupe se sucedían de manera cada vez más libre y creciente. La mismísima primera dama encabezaba el patronato de ayuda a las obras de la Basílica de Guadalupe y sin mayor problema aceptó posar en la inauguración de la corona colocada en el pórtico de la Basílica, donde se leía la tradicional inscripción del papa Benedicto XIV sobre la Patrona de México: «No hizo igual con ninguna otra nación».

La Iglesia católica seguía su larga marcha en la recuperación del tiempo perdido: construía nuevos templos y en sus escuelas acogía contingentes cada vez más decididos de la clase media y alta. Cuando un inspector de la Secretaría de Educación visitaba por esos años un aula de un colegio confesional, descubría invariablemente la imagen del santo mayor del panteón laico de México: Benito Juárez. Acto seguido, cuando el inspector salía, la maestra quitaba la imagen de aquel hereje, colocaba la del Sagrado Corazón de Jesús, y explicaba a sus fieles discípulas cómo el tal «don Burrito» Juárez se asaba en los infiernos.

Interpelado alguna vez por su antiguo jefe Treviño sobre la que éste consideraba escandalosa influencia del clero en la vida pública, Ruiz Cortines le respondió con palabras que don Porfirio hubiera hecho suyas: «... en las próximas elecciones el clero nos va a ayudar ... además, no sacarán candidato para la presidencia».[80]

Nota de color: el día de las elecciones de 1958, una peregrinación de fieles que se dirigía a la Basílica de la Virgen de Guadalupe fue desviada para votar en un grupo de casillas particularmente conflictivas cercanas a esa zona. Por lo visto, en tiempos de Ruiz Cortines hasta la Virgen simpatizaba con el PRI.[81]

Los otros pequeños poderes no (tan) subordinados estuvieron muy cerca de la domesticación. Los empresarios seguían de luna de miel con el régimen. Por su parte, aunque no ocupaban todos los altos puestos en el gabinete presidencial, los universitarios seguían escalando la pirámide burocrática que partía de la Ciudad Universitaria y llegaba a las altas estribaciones de la burocracia. Los intelectuales, como de costumbre, siguieron integrados al mundo oficial, ya sea en secretarías como la de Educación o Relaciones, ya en el Departamento de Bellas Artes, ya en instituciones como la Universidad y El Colegio de México. Los viejos de la generación de 1915, como Bassols y Cosío Villegas, seguían manteniendo puntos de vista críticos con respecto al rumbo político y social del país; sin embargo, el hecho de que ambos hubiesen aceptado encomiendas oficiales (el primero, fugazmente, de asesor, al principio del régimen; el segundo en el Ecosoc) era un síntoma del adormecimiento político general. Hasta los aguerridos muralistas –Diego Rivera y David Alfaro Siqueiros– se habían aquietado: el primero pintaba retratos de las damas más ricas de México, el segundo pintaba murales históricos en el recinto oficial del castillo de Chapultepec.

Los estudiantes ocasionaban de vez en cuando algún «borlote». En 1956, el Instituto Politécnico Nacional tuvo un problema con la administración de los dormitorios. Ruiz Cortines tomó cartas en el asunto y llegó al extremo de ordenar la intervención del ejército para desbaratar aquel «germen de disolución». Lo cierto es que, a todo lo largo del sexenio ruizcortinista, el ánimo estudiantil fue más bien festivo. La gran rivalidad estudiantil seguía siendo deportiva, con los «clásicos» de futbol americano Poli-Universidad. Por lo demás, las puertas del PRI estaban siempre abiertas para los jóvenes que quisieran «servir a la patria».

En 1958, los estudiantes protestaron por el alza del transporte público. Un testigo de calidad fue Carlos Monsiváis:

«... se integró la Gran Comisión y se decomisaron los autobuses suficientes para convertir a la Ciudad Universitaria en un cementerio impresionante ... los estudiantes cuidaban celosamente la C.U., formaban patrullas y brigadas ... veían el nacimiento de un gobierno juvenil que desde el Pedregal dispensaría justicia en un país corrupto ... En verdad, el carácter del movimiento era esencialmente lúdico. Las manifestaciones eran enormes y vociferaban y participaban los maestros y los sindicatos».[82]

Aquel movimiento estudiantil tuvo un final digno de la apacible época en que se inscribía: la comisión se entrevistó con el presidente, que los amonestó con su proverbial gravedad. En respuesta, los estudiantes no reaccionaron como los «rebeldes sin causa» que parecían. Al contrario: dedicaron una «goya» en su honor.

En los años cincuenta, el PAN dio un viraje notorio hacia posiciones que lo acercaban aún más a la Iglesia. Gómez Morín seguía siendo su líder moral, pero ya no su presidente. En 1956 el cargo lo ocupó Alfonso Ituarte, antiguo miembro de la Asociación Católica de la Juventud Mexicana, cuyas posiciones prevalecieron sobre el ala civil del partido, representada por hombres más afines a Gómez Morín, como Adolfo Christlieb Ibarrola. Incapaz de conseguir el respaldo de los empresarios mexicanos que apoyaban sin gran reticencia al sistema, el PAN gravitaba hacia la derecha cediendo posiciones a personas que no distinguían la actividad religiosa de la política o que, más bien, supeditaban la segunda a la primera buscando la salvación del alma. Christlieb los bautizó como «el grupo de piadosos», «meadores de agua bendita», frases crueles que, sin embargo, probaban la pluralidad interna del partido.[83]

En las elecciones a diputados de 1955, el PAN sólo obtuvo el 8 por ciento del total de votos en el país. En la ciudad de México la proporción fue mucho mayor: llegó al 43 por ciento.[84] Un año más tarde, en Ciudad Juárez tuvo lugar una controvertida elección. Contendían, por el PAN, Alfonso Arronte y, por el PRI, René Mascareñas. Con la anulación de los resultados de una casilla en la que el PAN tenía una ventaja de 1.200 votos, se logró el triunfo del candidato del PRI. Ante las imputaciones de fraude que hizo el PAN en Ciudad Juárez, Ruiz Cortines comentó: «... jamás permitiré que una ciudad con ese nombre esté en manos de la reacción».[85]

No todos los empresarios se subían al barco de la Revolución. Precisamente en Chihuahua, la tierra de Gómez Morín, un empresario textil nacido en 1919, liberal, preocupado por los problemas sociales, insobornable y quijotesco, llamado Luis H. Álvarez, ingresó en esos años en el PAN. Había dirigido la Cámara de Comercio y la Asociación Cívica de Ciudad Juárez, y en 1956 lanzó su candidatura para gobernador. Para sorpresa del candidato oficial y del sistema, Álvarez alcanzó un alto número de votos y, a raíz de los consabidos fraudes, discurrió la idea de marchar hacia la capital del país encabezando una caravana de protesta. Fue, de hecho, su precampaña presidencial, porque en 1957 Álvarez resultó candidato opositor a la presidencia.

En 1958, Álvarez sufrió amenazas de muerte y atentados contra su vida. *La Nación* –el órgano informativo del PAN– calificó los comicios de «gigantesca maniobra del gobierno», en la que reaparecieron los ya tradicionales métodos del PRI: electores con varias credenciales agotando en unas cuantas horas las boletas disponibles en las casillas, brigadas de «turistas» votando de casilla en casilla, reparto de credenciales el día de la elección, clausura de casillas sin previo aviso y apertura en lugares inhóspitos, casillas donde se vota sin credencial, expulsión de representantes de la oposición en las casillas, brigadas de choque de la CROC que atemorizan a los votantes...[86]

En el nuevo Congreso instalado en septiembre de 1958, los líderes priístas se declaraban tolerantes hacia «los llamados partidos de oposición», entes que no querían mencionar siquiera por sus siglas o su nombre, en especial el PAN, al cual consideraban un partido «débil», «minoritario», «sin líderes», «desvinculado de las grandes masas», «sin programa», ni «conocimiento de la realidad nacional», «conservador» caracterizado por «cierta vanidad y cierto señoritismo». Imposible compararlo con el PRI, el partido de la «mística patriótica», que no sólo había adquirido «flexibilidad» sino que ahora hasta «admitía la labor opositora».[87]

En las elecciones de 1958, el sistema concedió graciosamente al PAN seis diputaciones. La asamblea del partido decidió que los seis diputados se abstuvieran de integrarse al Congreso. Christlieb escribió: «Acción Nacional no vende su primogenitura temporal y moral en la política mexicana por el mísero plato de lentejas de unas dietas congresionales».[88] Sin embargo, cuatro de los seis diputados se negaron a renunciar a sus curules y fueron expulsados del partido, que vivió un momento de desánimo. Era difícil luchar contra el sistema, sobre todo contra un presidente como Ruiz Cortines que, aunque inmaculado en lo personal, defendía el sistema como si fuera un nuevo «tren olivo» de la política nacional. Además, el viejo abrigaba por el PAN un desprecio que rayaba en burla: llamaba a sus partidarios «místicos del voto».[89]

Abajo los charros

La noche del 28 de julio de 1957, un violento terremoto sacudió la ciudad de México y derribó el símbolo mismo de la patria: el dorado Ángel de la Independencia. Los incrédulos ciudadanos recorrieron el Paseo de la Reforma para ver los pedazos desperdigados en el asfalto. Un año después sobrevino otro terremoto, no telúrico sino sindical, el primero que pondría a prueba la fortaleza de ese edificio hecho para la eternidad llamado sistema político mexicano.

En abril de 1958, el gobierno reprimió violentamente una manifestación del Movimiento Revolucionario del Magisterio (MRM). Al poco tiempo, además del «relajo contestatario» de los estudiantes, tuvo que enfrentar otros movimientos sindicales: electricistas, telegrafistas, petroleros y, el más poderoso de todos, el ferrocarrilero. La pauta en varios casos fue la misma: ante las manifestaciones obreras que cruzaban las calles de la ciudad y llegaban al Zócalo, el gobierno recurría a los «granaderos», las fuerzas policiacas que las disolvían a golpes de macana.

¿Por qué la conjunción de movimientos en 1958? La razón era clara: porque el sistema tenía una falla política de origen localizada justamente en el sexto año de gobierno. Una vez «destapado» el sucesor, en plena campaña presidencial y antes del primer domingo de julio en que se llevan a cabo las elecciones, el presidente saliente asistía a la disminución ineluctable de su poder frente al poder creciente –pero aún no absoluto– del hombre que lo sucedería. En esa zona gris del calendario político mexicano, aunque el entrante y el saliente fueran los mejores amigos, se vivía una situación confusa, una especie de diarquía que podía favorecer el reacomodo de otros poderes ávidos de ganar posiciones para el sexenio siguiente. Esto lo entendieron varios líderes sindicales y actuaron en consecuencia. Sabían que Ruiz Cortines no querría arriesgar su imagen histórica echando a perder un sexenio casi incruento con una represión mayor de última hora. Sabían también que el próximo presidente, el secretario de Trabajo Adolfo López Mateos, carecía aún legalmente del poder ejecutivo para tomar decisiones. En ese intersticio actuaron, y lo hicieron con eficacia. Sus respectivos movimientos no terminarían con porras al presidente.

El maestro Othón Salazar, líder de la fracción disidente del magisterio, recordaba muchos años más tarde el avance «terrible» del «charrismo» en la época de Ruiz Cortines:

«El "charrismo" creado por Miguel Alemán se convirtió con el tiempo en estructura del Estado ... Como los sindicatos pasaron a ser entidades controladas y dirigidas por el gobierno, entonces los sindicatos, sus líderes, dejaron de representar los intereses de los trabajadores y dejaron por lo tanto de defender los intereses de los miembros de los sindicatos».[90]

Salazar, que reconocía la «grandeza personal» de Ruiz Cortines, no afirmaba que en aquella época el país viviese un régimen de opresión sindical, pero las «estructuras "charras"» impuestas por el régimen, «con la ayuda del ejército y los tribunales y con el dinero de la burocracia», justificaban con creces el intento de introducir márgenes de independencia en la viciada relación entre los obreros y el gobierno.

El primero de septiembre de 1958, día de su último informe de gobierno, Ruiz Cortines se enfrentaba a la insurgencia obrera en varios frentes, sobre todo el de la enseñanza y el ferrocarrilero. A tres meses de dejar la presidencia, señalaba que el gobierno haría uso de su «máxima energía» contra los trabajadores que en sus protestas alterasen el orden público. Cinco días más tarde cumplía su advertencia en la persona de Salazar:

«Nosotros fuimos detenidos el día 6 por la mañana, cuando nuestros compañeros se encontraban en el monumento a la Revolución. En el caso mío, la policía judicial llegó a apresarme a mi casa. Fingieron que eran padres de familia; cuando vieron que eso no resultaba aventaron la puerta atropellando a mis hijos, a mi familia. Se metieron hasta donde yo estaba y en camisa fui detenido, llevado durante cuatro días, sin que nadie supiera de mí. Yo mismo no sabía donde estaba, porque me llevaban vendado de los ojos. Fue entonces cuando yo recibí un trato de prepotencia, de humillación, de la policía y los judiciales, y fue entonces cuando experimenté el simulacro de que uno va a morir. Pero yo traía muchas reservas interiores, mis maestros me habían formado un interior que me protegía contra el miedo y aun cuando la muerte impone, yo me hacía a la idea de que las lecciones que recibí del maestro Modesto Sánchez me ayudaban a recordar a los grandes hombres de México, que no temblaron cuando su vida estaba en peligro. Mientras tanto, la batalla campal cubría el monumento a la Revolución, Buenavista, la Alameda, y de ahí a los cuatro días en los cuales sólo comí dos bolillos y dos vasos de agua. Entonces recorrimos las caballerizas hasta que me dijo uno de los agentes, que sería el más inhumano: "Prepárese, maestro, y sepa lo que le espera". Me llevaban a presentarme a la Procuraduría. Todavía fui encerrado en un cuartito, pero con esperanza de vivir».[91]

Salazar saldría de la cárcel y volvería a entrar: «... en las siete veces que yo caí en prisión jamás hubo golpes. Lo único que hubo es tortura psicológica». Años atrás, su sección había sido –en sus palabras– «una isla democrática en la mar de sindicalismo "charro"», pero en 1958 su movimiento se convirtió en el centro de donde emanaban las luchas sindicales independientes. «El gobierno estaba muy preocupado ... porque el Movimiento Revolucionario del Magisterio había alentado al movimiento ferrocarrilero.»[92]

La operación política y represiva con respecto al sindicato de maestros estuvo dirigida desde un principio por el secretario de Educación. La responsabilidad directa pasó a la Secretaría de Gobernación, y en particular al hombre que desde su llegada a ese ministerio había mostrado dotes supremas para actuar con resolución y «sin considerandos». No era, por cierto, el débil ministro Ángel Carvajal, ni su subsecretario, Román Lugo. Era un político entre oaxaqueño y poblano, formado en la dura escuela de Maximino Ávila Camacho. Le decían «el jefe Chiringas» (por aquello de «Si te mueves, te chingas»).[93] Se trataba del licenciado Gustavo Díaz Ordaz, el oficial mayor de la secretaría, para quien Ruiz Cortines era «el maestro», con una diferencia esencial: el viejo decía que «en política, la línea más corta entre dos puntos es la curva».[94] Su discípulo tenía otra idea: «En política, la mejor línea es la línea dura».[95]

A las malas condiciones salariales y las exiguas prestaciones que los ciento diez mil obreros de los ferrocarriles padecían, a diferencia de los principales grupos obreros del país, se sumaba el agravio de que eran ellos quienes debían tolerar al sindicato «charro» por excelencia, el que provenía del golpe de 1948. Aunque el «Charro» Díaz de León no se hallaba ya al frente del sindicato, sus sucesores cargaban, hasta cierto punto, con el estigma de la ilegitimidad. En 1958, los dos grupos golpeados por la imposición de Díaz de León interpretaron la coyuntura como una oportunidad de lograr mejores percepciones para los trabajadores del riel y revertir el agravio de 1948.

Eran los independientes, reunidos en el llamado «grupo Hidalgo 96» de Gómez Z., y los de izquierda, que gravitaban alrededor del Partido Comunista, el Popular y el Partido Obrero y Campesino (creado por disidentes del PC como Valentín Campa y Hernán Laborde).

En la gerencia de Ferrocarriles Nacionales, Ruiz Cortines había puesto a un veracruzano inflexible, ordenado, corajudo, disciplinado y disciplinario, dispuesto a lograr a toda costa la modernización de la empresa: Roberto Amorós. Según Antonio Ortiz Mena, Amorós era un «prusiano» que solía quedarse a dormir en las oficinas y cuya rigidez «abrió paso a Vallejo».[96] Frente a él, en el extremo opuesto del espectro político, surgió el líder obrero Demetrio Vallejo. Nacido en 1910 en El Espinal, un pueblo de Tehuantepec (Oaxaca), Vallejo había contribuido en Veracruz a la formación del Sindicato Petrolero y a la Federación de Trabajo de la región del sur. Este sindicalista de la estirpe (y el estado) de los Flores Magón, miembro del sindicato ferrocarrilero desde 1934, formó parte en 1958 de una comisión disidente que se resolvió a exigir mejoras en las prestaciones y un aumento del salario muy superior a los 200 pesos que pedía el sindicato «charro» y a los 180 que estaba dispuesto a conceder Amorós: exigía 350 pesos mensuales.

A principios de junio de 1958, Vallejo presionó a la empresa convocando paros de dos horas en el sistema ferroviario del país. En términos generales, los trabajadores respondieron a su llamado, mostrando su repudio a la representación sindical «charra». El 26 de junio, en una asamblea, uno de los oradores se atrevió a pronunciar palabras mayores y a revelar de paso que los fines del movimiento rebasaban las demandas salariales y de prestaciones: «Ya no queremos líderes, los líderes son inútiles pues ya no luchan por mejorar la situación de los trabajadores, sino para alcanzar intereses bastardos, diputaciones y senadurías ... los líderes son traidores al movimiento obrero proletario ... Fidel Velázquez ... es el más grande entreguista de la causa de los trabajadores».[97] Ese mismo día, empezaron a llegar informes sobre la revocación de comités ejecutivos en diez secciones del sindicato en el país.

Faltaban unos cuantos días para «la grande», la elección presidencial de 1958. Era fundamental que el país estuviera en paz. La comisión –que había desplazado de hecho al sindicato– había bajado la cifra mágica a 250 pesos, pero los paros continuaban: ahora eran de ocho horas. El 30 de junio, el presidente Ruiz Cortines intervino. Salomónicamente logró que los ferrocarrileros aceptaran la media entre su oferta original y la de los obreros: 215 pesos. Las elecciones se llevaron a cabo en calma. «Por lo que respecta a los intereses nacionales», apuntaba *Siempre!*, «causa una profunda satisfacción que al amparo del señor presidente se haya levantado la suspensión de los servicios ferroviarios que tan grave perjuicio venía causando al país.»[98] Con ésta era la tercera vez, en los últimos meses, que el presidente Ruiz Cortines intervenía con su autoridad moral para poner fin a graves situaciones.

Como consecuencia natural del triunfo, la comisión forzó la realización de elecciones para remover al comité «charro»: «... seguiría en pie de lucha hasta lograr la auténtica depuración sindical».[99] Los obreros desfilaban en las calles con simulacros de ataúdes de Samuel Ortega, el líder del sindicato que había sido postulado para la senaduría por Tlaxcala. En agosto, al tiempo que la iniciativa privada exigía la intervención de la fuerza pública y la prensa reprobaba los paros, el gobierno se decidió a repetir la maniobra realizada por Alemán con los petroleros en diciembre de 1946: envió al ejército a ocupar las instalaciones, arrestó a más de doscientos ferrocarrileros, y dio a conocer un supuesto documento subversivo, hallado en el local de la sección 17, en el cual se hablaba de un gran pacto obrero entre ferrocarrileros y maestros, telegrafistas y petroleros. Para «acabar con el espinoso asunto», comentaba la página editorial de *Siempre!*, se había requerido la «intervención enérgica de las autoridades».[100] Con el objeto de dejarle a Vallejo una salida para negociar con él sobre presión, el gobierno no tocó a este líder, quien de inmediato se sentó a la mesa con Amorós.

Con el apoyo de los grupos agraviados desde 1948 –incluido el de Gómez Z.–, Vallejo negoció con más fuerza de la que imaginaba el gobierno y logró que la empresa concediera la celebración de elecciones sindicales para las cuales él mismo contendería como candidato a la secretaría general. Éstas se llevaron a cabo limpiamente y dieron el triunfo a Vallejo por un margen superior al 50 por ciento.

El 27 de agosto tomó posesión el nuevo comité ejecutivo. «Este sindicato será apolítico, absolutamente apolítico», declaró Vallejo, explicando que los trabajadores quedarían libres para pertenecer al partido que eligiesen.[101] Parecía el presagio de una auténtica democracia sindical, pero la actitud que inmediatamente adoptó con respecto a sus antiguos aliados dejaba traslucir algo distinto: Vallejo confirmó la cláusula de exclusión aplicada contra el grupo Hidalgo 96 en 1948. Paralelamente, algunas secciones denunciaban la práctica de «salvajes purgas llevadas a cabo contra los colegas que no habían secundado los paros».[102] La Junta de Conciliación y Arbitraje recibió demandas contra Vallejo por despido injustificado de empleados. Para Gómez Z., la vinculación del movimiento vallejista al Partido Comunista, al Partido Obrero Campesino y al Popular no dejaba lugar a dudas. Se trataba de un movimiento «absolutamente político ... tenían la absurda pretensión de convertir todo el sindicato en partido comunista».[103]

Una de las primeras medidas de Vallejo consistió en separar al sindicato ferrocarrilero del Bloque de Unidad Obrera, el BUO. Era un precedente peligrosísimo para Fidel Velázquez, un paso que podría derivar en una nueva estampida de sindicatos de la CTM, parecida a la de 1947. Significativamente, a todo lo largo del conflicto, los sindicatos de la industria privada permanecían bajo el control del sistema, quizá porque gozaban de salarios y prestaciones incomparablemente mejores que los del sector público, escenario de la insurgencia sindical. Estaba claro que el gobierno del «agarrado» Ruiz Cortines había llevado a extremos el ahorro presupuestal. En todo caso, Fidel Velázquez no esperó más y, con su acostumbrada malicia, pasó al ataque: «más papista que el Papa», como reza el refrán, pidió un aumento de 25 por ciento general para los sindicatos de la CTM, y dio un giro ideológico a la izquierda. De pronto, declaró que la justicia social era «un mito en México»: en ningún país del mundo la distribución de la riqueza era «tan injusta como en el nuestro»; las utilidades de sólo veinticinco empresas eran «superiores a todo el presupuesto federal»; todos los controles de precios eran «absolutamente ineficaces».[104] El gobierno, a su vez, concedió un aumento salarial. Había que llegar en paz al primero de diciembre, día de la toma de posesión del nuevo *tlatoani*. Acosado por las escisiones internas y por una prensa hostil, que lo veía como peón de una «conjura roja»,[105] Vallejo se avino a suspender su política de paros y a aceptar las condiciones salariales propuestas por la empresa, en espera de «calar» al nuevo presidente y avanzar hacia un sindicalismo diferente del impuesto por el sistema. La pregunta era: ¿un sindicalismo independiente o un sindicalismo partidario de izquierda?

Viraje hacia la izquierda

En 1954, la cadena de periódicos García Valseca voceaba el comienzo de una campaña de desprestigio contra Cárdenas: «Tepalcatepec, barril sin fondo». Al poco tiempo, un cura del pueblo de Arteaga, enclavado en la zona, salió en defensa del «Tata»:

«Sin que don Lázaro tenga necesidad de trabajar, sudando a chorros, materialmente, bajo el sol abrasador y agobiante del plan de la Tierra Caliente o en la abrumadora temperatura de las orillas del Balsas o en el aplastante calor del Bajío, yo lo he visto, yo lo he acompañado, casi a regañadientes, por la tortura del clima y por las graves molestias de tanto bicho, atender, con franciscana paciencia, al pobre y al enfermo, preguntar cómo está la vaca, cuántos puerquitos tuvo la cerda, cómo crece la milpa, si las palmeras ya están sentadas en banco, si la mujer y los chilpayates no se han enfermado. Por mi conducto, don Lázaro ha mandado enfermos a hospitales de primera clase, muchos de ellos necesitando atención médica y medicinas de miles de pesos y, gracias a Dios y a la generosidad de don Lázaro, estos enfermos han encontrado alivio y han podido seguir trabajando para no ser carga a sus familiares. Por mi mano han pasado centenares de árboles frutales regalados por don Lázaro a campesinos pobres con la única mira de que tengan algo más con qué vivir más humanamente. Y este cura de aldea los ha repartido a nombre de don Lázaro».[106]

La campaña no surtió mayor efecto. Cárdenas siguió a la cabeza de la comisión. Era ya un mito viviente, mediante su pertinaz y misericordioso apostolado mataba dos pájaros de un tiro: ayudaba en la práctica a los campesinos más pobres y se labraba día a día su prestigio político. Gozaba de tal fama entre los campesinos que en alguna gira por la sierra de Puebla, en que acompañó a Ruiz Cortines, un campesino comenzó un discurso con estas palabras: «Señor presidente de la República Lázaro Cárdenas y demás personas que lo acompañan».[107]

A veces sus ayudas no lo eran tanto. En Nueva Italia, por ejemplo, sobrevino en 1956 el reparto individual, voluntario y unánime, de las parcelas y del ganado y, al poco tiempo, la entrada de compañías transnacionales con nuevos y jugosos cultivos. ¿Pensó Cárdenas que hubiese sido mejor dejar la tierra en manos de los hacendados mexicanos? Quizá no, aunque hay quien asegura haberlo visto llorar ante el fracaso de su sueño. El pobre balance final de muchos de sus experimentos agrarios no parecía manchar, ante sí mismo ni ante los demás, la pureza de sus intenciones.

Tal vez fue el dudoso saldo histórico de la reforma agraria lo que, en el fondo y por compensación, contribuyó a la paulatina radicalización de Cárdenas hacia la izquierda. En 1939, Vicente Lombardo Toledano aconsejaba a su joven amigo, el ingeniero Adolfo Orive Alba, que no hablase con Cárdenas en términos ideológicos porque a Cárdenas le incomodaban: «... es un hombre de izquierda, no un marxista-leninista».[108] Diez años más tarde, en medio de la euforia alemanista que reprobaba, en un marco internacional de guerra fría y en tiempos del ascenso de Mao al poder, confiaba a su *Diario*: «Sólo la cultura socialista hará de México y de los demás países "coloniales" naciones verdaderamente libres y justas».[109]

La guerra de Corea acrecentó aún más su acendrado antiimperialismo: «... es la aventura más torpe y desastrosa emprendida por el gobierno norteamericano. Venciendo, su derrota moral está anticipada». En 1954, en pleno macartismo, el general pudo agregar un agravio más a la cuenta: el golpe contra Jacobo Arbenz, el presidente de Guatemala que pretendía realizar en su país una gestión inspirada en Cárdenas. A su amigo Tannenbaum le comentó: «Guatemala será la víctima esta vez».[110] Ese mismo año, Cárdenas escandalizaba a la opinión oficial asistiendo al sepelio de Frida Kahlo, ceremonia que pasó a la historia no sólo por la celebridad de la pintora sino porque su féretro, colocado en el recinto oficial del Palacio de Bellas Artes, terminó cubierto por la bandera de la hoz y el martillo.

A mediados de 1956, Cárdenas se entrevistó con el presidente Ruiz Cortines. Entre los puntos que tocan, su *Diario* consigna uno realmente histórico: «Transmití la solicitud de un grupo de cubanos que con el doctor Fidel Castro Ruz fueron detenidos varios días por la policía y notificados que debían marcharse del país quince días después, en cuya solicitud piden al gobierno de México que se les conceda su permanencia por carecer de relaciones para que se les admita en otros países».[111]

El presidente accede. Cárdenas había conocido a Castro apenas dos días antes: «Es un joven intelectual de temperamento vehemente, con sangre de luchador».[112] Ambos ignoraban quizás el camino que se abría con aquel encuentro. Sin la intercesión de Cárdenas, Castro hubiese tenido que abandonar México y la Revolución cubana habría tenido un destino más azaroso. Ese mismo año Cárdenas recibió el premio Stalin de la Paz.

La trayectoria de Cárdenas era un ejemplo extremo, pero representativo del viraje de la clase política e intelectual del país hacia posiciones de izquierda. Era de esperarse que los izquierdistas tradicionales extremaran sus ideas y actitudes. Pero también en ámbitos menos comprometidos, o del todo ajenos a la política y las ideas comunistas, se dio el corrimiento a la izquierda.

En la Secretaría de Relaciones, por ejemplo, el ambiente se volvió francamente contrario a los Estados Unidos y buena parte de la imaginación diplomática consistía en discurrir formas, estrategias, discursos destinados a contrapesar la influencia del poderoso vecino del norte. En su encuentro con Eisenhower en 1953, durante la inauguración de la Presa Falcón, Ruiz Cortines leyó un texto de carácter defensivo en el que mencionaba el apotegma juarista sobre el respeto al derecho ajeno. Parecía una nueva puesta en escena de la tensa entrevista Díaz-Taft de 1909. Pero en vez del suntuoso banquete con vajillas de oro y plata y cocinero extranjero con que Díaz agasajó a Taft, el parco Ruiz Cortines sirvió a su homólogo norteamericano un sencillo refrigerio con refrescos y bocadillos. El encuentro fue tan austero que el brindis se hizo con agua. Alguien ofreció a Eisenhower algo de beber. Al ver que Ruiz Cortines bebía un vaso de agua, pidió lo mismo. Hizo una broma al decir: «Bueno, brindemos con aguas internacionales».[113]

En abril de 1954, los secretarios de Relaciones Exteriores de los países americanos asistieron en Caracas a la X Reunión Interamericana. Los Estados Unidos presionaban para que los gobiernos latinoamericanos combatieran el comunismo. Los delegados mexicanos (el secretario Luis Padilla Nervo, el subsecretario José Gorostiza, y Roberto Córdova) se opusieron argumentando que el mejor antídoto contra el comunismo era el progreso económico. Durante la visita de Richard Nixon a México, ante su insistencia casi obsesiva en hablar sobre el peligro comunista, Ruiz Cortines lo subió a un carro y lo llevó a las ciudades perdidas cercanas a la residencia oficial de Los Pinos: «Mire usted, señor vicepresidente, ése es el *ismo* más difundido en México, "el hambrismo", y ése es el que me interesa erradicar para que no se den los *ismos* que a ustedes les preocupan».[114]

No sólo el mundo oficial dio un viraje a la izquierda. También lo dieron los intelectuales jóvenes que postulaban la necesidad de que México optara por una «tercera vía» en su política internacional y su proyecto social. Al desatarse la Revolución húngara de 1956, el director de Organismos Internacionales de la Secretaría de Relaciones Exteriores, el poeta Octavio Paz, propuso que México abriera sus puertas a la inmigración de refugiados húngaros, pero de manera paralela recomendó el reconocimiento de la China maoísta. Ninguna de ambas cosas se hizo. Paz había denunciado desde 1951 la existencia de campos de concentración en la URSS y había dejado atrás sus ilusiones sobre la Revolución soviética, pero el acercamiento a los Estados Unidos le parecía imposible e indeseable.

En suma, las élites mexicanas revivían la vieja frase atribuida a Porfirio Díaz: «Pobre México, tan lejos de Dios, tan cerca de Estados Unidos».

Sorprendentemente, hasta los liberales puros y anacrónicos como Daniel Cosío Villegas dieron pasos en la misma dirección. En un ensayo de 1947, Cosío había lanzado su profecía más notable:

«El día en que al amparo del disimulo gubernamental se lancen no más de cuatro o cinco agitadores en cada uno de los principales países latinoamericanos a una campaña de difamación, de odio, hacia Estados Unidos, ese día toda la América Latina hervirá de desasosiego y estará lista para todo. Llevados por el desaliento definitivo, por un odio encendido, estos países, al parecer sumisos hasta la abyección, serán capaces de cualquier cosa: de albergar y alentar a los adversarios de Estados Unidos, de convertirse ellos mismos en el más enconado de todos los enemigos posibles. Y entonces no habrá manera de someterlos, ni siquiera de amedrentarlos».[115]

Cosío decía no compartir, «ni poder compartir, por razones hasta orgánicas, físicas, la fe, la teoría ni los métodos comunistas», pero en el balance histórico entre las dos grandes potencias en conflicto, se colocaba en una posición equidistante de ambas. Declaraba que la URSS era «la bandera del progreso social y político» para los pueblos latinoamericanos, como los Estados Unidos lo habían sido en el siglo XIX, con la diferencia de que la primera era mucho más avara que el segundo a la hora de compartir sus logros y riquezas. Consideraba lamentable que, en Brasil y Chile principalmente, se persiguiera a los comunistas, no sólo porque no existían argumentos morales definitivos contra la tesis y acción comunistas, sino porque los comunistas se habían fortalecido por las buenas, es decir, mediante métodos democráticos y no subversivos; porque habían logrado su influencia aprovechando las rencillas y la división entre conservadores y liberales, y porque, en fin, al culparlos de ser agentes de una fuerza antinacional, estos gobiernos no hacían otra cosa que acatar las órdenes de los Estados Unidos. Todo liberal genuino, decía Cosío Villegas, debería condenar la campaña anticomunista. Nada avanzarían liberales y conservadores si basaban toda su política en la componente negativa del anticomunismo.

En su ensayo El comunismo en América Latina (1953), insistió en que existían razones históricas y activas de enorme peso que favorecían la instauración de algún régimen o regímenes comunistas en la América Latina: la desilusión ante las condiciones económicas y sociales de estos países, que hacía desesperar de las viejas soluciones del liberalismo económico; las hazañas rusas en la segunda guerra mundial, que despertaban admiración; la aparición de un nuevo tipo revolucionario, el revolucionario profesional que, callada pero efectivamente, iría labrando su empresa, y, en fin, la brecha de bienestar entre los países de esta región y los Estados Unidos que, aunada a la omnipresencia y al continuo desplante norteamericano al mostrar sus riquezas, era un factor que podía hacer brotar una «revolución nacionalista tardía» en cualquier momento.[116]

Quizá la lectura de ese ensayo hubiese beneficiado a los organizadores del seminario sobre «The Impact of Soviet Imperialism on the Free World», organizado en Washington en agosto de 1953 por la Universidad Johns Hopkins. Desafortunadamente para ellos, las referencias que en el texto hacía Cosío al «circo parlamentario de Pepín McCarthy»[117] le valieron interrogatorios en la aduana que consideró impertinentes, por lo que decidió regresar a México antes de leer su ensayo. Su nombre tardó muchos años en desaparecer de las listas negras.

Pese a todo, el resorte principal del viraje generalizado hacia la izquierda fue la insurgencia sindical. En su *Diario* –escrito para sí mismo y para la historia–, Cárdenas se sorprendía de la «frialdad del poder público» ante las manifestaciones obreras y se preguntaba: «¿Llegará a caer "el régimen de la Revolución" nuevamente en una dictadura más refinada que la que derrocó el movimiento de 1910?»[118] Los maestros le pedían que mediara en el conflicto, pero su intervención ante el presidente no evitó la actuación violenta de la policía ni la aprehensión de sus líderes, acusados del delito de «disolución social», que databa de tiempos de Ávila Camacho. El director de Petróleos Mexicanos, Antonio Bermúdez, le confiaba en privado que los huelguistas tenían razón en sus demandas, pero los «granaderos» actuaban contra esos mismos obreros empleando gases y macanas. Cárdenas estaba convencido de que «los movimientos sindicales no representaban ataques directos al gobierno, sino peticiones sobre problemas concretos de carestía de la vida y de lucha por la renovación de directivas sindicales que no son de extrañar». Tampoco era de extrañar el pesimismo de Cárdenas. Desde comienzos de ese año turbulento, había escrito para sí:

«Los intelectuales y técnicos que han servido al régimen no han correspondido al ideario de la Revolución ... La reforma agraria se ha quedado a medias ... Los intelectuales y técnicos en los puestos han desviado la organización sindical hacia el sindicalismo "blanco" y han dejado que se imponga en los centros educativos particulares una educación sin una finalidad concreta para que la niñez y la juventud puedan formar una unidad para engrandecer a México. Todo esto revela falta de sentido revolucionario, falta de organización que encauce los logros que la Revolución mexicana conquistó con el sacrificio del pueblo. Lo que ocurre es que con el proceso que siguió a la Revolución, después del periodo preconstitucional, se entró al periodo de las "instituciones" y desde entonces las posiciones oficiales importantes han sido ocupadas por hombres con intereses creados que hacen la "contrarrevolución pacífica". En consecuencia, han faltado dentro de las propias administraciones del régimen elementos con mayor sensibilidad revolucionaria y que sean menos los elementos contrarrevolucionarios que niegan los derechos esenciales del pueblo».[119]

Octubre de 1958. Desde las ventanas de la Secretaría de Relaciones Exteriores, frente a la antigua estatua del Caballito en el Paseo de la Reforma, dos escritores mexicanos observaban el paso de una manifestación sindical. De pronto, vieron cómo la policía se abalanzaba a golpe de macana sobre los obreros. Días después, una nueva manifestación de protesta pasó por el mismo lugar. La integraban estudiantes e intelectuales. Algunos lanzaban «mentadas de madre» al presidente. Los dos escritores decidieron incorporarse a la marcha. Eran Octavio Paz y Carlos Fuentes.[120]

El subsecretario José Gorostiza recriminó a Paz su actitud: «Está usted loco», le dijo. Esa misma noche, Paz redactaba con otros escritores un manifiesto de protesta. Era la primera reaparición colectiva de los intelectuales como un pequeño poder crítico frente al gobierno desde tiempos de Vasconcelos.

Dominó político

Era tal la pasión de Ruiz Cortines por el dominó que sus colaboradores temían jugar con él, no por las apuestas mínimas que se cruzaban sino porque el presidente se enojaba si el compañero cometía alguna pifia. Le encantaba el dominó porque se parecía a la política. Mejor dicho, le gustaba la política porque se parecía al dominó:

«En el dominó, como en la presidencia», sentenciaba, «no hay que hablar, es un juego de mudos. Las señas son recomendables si se hacen con discreción y elegancia. No admitir ni dar cachirules. Si el juego viene mal, desatiéndalo. De las mulas hay que deshacerse con rapidez y a los contrarios ahorcárselas sin piedad. Y no lo olviden: vale más un mal cierre que una pasada en falso».[121]

La sucesión de 1958 fue, para Ruiz Cortines, una hilarante partida de dominó político. Su estrategia consistió en disimular, ocultar, proteger a su candidato (Adolfo López Mateos) y simular por separado con por lo menos tres de sus colaboradores, haciéndoles creer que optaría por ellos.

Al secretario de Agricultura Gilberto Flores Muñoz, Ruiz Cortines lo llamaba «Pollo». Ya muy cerca del destape, la mujer de Ruiz Cortines, doña María Izaguirre, presentaba a la «Nena» Izquierdo de Flores Muñoz como la futura primera dama.[122] En una ocasión, en presencia del propio Flores Muñoz, el presidente comentó al secretario de Hacienda, Antonio Carrillo Flores: «Mire, licenciado ... quiero que ayude a mi buen amigo, el señor Flores Muñoz, a que no deje nada en su escritorio que le vaya a causar alguna molestia, no le vayan a revisar y haya quien lo critique». (Según otra versión, dijo: «Este "Pollo" debe estar limpio».) A la salida, Carrillo Flores felicitó a su colega y le recomendó que despachara todos sus asuntos oficiales y fiscales para cuando llegara el anuncio que seguramente le favorecería. Cuando resultó que el «Pollo» no era el tapado, Carrillo Flores recordó al presidente sus palabras y éste respondió que, precisamente porque no iba a ser el candidato, era importante que el «Pollo» dejara limpias sus cosas: «¿Cree que si fuera el presidente le iba a importar dejar algo? ¿Quién va a revisar al presidente?»[123] Años después, recordando ese episodio con aquel hombre «complicado» y «enervante» que era Ruiz Cortines, Flores Muñoz decía: «... el mundo del presidente era el cálculo y la maniobra. Sólo él entendía el alcance de sus metáforas».[124]

Con el doctor Morones Prieto se comportó de modo un poco más cruel. «No se vaya usted a envanecer», le dijo Ruiz Cortines desde el comienzo del régimen, «pero en usted vemos otro Juárez.» Morones pudo no creerle el paralelo con Juárez, pero a su amigo Gonzalo

N. Santos le confió que «trae intenciones de largo plazo con nosotros». «Esto no es lógico, doctor», le contestó el cacique, «Ruiz Cortines es un viejo astuto y muy tortuoso y quiere que yo lo aconseje y permanezca a su lado porque nos quiere joder a los dos juntos.» Ya cerca del destape, Morones le dijo a Santos: «Ayer estuve con el presidente y me estuvo dando consejos de cómo debía llevarse una campaña presidencial». Pero a Santos le parecía que había gato encerrado, y muy grande. Sabía que Ruiz Cortines «engañaba hasta al lucero del alba».[125]

El secretario de Gobernación, Ángel Carvajal, pensaba que sería el tercer veracruzano consecutivo en llegar a la presidencia. Ruiz Cortines le recomendaba posibles personas para ocupar el gabinete. Ingenuamente, Carvajal le llevó al presidente una maleta que contenía miles de telegramas de adhesión a su precandidatura. Ruiz Cortines le dijo:

«–¿Ya los leyó todos?

»–Sí, señor, ya todos los he leído.

»–Guárdelos, antes de quince días resolveremos este asunto. –Y agregó–: No se le vayan a perder los telegramas».[126]

Después del informe presidencial de 1957, Ruiz Cortines llamó al general Olachea Avilés, presidente del PRI. Un escritor cercano a Olachea recuerda la escena. Ruiz Cortines le dijo:

«–Mi general, analicemos. ¿A quiénes se menciona?

»–Pues, señor –dijo el general–, ahí está el licenciado Ángel Carvajal.

»–Bien –contestó el presidente–, ése es paisano nuestro. Lo queremos mucho. Lo conocemos mucho. No lo vamos a analizar porque lo conocemos de sobra. ¿Quién otro?

»–Señor, el señor Flores Muñoz.

»–¡Ah caray! Gallo de espolón muy duro. Muy amigo. Muy trabajador. ¿Quién otro?

»–El señor doctor Morones Prieto.

»–¡Ah!, honesto como Juárez, austero como Juárez, patriota como Juárez, sí señor. ¿Quién otro?

»–El licenciado Uruchurtu.

»–¡Ah! –exclamó Ruiz Cortines–, ¡qué buen presidente sería los primeros dieciocho años! ¿Quién otro?

»–Señor, creo que son todos.

»–Oiga, ¿y López Mateos?

»Respuesta rápida de Olachea:

»–Está muy tierno, señor presidente.

»–De todas maneras se menciona. Mire, investigue usted, dicen que es protestante. Investigue si lo es. Bueno, lo dejaremos de primera lectura, mi general, seguiremos platicando.

»Sale el viejo como balazo, llega al partido, nos convoca a tres o cuatro, nos cuenta la entrevista y dice:

»–¡Es Morones Prieto! Austero como Juárez, patriota como Juárez, honesto como Juárez, ¡Morones Prieto!

»Salimos todos a contarlo, porque en esos casos nadie es discreto. Gonzalo N. Santos y Leobardo Reynoso, que estaban con Morones Prieto, saltaron: "¡Ya se nos hizo!" Mientras, Olachea, como buen militar, se puso a cumplir las órdenes recibidas. Agustín Salvat y René Capistrán Garza, que tienen ligas muy fuertes con la Iglesia, organizaron una cena con el señor Miguel Darío Miranda. Ahí el general Olachea, con una ingenuidad conmovedora, le pregunta al señor Miranda si López Mateos es protestante. Y el señor Miranda, hombre inteligente, le contesta que por una parte no lo sabe, y por la otra que tampoco le interesa porque "en México funciona muy bien la separación de la Iglesia y el Estado, y la Iglesia no se mete en política".

»Al poco tiempo, el presidente llama otra vez a Olachea y le dice:

»–Señor general. ¿Dónde nos quedamos?

»Olachea responde:

»–Señor, quiero informarle sobre lo de López Mateos.

»–¡Ah! –lo interrumpió–, ya no siga, general. ¡Ése es!

»Lo cual significa que Ruiz Cortines desde mucho antes había tomado su decisión, y que su juego era distraer a la gente para que no se le cargara a López Mateos».[127]

Ruiz Cortines destapó a López Mateos sin que ningún precandidato de la «familia revolucionaria» lo perturbara. En su caso no hubo disensiones como las de Almazán, Padilla o Henríquez. Dueño absoluto de la situación, se divirtió como un niño. «Quién iba a decirlo, ¿eh?, salió López Mateos», comentó en la mesa a varios jóvenes colaboradores que lo acompañaban en una gira por la provincia, como si la noticia que leía en los periódicos le sorprendiera. Cuando los corresponsales se le acercaban para preguntarle sobre el proceso de sucesión, contestaba: «¿Y yo qué sé?, yo andaba por aquí». Luis M. Farías, que fue testigo, escribiría años después: «... era un viejo muy inteligente en la política mexicana, a la antigua, muy buena».[128]

Se inclinó por López Mateos porque, ante todo, había sido un eficaz secretario de Trabajo. Aunque en el horizonte no asomaban aún las huelgas y manifestaciones de 1958, el presidente sabía que los obreros constituían un punto neurálgico del sistema. López Mateos contaba con el respaldo completo de ese sector. Según Antonio Ortiz Mena –el brillante secretario de Hacienda de los dos sexenios siguientes–, había otras razones de peso: «López Mateos no tenía compromisos políticos, tenía un conocimiento del país muy vasto, era un hombre muy culto y simpático, carismático, y que no se dedicó a hacer política personalista».[129]

En el dominó de la sucesión presidencial Ruiz Cortines había ganado la partida: mudo a veces, parlanchín en otras, mañoso siempre, había desorientado a sus colaboradores para proteger su propio juego, ahorcar el de los contrarios sin piedad y cerrar la partida sacando la ficha clave en el momento adecuado. Pero en la dura partida de 1958, cuando sus adversarios no eran sus fieles colaboradores sino los ferrocarrileros, petroleros, maestros y estudiantes, el juego «vino mal» y no pudo «desatenderlo». Quiso «deshacerse de las mulas con rapidez y ahorcárselas a los contrarios sin piedad», pero tampoco pudo. Finalmente, tuvo que hacer honor a sus propias palabras: «... vale más un mal cierre que una pasada en falso». El sexenio cerró mal, pero el austero don Adolfo sabía que su honesta y eficaz administración no había pasado en falso por la historia del México contemporáneo.

V
Adolfo López Mateos
El orador

Adolfo López Mateos, *ca.* 1960.

La cargada de los búfalos

El 17 de noviembre de 1957, un ajetreo inusitado despertó a los pacíficos habitantes de la colonia del Valle, al sur de la ciudad de México. Estaban acostumbrados a las alegres muchedumbres que solían acudir cada domingo a mediodía al partido de futbol en el cercano estadio de la Ciudad de los Deportes, y que frecuentemente asistían también a la corrida de toros que tenía lugar horas después, a unos pasos, en la monumental Plaza México. Pero este domingo y estas masas eran algo distinto. No venían a corear los goles ni a gritar «óle». Venían «acarreados» de todos los puntos del país para apoyar, aplaudir, vitorear a don Adolfo López Mateos en su toma de protesta como candidato del PRI a la presidencia.

La operación se había realizado con puntualidad priísta. Los mil quinientos camiones, autobuses y coches que habían transportado a los «simpatizantes» desde sus lugares de origen esperaban fuera del estadio. Un testigo presencial describiría con arrobo casi extático la escenografía política:

«Atrás del estrado principal, en lo alto de las tribunas del estadio, un cartel de 30 por 15 metros presentaba, a la derecha, la imagen de don Adolfo Ruiz Cortines; a la izquierda, la del licenciado Adolfo López Mateos, y en medio, esta leyenda: «Democracia y justicia social», por cierto, lema del PRI. Los mástiles y los postes para el alumbrado eléctrico tenían bandas tricolores y distintivos de cartón del PRI, aparte de los altavoces del sonido local. Asimismo, en todo el desarrollo de la parte más elevada del estadio llamaban la atención muchísimos carteles.

»Algunos de éstos decían: "Ruiz Cortines y López Mateos, realizadores de la Revolución Mexicana", "Adolfo López Mateos es garantía de unidad y de trabajo", "El respeto a la Constitución y a la Ley Federal del Trabajo, con Adolfo López Mateos".

»Globos de colores, inflados con gas, en poder de los asistentes, daban un aspecto pintoresco a la multitud inquieta. En serie, se lanzaban al aire grandes globos de papel que llevaban la efigie del licenciado López Mateos y las siglas de diversas organizaciones. Se repartieron además pequeños carteles con pie de palo, que decían: "Viva López Mateos", "Estamos contigo, López Mateos", o bien solamente "López Mateos", y viseras para protección contra los rayos solares. Sin interrupción, los sectores del PRI, los grupos regionales y las delegaciones coreaban porras en honor del licenciado López Mateos, y las ovaciones y otras muestras de entusiasmo eran delirantes cuando la Banda de Marina, al lado izquierdo del estrado principal, ejecutaba piezas populares.

»A las nueve horas, un conjunto de más de cincuenta charros en traje de gala formaron valla desde la entrada a la cancha del estadio hasta el pie del estrado principal. Al final, estaban quince ayudantes.

»Marcaban los relojes las nueve y media horas cuando el licenciado López Mateos apareció en la cancha. Entonces, como si hubiera estado contenida, se precipitó una ovación estruendosa. Vivas, porras, aplausos, gritos y música mezclados, dieron la bienvenida al distinguido ciudadano, quien sonriente y con la mano en alto saludaba y agradecía a sus partidarios tan caluroso recibimiento, al tiempo que avanzaba hacia el estrado principal. Ya en lo alto de éste, sin cesar de sonreír y de saludar, en redondo, esperó a que amainaran las demostraciones cariñosas y tomó su sitio».[1]

Impresionante, como en verdad lo era, aquel despliegue digno de los *tlatoani* aztecas no representaba sino un capítulo intermedio de un vasto ritual de movilización política que había empezado días atrás, en el instante del «destape», y no terminaría sino hasta trece meses después, el primero de diciembre de 1958, en la cordial ceremonia en que Ruiz Cortines, atento siempre a las formas, se despojaría de la banda presidencial y la colocaría, ostensible y tutorialmente, a su sucesor López Mateos.

Día tras día, hora tras hora, el precandidato había recibido la adhesión de «las fuerzas vivas» de México, que de pronto descubrían en él las mayores prendas y virtudes. La Confederación Nacional Campesina (CNC), por ejemplo, declaraba que tras la cuidadosa «auscultación» que había llevado a cabo (en una semana) entre comisarios ejidales, comités ejecutivos agrarios, comités regionales, ligas de comunidades y otros organismos, todos éstos se habían declarado a favor de la candidatura de López Mateos. De la misma opinión y, supuestamente, con los mismos procedimientos, se habían manifestado «arrolladoramente» las bases obreras y populares de la CROM, CROC, BUO, Federación de Sindicatos de Trabajadores al Servicio del Estado (FSTSE), CNOP y, desde luego, la CTM, cuyos mil quinientos delegados, representantes de 3.266 sindicatos y de dos millones de obreros, coincidían en la acertada elección del precandidato. También las organizaciones empresariales: Confederación de Cámaras Nacionales de Comercio (Concanaco), Confederación de Cámaras Industriales (Concamin), Cámara Nacional de la Industria de la Transformación (Canacintra), Confederación Patronal de la República Mexicana (Coparmex), felicitaban al futuro presidente que había realizado una «trascendental labor» en la Secretaría del Trabajo. El 15 de noviembre, día en que la Asamblea Nacional del PRI lo nombraba su candidato oficial, López Mateos había alzado la voz como en sus mejores épocas de orador estudiantil: «El PRI es producto de nuestra historia, dentro de la cual está ubicado, y existe y lucha y se expresa por voluntad de la absoluta mayoría del pueblo mexicano. Las grandes masas populares están con nosotros porque el PRI defiende y acrecienta sus derechos».[2]

El sábado 16 habían comenzado a llegar a su casa de la calle de San Jerónimo, número 217, gobernadores, líderes, periodistas, fotógrafos, camarógrafos, amigos de la infancia, compañeros de banca, todos deseosos de saludar, felicitar, abrazar, apapachar, tocar o siquiera ver al hombre que al día siguiente asumiría formalmente la candidatura del PRI. Días después, ya como candidato, López Mateos organizaría una defensa casi militar de su domicilio para contener a la manada de políticos que se abalanzaba sobre su casa en busca de puestos, prebendas o al menos promesas, y que alguien bautizó certeramente como la «cargada de los búfalos».

Afuera, en el patio de la casa, un trío entonaba el corrido «Viva mi gallo», cuyo estribillo repetía:

Viva México querido
y Adolfo López Mateos.
Sus nombres queden unidos
del pueblo son los deseos.[3]

Por fin, aquel domingo 17 de noviembre, en el momento cumbre, López Mateos cumplió la ceremonia de rigor, y alzando el brazo derecho exclamó: «Sí, protesto». El estadio se caía de entusiasmo, pero su sonrisa, más dulce y genuina que la de Alemán, escondía sentimientos, preocupaciones y dolores que muy pocos advirtieron.

Era su primer vuelo de campaña. Lo acompañaba, entre otros colaboradores, ayudantes y oradores, Antonio Mena Brito, ex líder de las juventudes del PRI. López Mateos no se quitaba sus lentes negros. Se le veía cansado, agotado. «Se arrellanó en el sillón sin hablar con nadie», recuerda Mena, «y nos dijo: "Vamos a lo barrido, a ver qué chingaos pasa"».[4] No ocultaba su miedo, su tensión interna y, menos aún, su dolor físico, esas persistentes migrañas que lo asaltaban de pronto y daban a su rostro una expresión de dureza tan distinta, tan opuesta a la plácida y noble sonrisa que por naturaleza lo caracterizaba. Por eso usaba anteojos oscuros.

Sería el primer presidente orador de la historia mexicana. Ninguno de los caudillos revolucionarios –no se diga Porfirio Díaz– había sido bueno para hablar: para eso, para echar frases bonitas, tenían a sus jilgueros, sus «picos de oro». Tampoco Ávila Camacho, Alemán y ni siquiera Ruiz Cortines, tan marmóreo en sus convicciones, habían tenido el don de la palabra: para eso, para mover montañas con el «verbo encendido», estaban los jóvenes egresados de la Facultad de Leyes, los émulos de Lombardo Toledano. Ahora la «Revolución Institucional» se daba el lujo de contar con un presidente orador, el mejor de todos en su juventud, pero López Mateos, extrañamente, no parecía disfrutar con plenitud su nueva posición. Conservaba intacto su estilo castelariano, tan brillante como anticuado: «... ¡aquí, frente al mar infinito, invitación perenne a la aventura...!»; pero a los jóvenes oradores que lo acompañaban les pedía: «Sea breve, a mí el calor me aplana».[5]

Ya en la presidencia, cuando el motor del avión que lo conducía a una de sus giras de trabajo falló de pronto, López Mateos recordó, modificándola levemente, una frase atribuida a Porfirio Díaz en un instante de peligro a bordo del Ferrocarril Mexicano: «Imagínese usted lo que ganaría la nación si el avión se cayera».[6] ¿Quería ser presidente? En un sentido sí, desde luego, como casi cualquier mexicano. Pero en un nivel más profundo, no. No estaba hecho para el poder sino para la bohemia, el arte, el amor y, desdichadamente, para la enfermedad.

«Discurseando»

No se sabía a ciencia cierta su lugar y fecha de nacimiento, pero lo más probable es que el cuarto hijo del dentista Mariano López y la profesora Elena Mateos naciera en Atizapán de Zaragoza el 26 de mayo de 1909. Siguiendo el extraño denominador común de muchos presidentes de México (Juárez, Díaz, Obregón, Cárdenas, Ávila Camacho, Ruiz Cortines), también López Mateos perdió a su padre en la infancia. Provista de una insigne genealogía que comenzaba con su propio padre, el luchador y magistrado liberal José Perfecto Mateos, y la vinculaba con el periodista Francisco Zarco, el gran liberal Ignacio Ramírez y el escritor Juan A. Mateos, doña Elena carecía sin embargo de mayores medios económicos. Había publicado un libro de poesía *(Corazón de cristal)*, pero ante las difíciles circunstancias y en plena Revolución tuvo que limitar su vocación literaria al acto de escribir suaves epístolas a sus hijos para no tener que reprenderlos en persona. La dirección de un asilo por el rumbo de la Tlaxpana, en la ciudad de México, y la ayuda de Mariano, su hijo mayor, le permitieron sostener a la familia, aunque no lo suficiente como para costear por sí sola la educación de Adolfo, que cursó la primaria becado en el Colegio Francés ubicado en la 4a. calle de Puente de Alvarado, número 94. Al parecer, la mayor afición de doña Elena era la ópera, a la que acudía puntualmente con sus hijos.

Entre 1923 y 1925, Adolfo estudió de manera irregular en la Escuela Nacional Preparatoria. En 1926 vivía ya en Toluca, donde ingresó como interno en el famoso Instituto Científico y Literario del Estado de México, hogar intelectual de Ignacio Ramírez e Ignacio Manuel Altamirano. No se distinguió en modo alguno por su aplicación. Muchas de las materias que cursó fueron salvadas «a título de suficiencia», es decir, mediante exámenes extraordinarios. Las razones de su inconstancia no son en absoluto misteriosas: el joven López Mateos amaba demasiado la oratoria, el campismo y el amor.

«En el amor, como en el mar, se naufraga; seré yo como un náufrago en el inmenso mar de tu amor», le declaraba al oído o por carta Adolfo a su novia Celestina Vargas, que se derretía al oírlo. Setenta años después, aún recordaba ella lo «guapo» que era, las modulaciones de su voz y «aquella sonrisa perfectamente preciosa ... aquella carcajada de hombre limpio» que tenía.[7] En 1925 conoció a la joven Eva Sámano, maestra de profesión y de religión protestante, con quien mantuvo un noviazgo que duró doce años y terminó en matrimonio gracias a la insistencia de doña Elena. Antes, durante y después, López Mateos tuvo amoríos.

Le gustaba el box, pero su afición predilecta era la caminata. En tiempos de estudiante y aún años después, subía al Nevado de Toluca y recorría a pie, semanalmente, el trecho de México a Toluca. En los últimos meses de 1926, participó en la caminata de un grupo estudiantil llamado «los Peteretes» que partió de la ciudad de México y llegó a Guatemala ciento treinta y seis días después, a fines de enero de 1927. «México unido alcanzará su destino», rezaba la manta que llevaban los andariegos como insignia, abanderada por el presidente Calles. Tras aquella proeza alguien puso a Adolfo el apodo de «el Guatemala».

No obstante, su don específico, muy apreciado entonces, era la oratoria. Hasta sus incidentales aventuras como maestro rural en Almoloya o en las brigadas educativas de alfabetización gratuita estaban relacionadas con esa vocación retórica. El periódico *El Universal* había inaugurado en 1926 ciertos famosos concursos anuales de oratoria que eran el sueño de todo estudiante de preparatoria o leyes. Desde muy joven, en Toluca, el joven Adolfo había mostrado notables cualidades para el género, pero fue a mediados de 1929, en el marco del Campeonato de Oratoria del Distrito Federal, que tenía lugar en el salón El Generalito de la Escuela Nacional Preparatoria, cuando su vocación se reveló: «Venimos a juzgar ahora, señores, la obra de la Revolución, pero no debemos hacerlo con el espíritu como con la palpitación del sentimiento».[8] Si bien en aquel certamen López Mateos obtuvo el primer lugar, su modesta apoteosis llegaría en junio de ese mismo año. «Su voz era robusta, su ademán, expresivo», comentaba Alejandro Gómez Arias, el mayor experto en oratoria de la época. «Lanzaba sus metáforas con pleno dominio. Sabía cómo provocar el entusiasmo del auditorio.»[9] En aquella ocasión habló del idioma castellano y dijo, transido de fervor: «... es lengua de bronce, lengua de campanas y de cañones, pero también es lengua de oro y de metal que ha traducido los éxtasis místicos y deliquios amorosos de una raza».[10] Aunque por una decisión al parecer arbitraria de los jueces se le dio el segundo lugar, sus compañeros lo pasearon en hombros.

Al poco tiempo, López Mateos puso sus dotes oratorias al servicio de una causa mucho más alta y riesgosa: la campaña presidencial de José Vasconcelos. Como otros jóvenes del momento, leyó la novela *Sasha Yeguilev*, del escritor ruso Leónides Andreiev, y se reconoció en la tragedia de aquel joven puro que ofrenda su vida para transformar a su país.[11] Formó parte del directorio estudiantil del Comité pro Vasconcelos y fue representante del Estado de México en la Convención Antirreeleccionista. En plena campaña, sus compañeros lo recordaban «valiente y combativo», subido en una caja de refrescos, perorando ante los obreros: «Peligra la patria, sólo Vasconcelos puede salvarla».[12] En el punto crítico de la campaña, cuando su amigo Germán de Campo fue asesinado por los pistoleros del PNR, López Mateos estuvo a punto de experimentar en carne propia el destino de *Sasha Yeguilev*. El propio Vasconcelos lo reconocería años después: «Desde entonces recuerdo con precisión que no se ha borrado de mi mente la cabeza vendada, la noble cabeza herida de un joven que en aquel momento simbolizaba la patria entera: era la cabeza de Adolfo López Mateos».[13]

Tras las elecciones del 17 de noviembre de 1929 y la inmediata represión que sufrieron los estudiantes vasconcelistas, López Mateos partió a Guatemala, donde pasó unos meses. Nadie sabe qué hizo ni de qué vivió (corrieron versiones en el sentido de que trabajó como asistente del general Ubico, presidente de Guatemala). Al parecer, por un tiempo ejerció el periodismo en Tapachula. Regresó a México en 1930 y se matriculó en la Escuela de Economía, fundada recientemente por Cosío Villegas dentro de la Facultad de Jurisprudencia.

Marcados por el resentimiento, algunos de sus amigos se habían convertido (ésa es la palabra) al marxismo. Otros continuaban sus estudios o comenzaban a ejercer la abogacía en la provincia. Varios se integraron al gobierno del general Benigno Serrato, opositor de Cárdenas en Michoacán. López Mateos optó por incorporarse oscuramente al «carro» de la Revolución mexicana. Los contactos políticos del padre de su novia Eva lo habían vinculado tiempo atrás con el gobernador del Estado de México, el general Filiberto Gómez, pero en 1931 ocupaba ya el puesto de secretario particular del nuevo gobernador de aquella entidad, el fiel callista Carlos Riva Palacio. Allí volvería a ejercer sus dotes oratorias, sirviendo al mismo régimen que lo había herido en la cabeza y había matado a su amigo Germán de Campo. Nunca olvidaría aquel bautizo de sangre: «"Yo pertenezco a una generación frustrada, amargada, la vasconcelista", explicaba siendo ya candidato a la presidencia. Pasaron muchos años para aceptar el golpe».[14]

¿Cuántos años? Quizá 10 o 12, porque en su caso la vida transcurrió en el limbo de la burocracia. Participó en una efímera Unión de Estudiantes pro Obrero y Campesino, cursó varias materias como «asistente provisional» de economía y se aseguraba que se recibió de abogado, pero nadie vio jamás su tesis ni asistió a su fantasmal examen profesional. En 1935 trabaja de secretario del comité regional del PNR en el Distrito Federal, y con ese carácter organiza actividades sociales, competencias deportivas y lleva cientos de niños a caminatas por la sierra de Puebla. Son años sordos, de penuria económica y anonimato político. En 1937 se casa con Eva, y un año después logra que su maestro, el economista Enrique González Aparicio, lo designe interventor del Banco Obrero ante los Talleres Gráficos de la Nación. Allí, más que en la revista literaria de izquierda *Ruta* (de la que también es miembro, aunque sin publicar jamás un artículo), es donde López Mateos se siente en su medio: igualitario, cálido, cerca del pueblo. Siendo presidente, hacia 1959, un viejo maestro encuadernador apellidado Orduña, que trabajaba en una litografía, se preciaba de ser su gran amigo, su «gran cuate»: «tipo bien riata, a toda madre, así es Adolfo».[15] ¿Qué le quedó de aquella larga década? Quizá sólo la satisfacción de haber colaborado en la redacción del estatuto del ingenio de Zacatepec en la antigua zona zapatista de Morelos, o haber contribuido a la publicación de pequeños libros de divulgación histórica en la Editora Popular.

En 1941 le toca el puesto de director de educación extraescolar y estética en la Secretaría de Educación. Tiempo después acude como orador a una comida en el Instituto Científico y Literario de Toluca. A ella asiste el hombre fuerte del estado, don Isidro Fabela, que al oírlo queda conmovido. Fabela era una figura extraña en el ambiente político mexicano: una suerte de cacique civil. Había sido un colaborador muy cercano de Carranza, y el que había inventado la expresión «el hombre de la barba florida» para referirse a don Venustiano. Tan sentimentales eran a veces sus discursos que sus antiguos compañeros del Ateneo de la Juventud acuñaron el verbo «fabeliar» para referirse al hablar meloso y alambicado. Y, sin embargo, Fabela era un hombre con virtudes sobradas. Dueño de un importante archivo histórico, escritor prolijo, hábil y gallardo representante de México ante la Liga de las Naciones, se había convertido en un notable internacionalista. En los años cuarenta era el político de confianza de Ávila Camacho en el revuelto Estado de México, donde un gobernador acababa de ser asesinado y el director del Instituto Científico y Literario se suicidaría un día antes de tomar posesión.

Adolfo López Mateos impresionó hondamente a Fabela. No sería la única vez que la oratoria de López Mateos cautivara a los hombres del poder. En un homenaje a Morelos en San Cristóbal Ecatepec, el mismísimo presidente Ávila Camacho lloraría al escucharlo.[16] Lo curioso del caso es que, en privado al menos, Adolfo no se tomaba muy en serio. En esa misma comida del instituto contó que, en la antigua Roma, los leones se negaban a comer a cierto mártir cristiano, lo olían y de inmediato se alejaban; no faltó quien viera en ello un milagro, pero pronto se supo la verdad: «¿Qué cosa es?», se preguntaban. «Es un orador.»[17]

Fabela adoptó políticamente a López Mateos y le enseñó todos los secretos de la política tal como él la entendía: mezcla de oratoria, halago, suavidad, cortesía, la política resultaba una estribación de la diplomacia. Por «dedazo» de Fabela, López Mateos fue nombrado director del instituto, puesto para el que no se sentía capacitado y cuyas rencillas políticas lo llegaron a exasperar. La política dura y maniobrera, así fuera universitaria, no era lo suyo. Para arreglar los problemas recurría a otras tácticas, como recordaba uno de los alumnos de aquel plantel:

«Don Adolfo fue un hombre muy alegre, de corazón muy expansivo, siempre le gustó tomar algún vinillo. Aquí en Toluca había un lugar llamado La Miniatura donde hacían unos coctelitos muy sabrosos. No era cantina ... Ahí nos encontrábamos a don Adolfo tomando sus coctelitos; incluso una vez, cuando ya nos identificaba, nos pagó la cuenta y nos dijo algo así: "Yo no los estoy comprando, muchachos; los problemas del instituto los resolvemos afuera, pero quiero invitarles el aperitivo ahora yo"».[18]

Uno de sus logros fue traer de visita al instituto a su antiguo condiscípulo y colega Manuel Bernal, llamado «el Declamador de América», locutor estrella de la XEW. Entre oradores, poesías y declamaciones se sentía a gusto, y entre amigos y amigas. Aunque carecía de particular elegancia y refinamiento, López Mateos era simpático, se comportaba con naturalidad, y resultaba muy atractivo a las mujeres:

«Algún día estando en el café Madrid había una mesera muy guapa de diecinueve o veinte años. Un día que estábamos tomando café se le acercó a Adolfo y le dijo: "Oiga, licenciado, tiene usted una boca tan extraordinaria que quisiera yo besarla." "Lo más sencillo", dijo Adolfo, se paró y le dio un beso de cinco minutos, pero delante de todo el mundo en pleno café, luego se volvió a sentar y siguió tomando su café».[19]

Tras un par de años en el instituto, un nuevo «dedazo» de Fabela lo convierte en candidato a la senaduría federal suplente por el Estado de México (el senador propietario sería el propio Fabela). López Mateos se resiste: «... mi vocación no me llama hacia la política», confiesa entonces, «prefiero la vida tranquila del estudioso en el instituto a los azares de los fenómenos políticos para los que no me siento apto».[20] Pero la suerte estaba echada. El súbito nombramiento de Fabela como embajador de México en la Corte Internacional de La Haya lo enfila hacia la senaduría que dejaba vacante su tutor. Ahora sólo necesitaba la aprobación de su antiguo conocido de los alrededores de Santa María la Ribera, el hombre a quien su madre, doña Elena, llamaba «Miguelito»: el candidato Miguel Alemán. Alguna vez Alemán había gestionado la pensión a que tenía derecho doña Elena como hija de un prócer liberal. Mientras Adolfo lograba una audiencia con él, le comentaba a su primo, el extraordinario fotógrafo cinematográfico Gabriel Figueroa: «Pues ahí estoy, hermano, nada más discurseando. He hecho muchos discursos por todas partes, a ver cómo me va».[21] Al poco tiempo, y gracias a la intercesión del propio Figueroa y del cómico «Cantinflas», Alemán habría dicho, «López Mateos firme, entra de senador».[22]

No sin dificultades con algunos políticos locales que inventaron *ad hoc* que había nacido en Guatemala, López Mateos llegó a la senaduría. Ese mismo día, como si el destino le confirmara su vacilación y reticencia, rindió la protesta de rigor, e instantes después, en la propia Cámara, recibió la noticia de que en ese mismo momento su madre acababa de morir. «Eso lo impactó mucho», apuntaría su amigo Roberto Barrios, «siempre lo recordó.»[23]

El flamante senador por el Estado de México ejerció en su nuevo puesto sus cualidades y gustos específicos: hizo más diplomacia que política; asistió a varias conferencias y comisiones internacionales, probó sus dotes oratorias en la reunión de la UNESCO en 1947, asistió a la junta de cancilleres en los Estados Unidos y encabezó la delegación mexicana que acudió a la reunión el Ecosoc en Ginebra. Parecía haber alcanzado el sueño de un orador andariego, pero a sus más íntimos les confesaba: «Me halaga ser funcionario y poder servir a México. Pero cuánto añoro aquellos tiempos en que no era nada ni nada tenía ... Los añoro con dolor en el alma ... Pero ni modo».[24]

En 1951 vivió dos experiencias extremas: el suicidio de su hermana Esperanza y el «destape» de su buen amigo, el secretario de Gobernación Adolfo Ruiz Cortines. Esperanza había sido por muchos años la traductora al español de la obra del misterioso Bruno Traven.

Enfermera titulada y laureada, activista social cercana a Lombardo Toledano, en su propia casa daba cama y comida a las mujeres de los obreros de Santa Rosita que marcharon a la ciudad de México. Ese mismo año, en una excursión al Popocatépetl, sufrió un accidente a resultas del cual se quitó la vida. Traven, que por alguna razón había cedido a Esperanza todos los derechos de sus obras, no publicó a partir de entonces una línea más.

Algo debió compensar a Adolfo su entrada en el gabinete como secretario de Trabajo. «Me tocó bailar con la más fea»,[25] comentó a su primo Figueroa, que años después recordaba: «Adolfo fue muy buen secretario de Trabajo. Y aunque hubo muchísimos emplazamientos a huelga, él los resolvía rápidamente. Un día se sentó con los productores de zinc y no se levantaron ... allí comían y todo. En alguna ocasión Sánchez Galindo le dijo: "Oiga, licenciado, yo lo he visto las cuarenta y ocho horas aquí, sonriendo todo el tiempo. ¿Por qué es eso...?" Y Adolfo contestó: "Para eso me pagan, para atenderlos a ustedes"».[26]

Ruiz Cortines se fijó en él desde un principio: diplomático, conciliador, atractivo; tenía todas las prendas necesarias para lidiar con el asunto obrero, que claramente se perfilaba como el más espinoso de la agenda política. Y era además, para la delicia de Ruiz Cortines, un supremo orador. El 5 de febrero de 1957, día del centenario de la Constitución liberal, López Mateos pronunció un discurso que en realidad exaltaba a la Constitución social de 1917, pero que la clase política, siempre proclive a las frases redondas y hueras, festejó sobre todo por una línea: «La Constitución no es sólo nuestra ley, sino nuestro escudo y nuestra bandera».[27] El escéptico Cosío Villegas, que en 1930 había sido profesor de economía de López Mateos, lo reprobó tácitamente: ese año publicó una vindicación histórica de la Constitución de 1857, la que introdujo los derechos políticos que el sistema simulaba respetar pero en realidad conculcaba.

«Yo estoy encantado con la designación de un hombre inteligente y bueno»,[28] comentó José Vasconcelos, quien a sus 76 años –justicia poética– vivía para ver la exaltación de un vasconcelista a la presidencia de la República. Varios compañeros de aquella cruzada cívica ocuparían puestos importantes en el poder legislativo, pero estarían ausentes del ejecutivo. Era natural: López Mateos no quería exponerse a una nueva derrota poniendo a la romántica oposición a gobernar. Para románticos en el poder, bastaba con él mismo. Necesitaba un gabinete fuerte, que compensara sus propias limitaciones, su propia indisposición para las maniobras y las grandes tensiones. Sobre todo a fines de 1958, con los ferrocarrileros, los maestros, los petroleros y estudiantes manifestando su descontento en las calles.

En el Departamento del Distrito Federal repetiría Uruchurtu, el regente de hierro. Para seguir conteniendo a las «cargadas de búfalos», nada mejor que un joven y dinámico secretario particular: Humberto Romero. Para controlar la inversión pública, se crearía la Secretaría de la Presidencia, a cargo del antiguo compañero de López Mateos en el Senado, Donato Miranda Fonseca. Hombres probados como Jaime Torres Bodet y Manuel Tello ocuparían carteras que ya habían ostentado años atrás: Educación y Relaciones Exteriores. El brillante ingeniero civil Javier Barros Sierra llegaría a la Secretaría de Obras Públicas. Un temible militar callista y viejo opositor de Cárdenas, el general Gómez Huerta, asumiría la jefatura del Estado Mayor Presidencial (ejército personal del presidente). Pero el edificio, en realidad, descansaría sobre dos pilares: el ministro de Hacienda y el de Gobernación. El primero, Antonio Ortiz Mena, venía precedido de una gran fama como director del Seguro Social; el segundo, Gustavo Díaz Ordaz, había sido compañero cercano y gran amigo de López Mateos en el Senado. Era el «jefe Chiringas» que actuaba «sin considerandos». Tenía fama de inteligente y duro.

Poco antes de la toma de posesión, López Mateos salió en camilla de un acto público. En la ceremonia, no paró de sentarse y levantarse, movía la mano, el brazo. A alguien le comentó: «¡Cómo me duele el brazo!» Al día siguiente, en la vieja casona de Bucareli, donde despachaba, Díaz Ordaz entendió que sería él, más que su amigo Adolfo, quien en verdad ejercería la presidencia política del país. Los problemas y las personas «llegarían a él y de él no pasarían», comentaba con Luis M. Farías, su director de Información: «De eso se trata, de que no molesten al presidente de la República; así de sencilla es la cosa».[29]

El camino y el itacate

«Probablemente nunca ha habido una proporción tan grande del país satisfecha desde que Hidalgo dio el grito de rebelión contra España hace cerca de siglo y medio»,[30] apuntaba a mediados de 1958 el corresponsal del *Times* londinense, impresionado por los casi veinte años de paz doméstica, estabilidad política y los «inmensos progresos» económicos y culturales de México. Apenas exageraba. Al margen de sus distancias formales y morales con Alemán, el régimen de

Ruiz Cortines había consolidado la empresa política creada por su paisano. Ahora tocaría a López Mateos pasar la primera gran prueba. Decenas de miles de obreros lo «calarían».

El sistema político y el movimiento vallejista parecían dos trenes destinados a chocar inexorablemente. El axioma número uno del sistema era la subordinación, sobre todo la de los obreros, para quienes, supuestamente, se había elaborado la avanzada legislación laboral. A los ojos del sistema, permitir la independencia de una rama sindical tan poderosa y combativa como la de los ferrocarrileros equivalía a descarrilar el tren de la Revolución. Tras el vagón de los ferrocarrileros podrían salir de la vía, en un éxodo loco, telegrafistas, maestros, tranviarios, telefonistas, electricistas, pilotos y aeromozas, estudiantes, campesinos... En suma, todas las «fuerzas vivas» que tan pacientemente se habían ido integrando al sistema, acogiéndose al «pan» y temiendo al «palo». Vallejo y su grupo representaban un problema para el sistema por su renuncia abierta a contentarse con el «pan», y su olímpico desdén, su temeridad casi, frente al «palo».

El lado vallejista no se caracterizaba tampoco por su flexibilidad. En el nuevo comité predominaban los miembros del Partido Comunista y del disidente Partido Obrero y Campesino, además de algunos representantes del Partido Popular de Lombardo. «Los comunistas siempre han sido más amigos del camino que del itacate»,[31] escribiría años después, ingeniosamente, el líder ferrocarrilero Luis Gómez Z., que respetaba en ellos la firmeza ideológica y la rectitud. En tiempos de Ávila Camacho, Gómez Z. les había concedido puestos de dirigencia, y en los de Alemán había compartido con ellos el agravio del «charrismo» y la prisión. Pero ahora se habían convertido en enemigos irreconciliables. No los separaba sólo un estilo sindical sino una diversa concepción política y, en último término, histórica: Gómez Z. era hijo de la Revolución mexicana y se movía dentro de sus parámetros, igual que otros líderes opuestos a él pero independientes, como David Vargas Bravo. No pretendían llegar a la dictadura del proletariado, ni siquiera dominar ellos mismos la clase obrera mexicana, manejada con habilidad por Fidel Velázquez. Querían mandar sobre los ferrocarrileros, enriquecer su «itacate» con mejores salarios y prestaciones (y a veces, también, como en el caso de Gómez Z., engrosar el «itacate» de sus propias personas). Los comunistas, ayunos casi de «itacate» personal y sin ambiciones de engrosarlo, tenían los objetivos propios de su ideología. «Querían liquidar a la CTM y después quizá al gobierno», apunta Gómez Z.[32] «¡Querían tumbar al gobierno, ésa es la verdad!», recuerda David Vargas Bravo, quien reprobaba las purgas de corte soviético que los vallejistas ejercían sobre quienes se habían negado a secundar los primeros paros de 1958: «... todos los días iban golpeadores, se "enchapopotaba" a los obreros disidentes, se ... [aplicó] el terror interno, había listas de proscripción como en la Revolución francesa».[33]

Años atrás, las diferencias entre los partidarios del «camino» y los defensores del «itacate» habían rozado la comicidad. Gómez Z. recuerda cómo el agresivo líder Valentín Campa mandaba hacer especialmente, en la panadería cercana al local de la sección 15 del sindicato, unos bolillitos que no llegaban al peso requerido para mostrarlos a sus compañeros como prueba de la explotación de la clase obrera y la codicia de los hambreadores de la clase capitalista. (¡Grandes vivas y abucheos!) En esas mismas sesiones, que se desarrollaban en los altos del cine Briseño, se levantaba de su asiento Antonio Vega, gran orador, y exclamaba: «¡No se dejen engañar, compañeros!, las suelas de los zapatos del compañero Campa están llenas de agujeros, pero cuando sale de aquí y se va a su casa, se coloca la elegante capa dragona y va a las Lomas con sus queridas burguesas». (¡Grandes vivas y abucheos!)[34]

A principios de 1959, el pleito era infinitamente más serio. En ese momento, toda la tradición combativa de los ferrocarrileros se concentraba, enfrentada al gobierno. Ningún otro gremio obrero había participado en la Revolución como ellos. ¿Quién no recordaba que la Revolución se había hecho sobre rieles? Ferrocarrileros habían sido Rodolfo Fierro y varios de «los Dorados» de Villa; ferrocarrileros fueron quienes habían escoltado a Carranza en su éxodo hacia Veracruz; ferrocarrilero era Margarito Ramírez, quien había salvado la vida de Obregón. «Huevos, muchos huevos» les sobraban a los ferrocarrileros, como habían mostrado en 1958, cuando la inmensa mayoría apoyó a su líder Demetrio Vallejo, obrero igual que ellos. No era la ideología lo que los motivaba. «Los obreros no eran comunistas»,[35] recuerda Vargas Bravo. Los movía la fuerza de un líder honesto y combativo, la repulsa a los líderes «charros» y «peleles» del gobierno, la promesa de mejores salarios y prestaciones, y el vértigo de haber «doblado al gobierno».

Pero «huevos» no faltaban del otro lado. El presidente López Mateos viviría los acontecimientos con un dolor moral que se confundía con su intermitente dolor físico. No le faltaban «huevos», le faltaba estómago para resistir la tensión. Su sensibilidad bohemia estaba hecha para la diplomacia, no para la confrontación. Adelgazaría veinte kilos en esos meses. En cambio, su secretario de Gobernación planeaba con su paisano, el oaxaqueño Gilberto Suárez Torres, subprocurador general del Distrito Federal, «agarrar a los huelguistas por los huevos». «Nos jugamos nuestro destino y nuestra historia como país»,[36] advertía Díaz Ordaz. Fue entonces, recuerda Antonio Ortiz Mena, cuando «empezó realmente» el «momento histórico» de Díaz Ordaz. El propio Ortiz Mena lo oyó discurrir planes posibles: «... provocar una fricción con la guardia, forzar un estallido de violencia»,[37] ésas eran las únicas soluciones.

Desde principios de 1959, el sindicato vallejista actuó con inusitada desenvoltura. No sólo anunciaba un próximo emplazamiento a huelga para lograr el aumento de salarios, sino que opinaba públicamente sobre la marcha de la administración ferrocarrilera, proponía integrar un consejo con amplia participación obrera y emitía comunicados sobre la industria petrolera. Mientras la empresa se declaraba «totalmente incapacitada para resolver las demandas» que planteaba el sindicato,[38] una ola de solidaridad sindical comenzó a crecer y cernirse sobre la hegemonía de la CTM. Las denuncias de Fidel Velázquez sobre el «rojismo comunista» de los ferrocarrileros no impidieron la creación de grupos disidentes de depuración sindical entre los telefonistas, tranviarios, telegrafistas, petroleros. La prohibición de una manifestación en las calles de la ciudad que hubiese vinculado a todos esos grupos no persuadió a Vallejo de posponer la huelga que finalmente estalló a las doce horas del 25 de febrero de 1959.

«¿Cómo la ve?», preguntó López Mateos a Vargas Bravo. «Si cede, pierde; es un pretexto», contestó el líder, a quien los vallejistas habían proscrito junto con todo su departamento de electricistas.[39] Sin embargo, la empresa y el sindicato se avinieron al arreglo: 16,66 por ciento sobre los 215 pesos, 62 millones de pesos para servicios médicos y medicinas, 30 millones de pesos para habitaciones destinadas a obreros que vivían a lo largo de las vías o en pequeños poblados, reincorporación de 315 cláusulas derogadas en tiempos del «charrismo», y la promesa por parte de la empresa de aumentar las tarifas con cargo a las compañías mineras extranjeras, «Victoria patriótica que se les debe reconocer»,[40] apuntó Lombardo Toledano en *Siempre!* Entre los estudiantes universitarios y las diversas corrientes de disidencia sindical, la noticia del triunfo provocó un enorme entusiasmo: «Cuando los vallejistas ganaron la primera huelga», recuerda Carlos Monsiváis, «fuimos a la estación de Buenavista. Llegó Othón Salazar con un grupo de maestros. Habló Vallejo; la banda tocó *La rielera* ("Yo soy rielera/ tengo mi Juan/ él es mi vida/ yo soy su querer"); los ojos de todos los presentes estaban humedecidos».[41]

A los pocos días, los hechos tomaron otro signo. Por omisión en apariencia accidental, el sindicato había dejado fuera del arreglo a tres empresas: el Ferrocarril Mexicano, el del Pacífico y el Terminal de Veracruz. De nueva cuenta se interpuso un emplazamiento a una huelga, que la junta de conciliación declaró inexistente. Esta vez el paro total coincidiría con la Semana Santa y afectaría por ello a millones de vacacionistas. No hubo arreglo, y el miércoles 25 de marzo los obreros de dos empresas declararon la huelga.

Sin cerrar las vías de diálogo, el Jueves Santo el gobierno encarceló a algunos dirigentes, y trece mil obreros de los ferrocarriles Mexicano y del Pacífico fueron despedidos. El 28, Sábado de Gloria, se llevaron a cabo pláticas conciliatorias entre Vallejo y Salomón González Blanco, secretario del Trabajo. El gobierno, que era el propietario de todo el sistema, accedía una vez más a homologar el aumento del 16,66 por ciento en las dos empresas litigantes. En un momento, se le ofrece a Vallejo la salida típica que había probado su eficacia con Ruiz Cortines: visitar al presidente López Mateos y llegar con él al arreglo. Pero el tozudo Vallejo ofende al presidente al argumentar que no puede acudir sin una grabadora, porque no puede actuar al margen del comité ejecutivo. Para colmo, el comité ejecutivo insiste en el paro total de los Ferrocarriles Nacionales en solidaridad con las dos empresas en conflicto. Todo lo cual precipitó el desenlace.

«Si el 28 de marzo por la mañana», reflexionaba Vallejo un año después, «se hubiera recomendado una retirada sin asegurar la reinstalación de los destituidos y la libertad de los detenidos de las secciones, la división sería un hecho ... en esas condiciones la caída del comité ejecutivo general sería cuestión de horas o de días, por medio de otro "charrazo" con apoyo de los propios ferrocarrileros.»[42]

Cuatro años más tarde, volviendo sobre aquella crucial decisión del paro total de solidaridad, Vallejo cambiaba de opinión. «Lógico hubiera sido hacer una pausa», escribía, «reorientar y reorganizar las fuerzas, buscar la solidaridad militante de otras organizaciones obreras.» Ésa había sido su convicción personal; pero no actuaba solo, sino bajo las órdenes de tres partidos, el PC, el POCM y el PP.

«No me parece correcto ocultar que me di perfectamente cuenta, o cuando menos, intuí el peligro que entrañaba el acuerdo de los paros, pues sólo los ofuscados con la euforia de los triunfos y los teóricos empedernidos del sindicalismo no se percataron de él. Sin embargo, y a despecho de esta certeza o intuición, no me opuse al acuerdo, porque sólo dos o tres de los integrantes del comité ejecutivo general y comité general de vigilancia y fiscalización no pertenecían a ninguno de los tres partidos, y como se me informó que era un acuerdo de éstos, me pareció, ante la gravedad de la situación, muy peligroso plantear las divergencias y tratar de imponer mi criterio a la mayoría, y por eso hice todo lo posible para que fueran los propios partidos los que hicieran la rectificación.»[43]

Tarde, y tras las rejas de la vieja prisión de Lecumberri, Vallejo se enteró de que la resolución para seguir el paro hasta sus últimas consecuencias había provenido sólo del PC y el POCM. El prudente Lombardo había recomendado aceptar las proposiciones del gobierno, lo cual hubiera cosechado «el aplauso de la opinión pública».

Con gran despliegue de violencia, a golpes de macana y bayoneta, en una operación relámpago que cubrió toda la República, la policía y el ejército y las corporaciones de agentes especiales apresaron a diez mil ferrocarrileros. Sólo en Guadalajara fueron mil quinientos, y ochocientos en la estación de Peralvillo. Se les confinó en las cárceles y el campo militar número 1. Hubo algunos muertos y escenas de sadismo: en Monterrey fue torturado y asesinado el líder Román Guerra Montemayor. Su cadáver, colocado en la vía de un tren, tenía los labios y las uñas pintados de colorado para evidenciar su filiación política y simular un crimen de homosexuales.

A la una de la mañana del domingo 29, David Vargas Bravo recibía una llamada de Díaz Ordaz. Lo quería ver «de inmediato» en Bucareli. Allí le informa lo que ocurrió: Vallejo está preso junto con todo su Comité Ejecutivo, lo mismo todos los secretarios locales en toda la República. Vargas Bravo debía colaborar en la reanudación del servicio. En la puesta en marcha intervendría también Gómez Z., que ya se había entrevistado con el presidente y se hallaba en la misma oficina. A ambos les dijo: «Elijan ustedes al comité. De lo demás nosotros nos encargamos. Pónganse de acuerdo. Hoy mismo se reúnen. Será reconocido por la autoridad del trabajo». Paralelamente, el secretario les pidió que echaran a andar el servicio «contratando gente que aparentara una vuelta a la normalidad». Ese mismo día 29, como parte de la vertiginosa operación, la empresa anunció el cese de diez mil obreros, pero otras estimaciones elevarían la cifra a veinte mil.

Acto seguido, recuerda Vargas Bravo, «Gómez Z. y yo nos rifamos en mi oficina toda la República y al comité se le reconoció». En los dos días siguientes se rompió el paro. Con la participación de gente de Gómez Z. y de Vargas, se pusieron en marcha los famosos «trenes fantasma» que, escoltados por el ejército, pero sin carga ni pasajeros, simulaban ruidosamente la reanudación del servicio. Sin despachadores ni telegrafistas, los electricistas cercanos a Vargas Bravo «puenteaban las estaciones» y logaron que los confundidos huelguistas, en una proporción considerable, volvieran a sus puestos.[44]

Los presos no cabían en las cárceles del país. «Habían arreado con todo», recuerda Vargas Bravo. Díaz Ordaz le pidió que fuera a la prisión de Lecumberri y señalara a los que podían salir. Así lo hizo y liberó a casi la mitad de los encarcelados. El martes 31 de marzo la prensa mexicana anunciaba que, entre los ochocientos presos, se hallaban «ciento cincuenta fichados como agentes comunistas, incluso algunos ocupaban puestos en la dirección sindical, lo que es sencillamente intolerable y no lo puede permitir México». Al día siguiente, la acusación era aún más precisa: los vallejistas buscaban «el derrocamiento del gobierno de la República y después dictar una nueva constitución ... Vallejo ha incurrido en el delito de traición a la patria».[45]

Meses más tarde, 35 líderes del movimiento, incluidos Vallejo y el cerebro del movimiento, Valentín Campa, recibían condenas que fluctuaban entre 4 y 16 años de prisión. Se les acusaba, entre otras cosas, de violar el artículo 145 del Código Penal e incurrir en el delito de «disolución social», delito que Ávila Camacho había instituido para combatir a los fascistas en tiempos de la segunda guerra mundial y que en la práctica facultaba al gobierno para encarcelar a quien discrecionalmente considerara un enemigo de México. Los acompañaba un nuevo preso ilustre, tan supuesto «traidor a la patria» como ellos: el muralista David Alfaro Siqueiros. Luego de recorrer varios países de América Latina llamando a López Mateos «impostor» y «entreguista», Siqueiros fue aprehendido por el general Gómez Huerta, trasladado violentamente a la cárcel de Lecumberri y acusado del mismo delito de «disolución social». Tras las rejas pasaría casi todo el sexenio de López Mateos, hasta que, en julio de 1964, un decreto presidencial lo liberó.

En su reconsideración autocrítica escrita desde la cárcel de Lecumberri en 1964, el propio Vallejo apuntaba justamente a la diferencia entre teoría y práctica, sobre todo si la teoría era el marxismo-leninismo, y la práctica, el sindicalismo independiente:

«Ojalá que esta dolorosa experiencia sirva a los partidos revolucionarios, para que no intervengan directamente en las luchas sindicales, sino que se concreten al papel de modestos asesores cuando sean requeridos para ello, pero nunca se conviertan en árbitros para decidir lo que se deba hacer en un problema dado, especialmente si las personas físicas que intervienen en la decisión no sean ellas mismas ejecutoras de éstas o las responsables directas de su resultado en la práctica, pues en todo tiempo deben ser los órganos responsables del sindicato los que decidan una u otra cosa».[46]

Los trenes de dos sistemas incompatibles habían chocado. El sistema político mexicano no podía tolerar un caballo de Troya en su rígida organización corporativa. El sistema ideológico del Partido Comunista y su homólogo disidente (el POCM) lo apostaba todo a la enésima e inútil «toma del Palacio de Invierno», o al menos a un ascenso ontológico de la conciencia de clase. ¿Podían haber llegado a un acuerdo? Difícilmente, porque se parecían demasiado. Los ligaba una intolerancia similar, un total analfabetismo democrático. Ambos habían sido responsables del choque, pero los crímenes y atropellos se cargarían, justamente, a la cuenta histórica del gobierno.

En medio quedaban los obreros, gente de «huevos», pero sobre todo gente que soñaba con un «camino» más libre y un «itacate» más lleno para llevar esa noche a la familia.

Primero palo, luego pan

La pauta se había trazado. Nada podía ni debía cambiar en el círculo mágico de los subordinados. El sistema había reaccionado con una dureza sin precedentes contra los beneficiarios reales o supuestos de la Revolución: los obreros. A partir de ese momento, los sindicatos rebeldes que quisieran «calar» al gobierno sabían a qué atenerse. A cada acción o amago de insurgencia correspondería una reacción mayor por parte de las autoridades. El sistema político en coro apoyaba las acciones del gobierno. En la Cámara, los diputados repudiaron a los «elementos extranjeros que la dirección sindical mantuvo con ánimo de fortalecer el injusto movimiento que auspiciaba».[47] El poder judicial guardaba un circunspecto silencio. Los empresarios aprobaban con entusiasmo la medida. La Iglesia no abría la boca, pero respiraba con el golpe dado a los enemigos del cristianismo. Aun

Siempre!, la revista menos subordinada entre los «no tan subordinados», criticó la «inconcebible ceguera» de Vallejo: «... puso al gobierno en una situación límite, que se hubiera convertido en un callejón sin salida de no resolverse como se resolvió». Sólo los intelectuales más jóvenes, los estudiantes más politizados y, desde luego, los débiles partidos de oposición (el PAN y el PPS) reprobaban la medida. En la misma revista *Siempre!*, un periodista lúcido y honesto, José Alvarado, lamentaba el creciente clima de intolerancia: profesar y manifestar con libertad un pensamiento político significaba correr «el riesgo de ser señalado como un peligroso enemigo de las instituciones y un inmundo portador de las peores ideas exóticas y los más pestilentes gérmenes de disolución social».[48]

A fines de 1959, el Congreso aprobó una reforma fundamental del artículo 123 de la Constitución. Se le añadía un apartado B: por el lado del «pan», elevaba los salarios, los días de descanso, vacaciones, sobresueldos, compensaciones y primas de los trabajadores al servicio del Estado; por el lado del «palo», ponía tales condiciones, ambigüedades y cortapisas al derecho de huelga que, de hecho, lo dejaba a discreción del gobierno en turno. Los empleados del Estado, además, no podían afiliarse a otra unión que no fuera la FSTSE. Para el caso de las empresas paraestatales (los ferrocarriles y petroleros caían en este rubro), el gobierno, es decir el presidente, se reservaba la regulación de sus relaciones laborales de acuerdo con el apartado A o B que le pareciera conveniente. La reforma provocó un diferendo entre los dos pilares de la administración lopezmateísta. Según Ortiz Mena, el artículo 123 regulaba las relaciones entre los factores de la producción (capital y trabajo), por lo cual «el Estado no podía regirse como uno de ellos». La opinión del secretario Díaz Ordaz era distinta. Defendía a capa y espada el nuevo apartado B: «Vamos a dar mejor imagen política».[49]

Lo sorprendente es que, en ese contexto, quienes agitaban desde 1958 la bandera de la independencia sindical no se plegaran por entero. A la suspensión de labores por parte de los telegrafistas siguió el despido forzoso de sus dirigentes; a la repetida protesta de los maestros pertenecientes al Movimiento Revolucionario del Magisterio acaudillado por Othón Salazar, el gobierno respondió el 4 de agosto de 1960 dispersando una manifestación que salía de la Escuela Normal Superior mediante la policía montada, los granaderos y los judiciales. Los petroleros que protestaban frente al monumento a la Revolución fueron expulsados por los bomberos. Era la ley del Talión, de un lado las protestas, del otro las macanas y los gases lacrimógenos. Un irónico periodista, Renato Leduc, se burló de los criterios represivos del Departamento del Distrito Federal: si, «dada la tranquilidad que reina en la ciudad» y a pesar de la libertad específica consagrada en el artículo 9° constitucional, se prohibían las manifestaciones, *contrario sensu* debían fomentarse y aun protegerse cuando en la ciudad reinase la intranquilidad.

El reconocimiento sindical de la Asociación de Pilotos Aviadores no impidió que, a la primera huelga, el gobierno aplicara una fórmula innovadora: la requisa. Medida sin fundamento constitucional, la requisa se mencionaba sólo en leyes de carácter secundario, como la Ley General de Vías de Comunicación. Dicha ley preveía la intervención del gobierno en caso de que la seguridad, la tranquilidad o los servicios de primera necesidad estuvieran en peligro. El juicio quedaba siempre a criterio del gobierno, que dio a la ley una interpretación amplia y laxa y la aplicó con frecuencia. Cuando en 1962 los telefonistas que se hallaban en huelga sufrieron la requisa de sus instalaciones, las autoridades, en la mejor tradición de los monarcas Borbones, declararon: «... la requisa no está sujeta a ninguna consideración; se trata de un decreto presidencial, y un decreto no se discute, se acata».

Todas estas modalidades del «palo» hubiesen resultado ineficaces sin su generosa contraparte de «pan». Si bien es cierto que los conflictos sindicales ganaban las planas de los diarios, la callada labor de Fidel Velázquez al frente de la CTM era acaso más decisiva. Millones de trabajadores en empresas de la iniciativa privada se avenían de manera voluntaria y natural a los métodos pragmáticos del hombre que los representaba frente a las empresas y el gobierno, y que lograba para ellos un aumento constante en el «itacate». En cierta ocasión, el líder sindical preguntó a un presidente cuántos nombres de colaboradores recordaba. Fidel, por su parte, comenzó a recitar uno por uno, con todo y profesión, domicilio, etcétera, los nombres de trabajadores. Al llegar a trescientos, aquel presidente se dio por vencido.[50] Desde los tiempos de Alemán, las asambleas de la CTM lo reelegían periodo tras periodo. Muy pronto rompería la marca de Porfirio Díaz (treinta años en el poder), pero pocos se imaginaban que la doblaría.

Pese a todo, la inquietud sindical era un hecho y había que desfogarla. López Mateos comprendió que había que abrir la válvula y permitir el ascenso paralelo de nuevos líderes. En algunos casos, como el del electricista Rafael Galván, se trataba de líderes amigos suyos, pero independientes de la CTM y simpatizantes de una ideología moderada de izquierda. El 4 de diciembre de 1961, el presidente en persona acudía a la instalación de una nueva central: la CNT, comandada por Galván. En otros casos, los líderes emergentes tenían una base propia, pero seguían vinculados a la CTM. Así ocurrió con el nuevo y carismático líder de los petroleros, Joaquín Hernández Galicia. «La Quina», ése era su apodo, puso orden en su agitado gremio llevando a extremos la consigna clásica del «pan o palo». Como un anuncio de los métodos que emplearía, al entrar en su puesto «la Quina» amenazó con la suspensión de los derechos sindicales a todo el que protestara. Con el tiempo, el sindicato acumularía un poder económico casi feudal en las regiones y empresas petroleras. Su munificencia con sus trabajadores llegaría a extremos de escándalo, pero el pago al sistema en términos de obediencia obrera parecía justificar la creciente factura. En cuanto al gremio más revolucionario de todos, el de los ferrocarrileros, el presidente optó por encargar al mismísimo Luis Gómez Z. el manejo de la empresa. López Mateos le decía «pariente» y apreciaba en tal grado su intervención en la puesta en marcha de los servicios en 1959 que, en 1963, le regaló la oportunidad de «destapar» al próximo presidente.[51]

Además del «pan» que los obreros obtenían a través de sus líderes cada dos años en la revisión de sus contratos colectivos, el gobierno se las ingenió para ofrecer nuevos «panes» directos e indirectos. En octubre de 1960 creó una nueva institución de seguro social para los trabajadores del Estado, el ISSSTE. En noviembre de 1962 modificó de nueva cuenta el artículo 123 constitucional, pero esta vez en un sentido que todos los trabajadores del país agradecieron: se introdujo el reparto de utilidades a los obreros, se legisló sobre los aumentos periódicos del salario mínimo, y se introdujeron nuevas restricciones y aumentos a la indemnización que los patrones debían dar en caso de despido. Y junto al «pan», el techo: el gobierno de López Mateos construyó veinticinco mil apartamentos habitacionales en Nonoalco Tlatelolco y San Juan de Aragón. A mediados de 1962, durante la visita del presidente Kennedy y su esposa a México, los obreros de las artes gráficas tuvieron tres razones de júbilo: Kennedy visitó y oró en la Basílica de Guadalupe, Jacquie cautivó a todos con un discurso en español, y los dos presidentes inauguraron un gran complejo de edificios de apartamentos dotado de espacios para el deporte, la cultura y el entretenimiento: la unidad habitacional Presidente Kennedy.

Los empleados de aquella imprenta fundada en tiempos de Alemán recordarían siempre aquella experiencia.[52] Su líder, Antonio Vera

Jiménez, colgaría orgullosamente de las paredes del sindicato una gran foto suya con López Mateos y Kennedy. La vida de los miles de obreros afiliados a su unión no había sufrido mayor sobresalto. Sus salarios y prestaciones aumentaban año con año. Seguían aportando puntualmente sus cuotas, seguían marchando frente a Palacio Nacional cada primero de mayo, seguían jugando *soccer* los domingos en la mañana, seguían acudiendo a los toros, a las luchas o al box, y en esos espectáculos les fascinaba descubrir de pronto, en las gradas y sin escolta, al mismísimo presidente López Mateos con sus cuates. Era éste un gran aficionado al box y partidario de un bravo peleador, casi homónimo suyo por el apellido y por el sitio de origen: «el Toluco» López. Aquellos obreros de las artes gráficas querían bien a su presidente: «¡Viva López Mateos!», gritaban de manera genuina y espontánea. Muchos de ellos, quizá la mayoría, ignoraban por completo lo que había ocurrido con los ferrocarrileros o lo atribuían a «cosas políticas» que no eran de su incumbencia. Si Campa y Vallejo, con su sacrificio, habían querido elevar la conciencia de clase en México, habían fracasado.

En 1961 el ejecutivo envió al Congreso la iniciativa de una ley de seguridad social para las fuerzas armadas. Se aprobó, como siempre, por unanimidad. El ejército apreció esta señal de apoyo, pero nunca condicionó el suyo. Había asimilado plenamente la función que Ávila Camacho le había encomendado: ser el «baluarte inmaculado de las instituciones».

Además de intervenir con frecuencia en el problema obrero, el ejército fue requerido para «poner orden» en otros tres ámbitos conflictivos: el de una facción pequeña de la propia jerarquía militar, el de algunos *campus* universitarios y el de ciertos líderes campesinos que se rebelaban contra el pasivo servilismo de la CNC y seguían blandiendo la antigua y mítica bandera de Emiliano Zapata.

Un anciano revolucionario que había sido gobernador del Distrito Federal en tiempos de Obregón, el general Celestino Gasca, anunció con gran anticipación que se levantaría en armas para «derrocar al gobierno» el 15 de septiembre de 1961. Agradecido por la cortesía, con suficiente anticipación el ejército lo apresó a él y a sus allegados. En dos ciudades tradicionalmente católicas, Puebla y Morelia, el ejército patrulló las calles para «poner orden» entre las dos facciones políticas que se disputaban la vida política local: los estudiantes y maestros de izquierda, y las clases altas y medias ligadas a la Iglesia y los empresarios. En el caso de Morelia, un estudiante resultó muerto. Adicionalmente, a principios de los años sesenta, los batallones del ejército intervinieron para disolver varias manifestaciones de protesta contra dos gobernadores sucesivos en el más violento de los estados mexicanos: Guerrero. Los episodios se saldaron con decenas de muertos. Esos zafarranchos, cuyo sangriento escenario fue la ciudad de Chilpancingo, constituirían la semilla de la que nacerían los movimientos guerrilleros campesinos que operarían en el estado de Guerrero desde mediados de los sesenta hasta fines de los setenta. Pero quizás el episodio individual de represión que dejaría una huella más profunda en la oposición fue el que se cometió contra el líder campesino de la región zapatista de Morelos: Rubén Jaramillo.[53]

Además de heredar él impulso social de Zapata, Jaramillo tenía una extraña particularidad: era pastor metodista. Solía interpretar como un iluminado el Sermón de la Montaña. Carlos Monsiváis, que escuchó sus discursos en la campaña henriquista de 1951, lo define como «hijo natural de Zapata e hijo espiritual de John Wesley».[54] En tiempos de Cárdenas, Jaramillo había propiciado la creación del ingenio de Zacatepec con la esperanza de que traería la prosperidad para los herederos históricos de Zapata, pero las administraciones, ineficaces y corruptas, desvirtuaron muy pronto esos sueños. Jaramillo, que predicaba entre los propios campesinos contra el alcohol y los vicios, no podía menos que asesorarlos legalmente y protegerlos contra los atropellos que sufrían, por eso formó un comité de defensa cañera. Su combatividad le ganó el acoso oficial al grado de obligarlo a huir al monte con un grupo de hombres.

Ávila Camacho trató de probar con Jaramillo los métodos de persuasión que tanto le habían servido con los cristeros. Habló con él, respetó su vida, le ofreció amnistía, tierras y dinero; sin embargo, fracasó, porque la querella de Jaramillo no era por la religión sino por la causa de la tierra asumida como religión. En 1946 se presentó como candidato libre a la gubernatura de Morelos. En 1951 se incorporó a la campaña de Henríquez Guzmán. En los años siguientes combatió a varios caciques de la región y presionó con insistencia a las autoridades para que se llevara a cabo el reparto de las tierras de Michapa y El Guarín entre los miles de campesinos que tenían derecho a ellas. En lo personal, vivía con increíble modestia de sus tierritas y los vestidos que confeccionaba su mujer.[55]

El hombre que recabó todos estos datos y perfiló por vez primera la biografía del líder Jaramillo fue el escritor Carlos Fuentes. Visitó la región poco después del 23 de marzo de 1962, día en que, al parecer por órdenes del general Gómez Huerta, jefe de Estado Mayor presidencial, se cometió el crimen. Al poco tiempo, para sorpresa y disgusto de López Mateos, el dramático texto de Fuentes aparecía en la revista *Siempre!*, lo cual determinó el retiro de la publicidad oficial al órgano cada vez menos subordinado, cada vez más digno e independiente, de José Pagés Llergo:

«Los bajan a empujones. Jaramillo no se contiene; es un león del campo, este hombre de rostro surcado, bigote gris, ojos brillantes y maliciosos, boca firme, sombrero de petate, chamarra de mezclilla; se arroja contra la partida de asesinos; defiende a su mujer y a sus hijos, sobre todo al hijo por nacer; a culatazos lo derrumban, le saltan un ojo. Disparan las subametralladoras Thompson. Epifania se arroja sobre los asesinos; le desgarran el rebozo, el vestido; la tiran sobre las piedras. Filemón los injuria; vuelven a disparar y Filemón se dobla, cae junto a su madre encinta, sobre las piedras; aún vivo, le abren la boca, toman puños de tierra, le separan los dientes, y entre carcajadas, le llenan la boca de tierra. Ahora todo es rápido: caen Ricardo y Enrique acribillados; las subametralladoras escupen sobre los cinco cuerpos caídos. La partida espera el fin de los estertores. Se prolongan. Se acercan con las pistolas en la mano a las frentes de la mujer y de los cuatro hombres. Disparan el tiro de gracia. Los bajan a empujones».[56]

Cinco mil campesinos habían acudido a su entierro protestante en Jojutla. En su reportaje, Fuentes rescató las expresiones de dolor, llenas de dignidad, de los campesinos de Morelos: «Nos han matado a los que eran las piernas y los brazos de los desamparados».

Sin que muchos lo advirtieran, estaba operándose un cambio cualitativo en un sector crucial de la sociedad: el de los estudiantes más politizados de clase media, los lectores de *Siempre!* y de la revista *Política*, más radical. Los fervorosos sesenta habían comenzado en México el primero de enero de 1959, con el triunfo, tan inesperado como esperanzador, de Fidel Castro. Durante todo el movimiento ferrocarrilero, una sensación festiva recorrió los aires y los *campus* universitarios, como si bastara la porfía revolucionaria para mover montañas y remover dictadores y dictaduras. «Vivir era acudir a las manifestaciones», escribiría en 1966 Carlos Monsiváis, estudiante universitario en esos años. «"¡Despierta, pueblo!" "¡Que despierte la conciencia popular!" "¡Granaderos asesinos!" En las manifestaciones se vaciaba orgásmicamente toda la intensidad que desde Calles sólo podía expresarse si era en apoyo del gobierno.»[57]

Tras la represión a los ferrocarrileros y los maestros, no había lugar ya para el puro «relajo» contestatario y las «goyas» al presidente. La política estudiantil salía de los *campus* del Politécnico y la Universidad y se comprometía con la política nacional. Monsiváis recuerda:

«El 4 de agosto de 1960 se organizó una gran manifestación que debía partir de la [Escuela] Normal. Desde las 8 de la mañana, la policía montada y toda suerte de policías secretas rodearon el edificio. En el interior, una asamblea agitadísima. Unos cuantos intentamos convencer a los demás de la necesidad de quedarnos. Se aprobó la salida. La represión fue absoluta. La policía montada se lanzó con fervor contra la cabeza de la manifestación. Unos cuantos deseaban cantar el himno nacional, pero no había tiempo. Me refugié en un edificio y desde la azotea vimos la implacable, interminable cacería. Cuarenta estudiantes emboscados bajo un dragón chino fueron los primeros en caer. Los jóvenes de las [Escuelas] Vocacionales traían palos con clavos y cadenas, mas el intento de resistencia era a todas luces imposible».[58]

Empezó a configurarse un antagonismo radical entre dos prototipos: el granadero y el estudiante. Durante una embestida de los granaderos en el Zócalo, Monsiváis escuchó la arenga de una «compañera»: «... sacones, rastreros, enfréntense a los agentes de la burguesía». Por esas fechas, Monsiváis formó parte de un comité pro libertad de los presos políticos, hizo una huelga de hambre en Lecumberri y con varios compañeros se dedicó a repartir volantes, pintar paredes y, en una palabra, «agitar». Aunque no todos los estudiantes tenían una ideología de izquierda (de hecho, a lo largo del periodo, se intensificó paralelamente la antigua y poderosa militancia estudiantil de derecha que provenía de los treinta), una nueva interpretación de izquierda se arraigaba cada vez más en la conciencia estudiantil: el Estado mexicano «dizque revolucionario» era en realidad el vil testaferro de la burguesía y el imperialismo; frente a él se alzaba la clase obrera y campesina y sus voceros fieles: los estudiantes, los artistas y los intelectuales.

Algunos ingenuos pensaron que estaba cerca el fin del sistema político mexicano. En realidad se vivía el apogeo de su reinado. Al igual que en el caso de los obreros, el sistema recurrió al «palo» contra los campesinos disidentes, aunque amplió considerablemente la oferta (real y demagógica) de «pan». En abril de 1959 creó el Fondo Nacional de Fomento Ejidal y, dos años más tarde, consolidó la Compañía Nacional de Subsistencias Populares (Conasupo), antigua CEIMSA, que aseguraba precios de garantía a los productos tradicionales del campo mexicano. Adicionalmente, López Mateos abrió nuevas tierras a la colonización, introdujo algunos proyectos medianamente exitosos de industrialización en el campo (Cordemex, en la región henequenera de Yucatán, fue uno de ellos) y, para no quedarse atrás del ex presidente Lázaro Cárdenas, cuya irritante animosidad lo acompañó todo el sexenio, dio un nuevo impulso al reparto de tierras. Antes de Cárdenas se habían repartido siete millones de hectáreas; Cárdenas había llegado a la cifra de diecisiete millones de hectáreas, Ávila Camacho a cinco millones, Alemán a cuatro millones, Ruiz Cortines a tres millones; pero López Mateos alcanzó dieciséis millones de hectáreas. Hacia 1964 se había repartido el 25 por ciento del territorio nacional. Algo, no obstante, no cuadraba. Si el país tenía doscientos millones de hectáreas y sólo el 15 por ciento de ellas eran en verdad aptas para el cultivo, ¿qué clase de tierra había repartido López Mateos? Los montes y las peñas, dirían sus críticos.

Cuando finalizó su periodo presidencial, el saldo para López Mateos no podía ser más positivo. Mediante el uso resuelto del «palo» (por parte de su secretario de Gobernación, el ejército, el Estado Mayor presidencial y la policía), el apoyo de los poderes formales (legislativo y judicial) y mediante el suministro del «pan» (por parte de todas las agencias de la creciente oferta del poder ejecutivo), el sistema había pasado su primera gran prueba histórica. Durante las siguientes tres décadas, los obreros no sólo no volverían a levantarse contra el sistema sino que lo defenderían en momentos de auténtica insubordinación social en sectores de la clase media; la CTM reafirmaría cada vez más su hegemonía; los comunistas no influirían ya en los sindicatos; Campa y Vallejo pasarían diez años irrecuperables en la cárcel, el primero pensando en el camino, el segundo en el «itacate». Y los campesinos no volverían, por largo tiempo, a tener líderes del corte de Jaramillo.

«Un solo camino: México», rezaba el inmenso letrero iluminado de la nueva Comisión Federal de Electricidad, compañía que López Mateos, haciéndose eco de la expropiación petrolera de 1938, nacionalizó con gran bombo y platillos en 1960, al conmemorarse los cincuenta años de la Revolución mexicana. Para los poderes subordinados del sistema (los reales, los formales y los corporados), el significado auténtico había quedado definitivamente claro: «Un solo camino: el PRI».

Primero pan, luego palo

A diferencia de Ruiz Cortines, que cambió a casi todos los gobernadores alemanistas, la era de López Mateos se caracterizó por una olímpica estabilidad. Sólo en Baja California, en San Luis Potosí y en el siempre bronco estado de Guerrero hubo problemas que se solucionaron con renuncias, revocaciones u otros métodos socorridos en esos casos. López Mateos había aprendido a la perfección la receta de su amigo y maestro: los gobernadores le pertenecían al presidente. El hombre que gobernó el estado de Campeche entre 1961 y 1967, el coronel José Ortiz Ávila, narró alguna vez sus indudables «méritos en campaña». Así está citado en Gabriel Zaid:

«Cuando el presidente López Mateos iba a rendir su primer informe de gobierno, [los diputados del PRI] Francisco Pérez Ríos y Ortiz Ávila recibieron una encomienda: vigilar al panista [diputado de la oposición] Molina...

»"Yo", recuerda Ortiz Ávila, "me puse a un lado de Molina y le dije: 'Mire: yo ya no quiero bronca, pero si usted intenta interpelar al señor presidente, yo me lo sueno; usted me conoce'", amagó Ortiz Ávila, al tiempo que, con su pistola bajo el brazo izquierdo y ocultada por el saco, apuntaba al diputado Molina. "Y el viejo", prosigue Ortiz Ávila, "nada hizo. Se estuvo quieto como hasta las doce horas, en que me dijo: 'Mire, diputado Ortiz Ávila: yo ya me voy. El presidente está diciendo puras pendejadas, no tiene caso oírlo'..."

»Posteriormente, López Mateos llamó a Ortiz Ávila y le dijo: "Abogado, así se maneja la política. La política debe hacerse con muchos sesos, pero si a los sesos les ponemos huevos, son más sabrosos ..."

»Ortiz Ávila comenta: "Sí, creo que fue entonces cuando empecé a ganarme la gubernatura de Campeche"».[59]

Detrás de muchas gubernaturas del periodo pudo haber méritos similares, pero lo que ocurrió en San Luis Potosí, la tierra de Gonzalo N. Santos, es punto y aparte.

«La moral es un árbol que da moras o sirve para una chingada», decía Santos. Era una más de las ocurrencias verbales de aquel extraño personaje cuyas regocijantes y macabras memorias alcanzarían cierta dignidad literaria, pero cuyos desmanes no tenían comicidad alguna. San Luis Potosí era su coto de caza, su «califato», como cínicamente decía su amigo Ruiz Cortines. En ese feudo, el cacique imponía la «ley de los tres *ierros*»: «encierro, destierro y entierro».[60] Miles de anécdotas correrían sobre aquel viejo que «no necesitaba mandatarios para su estado, sino veladores». «Para robar nomás yo, tales por cuales», decía Santos cuando era gobernador. Y ya en el ocaso, se preguntaba: «¿Qué harán hoy éstos con el dinero? En mis tiempos había poco y se hacía obra, ¡y todavía quedaba para robar!» En 1958, todavía le quedaba mucho. Su rancho El Gargaleote (donde vivía con doña Leola, su mujer, su familia y su guardia personal, entre ellos el famoso «Mano Negra», que jamás abandonaba a sus «muertitos» a menos de quinientos metros de la carretera) tenía una extensión modesta: sólo ochenta y siete mil hectáreas.

La situación política de San Luis Potosí resultaba más cruel si se le contrastaba con su gran historia liberal. El periodista Filomeno Mata, que entre encarcelamiento y encarcelamiento había publicado durante treinta años (los mismos que Porfirio Díaz estuvo en el poder) *El Diario del Hogar*, era potosino. Los principales caudillos del partido liberal, que constituyó la primera oposición seria al régimen de Díaz, fueron todos potosinos: Camilo Arriaga, Antonio Díaz Soto y Gama, Librado Rivera, Juan Sarabia... Madero llamó «Plan de San Luis» a su proclama revolucionaria publicada en San Antonio. Pero la Revolución triunfante había pagado mal a aquel estado precursor, condenándolo a sufrir dos cacicazgos sucesivos: el de Saturnino Cedillo y el del «Alazán Tostado», Gonzalo N. Santos.

A fines de los años cuarenta, el doctor Díaz Infante, rector de la Universidad Autónoma de San Luis Potosí (UASLP), decidió entregar a Santos una medalla de reconocimiento por haber otorgado durante su gobierno la autonomía a la institución. Un maestro de la escuela de medicina y miembro del consejo universitario, el oftalmólogo Salvador Nava, impugnó la decisión y se negó a firmar el acta oficial correspondiente, arguyendo que la autonomía universitaria había sido concedida desde 1923 por el gobernador Rafael Nieto. Santos no olvidaría la afrenta.

Los Nava eran una familia que contaba con cuatro médicos famosos y queridos en San Luis Potosí, comunidad que entonces tenía cien mil habitantes. Sus consultorios estaban llenos siempre de electricistas, ferrocarrileros, textileros, mineros, gente diversa y de todos los estratos sociales. Uno de los Nava, Manuel, vasconcelista en su juventud, ocupó la rectoría de la UASLP entre 1952 y 1958. Fueron años de penuria para la institución. En una entrevista que tuvo lugar en 1956, Santos manifestó al rector que no podía esperar mayor ayuda del gobierno federal porque éste tenía catalogada a la UASLP como «reaccionaria». Sólo con la renuncia de Nava, Santos se avenía a interponer su influencia ante las autoridades. Finalizada la entrevista, el rector hizo públicas las presiones que sufría la UASLP. Con ello logró la reelección, el apoyo entusiasta de la ciudadanía y, por supuesto, dar otra vuelta de tuerca a la malquerencia del cacique.

Manuel Nava murió sorpresivamente en 1958. Salvador, su hermano menor, tomó su estafeta y formó con unos amigos la Federación de Profesionistas e Intelectuales de San Luis Potosí (FPEI), que, junto con otras organizaciones (el Frente Reivindicador y la Alianza Cívica), aglutinó por primera vez la oposición contra Santos. Pretendían desplazar democráticamente al cacique: «Estuvimos analizando en muchas ocasiones la situación de atraso del estado de San Luis Potosí. Veíamos que todo dependía de la voluntad de una sola persona. Veíamos que todas las agrupaciones, todos los municipios se manejaban con incondicionales de Santos».[61] El grupo de Nava no simpatizaba con ningún partido, pero consideraba que les convenía luchar «dentro del PRI contra uno de sus miembros». En consecuencia, la FPEI se adhirió a la Confederación Nacional de Organizaciones Populares (CNOP), el brazo corporativo del PRI para todos los sectores medios.

Las circunstancias, por lo demás, parecían propicias: «Nosotros sabíamos», recuerda Nava, «que el licenciado López Mateos había militado con el licenciado Vasconcelos en su campaña presidencial ... Aunque no teníamos ninguna certeza y carecíamos de un contacto directo con él, creíamos y estábamos conscientes que no vería con buenos ojos al señor Santos aquí en San Luis».[62] Siempre se dijo que Santos había participado, o al menos orquestado, la balacera que segó la vida del joven vasconcelista Germán de Campo. Santos, por su parte, negó repetidamente su responsabilidad: «... un pinche muerto más o menos no me va a quitar el sueño».[63] Mucha agua había pasado bajo el puente desde aquel año de 1929, pero López Mateos, que nunca perdió su temple idealista, no había olvidado su experiencia en el vasconcelismo. Y cuando la olvidaba, las migrañas se lo recordaban: ¿provenían acaso de aquel golpe en la cabeza?

El primero de noviembre de 1958, a un mes de la toma de posesión de López Mateos, se constituía la Unión Cívica Potosina. Gonzalo N. Santos había realizado el milagro nunca visto: unificar al PAN, los sinarquistas, los comunistas, los profesionistas, y hasta algunos sectores del PRI... en su contra. Entonces surgió la idea de postular al doctor Nava como candidato a la presidencia municipal de San Luis Potosí: «Empezamos a recorrer todos los barrios de la ciudad; desplegados en los periódicos, mítines, volantes; y vimos cómo aumentaban los adeptos al movimiento nuestro».[64]

En unos días Nava consiguió el apoyo del 80 por ciento de los ferrocarrileros y varios otros contingentes obreros. El 19 de noviembre, un periódico local informaba sobre la existencia de «más de mil hombres armados para dar la batida final al cacicazgo de Santos» y pedía al gobierno federal la abolición inmediata «del cacicazgo y sus residuos a fin de que el pueblo pueda elegir en absoluta libertad».[65] Durante el tradicional desfile del 20 de noviembre, Santos no se presentó y el pueblo lanzó huevos podridos al gobernador santista, Manuel Álvarez, quien huyó de la ciudad. En el quiosco de la plaza, ese mismo día, se levantó una horca (simbólica) para el gobernador y para el cacique, con una manta que decía «Asesino de estudiantes, Santos». El ejército intervino.

Indignados por el atropello, hartos de «Santos y su camarilla de pillos, bribones y asesinos»,[66] los ciudadanos de San Luis buscaron la intervención directa del secretario de Gobernación de Ruiz Cortines, Ángel Carvajal, quien alegó que no podía recibirles porque «ya estaba por salir». Quien tomó el toro por los cuernos fue el oficial mayor, que en unos días ocuparía la Secretaría de Gobernación: Gustavo Díaz Ordaz. Al entrevistarse con uno de los líderes del movimiento, el magistrado Franco Carreño, Díaz Ordaz le confesó que no hablaría con Nava y su grupo porque «eran sinarquistas». «¡No, señor!», respondió Carreño, «ni el sindicato ferrocarrilero, ni el minero, ni la CROC, ni la CNOP pertenecen a esos grupos, todos son gentes del PRI». Díaz Ordaz contestó que los sinarquistas ya se habían infiltrado.[67]

El día 26 la ciudadanía lanzó un ultimátum: «... si para mañana por la noche no declaran desaparecidos los poderes estatales, la huelga estallará». El mañana llegó y con él la huelga. La ciudad quedó paralizada y bajo control militar. Un manifiesto de los comerciantes recordaba una frase de campaña de López Mateos: «Los cacicazgos subsisten mientras el pueblo los tolera».[68]

Un día después de la toma de posesión del nuevo presidente, Díaz Ordaz se entrevistó con el doctor Nava. Le dijo que respetaría el voto en las elecciones que se verificarían el día 7 de diciembre, pero pedía que se levantara el paro: «Doctor, ¿no le da vergüenza que el mismo día de la toma de posesión del nuevo presidente ... la ciudad de San Luis esté con los brazos caídos? ¿No cree que es una mancha para tan digno acontecimiento?»

El día 4 había treinta poblaciones paralizadas en el estado de San Luis. El violento desalojo de militantes que el ejército practicó en el quiosco de la plaza de la capital se saldó con el encarcelamiento de cuatrocientos de ellos y la muerte de un niño. Llegó a la región un nuevo comandante de la XII zona militar, Alberto Zuno Hernández, cuyas primeras declaraciones constituían una advertencia terminante para Santos: «... el pueblo no debe enfrentarse al pueblo». Por fin se verificaron las elecciones: Salvador Nava obtuvo 26.319 votos; el candidato santista, sólo 1.683. El letrero «Esta casa votó por Nava» apareció en muchas ventanas. Los comercios anunciaban: «Compre aquí, somos navistas». Fidel Velázquez presidió un cambio de directiva local en San Luis, removiendo a los santistas. El 23 de diciembre, el Congreso reconoció el triunfo de Nava. La noche siguiente, los potosinos tuvieron la dulce experiencia de una Navidad en un municipio libre. La democracia había logrado un triunfo sin precedentes en la historia contemporánea de México.

Nava ejerció una administración transparente. «Durante quince años han dominado los hombres ineptos», sostenía, «los designados por el "Gran Elector" representando a la política de facción sin contactos con la ciudadanía.» Nava se propuso invertir los términos, y actuó con eficiencia y de cara a la ciudadanía. Cada semana informaba al pueblo por radio sobre el avance de las obras de su gobierno. Diariamente aparecía en las paredes del palacio municipal una lista pormenorizada sobre el uso de los dineros públicos. Al concluir su primer informe de gobierno, Nava convocó a una reunión pública en la plaza de armas y frente a quince mil personas hizo repicar la nueva «campana de la libertad», fabricada con el bronce de las placas que el pueblo arrancó de escuelas, mercados, plazas, presas, calles en los que aparecía el nombre de Gonzalo N. Santos.

Desaforado el gobernador santista, ocupaba la gubernatura el periodista estrella de la revista *Siempre!*, Francisco Martínez de la Vega. Amigo antiguo de López Mateos, «don Paco» era un hombre de izquierda moderada que por eso mismo recelaba del popular alcalde de la capital del estado y lo identificaba con «corrientes tradicionalmente enemigas de los principios de la Revolución mexicana». Aunque estaba lejos de ser un hombre de derechas, Nava no ocultaba su filiación cristiana. En su gobierno había un abanico de representaciones. Cuando Díaz Ordaz le advirtió sobre el peligro de los comunistas, Nava le dijo que tenía que incluirlos (lo habían apoyado), si bien les encomendaría una labor en la que no les sería fácil provocar agitaciones: «la administración de los cementerios civiles».[69] Pero, más allá de las diferencias locales, el caso de San Luis preocupaba seriamente al cuartel central del sistema político: el PRI y Gobernación. La preocupación alcanzó niveles de alarma cuando, el 10 de enero de 1961, Nava renunció a la alcaldía para contender por la gubernatura del estado.

Nava creía que iba a ganar su postulación dentro del PRI. «En mi vida he pertenecido a un solo partido, que es el PRI», puntualizaba a fines de febrero de 1961. «¡No soy sinarquista!, ¡no soy comunista!, ¡jamás he pertenecido a Acción Nacional!» La vehemencia se debía a la intensidad paralela de los ataques que se le lanzaban desde el interior del propio aparato priísta, donde se le veía como un advenedizo. Por esos días, en la sede del PRI en la ciudad de México, el presidente del partido, el general y licenciado Alfonso Corona del Rosal, sostenía una reveladora entrevista con Nava:

«—Doctor, usted no va a ser el candidato del PRI para la gubernatura de su estado.

»—General, usted se ha de estar equivocando de estado, porque en San Luis Potosí todavía no se realizan las convenciones del partido.

»—Pues no, doctor, con convenciones o sin convenciones, usted no será el candidato del partido, aunque las ganara ... Porque además de tener el voto de las personas se necesita otra cosa.

»—¿Qué se necesita? ¿El beneplácito del presidente de la República?

»—No, doctor, al presidente no hay que meterlo en esto.

»—¿Entonces, se necesita el que usted dé su visto bueno?

»—Pongámonos que así sea, doctor.

»—Pues yo no acepto eso, porque usted no es el partido, el partido son sus miembros, y son de ellos los votos que busco.

»—Mire doctor, espérese, más adelante ya será otra cosa. Por lo pronto le ofrezco la diputación del primer distrito y el dinero que ha gastado en su campaña.

»—General, yo no ando buscando empleo. A mí me han llamado para que participe como candidato a gobernador porque me tienen confianza; y respecto a lo que usted me ofrece de dinero, eso es una ofensa, pues me califica igual a todos los que le hablan por teléfono para pedirle su apoyo para ser diputados. Además está pensando usted que yo le diga que gasté una cantidad mayor de la que se ha gastado para devolver parte de ella y quedarme con el resto. Así, general, que muchas gracias por haberme invitado a almorzar. Me arrepiento de haber aceptado porque lo que usted me propone es un insulto».[70]

De regreso a San Luis Potosí, Nava expuso los hechos en un mitin en la plaza de armas. La respuesta popular fue «seguimos como independientes», y así se hizo. El PRI designó a Manuel López Dávila como su candidato a gobernador. El «movimiento navista» prendió en todo el estado y, naturalmente, comenzó a sufrir atentados. En mayo de 1961 murió asesinado el licenciado Jesús Acosta, coordinador de la campaña navista en la importante región huasteca de Tamazunchale. Por esos días llegaron a San Luis dos influyentes diputados y profesores priístas: Enrique Olivares Santana y Carlos Hank González. Tenían la misión de lograr «por las buenas» el retiro de la candidatura de Nava. Fue inútil. «¿No comprenden ustedes las consecuencias de todo esto, y lo que sucederá con ustedes?», preguntaron a los navistas, quienes, sin embargo, no preveían la respuesta oficial que siguió al vasto fraude electoral a principios de julio, que daría el triunfo al candidato del gobierno.

Entre julio y septiembre, los potosinos pusieron en marcha un vasto movimiento de resistencia civil. La ciudad fue ocupada por el ejército. El 20 de agosto, el comandante amenazó a Nava: «... se hará usted responsable único de las agitaciones, que serán disueltas con la energía necesaria». Se prohibió y reprimió toda manifestación pública. El 15 de septiembre, el gobierno central puso el colofón: emplazó provocadores en las azoteas, apagó a medianoche las luces de la ciudad, asesinó en las calles a varios ciudadanos. Los militares ocuparon la sede del comité navista. Al día siguiente, el doctor Nava y sus colaboradores más cercanos fueron llevados al campo militar número 1 y, posteriormente, a Lecumberri. El ejército allanó el local del periódico de oposición *Tribuna* y destruyó los talleres. Se acusó a Nava del consabido delito de «disolución social», acopio de armas de fuego, incitación a la rebelión y otras faltas. Un mes después salió en libertad bajo fianza. Al regresar a San Luis formó el efímero Partido Democrático Potosino. Dos años más tarde, en febrero de 1963, el gobierno optó por un método de disuasión más directo: lo torturó físicamente.[71]

Nava no era comunista, ni sinarquista, ni panista, tampoco un priísta de corazón. Era un ciudadano que quiso ejercer la libertad política en su municipio y su estado, y se topó con los límites: encontró que ese ejercicio consagrado desde la Constitución de 1857 equivalía a incurrir en el delito de «disolución social». En 2.352 municipios teóricamente libres y los 32 estados supuestamente soberanos de la pretendida federación, sólo un partido tenía derechos históricos para gobernar: el PRI.

Nuestro general en La Habana

A fines de 1958, a sus sesenta y dos años de edad, el general Lázaro Cárdenas salía por primera vez en su vida del país. Por unos días hizo escala en Nueva York. Hombre de campo, los rascacielos lo impresionan mucho menos que Central Park:

«Unos cuantos parques arbolados ... hacen contraste agradable frente a los bloques que la técnica humana ha construido para concentrar ahí su poderío económico, producto de la organización financiera internacional y del sudor de pueblos de éste y otros continentes a los que se ha limitado su desarrollo y que siguen viviendo precariamente».[72]

Su recorrido, como era de esperar en su caso, fue inmenso: ocho países occidentales, dos de Europa del Este (Polonia y Checoslovaquia), la URSS, China y Japón. Los países de Occidente le atraen poco. Cárdenas no es hombre de museos y arte. Sus ojos reparan sólo en los paisajes: los olivos en Trevi, la «erosión» del suelo en la Toscana. Tras su entrevista con Jruschov, su *Diario* recoge una opinión entusiasta del sistema soviético, con el que simpatizaba desde hacía décadas: «Ha sacado de la miseria al pueblo». Después de ver en Pekín los «avances» de la Revolución maoísta, apunta: «Cuando vi pueblos de otros continentes organizados socialmente, entonces he creído en la esperanza de los pueblos de nuestros continentes».[73] Una noticia recibida en Niza el primero de enero de 1959 acrecentó aún más su esperanza: el triunfo de Fidel Castro, aquel joven intelectual de «temperamento vehemente, con sangre de luchador» a quien había salvado de la deportación en 1956.

El 26 de julio de 1959, ante una eufórica manifestación de casi un millón de personas reunidas en la Plaza Cívica de La Habana, Fidel

Castro arenga a la multitud. A su derecha, saludando a la multitud, está el general Cárdenas. La joven escritora mexicana Elena Poniatowska recogió la estampa:

«Después les habló Fidel con las manos en alto, el rostro sudoroso. (Muchos creen que se trata de un nuevo Cristo, pero en el fondo todos los grandes revolucionarios ... tienen algo de Cristo ...) ¡Los que quieran saber lo que es una verdadera democracia, que vengan a Cuba! *(Aplauso tronitruente ... Dentro de un reducido espacio, Fidel camina de un lado para el otro como un león enjaulado ...)* ¡Los que quieran conocer un país donde el pueblo lo es todo ... los que invocando hipócritamente la palabra democracia nos calumnian, que vengan a Cuba para que sepan lo que es una democracia! *(Aplausos.)* Y una democracia tan pura y tan limpia engendra nuestra Revolución que nos recuerda las primeras democracias griegas ... *(Ovación estrepitosa.)*»[74]

En medio del extenso discurso, la escritora fija su vista en el admirado político mexicano: «Había tanta rectitud, tal sinceridad en este pueblo erguido frente a las tribunas, que Cárdenas, robusto y sano, el árbol más gallardo de México, se veía profundamente alterado ... sus ojos con mil alfileres dentro ... [al lado de Fidel] Cárdenas es todo fuerza contenida».[75]

El general y el comandante eran el centro de atención. Juntos recordaron quizá las peripecias de Castro en México a mediados de los cincuenta: el duro entrenamiento físico de sus hombres, impartido por el luchador profesional Arsacio Vanegas Arroyo; el acoso de los agentes batistianos, su detención, la intercesión de Cárdenas ante Ruiz Cortines, su libertad bajo fianza y, meses después, auxiliado por el hombre responsable del control político en la Dirección Federal de Seguridad mexicana, el capitán Fernando Gutiérrez Barrios, la salida desde el puerto de Tuxpan, a bordo del célebre barco *Granma*, que llevaría a los combatientes a las costas de Cuba, de allí a Sierra Maestra y de la sierra al poder. «Cárdenas es el padre de todo esto»,[76] comentó un periodista español.

Ya en el avión de regreso a México, la escritora habla con el general. En aquel «confesionario aéreo» (todos querían platicar con él), Cárdenas se veía rejuvenecido. «Castro es un hombre de gran fuerza y bondad, y todo lo que pasa en Cuba es alentador», comenta el general. «Castro no piensa más que en su pueblo.» En el futuro –que preveía luminoso– de Cuba, veía también un espejo de sus propios ideales para México. A su juicio, la reforma agraria mexicana no había fracasado: bastaba acrecentar el crédito ejidal de mil millones a cinco mil millones de pesos anuales para reavivarlo, además de proveer semillas, maquinaria, educación, salubridad, todo lo que ahora Cuba pondría en marcha en beneficio de los campesinos cubanos, los «guajiros». Por eso lo emocionaba tanto haber escuchado en La Habana el grito de: «La reforma agraria va». Tenía fe en que la Revolución cubana indujera un proceso de corrección en México y se sentía con fuerzas para encabezarlo, ya no desde el poder sino desde una oposición tenaz e inteligente ejercida desde la margen izquierda del poder. «¿Y el comunismo?», preguntó Poniatowska, y añadió: «Todos dicen que el comunismo invade lentamente el Caribe...» El general, mal profeta, la atajó terminante: «No hay comunismo en Cuba, sino miseria».[77]

Al regresar a México, el ex presidente Cárdenas y el presidente López Mateos sostuvieron una de las muchas entrevistas que jalonaron su conflictiva relación. Desde un principio Cárdenas se erigió en abogado moral de los presos políticos encarcelados por el régimen a raíz de los movimientos magisterial y ferrocarrilero. Una y otra vez a lo largo del sexenio, Cárdenas gestionó su libertad: «Es nocivo para el país», anotó a fines de 1959, «que para gobernar no se confíe en la fuerza moral de la investidura institucional y que se gobierne con temor recurriendo a la fuerza armada».[78] Una y otra vez el presidente se negó a liberarlos argumentando que Cárdenas estaba mal informado sobre los verdaderos fines de los presos. En 1960, al celebrarse con bombo y platillos los cincuenta años de la Revolución, Cárdenas escribió en sus *Apuntes*: «Qué contradicción y que sarcasmo, oír al secretario de Gobernación Díaz Ordaz ... decir que están garantizados los derechos ciudadanos».[79]

En marzo de 1961, Cárdenas se erige en el personaje estelar en la Conferencia Latinoamericana por la Soberanía Nacional, la Emancipación y la Paz, cuyo objetivo era aglutinar las fuerzas nacionalistas, progresistas y antiimperialistas. «Su organización es lícita», declaró; «no lesiona los principios establecidos en la Constitución que rige la vida del país. Será un organismo que contribuya a la realización de los postulados de la Revolución mexicana, consagrados en nuestra Constitución Política.»[80] Tras la Conferencia, Cárdenas orquestó una gira de proporciones inusitadas por Querétaro, Guanajuato, Jalisco y Michoacán. En muchos ejidos encontraría mantas con leyendas que, a la distancia, no parecen demasiado espontáneas («Defendiendo al heroico pueblo cubano, luchamos también por el mexicano»), pero que lograron su objetivo de propaganda. «La campaña de Cárdenas», publicó *Time*, «ha tenido un profundo efecto en la política mexicana y ayuda a explicar la renuencia de México a unirse en cualquier acción contra Castro.» Por su parte, *Life* expuso que «la Conferencia Latinoamericana ha sido un alarde de la izquierda mexicana capitaneada por Cárdenas».[81]

En plena invasión de Playa Girón, Cárdenas decide viajar a pelear por Cuba. El vuelo no salió, por orden presidencial. A Cárdenas se le bajó, literalmente, del avión. Carlos Fuentes recordaría la secuela:

«El 17 de abril de 1961 Lázaro Cárdenas subió al toldo de un automóvil colocado en el centro del Zócalo y habló a los miles de manifestantes que se habían reunido para protestar contra la invasión de Playa Girón y ofrecer su apoyo a la Cuba de Fidel Castro. Se le había impedido a Cárdenas volar a Cuba y luchar físicamente contra la invasión. Ahora, durante treinta minutos, se le impidió, también, hablar; la ovación más larga que he escuchado recibió a este hombre que, veintitrés años antes, había proclamado la nacionalización del petróleo desde el balcón central de Palacio y [que] ahora, desde el nivel de la calle, defendía la independencia de una pequeña nación amenazada».[82]

Cárdenas habló, finalmente, y preguntó si el pueblo mexicano se dejaría imponer una dictadura. «Otro "no" volvió a resonar cuando preguntó si el pueblo cubano podía ser de esclavos ... Creo oportuno decirle a Estados Unidos que no mantenga más regímenes dictatoriales ...» También dijo que «no vamos a resolver los problemas con gritos, con acciones aisladas sino con organización ...» Pidió a los presentes, en particular a los jóvenes, «que se hagan oír ... que hagan campaña contra el país que cree que con oro lo domina todo». ¿Qué se proponía Cárdenas lograr en México, a través de su apoyo incondicional a Cuba?[83]

El presidente López Mateos contenía apenas su rabia. Cárdenas actuaba con una desenvoltura política que rayaba en la insubordinación. «Se dice que los comunistas lo están encerrando a usted en una madeja peligrosa», le dijo López Mateos a Cárdenas.[84] Éste respondió que el único peligro real en América Latina no era el comunismo sino la miseria.[85] Lo sabía por experiencia: en su régimen había combatido la miseria y había mantenido a raya a los comunistas. Sin presidirlo («no puedo: soy ex presidente»), contribuyó en agosto de 1961 a la fundación del Movimiento de Liberación Nacional (MLN), nuevo ensayo de unificación de los movimientos y personas de izquierda: lombardistas, ex priístas, comunistas, trotskistas e intelectuales. «En realidad», escribe Cárdenas en sus *Apuntes*, con un toque de regocijo, «no simpatiza el licenciado López Mateos con esta organización de la cual formo parte.»

Según Daniel Cosío Villegas, que conocía como pocos los entretelones de la política mexicana, López Mateos quería que Cárdenas se levantara en armas de una vez por todas.[86] Cárdenas llevó su presión a tal extremo, que muchos lo imaginaron rompiendo en dos el tronco del sistema. ¿Se atrevería a hacerlo? Mientras la pregunta siguió en el aire, Cárdenas disfrutó de su alianza con la joven generación intelectual de izquierda que, entusiasmada con la Revolución cubana y decepcionada del México alemanista, se acogía a la buena sombra del «árbol más gallardo de México», el símbolo de la Revolución que había que recuperar.[87]

Intelectuales comprometidos

El temple burlesco, ácido, irreverente, insatisfecho de la nueva generación intelectual confirmaba una vez más que la teoría generacional de Ortega y Gasset podía aplicarse a México con toda pertinencia. A la generación de 1915, fundadora del orden revolucionario (Gómez Morín, Lombardo y Cosío Villegas), había seguido la generación institucional, llamada por algunos generación de 1929, que con Alemán había consolidado el sistema político mexicano. De acuerdo con el ciclo orteguiano, la siguiente generación debía tener una vocación crítica, y claramente la tenía. Sin proponerse acabar con el orden revolucionario creado por los abuelos (al que veneraban como un pasado mítico), los jóvenes pondrían en tela de juicio la forma en que sus padres lo petrificaron, desviaron y corrompieron.

En octubre de 1945 organizaron un famoso Congreso de Crítica a la Revolución mexicana, cuyo resultado final fue un recuento de las promesas sociales incumplidas. Durante el régimen de Alemán, la generación fundó la revista que daría al grupo su nombre de pila: *Medio Siglo*. En ella intervinieron varios futuros personajes de la vida intelectual mexicana: entre otros Carlos Fuentes, Víctor Flores Olea, Porfirio Muñoz Ledo y Enrique González Pedrero. «Todos habíamos nacido», escribiría Fuentes, «cuando los cañones de la Revolución aún estaban calientes ... viva la imagen de Cárdenas que les había dado honor y esperanza a todos los mexicanos.»[88]

En los años cincuenta, la generación de Medio Siglo rindió sus últimos tributos al nacionalismo revolucionario. Siguiendo la pauta de *El laberinto de la soledad* (la obra maestra del ensayista y poeta más admirado por esa generación: Octavio Paz), los intelectuales buscaron la piedra filosofal de la «mexicanidad» en la historia colonial y prehispánica y en la fenomenología de la vida cotidiana. De pronto, los más lúcidos descubrirían que aquel dilatado proceso de inmersión, que provenía de los años veinte, corría el riesgo de varar en ensimismamiento, en solipsismo. Y siguiendo las ideas que el propio Paz agregaba a la segunda edición (1959) de aquel libro, descubrieron que los mexicanos eran, por primera vez en la historia, «contemporáneos de todos los hombres».[89]

Ser «contemporáneos de todos los hombres» significaba algo muy concreto: salir al encuentro de esos hombres, viajar. Tradicionalmente, las generaciones intelectuales mexicanas habían salido poco. Quienes viajaban o vivían largos periodos en el exterior (Vasconcelos, Martín Luis Guzmán, el propio Reyes) lo hacían en condición de exiliados y cargando siempre, como escribió Reyes, «con la x en la frente». En los años cuarenta, siguiendo el ejemplo pionero de Cosío Villegas, algunos economistas habían cursado estudios en Inglaterra; pero, entre los intelectuales, fue Octavio Paz quien puso la «pica en Flandes», viviendo en los Estados Unidos (1943-1945) y Europa (1946-1953) y recorriendo profusamente los países de Oriente. A principio de los años cincuenta, varios exponentes de la generación alcanzaron a Paz en París y siguieron su ejemplo itinerante.

«París era una fiesta», había escrito Hemingway. Para los mexicanos, una fiesta intelectual. Asisten a cursos de historia, filosofía y sociología en la Sorbona, leen *Esprit* y *Les Temps Modernes*, rondan los cafés existencialistas, siguen con avidez las grandes polémicas de la época entre Sartre, Merleau-Ponty, Breton y Camus. La propuesta de una libertad filosófica y literaria radical (Breton, Camus) o de un cristianismo de izquierda (Mounier) les atrae menos que la opción de Sartre, que por esos años comenzaba a derivar su personal existencialismo hacia la crítica social y el compromiso político con las luchas populares y anticoloniales. Cuando el escéptico rival de Sartre, el liberal Raymond Aron, publicó en 1956 *El opio de los intelectuales,* aludiendo a la ideología marxista que estaba de moda en los ámbitos intelectuales y académicos, los jóvenes mexicanos no lo leyeron o, si leyeron, lo reprobaron: fumaban ese mismo opio. Con todo, en la *Revista Mexicana de Literatura* editada en México a mediados de los cincuenta por Carlos Fuentes y Emmanuel Carballo, el héroe intelectual

Adolfo López Mateos, *ca.* 1960.

era Albert Camus: «... matizar y comprender, nunca dogmatizar ni confundir». En términos políticos, la propuesta de la generación en los años cincuenta fue la «tercera vía»: «Ni Eisenhower ni Jruschov: nuevas formas de vida y comunidad humana».[90]

Desde un punto de vista político e intelectual, Cuba lo cambió todo. Justo en 1959, año en que morían varios de los grandes personajes de la cultura en la Revolución mexicana (Vasconcelos, Bassols y Reyes; Diego Rivera había muerto dos años antes), Cuba tomaba la iniciativa histórica del continente. Todo el espectro intelectual de México celebró el triunfo de Fidel Castro: desde el viejo derechista y antiyanqui Vasconcelos (que moriría en junio) hasta la eufórica constelación de corrientes de izquierda. El moderado liberal Cosío Villegas, asistía al cumplimiento de su profecía de 1947 y apuntaba: «dos rasgos [de la Revolución cubana], por encima de todos los demás, impresionan a la América Latina: son la resolución o firmeza, y una resolución y una firmeza puestas al servicio de una buena causa».[91] El editorial de *Siempre!* festejaba «la desaparición de todas las dictaduras del continente y el triunfo de las fuerzas progresistas».[92] «A Fidel Castro Ruz lo han llamado comunista. Es ridículo el cargo», señalaba Carlos Loret de Mola, colaborador de *Siempre!*, y añadía: «Es un rebelde contra la tiranía, afianzado a la devoción por la libertad y la justicia». ¿Qué no se dijo entonces sobre la Revolución cubana? Era la síntesis de «todos los movimientos sociales latinoamericanos, desde Bolívar hasta Zapata», la aurora de América Latina, el inicio de una era de redención.

Para la generación de Medio Siglo, Cuba no fue un acontecimiento histórico sino casi una revelación religiosa. La prestigiosa *Revista de la Universidad*, dirigida por Jaime García Terrés, dedicó un número especial a la Revolución cubana con una gran fotografía de Fidel Castro (puño derecho en alto, puro en los dientes, metralleta en la mano izquierda, gran sonrisa) en la portada. Contenía una crónica de viaje del propio García Terrés, ensayos de Enrique González Pedrero y Carlos Fuentes, testimonios de la prensa extranjera, el célebre discurso de autodefensa «La historia me absolverá» que pronunció Castro ante el Tribunal de Urgencia de Santiago de Cuba tras el frustrado asalto al cuartel Moncada en 1953, citas de otros discursos de Fidel Castro («El verdadero orden es el que se basa en la libertad, en el respeto, y en la justicia, pero sin fuerza»),[93] viñetas y fotos extraordinarias de los jóvenes barbudos que deslumbraban a sus coetáneos mexicanos, haciéndolos sentir incómodos con su vieja y enmohecida Revolución.

La coincidencia del ascenso cubano con la represión del movimiento ferrocarrilero subrayó aún más las diferencias entre las dos revoluciones. En 1960, al cumplir cincuenta años, la Revolución mexicana pareció más petrificada que nunca. ¿Cómo podía justificar ante sí misma la represión de los obreros? Un historiador moderado, Moisés González Navarro, escribió en 1960: «La Revolución mexicana atraviesa su periodo de Thermidor».[94] Los jóvenes intelectuales, que ya en los cincuenta habían criticado el abandono del legado de Cárdenas, no ven mayores diferencias entre Alemán, Ruiz Cortines y López Mateos. Piensan, y no les falta razón, que se trata de una hegemonía generacional, un alemanismo con diversos matices, y denuncian las aristas desagradables de los tres regímenes. Exhiben la ostentación de la burguesía, la corrupción administrativa, la mentira en la prensa. Condenan el liderazgo de la CTM: para ellos no es más que «charrismo sindical». El modelo económico les parece reprobable porque olvida la justicia social. Y, por encima de todo, detestan la farsa del lenguaje oficial: «... la nueva literatura», escribe Carlos Fuentes, «opone el lenguaje de la pasión, de la convicción, del riesgo y de la duda a un lenguaje: el secuestrado por el poder para dar cimiento a una retórica del conformismo y del engaño».[95]

Siguiendo a Cárdenas, creen que la mejor forma de defender a la auténtica Revolución mexicana está en la defensa de la Revolución cubana. Cuando el conservador periódico *Novedades* despide a Fernando Benítez y a su equipo por defender a Cuba, la revista *Siempre!* los acoge y en ella Benítez funda el suplemento *La Cultura en México*, que será la principal plataforma intelectual de la década. Se harían famosos sus reportajes sobre «la cultura y la Revolución cubana», el viaje a China de Víctor Flores Olea, el recorrido por la URSS de Fuentes. A principios de 1962, el propio Fuentes cubrió la corresponsalía de la revista mexicana *Política* y del semanario *The Nation* en la reunión de la Organización de Estados Americanos (OEA) en Punta del Este (Uruguay), en la que se sostuvo la incompatibilidad del régimen cubano con la democracia y se votó su expulsión de ese organismo. Dos meses después de la reunión en Punta del Este, y siguiendo a Mills, Fuentes sacaba las conclusiones lógicas:

«La verdadera democracia representativa es la del socialismo, porque únicamente el socialismo puede, en un país subdesarrollado, realizar las transformaciones de estructura capaces de crear las condiciones reales de una democracia. Al determinar la incompatibilidad del único gobierno latinoamericano que sí es compatible con la democracia concreta, los Estados americanos paradójicamente han declarado su propia incompatibilidad con el futuro y con la historia».

Los intelectuales consideran que su papel está ligado orgánicamente a los movimientos populares, por eso se afilian al Movimiento de Liberación Nacional (MLN), auspiciado por Cárdenas. Consideran que tienen el deber de expresar con claridad y pasión las necesidades del pueblo. Fuentes sintetizaría su programa: «La crisis de México se resume en un imperativo: continuar el proceso revolucionario mexicano; consumar, a partir de la realidad de hoy, la etapa revolucionaria incumplida y aplazada».[96]

A primera vista, parecía una reafirmación por parte de la generación de Medio Siglo de las tesis de Daniel Cosío Villegas y Frank Tannenbaum. Pero había diferencias fundamentales. Aquellos viejos admiraban el instinto popular de Cárdenas y condenaban el viraje histórico del alemanismo, pero no eran ideólogos, no escribían desde una perspectiva marxista, y muy pronto abrigarían serias dudas sobre el futuro de la Revolución cubana.

Al liberal Cosío Villegas le inquietaba la carga de resentimiento antiyanqui que mostraba Castro en su discursos, no porque el historial norteamericano en Cuba desmereciera esa insistente deturpación sino por la inanidad o demagogia que contenían las escasas propuestas constructivas de Castro sobre Cuba. Por lo demás, agregaba Cosío, «desde el principio, el David llamó en su lucha al ... Goliat ruso para luchar contra el Goliat norteamericano. Así, la gallardía del David se empequeñece sensiblemente».[97]

Por su parte, Tannenbaum, el anarquista clásico, el eterno defensor y amigo de Cárdenas, justificaba en un principio la Revolución cubana con los mismos argumentos que había empleado para el caso mexicano. La concebía, además, como el natural y esperado estallido histórico de resentimiento contra los Estados Unidos por parte de los pueblos latinoamericanos. Demasiados errores se habían acumulado: entre otros, la «doble medida» de ser demócratas puertas adentro y apoyar a dictadores como Trujillo y Somoza; el frecuente maltrato a académicos o escritores liberales, a quienes se les negaba, por resabios del macartismo, la visa para entrar en el país; el racismo subyacente de los gringos hacia los latinoamericanos, considerados como gente inferior o «de color». Tannenbaum tuvo el arrojo de invitar a Fidel Castro a su seminario en la Universidad de Columbia, pero cuando éste tomó el camino comunista, Tannenbaum, el anarquista, lo abandonó. Recordando el desenlace feliz del caso petrolero mexicano, en el que él mismo había intervenido, Tannenbaum reprobaba la expropiación sin indemnización que el gobierno cubano practicó en la isla.

Tan lejos del anarquismo de las comunidades pequeñas como del liberalismo político, los miembros de la generación de Medio Siglo tenían por secundarios los valores de la Constitución de 1857: federalismo, libertades individuales, división de poderes, democracia. Su credo era una mezcla de cardenismo y socialismo: por un lado los temas tradicionales (cumplimiento de la reforma agraria, defensa de los recursos naturales); por otro, un temario de izquierda (robustecimiento del intervencionismo del Estado, sometimiento de la burguesía a los intereses nacionales, antinorteamericanismo militante). En teoría, la preocupación de todos era corregir la injusticia económica y social en México, atenuar la desigualdad y la pobreza, pero a diferencia de Cosío Villegas (que estudió varios años economía agrícola), o de Tannenbaum (que conocía el país a ras de suelo), la nueva generación intelectual era enteramente urbana, carecía de experiencia práctica en la vida campesina u obrera, y tendía cada vez más a concebir los temas políticos del país y del mundo en términos abstractos e ideológicos.

Vista a la distancia, la entrega de la generación de Medio Siglo a la Revolución cubana parece excesiva. No lo fue en aquel momento. Casi todo el mundo intelectual de la América Latina compartía un ardor o, al menos, una simpatía por la Revolución cubana. En todas partes se percibía la solidaridad con Cuba, se repudiaba al imperialismo yanqui, se buscaba una salida propia hacia el socialismo o, como mínimo, hacia una economía mixta en la que el Estado tuviese una rectoría total.

Con el tiempo, los campos intelectuales de la izquierda mexicana comenzaron a deslindarse. Los más radicales, afiliados al Partido Comunista o a otras sectas de la izquierda revolucionaria, consideraban que la Revolución mexicana era un cadáver. Había sido la última revolución burguesa de la historia, una especie de Revolución francesa excéntrica y tardía que nada tenía que ofrecer al futuro socialista salvo el sacrificio. El atraso económico de México no servía ya como pretexto válido para retrasar el acceso al socialismo. Había que tirar al basurero los gradualismos. ¿No había probado ya Mao Tse-Tung que una sociedad campesina podía saltar las etapas previstas por Marx y acceder al socialismo por la vía rápida?

Aunque la simpatía que sintieron por Fidel Castro tardó largos años, y a veces decenios, en desvanecerse, los intelectuales de Medio Siglo corrieron sus posiciones hacia una izquierda moderada, no muy distinta de la que había predicado siempre Vicente Lombardo Toledano. Terminaron por creer que la Revolución mexicana se hallaba *in articulo mortis,* pero no era todavía un cadáver. Podía reverdecer. Para recobrar su memoria, Fuentes escribió aquel célebre reportaje sobre la muerte del heredero de Zapata, Rubén Jaramillo. Y ese mismo sentido tuvo su acercamiento, y el de sus amigos, a Lázaro Cárdenas.

En una serie de conferencias sobre «Marxismo y liberalismo» que en 1960 impartió en la Universidad de México, el sociólogo norteamericano C. Wright Mills dijo que envidiaba la influencia política de los intelectuales en América Latina y la consideraba el único factor decisivo de transformación social en los países subdesarrollados. Mills tenía razón: en México, como en toda la América Latina, los intelectuales podían gozar, si se lo proponían, de una influencia pública inimaginable en los Estados Unidos y envidiable para sus académicos. En el ápice de su fama, la fuerza específica de Mills en los Estados Unidos no podía compararse con la de los intelectuales mexicanos, que «son como la conciencia libre del laico protestante, pero en la función pastoral del clero católico».[98] La generación de Medio Siglo, en particular, llegaría a ejercer una influencia colectiva que sólo Vasconcelos había tenido en lo personal. En las aulas universitarias, en sus revistas, libros y artículos, en mesas redondas, conferencias y cafés, educaron ideológicamente a la siguiente generación intelectual, que, completando el ciclo orteguiano, no tendría ya la vocación de criticar sino la de destruir el viejo orden revolucionario. Y también en esos años sesenta, que comenzaban a ser fervorosos, la generación de Medio Siglo preparó el escenario para el decidido viraje hacia el intervencionismo estatal que se daría en los años setenta y ochenta.

Sin leer a Marx, a Sartre o a Mills, Lázaro Cárdenas entendía muy bien la necesidad de una alianza con jóvenes intelectuales. «Insisto en la gran responsabilidad de los elementos intelectuales y profesionistas del país», dijo a Fuentes; «deben interiorizarse de las necesidades del pueblo y ofrecer soluciones.»[99] Junto con el general, los jóvenes ideólogos presionarían al sistema político mexicano para empujarlo hacia la izquierda. En los años sesenta ya podían hacerlo: la Universidad, la prensa, y el creciente público lector de clase media que consumía sus libros, les permitían vivir con cierta independencia del sistema.

Pasos a la izquierda

A la famosa frase atribuida a Porfirio Díaz «Pobre México, tan lejos de Dios, tan cerca de Estados Unidos», en 1959 cabía agregar: «... y de Cuba». ¿Dónde estaba el justo medio entre el Goliat americano y el David cubano apoyado por el Goliat ruso? No había soluciones fáciles: secundar sin ambages la Revolución cubana provocaría una tensión insostenible con los Estados Unidos, con los empresarios y con la Iglesia mexicana; secundar sin reservas a los Estados Unidos, traería consigo una tensión insostenible con el gobierno revolucionario de Cuba, con los intelectuales y con otros sectores de izquierda, que podrían radicalizarse. El sistema político mexicano confió la delicada misión a la Secretaría de Relaciones Exteriores, dirigida en ese momento por el secretario Manuel Tello, el subsecretario José Gorostiza y, junto a ellos, un grupo notable de diplomáticos de carrera formados en una tradición que se remontaba a los tiempos de Juárez y Díaz, e incluso antes, a los años en que se acuñó el proverbio: «Un texano puede vencer cuando pelea con un mexicano, pero está perdido si parlamenta con él».[100]

En el caso de Cuba, el gobierno de México defendió con denuedo los tradicionales principios de la «no intervención en los asuntos internos de los países» y el «respeto a la autodeterminación de los pueblos».[101] Si bien avaló (en la reunión de la OEA en 1960) la Declaración de San José, en la que se condenaba «la intervención o amenaza de intervención extracontinental en asuntos de las repúblicas americanas» (la URSS acababa de anunciar que apoyaría a la Revolución cubana), la delegación mexicana solicitó la inclusión de una reserva a su voto en el sentido de que la declaración «no podía interpretarse como una condena al pueblo cubano, cuyas aspiraciones de mejoramiento económico y social cuentan con la más viva simpatía del pueblo de México».[102] Cuando en junio de 1960, el presidente de Cuba, Oswaldo Dorticós, visitó México, López Mateos lo recibió con frases que equiparaban las dos revoluciones: «Nosotros, que hemos recorrido etapas semejantes, comprendemos y valoramos el esfuerzo de transformación que Cuba está llevando a cabo».[103] El presidente parecía dispuesto a robar las banderas de izquierda a Cárdenas, pero cuando el diputado Emilio Sánchez Piedras convirtió la solidaridad con Cuba en un ataque a los Estados Unidos, el Departamento de Estado mostró tal extrañeza que Tello, el secretario de Relaciones Exteriores, tuvo que recurrir a los modales republicanos y señaló que, «de acuerdo a nuestra Constitución», la dirección de la política internacional del país radicaba en el poder ejecutivo.[104]

Tras superar un temprano conflicto con Guatemala inducido por el Departamento de Estado norteamericano, el gobierno de López Mateos tendió siempre puentes a Eisenhower no sólo mediante la celebración de visitas recíprocas y reuniones interparlamentarias, sino apoyando en las Naciones Unidas la política internacional norteamericana en prácticamente todos los casos a excepción del cubano (ejemplo: México votó en contra del reconocimiento de China). En tiempos de Kennedy, las relaciones se hicieron aún más fluidas. Pero no era sólo el proyecto de la Alianza para el Progreso, o la perspectiva de una futura visita de Kennedy a México lo que acortaba la distancia entre los dos gobiernos: era la definición comunista de Cuba la que, lejos de agravar el problema para México, le abrió el camino de la solución.

Tras la fallida invasión de Playa Girón, el gobierno mexicano comenzó a obstaculizar las manifestaciones públicas de solidaridad con Cuba, impuso severos controles policiacos a los pasajeros que iban o regresaban de la isla, confiscó materiales de propaganda y adoptó una actitud de tolerancia hacia los grupos empresariales y confesionales que llevaban a cabo una intensa campaña de desprestigio contra la Revolución cubana. A principios de 1962 se celebró en Punta del Este (Uruguay) la VII Reunión de Consulta de la OEA. Los Estados Unidos pretendían que los países miembros rompieran relaciones con Cuba y decretaran el bloqueo de la isla. El secretario Manuel Tello declaró:

«Parece, pues, indudable que existe una incompatibilidad entre la pertenencia a la Organización de Estados Americanos y una profesión marxista-leninista, como lo sería también con una profesión monárquica absoluta. Con la misma energía con que defendemos el derecho a la autodeterminación de los pueblos, del pueblo cubano por consiguiente, sostenemos que es inconciliable la calidad de miembro de nuestra organización con la adopción de un régimen cuyas características no son las de las democracias representativas».[105]

Sin embargo, a renglón seguido, México compensó a Cuba rechazando su expulsión mediante una argucia de procedimiento: la carta de la OEA no preveía la posibilidad de expulsar a un Estado miembro.

Ese mismo año, en ocasión de la llamada «crisis de los misiles» de octubre, México se sumó a la unánime resolución del Consejo de la OEA relativa al desmantelamiento y retiro de todas las armas nucleares instaladas en Cuba que tuvieran «capacidad ofensiva». Previamente López Mateos había declarado: «Estamos con las filas de la democracia; lucharemos por la paz y la libertad».[106] Pero, una vez más, la delegación mexicana introdujo una reserva: la resolución no debería tomarse como justificación para un ataque armado.

La pauta se repitió en noviembre de 1963, cuando el gobierno de Venezuela denunció el agresivo apoyo de Cuba a los grupos insurgentes venezolanos. En la reunión correspondiente, México advirtió que, en caso de que la mayoría de los miembros de la OEA exigieran el rompimiento diplomático y la imposición de sanciones al gobierno cubano, no las acataría. Según la tesis mexicana, la acción cubana no había llegado a constituir una violación de la soberanía venezolana ni de su integridad territorial. La IX Reunión de Consulta de la OEA, celebrada en Washington en 1964, obligaba a los países miembros que aún mantenían relaciones con Cuba a romperlas definitivamente. México rechazó la resolución correspondiente y mantuvo el vínculo diplomático y la conexión aérea con Cuba.

El gobierno de Kennedy comprendió muy pronto el sutil equilibrio de la política exterior mexicana. México no podía sumarse a la condena panamericana a Cuba por dos razones: el peso de la historia y los riesgos de la guerrilla. A partir de Juárez y su célebre apotegma «El respeto al derecho ajeno es la paz», a lo largo del régimen porfiriano, en la época del tozudo Carranza, en tiempos de Calles y Cárdenas, la obsesión del gobierno mexicano había sido proteger la soberanía del país (sus recursos naturales, su cultura y, en última instancia, hasta su integridad territorial) de la influencia norteamericana. Todavía en 1927 Calles había temido una invasión de *marines*. Se habían diseñado doctrinas diplomáticas enteras para contrapesar al «gigante de al lado». Era difícil que el breve paréntesis del *New Deal* y el panamericanismo borraran de un plumazo la gravitación del pasado y la consecuente necesidad de una ideología nacionalista.

La otra limitación era más práctica e inmediata, y Venezuela la sentía en carne propia. Cuba comenzaba a exportar su revolución. Con el tiempo, surgiría la idea de crear en América Latina «uno, dos, mil vietnames». Ese sueño llevaría al «Che» Guevara a Bolivia. El ambiente político en México parecía propicio. Estaba abierta la herida de los ferrocarrileros, y en la agreste y paupérrima sierra de Guerrero comenzarían a brotar focos guerrilleros. En las universidades de los estados abundaban cada vez más los jóvenes impacientes que soñaban con «irse para la sierra». México tenía que comprar seguridad, y el precio, bien visto, no era excesivo. Frente a Cuba, tenía que ser la excepción a la regla. Podía hacerlo con naturalidad, porque precisamente en México, y gracias a México, Fidel Castro había preparado su revolución. Por lo demás, un factor no político sino moral, facilitó la postura de apoyo: la sincera simpatía inicial hacia una revolución que parecía hija de la libertad y la justicia, no del comunismo; de Martí, no de Marx.

En su visita a México en junio de 1962, Kennedy reconoció que los fines fundamentales de la Revolución mexicana eran los mismos que los de la Alianza para el Progreso: justicia social y progreso económico dentro de un marco de libertad tanto individual como política. Un año después, en una ceremonia que la prensa mexicana resaltó hasta el delirio, los Estados Unidos devolvieron a Mexico una pequeñísima franja de territorio fronterizo, que se hallaba en litigio desde 1910, llamada El Chamizal. Ciento setenta y siete hectáreas de tierra desértica no acrecentarían gran cosa la riqueza nacional, pero eran una reivindicación arrancada a las entrañas del gigante. Cadáver o agonizante, la Revolución mexicana seguía ganando batallas.

Por su parte, Fidel Castro agradeció siempre la posición mexicana con respecto a su gobierno. En 1964 declaró:

«A México, al gobierno de México que ha mantenido la posición más firme, nosotros podemos decirle que nos inspira respeto, que con el gobierno de México estamos dispuestos a conversar y discutir, y ... estamos dispuestos a comprometernos a mantener una política sometida a normas, normas inviolables de respeto a la soberanía de cada país y de no inmiscuirnos en los asuntos internos de ningún país».[107]

Ahora el viejo proberbio podía ampliarse. No sólo los texanos y por añadidura los norteamericanos, «estaban perdidos» si parlamentaban con los mexicanos: los cubanos también.

Silogismo fácil: si Cárdenas era revolucionario y Cárdenas había expropiado el petróleo, ¿qué debía hacer un presidente revolucionario además de repartir tierras (o puntas de cerros)?: expropiar una gran industria en manos extranjeras. Para fortuna de López Mateos, había un sector industrial en esas condiciones: el eléctrico. La ventaja con respecto a 1938 es que ambas compañías, la norteamericana, propiedad de Bond & Share, y la Compañía de Luz y Fuerza del Centro, de propiedad belga, querían vender.

A raíz de los conflictos sindicales de 1959, el gobierno había prohibido el alza de tarifas que las compañías solían realizar en función de las inversiones. El presidente del Banco Mundial se quejó con el presidente López Mateos y calificó de aberración la imposición de un tope de tarifas, pero sólo logró que éste lo echara literalmente de su oficina. (Por varios años, el Banco Mundial vetó a México.) En tales circunstancias, López Mateos pretendía expropiar, pero Antonio Ortiz Mena, su secretario de Hacienda, lo disuadió, aduciendo que era mejor «nacionalizar», es decir, negociar el arreglo pertinente en cada caso. La compañía norteamericana accedió a un arreglo ventajoso para México: vender sus activos, otorgar un plazo de quince años al 6 por ciento de interés y, por añadidura, invertir en México el producto de la operación. El caso belga requirió más imaginación financiera. Se colocaron las acciones gracias al crédito que México comenzaba a gozar en el mercado internacional. Así, el 27 de septiembre de 1960, a medio siglo del estallido de la Revolución, el gobierno tomaba pacífica posesión de la industria eléctrica con todo y su personal e instalaciones. Económicamente, la operación fue mucho más clara y barata que la expropiación petrolera. Políticamente, careció del dramatismo de 1938, pero reportó grandes dividendos: representaba la reivindicación de los recursos naturales, la bandera principal del cardenismo.[108]

Para doblegar a Cárdenas, había que imitar a Cárdenas, y revivir otros momentos de la obra revolucionaria. Por ejemplo, la de Vasconcelos, tan cercana al alma de López Mateos. Él mismo había editado libros de cultura popular en los años treinta. En febrero de 1959, y bajo la dirección de Martín Luis Guzmán, se creó la Comisión Nacional de los Libros de Texto Gratuitos, cuyo objetivo era editar y distribuir millones de textos únicos para los niños de las primarias mexicanas. Siguiendo también las huellas de Vasconcelos, el gobierno de su discípulo restauró la práctica de los desayunos escolares y puso en marcha un «plan de once años» para elevar el nivel educativo del país. Como un eco del entusiasmo ecuménico de la cultura en los años veinte, proyectó e inauguró varios museos dignos de la historia mexicana: el de Historia Natural, el de la Ciudad de México, el del Virreinato (en el ex convento de Tepotzotlán) y, presidido por la inmensa mole del dios Tláloc de la lluvia, el extraordinario Museo Nacional de Antropología, en cuyas paredes se inscribió un llamado al mexicano a «mirarse con orgullo en el espejo de su pasado».

Nadie, ni siquiera el reacio general Cárdenas, podía negar la obra pública del régimen, que no sólo nacionalizaba empresas o alentaba un poco el viejo ímpetu educativo, sino que lograba avances en la salud: erradicó el tifo, el paludismo, la viruela, la fiebre amarilla, y construyó en 1961 un centro médico de nivel internacional. Por lo demás, no cabía duda de que el nombre de México repuntaba en la bolsa del crédito financiero y político del mundo. Los años de «orden, paz y progreso» que el país disfrutaba desde 1940 comenzaban a redituar, pero el proceso de reacreditación se aceleró con la diplomacia activa que realizó, personalmente, Adolfo López Mateos.

En la presidencia, su pasión andariega encontró un cauce creativo: sería el embajador de México en el mundo. Si Cárdenas no salió de México hasta cumplir sus sesenta y dos años, y añoraba siempre sus «caminitos de Michoacán», López Mateos aprovechó la presidencia para llevar su sonrisa cordial y la tradicional cortesía mexicana por los caminos del planeta. En octubre de 1959 viajó a los Estados Unidos y Canadá. Poco después, a Venezuela (donde sufrió un terrible ataque de migraña), Brasil, Argentina, Chile y Perú. En octubre de 1962 llegó a Oriente: la India, Japón, Indonesia y Filipinas. En el Pacífico lo sorprendió la «crisis de los misiles», pero confiaba en que el país permaneciera tranquilo, sin mayor agitación, gracias a los eficaces servicios de su secretario de Gobernación, «Gustavito»[109] Díaz Ordaz. En Europa visitó Francia, Yugoslavia, Polonia, Países Bajos y la República Federal Alemana. En sus viajes lo acompañaban buena parte de su gabinete e invitados de la iniciativa privada. La gente celebró los frutos de las jornadas internacionales de su presidente: la recuperación del Chamizal, la postura en favor del desarme nuclear y, hacia el final del sexenio, la designación de México como sede de los Juegos Olímpicos de 1968. El pueblo, acostumbrado a las ausencias presidenciales, comenzó a llamarlo «López Paseos» o el «Golfo de México», pero no había auténtica reprobación en esos sobrenombres. Espontáneos y «acarreados» aplaudían al presidente cuando, desde el balcón de Palacio, tras uno de sus viajes, exclamaba con voz y gesto de orador, como si hubiese regresado de la batalla de las Termópilas: «¡Mexicanos, me reintegro a la patria, con la misma bandera...!» El entusiasmo (sin precedentes para un país volcado hacia adentro) de salir al mundo y recibir a los grandes estadistas alcanzó su apoteosis con la visita a México de Charles de Gaulle, cuyas palabras probaban que, en 1964, el país había vuelto a ganar un lugar modesto, pero visible y respetado, entre las naciones: «Francia admira a México por su estabilidad política, su desarrollo económico y su progreso social». Algo misterioso y extraordinario debía tener una «Revolución Institucional», diría De Gaulle, mientras recibía la entrega eufórica de un pueblo adorador de grandes líderes.[110]

«México no es un país neutral, sino independiente»,[111] proclamaba López Mateos, y la izquierda moderada de México no podía desechar por demagógicas esas palabras. El régimen había demostrado su independencia relativa en el caso de Cuba y en su cercanía a los países emergentes del Tercer Mundo (López Mateos admiraba a Tito). Tal vez por eso, y en vista del tenue rejuvenecimiento que fue la tónica del régimen, el agudísimo instinto político del general Cárdenas llamó a retiro. «Al final se arreglaron», diría Antonio Ortiz Mena. Puesto a escoger entre la «institucionalidad» de una «Revolución» que él mismo había construido y la oposición inspirada en una revolución admirada pero ajena como era la cubana, Cárdenas optó por lo primero.

Para desconcierto de muchos miembros del MLN y aun de viejos compañeros de lucha, como Heriberto Jara, Cárdenas aceptó el puesto de vocal de la Comisión del Balsas que López Mateos le había ofrecido con insistencia. Jara impugnaba al ex presidente porque el régimen no había excarcelado a los presos políticos. Cárdenas respondió que en la Comisión podía defender con éxito los codiciados yacimientos férreos de Las Truchas, en Michoacán. Por lo demás, sentía que el MLN había servido al propósito de empujar a la Revolución a la izquierda, pero no había cuajado como el grupo unificador de las distintas fuerzas «auténticamente revolucionarias» del país. Era hora de dejarlo a su suerte.

Con todo, su cooperación con el régimen fue condicional y ambigua. En diciembre de 1963, Cárdenas lamentaba en sus *Apuntes* el agotamiento político del sistema. No era la primera vez que lo hacía. Él mismo, durante su régimen, había sido todo menos un demócrata republicano, pero no veía mayor necesidad de autocrítica. Sus palabras se volvieron desusadamente duras y acertadas. Cárdenas se acercaba a la óptica de la democracia: «El proceso político ... ha caído en una nueva dictadura que amenaza la paz interior del país si no cambia su estructura y abre paso a las nuevas generaciones que vengan a darle otras tónicas al ejercicio político del pueblo mexicano que luchó en la Revolución inicial por dos principios: sufragio efectivo y no reelección».[112]

Su cargo en el Balsas no le impedía realizar actos simbólicos de oposición. Un 15 de septiembre asiste como un ciudadano más a la celebración del «Grito» de independencia en el Zócalo de la ciudad de México. Aquella noche llovía y algunos agentes de tránsito lo invitaron a pasar al Palacio Nacional. Cárdenas les agradece la deferencia, pero no acepta. En los días finales del sexenio, escribe al presidente una carta de la mayor claridad pidiendo una amnistía para los presos políticos: «Toda represión por causas ideológicas, políticas o sociales debilita la fuerza de las instituciones republicanas, democráticas y progresistas». Aunque algunos presos, entre ellos Siqueiros, salieron libres al concluir el periodo de López Mateos, la carta no obtuvo respuesta.

Para entonces, Cárdenas habría comprometido su apoyo al candidato presidencial Gustavo Díaz Ordaz. Al margen de las insalvables diferencias que lo habían separado de López Mateos, Cárdenas sabía que el apoyo al candidato oficial era una regla de oro en la «institucionalidad». Esta vez no la regateó. Por lo demás, las declaraciones del candidato en su gira electoral lo alentaban: «El problema del campo es el más angustiosamente grave en el horizonte de México ... El simple reparto de los latifundios que aún quedan abiertos o simulados, ya no alivia la angustia de muchos millones de mexicanos».

El apoyo de Cárdenas al candidato Díaz Ordaz equivalía a una condena a muerte para el MLN (cosa que ocurrió en unos años) y ponía en serios predicamentos a la Central Campesina Independiente, fundada también a la sombra del «árbol más gallardo de México».

Así, mientras el PAN se acogía a una novedosa reforma política que creaba los «diputados de partido» (y gracias a la cual incrementó a veinte sus representantes en la Cámara de Diputados), la izquierda política volvía a su estado de pulverización. Pero, en medio del naufragio de los partidos y las sectas, un poderoso sector seguía viento en popa: la izquierda cultural o intelectual.

Daniel Cosío Villegas, el hombre de las moralejas, extrajo la lección que correspondía al comportamiento de la izquierda y los intelectuales en el agitado sexenio de López Mateos. La preocupación central de Cosío era la salud política del país. Sabía que, con un gobierno cercano a la monarquía absoluta y sin contrapesos, «la paz, el orden y el progreso» eran tan endebles como en la época porfiriana. Por eso el país necesitaba una izquierda moderna e intelectuales independientes. El desempeño de ambos, por desgracia, le parecía insuficiente.

En «México y su izquierda», conferencia de 1963, Cosío señaló la dificultad que implicaba el carácter progresista de los gobiernos mexicanos para el desarrollo de una izquierda sana e independiente. El gobierno miraba constantemente hacia su hombro izquierdo, y en cuanto sentía una presión peligrosa, acostumbraba «dar pasitos» hacia ese rumbo. El sistema camaleónico desarmaba e incorporaba a la izquierda. Otro escollo residía en el hecho de que en México casi todos los intelectuales de izquierda han vivido del gobierno y a cambio de esa seguridad personal ceden, así lo admitan o no, buena dosis de independencia.

El panorama de las organizaciones no resultaba consolador. Un Partido Comunista pequeño, falto de ideas, aunque leal y disciplinado; un Partido Popular Socialista poco consistente, con ideas, pero cada vez más imbuido de una ideología netamente comunista, retrato fiel de su líder Vicente Lombardo Toledano. Un solo «leñador» era capaz de partir en dos al PRI y de acaudillar junto con su ala izquierda a toda la izquierda nacional: Lázaro Cárdenas. Pero Cárdenas no estaba dispuesto a hacer leña del gobierno. México necesitaba con urgencia una izquierda madura, inteligente, responsable, para lo cual el crítico ofrecía su receta, más intelectual y moral que política:

«Evitar las reacciones "irracionales, superficiales y caprichosas" frente a los problemas del país ... Dejar de ser candil en la calle y oscuridad en la casa: atender a los problemas mexicanos y discurrir soluciones concretas que parten del estudio de esta realidad, no copiar recetas ajenas ni esperar que los grandes líderes internacionales de la izquierda las envíen ... Concretar su labor intelectual a un problema. Por ejemplo: el desarrollo económico y social de México o la racionalización del poder ejecutivo».[113]

El «vehementísimo deseo de poder» que mostraban los intelectuales mexicanos no alarmaba a Cosío Villegas. El mismo Cosío lo había sentido y padecido toda su vida. La cuestión en 1964 era averiguar si la política que hacía el intelectual era la correcta. «Hija clarísima de una amarga frustración, la política que hace este intelectual es la peor imaginable y posible: esporádica, negativa, sirve de música y acompañamiento a algún vivales que lo incita a "adherirse" a un homenaje o a una protesta.»[114] El hecho singular de que la Universidad desempeñara la «función necesaria y nobilísima de permitir a un grupo de hombres pensar y expresarse con independencia del gobierno»[115] no era apreciado suficientemente por el propio intelectual que habitaba en ella y de la que vivía confortablemente: en lugar de afianzarla, de promover en ella un pensamiento y una expresión «inteligentes, justos y desinteresados», había tolerado que se convirtiera no en una casa de estudios sino en «una tierra política de nadie donde todos meten la mano».

En definitiva, el intelectual cargaba con buena parte de responsabilidad en su impotencia. No había demostrado tener muchas ideas originales sobre los problemas del país, y menos todavía tenerlas como verdaderas convicciones. Aun faltándole inteligencia e imaginación, «su acción política tendría algún sentido si contara con una fortaleza moral visible capaz de granjearle respeto público».[116]

Las ideas de Cosío apuntaban hacia una moraleja. No había mejor tarea para el intelectual mexicano que olvidar de una buena vez el sueño de convertirse en filósofo-rey, o de ejercer el papel de «eminencia gris» o ideólogo del poder. Lo mejor era ensayar la *terra incognita* de la crítica independiente.

«¿Por cuál camino, señor presidente?»

Dar «pasitos a la izquierda» significaba provocar de inmediato reacciones de la derecha, es decir, despertar la suspicacia de dos poderes «no tan subordinados» que podrían inquietarse hasta llegar a la amenaza de la insubordinación: los empresarios y la Iglesia.

Extrañamente, los severos «palos» que a diestra y siniestra repartió el régimen a los sindicatos insurgentes al principio del sexenio no bastaron para convencer a los grupos más poderosos de la iniciativa privada de que el sistema no toleraría la captura del movimiento obrero por parte de los comunistas. A la vista de la retórica revolucionaria del gobierno y por los elogios a la Revolución cubana, los empresarios sospechaban proclividades estatistas, socialistas y, en último término, comunistas en el presidente de la República. López Mateos, por su parte, incurrió en fórmulas verbales que parecían diseñadas para provocar las alarmas de la iniciativa privada. Una pauta de mutua desconfianza complicó las relaciones entre los dos poderes durante la primera mitad del sexenio.

El primer caso de litigio entre el gobierno y la iniciativa privada ocurrió alrededor de los libros de texto únicos. El empresariado, en particular el de Monterrey, reaccionó ante lo que consideraba una intromisión inadmisible del Estado en el ámbito de la libertad que tenían los padres de escoger la educación conveniente para los hijos. No mucho tiempo después, en un discurso que provocó revuelo, el presidente calificó al régimen como «de extrema izquierda dentro de la Constitución».[117] Más que un lineamiento político real, la frase era una argucia retórica ante la izquierda que presionaba desacreditando a la vieja Revolución mexicana frente a su joven homóloga cubana. Era también, tal vez, una compensación retórica a los recientes encarcelamientos de líderes obreros. Pero la iniciativa privada lo leyó como una señal clara de un cambio de rumbo: ayer Cuba, mañana México.

Las consecuencias económicas de la incertidumbre no se hicieron esperar: bajaron las inversiones, salieron capitales, declinó el turismo. La compra de la industria eléctrica por parte del gobierno pudo verse todavía como un arbitrio político, pero la adquisición de las cadenas de cines no parecía tener otra justificación que la de obedecer a una política de expansión económica estatal. Cuando el presidente del PRI, el general y licenciado Alfonso Corona del Rosal, se propuso suavizar aquella frase, sólo logró complicar el cuadro: el régimen de López Mateos, dijo, no era de «extrema izquierda» sino de «atinada izquierda» frente a los problemas del país.[118] El secretario de Gobernación, Gustavo Díaz Ordaz, terció afinando aún más el concepto: se hablaba de izquierda en el sentido de «estar atentos a las necesidades y a los afanes de las grandes mayorías», ésa era y había sido «la esencia de la Revolución mexicana».[119] A la postre, ninguna explicación funcionó.

Aquello no era un divorcio, pero sí un distanciamiento. Por un tiempo abundaron los desplegados en los periódicos en los que las diversas organizaciones de la iniciativa privada alertaban al público sobre los peligros de una estatización de la economía que sería «totalmente nociva y desquiciante para México». Por fin, el 24 de noviembre de 1960, apareció en los periódicos un texto que resumía la postura de la iniciativa privada: «¿Por cuál camino, señor presidente?»

Suscribían el texto las grandes organizaciones de la iniciativa privada mexicana: industriales, banqueros, comerciantes y empresarios en general. Manifestaba, de entrada, la «positiva intranquilidad» con la que esos sectores veían el rumbo que tomaba la política económica y el gasto público. Concedían que las recientes adquisiciones de empresas privadas por el gobierno estaban «plenamente justificadas desde el punto de vista político», pero se preguntaban si la operación se detendría en la industria eléctrica o abarcaría nuevas áreas como la siderurgia, el azúcar o los transportes. «¿Es que nos encaminamos, a través del intervencionismo económico, hacia el socialismo de Estado?»,[120] se preguntaban los empresarios, señalando a continuación que el número de empresas de participación estatal en organismos descentralizados alcanzaba ya la cifra de trescientas ochenta. La experiencia exitosa de varios países industrializados –argumentaban– y los desastres recientes del peronismo argentino eran prueba evidente de que el camino que debería seguir México era el inverso del que el gobierno parecía dispuesto a tomar: vender, no adquirir empresas. El documento, escrito con comedimiento por un empresario con sólida formación filosófica, Juan Sánchez Navarro, reiteraba la «tradicional tesis de colaboración con el gobierno», pero al mismo tiempo lo emplazaba a responder con claridad a la pregunta que en su título formulaba.

El gobierno respondió de inmediato y con desusada amabilidad a través del secretario de Hacienda, Antonio Ortiz Mena. El objetivo del régimen, explicó, era «favorecer el desarrollo económico del país sin competir con la iniciativa privada». Su intervención en algunas empresas había sido realizada a solicitud de los propios empresarios, para evitar quiebras y cierre de fuentes de trabajo. Los términos y el tono de la respuesta tranquilizaron los ánimos. Pero quedaba un capítulo pendiente: Cuba.

Con vistas a la reunión de la OEA en Punta del Este, y en acción conjunta con cuerpos representativos de la Iglesia, los empresarios presionaron públicamente al gobierno de López Mateos para que pronunciara sin ambages su condena al comunismo y al régimen «intervencionista y tiránico» de Fidel Castro. En Punta del Este, el canciller Tello se extrajo un as de la manga: si bien condenó al comunismo, no avaló la expulsión de Cuba.

Tras aquella declaración, los empresarios cambiaron su postura. La Concamin envió a López Mateos un mensaje en el que celebraba «la revitalización de la confianza de los hombres e instituciones de la iniciativa privada». La Asociación de Banqueros no se quedó atrás y afirmó: «... tenemos la absoluta seguridad de que el gobierno y la iniciativa privada estrecharán cada día más sus lazos». El recién creado Consejo Nacional de Hombres de Negocios –la cúpula de cúpulas de la iniciativa privada– respiró con alivio. Entonces «se inició nuevamente la industrialización sana del país, aunque todavía bajo el signo del proteccionismo», recordaba el fundador del organismo, Juan Sánchez Navarro.[121]

Las relaciones entre la iniciativa privada y el gobierno volvían a ser cordiales, tanto como en la época de Alemán. El cambio se fincaba en las definiciones «claras» del gobierno con respecto a Cuba y a la izquierda radical del país, pero implicaba sobre todo un ajuste en la percepción que los empresarios tenían sobre los actos y las palabras de los gobernantes en turno. Un diálogo entre Juan Sánchez Navarro y Antonio Carrillo Flores ilustra a la perfección el nuevo entendimiento. Carrillo Flores, que había sido director de Nacional Financiera con Alemán, ministro de Hacienda con Ruiz Cortines, y a la sazón ocupaba la embajada de México en Washington con López Mateos, preguntó a su amigo y compañero de golf, Sánchez Navarro:

« –¿No tienen ustedes suficiente libertad?
»–Sí, pero está amenazada por el gobierno.
»–Deben ustedes distinguir las formas del contenido».[122]

Los empresarios no sólo comenzaron a distinguir el fondo de Adam Smith de las formas socialistas. Aprendieron a apreciar también el fondo y la forma, ambos certeros, de varias medidas económicas tomadas por el gobierno e instrumentadas por el notable secretario de Hacienda, Ortiz Mena.

Por iniciativa del gobierno y a menudo con participación estatal, surgieron varios proyectos viables e imaginativos: polos de desarrollo turístico, fomento de zonas fronterizas, integración de una marina mercante, industrialización del henequén en Yucatán, plantas petroquímicas, sustitución de importaciones en la industria automotriz... La buena administración pública mantenía la deuda externa en niveles mínimos; colocaba, por primera vez desde 1913, emisiones de obligaciones en el mercado europeo y norteamericano; respetaba escrupulosamente la autonomía del Banco de México, administrado a su vez, con pulcritud, por Rodrigo Gómez; y ejercía, en fin, una pragmática alternancia de medidas keynesianas y monetaristas que, al cerrar el sexenio, logró niveles de crecimiento superiores al diez por ciento con una inflación del 2 por ciento y un incremento neto de salarios del 6 por ciento anual. La tesis de que sólo la iniciativa privada podía manejar productivamente las empresas se veía atenuada, en los hechos y los números, por un grupo particularmente hábil y capaz de funcionarios cuyo éxito dependía, ante todo, de aquella vieja tradición porfiriana, respetada por todos los gobiernos revolucionarios: la autonomía del sector hacendario y financiero, la independencia de los sucesivos herederos de José Yves Limantour.[123]

Al final del sexenio, los empresarios no sólo afirmaban su subordinación política al presidente y al sistema sino que la veían como una bendición. «Que los políticos se ocupen de la política, nosotros nos ocupamos de la economía», era su convicción. Al fin y al cabo, decía un prominente banquero, «todos estamos en el mismo barco», «todos somos revolucionarios».

Cristianismo sí, comunismo no

La Iglesia reaccionó también contra la retórica izquierdista de López Mateos y la amenaza, real o imaginaria, de que México siguiera el camino de Cuba.

A finales de 1960, después de secundar a sectores influyentes de la iniciativa privada y asociaciones de padres de familia en su batalla contra la introducción oficial del libro de texto gratuito, la Iglesia comenzó a desplegar una intensa movilización pública. La Asamblea del Episcopado Mexicano, celebrada en México en octubre de ese año, aprobó un manifiesto en el que advertía al país sobre el peligro de caer víctima del comunismo. En abril de 1961, tras la invasión de Playa Girón, se organizó una campaña de «afirmación de valores cristianos». En mayo, cincuenta mil personas se reunieron en la Basílica de Guadalupe. El pretexto era el aniversario de la encíclica *Rerum Novarum*, pero el motivo de fondo era otro, como describió en el semanario católico *Señal* el escritor Vicente Leñero:

«En la fachada una enorme imagen de la Virgen de Guadalupe, abajo, frente a la puerta, un estrado y un micrófono. Mantas, cartelones por todas partes en los que se condenaba al comunismo, en los que se repetía el lema definitivo: "Cristianismo sí, comunismo no", se repartían volantes, se entonaban himnos, se gritaba, había exaltación, entusiasmo».

Semanas después, diversas marchas del mismo género se llevaron a cabo en varias ciudades del país. «Una manifestación sin precedentes en los últimos años» tuvo lugar, según órganos de izquierda y derecha, en la piadosa y extremista ciudad de Puebla. En julio, esa misma ciudad fue escenario de un enfrentamiento entre estudiantes que marchaban en apoyo de Cuba y otra que se manifestaba contra el «ateísmo rojo». Mientras la tropa patrullaba las calles y sitiaba la Universidad Autónoma de Puebla, en las ventanas de las casas comenzaron a aparecer calcomanías o letreros autoadherentes con la frase consagrada: «Cristianismo sí, comunismo no», «Éste es un hogar decente, no se acepta propaganda protestante ni comunista». Coincidiendo con el movimiento, se formó un Frente Cívico Mexicano de Afirmación Revolucionaria. Lo integraban, «entre otras personalidades», varios ex gobernadores y dos ex presidentes: Abelardo L. Rodríguez y Miguel Alemán. Su propósito era defender «la nacionalidad de la infiltración de doctrinas extrañas a nuestra idiosincrasia».

Como en el caso de los empresarios, la definición del gobierno con respecto a Cuba calmó los ánimos. México no se orientaba hacia la izquierda, ni siquiera hacia la «extrema izquierda dentro de la Constitución», sino a una reafirmación de su propio camino. El general Lázaro Cárdenas (esfinge que sólo hablaba como el oráculo, cuando la nación lo reclamaba) declaró: «... la presente es la hora de la unidad y de la cooperación sin reservas».

Parecía la vuelta a la paz porfiriana, al viejo y conocido rumbo de la conciliación. La Iglesia seguía fortaleciendo su estructura interna, ampliando su labor pastoral, absorbiendo áreas cada vez mayores de la educación privada, pero el cambio más importante no era del todo visible y tardaría algunos años en manifestar su creciente importancia. Una nueva generación de sacerdotes (educada, como siempre, en la Universidad Gregoriana de Roma o en el Colegio de Montezuma en los Estados Unidos, pero expuesta por primera vez a otras corrientes filosóficas occidentales en boga, como el marxismo, el existencialismo y el personalismo) se incorporaba a las labores sacerdotales, incluso en los niveles episcopales, con un espíritu distinto y aun opuesto al de sus predecesores. Marcados profundamente por los trabajos del Concilio Vaticano Segundo, convocado por Juan XXIII y al que varios de ellos acudieron, estos sacerdotes adoptarían su forma personal de *aggiornamento:* en un proceso de auténtica conversión, pasarían de la militancia cristiana de derecha –de corte cristero– a la militancia cristiana de izquierda, vinculada a las diversas variedades de la teología de la liberación. Como un signo de los tiempos, la orden aristocrática por excelencia, la de los jesuitas, modificaría radicalmente su orientación, abandonando la tradicional educación de las élites y optando por lo que se llamó la «opción preferencial por los pobres». El obispo de Cuernavaca, Sergio Méndez Arceo, sería por muchos años el hombre representativo de esta nueva tendencia: habiendo abrigado convicciones conservadoras, tras el concilio adoptó posturas radicales que a la larga lo llevarían a alabar a Fidel Castro como a un nuevo Cristo. Sin llegar a esos extremos, en el norte del país, varios sacerdotes se acercaron con mayor sentido de responsabilidad social a los grupos y movimientos campesinos. En Monterrey, algunos sectores jesuitas se convertirían en el embrión de los movimientos guerrilleros de los años setenta. Finalmente, en el sureste del país, en la olvidada región de Chiapas, donde persistía una opresión social y racial no muy distinta a la de los tiempos coloniales, un nuevo obispo nacido en el Bajío, corazón mismo del México cristero, tomaba posesión de la antigua sede de Bartolomé de las Casas. Allí redescubriría, por cuenta propia, que los agravios contra los que había luchado cuatrocientos años atrás aquel fraile apasionado seguían vigentes. Su nombre: Samuel Ruiz.

Un dios enfermo

Se atribuye a López Mateos un cuento: «Durante el primer año la gente te trata como Dios y la rechazas con desprecio; en el segundo te trata como Dios y no le haces caso; en el tercero te trata como Dios y lo toleras con incredulidad; en el cuarto te trata como Dios y comienzas a tomarlo en serio; en el quinto te trata como Dios y no sólo lo crees: lo eres».

El saldo político del quinto año de gobierno le daba pie a sentirse Dios. Había pasado casi indemne una prueba de fuego. En el primer círculo del sistema, la subordinación se había reforzado: el ejército comprobaba su lealtad, los caciques pasaban a la historia, los obreros y campesinos se alineaban a la consigna del «pan o palo», los diputados, senadores, gobernadores y presidentes municipales seguían obedientemente subidos al «carro completo». En el segundo círculo parecía haber arrestos de insubordinación, pero a la postre todo cambió para seguir (casi) igual: los empresarios reconciliados, la Iglesia tranquila, la prensa casi toda servil, muchos intelectuales afiliándose (de manera abierta o vergonzante) al PRI. En el tercer círculo, incluso el PAN parecía complacido con la reciente reforma electoral. Sólo en las nuevas zonas de la izquierda (la cultura, las universidades públicas y los sectores de la Iglesia comprometidos con la «opción por los pobres») se gestaba un movimiento opositor al sistema tan radical como el cristero o sinarquista, pero inspirado esta vez no en el grito de «¡Viva Cristo Rey!», sino en el triunfo de la Revolución cubana.

De todo ello, sin embargo, la economía del país no se daba por enterada: crecía sólidamente al 6 por ciento. En el exterior se hablaba del «milagro mexicano». Parecía el mejor de los mundos posibles, como ilustra uno de los chistes más populares del sexenio: «Cuando a López Mateos se le solicitan órdenes sobre la agenda del día, contesta: "¿Qué nos toca ahora: viaje o vieja?"» En muchos momentos, el chiste había correspondido a la realidad. Cuando no viajaba por los caminos del mundo, el presidente invitaba a algún amigo, abordaba su flamante Masseratti, y escapándose de su propio cuerpo de seguridad, a veces sin dinero en los bolsillos, corría a toda velocidad por las carreteras del país. Y cuando el Masseratti descansaba, el enamorado tomaba el turno: rompía vallas para saludar a guapas muchachas, sabía que el pueblo festejaba sus amoríos porque demostraban que «el presidente es macho», y en cierto momento tomó la decisión de casarse con la joven y guapa Angelina Gutiérrez Sadurní, hija de la clase alta mexicana.

Como Alemán, López Mateos intentó sin éxito que se le otorgara el Premio Nobel de la Paz. A diferencia de Alemán, intentó con éxito la concesión para México de los Juegos Olímpicos. Ya fuera del poder, el pueblo lo aplaudía y aclamaba como uno de los suyos, y si no lo veía en el box o los toros, lo echaba de menos.

«Nadie ha sido tan universalmente estimado como el ex presidente López Mateos», escribía a fines de 1965 el poeta Salvador Novo.[124] Tenía razón: a Cárdenas lo quería el pueblo campesino y obrero, pero no las clases medias; a López Mateos, terminó por quererlo casi todo el mundo. Su sexenio no había sido tan blanco como el de Cárdenas, ni tan honesto como el de Ruiz Cortines, pero fuera de los gremios sindicales y campesinos que había golpeado, la gente tenía poco que reprocharle. Como en aquel remoto certamen de oratoria de 1929, el presidente orador salía en brazos de la multitud. Su palabra, su sonrisa, su naturalidad, su temple bohemio, sentimental, igualitario, su calidad humana, la buena administración de su gabinete hacendario, los logros diplomáticos, el nuevo lugar de México en el mundo, los «viajes» que los mexicanos hacían en la persona de su presidente, las «viejas» que cortejaban por su mediación, le daban el campeonato presidencial.

Mientras tanto, en Palacio, se vivía una realidad distinta. Un gran amigo del presidente, Víctor Manuel Villegas, recuerda una conversación en los últimos días de su gestión. López Mateos lo recibió en bata, le enseñó su súbita calvicie, la forma en que la ropa le quedaba floja; «estoy jodido», le dijo. Estaba enfermo, muy enfermo. Lo había llamado para ofrecerle una beca con el sueldo de embajador; Villegas estudiaría en Europa el doctorado en arte que siempre había querido.

Agradecido, Villegas celebró que pronto dejara la presidencia para poder «convivir con tus amigos y vivir lo que te tocó de vida», pero López Mateos lo atajó de manera inesperada: «Yo ya no tengo amigos, compadre, y tú ya no eres mi amigo... no lo eres porque yo ya no soy el hombre que tú conociste, yo soy un hombre deformado. Hace seis años que casi no dialogo con nadie».[125]

Siempre se había sentido ajeno al poder, ajeno a sí mismo en el poder, por eso vivía huyendo. Ahora que se le abrían las puertas de la libertad, no podía recuperar al que había sido, y estaba enfermo. Villegas salió sin decir palabra y no lo volvió a ver.

A fines de 1965 le sobrevino un ataque cerebral. Sus médicos de cabecera habían atribuido los intensos dolores a un caso agudo de migraña, pero esta vez los neurólogos Patricio Beltrán Goñi y Gregorio González Mariscal corrigieron el diagnóstico: se trataba de un aneurisma cerebral. Pidieron la presencia de su maestro, el doctor Poppen de Boston, quien operó a López Mateos en el hospital Santa Fe de la ciudad de México el 26 de noviembre de 1965. Personas de las más diversas clases acudieron espontáneamente a las calles aledañas para informarse sobre la salud de su popular ex presidente. Allí esperaron con zozobra y consternación el resultado y el pronóstico. La operación fue exitosa, el pronóstico, terrible: López Mateos no padecía uno sino siete aneurismas; su agonía sería lenta y dolorosa.[126]

Así ocurrió. La inmovilización de su cuerpo avanzó con rapidez. Primero el párpado izquierdo, luego una pierna y una mano, luego el pie derecho. Usó aparatos ortopédicos. Un ojo se le salió de la órbita. Debido a un trozo de carne mal deglutido, tuvieron que practicarle una traqueotomía; a consecuencia de ésta, aquel que había sido gran orador perdió el habla. Durante dos años vivió en estado vegetativo. Murió el 22 de septiembre de 1969, sumido en el silencio y el dolor, inconsciente del silencio y el dolor del país que había gobernado.

VI
Gustavo Díaz Ordaz
El abogado del orden

Gustavo Díaz Ordaz en la celebración del día del ejército, 1967.

Zozobra

La Revolución fue cruel con el estado natal de Porfirio Díaz. Como si hubiese querido tomar venganza de una hegemonía política sobre el país que databa de los tiempos de Juárez, condenó a Oaxaca a la incomunicación, cegó su comercio y castigó los movimientos «soberanistas» con que varios políticos y militares oaxaqueños intentaron reclamar la autonomía temporal del estado. Muchas familias oaxaqueñas emigraron. La decadencia no exceptuaba a los apellidos de gran prosapia liberal, como los Díaz Ordaz. Avecindados en la antigua villa de Tlacolula, cercana a la ciudad de Oaxaca y enclavada en el mismo valle, eran descendientes directos del diputado y gobernador liberal José María Díaz Ordaz, muerto en combate en las postrimerías de la guerra de Reforma y declarado en enero de 1860 «benemérito del estado y mártir de la libertad». Uno de sus primos, Julián Díaz Ordaz, había hecho fortuna. Casado con una mujer de ascendencia francesa, María de Jesús Redoné, poseía varios ranchos y propiedades (Don Pedrillo, Los Nogales, Rancho Blanco), pero sus hijos Julián, Edmundo, Ramón y Dolores pasarían tiempos difíciles. Sólo el primero conservaría algunos negocios, como la finca cafetalera Cataluña en Teotitlán del Camino. Dolores tomaría los hábitos de monja, Edmundo moriría asesinado en un asalto durante la Revolución y Ramón viviría en la zozobra cotidiana.[1]

Aunque algunos testimonios lo recuerdan como un hombre amable y hasta dado a la bohemia, la profesión específica de Ramón Díaz Ordaz requería sobre todo carácter: fue jefe político en varios municipios de Oaxaca –en la propia Tlacolula, en Ocotlán de Morelos, y quizás en Teotitlán del Camino–. A principios de 1911, ya en los estertores del régimen porfiriano, trabajaba como jefe rural y político de San Andrés Chalchicomula, en el vecino estado de Puebla. Lo había designado uno de los gobernadores más duros del elenco

305

porfiriano: Mucio Martínez. El triunfo del maderismo acabó con buena parte de la burocracia y provocó el regreso a Oaxaca de Ramón y su familia, compuesta por entonces de su mujer, la severa y piadosa maestra Sabina Bolaños Cacho, y tres hijos: Ramón, nacido en 1905; María, en 1908, y Gustavo, recién nacido el 12 de marzo de ese año. Con el tiempo, don Ramón y doña Sabina tendrían dos hijos más: Ernesto (1913) y Guadalupe.[2]

El bautizo de Gustavo tuvo lugar en Oaxaca. Su padrino fue don Alfredo Sodi, uno de los hombres más ricos de Oaxaca, que no sólo pagó la fiesta donde se escuchó el vals *Honor y gloria* sino que en algún momento socorrió a don Ramón dándole un empleo de tenedor de libros.[3] Los Díaz Ordaz vivían en Tlacolula, en una casa detrás del atrio de la parroquia local, en cuya capilla estaba enterrado el abuelo Julián, pero el vendaval de la Revolución los arrancó muy pronto de la casa familiar. Tlacolula, aquel gran centro comercial que durante el porfirismo exportaba maíz, estaba convirtiéndose en un páramo donde la gente «se alimentaba de raíces de plátano».[4] Los Díaz Ordaz emigran a la lejana Etzatlán (Jalisco), donde don Ramón acepta un empleo como administrador de la hacienda del Carmen. Allí sus hijos gozan, por momentos, de una vida campirana. Repuesto ya del tifo que llegó a contraer, Gustavo monta con frecuencia una yegua llamada *Casanga*.[5] Ramón, el mayor, de carácter romántico, parece optar por la carrera eclesiástica y los jesuitas le pagan un viaje de estudios a España. De pronto, los altibajos de la Revolución determinan un nuevo regreso a Oaxaca, donde la familia se asienta y permanece hasta 1931.

Entre 1922 y 1925, Gustavo termina su educación primaria en una institución privada, el Colegio Pestalozzi, e ingresa a la escuela anexa a la Normal, ubicada en la calle de Macedonio Alcalá, donde se impartía una enseñanza preparatoria integral. En cierto momento, según recordaba muchos años después, «traté de entrar al Heroico Colegio Militar, pero desgraciadamente no pude conseguir la fianza».[6] Hacia 1926-1927, se incorpora al Colegio de Ciencias y Artes de Oaxaca, el mismo por donde habían pasado Juárez y Díaz. Todos sus condiscípulos lo recordarían como un estudiante serio, memorioso, metódico, y no exento de cierta defensiva arrogancia. Su cortesía es seca, cortante: no busca pleitos pero tampoco los rehúye. Sus maestros (Pedro Camacho, de latín y griego; Francisco Herrera Muzgo, de francés; José Barriga, de física y química; Manuel I. Mojardín, de historia de México, y Ramón Pardo, de doctrinas filosóficas) son casi todos disciplinarios. Uno de ellos, don Agustín Reyes, imparte clases de zoología y botánica, pero padece ceguera y por ello se vale de Gustavo para poner orden entre los jóvenes revoltosos.[7]

Al igual que en la capital y en otras partes del país, la oratoria juvenil estaba de moda. Gustavo no se sustrajo a ella. Alguno de sus amigos conoce al campanero que por la noche ilumina el camino con su lamparita hasta lo alto de la hermosa catedral de cantera verde. Allí, en las bóvedas, muy cerca de las torres chaparras construidas así para contrarrestar los frecuentes terremotos de la zona, los jóvenes se constituían alternativamente en oradores y auditorio. El héroe del momento es Vasconcelos, el filósofo oaxaqueño, el «Madero culto». Gustavo conoce el ascenso y la caída del vasconcelismo y participa un tanto de los gustos literarios de la época (las obras de Gorki, Andreiev, Julián Sigasugoitia arriban a la librería de don Julián S. Soto), pero su afición específica de aquellos años no parece apuntar hacia la política de oposición.[8] A Gustavo «no le gustaban los relajitos», recuerda una de sus compañeras de la época, refiriéndose no sólo a los políticos sino a las fiestas que tradicionalmente se celebraban en el instituto. En los «viernes de la Samaritana», que tenían lugar cada año hacia fines de marzo, rara vez se le veía.

Su deber era el estudio, y su diversión, el basquetbol. Junto con sus amigos Brena Torres, José Huerta, Julio Glockner y Altamirano, forma un quinteto llamado Cronos, que solía practicar en las canchas del Llano, en las afueras de la ciudad. Apoyados en el «buen aro» de Gustavo, Cronos ganó el selectivo estatal y compitió, ya sin demasiado éxito, en el torneo nacional de la ciudad de México.[9]

Todos las testimonios coinciden en la penosa situación económica que atravesaba la familia Díaz Ordaz. La Revolución había arrasado o repartido los fincas de la familia. En un momento dado sufren la vergüenza de ser lanzados de su casa por atraso en el pago de la renta.[10] Un hermano de doña Sabina, el diputado y tesorero estatal don Demetrio Bolaños Cacho, los acoge en su casa a regañadientes. Cuando los personajes importantes de Oaxaca acuden a la casa, don Ramón y su familia pasan a un rincón de la cocina, donde no pueden ser vistos ni oídos.[11] Son, en el lenguaje despiadado de México, unos «arrimados». Gustavo viste de dril. Es pobre pero decente. Su futuro está en el estudio, y si no puede adquirir libros, los pide prestados y los lee en la propia librería de don Julián S. Soto, enfrente del instituto, o por las noches, a la luz de los focos de Palacio o de los faroles del Zócalo.[12]

A su regreso de España, donde pasó un tiempo en el seminario de los Paúles, el primogénito, Ramón, llegó a auxiliar a su familia.

Poeta romántico, dueño ya de una respetable cultura literaria, ocupa una cátedra vacante de latín. Los alumnos se burlan de su hablar mesurado, de su ceceante pronunciación, pero sobre todo de su facha, y de inmediato lo apodan «diente frío» debido a su enorme dentadura, saliente y al aire. En una ocasión, el estudiante Luis Guzmán es expulsado de la clase, pero permanece en el quicio de la puerta imitando a «diente frío». Su condiscípulo Gustavo Díaz Ordaz advierte la burla y se abalanza sobre él, golpeándolo con cólera.[13]

Aquella acción hubiese sido normal en cualquier circunstancia, pero no en la de la familia Díaz Ordaz. Gustavo no defendía a su hermano solamente; se defendía a sí mismo. Desde muy chico lo torturó la conciencia de su fealdad. «Mi abuela discriminaba a mi padre y favorecía a su hermano Ernesto», recuerda el hijo mayor de Gustavo.[14]

También Gustavo tenía los dientes grandes y salidos. Aunque era huesudo y flaco, según su propio testimonio, «sudaba como gordo».[15] Un viejo amigo de la familia, Urbano Deloya, apuntaría años después: «Creció acostumbrado a escuchar a doña Sabina: "¡Pero qué hijo tan feo tengo!" Todo eso lo acumuló en su vida».[16]

En aquellos años de Oaxaca, compensaba la zozobra y la fealdad con la dura aplicación al estudio. Sin embargo, como si la naturaleza se empeñara en probarle que la única ley era el desorden, el caos y el azar, un fortísimo terremoto derribó su casa el 14 de enero de 1931. Ya en 1924, a raíz de otro temblor, la familia había padecido un desastre similar. «Oaxaca se va a acabar», exclamaban sus aterrorizados habitantes, diezmados dramáticamente. En aquel año, la población de la ciudad de Oaxaca desciende de 29 mil a poco más de 12 mil. Muchas personas venden sus casas a precios irrisorios y emigran. Una de esas familias es la Díaz Ordaz. Don Ramón y su hijo mayor permanecen por un tiempo en Oaxaca; pero doña Sabina se lleva a sus hijos a Puebla, donde, por consejo de una amiga oaxaqueña, piensa abrir una casa de estudiantes para ganarse la vida. Con el tiempo, la familia se reúne definitivamente en Puebla. Atrás y para siempre quedó Oaxaca, Tlacolula y la leyenda de la familia Díaz Ordaz, en cuyo tronco situaban algunos al conquistador Diego de Ordaz, compañero de Cortés y primer explorador del cráter del Popocatépetl, y al mismísimo cronista Bernal Díaz del Castillo. Enfrente quedaba el futuro amenazante, incierto.[17]

Gallo de espolones

A principios de los años treinta, Puebla seguía siendo una ciudad piadosa, la novia eterna y fiel de aquel remoto obispo de mediados del siglo XVII, Juan de Palafox y Mendoza, cuya férrea religiosidad la había marcado para siempre. En el siglo XIX Puebla se había distinguido por su temple católico y conservador; no obstante, no faltaban liberales en la historia poblana: de aquella ciudad había partido la insurrección contra Comonfort, mecha y presagio de la guerra de Reforma. Desde entonces, la tensión entre liberales y conservadores se dejaba sentir en Puebla con una intensidad sólo comparable a la otra gran sede episcopal de la provincia mexicana: Morelia, antes Valladolid. Ambas ciudades producían gente extremosa.

Había sido difícil introducir reformas revolucionarias en el estado. En 1924, el joven gobernador Lombardo Toledano intentó establecer los derechos de los trabajadores en una zona de alta densidad laboral (el grueso de las fábricas textiles de México se hallaba en Puebla desde mediados del siglo XIX), pero los empresarios protestaron ante el general Obregón, quien de inmediato depuso al sabio. A una situación similar se enfrentó el general Leonides Andrew Almazán, cuyos intentos de reforma agraria se toparon con la oposición de los hacendados locales que, apoyados por el gobierno de Calles, forzaron su dimisión. Con la llegada de Lázaro Cárdenas al poder, las fuerzas progresistas del estado creyeron franco el camino a la gubernatura para un hombre cuyo ideario social era afín a Cárdenas, el profesor Gilberto Bosques. Pero el jefe de operaciones militares del estado, el general Maximino Ávila Camacho, no podía dejar pasar la oportunidad de volverse dueño indiscutible de su estado. En una de esas compensaciones políticas difíciles de entender que tenía Cárdenas, y a pesar de los incidentes de violencia provocados por Maximino antes, durante y después de las reñidas elecciones, el triunfo le fue concedido. Bosques y sus amigos normalistas tuvieron que emigrar del estado. Maximino hizo obra pública, pero mantuvo a raya las manifestaciones obreras.

«En esas condiciones», recuerda el historiador Gastón García Cantú, «se da una contradicción obvia en el país: mientras el inicio del gobierno de Cárdenas se significó por repartir la tierra, por el acceso a un diálogo con los trabajadores, en Puebla todo esto no sucedía... este infeliz estado cayó en una de las peores dictaduras que uno pudiera imaginar.»

Aun la cuestión religiosa, amainada en el resto del país, parecía viva en Puebla: mientras en algún convento de la ciudad las monjas permanecían escondidas, como en tiempos de los cristeros, en las calles las mujeres poblanas se manifestaban ardorosamente en defensa de la fe católica: «Puebla parecía detenida en el tiempo».[18]

En aquellos años, García Cantú conoció al estudiante Gustavo Díaz Ordaz que, aunque mayor que él, lo veía con cierta frecuencia y lo saludaba. «Gustavo era desde aquel tiempo un joven un poco retraído, hosco, pero aun así solía bromear... Sobre todo de Gustavo recuerdo su voz. Era como si por su complejo de fealdad, por sus inseguridades... pusiera siempre su voz por delante, una voz grave, bien modulada, una voz cultivada con cierto esmero.»[19] Fue la voz, quizá, lo que echó por delante Gustavo para llamar la atención de Lupita, la bella hermana de su amigo Guillermo Borja, hijo del respetable abogado Ángel Borja Soriano. En casa de los Borja, Gustavo pedía prestados los libros que necesitaba, y a casa de los Borja llevó alguna vez serenata a la que sería su esposa, con el mismísimo doctor Ortiz Tirado, de visita en Puebla. Cinco años duraría el noviazgo entre aquella mujer de ojos verdes y el «patito feo» del grupo, que gracias a su tesón e inteligencia, y a pesar de las estrecheces económicas de su familia, alcanzaba siempre los primeros lugares en su carrera de leyes.[20]

Porque don Ramón, con todos sus esfuerzos, no podía más que «rascarle de todo un poco»: fue tenedor de libros en Las Fábricas de Francia e inspector de mercados. El pastel no alcanzaba. Su hijo Gustavo tenía que trabajar para costear sus estudios. En 1932 fue mensajero en el Departamento de Gobernación del estado. Más tarde fue meritorio y escribiente en juzgados menores, correccionales. Por algunos años, antes de recibirse, llegó a ser actuario o diligenciario de juzgado. Su función consistía en ejecutar en el exterior las órdenes o mandatos del juez, desde las más simples, como eran las notificaciones, hasta las más complicadas, como los desalojos por falta de pago (de renta, por ejemplo). Estos lanzamientos o deshaucios podían implicar verdaderos dramas: con ayuda de la policía, los diligenciarios solían romper cerraduras y sacar a la calle los muebles y pertenencias de los desahuciados, para después bloquear con nuevos candados los accesos a los locales desalojados.

A principios de 1937, caminando por la calle del Sagrario, detrás de la Catedral, el procurador de Puebla, don Jesús Sánchez Muñoz, interpeló a un grupo de pasantes de derecho entre los que se hallaba

Díaz Ordaz. «¿Quieren puestos?», les dijo, «pues yo les doy puestos de agentes del Ministerio Público, pero con la condición de que dentro de tres meses se me reciban. Si no, en tres meses se acabó el empleo.»[21] Al licenciado Trinidad Torres, que vivió la escena, le tocó ir a Matamoros, y a Gustavo Díaz Ordaz, a Tlatlauqui, donde enfermó con cierta gravedad de escarlatina. Ya repuesto, va a Tehuacán como agente del Ministerio Público. Su función en este caso consiste en recibir querellas de personas agraviadas, determinar si hay delito que perseguir, investigarlo, organizar la averiguación previa, obtener del juez penal la orden de aprehensión, dirigir la captura (para lo cual la policía judicial está bajo sus órdenes) y presentar finalmente al delincuente ante el juez. Más tarde, en Tecamachalco, es juez penal de primera instancia. En este cargo, su función es impartir justicia en materia penal ordinaria (no federal). Los delitos que le correspondía juzgar iban desde los robos simples hasta los homicidios calificados.

Dueño ya de una respetable experiencia práctica como ejecutor perentorio de la ley y persecutor de delincuentes y delitos, Gustavo se recibe de abogado a los 26 años de edad, el 16 de marzo de 1937, con la tesis «El recurso de queja en el procedimiento civil». Después de la recepción, se acostumbraba dar una fiesta, pero las limitaciones económicas de Díaz Ordaz lo impidieron. Los amigos celebraron al nuevo abogado tomando una copa en la cantina del español Rogelio Eres, llamada La Gran Iberia, cuyo lema era «Para tortas y cocteles, Eres». Hubo guitarras y el festejado cantó.[22] Muchos años después, Díaz Ordaz recordaba la escena: tenía justo lo necesario para pagar las copas del brindis con sus compañeros; por eso tembló cuando uno de los profesores pidió otra cosa, una sangría; un amigo tuvo que prestarle dos pesos para completar la cuenta.

Al poco tiempo, el novel abogado se casó con Lupita Borja en la parroquia de San Cristóbal de Puebla. La pareja rentó un pequeño departamento en la 5a. calle Oriente, no lejos de la casa paterna de la novia. Curiosamente, Gustavo preguntó a la casera, la señora Landa, si podía pagarle un mes por adelantado. «No es el trato», respondió ella, pero él insistió: «sí, así me tiene más tranquilo».[23] Habiendo sufrido el desahucio en Oaxaca y practicado seguramente él mismo desahucios en el juzgado, no quería padecerlos.

Aunque trabaja efímeramente en un despacho de abogado, Gustavo propende de manera natural al servicio público y al ejercicio de la autoridad. A principios de 1938, Maximino Ávila Camacho le echa el ojo y lo convierte en presidente de la Junta Central de Conciliación y Arbitraje. «Maximino le había medido los espolones», recuerda el político poblano Gonzalo Bautista O'Farrill, hijo del gobernador del mismo nombre que hizo escuela política en la turbulenta Puebla de aquellos años.[24] El doctor Bautista era un profesional de la política, el cerebro táctico al lado de Maximino, no su empleado servil sino el hombre que lo atemperaba, lo orientaba y sólo en último término, cuando las manos llegaban a las pistolas, se alzaba de brazos y lo dejaba hacer. Se necesitaba firmeza y autoridad para lidiar con la explosiva situación obrera en Puebla, sobre todo en Atlixco, convertido en campo de batalla de los partidarios de la Federación Revolucionaria de Obreros y Campesinos (FROC) lombardista y los de la CROM moronista. Díaz Ordaz dudó en aceptar el puesto, porque carecía de experiencia, pero a Maximino nadie le decía que no. «Aprenda rápido», le dijo, y el discípulo aprendió.[25] Su paso por la junta dejó huella: reglamentó los caóticos procedimientos, arrasó con los «coyotes» en los juzgados, mostró espíritu de equidad, favoreció unas veces a los cromistas y otras a la FROC y no dudó en dictar sentencias contra los patrones. «No es la presión la que habrá de darles la razón, sino el derecho», llegó a sentenciar a los trabajadores de Atlixco, lugar donde a menudo intervenía el ejército para poner orden entre los sindicatos opositores.[26]

Durante la campaña de Ávila Camacho en Puebla, Díaz Ordaz se distingue por momentos como orador, pero sobre todo como aprendiz de estratega. Es el momento en que Bautista le ve lo mismo que Maximino: es un gallo con espolones. Ambos debieron de ser un factor para alcanzar su siguiente escalón: la vicerrectoría de la Universidad de Puebla. El rector en turno, el prominente médico Alfonso Alarcón, pasaba la mayor parte del tiempo en su consultorio de la ciudad de México, por lo que Díaz Ordaz fungió de hecho como la máxima autoridad. Con el lema de «ayudar al que quiera estudiar»,[27] gobernó aquella casa de estudios con mano firme, sobre todo cuando detrás de los habituales conflictos de política estudiantil adivinaba la acción de «fuerzas extrañas».

En el mismo año de 1939, aquel gallo se vuelve magistrado y, más tarde, presidente del Tribunal Superior de Justicia del Estado. A los treinta años ha llegado a la cúspide de la pirámide judicial en Puebla. A principios de 1941 Maximino Ávila Camacho sale del poder y viaja por Europa. Lo sucede Gonzalo Bautista, que integra su gabinete con varios jóvenes amigos de Díaz Ordaz. Al regresar de su viaje, el cacique se entera de que el secretario de Gobierno de Bautista ha atacado a la Iglesia en un discurso y Maximino lo fuerza a removerlo. Gustavo Díaz Ordaz llega entonces al tercer puesto político del estado: es secretario de Gobierno, dos escalones por debajo del cacique Ávila Camacho, un escalón por debajo del gobernador Bautista.

Gustavo es la cuña política entre los dos, pero los mantiene contentos. A Maximino lo convence su mano pesada y firme, a Bautista su inteligencia, memoria, puntualidad y capacidad de trabajo. De ambos aprende Gustavo. Durante poco más de dos años desempeña su trabajo con tal eficacia que el gobernador Bautista le vaticina que llegará a donde todos quieren llegar: a la presidencia de la República. En tiempos de guerra, mientras Bautista recorre los campos militares en Texas, Díaz Ordaz funge como gobernador de hecho. Desde la Universidad de Puebla, estaba acostumbrado a ser el primero con nombramiento de segundo. Son meses en que todos los burócratas poblanos están militarizados, llega a haber simulacros de guerra en el fuerte de Guadalupe, y unos letreros estremecedores aparecen en las bardas de la ciudad, mandados pintar por el gobierno del estado: «Por los hijos, la vida; por la Patria, los hijos».[28] Su autor era el secretario de Gobierno, don Gustavo Díaz Ordaz.

En 1942, don Maximino le ve espolones a su gallo para pelear en un palenque nacional: lo nombra diputado federal por el primer distrito de Puebla. Blas Chumacero, hombre fuerte de la CTM poblana y que controlaba el distrito, accede al arreglo. Cierto día de elecciones, siendo aún secretario de Gobierno, se hallaba encerrado en su despacho con su amigo y colaborador Herminio Vázquez:

«Era un domingo y no teníamos que hacer, nada más esperando los resultados de la elección. ¿Qué haremos? Y en eso Gustavo se fija que estaba en la pared un cromo de esos que había antes, un calendario de la Lotería Nacional, con la imagen de la bandera con su asta, con unas nubes, el cielo y nada más. Entonces nos pusimos a recortarlo, a deshacerlo, y luego otra vez a juntarlo. Y así nos estuvimos toda la tarde».[29]

No se trataba de una ocurrencia de momento sino del pasatiempo preferido de Díaz Ordaz: armar rompecabezas. «Desde chico los hacía», recuerda su hijo. Escogía o mandaba comprar cromos bonitos (caballos corriendo, casas viejas) y en su taller particular de carpintería los pegaba sobre una tabla de madera triplay. Luego, volteando la tabla, viendo el reverso del dibujo, con una segueta y un martillito iba recortando pequeñas figuras de animales, pescados, etcétera...

Finalmente las pulía. Luego desperdigaba el conjunto y pasaba horas poniendo orden en el caos de las piezas.[30] Aquella velada con Herminio Vázquez no había sido una excepción: «¡A ese grado llegaba su afición por los rompecabezas!», recordaba su asistente.

Su labor en la XXXIX Legislatura no pasa inadvertida. Cuando se discute el cambio de redacción en el artículo 3° constitucional, Díaz Ordaz lo hace, como era su estilo, en términos tajantes. Su argumento textual fue que el ejecutivo de la nación tenía mayor autoridad moral que los representantes del sector obrero para proponer a la nación entera la nueva redacción.[31]

En 1945 el diputado se dispone a ascender otro escalón y llegar a la senaduría por su estado. Cuenta con el apoyo del presidente Ávila Camacho, a quien había conmovido en un discurso del 5 de mayo en Puebla, pero desconoce la postura que sobre él tendrá el candidato Alemán. Su protector, Gonzalo Bautista, no era precisamente amigo del candidato. No obstante, Bautista y Díaz Ordaz se entrevistan con Alemán en Tehuacán, y éste acepta la postulación de Díaz Ordaz porque lo había visto trabajar con denuedo en la Cámara. Esta vez, sin embargo, Díaz Ordaz se toparía con la oposición directa del nuevo gobernador de Puebla, el ingeniero Carlos I. Betancourt, que en un clásico «madruguete» destapa a cierto coronel Linares. Sólo la intervención del candidato Alemán deshace el entuerto, retira al candidato de Betancourt y destapa la fórmula «Díaz Ordaz para senador propietario; Moreira, para senador suplente». Alfonso Moreira, hombre de Betancourt, ya en la Cámara seguiría molestando a Díaz Ordaz, hasta que un día éste le dio de trompadas advirtiéndole que, de seguir insistiendo, «se atuviera a las consecuencias». Desde entonces, Moreira guardó la compostura: sabía que su adversario era hombre de armas tomar.[32]

Lo era en sentido estricto, como ilustra un episodio que Díaz Ordaz narró alguna vez, con todo lujo de detalles, a su secretario, el joven abogado Urbano Deloya, condiscípulo de su hijo. Vivía entonces en una casa que estaba en la 9a. Sur y la 15a. Poniente. No vivía con lujo, pero tenía un billar, una pequeña cantina, una terracita donde le gustaba sentarse y un pequeño despacho con sus diplomas. Un día invitó a su mujer al cine. La película era *Adiós a las armas*, pero lo que esa noche le sucedió era el reverso del título. Comenzada la película, Díaz Ordaz advirtió que un hombre lo había seguido. Esperó unos momentos y ordenó a su mujer abandonar la sala y regresar con él a la casa. Con doña Lupe segura y debidamente armado, Díaz Ordaz salió sigilosamente por la parte de atrás de su domicilio:

«En la esquina de la casa estaba este tipo fumándose un cigarro. Se acerca sin que se dé cuenta, desenfunda Díaz Ordaz su pistola, se la pone en la espalda y le dice:

»–Ora sí, mi amigo, dígame qué quiere.

»–¡No, no, licenciado...!

»–¡Cómo que no, qué quiere, usted nos ha seguido, y usted está aquí parado en mi casa desde que yo llegué. Fuimos al cine, usted se metió al cine también, dígame usted quién es...!

»–Pues soy agente...

»–Agente de qué...

»–Soy agente de las Comisiones...

»–A ver la credencial...

»Y saca su credencial, y es agente de las Comisiones de Seguridad, que en esa época jefaturaba el terrible y temible don Alfonso Vallejo Aillón, que también despachaba con bastante frecuencia. Y que le quita el licenciado la credencial, y que le quita la pistola también. Entonces el tipo se vio inerme, y salió corriendo.

»Al día siguiente, muy temprano, Díaz Ordaz fue a ver al gobernador Betancourt con las pruebas en la mano. Atajando secamente las falsas muestras de afecto, fue al grano: "Ayer pasó esto, me estuvo siguiendo un individuo que es agente de las Comisiones de Seguridad. Aquí está su credencial y aquí está su pistola", y las puso sobre la mesa. "Vengo a advertirle que la próxima vez que me mande usted otra persona, no va a ser aquí donde le voy a regresar la pistola ni la credencial del que me mande usted a espiar, sino que en la tribuna del Senado voy a ofrecer la credencial y la pistola del espía... Así es que muchas gracias y es todo lo que le quería yo decir..."»

El atribulado Betancourt logró evitar que Díaz Ordaz abandonara el despacho de manera tan intempestiva, le juró que no era él sino Vallejo el responsable, lo invitó a su casa, abrió para él una caja de finísimas botellas de whisky, pero no logró su confianza. Díaz Ordaz, por su parte, había logrado algo más importante: el respeto y el miedo del gobernador.[33]

En la Cámara de Senadores, Díaz Ordaz formó un dúo con un hombre que parecía su reverso exacto: Adolfo López Mateos. Uno era feo, hosco, cerrado, estudioso, detallista, áspero, sedentario, hombre de pocos amigos. El otro era guapo, simpático, abierto, bohemio, superficial, suave, andariego, hombre de muchos amigos... y amigas. Obviamente, se complementaban. A través del líder de la Cámara, el coronel Carlos I. Serrano, ambos eran el conducto del presidente Alemán con los senadores. López Mateos viajaba, daba discursos, era el embajador legislativo del régimen; Díaz Ordaz hacía el trabajo de «talacha», rutinario, era el abogado legislativo del sistema, pero con frecuencia subía al podio a defender su punto de vista, siempre con energía, a veces con crudeza.

Como todo senador, y en aquel régimen concreto, Díaz Ordaz fue un soldado del sistema, en particular del presidente. Aplaudió la candidatura de Alemán para el Premio Nobel, y negó que el agudo conflicto obrero de Nueva Rosita fuese algo más que un «problema interno entre dos grupos de trabajadores», si bien advirtió que el asunto estaba «quemándole las entrañas» a la organización obrera. Ante las críticas sobre la corrupción del régimen y el monopolio del PRI que el henriquista Antonio Espinosa de los Monteros se atrevió a verter en Washington, Díaz Ordaz tomó la palabra el 20 de diciembre con una actitud característica que bordeaba la intolerancia:

«... cuando un mexicano indigno asesta una puñalada trapera en el propio corazón de la Patria, entonces, el sentimiento del patriotismo, agudizado, se convierte en indignación ... Nunca se había asentado México sobre bases más sólidas; nunca las finanzas del país habían estado más saneadas, ni nuestro crédito y nuestro prestigio habían sido mejor aquilatados fuera del país y mejor comprendidos dentro de nuestras propias fronteras ... No existe en México ningún partido oficial ... El Partido Revolucionario Institucional ha sido el canal adecuado, el cauce ordenado y justo que la Revolución ha encontrado para organizar políticamente los esfuerzos de las masas mayoritarias del país ... Si alguna vez han existido en México las libertades humanas ... es ahora, y este hecho actualmente se traduce en actos concretos de gobierno y tolerancias, que se antojan a veces demasiado amplias, cuando se ataca, sin pruebas ni fundamento alguno, a hombres honorables y patriotas que han hecho de su vida un paradigma del pasado y el presente de nuestra República».[34]

No todo fue «talacha» en el Senado. En 1947 asistió en Lima a la Conferencia Internacional de Abogados. Junto con su amigo, «Adolfito», viajó en 1948 a Argentina, donde ambos conocieron a Perón. En 1951 asistió en San Francisco a la conferencia internacional sobre el Tratado de Paz con Japón. Los viajes despertaron en él un sentimiento iberoamericano. El 12 de octubre de 1948 fue el orador oficial en el Día de la Raza. Su pieza impresionó al auditorio. Muchos la recordaban en los años sesenta. Fuera de ciertos giros anacrónicos en su retórica, estaba escrita con cierto talento literario y a partir de buenas lecturas. El senador Díaz Ordaz, a no dudarlo, era un hombre inteligente.

Un año antes, su ambición había tenido un objetivo claro y natural: la gubernatura del estado de Puebla. A pesar de que don Manuel Ávila Camacho lo estimaba, el gobernador saliente Betancourt tenía otro candidato más afín al ex presidente: su propio hermano, el general Rafael Ávila Camacho, quien tomaría posesión en febrero de 1951. Tras esa decepción, la vía de ascenso estatal estaba bloqueada para el senador. Sólo podía aspirar a trepar la pirámide federal. Con el empeño de siempre, se propuso trabajar en la campaña de Ruiz Cortines. En uno de los discursos de la gira tomó la palabra y conminó a la multitud en términos desusados aun para el lenguaje autoritario de la política mexicana. Había que «apoyar a un eje central que ejerza el poder de manera absoluta porque no podemos pensar que cada quien tenga u obtenga su máximo universo de poder».[35] Cuando el candidato visitó Puebla, Díaz Ordaz viajó por carretera hasta el pueblo de Río Frío con la intención de darle la bienvenida, pero para su desgracia una patrulla de caminos chocó contra su coche ocasionándole una fractura en una pierna. Tras su traslado en ambulancia al hospital y ya convaleciente en su casa, el senador recibió la visita de don Adolfo Ruiz Cortines.[36] El afecto del candidato (a quien decía «maestro») no lo consolaba demasiado de sus molestias. Por un tiempo usaría muletas. Quizás entonces, mientras ejercía sus funciones como representante de la Cámara de Senadores ante la Comisión Federal Electoral, formuló para sí una antigua pregunta: «¿Alguna vez volveré a la paz de la provincia, a ser maestro en el viejo Colegio de Ciencias y Artes de Oaxaca o a mi viejo Colegio de Puebla? ... creo que me será difícil dejar de ser provinciano». Sentía que el futuro, ese rompecabezas, siempre amenazado por el azar, la desgracia, el peligro, el desorden y la zozobra, lo arrojaría al cauce de la política federal.

«Sin considerandos»

«¿Qué se habrá creído este señor? Piensa que le voy a aceptar limosnas? No voy a sepultarme en ese puesto ratonero.»[37] «Adolfito» escuchaba pacientemente el desahogo de «Gustavito». Lo había ido a ver a Puebla, acompañado de Agustín Arriaga Rivera, joven que además de ser líder del PRI tenía la virtud de poseer un flamante Ford Crown Victoria. López Mateos lo sabía, y se hizo acompañar por él para, entre otras cosas, tripular el carro. Traía la encomienda de convencer a su amigo para que aceptase la dirección jurídica de la Secretaría de Gobernación, pero era difícil. Con parsimonia, con bonhomía, con tranquilidad, López Mateos le insistía: «Gustavito, al presidente de la República nunca se le dice que no...» Díaz Ordaz se resistía. No podía ver al ministro Ángel Carvajal con quien tenía antiguas discrepancias. Por fin le dobló la mano. A regañadientes, Díaz Ordaz aceptó bajo la promesa de un rápido ascenso. Lupita les ofreció unas «chalupitas» y fue testigo del pacto. De regreso a México, tripulando extasiado aquel «verdecito», como le decía «Adolfito», comentó a su «joven amigo»: «Este Gustavito es muy inteligente, pero es muy corajudo. Me costó trabajo, como usted se dio cuenta, que aceptara. Y eso que el señor presidente me lo encargó mucho, porque él lo estima». Al poco tiempo, el 5 de febrero de 1953, el oficial mayor nombrado para el cargo, licenciado José María Ortiz Tirado, pasó a formar parte de la Suprema Corte de Justicia y Gustavito ocupó el puesto. Era su verdadera entrada en la política nacional.[38]

Entre sus primeras encomiendas durante el régimen de Ruiz Cortines, estuvieron los casos de dos gobernadores: la revocación de poderes de Alejandro Gómez Maganda en Guerrero (mayo de 1954) y la licencia de Manuel Bartlett Bautista en Tabasco (marzo de 1955). Si en los años treinta había practicado desahucios domiciliarios, ahora le tocaban los desahucios políticos. En ambos casos actuó con eficacia total, si bien en el segundo tuvo que padecer la picadura de una araña tropical que le hinchó la pierna y lo tuvo malhumorado e inmovilizado durante varios días. Al parecer, al regresar presentó su renuncia al presidente Ruiz Cortines, pero éste, desde luego, no se la aceptó: buen político, solía reconocer las prendas profesionales de sus subordinados.[39]

A mediados de los cincuenta, en el cenit del sistema, la política podía parecer casi aburrida. Además, Ruiz Cortines no delegaba con facilidad. Estas circunstancias propiciaron cierto relajamiento en la Secretaría de Gobernación. Se decía que el secretario Carvajal se escapaba al cine pero dejaba la luz prendida de su oficina para aparentar que trabajaba hasta altas horas de la noche. Se decía que tenía mala relación con el subsecretario Fernando Román Lugo. En medio de esa discordia, los asuntos terminaban por aterrizar en el despacho del oficial mayor. En 1956, cuando despuntaron los primeros problemas con la fracción disidente del sindicato de maestros, el secretario de Educación pasó la «papa caliente» al de Gobernación y éste lo remitió al hombre más eficaz y resuelto que tenía cerca: Díaz Ordaz. En el año crucial de 1958, destapado ya su amigo «Adolfito», Díaz Ordaz amonestó al líder de los maestros, Othón Salazar, con una dureza que lo sorprendió: «No se olvide», le dijo, «que el gobierno salta las trancas tan altas como se las pongan». «Yo no supe medir la dimensión de sus palabras», recordaba Salazar; «a los pocos días se desató la represión más brutal.»[40] Díaz Ordaz, oficial mayor, era ya, de hecho, el encargado del despacho en Gobernación.

Su arribo a la Secretaría de Gobernación fue como un terremoto. De inmediato y «sin considerandos», cesó al antiguo director de administración, Acosta Ralú. Como ráfaga atendió todos los asuntos (huelgas de telefonistas, planeación de estrategias para «agarrar por los huevos» a los ferrocarrileros, el cambio de gobernador en San Luis Potosí, la toma de posesión del gobernador de Chiapas). Tenía poca tolerancia con los subordinados que le parecían incompetentes. En diciembre de 1958, Luis M. Farías, recién nombrado director de información de la Secretaría de Gobernación, le avisó que se encontraba en las oficinas el gobernador de Chiapas, Samuel León Brindis. Díaz Ordaz le dijo: «¿Qué? Le acabo de dar posesión ¿y ya está aquí? Dígale que si quiere me mande el sueldo ... No, no le vaya a decir eso. Ése es tan burro que me manda el sueldo. Páselo». Díaz Ordaz lo regañó y el gobernador se fue. «¿Para qué cree que es gobernador?», le comentó Díaz Ordaz a Farías. «Para resolver problemas, no para venir a chismear aquí.»[41]

Su propósito de erigirse en valladar para «que no molesten al presidente de la República» era casi un acto de complicidad psicológica con su amigo «Adolfito»: al presidente no le interesaban los asuntos peliagudos ni el detalle; no rehuía tomar decisiones y ocuparse de los problemas en momentos álgidos, pero prefería el oropel, la oratoria, los viajes y las viejas, y para eso necesitaba a alquien que le «cuidara el changarro».[42] Nadie mejor que «Gustavito». Por su parte, Díaz Ordaz tomaba su encomienda con seriedad ejemplar, como su «maestro» Ruiz Cortines, pero sin su sentido del humor. No jugaba al dominó: ajustaba rompecabezas.

En todos los conflictos del sexenio de López Mateos, Díaz Ordaz tuvo una intervención directa. Si el presidente perdía veinte kilos, el «Flaco» o «Tribilín» (dos de sus apodos) se crecía. Fue el protagonista de la represión sindical, estudiantil, electoral, campesina. En el mapa político de México no volaba una mosca sin que su vuelo se registrara en la vieja casona porfiriana de Bucareli, donde Díaz Ordaz despachaba junto con su fiel subsecretario, Luis Echeverría Álvarez; su oficial mayor, el viejo sonorense Noé Palomares, y el hombre clave de la Dirección Federal de Seguridad, Fernando Gutiérrez Barrios.

De su omnipresencia política, Luis M. Farías narra un caso en verdad notable. El presidente viajaba por Asia. Hablaba por teléfono todos los días con el hombre que le atendía «el changarro». Pero aquella vez el asunto ameritaba la alerta máxima. Se había desatado la «crisis de los misiles».

«Me habló Thomas Mann y me dijo:
»–Necesito ver al secretario de Gobernación.
»–Sí, muy bien.
»Le planteó el asunto al secretario diciéndole:
»–El presidente de los Estados Unidos quiere saber de qué lado está México.
»–Puede usted decirle al señor presidente Kennedy –dijo Díaz Ordaz– que nosotros hemos sido partidarios de que Cuba libre tenga sus armas defensivas; pero siempre que no haya armas ofensivas. En este caso tiene usted razón. Se trata de armas ajenas a Cuba, manejadas por los rusos, quienes aprovecharon el territorio cubano para amenazar a los Estados Unidos. Eso no se vale. Pueden amenazar a México o a cualquier otro país.
»Esa decisión la tomó él sin consultar al secretario de Relaciones Exteriores ni al presidente de la República. La tomó él solo, pues era necesario porque estaban pidiendo una definición clara y categórica y así la tomó. Llamó al presidente, que aterrizaba ese día en Hawai. Venía de regreso de Oriente. Allí le dijeron que el secretario de Gobernación estaba en el teléfono, que necesitaba hablar con él urgentemente antes de que lo entrevistara la prensa; se fue directo al teléfono. Terminando fue a la conferencia de prensa e hizo la declaración hecha previamente ante el embajador de los Estados Unidos por el secretario de Gobernación. Así es como debe ser. Aparece él contestando y no el secretario de Gobernación. El secretario hubiera quedado mal. Se hubieran preguntado por qué habló él y no el de Relaciones. El de Relaciones andaba con el Presidente.»[43]

Lejos de incomodarlo, al presidente le aliviaba la decisión de Díaz Ordaz. En Asia había sufrido fortísimos dolores de cabeza, pero sabía que en México estaba su amigo para evitárselos al país. Con López

Mateos viajaba el industrial Juan Sánchez Navarro, que atestiguó la conversación. Años más tarde, el propio Sánchez Navarro le inquirió sobre el momento en que se había decidido por Díaz Ordaz. López Mateos le contestó: «Usted mismo fue testigo. Durante la "crisis de los misiles". Le encargué que me cuidara la tranquilidad del país, que no quería alteraciones del orden y cumplió a cabalidad. En menos de veinticuatro horas encerró a todos los líderes de izquierda. No se movió un alma. Entonces me dije: "Éste es el hombre"».[44]

«Mi personal fealdad»

Luis M. Farías, director de información de la Secretaría de Gobernación, venía de la radio, había sido locutor. Se esforzaba en lograr una buena imagen de su jefe. Desde el primer día de trabajo pidió a un fotógrafo oficial: «Tómale desde este ángulo y de este otro». Díaz Ordaz lo reprendió diciendo que él «no era Coca-Cola» y afirmó: «No tengo ángulo. Soy feo, así soy. Al secretario de Gobernación no sólo se le debe tener respeto sino un poco de miedo. Es saludable para el país. Soy lo suficientemente feo como para que me tengan miedo».

Farías recordó lo que dijo Cromwell cuando se presentó un pintor de la corte: «Píntame como soy, con todo y verrugas.» A Díaz Ordaz le gustó el símil: «Sí, prefiero ser Cromwell a ser un niño bonito».[45]

No quería ser «un niño bonito», pero hubiera preferido ser o sentirse menos feo. Su madre se lo había recordado con dolorosa frecuencia, tanta que a sus propios hijos les había confiado la «discriminación» de la que había sido objeto. Cansado de buscarle el ángulo, Farías mismo admitía que su jefe era «insignificante, feo, de dientes salidos, flaco tirando a chaparro». El periodista estrella de *Excélsior*, Julio Scherer, lo describiría así: «... dos esferas minúsculas por ojos, las pestañas ralas, la piel amarilla salpicada de lunares cafés, gruesos los labios y ancha la base de la nariz».[46] «El complejo de fealdad», apuntaría su secretario Urbano Deloya, «¡por Dios que ése era su problema!»

Para lidiar con ese problema desarrolló toda una batería de actitudes compensatorias y defensivas. La más obvia era el cultivo de sus pocas prendas físicas, la voz ante todo. El propio Farías atestiguó cómo, en la primera recepción a la que acudió con él, ese «hombre feo, flaco, desgarbado, sin chiste, se convirtió en una figura atractiva por lo bien que hablaba». Cuidaba esa cualidad desde hacía tiempo.

Por eso se había aficionado a la guitarra. Sin verdadero estudio pero con buen oído y resonancia, cantaba viejas melodías mexicanas.

Otra táctica externa era la elegancia en el vestir. Compraba trajes hechos, finísimos, y mandaba hacer sus camisas con sus iniciales a la casa Sulka en Londres. Le obsesionaba vestirse bien, es decir, le torturaba el riesgo de vestirse mal: «Caray, ¡cómo se complica uno la vida!», le decía ya siendo presidente a su colaborador Herminio Vázquez, cuando trataba de combinar corbatas y trajes, «acuérdate cuando no teníamos más que un traje, a fuerza nos teníamos que poner ese saco y esa corbata. Ahora que tenemos tantos no se quita uno de preocupaciones».[47]

Su prenda mayor, por supuesto, era la agilidad mental y, muy en particular, una buena memoria. Ernesto P. Uruchurtu, que por dos años fungió como jefe del Departamento del Distrito Federal en su gobierno, lo recuerda como un «conversador ameno»: «su inteligencia le quitaba lo feo».[48] Era como si, repudiado por la materia –por su propia materia–, Gustavo Díaz Ordaz hubiese sentido la necesidad de retraerse a la vida mental para acumular fuerza y dominar, desde allí, a la materia. Quizá por eso desde sus años de estudiante, y a todo lo largo de su carrera política, había desarrollado una retentiva prodigiosa, un archivo extraordinario de personas con todo y sus nombres, profesiones, problemas, debilidades. Tal vez aquella voluntad de dominio desde la mente explicaba su pasión por los rompecabezas, pasatiempo que nunca abandonó y siguió practicando en la presidencia. Todos los rompecabezas que le traían del extranjero los armaba en un santiamén. Cuantas más piezas tuvieran, mejor. Pero como ninguno tenía suficientes, prefería recluirse en su tallercito de carpintería doméstica, usar su segueta y hacerlos él mismo. Prefería deshacer la materia en un caos y jugar a rehacerla, una y otra vez, con el poder de su mente.

Sin embargo, sus escasas prendas físicas y sus poderosas facultades mentales no atenuaban por entero la imagen que le devolvía el espejo. Otra argucia compensatoria fue la neutralización. Le interesaba conocer los chistes sobre él que corrían en la calle: la gente decía que era «pura trompa y oreja», que le habían dado «hostias morelianas en su primera comunión», que «a López Mateos le iban a dar el Premio Nobel porque al fin, gracias a él, se había logrado encontrar el eslabón perdido», que «iba a cambiar la capital de México a Yucatán porque sólo allí le iban a decir "Adiós, lindo"»; Díaz Ordaz se resignaba y rumiaba el castigo con aparente buen humor y respondía con sus propias ocurrencias. En un banquete oficial con el presidente Johnson hizo una desusada mención a «su personal fealdad» y recordó uno de sus chistes más celebrados: «Alguien le dijo que los poblanos tenían fama de "dos caras" a lo que contestó: "¿Usted cree que si yo tuviera otra cara, saldría a la calle con ésta?"» *(Risas generales)*. En otra ocasión, cuando alguien le mostró una caja de cerillos con su foto, dijo: «Son los primeros cerillos con boquilla». Durante la campaña, los muros de la ciudad de Tehuacán amanecieron tapizados con el lema que era de rigor sexenal: «Tehuacán con Díaz Ordaz». Al verlos, el futuro presidente comentó: «Debe saber horrible». ¿Disfrutaba de aquella retahíla de chistes? Seguramente no. «¡Haberme colado al Olimpo mexicano a pesar de la cara que tengo!», decía a sus amigos. Porque a pesar de admitir y bromear en público sobre lo que él mismo llamaba «su personal fealdad», la fealdad seguía allí, hecha consciente no tanto por los otros como por él mismo.[49]

Sin armonía ni belleza, el mundo físico no valía la pena. Había que retraerse al interior, a los espacios de soledad donde no se necesitan los amigos. «Mi papá no era muy amiguero», recordaban los hijos de Díaz Ordaz. Hombre de familia, protector de su mujer y sus tres hijos (Gustavo, Guadalupe y Alfredo), recelaba de la excesiva cercanía de los conocidos, e incluso de los parientes, sobre todo al llegar a la presidencia. No sólo eso: veía crecer día a día la cohorte de sus enemigos. Herminio Vázquez, su más cercano amigo, de pronto se vio en la necesidad de cambiar, aun en privado, el «Gustavo» por el «usted» y el tuteo por el «señor presidente», para escuchar a su vez el «señor Vázquez» en vez del habitual «Herminio».

«Yo creo que su mejor amigo realmente fue el licenciado López Mateos», explicaba su hijo Gustavo, pero ya en la presidencia comenzaron a ocurrir cosas raras entre «Gustavito» y «Adolfito». Aunque enfermo, a López Mateos se le ocurrió alguna vez deambular por la Alameda: un bolero lo reconoció, otros le pidieron autógrafos, y, a las puertas del famoso restaurant Sanborns, no pudo entrar porque lo seguía una verdadera manifestación. Al enterarse de eso, Díaz Ordaz se enojó.[50] «Yo no voy a salir a la calle a buscar el aplauso», decía Díaz Ordaz. Tampoco incurriría en la costumbre de viajar: «Mira», le decía al «señor Vázquez», «se llama "sede" del poder ejecutivo porque es el lugar donde se dirigen al presidente, donde éste resuelve los problemas. Allí debe estar el presidente, porque allí es su sede...» Para salir, estaban los secretarios, y para el extranjero, los secretarios de Relaciones Exteriores y los embajadores. La moraleja era clara: no iba a ejercer, como su antecesor, una presidencia vacante y diplomática. Algo se había roto entre los dos al principio del sexenio. Daniel Cosío Villegas asistió a una comida en la que el presidente Díaz Ordaz y su esposa hicieron un desaire –no los saludaron– a López Mateos y doña Eva Sámano.[51]

La honradez personal y cierto desapego al dinero eran otras facetas de su desdén por el mundo de lo sensual. Desdén doloroso, forzado, porque aquella «persona discreta en extremo, que difícilmente se abría con alguien», pagaba físicamente su hosquedad. Aquella vida volcada hacia el interior se reflejó naturalmente, desde muy joven, en sus problemas gastrointestinales.

«Todas las cosas se las comía», recuerda Emilio Bolaños Cacho.[52] Pero no se refería a la comida sino a las preocupaciones. Aunque aquélla le encantaba. Ser poblano y abstenerse de comer era un anticipo del infierno. Desde tiempos coloniales, Puebla tuvo quizá la mejor y más variada cocina de México, pero don Gustavo Díaz Ordaz no podía entrarle con ganas al picante, a la sopa de fideos, a los moles, a las «pelonas», los «pambazos», los «molotes», las «gordas», y a la maravillosa dulcería poblana sin condenarse al infierno de la gastritis:

«En la campaña [presidencial] la comida era otro gran problema. Ese problema venía de que él sufría mucho del estómago. Yo desde que lo conocí, así era; no era cosa que él hubiera adquirido en el camino. Siempre padecía él de su estómago, y ésa era una de la causas por las que no era aficionado a la bebida, porque tomaba y le hacía daño. Puede decirse que ese problema le venía casi de nacimiento. Toda la vida tenía dolores, sobre todo estreñimientos. Sufría con su estómago de una manera terrible, de eso sí me acuerdo. Hasta ocho días tardaba él sin ir al baño, una cosa tremenda ... Entonces todo lo que eran banquetes, y cosas por el estilo, a los cuales tenía que asistir forzosamente, nada más hacía como que comía, y en realidad no probaba nada. Eso «aparentar que comía» lo había aprendido muy bien él. Antes le gustaba mucho la comida mexicana, la poblana, pero para la campaña él estaba ya muy mal de su estómago. Entonces le tenían que hacer [especialmente] sus guisos: que sin grasa, que sin esto, que sin lo otro».[53]

Su gran cava con vinos finísimos, perfectamente catalogados, en la casa de la cerrada de Risco en el Pedregal, que adquirió en 1958; las cuarenta cajas de champán que había recibido de regalo; los mariscos, la tortuga caguama, los langostinos... Todo lo que le gustaba debía racionarlo. «Tardaré seis años en digerir los disgustos», comentaba a Vázquez. El aparato gástrico hablaba por él.

En el gabinete, el despacho y el taller podía recomponer el mundo, devolverle el orden, ajustarlo como un rompecabezas, digerirlo. Gracias al beisbol, en los años cincuenta descubrió los usos múltiples de las «tarjetitas». Escuchaba los partidos de las ligas mayores y llevaba él mismo en tarjetitas la tirilla de cada juego. Ya presidente, el «señor Vázquez» preparaba la ropa para cada gira de acuerdo con las tarjetitas en las que previamente el señor presidente le señala: «... día tal, tal población, a tal hora, tal mitin, corresponde traje tanto, camisa tal, ropa interior, zapatos».[54] No podía haber errores ni cambios. «Él era un hombre que tenía un gran sentido del orden», recordaba Urbano Deloya, «era disciplinado, quizás hasta con cierta obsesividad.» Díaz Ordaz tenía unos cien pares de zapatos, porque para colmo padecía de los pies: se le formaban callosidades cuando jugaba al deporte presidencial por excelencia, el golf. «Tenía en su armario todos esos zapatos, metidos en cajas, donde en etiquetas ponía "Mocasín, negros", "Sport que compré en Los Ángeles", "Azules, para los pantalones azul claro", así todo, todo ...»[55]

Si algo se salía de curso (una botella fuera de lugar, una tarjeta por otra, una declaración impertinente, una medida equivocada), don Gustavo exclamaba: «¡No puede ser, qué barbaridad!» y, «como león enjaulado», andaba «de un lado a otro dando vueltas a su oficina», sin «soltar de su ronco pecho todo lo que traía adentro». Al final, cuando fallaban los mecanismos de compensación, cuando la realidad se resistía al orden, cuando las piezas no ajustaban, cuando no podía «tragar» o digerir lo que traía adentro, siempre quedaba el último, infalible recurso: la violencia. «Cuando Díaz Ordaz se encerraba», recuerda Vázquez, «nadie lo había de molestar por ningún motivo. Hasta a la señora le daba miedo ir a decirle algo: "No, yo no le digo", decía ella, "ya sabe usted cómo es".»[56] Su rival en la carrera presi-dencial, Donato Miranda Fonseca, lo describiría a la perfección: «... era chispeante, conocedor, muy inteligente, pero era muy enojón ... muy de malas. Cuando se enojaba, se enojaba, y desgraciadamente, pues cuando se enoja uno ya por sistema, pierde uno la ecuanimidad ... Es el defecto que tenía el licenciado Díaz Ordaz».[57]

Al llegar a la presidencia de México, Gustavo Díaz Ordaz proyectó su condición personal a la vida política del país. «La presidencia de la República es una especie de exprimidor de naranjas», acostumbraba decir: «sólo deja el bagazo». Pensando en López Mateos, que salía «envejecido», Díaz Ordaz vivía la antesala del poder como una puerta al cadalso. Nunca un presidente de México se había sentado en la «Silla» presa de una angustia similar. Esa palabra lo obsesionaba: angustia. «Quiero que los poblanos me entreguen, a más de su voto, su corazón», había dicho a sus paisanos en la campaña, «para que cuando yo sufra las mayores angustias que puede soportar un hombre, y si he de ser presidente he de sufrirlas yo, sepa que el corazón de los poblanos está conmigo.»[58] Su hijo Gustavo recordaría cuando les contó del día en que se despidió de López Mateos y se quedó solo en el despacho en Palacio Nacional: «... le dijo adiós, se quedó ahí solo, dijo que es tremendo ... esa angustia la vivió por seis años. Él vivió angustiado realmente hasta que salió».[59]

A fin de contener la angustia, afirmaría la investidura presidencial como ningún otro presidente del siglo XX. Díaz Ordaz no sólo hablaba, como Ruiz Cortines, de la «dignidad de la investidura» sino de la «majestad del cargo». Tenía un concepto casi teocrático de su posición: «... desde aquí es posible sentir cuando el pueblo está satisfecho, airado, exigente, solidario, indiferente o frío». Pero al mismo tiempo se sentía «dramáticamente solo»: «Una de las tareas más difíciles que enfrenta el hombre en el poder es la de encontrar entre la tupida selva la verdad». Únicamente Calles, obsesionado por reformar su origen ilegítimo, se le parecía. Sin embargo, a diferencia de Calles, Díaz Ordaz no era un visionario ni un reformador sino un hombre cuya idea fija era conservar a toda costa y «sin cambio alguno ... los rumbos que tiene México» y sus propias actitudes: «... promovido a la máxima responsabilidad, no voy a cambiar mi conducta». «Nos corresponde ser el macizo puente por el que han de pasar las nuevas generaciones», había dicho en 1960. Ya en la presidencia, su pensamiento no tiene sino dos polos: la fuerza, la gravedad, la autoridad, la investidura, la majestad que sólo él encarna y representa, y la amenaza de fuerzas oscuras, extrañas, que pretenden sembrar el desorden, la anarquía y el caos en el rompecabezas nacional.[60]

Solo, en Cuernavaca, Díaz Ordaz escribía personalmente todos sus discursos. Utilizaba una grabadora y una «baraja» de tarjetas. A través de los años, cada frase llevaba la impronta de su carácter y constituía, al mismo tiempo, una advertencia: «... seamos tolerantes hasta el límite, pero seamos firmemente intransigentes en la defensa de los principios ... nuestra sólida unidad revolucionaria nadie logrará destruirla ... por sobre todas las cosas hay que salvar la integridad de las instituciones ... cuando la ley deba aplicarse con rigor se aplicará con todo el que sea necesario».[61]

Éste es el hombre que «Adolfito» dejó en la presidencia para gobernar México en la más rebelde y libertaria de las décadas.

«¡Nadie tiene fueros contra México!»

«Díaz Ordaz era de línea dura... usaba el poder.»[62] Con estas palabras lo definía uno de sus más brillantes y ecuánimes colaboradores, el secretario de Hacienda Antonio Ortiz Mena. Desde el primer día quedó claro el nuevo estilo. Nada de formas ni de ceremonias, nada de preeminencias familiares ni de influencias personales: el desnudo y puro ejercicio del poder. Obligó a sus colaboradores a aprender de memoria cinco reglas: díganme la verdad; no me pidan disculpas; si violan la ley pues viólenla, pero que yo no me entere; cuidado con lo que me informen; no cambiaré el gabinete, «no se cambia caballo a la mitad del río».[63]

A Miguel Alemán, en el momento de sentarse en la «Silla», lo habían «calado» los petroleros y se habían topado con el ejército. A Adolfo López Mateos, por su parte, lo habían «calado» los ferrocarrileros y se habían topado con Díaz Ordaz (y con el ejército). A Díaz Ordaz, en diciembre de 1964, ya no había sindicatos disidentes que lo «calaran». Sus dirigentes seguían presos en la cárcel de Lecumberri, acusados del delito de «disolución social». El «calado» vino por donde menos se esperaba, de un sector de la clase media profesional: el de los médicos.[64]

Frente a los sueldos y prestaciones que ofrecía el Instituto Mexicano del Seguro Social, las condiciones de los médicos del recién creado ISSSTE (Instituto de Seguridad Social al Servicio de los Trabajadores del Estado) y otras dependencias oficiales como la Secretaría de Salubridad y Asistencia, dejaban mucho que desear. Dentro del gremio, el grupo de los residentes e internos era el más explotado: sin ser empleados de planta sino meros «becarios», se les hacía trabajar tres días sin interrupción, con sueldos magros. Para colmo, a mediados de noviembre había corrido el rumor de que se les negaría la prestación tradicional de los días navideños en México: el «aguinaldo». Doscientos médicos residentes e internos del hospital 20 de Noviembre del ISSSTE habían decidido hacer presión con una huelga si sus condiciones económicas y de trabajo no variaban. La administración los destituyó. Esa misma noche se creó la Asociación Mexicana de Médicos Residentes (AMMR), que de inmediato redactó un pliego de cinco peticiones: recontratación de despedidos, conversión de la beca en contrato, contratación preferente de ex médicos residentes, participación activa en planeación y programas de enseñanza, solución a problemas prácticos de cada hospital: alojamiento, alimentos, etcétera.

Se trataba de un «movimiento blanco», blanco hasta por el color de las batas con las que mil quinientos miembros de la AMMR desfilaron pacíficamente hasta el Zócalo, a pesar de que la Secretaría de Gobernación les había negado el permiso de manifestarse públicamente. Exigían una solución al pliego petitorio y una entrevista con el presidente. «Alrededor de mediodía», apunta un participante, «un comité de quince miembros fue invitado a entrar al palacio presidencial. Después de recibir breves instrucciones concernientes al protocolo, se pidió al grupo que asignara un portavoz que hablara por tres minutos. Díaz Ordaz escuchó y al final respondió: "No acostumbro recibir de primera intención a las comisiones que lo soliciten ... nos extraña la forma en que plantean ustedes su problema ... Como presidente de la República debo respetar mi investidura y hacerla respetar; cuidar de los asuntos graves del país y no de todos los asuntos del país"».

Su tono, recordarían los testigos, era «colérico, brusco, malhumorado ... Nos regañó como a escolapios». Comentó que él «no era un agente del Ministerio Público asignado para oír quejas insignificantes».[65]

Después de escuchar el informe del comité que se había entrevistado con el presidente, la asamblea de la AMMR decide continuar la huelga y logra consolidar la organización en toda la nación, contando con la participación activa de representantes de cuarenta y seis hospitales en el Distrito Federal y los estados. De pronto, Rómulo Sánchez Mireles, nuevo director del ISSSTE, decreta el pago de aguinaldo a todos los residentes e internos de los hospitales de esa institución. No satisfecha, la AMMR pide la solución al pliego petitorio y vota a favor de una nueva huelga, que no se lleva a cabo. El «movimiento blanco» se persuade de que el gobierno «estudia» con seriedad sus demandas.

El 18 de enero de 1965 nace una nueva organización: la Alianza de Médicos Mexicanos, (AMM). La integran médicos de mayor renombre y antigüedad que la A MMR, menos radicales en sus posturas pero identificados con el mismo agravio:

> «El gobierno e instituciones descentralizadas han invertido grandes sumas para proveer servicios de salud al pueblo; sin embargo [este dinero] ha sido asignado casi por entero a la construcción de edificios y a la compra de equipo e instrumentos, dejando el pago y los beneficios adicionales del personal médico prácticamente congelados».[66]

A pesar de sus advertencias iniciales, Díaz Ordaz concede una nueva entrevista. Frente a la AMM muestra una actitud más suave: «si alguien les pusiera una pistola en el estómago y les pidiera su dinero, replicarían: "Por favor, baje la pistola para que pueda yo ver cuánto dinero tengo en el bolsillo"». Lo cierto es que no le faltaba información económica. Se negaba a «parecer obligado a hacer concesiones económicas ya que esto podía detonar una serie de otras huelgas», pero su resistencia, en el fondo, tenía un resorte personal: «... soy hombre que no acepta presiones».[67]

Un día después de la entrevista con el presidente (21 de enero), dos posiciones antagónicas surgen en la sesión de la AMM. Los médicos de la AMMR insisten en continuar la huelga; los de la AMM argumentan que debía concederse al presidente una oportunidad de demostrar su «buena fe». El día siguiente, el voto apenas mayoritario aprueba la continuación de la huelga. Por varios días se corta toda comunicación con el gobierno. Desconcertados, los dirigentes médicos deciden terminar la huelga creyendo que así romperían la indisposición del gobierno. Los médicos se presentan a trabajar el 30 de enero. No obstante, el silencio gubernamental se extiende. El 15 de febrero, la AMMR, más radical, opta por decretar un paro nacional el 20 de febrero.

Dos días antes de que el paro estallara, y sin avisar previamente a los representantes de los médicos, el presidente Díaz Ordaz entregaba a la prensa una copia de un decreto dirigido ese día a la Secretaría de Salubridad y Asistencia. Era su respuesta unilateral y definitiva al movimiento médico. Ordenaba algunos aumentos y establecía beneficios adicionales para los estudiantes-trabajadores. Los médicos «contrapropusieron» algunas modificaciones técnicas, casi formales, que el gobierno consideró razonables; no obstante, a juicio de éste, quedaba una objeción semántica: en vez de «contraproposición», la modificación debía ser llamada «interpretación del decreto presidencial». Si el presidente no era hombre que admitiese presiones, tampoco admitía «contraproposiciones»: como el Papa, debía ser, y parecer, infalible. Una comisión agradecida lo visitó a mediados de marzo. Parecía un final feliz, digno de las épocas de Ruiz Cortines: algo de pan, nada de palo. Pero Díaz Ordaz no era Ruiz Cortines. Las piezas médicas del sistema se habían desordenado. Había que ajustarlas. Él las ajustaría.

Actuó en dos direcciones: la presión sindical y el descrédito propagandístico. El hecho de que los médicos del ISSSTE fuesen «empleados de empleados» en el sector oficial volvía vulnerable su posición de regateo: debían incorporarse sindicalmente a la FSTSE, dependiente de la CTM y por lo tanto del PRI. Aunque la AMM resistió la presión y continuó siendo una asociación autónoma, no pudo evitar que un sector de los médicos, por genuina convicción o por presión, se alineara en las filas «gobiernistas». Paralelamente, la prensa, más subordinada que nunca al sistema, con la notoria excepción de las revistas *Siempre!* y *Política* y del diario de izquierda moderada *El Día,* comenzó a publicar una serie de desplegados, unos firmados por los sindicatos del sistema, otros sin firma, en los que pintaba de rojo comunista al movimiento. Grupos o asociaciones fantasmas, como el Comité pro Defensa de la Dignificación de la Clase Médica o la Asociación Nacional de Profesionistas e Intelectuales, comenzaron a señalar a los disidentes como «casta privilegiada aparte del pueblo común», gentes que «acuchillaban por la espalda a la nación».[68] Corrieron falsos rumores sobre pacientes muertos por falta de atención médica. En este clima de tensión creciente, la combativa AMMR y la reticente AMM fijaron una nueva fecha de huelga: 20 de abril de 1965.

Para ese momento, el ánimo del presidente estaba totalmente envenenado. «No les era simpático ... se sentía dolido», recuerda el doctor Gonzalo Bautista O'Farrill, hijo de su antiguo protector. Estaba convencido de que ciertos «intereses orquestados a larga distancia» movían las piezas médicas a voluntad, incitando al caos. A uno de sus allegados le confiesa que detesta «la censura por la censura misma. ¿Qué no son capaces de razonar equilibradamente? Si siguen por ese camino es que quieren llegar a la anarquía y eso no lo voy a permitir bajo ninguna circunstancia».[69] El presidente cerraba filas ante una petición que consideraba explosiva para el sistema: si cedía ahora a «la presión» de los médicos, mañana tendría que ceder a cualquier otro grupo de empleados o ciudadanos que, con las mismas «extrañas y sospechosas» tácticas (como manifestarse en la calle) y respondiendo a quién sabe qué «inconfesables y oscuros» intereses (supuestamente del KGB, pero también de la CIA), quisieran hacer al régimen demandas «improcedentes, imposibles» (como, por ejemplo, aumentos de sueldos y prestaciones). El presidente no podía permitirlo. Estaba en juego su «investidura», la «majestad» de su cargo. El desorden podía fácilmente volverse un incendio: «... aunque gobernar no es imponer la voluntad del gobernante sobre el gobernado», decía entonces, «si eso se necesita para imponer el orden, así lo haré».[70]

Un ultimátum ponía a los médicos fecha perentoria para volver al trabajo; de no hacerlo, el 17 de mayo perderían sus plazas y sueldos. El sistema, que no admitía presiones, soltó sus mejores armas de presión: mítines obreros a los que asiste Díaz Ordaz, en los que se condena y amenaza a los médicos; inmensas manifestaciones en las cuales los barrenderos gritan consignas a cambio de una torta y un refresco. El presidente se niega a recibir a los médicos si éstos no levantan antes la huelga. Tras una última marcha al Zócalo, el movimiento cede y suspende la huelga. Díaz Ordaz sostiene una última entrevista con una comisión. El aumento de febrero no se había reflejado aún en las nóminas, pero el presidente pide que «tengan paciencia».[71] De los cinco puntos originales ni siquiera se habla. Días más tarde, al igual que ocurrió en febrero, el presidente lanza con tono triunfalista un nuevo decreto unilateral de aumento general, sin mención de los cinco puntos. La advertencia era clara: el presidente concede las cosas –si es que las concede– como una gracia que parte de él, nunca como algo que se conquista desde abajo. A su juicio, los médicos no tenían derecho a pedir lo que pedían, y menos a pedirlo de la manera como lo pedían. Si no se avenían a la gracia era porque tenían infiltraciones comunistas. En ese caso, había que poner orden mediante las fuerzas del orden.

Los médicos estaban cansados y divididos. En un momento dado, las fricciones entre los partidarios de la paz y los partidarios de la huelga estuvieron a punto de convertirse en gresca. Días antes del primer informe presidencial, Rómulo Sánchez Mireles encabezó un contingente de granaderos que entró en el hospital 20 de Noviembre y ordenó a todo el personal que desocupara el edificio en menos de diez minutos. En poco tiempo, bajo el mando del coronel Alberto Gallegos, personal médico militar empezó a proporcionar servicios mínimos y atenciones urgentes en el hospital. Los casos delicados fueron enviados en ambulancias al Hospital Militar, en las afueras de la ciudad.

Los médicos esperaron todavía con interés una reacción de última hora desde la presidencia. Pero el asunto estaba zanjado. En el informe presidencial del primero de septiembre, Díaz Ordaz evaluó las demandas del movimiento médico y argumentó las razones del gobierno para actuar como lo había hecho. Previsiblemente, repitió su fórmula favorita: «El desorden abre las puertas a la anarquía o a la dictadura». El mayor aplauso se lo llevó la condena a los médicos:

«Ya están dándose pasos en conexión con las diferentes fechorías que se han estado cometiendo, que puede incluir homicidio por omisiones en el servicio, asociación delictuosa, intimidación de funcionarios, abandono de empleos, y resistencia de particulares... procederemos en forma prudente pero vigorosa contra los responsables.»[72]

No quería recordar sus tiempos de agente del Ministerio Público en Tlatlauqui y Tehuacán, pero como presidente aplicaba la misma lógica tajante a los problemas políticos: «... o nos vamos por el camino que nos señala el derecho, o aceptamos la anarquía». Algunos médicos fueron arrestados, otros despedidos. Habiendo recibido un curso intensivo de política a la mexicana en menos de doce meses, los médicos que pudieron volver se incorporaron a sus puestos el lunes 6 de septiembre de 1965. En sus consultorios recordaron por mucho tiempo las palabras del presidente: «Cuando pequeños grupos, olvidándose del deber moral de salvaguardar al sistema y proteger al sistema, que a su vez a ellos los ampara, se separan de las normas legales, perjudican su propia causa y fortalecen a los enemigos de nuestro progreso».

Esos grupos, había advertido Díaz Ordaz, eran «lisa y llanamente contrarrevolucionarios, cuando no deliberadamente antimexicanos». Así, el presidente equiparaba de manera lisa, llana y deliberada el sistema con México, México con la investidura presidencial, y ésta con el hombre que decidía qué grupos o personas tenían derechos, cuáles y cómo debían manifestarlos, quiénes eran revolucionarios y quiénes no, quiénes mexicanos y quiénes antimexicanos: Gustavo Díaz Ordaz.

Desde los tiempos broncos de la Revolución, el carisma era una cualidad que escaseaba en las filas del sistema. Alemán tenía una gran sonrisa y López Mateos una inmensa simpatía, pero el carisma en México tenía que poseer cierta aura de violencia. No bastaba la buena facha, la buena voz o la facilidad oratoria: se necesitaba «algo más», un fuego o, al menos, el rescoldo de un fuego juvenil. Eso es precisamente lo que tenía Carlos A. Madrazo. Nacido en Tabasco en 1915, ahijado político del furibundo persecutor de curas Tomás Garrido Canabal, había sido «camisa roja» en los años treinta, había sufrido un periodo de cárcel en los cuarenta y alcanzado la gubernatura de su rico estado en la época de López Mateos. A los cincuenta años de edad era el nuevo presidente del PRI.

En su breve discurso de toma de posesión (el 6 de diciembre de 1964) Madrazo señaló con claridad singular las «fallas» de su partido:

«Yo no sé si en este puesto voy a durar un minuto, una hora o una vida; lo único que sé es que vengo aquí a cumplir con mi deber y luchar porque este organismo interprete realmente los anhelos del pueblo, practique la autocrítica como único medio de vigilar conductas y evitar errores; que no se convierta en una agencia de colocaciones políticas, ni postule candidatos salidos de las filas de nuestros enemigos simplemente porque así lo ordenan intereses creados, y mantenga una posición vigilante en cuanto a la conducta de los funcionarios públicos surgidos en su seno».[73]

Madrazo proponía nada menos que una reforma democrática dentro del sistema político mexicano. En vez de que los candidatos debieran su puesto al elector inmediatamente superior (el presidente municipal al gobernador, el gobernador al presidente de la República y, en última instancia, el presidente de la República a su antecesor), Madrazo quería establecer una competencia similar a la de cualquier partido en una democracia moderna: elecciones internas, crítica y autocrítica entre diversas opciones y plataformas. Electos por las bases y no por sus superiores (o por intereses regionales, nacionales, caciquiles, sindicales), el PRI se volvería un partido de afiliaciones individuales, no de intereses corporativos. Las consecuencias morales de todo ello para el gobierno podían ser insospechadas: «Cuando hay una corriente de opinión que vigila a un funcionario», explicaba Madrazo, «éste se siente responsable ante ella. Procura cumplir. Sabe que su carrera política depende de sus actos y se esfuerza por ser brillante... por ser honorable».[74]

Madrazo sólo descubría algo archisabido de la democracia. A sabiendas del fracaso con que había concluido un intento previo de democratización en el partido a mediados de los cuarenta, y aunque era obvio que su proyecto amenazaba el *modus operandi* del sistema, probó el método de la elección «de abajo hacia arriba» en la mayoría de los 2.328 municipios del país. «En todas partes renació la esperanza cívica», recordaba tiempo después. «Los intereses creados fueron hechos a un lado, aparecieron nuevos valores.»[75] En Baja California, Chihuahua, Durango y Aguascalientes, el nuevo PRI de Madrazo lograba, según se decía, «revivir la fe popular en los principios de la Revolución».[76]

Madrazo recorría el país para explicar la «nueva tónica». Pronunciaba fogosos discursos y prometía señalar a los «indeseables» que, dentro del PRI, se oponían a las reformas. Antes de que lo hiciera, comenzaron a levantarse escollos en el camino. El diputado Alfonso Martínez Domínguez acaudillaba la propuesta de permitir la reelección de diputados, a la que Madrazo se oponía, entre otras cosas porque difería la nueva democratización del poder legislativo. En una conversación con el presidente, Madrazo se quejó de la «nutrida campaña de prensa mantenida en su contra con fondos del gobierno», pero el presidente mostró «una faz impenetrable».[77] Finalmente, la asamblea del PRI votó contra el proyecto reeleccionista, pero avivó los enconos internos contra Madrazo.

En noviembre de 1965 se produjo un previsible enfrentamiento político entre Madrazo y el gobernador de Sinaloa, Leopoldo Sánchez Celis. En las elecciones internas del PRI en dos importantes municipios (Rosario y Culiacán) Madrazo detectó irregularidades que obligaban a anularlas: «casillas instaladas maliciosamente, suplantación de las personas encargadas de conducir la elección, coacción y amenaza sobre los votantes, "acarreo" masivo de votantes, falsificación de formas y actas» y un largo etcétera.[78] Más que una autocrítica del PRI, las quejas de Madrazo recordaban las eternas denuncias del PAN. El PRI acusó al gobernador de propiciar las anomalías a favor de su candidato:

«Lo sucedido en las elecciones internas de Culiacán pone de manifiesto que ... existen todavía, no sólo fuera sino también dentro del partido, personas y grupos que, ciegos ante los signos de los tiempos, se resisten a admitir que el anhelo de hacer evolucionar a nuestro instituto no es impostura ni trampa ni quimera, sino convicción, demanda y compromiso».[79]

El gobernador Sánchez Celis contraatacó. Aunque reconoció que pudo haber «errores», como en otros casos y entidades, declaró que los ataques en su contra «quizá sean cosa de Madrazo, por su inmadurez política. El sistema de Madrazo no es una novedad. Operó en 1946 y 1947 y provocó una tremenda división. El partido no está preparado para ello».[80]

Al sobrevenir las elecciones municipales en Culiacán, el candidato de Sánchez Celis corrió como «candidato independiente» y, por supuesto, ganó. El gobernador se salía con la suya, dejando a Madrazo en una situación absurda: ¿pertenecía o no al PRI el candidato triunfante? Madrazo prometió trabajar por la unidad del partido, pero era claro que sus días estaban contados.[81]

Presintiendo el fin del experimento, la corriente renovadora que existía dentro del PRI señaló los riesgos. Si Madrazo caía, se perdería con él la posibilidad de revitalizar al PRI, de convertirlo en un partido auténtico, no en la «agencia electoral del gobierno», función ya «inoperante en la realidad mexicana». Por otra parte, la derrota de Madrazo bloquearía la apertura del PRI a la nueva izquierda independiente, que crecía en influencia. La revista *Política*, que siguió de cerca los avatares del conflicto, apuntaba que la campaña contra Madrazo era «sucia, pero lógica: quienes la realizan son todos aquellos que durante años han gozado de privilegios caciquiles».[82]

En esos días, *Siempre!* publicó en su portada una caricatura que se haría célebre: el presidente Díaz Ordaz observa con preocupación, detrás de una cortina, a un niño, con la cara de Madrazo, que está desarmando un muñeco que decía PRI. La caricatura correspondía a la realidad. Madrazo tenía las simpatías de los jóvenes reformadores dentro de su partido, pero no las que en verdad contaban: las del presidente. Gonzalo Bautista O'Farrill, senador por Puebla, recordaba:

«... sentí a Madrazo un poquito anticipado, todavía no experimentaba nuestro país la politización necesaria para que pudiera lograrse un avance así ... nos espantamos los priístas, había pugnas muy fuertes entre nosotros mismos porque en el plan de ganarse la simpatía de las infanterías de la base, empezaban a hablar mal de los aspirantes a la misma posición política y resultaba un arma para la oposición».[83]

Tras una entrevista con el presidente, de la que «Madrazo salió cariacontecido y desconcertado»,[84] se producía la «conmoción política»: Madrazo renunciaba en favor del doctor Lauro Ortega. Su discurso final tuvo un tono y contenido de dignidad desusados en el PRI: seguía creyendo en el camino de la democracia interna por el que esa misma Asamblea lo había «juramentado». Días después, comentaba *Política*, el doctor Ortega vio llegar a su despacho el usual desfile de «políticos, líderes sindicales y aspirantes a cargos públicos que se inclinaban ante él en caravanas suplicantes y nada versallescas». La experiencia de Madrazo demostraba definitivamente la relación de propiedad entre el presidente y su maquinaria electoral, el PRI.

Si el presidente del PAN, Adolfo Christlieb Ibarrola, había concebido algunas esperanzas en el avance de la democracia durante el régimen de Gustavo Díaz Ordaz, en dos años las perdió. A fines de diciembre de 1966, enviaría al presidente una carta reveladora de su estado de ánimo.[85] No encontraba quién asumiese la responsabilidad de resolver los asuntos legislativos iniciados por su partido en la Cámara; estos asuntos, o bien se los estudiaba «indefinidamente» (y dos años habían sido insuficientes para ello) o bien eran apaleados por la mayoría del PRI y pasaban, sin pena ni gloria, al olvido. En cuanto al prometido respeto a los triunfos electorales, Christlieb aportó pruebas irrefutables de que habían existido irregularidades en varios distritos de Nuevo León. En el PAN se vivía una suerte de clima «pírrico», la sensación de que las pequeñísimas concesiones de la nueva legislación no eran sino formas de distracción para ocultar la permanencia de los viejos métodos.

Para las elecciones intermedias del sexenio, el PAN cubre por primera vez el 99 por ciento de los distritos electorales. El 27 de junio de 1967, cinco días antes de los comicios, Christlieb vuelve a dirigirse al presidente, esta vez para quejarse de la propaganda ilegal del PRI en los medios de comunicación (radio y televisión). El PAN había confiado en la «palabra dada» por el secretario de Gobernación, Luis Echeverría, en el sentido de que no habría tal propaganda; sin embargo ese hecho, junto con otros de diversa índole sucedidos anteriormente en análogas circunstancias, lo colocaba en una situación muy difícil ante quienes dudaban de la posibilidad misma de «tratar con el gobierno sobre un mínimo común de valores humanos, entre los que no está excluida la lealtad del adversario»: «Ningún avance objetivo ha habido en los procedimientos para estas elecciones, ni durante los tres años transcurridos desde las últimas federales. Ningún avance ha habido en materia de elecciones locales. Ni siquiera el padrón electoral y la credencial de elector ... resisten análisis primarios».[86]

Las elecciones arrojaron resultados ambiguos. Por un lado, hubo «pan» para el PAN: el 11,3 por ciento de los votos, 19 diputados de partido y triunfos en 8 municipios (todos en Sonora); por primera vez en la historia se concedía un triunfo en la capital de un estado, Hermosillo y, meses después, otro, en Mérida.

Pero junto al «pan», el «palo»: el fraude en otros municipios y otras medidas. Por esos días, el secretario de Gobernación, Luis Echeverría, informaba al de Hacienda, Antonio Ortiz Mena, que por instrucciones del presidente había que enviar auditorías a «los riquitos de Mérida», para que «piensen en sus intereses» y dejen de apoyar al PAN. A los pocos días, el presidente comentó a Ortiz Mena que había que tener cuidado con las auditorías, porque «daban elementos a los ataques de la oposición». Ortiz Mena se extrañó: «¿no eran instrucciones de usted las que me transmitió el licenciado Echeverría?» Díaz Ordaz le comentó que él «no sabía nada».[87] Finalmente, el PAN goberbó por tres años el municipio. Unas personas que visitaron Mérida en 1970 observaron que la famosa «ciudad blanca» había adquirido un aspecto sucio. No había empleos ni servicios municipales. La razón era clara: el gobierno estatal y federal habían cerrado las llaves del presupuesto al presidente municipal (panista), Víctor Manuel Correa Rachó.

Tras el proceso electoral de 1967, Christlieb pide una audiencia con Díaz Ordaz, pero el presidente, como había dicho a los médicos, debía respetar y hacer respetar su investidura y no podía atender todos los problemas del país. El presidente del mayor –y, para todos los efectos prácticos, único– partido de oposición en México, podía y debía esperar. Christlieb esperó, y no semanas: meses. A principios de 1968 invocó una parábola del Evangelio de San Lucas para hacerse escuchar. La audiencia nunca llegó. El diálogo se había roto. La leal estrategia de Christlieb había fracasado. En las elecciones municipales y legislativas de Baja California, celebradas en junio de 1968, el PAN fue objeto de fraudes escandalosos en las dos ciudades principales del estado: Mexicali y Tijuana, y en ocho distritos electorales. Aislado en su propio partido, Christlieb renunció a la presidencia en septiembre de ese año.

No se podía tratar con el gobierno «sobre un mínimo común de valores humanos, entre los que no está excluida la lealtad del adversario». En Gustavo Díaz Ordaz se daba una extraña dicotomía moral: «O nos vamos por el camino que nos señala el derecho», repetía incesantemente, «o aceptamos la anarquía». Los fraudes electorales, ¿correspondían al camino del derecho? La actitud de Christlieb, su paciencia de Job, la respetuosa corrección de sus cartas, ¿daba paso a la anarquía?

Nunca se había respirado un clima de subordinación semejante en el país. La del primer círculo era total y completa: el ejército en pleno, los miles de sindicatos oficiales, las organizaciones campesinas (salvo la muy debilitada Confederación Campesina Independiente, CCI), los 29 gobernadores, los casi 2.328 presidentes municipales, los diputados (excepto un puñado de «diputados de partido»), todos los senadores, los magistrados, todos se cuadraban ante el señor presidente. Pero en tiempos de Díaz Ordaz, varios protagonistas del segundo círculo pasaron de hecho al primero.

Satisfechos con un presidente que había tenido el valor de declararse públicamente anticomunista, y beneficiarios principales de una gestión económica no sólo responsable y honesta sino también brillante (la que desarrollaba en Hacienda Antonio Ortiz Mena), los empresarios, nacionales o extranjeros, habían olvidado sus dudas de principios de los años sesenta: ahora sabían por qué camino iba el señor presidente y lo seguían sin reticencias. La Iglesia, al menos su alta jerarquía, aprobaba también la posición ideológica de Díaz Ordaz frente al marxismo y veía con buenos ojos las manifestaciones privadas de devoción del presidente y su familia: regalo de un coche último modelo al obispo de Puebla, bendición papal en la boda de su hijo Gustavo, piedad de doña Guadalupe. Si Díaz Ordaz ejercía el poder con un sentido casi teocrático inspirado en sus remotos héroes oaxaqueños (sobre todo Juárez, pero también Díaz), su actitud hacia la Iglesia parecía más una reminiscencia del conservadurismo poblano. La Iglesia, por su parte, le correspondería con creces: en 1968 haría la primera declaración histórica en favor de la Revolución mexicana.

La prensa oficiosa se volvió francamente oficial. Los defectos que había señalado Cosío Villegas desde tiempos de Ruiz Cortines se habían acentuado: la prensa no sólo no usaba su libertad sino que la ponía a disposición del poder. En tiempos de Díaz Ordaz floreció una práctica corrupta que arraigaría profundamente en el campo periodístico mexicano: el llamado «chayote» o «embute», que no era otra cosa que un cheque o dinero en efectivo que la oficina de la presidencia entregaba a los reporteros o periodistas que cubrían la fuente presidencial y que podía alcanzar cifras de varios ceros. «Si no te corrompe, acéptalo», dijo alguna vez un periodista a otro, mostrando de paso que el concepto mismo de corrupción se había corrompido.

A mediados de 1966 ocurrió un incidente chusco pero ilustrativo. En la primera plana de *El Diario de México* aparecieron dos fotografías: una del presidente, otra de dos mandriles. Por un error, en apariencia involuntario, el pie en la foto de Díaz Ordaz decía lo siguiente: «Se enriquece el zoológico. En la presente gráfica aparecen algunos de los nuevos ejemplares adquiridos por las autoridades para divertimento de los capitalinos... Estos monos fueron colocados ayer en sus respectivas jaulas».[88]

Días después, el periódico anunciaba en su cabeza de primera plana: «El presidente Díaz Ordaz ordena la muerte de *El Diario de México*» y en el cintillo: «Un error de imprenta origina la grave determinación».[89] Los demás diarios guardaron absoluto silencio y, presumiblemente, reforzaron su equipo de correctores. Tiempo después, la revista *Política* desapareció también. Se le venía aplicando un encarecimiento unilateral de papel, pero a principios de 1968 pagó muy cara una portada de 1963 que Díaz Ordaz no había olvidado. En ella, el entonces secretario de Gobernación aparecía con un letrero: «No será presidente».

El presidente actuaba con mano dura, pero cuando era objeto de críticas tenía la piel suave y sensible. Tomaba las cosas «a pecho» y confundía la crítica pública con el ataque privado. En una comida organizada por la revista *Siempre!*, el presidente increpó al poeta y periodista Renato Leduc, quien lo había criticado a propósito del conflicto médico: «¿Cómo es posible, Renato, que insistas en atacarme? ¿No te he ayudado yo bastante?». Leduc bajaba la cabeza. Admitía que Díaz Ordaz le había ayudado en algún problema que Leduc tuvo con la Secretaría de Gobernación. Pero el presidente se ensañaba con él, una y otra vez: «entonces dime ¿por qué carajos insistes en atacarme?» Leduc no tuvo más remedio que responder: «Porque soy un hijo de la chingada».[90]

En ese mismo año de 1965, la editorial más prestigiada de México, el Fondo de Cultura Económica, publicó el libro *Los hijos de Sánchez*, de Oscar Lewis. El presidente se indignó porque, a su juicio, la obra exageraba y distorsionaba la realidad mexicana, pero sobre todo porque era una editorial del Estado la que la daba a la luz. En realidad, el Fondo era desde su remoto origen, en 1934, un fideicomiso que, si bien vivía en gran medida del dinero oficial, gozaba de una bien ganada autonomía en sus decisiones internas. Nunca antes un presidente había considerado necesario bajar a las cocinas de la vida cultural y ejercer vetos o censuras de ninguna índole, menos editorial, pero Díaz Ordaz no podía aceptar que se difundiera la cara fea de México, un país en pleno desarrollo que se preparaba para ser la capital olímpica del mundo en octubre de 1968. Una mención ponderada a la pobreza estaba bien en los informes presidenciales del primero de septiembre, para que transidos de piedad y misericordia, los diputados del PRI aplaudieran el gran corazón del patriota presidente. Pero no una editorial del Estado, dirigida para colmo por un extranjero. ¿No existía por ventura un mexicano capaz de dirigirla?

Don Arnaldo Orfila Reynal, en efecto, era argentino de origen, pero dirigía la institución desde 1948. La literatura mexicana tenía una deuda impagable con Orfila. Editor de gran imaginación y dinamismo: había publicado a Octavio Paz, Juan Rulfo, Carlos Fuentes, Juan José Arreola, editaba la obra completa de Alfonso Reyes, descubría a varias promociones de ensayistas, novelistas y poetas, introducía clásicos como Heidegger y Lévi-Strauss. Pero ahora se topaba con un presidente que consideraba la obra de Lewis una denigración.

Díaz Ordaz pidió «al extranjero» que renunciara. Orfila, que consideraba no haber cometido ningún error que ameritase la dimisión, pidió ser cesado e indemnizado conforme a la ley. Así lo hizo el gobierno, no sin antes promover una demanda contra Orfila por parte de un antiquísimo organismo cultural, la Sociedad Mexicana de Geografía y Estadística, que se prestó tristemente a la maniobra. Fuera del Fondo, Orfila –entonces un hombre de casi setenta años– aprovechó las circunstancias para atraerse las simpatías del mundo intelectual y cultural de México y fundar con su propia indemnización y otros donativos una editorial independiente y de hecho opositora al régimen: Siglo XXI Editores.[91]

Un destino similar tuvo el prestigioso médico cardiólogo Ignacio Chávez, rector de la Universidad Nacional. En 1965, un movimiento estudiantil se fraguaba en la Facultad de Derecho. Algunos de sus líderes tenían filiaciones de izquierda. El presidente consideraba que el rector mostraba excesiva tolerancia hacia esos grupos; así pues, más valía cortar por lo sano. Él mismo comentaba en privado el paralelismo entre la situación de la Universidad y la del Fondo de Cultura Económica. Y aunque siguió teniendo muestras privadas de simpatía hacia el rector y llegó a ofrecerle la embajada en Francia, en términos políticos lo abandonó a su suerte. Tras la vejatoria toma de la rectoría –hecho inusitado en la historia de la Universidad–, Chávez renunció.

El nuevo rector era un hombre culto, melómano apasionado y gran ingeniero civil: Javier Barros Sierra. Sus relaciones con Díaz Ordaz no eran precisamente cordiales. En alguna ocasión, frente al umbral de una puerta, Díaz Ordaz le cedió el paso con estas palabras: «Primero los sabios», a lo cual Barros Sierra respondió: «De ninguna manera: primero los resabios».[92] En una de sus primeras reuniones se discutió la construcción de escuelas universitarias en unas tierras pertenecientes al llamado Ejido de Oro, en los límites del Distrito Federal con el Estado de México. El comentario de Díaz Ordaz al proyecto lo decía todo: «Si hay problemas, ¿qué policía deberá intervenir, Javier?»[93]

«En todo joven hay una materia esencialmente limpia, generosa, idealista», diría Díaz Ordaz, pero los sabía siempre inquietos y revoltosos, los sentía desordenados por naturaleza, los imaginaba piezas de fácil manipulación para los «agitadores venidos de fuera». Pensar en ellos era pensar en conflictos y, consecuentemente, en policías.

El primer brote de rebeldía estudiantil surgió en la ciudad de Morelia. Al igual que los movimientos de la ciudad de México en los años cincuenta, su móvil declarado parecía nimio: el alza en los transportes. Pero el gobierno federal creyó advertir la mano negra de la agitación comunista. ¿No eran comunistas muchos de los maestros en la Universidad nicolaíta? De pronto, un estudiante guerrerense afiliado al PRI, llamado Everardo Rodríguez Orbe, resultó asesinado. En desplegados de prensa, el gobierno culpó a los «agitadores profesionales coludidos con extranjeros»,[94] pero en realidad los victimarios habían sido policías vestidos de estudiantes. El gobernador en turno era Agustín Arriaga Rivera (aquel hombre que acompañó a López Mateos a ver a «Gustavito» en su Ford «verdecito»). En su recuento de los hechos, el disparo que mató al estudiante fue accidental: «... entonces, como una tradición de sangre que ha sido muy movida en Michoacán en las épocas del anarquismo estudiantil, agarran los estudiantes el cadáver y lo pasean por Morelia, presentándolo como víctima del gobierno».[95]

Los hechos ocurrían el 2 de octubre de 1966. Una inmensa manifestación estudiantil cruzó la ciudad. La seguirían otras cuyo utópico objeto era exigir la «desaparición de poderes en el estado». Un emisario del presidente intentó conciliar: al gobierno no podía sometérsele, menos aún por presión. El comité de huelga persiste en su demanda. «Entonces Díaz Ordaz», recuerda Arriaga, «actuó como solía, con reacciones violentas.» Ordenó *in situ* a Echeverría que se pusiera de acuerdo con el subsecretario de la Defensa, general Gastélum, para enviar tropas a Morelia y matar así dos pájaros de un tiro: acabar con el alboroto estudiantil y «poner en su lugar a este ... Arriaga». El gobernador entendió que su «destino político estaba perdido». Aunque tenía la situación bajo su control, vio la llegada de los paracaidistas el 6 de octubre y su desfile nocturno, con tambores, por la ciudad. Al poco tiempo sobrevino la ocupación militar de la Universidad.[96]

Era extraño ver al comandante de la operación, el general José Hernández Toledo, vestido con casco y uniforme de campaña, entrando con fusil al hombro en el claustro universitario, como si estuviera en Vietnam. Era triste, recordaba Jaime Labastida, presidente de la Federación de Profesores, «ver allanado por primera vez al colegio fundado por Vasco de Quiroga, el más antiguo en funciones del continente americano, del que había sido rector Hidalgo y alumno Morelos, el que guardaba la gran biblioteca particular y el corazón de Melchor Ocampo». Parecía una escena de algún «gorilato latinoamericano», pero ocurría en México. El ejército, apunta Labastida, «no encontró ni siquiera piedras, menos armas o cocteles molotov que pudieran sugerir la "terrible conjura" que en su interior, supuestamente, "se fraguaba"».[97]

Durante el movimiento, los estudiantes guardaron una compostura ejemplar: pasaban cerca de los soldados sin tocarlos. Ese mismo día, el ministro de Defensa, Marcelino García Barragán, llamó por teléfono al gobernador y le dijo que tenía instrucciones de que, «aprovechándose la fuerte militarización en Morelia, debía hacerse una limpia de las casas de estudiantes». Había que dar la lista de esas casas al comandante de la zona militar (el general Ireta, político michoacano muy viejo, que había sido gobernador y llevaba casi quince años como comandante de zona). «Entonces», recuerda Arriaga, «el general Ireta llegó conmigo realmente muy impactado y me dijo: "¿Ya sabe usted la orden que me han dado?", "Sí, mi general". "Déme usted la lista".»[98] Con ella el ejército realizó la limpia, el desalojo, el desahucio de las casas de estudiantes. Fue un milagro que no hubiera más muertos.

Finalmente, el movimiento fue derrotado. Se cerró la Escuela de Altos Estudios, donde se impartía una mezcla de ciencia y marxismo. Algunos líderes terminaron en prisión, otros se escondieron o salieron de la ciudad. Un año después, la operación se repitió en la Universidad de Sonora. En su informe del primero de septiembre de 1967, Díaz Ordaz hizo una mención implícita de ambos sucesos. No quería «un México en el que se levanten barricadas», pero ante los amagos de intimidación, el gobierno no podía mostrar tolerancia: se había «protegido el régimen jurídico» con medidas legales de orden público, limitadas a «lo estrictamente indispensable ... hubiéramos preferido no tener que recurrir a extremos legales, pero hubiera sido peor vernos obligados después a obrar con mayor energía».[99] Un año antes, en el mismo foro, había pronunciado las palabras clave de su gestión: «... ni pretendidos rangos sociales e intelectuales, ni posiciones económicas, ni edad, ni profesión u ocupación, otorgan inmunidad. He de repetir: ¡Nadie tiene fueros contra México!»[100]

Era una amenaza clara a la clase media universitaria, la única que podía esgrimir aquellos «pretendidos rangos», y en especial a los jóvenes. Años antes, la amenaza se había cumplido en las personas de los obreros y campesinos de oposición y los candidatos políticos independientes como el doctor Salvador Nava. En el régimen de Díaz Ordaz, el cumplimiento había sido a costa de los médicos, los priístas renovadores, los panistas, los periodistas críticos, las revistas de oposición, un editor y un rector respetados internacionalmente, y miles de estudiantes en dos universidades de provincia.

«No ejercer el poder que la ley confiere al gobernante es tan nocivo como abusar de él», afirmaba ahora el presidente, en su informe de 1967, persuadido como nunca, en su fuero interno, de que la frase «¡Nadie tiene fueros contra México!», equivalía a decir «¡Nadie tiene fueros contra mí!»

Sierras cortadas por innumerables barrancas, cañadas y fallas geológicas; lechos de ríos sin agua; montañas cubiertas por una insalvable maleza agreste; hogar de indígenas mixtecos, nahuas y tlapanecos que hasta 1963 no supieron lo que era una carretera; una tierra caliente infernal, vecina a Michoacán, y con los mismos problemas de altísima criminalidad; la costa chica y la costa grande, en las que vivía gran número de descendientes de los antiguos esclavos negros que, durante la época colonial, habían logrado escapar de las plantaciones azucareras aledañas: ése era el estado de Guerrero.

A la geografía seguía la historia. Sobre una base demográfica escasa y dispersa, la evangelización de Guerrero había sido más tenue que en otros enclaves de México. El establecimiento tardío del obispado de Chilapa (1817) no pudo lograr ya la aculturación plena que los frailes franciscanos, agustinos, dominicos, jesuitas, o los sacerdotes seglares habían conseguido en el corazón de Michoacán, Puebla o Oaxaca. En las postrimerías del siglo XVIII, un oficial de la Corona sostenía que los habitantes de esa zona «son muy insolentes, atrevidos, groseros y llenos de defectos; no tienen residencia fija, ni reducción de pueblos, ni formalidades de república, ni sociedad civil ... En doce años que he tenido el encargo de recaudar alcabalas, ni con auxilio de las justicias, ni de ningún otro modo pude cobrar ese real derecho».

El estado de Guerrero debía su nombre, por supuesto, al héroe de la Independencia, pero el sentido etimológico respondía fielmente a su destino, porque ese estado había sido, en efecto, un incesante teatro de la guerra. Casi todos los lugartenientes de Morelos, el propio Guerrero y su sucesor, Juan Álvarez –el caudillo de la Revolución de Ayutla que derrocó a Santa Anna–, hasta los hermanos Figueroa de Huitzuco, que antecedieron a Zapata en el levantamiento de 1910, todos eran oriundos de Guerrero.

Un diccionario histórico y geográfico compilado por el ex gobernador del estado, Héctor F. López, constataba casi en cada página una historia macabra de violencia debida, sobre todo, a litigios de poder y de tierras. La historia política de Guerrero seguía siendo una secuela de despojos, golpes, desafueros, desconocimientos, derrocamientos, divisiones dirimidas a balazos o, peor aún, a machetazos. Desde el 27 de octubre de 1849, día en que Guerrero se erigió como estado, hasta 1942, año en que López publicó su libro, solamente *un* gobernador había terminado su periodo constitucional: Rodolfo Neri.

Cárdenas había tratado de inducir la concordia ejidal en aquella zona brava de Atoyac de Álvarez, donde tras las matazones «sólo quedaban "los de pecho"».[101] Sus buenas intenciones no modificaron la cultura de la violencia y el vicio. Con una población rural en sus tres cuartas partes, y la mayoría analfabeta, sólo rebasado por Chiapas en el nivel de salarios, y situado en antepenúltimo lugar con respecto al desarrollo industrial o red de carreteras, el estado de Guerrero seguía siendo en los años sesenta una tierra donde sólo regía la ley del machete. Con esa historia y esa realidad a cuestas, y con el antecedente de la Revolución cubana, que bajó de la sierra al poder, apenas sorprende que dos grupos guerrilleros hubiesen subido «a la sierra» para hacer la Revolución. Los acaudillaban dos profesores guerrerenses, egresados de la Escuela Normal Rural de Ayotzinapa: Genaro Vázquez Rojas y Lucio Cabañas.

Henriquista a principios de los cincuenta, Vázquez Rojas había militado en todas las filas de la oposición de izquierda: el Movimiento Revolucionario del Magisterio, el Movimiento de Liberación Nacional, la Confederación Campesina Independiente. Organizó la Liga Agraria Revolucionaria del Sur Emiliano Zapata, fue líder del Comité Cívico Guerrerense y en dos ocasiones presenció en Chilpancingo la matanza de civiles por tropas. En noviembre de 1966, Vázquez había creado ya el Consejo de Autodefensa del Pueblo, de claro perfil marxista y guerrillero, pero fue aprehendido y trasladado a la cárcel de Iguala. En abril de 1968, un comando lo liberó y el profesor se refugió en la sierra. El primero de agosto de ese año circulaba entre los estudiantes de la capital un volante firmado por él. Los llamaba a prepararse para la lucha armada.

Lucio Cabañas era de extracción muy humilde. Su familia no practicaba el comercio sino el trueque. Acostumbrado a padecer la ley del machete desde pequeño (su padrastro y protector fue asesinado), Cabañas viajó por el país y se involucró en la defensa de los campesinos guerrerenses contra compañías madereras y cafetaleras. Junto con Vázquez Rojas, había participado en la Asociación Cívica Guerrerense; pero después, según recuerda un testigo, «fueron como dos ríos que naciendo en la misma fuente siguieron por rumbos distintos, cada cual en su lucha armada. Parece que Cabañas acusaba a Vázquez Rojas de dogmático». En el mismo año de 1967, tras un mitin en Atoyac, que fue reprimido por la policía motorizada, Cabañas subió a la sierra y se convirtió en rebelde. Fueron «años de luchas, de zozobras, de constantes vigilias armas en mano, seguido por no más de dos centenas de campesinos decididos a vencer o morir».[102]

Precisamente allí, en la sierra de Guerrero, hubieran querido estar con sus armas en la mano los jóvenes estudiantes guerrilleros que en septiembre de 1965 habían decidido emular el asalto al cuartel Moncada. El escenario de esta versión mexicana fue el cuartel Madera, en Chihuahua, pero la suerte del grupo armado (Arturo y Emilio Gámiz, Salomón y Antonio Gaytán, y Pablo Gómez Ramírez, entre otros) fue muy distinta de la de Fidel Castro y sus combatientes. El gobernador de Chihuahua fue muy claro al ordenar que enterraran a los guerrilleros sin ataúd: «Era tierra lo que peleaban, ¿no? ¡Pues denles tierra hasta que se harten!».[103]

En la cárcel de Lecumberri, otros guerrilleros mexicanos y extranjeros discutían interminablemente sobre la forma que debía adoptar la revolución futura: había trotskistas como Adolfo Gilly, guevaristas como Víctor Rico Galán, maoístas, etcétera. Los separaban las tácticas y las interpretaciones, pero los unían la pasión revolucionaria, el odio al imperialismo y el capitalismo, y una ideología que provocaba en Occidente un fervor sólo comparable al de los años treinta: ese remedo de religión y ciencia, el marxismo.

«Todo es posible en la paz»

En las calles había paz. Una paz sustantiva, impuesta a discreción por el presidente mediante dosis variables de «pan y palo». También había orden, un orden real, alimentado por el vago temor a un presidente que actuaba «sin considerandos». Ambos, la paz y el orden, se fundaban en el progreso, un progreso tangible que aun los críticos acerbos no tuvieron más remedio que reconocer.

Buena parte del éxito económico radicaba en el respeto irrestricto del presidente Díaz Ordaz a la autonomía de Antonio Ortiz Mena, su secretario de Hacienda, y en dos instituciones clave –el Banco de México y Nacional Financiera–, capitaneadas respectivamente por los mismos directores de tiempos de López Mateos, Rodrigo Gómez y José Hernández Delgado. La continuidad en la política económica de los dos sexenios fue un factor decisivo en su buen rendimiento. El proyecto para el desarrollo económico y social delineado en 1966 preveía ocho metas: alcanzar un crecimiento de por lo menos el seis por ciento anual; otorgar prioridad al sector agropecuario; impulsar la industrialización; atenuar los desequilibrios regionales; distribuir más equitativamente el ingreso nacional; mejorar la educación y los servicios sociales y asistenciales; fomentar el ahorro interno; mantener el tipo de cambio, y combatir las presiones inflacionarias. Si bien los objetivos sociales del plan quedaron claramente a la zaga de las expectativas, la gestión del gobierno de Díaz Ordaz en el ámbito de la economía fue ejemplar.

De puertas adentro, el país vivía el cenit de la confianza económica; de puertas afuera, atraía de nueva cuenta, como en tiempos porfirianos, la atención del inversionista extranjero. En 1970, al concluir el periodo de su virtual «presidencia económica», Antonio Ortiz Mena podía sentirse satisfecho. A pesar de las presiones inflacionarias que padeció el país en varios momentos, la inflación promedio fue del 2,6 por ciento, menor a la de los Estados Unidos en el mismo periodo. El tipo de cambio era idéntico al de 1954: 12.50 pesos por dólar. El Fondo Monetario Internacional utilizaba el peso como «moneda de reserva» en sus programas de estabilización. Los aumentos salariales rebasaban el 6 por ciento anual en términos reales y algo más en términos de dólares. En diez años se duplicaron. No había desequilibrios en la balanza de pagos. El producto interior bruto, que había llegado al 11 por ciento en 1964, creció uniformemente en el sexenio, llegando al 7 por ciento promedio (en 1968 alcanzó el 8 por ciento), es decir, poco menos que el doble del crecimiento demográfico. En el ciclo de Ortiz Mena, el producto per cápita pasó de 300 dólares en 1958 a 700 en 1970. En el mismo periodo, las reservas internacionales del país se duplicaron también: de 412 millones a 820 millones de dólares.[104]

Aunque no se desterró la corrupción, el control presupuestal, incluso en las empresas paraestatales, fue más estricto. Las inversiones públicas realizadas (por ejemplo en zonas y proyectos de atractivo turístico, comercio exterior, vivienda, productos artesanales) resultaron, por lo general, productivas. El manejo de la deuda pública externa fue objeto de inmenso escrúpulo, como recuerda Ortiz Mena:

«Tuvimos mucho cuidado de que el dinero del exterior se usara exclusivamente para proyectos que generaran las divisas suficientes para cumplir con la obligación que estábamos contrayendo ... Pedir prestado dinero al exterior para equilibrar el presupuesto significa gravar a las generaciones futuras, quienes van a pagar con su trabajo el dinero que se malgastó ... Nosotros tuvimos muchísimo cuidado en evitarlo».[105]

En 1970 la deuda externa era apenas de 4.263 millones de dólares. «Una cantidad absolutamente manejable», agrega Ortiz Mena, «y toda etiquetada: para qué se había pedido prestado y en qué lo habíamos invertido.»

No por casualidad la fórmula «el milagro mexicano» comenzó a convertirse en un eslogan convencional, aceptado en ámbitos académicos nacionales y extranjeros. México, se decía entonces, no pertenecía aún al primer mundo, pero estaba en la etapa de despegue que lo llevaría hacia él.

Curioso puerto de llegada para la Revolución mexicana: «Paz, orden y progreso», la trilogía porfiriana. Como en tiempos de Porfirio Díaz la paz volvía a ser el tema central de México. Alguien pensó entonces que la palabra «paz» debería presidir la simbología de los próximos Juegos Olímpicos organizados por México para 1968 (y a los que Díaz Ordaz se había opuesto en un principio, por considerarlos excesivamente onerosos). El emblema sería la «paloma de la paz», que aparecería en anuncios espectaculares en las principales calles del país. De manera simultánea, se acuñó un lema que pareció feliz aunque, sin advertirlo, encerraba una gran ambigüedad: «Todo es posible en la paz».

Retrato de un rebelde

No es difícil imaginárselo. Hubo muchos como él. Tendría la edad del sistema político mexicano. Habría nacido a mediados de los cuarenta, a principios de la era de Alemán. No era sólo producto y beneficiario del sistema. Ser universitario de clase media equivalía a ser el hijo pródigo de México.

Habría estudiado en la venerable Escuela Nacional Preparatoria. De allí provendrían sus primeros contactos con la política. Un amigo le habría regalado *Escucha yanqui!* de C. Wright Mills, diciendo: «en Cuba la regla es todos pobres pero todos iguales». Otro le habría recomendado la lectura de Lombardo Toledano en *Siempre!* Alguien

347

más traía bajo el brazo un explosivo número de *Política*. En las clases de filosofía, un profesor lo iniciaría en la obra de Sartre, que por entonces transitaba (venturosamente, según el maestro) del asfixiante existencialismo a la esperanza marxista. Pero no dejaba de sentir vergüenza de clase: ¿qué había hecho, qué haría en el futuro, por los desheredados de su país?

De la preparatoria habría pasado a la UNAM, tal vez a una facultad técnica. El rector era el doctor Chávez. Gustavo Díaz Ordaz acababa de tomar posesión del poder ejecutivo. A diferencia de las facultades del área humanística, las escuelas técnicas se preciaban de ser «apolíticas». En realidad, muchos de sus maestros profesaban opiniones de derecha en el espectro político universitario y algunos estudiantes pertenecían a una combativa organización anticomunista: el MURO. Pero el ánimo estudiantil de aquellos años era menos político que festivo. En 1965, aquel estudiante habría sido víctima de las tradicionales, crueles e inocentes «perradas», y en 1966 sería a su vez victimario de varios «perros» indefensos. Era, todavía, la edad de la inocencia.

Un pequeño sector de su escuela mantenía contactos con las facultades políticas por excelencia: Ciencias Políticas, Economía, y Filosofía y Letras. Por mediación de ellos, aquel joven tendría acceso a un nuevo universo intelectual. El marxismo estaba de moda. A diferencia de lo que ocurría en los años treinta, no se trataba de una moda política o sindical sino académica. El auge del marxismo provenía de las universidades, los periódicos, revistas, editoriales y cafés de París. Para Sartre, ídolo intelectual de esos años, el marxismo era «el horizonte insuperable de nuestro tiempo». Los maestros de las facultades humanísticas pertenecían a la generación de Medio Siglo: sartreanos y marxistas, habían estudiado en la Sorbona o en la Escuela de Altos Estudios en París, habían ido a Cuba, habían escrito sobre Cuba y creían firmemente en un futuro socialista para México. El joven no estaría muy de acuerdo con las pasiones intelectuales y políticas de aquellos revolucionarios de pizarrón. Se inclinaba más por la literatura de Camus que por la de Sartre. No creía del todo en el paraíso socialista de Cuba.

Acababa de fundarse Siglo XXI Editores, que traducía al castellano el catálogo marxista de la editorial francesa Maspero. En la pequeña biblioteca de aquel joven comenzarían a apilarse obras como la antología *Los marxistas*, de C. Wright Mills, publicada en la hermosa colección de la editorial Era; los *Manuscritos económico-filosóficos* del joven Marx, editados en España por Alianza Editorial. Hasta las viejas ediciones soviéticas de la obra temprana de Marx y algunas antologías de Lenin tendrían su nicho en aquel diván. Lo cierto, sin embargo, es que el marxismo doctrinario le aburriría. Nunca pasaría de los primeros capítulos de *El capital*. Nunca leería los discursos de Fidel Castro ni soñaría con viajar a Cuba. En cambio, le apasionarían los destinos de los revolucionarios rusos: la biografía de Trotski escrita por Isaac Deutscher sería un libro de cabecera.

En 1967 comenzó a circular con el pie de imprenta de Era la obra de un filósofo de la Escuela de Frankfurt que predicaba una suerte de mesianismo social mediante una síntesis de marxismo y psicoanálisis: Herbert Marcuse. El joven habría devorado literalmente *El hombre unidimensional* de Marcuse (traducido por Juan García Ponce). Lo llenaría de notas y apostillas, tomaría apuntes, vería en esas páginas una profecía de inminente cumplimiento que cabía en una frase del propio Marcuse, tomada de su antiguo colega y amigo, Walter Benjamin: «Sólo gracias a aquellos que no tienen esperanza nos es dada la esperanza». Si México y América Latina parecían no tener esperanza, esa sola condición los convertía en la tierra prometida de una futura liberación.

Construir el futuro, redescubrir al indio, liberar al obrero. Esas frases expresaban la ilusión juvenil de la época, un idealismo vago y sentimental que sólo en casos excepcionales se traducía en actos prácticos. El mundo era blanco y negro. De un lado los explotados, los «condenados de la tierra» (en la frase de Franz Fanon); del otro los explotadores, los patrones, lacayos todos del imperialismo yanqui. Cuando el «Che» Guevara murió en Bolivia y Siglo XXI publicó su diario, todos los jóvenes querían emularlo. Era el icono de todas las paredes, el símbolo del hombre nuevo, incorruptible. Entonces se pusieron de moda las canciones de protesta latinoamericanas. Todos repudiaban la guerra en Vietnam y a los «gorilas» de Centroamérica.

Al margen de esos fervores de la imaginación, aquel joven hallaría un verdadero placer intelectual en la lectura de la literatura mexicana y el *boom* latinoamericano. Leería con devoción *El laberinto de la soledad* de Octavio Paz, disfrutaría intensamente *La muerte de Artemio Cruz* de Carlos Fuentes, y se deslumbraría con las misteriosas páginas de Juan Rulfo. Cuando «Zavalita», el personaje central de *Conversación en la Catedral*, de Mario Vargas Llosa, se pregunta «¿Cuándo se jodió el Perú?», el joven transferiría la pregunta a México para responder de inmediato: con la corrupción alemanista. Ahí estaba la obra de Oscar Lewis para demostrarlo, o la película *Los olvidados* de Luis Buñuel. Un amigo le habría dicho: «Cárdenas fue el último presidente que gobernó para los pobres». Entonces pensaría que desde 1940 la Revolución mexicana había sido traicionada.

Cotidianamente leería *El Día*, periódico de izquierda, el único relativamente independiente de la capital. Semana a semana comenzaría a leer el suplemento cultural de *Siempre!: La Cultura en México*. Allí escribía el joven escritor que todos admiraban: Carlos Monsiváis. Sus textos y sus programas en Radio Universidad no sólo eran críticos sino regocijantemente iconoclastas, verdaderos «pitorreos» de la verdad y el lenguaje oficiales. En la precoz *Autobiografía* que escribió a sus veintiocho años (1966), Monsiváis calificaba la Revolución mexicana de fenómeno no histórico sino cinematográfico. En cuanto a los héroes revolucionarios, agregaba Monsiváis: «no niego su grandeza ... pero los siento irremediablemente en poder del lenguaje oficial, sacros, resguardados de mi admiración por un regimiento de historiadores o de granaderos. En todo caso me quedan demasiado lejos, en plenos llanos de la abstracción».[106]

Aquel joven tendría más que ver con sus coetáneos de París, Varsovia, Berlín o California que con la generación de sus padres. En cada canción de los Beatles se vería retratado. «Mis viejos son unos asnos y mis maestros también», decían algunos.[107] En todo caso, los padres eran «la momiza» que no entendía nada y se escandalizaba con las «melenas» o las «greñas» de los hombres y las minifaldas de las mujeres. La píldora había provocado una revolución sexual. En los cincuenta, el ideal amoroso entre los jóvenes era la pareja formada por Rock Hudson y Doris Day. En los sesenta, los besitos candorosos y las manos sudadas en el cine pasaron a la historia. Lo nuevo era el «faje con la novia» y algo que provocaba el horror de los «rucos [viejos]»: el sexo prematrimonial. Algunos exploraron zonas en verdad peligrosas: las drogas en grandes *happenings* o pequeños grupos, los hongos alucinógenos de Huautla. La Zona Rosa de la ciudad de México parecía una sucursal de los cafés existencialistas de París.

Aquellas desordenadas lecturas marxistas no habrían convertido a aquel joven en un militante, menos en un creyente, ni siquiera en un «compañero de viaje». Participar de la cultura de izquierda predominante en el mundo occidental, era algo muy distinto a pertenecer a la izquierda política o partidaria. Un libro de Octavio Paz publicado en 1967, *Corriente alterna*, contribuiría a fijar la actitud de ese joven. Paz distinguía entre tres tipos históricos: revuelta, rebelión y revolución. La revuelta, decía Paz, es popular, instintiva, vive «en el subsuelo del idioma» y de las sociedades, surge de pronto con violencia telúrica, como el zapatismo en México; la rebelión es «individualista, solitaria, minoritaria», el rebelde se levanta contra la autoridad, es desobediente e indócil; la revolución «es palabra intelectual

y alude a sacudimientos de los pueblos y las leyes de la historia
... Ungida por la luz de la idea, es filosofía en acción, crítica convertida en acto, violencia lúcida». El perfil de nuestro joven, correspondería, claramente, al segundo, al rebelde.

La rebeldía era la marca distintiva de aquella generación. Quizás
aquel joven habría sido más libresco que el promedio de sus amigos y conocidos, pero tenía en común con ellos una misma vocación
parricida. Lo importante era negar, no afirmar; criticar más que proponer. Había que ser «contestatario» y atacar al *establishment*, aunque cada uno interpretara esas palabras como mejor le conviniera.

La rebeldía juvenil tenía un blanco preferido: el sistema político
mexicano. Pese a que la información sobre los movimientos ferrocarrilero, magisterial, estudiantil y médico era tal vez pobre y esque-
mática, los jóvenes sabían que el gobierno de México, y en particular
el presidente Díaz Ordaz, era represor. Del PRI sólo conocían la om-
nipresente propaganda, y les provocaba una náusea peor que la
sartreana. El lenguaje oficial les merecía todos los adjetivos deroga-
torios del diccionario: intragable, falso, solemne, anacrónico, auto-
complaciente, demagógico, vacío. Para cada protagonista colectivo
del sistema, los jóvenes de los sesenta tenían un adjetivo definitorio:
ejército, miedo; obreros, «charrismo»; campesinos, explotados; diputados, peleles; gobernadores, impuestos; presidentes municipales,
inexistentes; prensa, vendida; empresarios, explotadores; Iglesia, faná-
tica; PPS, gobiernista; PAN, reaccionario. Sobre sí mismos, los estudiantes tenían una opinión, si no mesiánica, al menos elevada. Una
canción de protesta latinoamericana que se puso de moda en 1968 los
describía bien: «Que vivan los estudiantes porque son la levadura/ del
pan que saldrá del horno con toda su sabrosura...»

Capitalismo, imperialismo, colonialismo eran las palabras maldi-
tas. Socialismo y revolución, las sagradas. Libertad y democracia conservaban su naturaleza noble y pura, pero carecían de un peso tangible. Los acontecimientos mundiales y nacionales de 1968 cambiarían
los términos: la invasión soviética a Praga, apoyada por Fidel Castro, no vindicaría al capitalismo, pero sí devaluaría ante muchos jóvenes el prestigio de las voces «revolución» y «socialismo». Sólo quedarían la democracia y la libertad, precisamente los valores que el
movimiento estudiantil mexicano impregnaría de significación.

Cuando llegaron a México las primeras noticias de la rebelión
estudiantil en Europa y los Estados Unidos, decenas o quizá centenas
de miles de jóvenes mexicanos semejantes al personaje imaginario pero típico antes descrito presintieron que se acercaba su hora. Una

minoría entre ellos, la de los líderes con formación y militancia comunista, soñaba con la «filosofía en acción», la «violencia lúcida», la revolución. En un apasionante folleto de Carlos Fuentes *(París, 1968)*, algunos anticiparon el estallido de libertad que vendría.

Un fantasma de rebeldía recorría el mundo. ¡Estudiantes de todos los países, uníos! ¡No tenéis nada que perder salvo el tedio! Aquellos jovenes unidos por la misma formación y aspiraciones estaban a punto de convertirse en los protagonistas anónimos de una experiencia luminosa y terrible: el 68 mexicano.

«¡México, libertad!»

Todo comenzó el 22 de julio con una gresca, semejante a tantas otras, entre dos grupos de estudiantes: los alumnos de las vocacionales 2 y 5 del Instituto Politécnico Nacional y los de la preparatoria Isaac Ochoterena, afiliada a la UNAM. Los hechos ocurrían en el escenario histórico de La Ciudadela, antigua fábrica de tabaco de fines del siglo XVIII convertida en cuartel, que durante la Decena Trágica había alojado a los rebeldes antimaderistas Mondragón y Félix Díaz. En represalia a los ataques politécnicos, alumnos de la Ochoterena apedrean el día siguiente la Vocacional 2. Intervienen los granaderos. Hay enfrentamientos entre esos dos grupos extraños entre sí, antitéticos: granaderos y estudiantes.

En unos días se forma y crece la ola de protesta contra los evidentes excesos de la policía. El 26 de julio dos manifestaciones paralelas marchan por las calles cercanas al centro de la ciudad. La de los Estudiantes Democráticos, de filiación comunista, conmemora el asalto de Fidel Castro al cuartel Moncada. La convocada por la Federación Nacional de Estudiantes Técnicos sólo se propone protestar contra los abusos de la autoridad. En cierto momento, las dos manifestaciones se encuentran. Un miembro del Partido Comunista asegura que en los botes de basura de la zona se habían colocado, convenientemente, piedras. Alguien, de pronto, propone pisar un territorio sagrado, intacto: «¡Al Zócalo!» La policía montada intercepta a los estudiantes con lujo de violencia.

Durante los días siguientes, el gobierno apresa a buena parte del comité central del Partido Comunista. También hay presos entre los estudiantes. Mientras los preparatorianos ocupan varios de sus planteles y decretan paros indefinidos, la Escuela Superior de Economía del Politécnico se declara en huelga. Todos exigen «¡Alto a la represión!» y «¡Castigo a los responsables!» En el corazón de la capital se suspende el tránsito y se cierran los comercios. Los estudiantes incendian autobuses, los policías arrojan gases lacrimógenos. Una semana después de iniciarse el conflicto, se habla ya de cuatrocientos lesionados y mil detenidos.

Durante su gira por la costa del Pacífico, acompañado por, entre otros, sus secretarios de Defensa y Obras Públicas (Marcelino García Barragán y Gilberto Valenzuela, respectivamente), el presidente Díaz Ordaz recibe una llamada de su secretario de Gobernación, Luis Echeverría. Le describe una inminente «hecatombe».[108] Díaz Ordaz lo deja hacer. A raíz de la conversación, el ejército interviene de manera dramática: montados en tanques ligeros y *jeeps*, soldados de la Primera Zona Militar reciben la orden de entrar a la Preparatoria 1, la de San Ildefonso. Un bazucazo destruye la gran puerta de madera labrada del siglo XVIII, que daba acceso principal al edificio por la calle de Justo Sierra (fuentes oficiales afirmaron que la puerta se destruyó sin detonantes). La presencia del ejército y la dureza de la acción punitiva convierten el problema, en su origen, local y policiaco, en un asunto de seguridad nacional. En una conferencia de prensa, el regente Corona del Rosal declara que existe un «plan de agitación y subversión perfectamente planeado *[sic]* ... en mi opinión se trata de elementos del Partido Comunista».[109] Por su parte, el secretario Echeverría condena los «intereses mezquinos e ingenuos, muy ingenuos, que pretenden desviar el movimiento ascendente de la Revolución mexicana».[110]

En un mitin que tiene lugar en la explanada de la Universidad, el rector Javier Barros Sierra iza a media asta la bandera nacional y pronuncia un discurso de protesta contra la ocupación de los planteles universitarios por el ejército, ya que las preparatorias pertenecen a la Universidad. Al día siguiente, el propio Barros Sierra llama a los universitarios a «contribuir fundamentalmente a las causas libertarias»[111] y toma la decisión sin precedente de encabezar una marcha de poco más de cincuenta mil personas que avanzaría unos kilómetros por la calle de Insurgentes, doblaría en la avenida Félix Cuevas y regresaría a la Universidad.

En esa marcha se escuchó por primera vez el lema mil veces repetido en el 68: «Únete pueblo». Desde los edificios multifamiliares construidos por Miguel Alemán, las familias aplaudían a los estudiantes y al valeroso rector que los encabezaba: «¡Bravo muchachos!», «¡Síganle!», «¡Estamos con ustedes!» A unas cuantas cuadras de esa escena, hacia el norte, en el Parque Hundido, esperaban los granaderos. Debían impedir que la marcha se desviara hacia el Zócalo. Las tradicionales porras universitarias (las «goyas») escuchadas fuera de los estadios deportivos, se volvían gritos de inspiración en una batalla cívica. De vuelta a la Universidad, los manifestantes cantaron el himno nacional.

No era, por supuesto, la primera manifestación estudiantil multitudinaria en la ciudad de México. Las había habido desde el vasconcelismo. Lo inusitado era que un hombre del sistema, el rector, tomara al pie de la letra la autonomía de la Universidad y acaudillara una marcha ordenada y pacífica para protestar contra el allanamiento de la Preparatoria. Los jóvenes rebeldes experimentaban una indefinible sensación de libertad, el vértigo de pisar terreno prohibido. Un inmenso «No» envolvía a los manifestantes, partía de sus voces, de sus pasos, estallaba en el cielo; un «No» contra la autoridad. El aire era más ligero y transparente. Se respiraba de otro modo. Al poco tiempo, surgió la frase perfecta para designar lo que ocurría: «Ganar la calle».

En Guadalajara, el presidente Díaz Ordaz pronunció un primer discurso sobre los hechos. Lamentaba las «algaradas», los «deplorables y bochornosos acontecimientos» y pedía, poniéndose a sí mismo como ejemplo, hacer a un lado «el amor propio que tanto estorba para resolver los problemas». «Una mano está tendida: es la mano de un hombre que a través de la pequeña historia de su vida ha sabido ser leal. Los mexicanos dirán si esta mano queda tendida en el aire.»[112] Educados en la cultura contestataria de los sesenta, impermeables al discurso oficial, los estudiantes rebeldes despreciaron las palabras del presidente. En los muros de la ciudad aparecieron repetidamente estas palabras de burla: «Que le hagan la prueba de la parafina a la mano tendida». Los estudiantes sostenían que en las refriegas había habido muertos. El gobierno lo negaba de manera rotunda. La mano quedó tendida. Había concluido la etapa formativa del movimiento estudiantil.

En los primeros días de agosto se constituyó el Consejo Nacional de Huelga (CNH) con representantes de casi todas las escuelas de educación superior de la capital y buena parte de las del país. Poco después nació la Coalición de Maestros, que apoyaba al Consejo. Vinculaba a todos el llamado «Pliego petitorio» publicado el día 4, que constaba de seis puntos: *1)* cese de los jefes de la policía, *2)* desaparición de los cuerpos represivos, *3)* deslinde de responsabilidades, *4)* indemnización a los deudos de los estudiantes muertos, 5) derogación de los artículos 145 y 145 bis del Código Penal que se refieren a la disolución social, y 6) libertad de los presos políticos.

Los estudiantes tenían que calibrar la fuerza de su movimiento. El 13 de agosto la capital de México contempló un espectáculo nunca visto: algo más de cien mil estudiantes marcharon desde el Casco de Santo Tomás, sede del Politécnico, hasta el Zócalo. La «calle se ganó cuando entramos al Zócalo el martes 13 de agosto porque se rompió un tabú», recordaba Salvador Martínez della Roca, «el Pino», líder del Comité de Lucha por la Facultad de Ciencias. Sin armas, las frases que los estudiantes acuñaban eran palabras armadas: «México libertad, México libertad». Se gritaban consignas pedagógicas e inocentes: «Libros sí, bayonetas no», o «Libros sí, granaderos no». Las mantas y carteles decían: «Al hombre no se le doma, se le educa», «Éstos son los agitadores: ignorancia, hambre y miseria». «Pueblo mexicano», decía un volante, «puedes ver que no somos unos vándalos ni unos rebeldes.» En el Zócalo hubo discursos contestatarios. Eduardo Valle, líder de la Escuela de Economía de la UNAM, dijo que el movimiento tenía un carácter de lucha popular, señaló que la estabilidad política de México era falsa y llamó caduco al régimen.[113]

Del mismo modo en que inventaron sus lemas, a tientas fueron descubriendo, conquistando un terreno casi desconocido en México: el de una democracia directa. Cada escuela o facultad aportaba al menos un líder: en el Consejo Nacional de Huelga se llegó a contar con aproximadamente doscientos cincuenta representantes, casi todos entre los 22 y 26 años de edad. Los líderes convocaban sin cesar asambleas en sus propias escuelas y llevaban la voluntad de sus «bases» a las asambleas generales. En ambos foros, se deliberaba abiertamente y todas las resoluciones se sometían a votación. La propaganda oficial veía en esas reuniones conciliábulos revolucionarios. La apreciación era fundamentalmente exagerada.

Los estudiantes no estaban armados ni planeaban estarlo. Uno de los líderes (tal vez infiltrado por el gobierno) propuso alguna vez la creación de cuerpos de protección llamados «columnas de seguridad», pero el CNH rechazó la idea con indignación: la creación de tales columnas hubiese dado al gobierno un argumento irrefutable para reprimir. Por otra parte, ciertamente muchos líderes visibles e influyentes tenían o habían tenido alguna relación con el Partido Comunista o con las proliferantes sectas de la izquierda: eran o habían sido «pescados» (del Partido Comunista) «mamelucos» (maoístas), «troskos» (miembros de la IV Internacional Trotskista) y hasta «anarcos» (anarquistas). Sin embargo, del total de los líderes del CNH, sólo el 10 por ciento estaba afiliado a algún partido, y algunos de ellos rompieron con su partido al calor del conflicto: no podían aceptar «la línea» de sus burocracias. En el movimiento había católicos, panistas, incluso curas. La gran masa de jóvenes rebeldes tenía un simple entusiasmo libertario, similar al de sus congéneres en Europa o los Estados Unidos. Actuaba movida por las emociones más que por las ideas o las ideologías.

El debate en las asambleas tenía un contenido práctico o, como rezaba la palabra mágica de entonces, «concretito». A veces «se aventaban peroratas de más de una hora sobre Althusser, Marx y Lenin», recuerda «el Pino», «pero no decían lo que a la raza le interesaba. Qué vamos a hacer mañana. ¡Puras jaladas!»[114] Ni siquiera un gran veterano de la izquierda como el escritor Pepe Revueltas, lograba despertar la pasión revolucionaria en los jóvenes. «El Moncada empezó con mucho menos», predicaba Revueltas a los estudiantes que lo frecuentaban (Roberto Escudero, Luis González de Alba, Manuel Aguilar Mora), pero su influencia en el movimiento fue casi simbólica. Era un «ruco» venerable, pero «ruco» al fin.

«Un día Revueltas intentó leerle al CNH lo que era su proyecto socialista, que se llamaba democracia cognoscitiva. Nadie ahí sabía qué era muy claramente la democracia, pero lo cognoscitivo nadie, absolutamente nadie. Pepe llevaba un fólder de 60, 80, 100 cuartillas ... El resultado fue que lo bajaron al minuto y medio a chiflidos. Además decían "y este viejito barbas de chivo, ¿de qué habla?" ... Al minuto y medio de Marx y quien sabe qué otros nombres desconocidos empezaron los murmullos y Pepe estaba abajo.»[115]

Tampoco en las facultades técnicas mandaba la generación de los «rucos», aunque fueran revolucionarios puros. El doctor Eli de Gortari era muy querido en Ciencias (había sido protagonista central en el conflicto estudiantil de la Universidad Michoacana en 1962), pero el liderazgo lo detentaba un carismático joven que iba en silla de ruedas: Marcelino Perelló. En el repleto auditorio de Ingeniería, entre voces que pedían la vuelta a clases y otras que exigían la huelga eterna, hablaba Heberto Castillo. Prestigioso maestro en el ámbito de la ingeniería civil, había inventado y patentado una fórmula de cálculo estructural llamada «tridilosa», pero su pasión era la política de izquierda. Había formado parte del Movimiento de Liberación Nacional y había asistido en 1967 a la reunión tricontinental de movimientos de liberación en Cuba, la OLAS. Los estudiantes de ingeniería ignoraban que la palabra OLAS tuviera una acepción distinta a la marina. Respetaban a «Heberto», pero seguían a un orador fogoso y joven: Salvador Ruiz Villegas.

Algo del pasado vasconcelista debía flotar en el aire, porque esos jóvenes redescubrieron una vieja práctica de 1929, las brigadas:

«En las escuelas», explica Salvador Martínez della Roca, «nos organizábamos en la siguiente forma: al terminar las asambleas nos reuníamos en tres salones y nos poníamos de acuerdo sobre los lugares a que debía dirigirse cada brigada, nos repartíamos los botes para colectar el dinero y la propaganda que necesitábamos. Es interesante señalar que para esos días se repartían aproximadamente seiscientos mil volantes diarios y juntábamos de mil a dos mil pesos diarios. Además en los mítines relámpago ya no sólo hablábamos nosotros, sino que invitábamos al pueblo a tomar la palabra. Con su lenguaje claro, franco y decidido, nos decían que estaban con nosotros. Ésa fue la época de oro del movimiento, del 12 al 27 de agosto».[116]

Aunque salían de las escuelas a visitar barrios, fábricas y algunos pueblos, el verdadero escenario del movimiento era el *campus* universitario y politécnico. En aquella «época de oro», predominaba el tono festivo y deliberante: se encendían fogatas, se cantaban canciones de la guerra civil española, algunos aprovechaban la explanada de la Ciudad Universitaria para organizar «cascaritas» de futbol... La Universidad se había convertido en un ágora inmensa. Frente a un sistema que obligaba a obedecer por las buenas («pan») o por las malas («palo»), los estudiantes proponían todos los sinónimos de la palabra diálogo: discutir, deliberar, disentir. Al contrario que en el PRI, en el movimiento se discutía entre iguales, todo se sometía a votación. «de todo se nos podía acusar, pero no de que no consultáramos; era tanta consulta lo que nos hacía lentos.»[117] Esa exacerbación casi ridícula del espíritu parlamentario era la respuesta natural a la asfixia política que imponía el sistema, a la ausencia total de verdadera discusión pública en México.

El corazón del movimiento era precisamente su carácter público. Los estudiantes salían a la plaza pública, buscaban público, discutían públicamente sus ideas, hacían públicas sus propuestas. Para todo ello, contaban con un arma fundamental: el mimeógrafo. Luis González de Alba recordaba: «... toda la noche tirado en un pasillo de Ciudad Universitaria donde dormía, oía yo el ruido del mimeógrafo imprimiendo volantes». De la profusión de esos volantes provenía una de las leyendas negras que caería sobre el movimiento: ¿de dónde podían sacar tanto dinero? No resultaba difícil refutar el cargo. Para empezar, el dinero no era tanto ni tenía por qué serlo. Los únicos gastos reales eran papel y tinta, y ambos salían de los inventarios y equipo de las propias escuelas, de las colectas públicas o «boteos», y de las cuotas que bastaban y sobraban para los pocos desplegados que el CNH publicaba en algún periódico y hasta para los gastos de comida.

A mediados de agosto el CNH instó al gobierno a «responder públicamente» al pliego petitorio. Los estudiantes querían entablar un «diálogo público» con el régimen: «... la línea invariable de este consejo consiste en responder públicamente a todas las cuestiones que se relacionan con este movimiento ... remarcamos que la forma pública de establecer diálogo tiene ventajas como es la participación masiva y democrática de todos». Los estudiantes insistían en defender el aspecto público del movimiento por dos razones: de prestarse a componendas privadas o por «debajo de la mesa», como las hacía el gobierno, hubiesen perdido de inmediato el apoyo de sus bases; y, además, la insistencia tenía un elemento más sutil: en el carácter no público, más bien privado, secreto, casi mafioso, estaba una de las claves del sistema político mexicano. Someter la verdad oficial al escrutinio público era «encuerar al PRI» o, al menos, tocar su talón de Aquiles. De ahí que el gobierno se negara a enviar representantes al debate público que tuvo lugar en la Ciudad Universitaria el martes 20 de agosto. En él hablaron representantes de la Coalición de Maestros, varios líderes del CNH, un miembro de la Asociación de Padres de Familia del IPN, otro de la UNAM, un campesino de Morelos, y el líder de las juventudes del PAN, Diego Fernández de Cevallos, quien señaló: «... el movimiento tocó al fin uno de los tabúes de México: el del presidencialismo».[118]

Heberto Castillo propuso aquel día la transmisión de un programa de televisión en el que varios maestros universitarios explicaran al público las razones del movimiento. Para sorpresa general, el programa se realizó al día siguiente en el espacio de una serie llamada *Anatomías,* que conducía Jorge Saldaña. El propio Castillo habló en él, con toda libertad y gran mesura: «... el movimiento estudiantil no tiene propósitos de subversión del orden institucional. Los líderes estudiantiles están dispuestos a entablar un diálogo con las más altas autoridades». Aquella noche los estudiantes soñaron con la *v* de la victoria.

El 22 de agosto, los diarios de la capital informaban sobre la entrada de los tanques rusos a territorio checoslovaco y el aplastamiento de la «primavera de Praga». Era doloroso ver el rostro deshecho de Dubcek, leer sus forzadas retractaciones, mirar las caras de aquellos jóvenes frente a los tanques. Era un alivio volver los ojos a México: no había tanques en las calles sino indicios de respeto y conciliación. El secretario de Gobernación llamó por teléfono al CNH y transmitió la disposición oficial al diálogo. Los jóvenes tenían tal obsesión por el carácter público del diálogo, que en la Asamblea se discutió interminablemente sobre el punto bizantino de si las llamadas telefónicas que el gobierno hacía al CNH eran o no eran públicas.[119] La resolución fue negativa: no era pública una llamada telefónica, las autoridades debían manifestar su voluntad de cara a la opinión. Pese a todo, la comunicación no se rompió. De hecho, siempre hubo comunicación entre varios líderes individuales y funcionarios del gobierno. El CNH pidió los nombres de los participantes y exigió de nueva cuenta que el debate tuviese un carácter público. Por su parte, y a pesar de que por esos días se acrecentaba en la prensa el alud de desplegados oficiosos contra el movimiento estudiantil, la Secretaría de Gobernación mantenía un contacto escrito y telefónico; era el CNH el que ponía las condiciones, no el gobierno. Se supo que los participantes oficiales en el diálogo serían el propio Echeverría, los procuradores de la República y del Distrito, y el ministro de Educación, el escritor Agustín Yáñez. Heberto Castillo exigió más: debían estar presentes la radio, la televisión y los periódicos.

El 27 de agosto el movimiento estudiantil llegó a su apogeo y, a la vez, por sus excesos verbales, provocó su caída. Una imponente manifestación llegó al Zócalo. Ahora los gritos habían cambiado: «¡No queremos Olimpiadas, queremos Revolución!», «No queremos el informe, sólo queremos la verdad». Los granaderos eran objeto de escarnio: «Vacune a su granadero». Algunos grupos sólo pedían «Respeto a la Constitución», pero otros, exaltados, lanzaban desafíos: «Nos levantaremos cuando nos dé la gana». El blanco de las mayores invectivas fue el presidente Díaz Ordaz. Se gritaba a coro: «Díaz Ordaz buey, Díaz Ordaz buey, Díaz Ordaz buey, buey, buey» o «Ho Ho Ho Chi Minh, Díaz Ordaz, chin, chin, chin»; se cantaba con una tonada de «Cri Cri»:

> Di por qué, dime Gustavo,
> di por qué eres cobarde,
> di por qué no tienes madre,
> dime Gustavo por qué.

En las bardas, en los postes, hasta en las propias paredes del Palacio Nacional, se pegaron efigies del «Che» junto a profusas mentadas a Díaz Ordaz. Alguien pintó una ecuación: GDO = DOG. Un cartel delineaba el perfil del presidente en el de un orangután.[120]

A las ocho de la noche comenzó el mitin. Roberto Escudero, de Filosofía, embistió contra la «tiranía, la dictadura y la injusticia» y exigió que el gobierno compareciera ante el pueblo. Mientras algunos estudiantes entraron a la Catedral y, con permiso de las autoridades de la Mitra, tocaban a vuelo las campanas, los oradores exigieron la libertad de los presos políticos y arremetieron contra los diputados, los líderes «charros», la prensa vendida; leyeron también un mensaje que les había enviado Vallejo desde la cárcel. El mitin se había transformado en una asamblea popular. A cada pregunta de los oradores, el público coreaba el estruendoso «Síííí». Faltaba definir el lugar del diálogo público. De inmediato surgieron gritos: «¡Zócalo, Zócalo, Zócalo!» En algún momento se le exigió al presidente que enfrentara a la multitud. Las voces corearon palabras hirientes: «¡Sal al balcón, chango hocicón!»[121]

La desafiante asamblea emplazaba al gobierno a sostener el diálogo el primero de septiembre a las diez horas, una hora antes del informe. Durante el mitin, los estudiantes izaron en una de las astas del Zócalo una bandera rojinegra (que luego arriaron) y, finalmente, decidieron dejar una guardia que se proponía permanecer en el Zócalo hasta la siguiente asamblea, prevista para el primero de septiembre. El mitin terminó a las diez menos veinte de la noche. «El país fue nuestro», recordaría muchos años después el carismático líder de Chapingo, Tomás Cervantes Cabeza de Vaca.[122]

«El país fue nuestro»: en efecto, eso parecía, pero no lo era. Aquella noche del 27 de agosto, aquella borrachera de júbilo contestatario, aquella explosión de energía parricida, aquella caricatura de la revolución instantánea, aquella desacralización colectiva de los símbolos patrios y nacionales, la bandera suplantada, las campanas tocando a vuelo en la Catedral, un amago de quemar las puertas de Palacio, las pintas y la cara del «Che» Guevara en sus muros, no les serían perdonadas.

Las mentadas, las palabras sucias y soeces, tocaban una fibra sensible en Díaz Ordaz, porque reflejaban sus propios modales en el ámbito cotidiano y político. Ricardo Garibay, autor favorito de Díaz Ordaz que muy pronto se volvería –según testimonio del propio Garibay– su escritor a sueldo, dejó testimonio del «habla tabernaria» y la «bronquedad iracunda del idioma» con que Díaz Ordaz humillaba a sus subordinados, incluyendo, por supuesto, a sus ministros.[123] Pero sobre todas las cosas no toleraba la burla a la investidura presidencial. Y más que eso, las frases e imágenes crueles, que multiplicaban hasta el infinito la llaga mayor, original: la «fealdad personal» del «Señor Presidente».

Piezas de una conjura

Para el presidente, el movimiento estudiantil no era sino el último y más complejo rompecabezas en una larga serie que había comenzado con los movimientos sindicales de fines de los años cincuenta y prolongaba con los sucesivos conflictos de su propio sexenio: médicos, estudiantes, guerrilleros. Todos tenían, a su juicio, un denominador común: eran producto de una conjura comunista. «Estaba convencido», recuerda el líder empresarial Juan Sánchez Navarro, «de que había un complot internacional e internamente apoyado por los grupos de extrema izquierda para cambiar toda la sociedad mexicana bajo el impulso de las doctrinas marxistas, y él tenía horror a que eso sucediera en el país.» El propio Sánchez Navarro, visitante asiduo a la residencia oficial de Los Pinos, le llevó un folleto revolucionario escrito por «Dani el Rojo» que circulaba entre los estudiantes. Díaz Ordaz se impresionó. Esa prueba avalaba una vez más su hipótesis. Llamó a su colaborador y cercano amigo Jesús Reyes Heroles, intelectual, ideólogo y por esos días director de Pemex, y le dio instrucciones de imprimirlo y repartirlo para que se viera hasta qué punto la «basura internacional estaba provocando la crisis».[124]

En sus memorias –inéditas hasta la fecha–, Díaz Ordaz dejó testimonio detallado de otras piezas de información conspiratoria que tenía por irrefutables. La participación de grupos trotskistas –los «troskos»– en la caída del doctor Chávez era una de ellas. El movimiento estudiantil de octubre de 1966 en Morelia era otra: ¿no había encontrado el general José Hernández Toledo en la Universidad nicolaíta un «verdadero arsenal»? Otra pieza importante era la asistencia de varios representantes mexicanos –entre ellos Heberto Castillo– a la conferencia tricontinental en Cuba en 1967. En sus memorias, Díaz Ordaz señala: «Fue el primer caso que llegó a nuestro conocimiento de que se había resuelto abiertamente impedir la realización de los Juegos Olímpicos en México».[125]

Uno de los participantes en la citada conferencia, Gilberto Rincón Gallardo, aseguraría años después que tales propósitos no existieron. Lo cierto es que la tricontinental se proponía objetivos distintos y más ambiciosos. Concebida por el «Che» Guevara (que en los días de la conferencia se hallaba entrenando guerrillas en Angola con el entonces gran aliado de Cuba, Jonas Sabimbi), buscaba exportar activamente la revolución a los países subdesarrollados, en particular a la América Latina. «El deber de todo revolucionario es hacer la revolución», decía el «Che». Con el apoyo teórico de Franz Fanon y Régis Debray, la tricontinental logró que prendieran los primeros focos guerrilleros en África y América Latina. Pero curiosamente, y a despecho de algunos discursos encendidos de los delegados mexicanos, el gobierno de Cuba trató de manera distinta el caso de México. Castro no podía ni quería olvidar la negativa de México a votar la expulsión de Cuba de la OEA y el mantenimiento irrestricto de relaciones oficiales. Se podía promover la Revolución en toda la América Latina, salvo en el país desde donde Castro había comenzado su aventura revolucionaria. Sencillamente, no le convenía.[126]

Otra pieza central: la intervención del Partido Comunista Mexicano en una reunión de Sofía, Bulgaria, en 1967. De acuerdo con la información de Díaz Ordaz, el dirigente del PC, Arnoldo Martínez Verdugo, habría traído de Bulgaria la consigna explícita de enfrentar a las juventudes comunistas (CNED) contra la Federación Nacional de Estudiantes Técnicos (FNET) y de azuzar de diversas formas el descontento estudiantil, todo con el propósito de obstruir la celebración de las Olimpiadas. Ya desde septiembre de 1967, pensaba el presidente, la consigna se había puesto en práctica en una «marcha de la libertad» organizada por el CNED.[127]

El presagio más inmediato y evidente de la conjura era, por supuesto, la Revolución de mayo en París. Ante la profusión de fotos, lemas, panfletos que llegaban a su poder, el presidente escribió: «... ya tienen sus centavitos y los están gastando». La revuelta le provocaba tanta repulsa como las frases que los estudiantes parisinos pusieron de moda. Sobre aquella célebre que equiparaba el amor con la revolución, escribió: «¿Harán tan mal el amor como hacen la revolución? Los compadezco».

En esos días, el presidente consultó con el regente de la ciudad, Alfonso Corona del Rosal, sobre la posibilidad de que una rebelión similar estallara en México. Corona del Rosal respondió que el jefe de la policía, el general Cueto Ramírez, consideraba que no sucedería nada; pero Díaz Ordaz lo contradijo: «Dile a Cueto y tú toma nota que no es cierto lo que está pensando, que sí va a suceder». En varias reuniones dispuso la compra de material militar adecuado: escudos, guantes, «armas defensivas». Ordenó un viaje a Tokio para adquirir equipamiento a los experimentados japoneses. «Se me está ocurriendo una idea», le comenta a Corona: «haga usted unos tanquecitos, agarre todas las patrullas, blíndelas con unas placas de acero simplemente. Es todo, y éntrele.» Para sorpresa y molestia del presidente, el general no «le entró» y la «ocurrencia» de los *jeep* la resolvió el secretario de la Defensa, el general Marcelino García Barragán.[128]

Una vez estallado el conflicto, Díaz Ordaz siguió mirándose en el espejo de Francia. Las mismas fuerzas internacionales de izquierda que habían actuado contra Francia apuntaban sus baterías hacia México. «Se salvó De Gaulle, pero hundió a Francia», le decía a su antiguo colaborador Luis M. Farías, líder de la Cámara; «nosotros aquí tenemos que salvar ante todo el sistema.»[129] A mediados de agosto, Daniel Cosío Villegas recibió una carta personal del presidente. Cosío había empezado a colaborar semanalmente en *Excélsior* y su primer artículo analizaba el movimiento estudiantil a la luz del precedente francés. Díaz Ordaz lo felicitaba: un hombre como Cosío Villegas, «tan preocupado por nuestra juventud y que todavía repara en los riesgos que corrí, es un hombre a quien puedo explicarle ... por qué México no esperó, para actuar, a estar de verdad al borde de la guerra civil».[130]

El presidente se refería a la toma de la Preparatoria por el ejército. Cosío Villegas había señalado que la intervención del ejército, solicitada por De Gaulle, había sido «en el claro y terminante entendimiento de que no dispararía sobre los estudiantes». Aunque toda la prensa francesa había informado de los hechos, Díaz Ordaz creía refutarlo dudando que Cosío hubiese estado presente en las conversaciones. Tal vez esa parte del precedente francés –la reticencia total de disparar– le imponía limitaciones que estorbaban a su hipótesis de una inminente «guerra civil». En todo caso, intentó justificar frente a Cosío Villegas, quizás el intelectual más independiente y de mayor prestigio, el uso del ejército: «Dudo también que usted conozca realmente cuáles fueron las condiciones en que intervino el ejército mexicano. Sí hay un hecho evidente: en México ni del ejército ni de la policía hubo un solo disparo contra los estudiantes y no hubo un solo muerto». Francia, continuaba, no se recuperaría en siete años de las pérdidas económicas que había ocasionado el movimiento estudiantil; México, en cambio, había evitado «perder su solidez económica [y quizás algo más]», si bien agregaba: «en nuestra mano no estuvo evitar que se deteriorara la imagen de la nación».[131]

Para evitar el descrédito económico y mantener la imagen de la nación, Díaz Ordaz confió en su brillante ministro de Hacienda, Antonio Ortiz Mena, quien había vivido de cerca los acontecimientos de París. Mientras recorría los bancos europeos con los que México contrataba créditos, Ortiz Mena presenció el ataque al «franco fuerte», vio cómo De Gaulle, negándose a devaluar salió de París, convocó al referéndum, y astutamente, según Ortiz Mena, lo perdió, salvando su imagen histórica, pero dejando a Pompidou el peso de la devaluación y el hundimiento económico. En México –pensaba el ministro, al igual que el presidente– la meta era la misma: crear un conflicto económico, provocar la pérdida de confianza y, en último término, devaluar. Él mismo creía en la existencia de una organización que estaba «manejándolo todo». La profusión de volantes diarios le parecía una prueba palmaria.

Ortiz Mena volvió a Europa con el doble propósito de infundir confianza en el exterior y proyectar en el interior la confianza del exterior. Después de firmar en el Louvre el crédito para la construcción del Metro de la ciudad de México, unos periodistas franceses le preguntaron:

«–¿Qué nos dice de la revolución en México?
»–Nosotros no tenemos ninguna revolución –contestó–. Ustedes sí la tuvieron. Aquí millones de obreros declararon la huelga general; en México ningún sindicato, ninguna organización campesina apoya al movimiento».

En Suiza, el mercado financiero más difícil, Ortiz Mena colocó una emisión de bonos. «México se graduaba en crédito», recordaría mucho después.[132] En Washington, durante una reunión a la que asistieron los representantes de los «diez grandes», el Fondo Monetario Internacional y el Banco Mundial, Ortiz Mena explicó el programa económico de México y dio seguridades sobre su solidez. El frente externo estaba asegurado. Quedaba el interno.

El presidente no hablaba de «guerra civil» en sentido figurado. En cierto momento, le comentó al profesor Víctor Gallo: «Este movimiento que no tiene ahora una raíz popular, me preocupa porque puede salir al campo, ahí donde hemos fallado. Si sale al campo, será una catástrofe, porque las condiciones del campesino están como para que tome la actitud de establecer una revolución armada».[133] Para evitarlo, antes que la fuerzas de la persuasión, estaban las del orden. La posibilidad de un diálogo personal se le había cerrado en el momento mismo en que los estudiantes habían dejado su «mano tendida». Que le pidieran hacerse la «prueba de la parafina» le dolía, pero no le sorprendía: «... yo en lo personal, infiero», escribiría con su habitual sarcasmo, «ya tenía las incrustaciones de la pólvora en la piel de la mano porque había disparado personalmente la pistola para asesinar estudiantes».[134]

En sus memorias, Díaz Ordaz consigna varios párrafos de elogio y comprensión a sus propias fuerzas, las policiacas, y una reprobación sin cortapisas a los estudiantes, a quienes llama «los contrarios». «Desde pequeños aprendemos a odiar a la policía»; el batallón de granaderos está compuesto por sólo «quinientos o seiscientos elementos ... que duermen poco», y para defenderse se proveen a sí mismos de «tubos y varillas», «tienen la ventaja sobre los estudiantes de ser hombres hechos y derechos, curtidos por el trabajo, fuertes, rudos, ¡lo que sea de cada quien!» En las «manos contrarias», las de los estudiantes, había pistolas sustraídas de las armerías del centro. Aunque estaba dispuesto a «aceptar honradamente que hicieron poco uso de ellas, al principio», la acción militar contra la Preparatoria le parecía justificada. El ejército entró «empujando con un camión». El famoso «bazucazo» era «un invento», lo mismo que los «muertos y heridos». No era invento, en cambio, el «arsenal bastante importante» que se encontró.[135] Díaz Ordaz no lo detalla en sus memorias, pero el general José Hernández Toledo, que encabezó la operación, informó sobre el arsenal hallado: diez bombas molotov, dos botes de gasolina, una botella de ácido, una botella de gasolina, una botella de amoniaco.

Cada día se agregaban nuevas piezas al rompecabezas. Todas ajustaban. ¿Quién proveía la información sobre ellas? Habiéndose negado desde un principio a acercarse de manera personal a los estudiantes para no «poner en riesgo la investidura presidencial»,[136] y dado su carácter naturalmente hosco y retraído, Díaz Ordaz dependía de la información que le proporcionaban sus propias fuentes políticas, en particular las dependientes de la Secretaría de Gobernación: la Dirección Federal de Seguridad y la División de Investigaciones Políticas y Sociales. La prensa extranjera hubiese aportado una visión adicional, pero el presidente no sabía idiomas, no se interesaba en consultarla y se resentía de las noticias adversas a su gestión. Quedaba la prensa nacional, pero Díaz Ordaz la consideraba no sólo miope sino tuerta: «La diferencia entre los políticos y los periodistas es que ellos ven todo con un ojo, nosotros con dos». Por lo demás, aunque se subordinaran al Ejecutivo, los periodistas le parecían «mendigos, embusteros y agazapados chingaqueditos, sabemos cómo aceitarles el hocico».[137] Solía distribuir las cartas que le llegaban en dos paquetes, anotando con su puño y letra «adhesión» o «solidaridad» en unas, y «gobernación» en otras. Las segundas, adversas o críticas, pasaban al secretario de Gobernación. A las opiniones de los intelectuales en la prensa les aplicaba el mismo criterio: a favor o en contra. No buscaba comprender el fenómeno sino sumar fuerzas. En esas circunstancias, el presidente valoraba especialmente los informes de sus propios agentes: «... ¡claro que el gobierno tuvo infiltrados en el movimiento, todos los que pudo... [así] anticipamos atentados contra servicios telefónicos, eléctricos y contra las instalaciones petroleras».[138]

Para cada pregunta, hallaba una respuesta, unas veces tranquilizadora, otras inquietante. ¿Cuántos asisten a las manifestaciones? «Yo deseaba saber la verdad», decía Díaz Ordaz, y, con mapas, sus expertos le demostraron que, calculando tres personas por metro cuadrado, no podían ser más de quince mil o dieciséis mil.

«¿Quiénes nutren las manifestaciones? ¿Quiénes las dirigen ocultos? ¿Quiénes lo aprovechan?» El presidente recabó la información. Lo dirigían «grupos comunistas internacionales, no hay la menor duda de ello, no actuaron siquiera con discreción [sino] descaradamente». El movimiento no era más que «un contubernio asqueroso» de conspiradores infiltrados. Había cubanos, soviéticos, agentes de la FBI, el MURO, el Opus Dei y el PAN, pero «los responsables eran los grupos de izquierda, el Partido Comunista, la IV Internacional Trotskista, el Partido Obrero Campesino; la Tricontinental: no figuraban en la dirección, pero dieron lineamientos ... En aquella época todavía operaban muy solidarios los prosoviéticos y los promaoístas».

Tras ellos venía «la masa», «los de siempre». Era «inconcebible utilizar a los estudiantes contra uno de los más bellos eventos del mundo ... los Juegos Olímpicos».[139] Díaz Ordaz no concedía a los estudiantes ninguna capacidad de discernimiento, ningún mérito, ninguna generosidad. Sus agravios eran invenciones. El presidente no se hacía preguntas sobre ellos, sólo respuestas: en el mejor de los casos, eran «idealistas» equivocados, «carne de cañón» manipulada por las figuras tutelares y venenosas de sus maestros. Garibay, que pasaría muchas horas con él luego del movimiento, recogió en notas el concepto que Díaz Ordaz tenía sobre la juventud: «¿Juventud? Esos hijos de la chingada no son juventud ni son nada. Parásitos chupasangre. Pedigüeños, cínicos, analfabetas ... ¡Carroña! Y ni siquiera tienen huevos para enfrentarse de veras, para dar lo que llaman su batalla. ¡Su batalla! ¡Hijos... ! ¡Hijos... !»[140]

Entre los posibles aprovechados estaba el PAN: un «barboncito» de Acción Nacional (Diego Fernández de Cevallos) había «tratado de meterse», pero sus discursos «no penetraron»: «... frente a un grupo de diez[mil] o quince mil muchachos acelerados, los discursos de Acción Nacional resultaron ... totalmente desabridos». Ciertos intelectuales «simpatizantes» de los políticos que «sonaban» para la carrera presidencial habían participado en el movimiento para «quemar» desde ahí a sus contrincantes; «qué ingenuos», apuntó el presidente. En fin, hasta los jesuitas habían tratado de pescar en río revuelto: alguien informó a Díaz Ordaz de un sacerdote que había cedido el púlpito a un joven agitador.

¿De dónde sacaban los estudiantes sus «enormes sumas»? Según unos informes, en la reunión comunista en Sofía los agitadores habían recibido la consigna de apoyarse en fondos de la embajada cubana, pero el grueso del dinero provenía de «los propios fondos del subsidio de la UNAM». Los ex funcionarios del gobierno de López Mateos, resentidos con Díaz Ordaz, engrosaban simplemente la bolsa. Sólo así se explicaba que los estudiantes pudiesen financiar sus volantes, panfletos, las «planas y planas» que publicaban en los periódicos, las «pintas», los viajes y los quinientos megáfonos flamantes (con costo total de 2.500 a 3.000 pesos) que exhibían en sus manifestaciones. Algunos estudiantes «cobraban por las mañanas en la embajada de Cuba y la [de la] URSS, y en la tarde en la de los Estados Unidos», «otros nomás en un solo bando».[141]

Buena parte de estos datos eran falsos, algunos ostensiblemente falsos; muchos no podrían comprobarse; sólo una parte menor correspondía a la realidad. La intervención parcial del PAN era cierta, lo mismo que las simpatías de algunos jesuitas. Pero ambos casos correspondían a una adhesión libre y genuina, no a un cálculo mezquino de posiciones políticas. Las manifestaciones eran mucho más concurridas que los cálculos oficiales: rebasaban las cien mil personas. El dinero no había corrido a raudales. El subsidio de la Universidad no se empleaba para apoyar el movimiento. Tanto en términos económicos como en términos políticos o ideológicos, los estudiantes y sus líderes eran mucho más autónomos de lo que el presidente creía. Los cimientos de toda su argumentación –la conjura comunista– se venían abajo: desde un principio, el movimiento rebasó a los grupos organizados de izquierda que quisieron manipularlo. Es cierto que algunos líderes conspicuos –Raúl Álvarez Garín y Gilberto Guevara Niebla, entre otros– provenían de las Juventudes Comunistas, pero el sentido libertario de la rebelión estudiantil divergía de los objetivos revolucionarios tradicionales sostenidos por el programa comunista. De haber tenido pruebas sobre cualquiera de los hechos que creía irrefutables (el cobro en las embajadas, por ejemplo, comprobable con una simple fotografía a distancia), es obvio que el gobierno las hubiese exhibido por todo el mundo. Si no lo hizo es porque no las tuvo. Eran piezas que ajustaban en el rompecabezas de la conjura, pero piezas inventadas. Un simple cotejo de la prensa, por ejemplo, hubiese desmentido aquella pretendida profusión de «planas y planas». Sin embargo, el presidente no tenía la voluntad de comparar sus datos con otras fuentes o hipótesis, o no veía la necesidad de hacerlo.

Por lo demás, su estado de ánimo acentuaba la confusión. El 19 de agosto, confía a un amigo: «... vivo en medio de un inmenso océano de problemas». El 23 escribe una segunda carta a Cosío Villegas. Se describe a sí mismo como «un hombre angustiado que quisiera satisfacer a todos pero que sabe la imposibilidad de lograrlo, y que se enfrenta a diario al dilema de decidir qué debe defenderse y qué debe sacrificarse». Era «extraordinario su estado de angustia», advirtió el profesor Víctor Gallo. La convergencia de estos testimonios sobre la angustia del presidente es sumamente extraña, porque justo en aquel momento se discutían las modalidades del debate público. El ministro de Gobernación se había comunicado por teléfono con el Comité Nacional de Huelga y, aunque su propuesta se había rechazado por no considerarse «pública», el acercamiento entre las partes era real y tangible. Todos lo consideraban así, por lo visto; todos menos el presidente: «¿Quieren hacer creer ... que un anónimo empleado ... habló por teléfono diciendo sí?» A un «llamamiento serio», el gobierno hubiera contestado mediante «declaración oficial y de funcionario responsable».[142] Al parecer, nunca se enteró de que la llamada telefónica había existido en verdad.

Durante la manifestación del 27 de agosto, cuando los estudiantes le pedían a gritos y con insultos que saliera al balcón, el presidente no se hallaba en Palacio Nacional. La información que recibió sobre los hechos no «le endulzó el oído», pero incluyó al menos un episodio imaginario, el extraño caso de «la bandera rojinegra en la Catedral». «Tras enterarme», recordaba, «no salía de mi asombro

... ¿Reto a quién?» Hizo largas reflexiones sobre la nueva pieza conspiratoria: «¿a la policía y las fuerzas armadas?, no; ¿al gobierno?, no veo por qué, hubieran escogido el Palacio Nacional, el monumento a la Independencia, el hemiciclo a Juárez ... ¿Al clero? ¡Claro! ... involucrar al clero ... Nuestros informantes vieron [cómo] ... abriéndose paso a punta de pistola», los estudiantes colocaban la bandera rojinegra en el astabandera de la catedral.

Sólo así se explicaba Díaz Ordaz que, durante el desfile del 16 de septiembre, «en sagaz medida preventiva, la Mitra no había querido poner la bandera tricolor donde hace unos cuantos días había estado la bandera rojinegra». La teoría era perfecta, la pieza encajaba, salvo por un hecho: todo el mundo (menos el presidente) sabía que era falsa. Los estudiantes habían entrado en la Catedral (sin pistola), subido a las torres (con permiso del sacerdote) y repicado las campanas (se tomaron fotos); pero no pusieron la bandera rojinegra en el asta de la Catedral sino en una de las del Zócalo (se publicaron fotos en los periódicos).

Según Díaz Ordaz, en aquella asamblea del 27 de agosto, Heberto Castillo se había afianzado como «la autoridad máxima, indiscriminada, casi intocable». No por casualidad lo empezó a llamar «el presidentito». A Heberto Castillo le atribuía la ocurrencia de apoderarse del Zócalo y convertirlo en un campamento «con el propósito de molestar al presidente en sus entradas y salidas y provocar a la guardia ... En lugar de informe constitucional, el diálogo, ahora en el Zócalo ... naturalmente no se lo permití.» Díaz Ordaz había imaginado ya la escena que sucedería a semejante diálogo: «Y en este ambiente de desaforados, el presidente de la República sentado en el banquillo de los acusados, contestando preguntas y aguantando injurias y burlas. Después vendría la presión física para que firmara algún documento».[143]

«A Díaz Ordaz pueden atacarle lo que quieran», comentó el presidente a un amigo, «mentarle la madre o matarlo. Pero que no sienta yo que tocan a México, porque la respuesta no tendrá límite ni fin.»[144]

«El Palacio Nacional es el símbolo de nuestra nacionalidad», le escribía indignado el procurador Julio Sánchez Vargas, quien había visto ese «asiento del jefe del Estado pintado con símbolos de un guerrillero latinoamericano». Lo cierto es que no sólo sus colaboradores sino muchos ciudadanos de buena fe, coincidieron con Díaz Ordaz en su convicción de que el 27 de agosto los estudiantes habían cometido una profanación. El presidente no albergaba ya ninguna duda, el rompecabezas estaba completo, se había «tocado a México».

Antes, en algún rincón de su alma, hubiera querido hablar con los jóvenes. Quizá por eso se encerró un buen rato con el hijo de su subdirector de Prensa, Fernando M. Garza. Hubiera querido persuadirlos como lo persuadiría a él, pero su concepto del rango y de la investidura se lo había impedido. No había querido correr el riesgo de que «le faltaran al respeto».[145] Tras las injurias de que había sido objeto el 27 de agosto, no le cabía duda de que tenía razón. Había que responder de inmediato. Y la respuesta no debía tener «límite ni fin».

Recordando ese episodio crucial del movimiento, una maestra normalista conjeturaba: «Yo creo que si el presidente sale al balcón, y le hace frente a la multitud, a pesar de las porras injuriosas, los insultos, la violencia, los "mueras" ... hubiera ganado a muchos compañeros». Quizá la maestra tenía razón. En México, país de símbolos, un gesto podía haber cambiado todo. Entre los estudiantes se decía: «López Mateos sí hubiera salido al balcón». «El que detenta el poder está siempre obligado a ser el más generoso», opinaba un alumno de Leyes. Lo mismo opinaban muchos escritores y editorialistas, como, por ejemplo, Alejandro Gómez Arias, el legendario líder vasconcelista, que pedía al presidente «palabras de concordia». Díaz Ordaz no podía hacerle caso: no era López Mateos, no creía en los gestos sino en los actos resolutivos. Lo guiaba una profunda convicción: «Existe la necesidad imperiosa de mantener íntegramente el principio de la autoridad».[146]

El principio de autoridad

«Fueron desalojados», anunciaba El Universal el 28 de agosto. A partir de la madrugada y en una operación relámpago en la que intervinieron camiones blindados, la policía había dispersado a los tres mil manifestantes que hacían guardia en el Zócalo. El centro de la capital se volvió el escenario de un violento zafarrancho entre policías y estudiantes. «La corretiza tras los estudiantes por parte del ejército continuó hasta El Caballito», apuntaba un reportero, «donde a una camioneta de la Universidad los soldados, a culatazos, le rompieron los cristales y posteriormente golpearon a sus ocupantes, en su mayoría mujeres.» En algunos casos la persecución llegó hasta la Ciudad Universitaria. Por la mañana, nuevos contingentes policiacos patrullaron la zona, para proteger una manifestación de burócratas organizada por el gobierno a fin de efectuar un «desagravio a la bandera». Durante esa manifestación tienen lugar nuevos enfrentamientos entre la policía y los estudiantes. También algunos burócratas acarreados al Zócalo se rebelan y son atacados por el ejército. Según varios testimonios, se producen muertos que la prensa no con-signa. Aquella mañana, catorce tanques acometen a la muchedumbre. La lucha se generaliza. Desde los edificios, la gente lanza a los soldados botellas, macetas, basura. Los jóvenes increpan a los tanques: las imágenes de Praga se reproducían en México.[147]

Ese mismo día declaró a la prensa el secretario de la Defensa: «Nosotros hicimos una revolución para derrocar una dictadura y destruir una usurpación. No queremos ni aceptamos otra dictadura ...»[148] Estas palabras no las pronunciaba un militar cualquiera: Marcelino García Barragán era uno de los últimos sobrevivientes activos de la Revolución. Había sido henriquista, había sufrido un humillante desafuero como gobernador de Jalisco, pero por encima de todas las prendas humanas ponderaba la lealtad, en este caso la lealtad a las instituciones y, sobre todo, a la más alta de todas: la presidencial. «Tenemos la visión de que el pueblo nos apoya, porque está cansado contra los alborotadores», agregó.

En los días siguientes, los signos de endurecimiento aumentaron: el asalto y los golpes con macana a Heberto Castillo, los tanques apostados en las afueras de la Universidad y el Politécnico, la aparición de agentes provocadores armados, a veces enmascarados, que golpean estudiantes con garrotes, macanas, tubos y varillas de acero. El día 31, la Vocacional 7 del IPN sufre un ataque por parte de doscientos individuos armados que golpean a los estudiantes y los suben a camiones de redilas. La policía había recibido una consigna muy clara: «el desorden en la vía pública se castigaría con la detención y consignación ante las autoridades». La orden se cumplió sistemáticamente en varios puntos de la capital.[149]

En su despacho de Palacio, el presidente tenía una versión no sólo diferente sino inversa. «Los motines, abusos, incendio de camiones, toda clase de desmanes, seguían perpetrándose.» «Bajaba la moral de la policía que seguía negándose a intervenir en condiciones de inferioridad, frente a núcleos mejor armados y de mucho mayor número.» Por todo ello «se tomó la decisión de dotar de armas a los cuerpos policiacos, [lo cual] revitalizó la moral». Como era de esperar, «la policía se puso revanchista». A renglón seguido, Díaz Ordaz recordaba las continuas manifestaciones que llegaban «por semana» al Zócalo. Eran «ordenadas en general», concedía, sin ver la contradicción con sus líneas inmediatamente anteriores.[150]

En realidad, esos días no hubo manifestaciones en el Zócalo. Desde la mañana del 28 de agosto, el CNH comprendió el costo de los excesos verbales y simbólicos del día 27. De inmediato reiteró su disposición al diálogo y ofreció explicaciones: no había ordenado las pintas ni el izamiento de la bandera rojinegra; el repique de campanas se había hecho con anuencia del sacerdote Jesús Pérez. Mientras se reponía de las dos heridas de ocho y cuatro centímetros que tenía en la frente, Heberto Castillo suavizaba su posición: ahora, «más que nunca», convenía el diálogo, pero ya no era necesario que «se transmitiera por radio y televisión, como circo romano». Por su parte, el 31 de agosto, un día antes del informe presidencial, el CNH reiteraba su voluntad de «dialogar pacíficamente, sin la presión de las fuerzas del ejército y la policía», y lanzaban una rama de olivo al presidente:

«Inclusive durante la celebración de los XIX Juegos Olímpicos, nos comprometemos a barrer las calles todos los días ... a servir como porteros, como intérpretes ... Antes que estudiantes en una lucha para lograr mayor libertad y democracia, somos mexicanos ... No estamos contra las Olimpiadas, queremos que México cumpla dignamente con su compromiso internacional».[151]

Ahora eran los estudiantes quienes, no sin cierta ambigüedad, tendían la mano. El primero de septiembre, en su informe al Congreso, el presidente diría si esa «mano quedaba tendida en el aire».[152]

«La injuria no me ofende, la calumnia no me llega, el odio no ha nacido en mí.» Un aplauso de treinta y seis segundos rubricó esas palabras del presidente. ¿Decía la verdad? El discurso parecía una parábola perfecta del «pan o palo». Aunque ofrecía razones para no derogarlos, abriría un debate nacional sobre las reformas de los artículos 145 y 145 bis; aunque negaba que existiesen «presos políticos», consideraría sin «presiones ilegítimas» la liberación de algunos de ellos. Pero situando los hechos en el «marco de las informaciones internacionales sobre amargas experiencias similares», llegaba a la conclusión de que sólo ante la fuerza «cesaron o disminuyeron los disturbios». Acto seguido, hacía un largo recuento de los daños, saqueos, destrozos, molestias, incomodidades, trastornos económicos sufridos por la sociedad por obra de los estudiantes, y agregaba: «... tantas mujeres soezmente vejadas que además de sufrir la propia vergüenza, han llenado de indignación a un padre, a una madre, a un hermano, a un hijo, y que pudieron haber sido la esposa, la madre, la hermana o la hija de quienquiera de los mexicanos».

Luego de puntualizar las atribuciones que la Constitución le otorgaba como presidente para usar la fuerza, hizo un elogio a los «modestos, heroicos "juanes" del ejército» y concluyó con una clara amenaza: «Sé que millones de compatriotas están decididamente en favor del orden y en contra de la anarquía ... No quisiéramos vernos en el caso de tomar medidas que no deseamos, pero que tomaremos si es necesario; lo que sea nuestro deber hacer, lo haremos; hasta donde estemos obligados a llegar, llegaremos».

El 3 de septiembre, el CNH discute el informe y da a la luz sus opiniones. No se refieren a los puntos del «Pliego petitorio». Tampoco responden a las infundadas imputaciones que les hacía el presidente (nadie, salvo el mismo Díaz Ordaz, atribuyó a los estudiantes el delito de violación o estupro. De haber existido las mínimas pruebas o testimonios, la prensa oficiosa las hubiera exhibido profusamente). El propósito del CNH es ampliar sus tesis críticas hasta abarcar el sistema político entero:

«En México se ha totalizado a tal extremo el sistema de opresión política y de centralismo en el ejercicio del poder, desde el nivel del gendarme hasta el presidente, que una simple lucha por las mínimas libertades democráticas (como la manifestación en las calles y pedir que sean liberados los presos políticos) confronta al más común de los ciudadanos con el aplastante aparato del Estado y su naturaleza de dominio despótico, inexorable y sin apelación posible».

Ahora la discusión tomaba otro cariz y cambiaba de nivel: pasaba de lo emocional a lo intelectual y de allí a lo político. «Hace cincuenta años que el gobierno monologa con el gobierno», decía Roberto Escudero en espera aún de que el tan esperado diálogo se produjera en efecto, fuera franco, público, y ante toda la nación.[153] Las críticas al «viejo sistema obsoleto» llamaron la atención del más viejo crítico del sistema, Cosío Villegas, que comenzaba a inclinarse a favor de los estudiantes. «México está viviendo de ideas viejas en un mundo nuevo», escribió el 13 de septiembre, «y como no hay vida pública en México, como la máxima sabiduría política es el silencio, los hombres públicos se han hecho pequeños y misteriosos». Todo el asunto aburría a los jóvenes, que habían dejado «de divertirse con aquel circo político». No había más que un remedio, el mismo que proponían los estudiantes: «Hacer pública la vida pública del país».[154]

Habían sido días de tensión y espera. El CNH comenzaba a calibrar la gravedad de su posición: ahora insistía tenazmente en el diálogo, aseguraba que no habría insultos, ni siquiera porras. Hasta consideraría que el diálogo fuera por escrito. El rector había hecho una llamada a los estudiantes para el retorno a clases. Ahora el CNH convocaba, una nueva manifestación que tendría lugar el viernes 13 de septiembre y proyectaba ceremonias para celebrar la independencia el día 15 en la Ciudad Universitaria y el IPN. Debilitado, el día 13 el movimiento daría una nueva batalla cívica que permanecería en el recuerdo de muchos: la llamada «manifestación del silencio».

Arriba, un helicóptero volaba casi a ras de las copas de los árboles. Abajo, doscientos mil jóvenes marchaban con tela adhesiva en la boca. Luis González de Alba lo describiría en un párrafo memorable:

«Salíamos apenas del bosque, habíamos caminado sólo unas cuadras cuando las filas comenzaron a engrosarse. Todo el Paseo de la Reforma, aceras, camellones, monumentos y hasta los árboles estaban cubiertos por una multitud que a lo largo de cien metros duplicaba el contingente inicial. Y de aquellas decenas y después cientos de miles sólo se oían los pasos... Pasos, pasos sobre el asfalto, pasos, el ruido de muchos pies que marchan, el ruido de miles de pies que avanzan. El silencio era más impresionante que la multitud. Parecía que íbamos pisoteando toda la verborrea de los políticos, todos sus discursos, siempre los mismos, toda la demagogia, la retórica, el montonal de palabras que los hechos jamás respaldan, el chorro de mentiras; las íbamos barriendo bajo nuestros pies... Ninguna manifestación me ha llegado tanto. Sentí un nudo en la garganta y apreté fuertemente los dientes. Si los gritos, porras y cantos de otras manifestaciones les daban un aspecto de fiesta popular, la austeridad de la silenciosa me dio la sensación de estar dentro de una catedral. Ante la imposibilidad de hablar y gritar como en otras ocasiones, al oír por primera vez claramente los aplausos y voces de aliento de las gruesas vallas humanas que se nos unían, surgió el símbolo que pronto cubrió la ciudad y aun se coló a los actos públicos, a la televisión, a las ceremonias oficiales: la V de "¡Venceremos!" Hecha con los dedos, formada por los muchachos al marchar en las manifestaciones, pintada después en casetas de teléfonos, autobuses, bardas».[155]

Díaz Ordaz apuntaría: «... discursos templados, serios, calmados, cargando la nota sobre "las agresiones" que sufrían».[156] Si eran injuriosos y violentos, los reprobaba. Si eran serios y calmados, los despreciaba.

El 15 de septiembre una festiva multitud llena la explanada de la Ciudad Universitaria. Los estudiantes rebeldes festejan la Independencia. Se organiza una quermés en la cual hay «casamenteros», y Heberto Castillo juega a la manera tradicional a casar parejas. Hay risas, canciones, fritangas, juego, «relajo». De pronto, surge la propuesta de que el propio Heberto Castillo dé el «Grito». Lo da, en efecto, resuena el «¡Viva México!», sigue por varias horas un ambiente de fiesta, una fiesta de libertad. Las parejas se abrazan en la explanada, ríen.

En sus memorias, Díaz Ordaz, al recordar la misma escena, le da una interpretación subversiva, terminal: «Heberto Castillo llega a consolidarse como la máxima autoridad dentro del CNH y ante los diversos comités de huelga o de lucha». El rector ejerce su «romántica autoridad», y le proporciona dinero, «todas las cantidades, cada día mayores». El «presidentito»

«también hizo ondear la bandera nacional, tocó el himno y dijo las palabras de ritual. Y desde ese momento es ya, y empiezan a considerarlo así algunos grupos de los comités de huelga, como el presidente de la República ... Me entero al día siguiente de que "presidentitos habemos" ... ¡Podían constituir un "Estadito" con un "presidentito" dentro del Estado! Esto era inadmisible ... no se pueden ir formando islas».

Ya no sólo se «tocaba a México» en sus símbolos patrios (el Palacio, la bandera, el Zócalo, la Catedral) sino que se suplantaba al presidente en una de sus funciones rituales más sagradas: dar el «Grito». Había que «darles una pequeña demostración».[157]

El 18 de septiembre el ejército ocupa la Universidad. El gobierno sostiene que es su obligación constitucional mantener el orden jurídico, incluido el orden interno de la Universidad, así como la defensa de los locales escolares, que son edificios públicos, ocupados ilegalmente para actividades ajenas a los fines académicos. Esta acción, a la que no se opuso resistencia, dejó un saldo de quinientas personas detenidas, entre ellas varios funcionarios de la Universidad. Por largos días, los estudiantes pasean alrededor de su Universidad ultrajada. Tiempo después se documentarían detalles macabros: destrozos de expedientes, vejaciones y macanazos; una joven aterrada se encerraría en los baños y permanecería allí sin comer durante quince días. El durísimo golpe no apunta sólo contra la UNAM: una banda ametralla desde un coche en marcha las oficinas de la más prestigiosa institución académica del país: El Colegio de México.

«¡Escandalazo!», escribió el presidente, desoyendo las críticas de quienes parecían ignorar que la «Universidad seguía siendo un pedazo de México». La situación según sus informes, revestía gravedad:

«Ya se habían formado dos gabinetes. Uno alrededor del presidente ingeniero Javier Barros Sierra, y otro alrededor del presidentito Heberto Castillo. El de Barros Sierra lo habían integrado las esposas de algunos ex funcionarios que estaban por sus maridos ... [los casos dudosos] el propio presidente Barros Sierra los resolvería llamando a algunos de sus más allegados maestros universitarios. Nota alegre: en el gabinete estaría la primera secretaria mujer ... El gabinete del «presidentito», estaba principalmente formado por los «intelectuales» que estaban ansiosamente esperando ... trabajando en la Universidad, la Secretaría de la Presidencia, la Secretaría de Hacienda y en la tarde descansaban yendo a las manifestaciones».[158]

El día 19, el rector protesta contra el «acto excesivo de fuerza» y sostiene que los «jóvenes requieren comprensión antes que violencia». Al notificársele un choque entre civiles y soldados, el secretario de Defensa advierte: «... las tropas ya no están para aguantar casos como éstos».[159] Todos los días aumenta el número de detenidos. Que el PAN denunciara los hechos de violencia en la Cámara no sorprendió a nadie. Sí sorprendió, en cambio, que un representante del Partido Popular Socialista defendiera a los estudiantes. ¿Por qué Madrazo no salió entonces a la palestra? «No sé qué fue lo que me ocurrió», recordaba éste meses después, con dolor. Estaba seguro de que hubiera ahorrado muchas desgracias: «... los jóvenes me hubieran escuchado».[160] Si no los jóvenes, al menos algunos priístas, como los diputados que se atrevieron a criticar la entrada del ejército en la Universidad para luego recibir un regaño y finalmente desdecirse. Los líderes del PRI en la Cámara de Diputados y en el Senado emprendieron una campaña de desprestigio contra el rector. Éste respondió el día 23 con su renuncia, aduciendo, en relación con los ataques: «... en México todos sabemos a qué dictados obedecen».[161]

«Ustedes permiten letreros injuriosos contra el presidente», recriminó el secretario de la Presidencia, Martínez Manatou, a Gastón García Cantú, director de la *Revista de la Universidad*, hombre muy cercano al rector Barros Sierra; éste había encargado a García Cantú que representara eventualmente a la Universidad ante el gobierno para acercarse a este último. No cabía duda: las frases personales contra Díaz Ordaz eran una llaga. García Cantú respondió:

«–Es imposible evitar que los jóvenes pintarrajeen la única pared blanca de que disponen ... para manifestar su repulsa a la agresión contra su casa de estudios.

»–¿Por qué no la borran? –insistió Martínez Manatou.

»–¿Cómo vamos a borrar una cosa que se pinta en la noche, y en el día, y otra vez en la noche? ... no se les puede prohibir que hagan esas manifestaciones escritas. ¿Cómo es posible que un gobierno esté dedicado a perseguir a los jóvenes por lo que dicen?»[162]

En verdad, hasta ese momento, nadie había podido demostrar que algún estudiante hubiese portado más armas que las palabras. Pero, para Díaz Ordaz, las palabras eran armas: él mismo las usaba como tales, eran la respiración natural de sentimientos atávicos en él, ligados a la incomodidad física que padecía consigo mismo, incomodidad interior y exterior («acidez de la vida», la llamaría Garibay). La imagen que desde Oaxaca le devolvían los espejos de cristal y de agua, lo hacía ver a las personas y las cosas con inaudita crudeza, privándolas de toda posibilidad de gracia. «No he encontrado», apuntaría Garibay, hombre de todas las confianzas del presidente, «a otro hombre con tan tenaz e hincada incapacidad para amar a los demás.»[163]

En esos días el presidente organiza dos reuniones sucesivas: una con los representantes de los partidos y otra con los directores de los periódicos. Ambas tienen el mismo formato. En ambas se escuchan frases admonitorias: «no me detendré ante nada», «la patria está en peligro», «hay que salvar a México». Algunos testigos recuerdan que el presidente estaba fuera de sí. Se descomponía al hablar. Nadie, por supuesto, lo interrumpió, y menos aún puso reparos a sus palabras. No faltó quien pensara que los estaba haciendo cómplices de una grave decisión de Estado.

La ciudad vivía un estado de sitio apenas disfrazado. El día 24 el ejército toma el Casco de Santo Tomás, tras largas horas de batalla campal entre estudiantes y policías. Aparecen seudoestudiantes armados que gritan «¡Vivan los estudiantes!» y destruyen comercios. El ejército recibe armas M1 de alto poder. Algunos líderes estudiantiles son detenidos y enviados a la cárcel de Lecumberri. Desafiando los tanques que merodean la zona, cientos de estudiantes se unen al clamor universitario y, apostados frente a la casa de Barros Sierra, le piden a éste el retiro de su renuncia: «Si renuncia Barros Sierra nos iremos a la sierra». Sale Barros al balcón sin pronunciar palabra, pero finalmente acepta. El día 30, el ejército abandona las instalaciones universitarias. Díaz Ordaz apunta en sus memorias: «¡Qué pena, pero la Universidad estaba llena de basura y mugre!»[164] El rector reinicia sus actividades.

El miércoles 2 de octubre, Cosío Villegas entregaba a *Excélsior* un artículo que aparecería dos días más tarde. «Yo estoy perfectamente persuadido de que el origen emocional de las peticiones y del movimiento estudiantil todo es justificado y puede ser saludable.» Habiendo recorrido un trecho largo, tan largo que partía de la Revolución, aquel viejo pensador sentía y sabía que en esas horas México se jugaba su destino:

«... por primera vez en un cuarto de siglo, la autoridad, acostumbrada al aplauso oficial, insincero pero estruendoso, ha sido obligada a reconocer la existencia de una opinión pública disidente. Más importante aún: le ha creado un problema que pone a prueba su inteligencia, su imaginación, su tacto, y no simplemente su autoridad. Algo más podría decirse: está jugándose la vida misma de lo que con orgullo llamamos nuestra revolución, la Revolución mexicana. ¿Saldrá el país con bien de tan dura prueba? ... La nación entera vigila el desenlace para hacer esta vez un juicio irrevocable».[165]

Sacrificio en Tlatelolco

Faltaba poco más de una semana para la inauguración de los Juegos Olímpicos. En la mañana del 2 de octubre, tres líderes habían entablado en casa del rector Barros Sierra las primeras pláticas oficiales con dos representantes del presidente: Andrés Caso y Jorge de la Vega Domínguez. El movimiento estudiantil declinaba de manera evidente. Mermados y golpeados como nunca lo habían sido antes, los líderes que permanecían libres convocaron un mitin en la plaza de las Tres Culturas, en el barrio de Tlatelolco, llamada así por reunir en un mismo conjunto una serie de edificios habitacionales modernos para la clase media y trabajadora, construidos junto a una antigua zona prehispánica y una iglesia colonial cargada de historia. El lugar fue elegido de manera natural. Desde el comienzo del movimiento hasta el 2 de octubre se habían realizado en ese mismo lugar ocho mítines. Los habitantes de la zona apoyaban a los estudiantes. La cita era a las cinco de la tarde.

Los tanques se hallaban apostados en los alrededores desde la mañana. Apoyados en ellos, los soldados limpiaban sus bayonetas. A pesar de la creciente violencia de los últimos días, los líderes no consideraron particularmente extraña o peligrosa la presencia militar. Después de todo, los tanques y los soldados habían estado presentes siempre, desde aquella remota marcha del rector. Se preveía que el acto sería rápido. El movimiento se recuperaba apenas de la ocupación de las escuelas por parte del ejército y no había que correr mayores riesgos. Por orden expresa del CNH, sólo los pocos líderes que iban a hablar debían acudir al mitin. Pero el fervor o la esperanza de continuar la lucha concentró a todos en el mismo sitio, junto a los aparatos de sonido y los micrófonos, en el tercer piso del edificio Chihuahua.

Había entre cinco mil y diez mil personas en la plaza. Los jóvenes se veían felices. Muchos se habían sentado o acostado cerca de las ruinas prehispánicas, no lejos del antiguo Templo Mayor y el osario, o *tzompantli*, de aquella que había sido la segunda ciudad en importancia de los mexicas. A un lado estaba la iglesia de Santiago Tlatelolco, donde fray Bernardino de Sahagún había establecido a mediados del siglo XVI su escuela para la nobleza indígena.

Algunas personas notaron presencias extrañas, jóvenes «muy pelones» con un guante o un pañuelo blanco en la mano izquierda, rondando el edificio. De lejos, el ejército vigilaba. Lo comandaba el general José Hernández Toledo, el mismo que había encabezado la toma de la Universidad de Morelia en octubre de 1966, la irrupción de la Preparatoria al principio del movimiento y la ocupación de la UNAM el 18 de septiembre. Alguien aconsejó al líder que fungía como maestro de ceremonias que se apresurara. Había que acabar rápido, dispersar a la gente antes de que algo inesperado sucediera. De pronto, los hombres de guante blanco aparecieron en escena. Habían subido por las dos escaleras de acceso hasta el tercer piso y obligaron a los líderes a arrojarse al suelo. Eran aproximadamente las seis y veinte minutos de la tarde. «Los dos helicópteros que sobrevolaban la plaza», recuerda Guevara Niebla, «habían tomado una actitud hostil y provocadora volando a muy baja altura y en círculos cada vez más cerrados.» Se trataba, al parecer, de helicópteros artillados. De pronto lanzaron unas luces de bengala, «una verde y otra roja»[166] (otras versiones aseguran que una de las bengalas salió de la iglesia). Se oyeron gritos: «Permanezcan tranquilos, no corran». Entonces empezó la balacera.

«Nunca he visto disparar así sobre una multitud», escribiría Claude Kiejman, corresponsal de *Le Monde* que presenció los hechos. Los muchachos de guante blanco que él creía estudiantes lo hicieron guarecerse en un apartamento repleto de policías. Los de guante blanco entraban y salían continuamente del departamento. Kiejman le oyó decir a uno de ellos: «Hace veinticuatro horas que recibimos la orden de venir aquí con algo blanco en la mano, sin papeles, con nuestra pistola». Era el batallón Olimpia, entrenado especialmente para la seguridad durante los Juegos Olímpicos. «Al lanzamiento de una luz de bengala, como señal previamente convenida», declararía uno de sus miembros, Ernesto Morales Soto, «deberíamos de apostarnos en ambas puertas [del edificio Chihuahua] e impedir que entrara o saliera persona alguna.»[167]

El líder Gilberto Guevara Niebla vio a los miembros del batallón Olimpia disparar contra la multitud con «decenas de pistolas, ametralladoras, fusiles de diversos calibres». Frente al edificio, el ejército comenzó a avanzar en formación de combate. Las bengalas habían sido la señal de avance:

«Atrás del edificio Chihuahua también había ejército. Iba a avanzar bajo el edificio que está montado como en zancos. Entonces hubo un momento en que los que estaban disparando desde el barandal en el tercer piso, hacia abajo, con armas de grueso calibre, con pistolas oficiales, le dieron a soldados que en ese momento traspasaron el borde del edificio ... Los soldados entonces empezaron a disparar al batallón Olimpia. Fue una operación desastrosa desde el punto de vista militar, absurdamente concebida. Nadie sabía de los demás: ni los judiciales del Olimpia ni el Olimpia del ejército, no tenían manera de comunicarse ... llegaron al extremo de tirarse al suelo ya balaceados por el ejército que avanzaba gritando, y decían en coro "Batallón Olimpia". No tenían otra manera de hacerle saber al ejército que "somos militares especiales"».[168]

Abajo, en la plancha de la plaza, la gente se dispersaba aterrorizada. Una ola humana incontrolable y empavorecida corría del edificio Chihuahua hacia el extremo opuesto sólo para encontrarse con los soldados que avanzaban, y regresar una y otra vez, hasta encarar la posible muerte por un balazo, por aplastamiento o por bayoneta. Una lluvia de balas caía sobre la plaza. «Los cientos de muertos», apunta González de Alba, «vinieron de que el ejército respondió a los tiros que no sabían de donde venían.» El testimonio de un soldado lo confirma: «Cuando iba caminando, oí varios disparos de arma de fuego que provenían de lo alto de varios edificios, en contra mía y en contra de los demás elementos de mi unidad».[169] Uno de esos tiros había herido en el momento inicial de la refriega al general Hernández Toledo. De inmediato fue llevado a un hospital.

La bala alojada en el cuerpo de Hernández Toledo era calibre 22. Uno de los miembros del batallón Olimpia increpó por algún motivo a un estudiante herido e hizo referencia a las «balas 22 ... de las que dispararon tus amiguitos, ¡escuincle pendejo!» La consigna era obvia. Había que aparentar que quienes iniciaban la balacera eran estudiantes, y sólo un estudiante podía cargar una pistola de calibre tan bajo. Quizá por eso la bala dirigida contra Hernández Toledo había sido calibre 22.[170]

El fuego nutrido duró sesenta y dos minutos, recuerda un testigo. «En algún momento la tormenta de balas amainó», señala Eduardo Valle; «se desató una nueva granizada de balas ... se escuchó un disparo anormalmente fuerte ... una tanqueta.» Eran las siete y quince minutos. Sobrevino un segundo tiroteo, que duró hasta las once de la noche. Durante toda la noche y aún al día siguiente, se oyeron tiros aislados. En la operación, ejecutada por unos cinco mil soldados, se usaron pistolas, ametralladoras, tanquetas y bayonetas. Se dispararon aproximadamente quince mil balas. Los detenidos esa noche fueron más de dos mil. Muchos fueron desnudados, golpeados, vejados.[171]

La consigna fue no dejar huellas. Se apagaron las luces y se cortaron las líneas telefónicas del circuito. «Los elementos del ejército amenazaron a los fotógrafos con despojarlos de sus cámaras si imprimían alguna placa», reportaba el periódico *La Prensa*. A un periodista extranjero le hicieron incisiones con bayoneta para que soltara su película. Se prohibió incluso el auxilio de las ambulancias: «¡No dejan entrar a las "cruces"! Llegaron aullando como locas. Las detuvieron; les pidieron que apagaran su sirena, su luz». El bloqueo informativo incluía a los hospitales: en el sanatorio Rubén Leñero «era literalmente imposible para la gente que deseaba ver a sus allegados pasar al interior del nosocomio, pues la policía lo estaba impidiendo». Sólo quedaron las voces aisladas y brutales de los asesinos, y las frases y testimonios conmovedores de los deudos, de los testigos, de los líderes apresados, recopilados todos por la escritora Elena Poniatowska en homenaje a los caídos.[172]

Al conocer la noticia de la masacre de Tlatelolco, el poeta Octavio Paz, entonces embajador en la India, renunció a su puesto: «no estoy de acuerdo en lo absoluto», escribió a Carrillo Flores, «con los métodos empleados para resolver [en realidad: reprimir] las demandas y problemas que ha planteado nuestra juventud». En noviembre de aquel año, Paz concedió una entrevista a *Le Monde* donde sostenía que el gobierno mexicano había cometido un acto de «terrorismo de Estado» y daba su visión de los hechos:

«No es casual que los jóvenes mexicanos hayan caído en la antigua plaza de Tlatelolco: ahí precisamente se encontraba el templo azteca *(teocalli)*, donde se hacían sacrificios humanos ... El asesinato de los estudiantes fue un sacrificio ritual ... se trataba de aterrorizar a la población, usando los mismos métodos de sacrificios humanos de los aztecas».[173]

La «plaza estaba roja de sangre que quisieron cubrir con aserrín», notó a la mañana siguiente un testigo. Era atroz pensar que aquel sitio estaba anegado de sangre, que debajo de la sangre de los estudiantes corrían ríos de sangre indígena, que el poder había cometido un acto de represión sangrienta, que en México los dioses se vengaban de los hombres, se burlaban del tiempo, surgían a plena luz.

«El paisaje mexicano huele a sangre», había dicho una mañana de 1915 el presidente Eulalio Gutiérrez a José Vasconcelos,[174] sin saber que por él hablaba la voz de un poeta náhuatl:

Y el olor de la sangre mojaba el aire
Y el olor de la sangre manchaba el aire.[175]

«Por fin lograron sus "muertitos"»

En sus memorias, el presidente dejó su versión personal de lo ocurrido. «No habiendo podido apoderarse de Palacio Nacional», los estudiantes buscaban hacer suya la plaza de las Tres Culturas con el objeto de tomar la Secretaría de Relaciones Exteriores. Ya habían logrado «enamorar» a muchos corresponsales que se encontraban en el país con motivo de los Juegos. «Los más importantes líderes, escondidos, otros dialogan. Y la masa, la "carne de cañón", en la explanada.»[176]

De pronto, uno de los líderes, Sócrates Amado Campos Lemus, llega con «cuatro coches ... metralletas en la mano ... él mismo también con una metralleta en mano y otros tres acompañantes armados igual, (en medio de todo, parece que fue el más hombrecito de todos)». El ejército continúa «expectante», su misión es «evitar la toma de la Secretaría de Relaciones Exteriores». Sus sistemas de radio han sido interferidos por los estudiantes, quienes dan la orden de tomar la Secretaría, continúa afirmando Díaz Ordaz en sus memorias.

El ejército avanza para impedir que los «alborotadores» cumplan ese designio. Se prende una bengala, «Total», comenta Díaz Ordaz, «un simple semáforo». El general Hernández Toledo entra a la plaza «con un megáfono» pidiendo «cordura». Recibe una descarga por la espalda, con trayectoria de arriba abajo. Díaz Ordaz describe los momentos cruciales: «... están disparando desde los altos de uno de los edificios cercanos, donde no hay soldados, donde no hay policías, son "ellos" los que están disparando, la balacera dura poco».

Hay «redada» de agitadores. Los «detenidos son llevados al campo militar número 1 para ser examinados». Se practica una «requisa de metralletas».

«Por fin habían ganado sus "muertitos". ¡A qué costo tan alto! Los lograron al cabo asesinando a sus propios compañeros. Se debe recordar que la mayor parte de los muertos y heridos, tanto alborotadores como soldados, presentaron trayectorias de bala claramente verticales, balas asesinas de los jóvenes "idealistas" disparando sus metralletas desde las azoteas de los edificios Chihuahua y Sonora.»[177]

«Ya avanzada la noche», prosigue el presidente, «médicos, ambulancias... triste tarea de trasladar a los heridos y levantar a los muertos.» De pronto, Díaz Ordaz se siente impelido a repetir, como para convencerse a sí mismo: «¡Por fin lograron sus muertos! ¡Y a qué costo! Y posiblemente asesinados por sus propios compañeros».

En unas cuantas líneas, Díaz Ordaz ha utilizado tres fórmulas distintas para referirse a los responsables: son los jóvenes «idealistas» disparando, asesinando a sus propios compañeros; son «ellos» (así, entre comillas) y son los que «posiblemente» asesinaron a sus propios compañeros. ¿Sabía que estaba diciendo una mentira y quiso suavizarla? La narración busca una salida y la encuentra: «Mañana amanecerá en sol [?] ... la vida de la ciudad, del país, de millones de mexicanos, seguirá su curso normal. Y sin embargo ésta ha sido una cruenta jornada. Intensamente dolorosa, seguramente, para algunos hogares de México. Lacerante y dolorosa para todos los mexicanos».

No hay remordimientos sobre lo ocurrido, sólo la convicción del deber cumplido: «Este México nos lo quieren cambiar, nos lo quieren cambiar por otro que no nos gusta. Si queremos conservarlo y nos mantenemos unidos, no nos lo cambiarán».[178]

Preguntas sin respuesta

Como en todas las memorias, en el testimonio presidencial sobre el 2 de octubre hay varios pasajes desconcertantes por su inverosimilitud o falsedad. ¿Cómo explicarlos? Nadie habló nunca de un intento de tomar la Secretaría de Relaciones; Sócrates Amado Campos Lemus no llegó al mitin armado con metralleta ni con acompañantes armados con metralletas. Ningún estudiante las portaba; sólo uno o dos confesaron tiempo después haber llevado armas pequeñas, pero se deshicieron de ellas de inmediato, antes de ser apresados por el batallón Olimpia. Las trayectorias de las balas fueron en efecto de arriba hacia abajo, pero nadie en México creería jamás la versión de que fueron los estudiantes quienes disparaban contra sus propios compañeros. Ni siquiera «posiblemente». ¿Quiénes eran «ellos»? Díaz Ordaz no menciona siquiera al batallón Olimpia: «... en los edificios no hay soldados, no hay policías». ¿Desconocía la participación de éstos? ¿La conocía pero decidió ocultarla? En ambos casos, la omisión es reveladora. En el primero, de su desinformación, en el segundo, de su premeditación.

Para cuando redactaba sus memorias –en los años setenta– se conocía ya públicamente la intervención de ese grupo, pero muchos detalles permanecerían en la oscuridad. El batallón Olimpia estaba integrado por elementos del ejército. Su encomienda específica era dar lo que en términos militares se llama un «golpe de mano», que en este caso significaba capturar a los estudiantes. Si es así, ¿por qué dispararon contra la multitud? ¿Eran ellos quienes disparaban contra la multitud y aun contra los mismos soldados? ¿O es que ellos no eran «ellos»? Un testimonio arroja una hipótesis alternativa:

«De pronto vuelvo la mirada hacia la tribuna y ya no están los oradores. Aparece un tipo alto, de pelo castaño claro y ondulado, como de unos treinta y cinco años, con un guante blanco en la mano izquierda. Dispara a sangre fría sobre quienes están en la tribuna. Voltea hacia la multitud que corre despavorida ... y dispara dos veces más su pistola con una tranquilidad escalofriante».[179]

Por su edad y su corte de pelo, aquel hombre no podía ser estudiante ni miembro del batallón Olimpia. Por su guante blanco, se ostentaba como tal. ¿Quién era esa persona? ¿Quién lo había mandado con órdenes expresas de disparar a la multitud?

«No es verdad que nosotros torturáramos en el campo militar número 1; había una instalación especial para los policías», recordaba el general Félix Galván López, jefe del Estado Mayor de Marcelino García Barragán en tiempos de Díaz Ordaz y secretario de la Defensa de 1976 a 1982. «Allí llevaron a estudiantes, a profesores, llevaron a quienes quisieron. Imagínese lo que habrá pasado en esos aposentos, lo que no habrán hecho los judiciales.»[180]

La versión del general Marcelino García Barragán sobre lo sucedido el 2 de octubre convergería implícitamente con los recuerdos de Galván. El ejército no tenía órdenes de atacar a los estudiantes. Estaba allí para desalojar la plaza. Habría disparado contra los francotiradores que creía estudiantes y que, en realidad eran miembros de cuerpos militares especiales, como el batallón Olimpia, o policías judiciales que se confundían con ellos o se ostentaban como tales.

«El 2 de octubre el ejército fue agredido por pistoleros ... la acción de los provocadores llegó a su máximo grado de maldad y el ejército fue agredido por gente que estaba dispuesta a llevar las cosas hasta las situaciones extremas que llegaron y ellos fueron los únicos responsables del derramamiento de sangre en Tlatelolco ... el crimen de 1968 fue de la antipatria, no del ejército.»[181]

«Los acontecimientos ocurridos en Tlatelolco», afirmaba García Barragán, «constituyeron una verdadera trampa tendida al ejército.» ¿Quién la tendió? ¿Quiénes eran los provocadores?

El regente de la ciudad, general y licenciado Alfonso Corona del Rosal, no parece haber tenido una participación decisiva en los sucesos del 2 de octubre. De hecho, desde el momento del bazucazo, había pasado a un segundo plano, detrás de los ministros de la Defensa y Gobernación. Con ello, quizá se le había ido también la oportunidad de competir en la carrera presidencial.

Según testimonio de Garibay, Díaz Ordaz despreciaba a Corona: «... el calvito es berrinchudo y marrullero, no es fácil, pero afortunadamente es pendejo».[182] A los ojos de Díaz Ordaz, Corona era demasiado reticente. Tenía sus razones. Desde los años cuarenta fue un factor clave en la vuelta de los soldados a los cuarteles, escribió manuales de moral militar, era uno de los personajes predilectos del presidente Ávila Camacho. Desde los inicios del movimiento, Corona había decepcionado a Díaz Ordaz: no había previsto la gravedad de los hechos, no había resuelto el asunto de los «*jeeps* blindados» y «no le entraba».

La mañana del 2 de octubre, Corona recibió una llamada de Luis Echeverría informándole que se permitiría el mitin en Tlatelolco: el ejército enviaría «algunas unidades ... Me indicó también que la policía debería permanecer acuartelada y que el secretario de la Defensa pediría su cooperación». En el libro *Mis memorias políticas* (1995), Corona sostendría que el movimiento tenía un carácter subversivo y comunista, pero su apreciación particular sobre el 2 de octubre convergía con la de su compañero de armas, García Barragán. Fueron los francotiradores, los tiradores emboscados los que habían disparado primero desde los edificios Chihuahua y del ISSSTE. El ejército sólo tenía la «misión de desalojar». En su libro, Corona no se da por enterado de que los francotiradores pertenecían o fingían pertenecer al batallón Olimpia. No eran estudiantes, eran cuerpos policiacos de seguridad del gobierno. ¿Quién los había entrenado, coordinado, mandado?[183]

Luis Echeverría «sí le entraba». «Era una máquina trabajando»: cumplido, eficaz, responsable. Tenía una reciedumbre de indio y de vasco. Era el primero en llegar, el último en irse. Cuando el presidente lo invitó a aprender golf, lo tomó como trabajo. No llegaba al campo temprano sino a las cinco y media de la mañana. Numerosos testimonios refieren su marcado servilismo hacia Díaz Ordaz, parecido al que había desplegado cuando fungía como secretario del general Rodolfo Sánchez Taboada en el PRI, a fines de los cuarenta. Desde tiempos de Ruiz Cortines se había acercado a Díaz Ordaz. Lo conocía al dedillo.[184]

Alfonso Martínez Domínguez narraba una anécdota significativa. La contaba Díaz Ordaz, tiempo después de los hechos de Tlatelolco, cuando todavía se congratulaba de haber «destapado» a Echeverría «por sus méritos, por honesto y, por qué no decirlo, por sus pantalones»: «Supongamos que vamos caminando por la avenida Madero y se presenta un conflicto grave», habría explicado el presidente,

«¿cómo reaccionarían los precandidatos? Corona y Martínez Manatou hubiesen preferido conversar, aplacar, convencer. En cambio Echeverría hubiera dicho: "Aquí estoy yo, y por arriba de mí pasan... no es el momento del diálogo, es otro"».

La tarde del 2 de octubre, posiblemente por casualidad, Luis Echeverría invitó a tomar un café a una pareja ilustre: nada menos que a David Alfaro Siqueiros y a su mujer, Angélica Arenal. El pintor era el ex preso político más célebre de México, un icono viviente de la izquierda. De pronto, una llamada telefónica interrumpe la charla. Posiblemente sorprendido, Echeverría se entera de que hay muertos en Tlatelolco. ¿Posiblemente?

A casi tres décadas de distancia, las preguntas capitales continúan sin respuesta: ¿Quién, cuándo y cómo armó la estrategia del 2 de octubre? ¿Quién dirigía al batallón Olimpia? ¿Quienes fingían pertenecer al batallón Olimpia o se sumaron a él? ¿Quién disparó al general Hernández Toledo? ¿Quién pilotaba los helicópteros? ¿Quién lanzó las luces de bengala y desde dónde? ¿Cuántos y quiénes murieron en Tlatelolco? ¿Decenas? ¿Cientos? Nadie lo sabe salvo sus deudos. Muchos de ellos no hablan, sólo ponen veladoras en la plaza de las Tres Culturas cada 2 de octubre. ¿Quiénes fueron los responsables? ¿Se les juzgará alguna vez?

«¡Salvé a México!»

«Creo que ya entramos en la racionalidad política», había comentado el 2 de octubre Javier Barros Sierra a Gastón García Cantú. Acababa de ser testigo, en su casa, de la primera plática entre los líderes y los representantes oficiales. «Sin embargo», agregó, «la violencia no ha sido vencida ...» Al enterarse de la matanza, esa misma tarde, el rector llamó por teléfono al presidente. García Cantú presenció la escena. Alcanzó a escuchar la voz de Díaz Ordaz; era la misma que había conocido en el Colegio del Estado en Puebla.

«Le decía al rector que no se preocupara, que se estaba tratando de impedir un desbordamiento violento de los jóvenes, que tenían el deber de contenerlos, pero sin lastimarlos, que no iba a ocurrir nada

... El gesto de Javier Barros Sierra», escribiría su amigo, «se transformó en una sombra gris que no desapareció ya nunca de su cara.»[185]

El subdirector de Prensa de la Presidencia de la República, Fernando M. Garza, pasó la noche del 2 de octubre en Los Pinos. Díaz Ordaz permanecía despierto a medianoche. «Esa madrugada del 3 de octubre el presidente estuvo muy preocupado.» El jefe de Seguridad de Los Pinos, señor Ruelas, informó a Garza que el presidente se había acostado y apagado la luz, pero que a los diez minutos se había levantado de nuevo para luego volverse a acostar. «Sí, debe haber tenido algún problema que le impedía conciliar el sueño», pensaría Garza, «y sentía la necesidad de caminar... desenmarañando y tratando de encontrarle el hilo a la madeja.»

Menuda madeja, pero según testimonio de su amiga Irma Serrano, «él estaba seguro que era el único camino y lo hubiera vuelto a hacer aunque todo el mundo le hubiera dicho que estaba equivocado. Era firme en sus convicciones». «No se retrajo», explica Garza, «estaba un poco dolido en lo personal por lo que había pasado, lo lamentaba; pero le dolían sobre todo las informaciones del extranjero, muy agresivas para él.» «Díaz Ordaz tenía la convicción de que fue inevitable el enfrentamiento», recuerda Juan Sánchez Navarro; «sereno, tranquilo en apariencia enfrentó la insoportable situación.» Octaviano Campos Salas, su secretario de Industria y Comercio, ponía las cosas claras: «... el presidente Díaz Ordaz era un hombre que no se rendía: "Bueno, si quieren una prueba de fuerza, la tendrán", y la tuvieron».[186]

Muchos ignoraban las proporciones de lo ocurrido. Otros preferían olvidarlo. Mientras que en el extranjero las imágenes de Tlatelolco llegaron a los hogares por la televisión, los medios de comunicación mexicanos omitieron o distorsionaron la verdad. Sólo una estación de radio en inglés conectada a la CBS dio pormenores la misma noche del 2 de octubre. Casi nadie conocía la miserable suerte de los presos, porque la prensa tenía prohibido el acceso a la cárcel o al campo militar, y de todos modos no hubiera podido publicar mayores detalles. Pero los habitantes de la ciudad de México sabían que algo terrible había ocurrido. Desde la madrugada del 3 de octubre, en la calle lateral del moderno Anillo Periférico, alguien había arrojado un gran chorro de pintura roja sobre la blanca paloma de la paz. Vista con otros ojos, la paloma ensangrentada parecía otra pieza del rompecabezas.

Días más tarde, en la ceremonia de inauguración de los Juegos Olímpicos, los altavoces anunciaron la presencia de Díaz Ordaz en el estadio. Los asistentes al acto tenían preparada una sorpresa: llevaban un gran papalote que representaba una paloma negra, y poco antes de que el presidente diera por inaugurados los juegos, la hicieron volar por encima del palco presidencial.

Un año más tarde, en su quinto informe de Gobierno, Díaz Ordaz se referiría con algún detenimiento a los hechos del año anterior. Para caracterizar al movimiento estudiantil, empleó las fórmulas usuales: emboscada, terrorismo, provocación, subversión, ilegalidad, aprovechamiento innoble, rencor, violencia, voluntarismo aventurero, rechazo absoluto e irracional de todas las fórmulas para un posible acuerdo y, sobre todo, anarquía, una y otra vez, anarquía. Para caracterizar la acción de su gobierno, usó los términos acostumbrados: responsabilidad, paz, tranquilidad, instituciones, libertad, progreso, soberanía, acendrado patriotismo, estricta disciplina, inquebrantable lealtad, y sobre todo orden, una y otra vez, orden. En el momento más dramático, alzó la voz y afirmó: «Asumo íntegramente la responsabilidad: personal, ética, jurídica, política e histórica, por las decisiones del gobierno en relación con los sucesos del año pasado».[187]

A la salida, un experimentado político comentó a otro: el «tapado» es Echeverría. Al tomar sobre sí toda la responsabilidad, Díaz Ordaz le franqueaba el camino a su sucesor, el hombre que, por «sus pantalones», se la había ganado.

«El gobierno caerá en un descrédito que nada ni nadie lavará jamás», había escrito en octubre de 1968 Cosío Villegas,[188] pero Díaz Ordaz estaba seguro de haber resuelto el rompecabezas de la conjura contra México. ¿Era genuina su seguridad?

Lo cierto es que vivió con desasosiego lo que le quedaba del sexenio. «Él sabía que se iba a quedar solo», recuerda Irma Serrano, «y rechazaba grotescamente cualquier regalo ... no dejaba que lo alabara nadie ... era seco, terminante, veía la vida con muchísima crudeza.»[189] Los padecimientos gástricos se acentuaron. Se sometió a operaciones por desprendimiento de retina. Quebrada por la tensión, su mujer vivía en una casa aparte y contrajo una arterioesclerosis cerebral que en cuatro años la llevó a la tumba. Para colmo, al presidente lo ofuscaba la rabia contra el candidato Luis Echeverría, que, con actos simbólicos de acercamiento a los estudiantes, intentaba distanciarse de su responsabilidad en el 68. Díaz Ordaz lo consideraba desleal y había estado a punto de ordenar su remoción. El ministro de la Defensa, Marcelino García Barragán, lo hubiese apoyado en esa decisión, pero, finalmente, el presidente prefirió no actuar. Según Gustavo, su hijo, Díaz Ordaz vivía sumido en su estado de ánimo específico, la angustia:

«Yo noté que mi papá se fue desgastando mucho porque se angustiaba mucho. No dormía bien, se angustiaba muchísimo, aunque hubiera hecho lo mejor, yo sentía que seguía sufriendo, sólo nosotros, en la familia, notábamos que estaba mucho muy angustiado, empezó a contar los días de regreso que le faltaban para terminar porque era una angustia tremenda».[190]

En junio de 1970 un helicóptero aterrizó en el estadio Azteca. El presidente Díaz Ordaz se sometía al veredicto público: llegaba para inaugurar el Campeonato Mundial de Futbol. El repudio fue general: un plebiscito de chiflidos e insultos. Una voz del pueblo le gritó: «¡Chango, bájate de la penca!» Hubiera querido poner orden en esa anarquía, pero ni él, experto consumado, hubiese podido armar un rompecabezas de ciento diez mil personas.

En los días finales de su gestión, Garibay recogió en dos momentos una declaración de Díaz Ordaz que debió reflejar su sentimiento profundo sobre su vida pública: «Se ha cumplido con este encargo como se debió cumplir, ni un milímetro de más ni de menos. Si algún día se ve, se verá y enhorabuena. Si no, me da lo mismo ... No busco el aplauso del pueblo, de la chusma, ni figurar en los archivos de ninguna parte. Al carajo con el pueblo y con la historia».[191]

Ya no sólo la imagen que le devolvía el espejo era fea. El mundo entero se había contagiado de fealdad. Ahora todos compartían su imagen.

En 1977 Díaz Ordaz fue designado embajador de México en España. La encomienda le fastidiaba infinitamente. Le faltaba voluntad, gusto e información para cumplir la función. En una de las pocas conferencias de prensa que concedió, declaró que desde su salida del poder, el primero de diciembre de 1970, «había dejado de leer periódicos, de ver noticieros de televisión, de oírlos por radio». Cuando se le formularon las preguntas obligadas sobre el 68, contestó con golpes en la mesa y apuntalando las palabras con el dedo índice: «... de lo que estoy más orgulloso es del año de 1968, porque me permitió servir y salvar al país del desorden, del caos, de que se terminaran las libertades que disfrutamos ... no tengo las manos manchadas de sangre».[192]

Su embajada en España duró una semana. Regresó a México. Al poco tiempo se le descubrió el cáncer en el colon que lo llevaría a la tumba. Antes de morir, entregó a su hijo Gustavo los manuscritos y grabaciones que contenían sus memorias. «Ahí te dejo eso, para que hagas lo que quieras.»

Díaz Ordaz no las escribió para defenderse ante el pueblo ni ante la historia. Ambos le importaban «un carajo». Único depositario de la verdad y la razón, se sentía víctima de un rechazo universal. Por eso no cabe pensar que en ellas mentía. Por eso sus lagunas de información, sus afirmaciones erróneas, sus omisiones se vuelven profundamente significativas. Sobre ese marco mental fincó sus decisiones. El sistema político mexicano y el sistema psicológico de Gustavo Díaz Ordaz habían convergido en una presidencia de poder absoluto dotada de una información pobre y torcida. El rey en México no estaba desnudo, estaba ciego.

«Somos gente quebrada»

Luis Tomás Cervantes Cabeza de Vaca era uno de los líderes más populares y carismáticos del 68. Fuerte, cuadrado, impetuoso, cabeza de toro más que de vaca, en su nombre había resonancias de la conquista. Como la mayoría de sus compañeros, terminó en la cárcel, pero a diferencia de ellos fue apresado cinco días antes del 2 de octubre. Lo delató Áyax Segura y posteriormente, en el campo militar, Sócrates Amado Campos Lemus.

El primero de octubre, Cabeza de Vaca fue confinado en una celda de uno y medio por dos metros. El día 2 lo sacan, lo mantienen fuera por unas horas y lo regresan a la misma celda. Allí encuentra un letrero que él no había pintado: «Chingue su madre el asesino Díaz Ordaz». Lo firmaba «Su padre Cabeza de Vaca». Le ordenan: «Bórralo con la cabeza». Ese mismo día, a las diez de la noche, lo entregan a los militares.[193]

Un mayor le preguntó de dónde sacaban las armas y el dinero, lo interrogó sobre sus relaciones con Cuba, con Heberto Castillo, con Genaro Vázquez. Cabeza de Vaca, encapuchado y con las manos atadas por la espalda, respondió que no tenían armas, que el dinero procedía de las colectas, que nunca había ido a Cuba, que a Heberto Castillo lo conocía sólo de vista, que no tenía contacto con ningún Genaro.

«El mayor» –recuerda Cabeza de Vaca– «llamó a uno que seguro que era sargento, porque le dijo:

»–Sargento, refrésquele la memoria a este hijo de la chingada, traidor, que nos quiere hacer comunistas, mientras yo mando por el pelotón de fusilamiento...

»–Mi jefe, está listo el pelotón...

»–Antes que tú morirán dos más.

»Oí las dos descargas y los dos tiros de gracia y se me llevó a que palpara dos cuerpos inertes... Después me sujetaron de nuevo y pusieron la pistola junto a mi cabeza haciendo un disparo. Luego dijeron:

»–No vale la pena matarlo... Castrémoslo...

»Después de haberme dado lo que ellos llaman "calentada" se me inyectó en los testículos una sustancia anestésica y se me hizo un simulacro de castración...

»Todo esto fue en la noche del 2 de octubre de 1968, hasta las seis de la mañana del día 3 ... Todo por no querer hacer declaraciones en contra del Movimiento Estudiantil Popular, ni en mi contra. El día 3 de octubre a las siete de la mañana fui nuevamente traído a la cárcel de Lecumberri, en donde se me incomunicó en las peores condiciones ... Todo lo anterior ... es contrario a los derechos humanos y a nuestra propia Constitución.»[194]

Durante los días en que los detenidos eran torturados y «juzgados», circuló profusamente un «Fichero político» elaborado por la Secretaría de Gobernación. Con ese fichero se pretendía apuntar los juicios revelando los supuestos delitos de los líderes. A Raúl Álvarez Garín se le imputó haber «dado la orden de disparar contra todo lo que se moviera en la plaza de las Tres Culturas»; a Roberto Escudero, «dirigir pelotones dedicados al secuestro de autobuses así como brigadas que pintaban letreros injuriosos»; a González de Alba, haber propiciado actos de simpatía hacia Cuba y el «Che» Guevara. Muchas de las imputaciones provenían de las declaraciones del líder a quien Díaz Ordaz consideraba «el más hombrecito de todos»: Sócrates Amado Campos Lemus.

Los juicios contra los líderes del 68 constituyen uno de los capítulos más vergonzosos en la triste y servil historia del aparato judicial mexicano. Fueron múltiples las ilegalidades en que incurrieron los jueces al servicio del ejecutivo. Una de ellas fue la impresión previa de las hojas de consignación. A los ciento trece consignados finales se les imputaba de manera indistinta robo, homicidio, asalto, incitación a la rebelión, etcétera. Entre los casos increíbles destaca el de Gilberto Rincón Gallardo, miembro del Partido Comunista, preso desde los primeros días del movimiento. Víctima de un mal congénito, Rincón Gallardo nació parcialmente incapacitado de los brazos. El acta preparada en contra suya lo acusaba de «incendio de doce trolebuses a larga distancia y con gran fuerza».

A propósito de la huella que el movimiento estudiantil había dejado, Daniel Cosío Villegas escribía: «Ha dado un ejemplo cívico que no se producía en el país desde hace casi treinta años, que no se olvidará facilmente y que está destinado a ser imitado mañana». El líder estudiantil Eduardo Valle, «el Búho», lo avalaría desde una perspectiva sorprendente y profética, la de los niños:

«Yo creo que el movimiento repercutió en los niños ... En las generaciones que vivieron el movimiento desde las aceras, viendo pasar a sus hermanos mayores, tomados de la mano de sus padres en las propias movilizaciones, los que oyeron relatos de los días de terror, o los sintieron en su carne, en ellos está la revolución. El gobierno de este país deberá tener mucho cuidado con aquellos que en 1968 tenían diez, doce o quince años. Por más demagogia que se les inocule, por más droga que se les aseste, ellos recordarán siempre en lo más íntimo de su mente, las golpizas y los asesinatos de que fueron víctimas sus hermanos ...»[195]

Saldrían de la cárcel en 1971 para ejercer la oposición desde diversas atalayas: la prensa, las cátedras universitarias y, años más tarde, los nacientes partidos de izquierda, ya no clandestinos ni perseguidos sino debidamente reconocidos por el Estado. El tiempo no mellaría sus convicciones pero sí sus ilusiones.

«Era la del 68», recuerda Roberta Avendaño, («Tita»), «una época de grandes manifestaciones. Tú sentías que con esas protestas ibas a resolver realmente el problema, sin darte cuenta de que hay muchos intereses atrás que no lo permiten. Yo admiro a los compañeros que todavía salen a las manifestaciones y gritan consignas. No he podido volver a otra manifestación. Me he parado en la orilla a verlas y me dan ganas de llorar, pero ya me siento incapaz porque sé que no va a servir para un demonio ...»[196]

«Todos somos gente quebrada», recordaría veintisiete años después Gilberto Guevara Niebla. La gran mayoría de los líderes del 68, que en la actualidad han sobrepasado los cincuenta años, buscan la forma de modificar en un sentido democrático la vida de México, para dar sentido al sacrificio que los quebró.

Antes y después de Tlatelolco

Dos semanas antes del sacrificio del 2 de octubre, el ministro de Relaciones Exteriores, Antonio Carrillo Flores, recibió una larga carta del embajador Octavio Paz. En ella, el poeta delineaba una estrategia de solución al conflicto estudiantil. Paz se quejaba del «nulo progreso político del país». Se requería «un gran realismo», y «una imaginación política no menos grande» para introducir un equilibrio «entre el desarrollo económico, político y social». Había que «encontrar formas de participación política para los jóvenes», abriendo al debate público, por ejemplo, la radio y la televisión. En carta aparte, manuscrita, se explayaba con su amigo:

«Estos grupos de un modo intuitivo encuentran que nuestro desarrollo político y social no corresponde al progreso económico. Así, aunque a veces la fraseología de estudiantes y otros grupos recuerde a la de los jóvenes franceses, norteamericanos y alemanes, el problema es absolutamente distinto. No se trata de una revolución social, aunque muchos de los dirigentes sean revolucionarios radicales, sino de realizar una reforma en nuestro sistema político. Si no se comienza ahora, la próxima década será violenta».

El presidente conoció el contenido de la carta, pero optó por seguir el rumbo contrario. Paz, en cambio, acertó en su diagnóstico y su profecía. El movimiento estudiantil de 1968 abría una grieta en el sistema político mexicano por donde éste menos lo esperaba: en la zona de sus mayores beneficiarios, los hijos de la clase media, que descubrían por cuenta propia el sentido de la sentencia bíblica: «no sólo de pan vive el hombre». Su protesta no tenía un carácter revolucionario sino libertario. Como en el caso de los médicos, el gobierno no supo qué hacer con la disidencia de la clase media, salvo emplear con ella los mismos métodos violentos que tan efectivos resultados habían dado con los obreros y campesinos. Tratarla así resultó contraproducente. No quebró al sistema, pero lo hirió de muerte en su legitimidad.

En la biografía del sistema político mexicano, el 68 no fue un accidente sino el resultado natural de una tendencia a la petrificación que venía de muy atrás. Un sistema acostumbrado a dar «pan o palo», a ganar «de todas todas», a contar siempre con el «carro completo», tenía que desembocar tarde o temprano en la represión de cualquier grupo o individuo que, habiendo adquirido influencia pública suficiente, no se aviniera a integrarse «por las buenas» al sistema. El caso concreto del doctor Nava en San Luis Potosí en 1961 sería a la postre tan representativo como el colectivo de los médicos. El sistema no toleró la candidatura de Nava dentro del PRI porque la base política de este luchador cívico estaba abajo, entre el electorado, y no arriba, en la «familia revolucionaria». Su ascenso amenazaba todas las reglas del sistema: los modos de reclutamiento, incentivos, la confidencialidad y el reparto del dinero público. Por eso se recurrió al ejército para desplazarlo y torturarlo. Pero el notable desarrrollo económico del país llevaría fatalmente al surgimiento de dos, tres, cientos, miles de Navas. ¿Qué hacer con ellos? No querían recompensas materiales, querían libertad. El sistema prefirió reprimirlos y al hacerlo cometió un error histórico que marcaría el comienzo de su largo, interminable, costosísimo derrumbe.

El movimiento estudiantil, como argumentaba Octavio Paz, brindaba una oportunidad de oro para revertir el atraso político del país. El sistema tenía los recursos y la fuerza para ello. La inminente «guerra civil», que tanto pareció preocupar al presidente, era más que improbable. ¿Quién iba a secundarla? El pueblo no se unió al coro de «únete pueblo». Los obreros no abucheaban a las brigadas estudiantiles, e incluso podían mostrarles una pasiva simpatía, pero nunca dieron pasos concretos para sumarse al movimiento. «¿Por qué no decir sinceramente que fracasamos con los obreros?», se preguntaba un estudiante de Ciencias Políticas de la UNAM. «No se puede romper el control gubernamental en fábricas y sindicatos», opinaba el delegado en el CNH de la Escuela Superior de Economía. Lo cierto es que la clase obrera también se beneficiaba de manera tangible y consciente del sistema político. No era revolucionaria, ni siquiera rebelde, porque temía el uso del «palo», pero sobre todo porque apreciaba el «pan».[197]

En 1968, la voluntaria y a veces gozosa subordinación no era algo que les ocurriera sólo a los obreros: se repetía en todos los círculos concéntricos del sistema hasta integrarlos en uno solo. El PRI había abandonado para siempre su experimento de democratización. El ejército nunca fue más fiel que en las manos de un ex disidente henriquista a quien se le había dado la oportunidad de demostrar su lealtad. Los caciques habían desaparecido (sólo Gonzalo N. Santos quería reverdecer sus «lauros» de 1929 y pretendía seguir echando bala contra los estudiantes, pero Díaz Ordaz lo calmó con un flamante grado de general). Salvo Cárdenas, los ex presidentes carecían de peso público: López Mateos languidecía en la inconsciencia, Alemán alentaba y practicaba el turismo, Ruiz Cortines vivía aislado y abatido. Sólo Cárdenas, el siempre combativo Cárdenas, mantenía su ascendiente moral, pero estaba cansado y concentraba sus últimas fuerzas en practicar la caridad estatal en la paupérrima zona mixteca de Oaxaca. Los campesinos, tan atrasados como siempre, seguían atentos a que les tocara la lotería de un reparto de tierras, que en el sexenio de Díaz Ordaz llegó a cifras cercanas al récord de Cárdenas. Los diputados y senadores seguían tan serviles como en tiempos de don Porfirio. Con los gobernadores no se dieron ya casos de desplazamiento sexenal, porque entre López Mateos y Díaz Ordaz había existido un entendimiento político total desde 1958. Y salvo cinco o seis excepciones, las 2.328 presidencias municipales pertenecían al PRI.

En el segundo círculo, el formado por los no (tan) subordinados, se daba una obediencia casi total al presidente. La prensa era un coro casi unánime de elogios al presidente. La Iglesia, agradecida hacia un sistema que la dejaba prosperar en las áreas pastorales, educativas y de asistencia social que le interesaban, declaraba por primera vez desde 1910, de manera abierta y no tácita, su apoyo y reconocimiento a la Revolución mexicana. Subidos «en el mismo barco» del sistema, los empresarios invertían con confianza, guiados por un timonel que había tenido el valor de declararse «anticomunista». Los intelectuales de la generación de Medio Siglo podían dar clases de marxismo en la Universidad y publicar libros o traducciones en la nueva editorial de izquierda Siglo XXI, pero cobraban en la Secretaría de la Presidencia y cruzaban los dedos por el ascenso al poder, en 1970, del secretario de la Presidencia, Emilio Martínez Manatou.

El último círculo, el de los no subordinados, había pasado a una condición de impotencia. El PPS era ya, claramente, un partido «palero» del PRI. El PAN se consumía en el desánimo, viviendo de las migajas que le concedía un Ejecutivo que ni siquiera se avenía a recibir en audiencia a Christlieb Ibarrola. Aquello era la subordinación universal. Sólo quedaban fuera las clases medias no integradas directamente al presupuesto y sus hijos, los estudiantes universitarios, así como los comunistas.

En este marco de «política integral» y organización corporativa (que tanto recordaba al Porfiriato y a la época colonial), la reforma política que pedía Paz no parecía inimaginable. Hubiera bastado comenzar a dialogar con los estudiantes sin amenazas, sin temor ni paternal condescendencia, para convertir el supuesto riesgo de «guerra civil» en una «victoria cívica». Pero para ello hubiera sido necesario que el régimen «reconociera», como había pedido Cosío Villegas, «la existencia de una opinión pública disidente». En 1968 este reconocimiento era difícil no sólo por la petrificación del sistema sino por la peculiar psicología del presidente Gustavo Díaz Ordaz.

Díaz Ordaz no arribó accidentalmente al poder en 1964 por un mal cálculo de su predecesor. Todo lo contrario: fue un producto tan natural y genuino del sistema, que de hecho fungió como presidente de México por doce años: de 1958 a 1970. Ante los «calados» sindicales ligados al Partido Comunista, el sistema atrajo, propició, fabricó al político que necesitaba. No bastaba la mano firme y la amplia sonrisa del empresario Alemán, o el complicado dominó político del administrador Ruiz Cortines, menos aún la oratoria florida del director de relaciones públicas López Mateos. Desde fines de los años cincuenta, la mayor empresa del país necesitaba un actuario, un agente del Ministerio Público, un abogado ejecutor. Ésa fue la función histórica de Díaz Ordaz.

La cumplió, como cabía esperar, desnudando al sistema de sus ropajes formales, acentuando o dejando al descubierto sus más crudos procedimientos de control y fuerza. No era hipócrita, no sabía «dar largas», «endulzar el oído» con discursos, «torear» los problemas, ni fingir. Actuaba «sin considerandos». Siempre sintió que su vocación verdadera, truncada en su juventud, había sido el ejército. Tal vez hubiera alcanzado el grado de general. Significativamente, días después del 2 de octubre acudió al Hospital Militar para visitar a los heridos del ejército, en particular al general José Hernández Toledo. Allí contempló «escenas impresionantes». El general «escurría sangre y otros líquidos», pero al ver al presidente «quiso ponerse firme y cuadrarse». Eso sí era «impresionante», repetía Díaz Ordaz en sus memorias: el respeto a la autoridad.

Díaz Ordaz imprimió su intrincada personalidad a la silla presidencial con un grado quizás mayor que ningún otro presidente antes de él. Asumió la investidura presidencial (la «majestad», diría él) no sólo con un sentido de poder absoluto sino con un aura de infalibilidad, de inaccesibilidad, de intocabilidad casi teocrática. Sin la caballerosa suavidad de Ávila Camacho, el cinismo práctico de Alemán, la ironía maquiavélica de Ruiz Cortines, el desapego bohemio de López Mateos, Díaz Ordaz creía religiosamente que el sistema político mexicano era el heredero de la Independencia, la Reforma y la Revolución. Y en lo alto del sistema, como en la cúspide de una pirámide prehispánica, dominando la historia, la moral, la razón, y el futuro, se hallaba él, el *tlatoani* presidente. Semejante figura podía conceder quizás algunas gracias, pero no ceder un ápice de autoridad sin perder su identidad.

La tragedia de México radicó en que esta concentración absoluta de poder –que de cualquier modo se hubiese dado, que estaba en la lógica del sistema– convergió en un hombre con las características biográficas de Díaz Ordaz. El *tlatoani* tenía la psicología del rechazado. Veía enemigos o malquerientes en todas partes, y si no los encontraba, los fabricaba. El *tlatoani* era hosco, iracundo, desconfiado, rígido, crudo. El país era un inmenso rompecabezas que él debía armar en la soledad de su gabinete, con la dudosa y manida información de que disponía y con el apoyo de las fuerzas del orden. No podían faltar ni sobrar piezas, no podían permanecer desordenadas. Los estudiantes querían lo contrario: abrir el juego. Consideraban la vida política no como un rompecabezas sino como una plaza pública. Díaz Ordaz veía con horror esa posibilidad; para él era sinónimo de caos y anarquía.

El presidente no mentía sobre la concepción que tenía de sí mismo y del sistema. No era cínico o simulador. Cuando decía «nuestra democracia», creía de verdad que México era una democracia, tal vez un poco atípica, pero democracia al fin, democracia *a la mexicana*. Los estudiantes, en cambio, estaban convencidos de que el sistema había destruido el lenguaje mediante el proceso de desvirtuar las palabras. Para ellos era obvio que en México no había una democracia. Por desgracia, no tuvieron tiempo de vertebrar su crítica. Hablaban de diálogo, pero su escasa preparación política limitó severamente su capacidad de maniobra. Muchos de ellos vivían encerrados en su monólogo contestatario. No tenían ideas políticas concretas más allá del «Pliego petitorio», hablaban de «libertad» y «democracia»; sin embargo no daban a esas palabras un contenido práctico. Jamás vislumbraron, por ejemplo, la posibilidad de formar un partido o, al menos, una organización política permanente y autónoma. Carentes de propuestas positivas, las organizaciones radicales de izquierda desempeñaron el mismo y lamentable papel que en 1958 con los ferrocarrileros: aunque no dominaban el movimiento, tenían suficiente influencia como para impulsarlo hacia posiciones extremas que provocaban fatalmente el choque con el gobierno.

Visto con objetividad, era difícil que los jóvenes mexicanos de 20 a 26 años tuvieran ideas políticas y programas de acción. ¿Quiénes de sus coetáneos en el mundo los tenían? Un viento de antiautoritarismo recorría los países del Este y el Oeste. En todas partes a los estudiantes les unía una misma emoción libertaria, no una ideología. Tampoco cabe extrañarse de que todavía creyeran en la revolución como el mito que salvaría a Occidente. Salvo en países como los Estados Unidos o Inglaterra, el mito de la revolución como camino hacia el socialismo siguió vivo entre los intelectuales de Occidente. En mayo de 1968, el propio Octavio Paz pensó, al enterarse de la rebelión estudiantil de París, que la revolución profetizada por Marx podría realizarse con los estudiantes, no los obreros, como vanguardia. En unos meses cambiaría su apreciación, perdería la esperanza revolucionaria y propondría la vía de reforma política para México. Si los vientos de rebelión libertaria lo habían entusiasmado a sus cincuenta y cuatro años de edad, ¿por qué culpar a los estudiantes de abrigar pasiones revolucionarias?

La posible salida, como vio Paz, tenía que ver con la imaginación política. Y más que con ella, con la generosidad. Un solo acto generoso del presidente (la amnistía a los presos con motivo de las Olimpiadas, el cese de los jefes de la policía, la reestructuración de los órganos policiacos, la modificación de los artículos 145 y 145 bis) hubiera concedido un margen simbólico de victoria a los estudiantes sin que el gobierno perdiera nada salvo el miedo inaudito a ceder. No optó por la generosidad sino por la autoridad. La historia se lo cobraría.

El capítulo de las memorias de Díaz Ordaz relativo al 68 concluye con una frase lapidaria: «México será el mismo antes de Tlatelolco y después de Tlatelolco, y quizá sigue siendo el mismo, en parte muy importante, por Tlatelolco».

De todos los errores de apreciación que contienen las memorias de Díaz Ordaz, ninguno superaría los contenidos en esa frase. La historia inmediata la reescribiría así: México no fue el mismo antes y después de Tlatelolco, y no lo fue, en parte muy importante, por Tlatelolco.

VII
Luis Echeverría
El predicador

Luis Echeverría en la celebración del día del ejército, *ca.* 1973.

Momax (Zacatecas), mayo de 1970. El candidato del PRI a la presidencia de la República avanza vertiginosamente hacia la ruptura de todos los récords de campaña: 56.150 kilómetros recorridos, centenares de discursos pronunciados y, sobre todo, otorgamiento de promesas, miles de promesas. Como si el voto popular contara para algo, como si el resultado de las elecciones no estuviese decidido de antemano, como si dispusiera de todos los recursos económicos, en cada pequeño pueblo se compromete, igual que ahora en Momax: «Si el voto popular me lleva a la presidencia, abriré aquí, en Momax, una carretera». En otros sitios ha vislumbrado futuros hospitales, tierras, agua, centros turísticos, industrias, escuelas, pavimentación, los mil y un productos de la oferta estatal. Minutos antes de que arribara la comitiva, el famoso actor de películas rancheras, Tony Aguilar, había instruido perentoriamente a los cientos de campesinos acarreados al lugar para que aplaudieran y vitorearan a «nuestro candidato» cuando él, Aguilar, les diera las señales respectivas con su sombrero de charro. «¿Ya me entendieron?», les repetía. A través de los megáfonos, se escuchaba un corrido compuesto para la ocasión:

¡Que viva, que viva Echeverría,
Es el grito justiciero de la gente!

La caravana de autobuses recorría el intrincado territorio palmo a palmo. Había grandes empresarios, como Carlos Trouyet, líderes obreros como el imprescindible Fidel Velázquez, periodistas, políticos jóvenes y viejos que suspiraban por un puesto en la siguiente administración; pero la presencia más notable era la de maestros universitarios, intelectuales y algunos estudiantes: los agraviados del 68.

Echeverría proyectaba una imagen de inaudita fuerza. Parecía un *tlatoani* poderoso que disfrutaba inmensamente de su poder. Sin perder un ápice de la gravedad de su investidura, ídolo de bronce, reía a carcajadas y palmeaba en la espalda a sus invitados. A todos los conocía por su nombre, apellido y trayectoria. Ésa había sido una de sus funciones en la Secretaría de Gobernación, donde había empeñado los últimos doce años de su vida a las órdenes de Díaz Ordaz. En cambio, ellos, sus invitados, no lo conocían de verdad. Nadie lo conocía. Ésa había sido también una de sus funciones.

Había entrado a la administración pública en 1946, a los veinticuatro años de edad, en el instante mismo en que Alemán establecía las bases empresariales del sistema, pero pertenecía a la generación siguiente de Alemán. Sin pena ni gloria había terminado su carrera de abogado. Sin refinamiento, pasión ni aptitud para la literatura, había intentado fugazmente el camino intelectual y periodístico. Su mayor aventura había sido un viaje de estudios por Chile y Argentina con su amigo José López Portillo. Esa experiencia y la frecuentación de don Isidro Fabela habían abierto en él algunas ventanas al mundo, que aprovechó para escribir una tesis sobre la Sociedad de Naciones. Su horizonte ideológico era el México cardenista: hosco, orgulloso, socializante, nacionalista. De joven había sido miembro de la Universidad Obrera de Lombardo. Admiraba con fervor a los muralistas (en casa de Diego y Frida conoció a Esther Zuno, la hija del poderoso cacique de Jalisco, con la que contrajo matrimonio siendo todavía estudiante de leyes). Vivía en un museo de figuras revolucionarias, pero en un museo viviente.

Una de esas figuras, el general Rodolfo Sánchez Taboada (presidente del PRI entre 1946 y 1952), lo nombra su secretario particular.[1] Allí permanece ocho años, obedeciendo las ásperas órdenes de aquel general que le enseña todas las mañas de la política mexicana, sobre todo una: «en política, licenciado, nunca se deje usted tomar la medida». El PRI es su verdadera escuela. Entre 1954 y 1958 ocupa el cargo de oficial mayor en la conflictiva Secretaría de Educación, donde muestra buenas dotes negociadoras. Díaz Ordaz le echa ojo y lo nombra subsecretario de Gobernación en 1958, secretario de la misma dependencia en 1964 y presidente de México para el sexenio 1970-1976.

Sus cuatro antecesores en el sistema político (de Alemán a Díaz Ordaz) habían tenido experiencia en uno o varios de los ámbitos siguientes: política local y estatal, poder legislativo estatal y federal, poder judicial, puestos académicos, práctica profesional del derecho, negocios, oratoria, política estudiantil y hasta práctica militar. Aquel hombre de pequeños ojos inquisitivos, orientales, a quien aplaudían los campesinos de Momax, desconocía todos esos ámbitos pero era un experto consumado en el propio, la política «maniobrera».

«Creí que lo conocía, pero me equivoqué», decía Díaz Ordaz. Había sido tan callado, tan leal, tan «entrón», que no había tenido tiempo o forma de conocerlo.

Patriarca de una gran familia, dueño de una casa de estilo colonial donde se practicaban todas las rústicas virtudes mexicanas (doña Esther tenía una granja y dirigía un grupo de baile folclórico), rodeado de objetos alusivos a Juárez (amigo de sus antepasados), todo en su vida parecía minuciosamente planeado para ser (y parecer) el mexicano ejemplar, el hombre salido de un manual de historia patria o de un mural de Diego Rivera. Un místico laico. Nadador, tenista, golfista madrugador, trabajador incansable todo el día, amigo generoso del gran poeta español León Felipe los fines de semana... ¿Qué más se podía pedir? El «tapado» perfecto.

Desde un principio, Echeverría se propuso introducir un cambio radical en el rumbo histórico del país.[2] Nuevo Cárdenas, volvería a los orígenes nacionalistas, campesinos, justicieros, de la Revolución (los suyos propios en su juventud); pero al mismo tiempo les infundiría el nuevo contenido ideológico que desde los años sesenta habían formulado sus coetáneos intelectuales de izquierda, los maestros universitarios que integraban aquella generación de Medic Siglo educada en el marxismo académico francés. Echeverría subrayaba su filiación al grupo, hablaba de «esta generación en cuyo nombre hemos llegado a la presidencia».

Para lograr sus fines, no vaciló en replantear por entero el esquema económico de México y repudiar el «desarrollo estabilizador»: «alentar las tendencias conservadoras que han surgido de un largo periodo de estabilidad, equivaldría a negar la herencia del pasado». Al ver destruida la obra económica de su generación y la suya propia, construida pacientemente por doce años, Ortiz Mena recordaba las inútiles clases de economía que había impartido a Echeverría en tiempos de Díaz Ordaz. «No le entraba»; no por casualidad había suspendido la asignatura de derecho mercantil.[3]

Con todo, el programa de Echeverría no era un anacronismo ni el objetivo de su política social era erróneo. El abandono del campo y la mala distribución del ingreso constituían la otra cara, lamentable, del «milagro mexicano». Había que corregirlos, y el camino de moda era la aplicación de los métodos recomendados por la CEPAL (Comisión Económica para la América Latina). Grandes economistas y sociólogos latinoamericanos habían discurrido cierta aplicación de la teoría marxista a la realidad internacional y, en particular, latinoamericana: la teoría de la dependencia. Echeverría asimilaría esas ideas como una religión. Coincidiendo con su arribo al poder, un experimento mucho más radical, el de Allende, se iniciaba en Chile. México lo acompañaría de cerca en el camino.

Pero, más allá de sus propósitos declarados –que Echeverría asumía sin cinismo, con verdadera convicción–, su designio era esencialmente alemanista. Quería preservar el sistema político del que era hijo. Para ello había que subir (o volver a subir) al «carro de la Revolución» a los sectores agraviados del movimiento estudiantil. A esa política de neutralización de los impulsos democráticos del 68 se le llamó –orwellianamente– «apertura democrática».

Con los maestros universitarios pertenecientes a su propia generación, la operación integradora resultó sencilla. Muchos de ellos –Horacio Flores de la Peña, Porfirio Muñoz Ledo, Víctor Flores Olea, Enrique González Pedrero, entre varios otros– se incorporarían al gabinete de Echeverría u ocuparían puestos importantes en empresas u organismos del sector público. Otros trabajarían como asesores del presidente y estarían permanentemente a sueldo (Ricardo Garibay, aquel escritor pagado por Díaz Ordaz que conocía a Echeverría desde tiempos inmemoriales, recibía, según su propia confesión, 80.000 pesos o 6.500 dólares al mes). Uno de los caudillos intelectuales de la generación, el sociólogo Pablo González Casanova, autor del fundamental análisis crítico *La democracia en México* (1965), sucedería en la rectoría de la UNAM a Barros Sierra que, enfermo de cáncer, moriría en agosto de 1971. El más famoso de los miembros de la generación, el escritor Carlos Fuentes, se convirtió desde mediados de 1971 en un ideólogo y defensor activo del régimen echeverrista, y en 1975 aceptó la embajada en París.

Con los jóvenes de la generación del 68 la maniobra era más difícil y, en numerosos casos, imposible. Muchos habían optado por la guerrilla urbana y operaban secuestrando y asesinando empresarios y políticos en Monterrey, Guadalajara y el Distrito Federal. Algunos pertenecían a la llamada Liga 23 de Septiembre, nombrada así en recuerdo del frustrado asalto al cuartel Madera por los hermanos Gámiz en Chihuahua, en 1965. Pero había otros focos armados. Con ellos no habría «apertura» sino el «palo» de siempre: entre 1970 y 1976 México viviría un capítulo sordo y mal documentado de la misma «guerra sucia» que en otros países de América Latina provocó el enfrentamiento de la generación de los sesenta con el poder público y el ejército.

A aquellos que preferían la vía pacífica, el gobierno les haría una oferta múltiple (puestos, privilegios, empleos, retórica revolucionaria, cardenista, tercermundista, socialista), un «pan» difícil de resistir. El primer acto sustantivo, en los primeros meses de 1971, fue la amnistía a los líderes del 68 –estudiantes y maestros– y a los demás presos políticos (incluyendo a Campa y Vallejo). Luego, a lo largo de todo el sexenio, el gobierno aumentaría de manera constante los subsidios a las universidades e institutos técnicos de la capital y la provincia, a los que se incorporarían a trabajar muchos jóvenes del 68. En el caso especial de la UNAM –según cálculos de Gabriel Zaid–, el presupuesto crecería el 1.688 por ciento entre 1968 y 1978. Si no aceptaban un empleo académico, los jóvenes podían acogerse al árbol cada vez más frondoso del sector público, cuya tasa de empleo crecería de 600.000 personas en 1970 a 2.2 millones en 1976 (el 28 por ciento anual, veinte veces mayor al del resto del país). Aunque la inmensa mayoría de los líderes del 68 trató de volver a la vida activa en zonas de relativa independencia (las embrionarias organizaciones políticas de izquierda que encabezaba el indomable Heberto Castillo, las instituciones académicas o un periodismo de izquierda que se fortalecía al calor de la «apertura democrática»), pocos pudieron sobrevivir fuera del presupuesto.

Nunca, ni en tiempos de Alemán, el gabinete se había compuesto con una proporción tan alta de egresados de la UNAM (78 por ciento). El gobierno presumía del porcentaje de universitarios con doctorados (16 por ciento) y maestrías (7 por ciento) que colaboraban con él. Ni siquiera faltó el maestro de economía, simpatizante activo del movimiento, que tras sufrir en carne propia la inquina de Díaz Ordaz (fue virtualmente cesado de un cargo técnico que desempeñaba en la Secretaría de la Presidencia) se convertiría a los treinta años de edad en director del Fondo de Cultura Económica y uno de los gurús económicos del gobierno: Francisco Javier Alejo López.

En círculos intelectuales, su nombramiento no causó indignación. Después de todo, Echeverría no era Díaz Ordaz. Representaba la ideología progresista que los intelectuales comprometidos habían formulado para México a raíz del triunfo de Castro: un Estado cada vez más fuerte, una iniciativa privada cada vez más acotada, el fin de los líderes charros, las inversiones para el campo, el sano alejamiento frente a los Estados Unidos: «... el socialismo mexicano», escribiría Carlos Fuentes en 1973, «será resultado de un proceso de contradicción ... de enfrentamiento entre la nación y el imperialismo, entre los trabajadores y los capitalistas. Marx previó todo eso». Dos años antes, en 1971, se había convencido –como muchos otros intelectuales– de que Echeverría luchaba contra los misteriosos «diazordacistas», los «emisarios del pasado», incrustados en su mismísimo círculo de poder. Había que estar con él. «Echeverría o el fascismo», exclamaba el gran editor Fernando Benítez. Según Fuentes, no apoyar a Echeverría equivalía a cometer «un crimen histórico».

«El único criminal histórico de México es Luis Echeverría», escribió entonces Zaid, y envió su texto a *La Cultura en México*, suplemento cultural de la revista *Siempre!* El director, Carlos Monsiváis, consultó con el director general de la revista (José Pagés Llergo) la publicación de esa línea y Pagés se negó con las palabras sacrosantas: «... ni contra el presidente, ni contra la Virgen de Guadalupe».[4] Zaid dejó de colaborar en *Siempre!* y concentró su actividad intelectual en la nueva revista *Plural*, que acababa de fundar Octavio Paz bajo el paraguas protector del diario *Excélsior*. En aquel periódico se estaba produciendo un milagro: dirigido desde agosto de 1968 por Julio Scherer García, *Excélsior* ejercía la libertad de prensa en un grado que no se veía en México desde los tiempos remotísimos de Madero. En *Plural*, Paz y un grupo de escritores no apoyaban al régimen: ejercían la crítica independiente.

A sus cincuenta y seis años de edad, Paz había regresado a México después de una larga ausencia de más de una década. Tras renunciar a la embajada en la India, había pasado un largo periodo de reflexión en la Universidad de Austin, donde escribió un verdadero manifiesto de radicalidad democrática: *Posdata*. «Cualquier enmienda o transformación que se intente», escribió, «exige, ante todo y como condición previa, la reforma democrática del régimen.» Paz veía el 68 como un parteaguas histórico. Desde el legado libertario de ese año, equiparaba al PRI con las estructuras petrificadas del comunismo soviético y lo criticaba por «perpetuar un régimen de transición y de excepción»: «en México no hay más dictadura que la del PRI y no hay más peligro de anarquía que el que provoca la antinatural prolongación de su monopolio político».

Si Tlatelolco había sido el lugar histórico de una regresión sacrificial, el PRI era «una verdadera pirámide». Contra esa proyección mítica del poder en la mentalidad mexicana había que empuñar las armas de la crítica, «que es el aprendizaje de la imaginación en su segunda vuelta, la imaginación curada de fantasía y decidida a afrontar la realidad del mundo».[5]

Muchos jóvenes a quienes Paz llamó «apasionados y terribles» no creían en las armas de la crítica sino en la crítica de las armas. Eran impacientes y se sentían heridos. No querían remedios contra la fan-

Luis Echeverría, *ca.* 1970.

tasía; querían un sueño de venganza, heroísmo y revolución. Paz, que en la «primera vuelta» de su imaginación, en su juventud, había albergado los mismos sueños, los desilusionaba. Hubieran querido que llegara a encabezar un movimiento de masas o al menos un partido de izquierda. Él tenía en mente una enmienda intelectual y moral de México; a ella contribuiría como escritor y editor independiente, poniendo en tela de juicio la pirámide del poder, y también «las tendencias autoritarias de la tradición revolucionaria, especialmente de su rama marxista».

Si Zaid llamaba «criminal histórico» a Echeverría, no era sólo por su activa complicidad en el 2 de octubre de 1968 sino por su nunca aclarada intervención en una nueva matanza, especie de *replay* de Tlatelolco, que ocurrió el jueves de Corpus de 1971.[6] Acababan de excarcelar a los líderes del 68 y éstos, para demostrar que seguían en pie de lucha, habían convocado a una manifestación que partiría del Casco de Santo Tomás, en el Politécnico. Para sorpresa general, los esperaba una auténtica emboscada.

Los hechos ocurrieron el 10 de junio por la tarde. Grupos de jóvenes armados con grandes varillas (típicas del arte marcial de *kendo*) se abalanzan sobre la pacífica marcha golpeando y apresando estudiantes. Los llevan a una calzada paralela, donde a golpes de macana y cachazos los meten en vehículos policiacos camuflados como coches privados y hasta en ambulancias empleadas para el mismo objeto. En la operación no sólo participan provocadores de sexo masculino: también hay muchachas que sirven de «gancho» para atraer a los estudiantes a los vehículos. Desde la azotea de una vecindad, donde una familia de maestros les ha ofrecido refugio, dos jóvenes amigos atestiguan la escena:

«Una nueva oleada de "garroteros" se agrupa sobre la calzada ... y parte a un trote marcial, colectivo, voceando "Arriba el 'Che' Guevara" y corean sus voces. Pasan frente a nosotros, traen garrotes amarillos idénticos en una mano y piedras en la otra, llegan frente a los tanques antimotines que han quedado estacionados al principio de la calzada ... y ahí reinician sus gritos "'Che' Guevara", al tiempo que lanzan piedras contra los cristales de un comercio».

A todas luces se trataba de un cuerpo de provocadores adiestrado para pasar por estudiantes. El batallón Olimpia redivivo. Corrió el rumor de que las casas serían cateadas, como en Tlatelolco. De pronto, «un muchacho como de trece años llega diciendo que un doctor vecino ... está como loco: "dice que hay como doscientos muertos, que unos de bayoneta"». Los jóvenes deciden subir a un camión de línea. «Si los detienen, digan que viven aquí», apunta el profesor. En el camión ven caras abotagadas, aterradas, ojos atónitos, ropas pringadas de sangre. El gesto seguro de un «garrotero» golpea el autobús dándole el «siga». Atrás ha quedado el ir y venir de ambulancias, el estruendo de los disparos. Al día siguiente los jóvenes se enteraron de que los garroteros habían entrado al hospital Rubén Leñero y a la Cruz Verde a «rematar» en sus lechos a los estudiantes heridos.[7]

Nadie supo cuántos murieron aquel «jueves de Corpus». Esa misma noche, el presidente Echeverría apareció en televisión y dijo que ordenaría una inmediata investigación de lo ocurrido, «caiga quien caiga».[8] El 11 de junio los periódicos de la ciudad, sin excepciones, vivieron un fugaz momento de libertad absoluta: informaron de los hechos con veracidad e indignación. El grupo paramilitar que había intervenido era conocido como los Halcones. A los pocos días, dos altos funcionarios renunciaban a sus puestos: el regente del Departamento del Distrito Federal, Alfonso Martínez Domínguez, y el jefe de la Policía, Rogelio Flores Curiel. La investigación prometida nunca llegó. Pero buena parte de la opinión pública y, por supuesto, los intelectuales integrados en el gobierno tomaron como buena la versión de que el crimen había sido una trampa tendida contra el presidente progresista por los «emisarios del pasado» que se hallaban dentro de su propio régimen. Al apartarlos del sistema, se había librado de ellos, y de la estela del 68.

Gabriel Zaid dudó de la versión oficial y publicó en *Plural* una carta abierta a Carlos Fuentes en la que lo instaba a dar a Echeverría un plazo para hacer pública la investigación, cumplido el cual le retiraría su apoyo. Lo importante en términos democráticos –argumentaba Zaid– era afianzar el pequeño poder de los intelectuales frente al gran poder del presidente. Fuentes desechó la oferta.

Un viejo intelectual afianzaba semana a semana su pequeño poder: Daniel Cosío Villegas. Echeverría trató de ganárselo a toda costa. En noviembre de 1971, le dio el Premio Nacional de Letras. Cosío, que acababa de completar el último volumen de los diez que componían su magna *Historia moderna de México*, aceptó el reconocimiento por «la única razón» de que en México «se comenzaba a respirar un clima de libertad política». Acogido a esa libertad y ensanchándola, Cosío publicaba sus artículos en *Excélsior*.

Echeverría lo desconcertaba. Su dedicación al campo le parecía tan admirable como su energía: «... el presidente confunde el sexenio con un semestre». Observándolo con curiosidad científica, y publicando sus hallazgos como nadie se había atrevido a hacerlo desde el tiempo de los liberales, Cosío llegó a la conclusión de que Echeverría era un «predicador»: padecía una suerte de incontinencia verbal, tenía una necesidad «casi fisiológica» de hablar *urbi et orbi*. De los valores de renovación que lo impulsaban no le cabía duda. Eran sus medios los que podrían llevar al país al desastre.

El viejo liberal, cuyo propósito político era poner *muros de contención* al poder presidencial, comenzó a ver con creciente preocupación las desmesuras verbales y prácticas del «predicador». Luego de declarar repetidamente que sólo viajaría por el país, Echeverría comenzó a retomar el camino de López Mateos y no lo dejó hasta que terminó el sexenio. En Chile fue más allendista que Allende, a Japón llevó una inmensa comitiva para gestionar, supuestamente, la apertura comercial de México. Con el mismo boato ejerció el turismo revolucionario por Gran Bretaña, Francia, Bélgica, la URSS, China, Alemania Oriental, Italia, el Vaticano, etcétera. Se trataba de «una empresa cansada y dispendiosa», apuntaba Cosío Villegas; movido por su marcada «inclinación egocéntrica», el presidente buscaba su «consagración internacional». A principios de 1973, Cosío describía a Echeverría como un caso incorregible de locuacidad, monomanía y desequilibrio: «Echeverría cree que su voz será escuchada y atendida por todos los mexicanos, desde luego, pero también por los grandes monarcas y los poderosos jefes del universo».[9]

Una vez más salía a relucir el profeta en don Daniel: con el tiempo, el presidente enviaría a su ministro de Relaciones Exteriores para «arreglar» el conflicto entre árabes e israelíes, intentaría encabezar a los países del Tercer Mundo, dictaría una Carta de los Deberes y Derechos Económicos de los Estados, buscaría el Premio Nobel de la Paz (estableciendo vínculos con su gran rival, la mismísima Madre Teresa, para que se sirviera apoyarlo, cosa que la Madre hizo con ejemplar caridad)[10] y, como broche de oro, anunció que al término de su presidencia estaría «a disposición de los Estados miembros de las Naciones Unidas que expresen su deseo de confiarme el cargo de secretario general de las Naciones Unidas». Ni Alemán se había atrevido a tanto.

Su prédica no logró la paz en Medio Oriente, ni la independencia del Tercer Mundo, ni la cooperación económica entre las naciones que ingratamente le negaron esa especie de presidencia del mundo que es la dirección de la ONU. Pero al erario de México el tercermundismo echeverrista le salió muy caro. Era lo de menos, porque en el concepto económico del presidente el erario estaba para servir a la Revolución... según Luis Echeverría.

Si había dinero, había que gastarlo, y si no lo había, había que imprimirlo o pedirlo prestado. ¿Para qué otra cosa podía servir el crédito acumulado por el «desarrollo estabilizador»? Gastar era sinónimo de invertir, y ambas operaciones parecían buenas y productivas en sí mismas. Todos sus proyectos adquirirían proporciones inmensas. Alguna vez, su secretario de Agricultura sugirió que los girasoles eran más productivos que el maíz. Adrián Lajous recordaría la emblemática escena que siguió, una de tantas que se repetirían diariamente en el sexenio:

«Echeverría dijo: "¿Y por qué veinte? ¿Por qué no cuarenta?" Lo duplicó así, automáticamente, sin saber nada de girasoles, sin darse cuenta ni reparar en el hecho de que tampoco los campesinos sabían nada. Y por supuesto, el resultado fue que no cosecharon nada. Sembraron a destiempo y para cuando quisieron cosechar, las semillas ya se habían caído ... Echeverría declaró en ese tiempo: "En cinco años haremos lo que no se ha hecho en cincuenta". Creía sinceramente que un país podía desarrollarse gastando mucho dinero».[11]

El secretario de Hacienda, Hugo Margáin, tenía un concepto distinto. Tiempo después reconstruía el episodio que lo llevó a la renuncia: «Yo le dije: "Bueno, hay algunas reglas que deben tomarse en cuenta, señor presidente. La deuda interna y la deuda externa tienen un límite. Y ya llegamos al límite"». Aquella primavera de 1973, Luis Echeverría aceptó la renuncia de Margáin (lo designó embajador en Gran Bretaña)[12] y le encomendó el puesto a su amigo del alma, José López Portillo (un hombre con poca experiencia económica y política); al año siguiente nombró subsecretario al joven neokeynesiano Francisco Javier Alejo López, poniendo en sus manos buena parte de la política económica del régimen, e hizo una declaración verdaderamente histórica: «A partir de este momento, las finanzas se manejan desde Los Pinos».

Jamás había ocurrido algo semejante. Díaz había respetado religiosamente a sus ministros Dublán y Limantour. Todos los gobiernos revolucionarios, sin excepción, habían seguido la regla, no sólo con la Secretaría de Hacienda sino, a partir de 1925, con el Banco de México. Pero Echeverría tenía que cubrir la inmensa emisión de promesas y esperanzas que había lanzado por todo el país a partir de su campaña. Era su manera de neutralizar al 68, de integrarlo, de erigirse él mismo en un revolucionario más radical que los jóvenes, y de dejar atrás su propia responsabilidad en el 68.[13]

Desde su página en *Excélsior*, Cosío Villegas denunciaba que el presidente había perdido toda noción de grado y rumbo en su manejo de la economía. Al principio del sexenio había atizado el fuego demagógico contra el «charro» Fidel Velázquez, con la natural consecuencia de afianzar el poder del viejo líder: mostrando los límites de su subordinación, «don Fidel» se apoyó en su base obrera y logró aumentos de salarios que alimentaron una inflación desconocida en México desde hacía décadas.[14] A lo largo del sexenio, Echeverría apuntó sus baterías contra los empresarios («riquillos», les dijo en un mensaje del primero de septiembre), logrando que éstos cerraran filas en una nueva agrupación cupular (el Consejo Coordinador Empresarial), exportaran capitales, aplazaran inversiones, subieran precios y atizaran igualmente la inflación. «Nada me apesadumbra tanto», apuntaba Cosío, «como el temor de que nuestro presidente no aprecie bien que al consentir y aun alentar la inflación, él mismo está cavando la sepultura del más alto de sus propósitos, el de una repartición equitativa del ingreso.»[15]

Se produjeron innumerables casos de inconsistencia, contradicción e inconsciencia. La inversión extranjera no fue sólo desalentada sino repudiada; se anunció el fin del proteccionismo y se protegió como nunca el mercado interno; se fletaban costosas comitivas para «regañar a media humanidad» leyéndole la cartilla de sus deberes económicos, cuando ésa era «precisamente la media humanidad invitada oficialmente a prestarnos dinero». Se produjeron infinitos casos risibles, como la amenazante exigencia de Echeverría a los directivos de Coca-Cola para que le cedieran la fórmula de su refresco,[16] o la ocurrencia genial de convocar un concurso para que los mexicanos inventaran un cochecito eléctrico que sustituyera a los coches convencionales movidos por gasolina.

Alguien recordó entonces, que si Kafka viviera en México, sería un escritor costumbrista. El presidente presidía decenas de reuniones diarias en las que movilizaba a Los Pinos cientos de personas. A menudo practicaba la omnipresencia: circulaba de manera rotatoria en varias reuniones. Sorprendía a todos por la extraña capacidad de permanecer sentado cinco, diez horas, sin ir al baño. Chequera en mano (literalmente), el presidente viajaba repartiendo dinero, promesas de dinero, o iniciando proyectos de redención campesina que supuestamente se pagarían solos. Un ejemplo entre miles: en la costa de Nayarit planeó complejos turísticos, industrias ejidales, escuelas e institutos de capacitación, centros de recreación, parques históricos, todo a cargo de uno de los innumerables fideicomisos creados en el sexenio: Bahía de Banderas. Los recursos se obtuvieron con cargo a la deuda externa; unos se invirtieron de manera improductiva y otros, sencillamente, se «esfumaron» por la vía de la corrupción.

En cimientos de todos los males estaban las «llagas políticas» que Cosío Villegas había diagnosticado desde los albores del alemanismo. Pero Echeverría las había ahondado: «El mal de derrochar a manos llenas el dinero público tiene raíces ... hondas, la principal de las cuales es, por supuesto, el carácter de monarquía absoluta que tiene nuestro gobierno».[17]

Gabriel Zaid señaló al final del sexenio una cruel paradoja. El «nuevo Cárdenas» terminaba su gestión como un nuevo Alemán: había buscado el Premio Nobel, había maniobrado para su reelección, había amasado una fortuna, pero por encima de todo había culminado el sueño alemanista de llevar al poder no a unos cuantos compañeros de banca sino a toda la clase universitaria.

El primero de septiembre de 1973, Echeverría hizo una referencia despectiva a los «solitarios de gabinete» que, por «ganarse un salario» y «frente a una maquinilla de escribir», formulaban «sin reflexión cualquier crítica que se traduce ... en denuesto». Sintiéndose aludido, Cosío Villegas defendió desde su tribuna editorial el derecho de un escritor a disentir del poder. A principios de 1974 comenzó a circular profusamente un libelo de autor anónimo que difamaba a Cosío Villegas bajo el título de *Danny, discípulo del Tío Sam*. En él se le pintaba como un vividor, explotador de braceros, cronista de burdeles parisinos, comunista convencido y –desafiando la lógica– servidor a sueldo de los norteamericanos.[18] *A government's job,* comentó a Cosío un corresponsal del *Washington Post*. En carta privada, Cosío pidió al presidente que se disociara en público de esa vileza, a lo que el presidente respondió con la cortesía privada de invitarlo a comer.

Cosío, que no se llamaba a engaño, «en la soledad de su gabinete» escribió un pequeño libro que se convertiría en un *best-seller* instantáneo. Saldría a la luz en agosto de 1974 y se titularía *El estilo personal de gobernar*. En él desarrollaba una tesis a un tiempo sencilla y novedosa: en México, y para desgracia de México, la biografía presidencial se volvía destino nacional. Su examen del desempeño echeverrista movía a risa, pero lo cómico no estaba en el autor, que «por lo general se limitaba a la reticencia», sino en los dichos y hechos del presidente, que ya eran materia de chiste en la calle.[19] La moraleja del libro era definitiva. Echeverría predicaba la crítica, la autocrítica y el diálogo, pero «no está constituido física y mentalmente para el diálogo, sino para el monólogo; no para conversar, sino para predicar».[20]

Cosío Villegas murió el 10 de marzo de 1976. «¿Ha visto usted el nivel de la deuda externa?», comentó a un discípulo que lo frecuentaba. «Llega casi a los 26 mil millones de dólares. Ya nos llevó la chingada.»[21]

No era el único de los grandes viejos que pensaba así. Poco antes de morir, el 19 de octubre de 1970, Cárdenas había dejado un conmovedor testamento político en el que señalaba las desviaciones del programa revolucionario original y recobraba, por cuenta propia, el legado maderista: a sesenta años del comienzo de la Revolución, había que «completar la no reelección en los cargos de elección popular con la efectividad del sufragio». Se cuenta que, a la muerte de Cárdenas, en varios pueblos de la meseta tarasca se llevaron a cabo ritos mágicos en un intento por resucitar al llorado protector. Cárdenas había sido canonizado: en muchas casas, los campesinos mantenían altares con fotos de él y veladoras encendidas para que los protegiese desde el otro mundo. «No los olvidaré», había escrito en sus apuntes, una mañana de 1934. Ellos, a su vez, no lo olvidaron. «Al menos tiempo tengo para darles.» Ellos, año tras año, se lo devolverían como una ofrenda.[22]

Aislado del mundo y hasta de su propia familia, viendo las persianas como barrotes de un calabozo, sumido en una honda depresión, don Adolfo Ruiz Cortines murió en 1973 en su amado puerto de Veracruz. Había dejado una pequeña fundación para jóvenes veracruzanos, setecientos libros, un viejo ropero y un ambiente de humildad. «No abusamos del poder, pero no hicimos todo lo que debimos», comentaba en sus últimos días a Julio Scherer, quien, en broma, le dijo que al menos, como ex presidente, no tenía que «tragar sapos».[23] «Se equivoca usted porque no sabe de esto», le replicó Ruiz Cortines, y agregó que entre los políticos «había dos tipos de comensales: los que disfrutaban su ración de sapos, y los que la tragaban con repugnancia y a solas hacían esfuerzos por vomitar ... Quedamos pocos. Viejo como estoy, hago por vomitar. Ni la vejez puede con la política. Sólo la muerte la vence.»

Lombardo había muerto en 1968, pensando que la CIA era la responsable de la masacre en Tlatelolco. Cuatro años más tarde moriría su amigo de juventud, Manuel Gómez Morín. Lamentaba inmensamente la desdicha de México. Consideraba que su partido, el PAN, no «había resultado lo que él esperaba».[24] Tan grande era, en efecto, el desánimo del PAN luego de casi treinta y cinco años de «bregar eternidades», y tan insignificantes eran los avances de la nueva reforma política introducida por Echeverría en 1973, que el PAN decidió abstenerse de presentar candidato presidencial en 1976.

A mediados de 1976, el fracaso del experimento populista era claro: el peso se desplomaría al final del sexenio de 12.50 a casi 25 pesos el dólar; la deuda externa se había triplicado (de 8.000 a casi 26.000 millones de dólares) y el salario real, comparado con los años del «desarrollo estabilizador», había caído a la mitad. En *Plural*, Gabriel Zaid escribía: «... se optó por un keynesianismo inocente, digno de muchachos pasantes de economía, entusiasmados por la oportunidad de jugar al aprendiz de brujo; multiplicar milagrosamente los panes, desbocando el gasto público».

Un logro sí parecía real y tangible: lo que Cosío Villegas llamó (a despecho de los ataques que había recibido) el «resurgimiento de una vida pública más abierta y democrática». Por desgracia, a cuatro meses escasos de la muerte de Cosío Villegas, en julio de 1976, el presidente Echeverría orquestó un golpe de mano contra la dirección del periódico *Excélsior*.[25] Cuando el director, Julio Scherer, fue desalojado violentamente, gran parte de los colaboradores y la planta completa de la revista *Plural*, entonces dirigida por Octavio Paz y asociada a *Excélsior*, abandonaron el edificio y la revista en solidaridad con él. En noviembre de 1976, Scherer y su grupo fundaron la revista *Proceso*. Poco después, Paz y el suyo fundaron *Vuelta*. Ambas revistas independientes estaban destinadas a perdurar.

Ominosamente, el golpe a *Excélsior* arrojaba una luz retrospectiva sobre el pasado inmediato y aclaraba la verdadera naturaleza de la «apertura democrática». Echeverría había tratado de «apoderarse» del movimiento estudiantil, de ser él mismo el más fervoroso de sus predicadores, de llevar la antorcha del cambio social al campo de México, a todo México, a América Latina, al Tercer Mundo, al segundo, al primero, a las Naciones Unidas, a las naciones todas. Al ver que la terca realidad no respondía a sus prédicas, se sintió amenazado, incomprendido, y se lanzó contra sus críticos.

En 1974 le tocó el turno a Cosío Villegas. En 1975 les tocó a los mismos estudiantes, a quienes temerariamente visitó y arengó en un auditorio de la UNAM. Iba a ser el momento culminante de su sexenio, el acto mágico que lo liberaría de toda responsabilidad en el 68. Para eso había recorrido el mundo, para eso había gastado miles de millones de dólares. Sentía merecerlo: ¿no había apoyado a Allende, emulado a Cárdenas, visitado a Castro? ¿No había sido el más revolucionario de los presidentes? Pero los ingratos estudiantes lo recibieron con insultos; alguien le arrojó una pedrada, como a Moctezuma. «¡Jóvenes fascistas, jóvenes manipulados por la CIA!», exclamaba, mientras sus ayudantes lo empujaban afuera del recinto para introducirlo en un coche y salvarlo milagrosamente de un peligro inminente.

Años después, la revista *Proceso* publicaba un espeluznante reportaje en el que Alfonso Martínez Domínguez narraba a Heberto Castillo su versión de la matanza del 10 de junio. Echeverría había planeado con todo cuidado la operación para echarle la culpa a él y desembarazarse así del legado del 68. «Sin soltarme, oprimiendo mi quijada», narraba Martínez Domínguez, con los ojos húmedos, «me dijo: "Alfonso, vaya usted a su hogar, reúna a su esposa y a sus hijos y dígales que va usted a servir al presidente de la República. Dígales que ha renunciado usted al cargo de jefe del Departamento del Distrito Federal".» Con el tiempo, *Proceso* descubriría otros actos de premeditación urdidos por Echeverría, entre ellos un boicot de anunciantes de la iniciativa privada maquinado por él para arrojar a *Excélsior* en los brazos del gobierno, que «heroicamente» lo salvaría del desastre económico en aras, claro está, de la libertad de expresión. Pero como *Excélsior* no bajó la guardia y siguió ejerciendo la libertad sin cortapisas, el presidente propició el golpe final contra su director.

Con ese único acto destruyó lo poco que quedaba de su obra y arrojó una inmensa nube de sospecha, de justificada sospecha, sobre su verdadera responsabilidad en lo sucedido en 1968. Porque si era capaz de llegar a esos extremos maquiavélicos en la «apertura democrática», ¿qué no habría deslizado al oído del que fuera su jefe durante tantos años, el presidente Gustavo Díaz Ordaz, que no lo conocía, pero a quien él conocía al dedillo?

VIII
José López Portillo
La vuelta del criollo

José López Portillo, *ca.* 1980.

Un límite contuvo siempre a los presidentes: la pobreza relativa del país con respecto al mundo desarrollado. Con el descubrimiento de los yacimientos petroleros en la costa del sureste de México, todo cambió. Parecía que los sueños imperiales del virreinato iban a hacerse realidad dos siglos más tarde. Y los hados fueron crueles: mandaron un criollo decimonónico para gobernar al país.

«Eran los criollos generalmente desidiosos y descuidados», decía Lucas Alamán: «de ingenio agudo, pero al que pocas veces acompañaba el juicio o la reflexión; prontos para emprender y poco prevenidos en los medios a ejecutar; entregándose con ardor a lo presente y atendiendo poco a lo venidero; pródigos en la buena fortuna y pacientes y sufridos en la adversa.»

La descripción casaba, por supuesto, con el criollo prototípico de su época, don Antonio López de Santa Anna, pero prefiguraba también a otro personaje, de buenas y malas cualidades: el presidente José López Portillo.

«Fui educado en la hidalguía», apuntaba en *Mis tiempos*, sus voluminosas memorias. Descendía, y sabía que descendía, de los primeros conquistadores del siglo XVI. En su genealogía había un oidor de Nueva Galicia, un descubridor de Filipinas y Alaska, un poblador de Sonora y Sinaloa. Si bien su estirpe virreinal era impecable, sus credenciales liberales y revolucionarias eran más bien pobres. Su bisabuelo, el constituyente de 1857 don Jesús López Portillo, ocupó el puesto de gobernador de Jalisco pero tuvo la debilidad de servir al Segun-do Imperio de Maximiliano. Su abuelo, el novelista e historiador José López Portillo y Rojas, fue diputado y senador en tiempos de Díaz, presidente del Partido Católico y secretario de Relaciones Exteriores en el gobierno de Victoriano Huerta; en el exilio escribió un libro punzante: *Elevación y caída de Porfirio Díaz*. El padre del criollo, José López Portillo y Weber, fue ingeniero geógrafo y un apreciable historiador de la época colonial; se casó con doña Refugio Pa-checo, con la que procreó cuatro hijos (Margarita, Refugio, Alicia y José).[1] En su vejez, doña Cuca recordaba sin ambages: «... perdimos todo cuando llegaron los revolucionarios».

Nacido en el Distrito Federal en junio de 1920, alumno de escuelas oficiales, José López Portillo y Pacheco realizó largos viajes con su amigo Luis Echeverría: juntos siguieron la ruta de Cortés, la de Hidalgo, y viajaron por barco a Chile y Argentina. A diferencia de Echeverría, López Portillo mostró una seria inclinación al derecho. Un maestro refugiado español, don Manuel Pedroso, lo encauzó hacia la teoría general del Estado. Sobre ese tema escribiría su tesis («Valoración del Estado», 1946) e impartiría por una década (1947-1958) una cátedra en la Facultad de Derecho. A diferencia también de su amigo Echeverría, López Portillo no fue un entusiasta cardenista. Algunos testimonios lo vinculan a la Vanguardia Almazanista de Estudiantes (1939-1940). «Me reservé el papel de observador», dice en sus memorias. En todo caso, pronto entendió que la política no era su camino: «Yo ni siquiera soñaba, ya no digamos en la presidencia, pero ni siquiera participaba en la política salvo votar por primera vez en mi vida ... En alguna ocasión, Luis Echeverría me invitó a participar en actos de campaña dentro de las juventudes del Partido. Decliné por razones obvias...» Las razones obvias que argumentaba eran el promisorio ejercicio de su profesión y, sobre todo, el divorcio de su hermana Margarita, a quien defendió gallardamente, como jefe que era ya de su familia, en un largo, injusto y devastador litigio.

Ya en los años cincuenta, esgrimía quizás otras «razones obvias» para no acercarse a la política, como, por ejemplo, el simple y llano desinterés, típicamente criollo, por el ejercicio del poder. Su padre, que le desaconsejaba volverse político, había escrito: «Algunas veces [la] historia de México es la de doce Judas sin ningún Jesucristo». Insertarse en esa historia resultaba peligroso. Era mejor fantasear libremente sobre sus «mitos, dogmas y misterios». Gracias al exitoso ejercicio de su profesión de abogado, José López Portillo III pudo ir formando una personalidad renacentista. Al tiempo que formaba una bonita familia (se había casado con la hermosa Carmen Romano), pintaba al óleo, imaginaba teorías hegelianas sobre la historia de México y escribía un extraño opúsculo titulado *Don Q* en el que, entre burlas y veras, se veía a sí mismo como la encarnación de Quetzalcóatl. En sus memorias, trazaría un autorretrato de su adolescencia, época en que se había gestado su *alter ego*, Don Q: era un adolescente «lleno de sinceridad y de ingenuidad; de penetración cósmica ... violencia, vanidad y orgullo; a veces asido a la verdad y con ganas de estallar para llevarla a todas las estrellas; otras acongojado por las fronteras del dolor y su estupidez ... la muerte y su misterio o su heroísmo. Querer saberlo todo y pronto; explorar lo absoluto; andar mucho y llegar a ningún lado».

Una marcada fluctuación de ánimo dirigía sus textos y sus pasos. El *alter ego* de Don Q «leyó todas las filosofías, exploró el ocultismo, estudió todas las religiones, preguntó, discutió, discutió hasta llegar a la nada». Lo fascinaba el destino luminoso y trágico de Quetzalcóatl, que habiendo querido civilizar a su pueblo y apartarlo de los ritos de sangre, cayó presa de una trampa amorosa tendida por su perverso rival Tezcatlipoca, sufrió el escarnio y el destierro, pero al fin y al cabo triunfó, en la encarnación de la conquista y su secuela de espiritualidad y mestizaje. Ése era el libreto místico de México. Por eso Quetzalcóatl era un «señor más grande que Prometeo ... fue mucho más allá del fuego para dar, por la voluntad de su sangre, la santificación del orden al cosmos convirtiendo en hazaña de la libre voluntad la resignación al orden misterioso de la naturaleza». La obsesión llegó al extremo de mandar esculpir, sobre la barda exterior de su casa en el Pedregal de San Ángel, una larga serpiente policromada, su homenaje a Quetzalcóatl.[2]

Con la llegada al poder de un López (Mateos), otro López (Portillo) pudo «ver de cerca» por primera vez a un presidente. En esos momentos «reflexionaba en que dentro de mí, tal vez por inercia histórica ... empezaba a darse un proceso de sacralización de quien detenta el poder y me sentía obligado a analizarlo». Sin experiencia alguna en la política, López Portillo cierra su despacho y a los cuarenta años de edad ingresa al servicio público, en puestos menores. Aunque colabora en la redacción de planes de desarrollo, su punto fuerte es la teoría, como pudieron comprobar quienes escucharon sus reflexiones sobre la «democracia *cromática* de México» (gracias a los cuales todos entendieron por qué el PRI tiene el derecho histórico de monopolizar los colores de la bandera nacional).[3]

En el sexenio de López Mateos trabaja como asesor técnico del oficial mayor de la Secretaría de Patrimonio Nacional y, más tarde, como director de las Juntas Federales de Mejoras Materiales en la misma Secretaría. En 1965, Díaz Ordaz le encarga la Jefatura del Consejo Jurídico de la Secretaría de la Presidencia (1965-1968) y, en 1968, la

Subsecretaría de la Presidencia. Su amigo de juventud, Luis Echeverría, lo nombra subsecretario del Patrimonio (1970-1972), director de la Comisión Federal de Electricidad (1972-1973) y, en el momento en que se decreta que «las finanzas se manejan desde Los Pinos», ministro de Hacienda (1973-1976). En 1975, Echeverría lo destapa.

López Portillo debió entrar en trance místico. El destino, la historia, el misterio, el cosmos, la Providencia lo convertían en el gran *tlatoani* de México. Quizá se sintiera, más que nunca, Quetzalcóatl. Pero la obra en cuatro actos que escenificaría en el gran teatro nacional era otra.

Su discurso de inauguración fue, sin disputa, uno de los mejores en la historia de México. No era un político mexicano el que lo había escrito: era un hombre de carne y hueso. No habló del milagro mexicano sino de la crisis de México. Con auténtica fuerza moral, proponía un pacto de unión para superar la crisis. Era un alivio escuchar un mensaje de sensatez luego de seis años de demagogia. Las palabras recobraban su valor, su sentido. El país debía curar sus heridas, retomar el rumbo. Vendrían dos años de recuperación, dos de consolidación y dos de crecimiento. Se establecería una «alianza para la producción». Y lanzaba a los pobres de la nación, los desheredados, un mensaje de esperanza y una súplica auténtica de perdón. «El perdón cancela el tiempo», había escrito Don Q, con genuina sabiduría. «Se pueden estrenar tiempos nuevos como hazañas de la voluntad del perdón, que es, tal vez, el acto más sublime de la voluntad del bien, de la buena voluntad.» Eso precisamente transmitía su mensaje, y eso le procuró la adhesión instantánea de grandes sectores del país: su evidente voluntad de hacer el bien, su buena voluntad.[4]

El plebiscito instantáneo que se dio en ese momento a su favor fue más importante que su triunfo en la votación del 6 de julio de 1976 (el PAN se había abstenido de postular candidato, López Portillo había sido candidato único a la presidencia). Pero para quienes recordaran la historia de México, aquel momento de entusiasmo podía parecer engañoso: ¿cuántas veces habían confiado los mexicanos en un hombre providencial? ¿Por qué seguir empeñados en atar el destino nacional a la voluntad de un hombre?

Por primera vez en casi un siglo y medio, llegaba a la silla presidencial un hombre con auténtico *carisma*. «Muy señor de muy buen ver, vestido con sencillez. Con una sombra de melancolía en el semblante ... De color cetrino, hermosos ojos negros, de suave y penetrante mirada ... se podría decir que es un filósofo que vive en digno retraimiento.» La imagen es de López de Santa Anna cerca de 1840 y la cita proviene de la marquesa Calderón de la Barca, pero parece un profético daguerrotipo de López Portillo. Ambos López eran gallardos, montaban fogosos caballos, usaban largas patillas, ambos eran oradores naturales, «picos de oro» espontáneos y emotivos que cantaban al oído de la patria y la veían hipnóticamente. En Tampico, López Portillo escribe: «... como siempre, quise improvisar mi discurso para lograr plena comunicación con la gente, viendo siempre a los ojos de alguien». Pero ante todo, ambos criollos eran machos: «Fui muy macho», escribió López Portillo, «jamás un coyón rajado ... Acepté el prestigio del machismo y lo viví intensamente: respondiendo a todos los retos ... y con la terquedad del niño, la arrogancia del joven y la necedad del viejo, jamás me rajaré, ¡palabra de macho!»[5]

En el trasfondo se escucha una canción de otro criollo arquetípico, Jorge Negrete: «*¡Ay Jalisco no te rajes!*» En la calle o en la escuela, el macho López Portillo, secundado por su cuate, «el Negro» Durazo, se lía a trancazos y bofetadas porque alguien lo vio feo o porque no lo vio.[6] ¡No es un coyón rajado!, pero ¿qué tenía que hacer el machismo en la política?

En la política, nada, como los dos López comprendieron en sus inicios. Ambos fueron reacios a sentarse en la «Silla». A López de Santa Anna le fastidiaba la carga insoportable del gobierno. El mando le era indiferente, sólo le importaba no perderlo. Prefería ceder el despacho diario de la política a su vicepresidente, el gran liberal Valentín Gómez Farías, y pasar largas temporadas en Manga de Clavo fungiendo como árbitro entre los partidos. López Portillo, por su parte, se sentía raro en el puesto. En confianza bromeaba sobre su acceso al poder, lamentaba las desmesuras de su «amigo Luis», confesaba su incredulidad al caminar por los pasillos de Palacio viendo las pinturas de los presidentes que lo habían antecedido, como si hubiese sido el beneficiario de una cósmica lotería.[7] Era el *tlatoani*, pero no se tomaba muy en serio. En cuestiones económicas, se veía a sí mismo, literalmente, como «el fiel de la balanza» entre los monetaristas y los keynesianos,[8] y oscilaba hamletianamente entre esos dos polos. El arreglo funcionó por cerca de dos años. El programa económico se ajustó a lo prometido: no hubo desbordamiento del gasto público, era el arranque de la economía, se trataba de recobrar el rumbo. Ya con la perspectiva de una riqueza petrolera insospechada, los problemas económicos del país parecían manejables.

Los arduos asuntos del gobierno los encomendaba al gran estudioso del liberalismo en México, el sagaz político veracruzano Jesús Reyes Heroles, a quien la gente conocía como «don Jesús del gran poder». Reyes Heroles encarnaba un caso atípico, por eficaz y exitoso, de intelectual-político. Abogado de profesión, humanista y bibliófilo, lector de Tocqueville y Burke, había publicado en 1957 tres volúmenes sobre el liberalismo en México. Su perfil vital correspondía a la antigua tradición española de los letrados en el poder. Gracián y el propio Quevedo habían desempeñado un papel importante en la corte de los Habsburgo. «El arte de reinar», decía otro de ellos, Saavedra Fajardo, en el siglo XVIII, «no es don de la naturaleza, sino de la especulación y la experiencia.» Al igual que sus remotos antecesores, Reyes Heroles no concebía la vida intelectual como distinta, o menos aún opuesta, a las tareas del Estado, sino como una función integrada él, que se guía por sanciones positivas. Quizá Reyes Heroles se hallaba más cerca de los mandarines chinos que de Maquiavelo: «No es raro que el político maneje la verdad; pero, como el que no lo es está esgrimiendo la mentira, ocurre que se engaña con la verdad. Además, ya decía un clásico barroco: la verdad disimulada no es mentira».

«Cambiar para conservar, conservar para cambiar», ése era el lema de Reyes Heroles. Su objetivo era consolidar el sistema político mexicano, pero su método era el cambio interno. Siendo presidente del PRI en tiempos de Echeverría, limitó varias veces los excesos del presidente y al final desenmascaró el intento de reelección. Con López Portillo, su encomienda era aún más delicada: había que romper la cerrazón mutua entre el gobierno y la izquierda, una desconfianza de medio siglo. La reforma política que instrumentó en 1978 otorgaba registro oficial al Partido Comunista y otras organizaciones de izquierda. Se trataba de una auténtica amnistía histórica, el reconocimiento definitivo de la izquierda como fuerza política y la renuncia de ésta a optar por la vía violenta. Esta vez la apertura política no era mentira, ni siquiera una verdad simulada: era verdad. A la postre, ése fue el gran aporte del sexenio de López Portillo.

Como un signo de esperanza, Octavio Paz publicaba entonces su ensayo *El ogro filantrópico*, donde matizaba sus opiniones radicales contra el Estado mexicano. La aparición de *Archipiélago Gulag* (1973), así como las revelaciones sobre las masacres de la Revolución cultural en China, lo obligaban a corregir un tanto su apreciación de 1970 sobre el sistema y el PRI. Los fines de la Revolución mexicana le parecían vigentes. Y no eran deleznables la paz, la estabilidad, el crecimiento

José López Portillo en su último informe de gobierno, 1° de septiembre de 1982.

sostenido por tantas décadas en medio de un mundo en guerra. México debía seguir ejerciendo la crítica de los mitos históricos y las viejas estructuras mentales (la pirámide azteca, el patrimonialismo de la corte virreinal), que bloqueaban el acceso franco a la modernidad. Pero esa modernidad –agregaba Paz, haciéndose eco del remoto zapatismo de su propio padre– debía construirse también a partir de «las formas de vivir y morir, producir y gastar, trabajar y gozar que ha creado nuestro pueblo». Encontrar el justo medio entre tradición y modernidad, desechar el peso muerto del pasado y aprovechar su legado moral, buscar una modernidad propia, «es una tarea que exige, aparte de circunstancias históricas y sociales favorables, un extraordinario realismo y una imaginación no menos extraordinaria».

Realismo e imaginación eran las cualidades de don Jesús, y de López Portillo, que lo dejaba hacer. Parecía el mejor de los mundos posibles: un sensato presidente rige la economía (López Portillo) y un sabio letrado dieciochesco dirige la política. Por desgracia, frente a la circunstancia, más que favorable, casi providencial, del descubrimiento de los yacimientos de petróleo, una sorpresiva faceta se manifestó en López Portillo. Si Santa Anna se había sentido el «Napoleón del Oeste», su sucedáneo comenzó a considerarse no como un *alter ego* sino como el mismísimo Quetzalcóatl que, gracias al petróleo, conduciría a México hacia la «administración de la abundancia».

«Poco tiene que ver la profesión o actividad política con la mitomanía y la sobrestimación que conducen a los sueños de grandeza», decía Reyes Heroles. Convertido en rey, el nuevo López Portillo no podía estar de acuerdo y lo orilló a la renuncia agregando con sarcasmo: «Si Reyes Heroles persevera, llegará a ser el Ortega y Gasset mexicano».

Ahora sí quería el poder, todo el poder, para él y también para los suyos: su hermana y su primo ya tenían altos puestos; a su hijo, el economista José Ramón López Portillo, le encargaría la Subsecretaría de Programación y Presupuesto, y lo llamaría «el orgullo de mi nepotismo». Faltaba una presencia aún más cercana, íntima; no la esposa, que dilapidaba fortunas en sus viajes a Europa cargando con un piano de cola para exhibir sus dotes de concertista, sino su «novia», una hermosa mujer de la generación del 68, morena como la Malinche, doctora en física, ex esposa del hijo mayor de Echeverría: Rosa Luz Alegría. No se casó con ella, pero, según Reyes Heroles, quería nombrarla secretaria de Educación. Horrorizados al ver el destino que esperaba a la secretaría de Vasconcelos, algunos colaboradores interpusieron su influencia, pero no disuadieron a «Pepe» de nombrarla ministra de Turismo.

Julio Scherer recuerda las paredes de la ayudantía del Estado Mayor en Los Pinos, a unos metros del despacho presidencial. Fotografías y más fotografías: «López Portillo en un caballo blanco, López Portillo en un caballo negro, López Portillo con una raqueta en la mano, López Portillo en el momento de disparar una metralleta, López Portillo en una pista de carreras, López Portillo en esquí ... López Portillo en una montaña, López Portillo en la cumbre».[9]

Cumpleaños del presidente. Frente al amable público, López Portillo ejecuta un sinnúmero de suertes a caballo. El público aplaude. Alguien piensa que es una suerte que no haya convertido el caballo en secretario. Esgrimista, atleta, boxeador, tenista, gimnasta, caballista, pintor. ¿Quién se atrevería a ponerle límites? Nadie, y ahora menos que nunca. No sólo era el presidente de México sino el jeque sexenal de los árabes de América, los mexicanos.

Un mensaje televisivo anunciaba: «Petróleo: el oro negro para todos». El plan de crecimiento moderado en tres bienios se tiró por la borda. Lo sustituyó un plan de crecimiento tan desbocado que la gestión de Echeverría pareció casi austera. «No aprovechar la coyuntura», explicaría tiempo después el presidente, «hubiera sido una cobardía, una estupidez.» Según su concepto, no había otro modo de cimentar con celeridad la planta industrial y acrecentar el empleo: «La existencia de millones de mexicanos desposeídos», explicó, «es un agravio que debemos remediar dándoles los medios para que, con su esfuerzo, puedan superar sus condiciones. El petróleo será un poderoso cimiento de nuestra industria, garantizando un grado de independencia económica que el país nunca ha conocido».

Como en tiempos de Echeverría, pero con una capacidad crediticia mucho mayor, se hacían gastos e inversiones de baja productividad inmediata (o nula, o negativa) con ingresos frescos o con créditos a corto plazo avalados por las reservas petroleras. Crecían geométricamente las plazas del sector público. El proyecto de López Portillo lo incluía todo: ferrocarriles, energía nuclear, petroquímica, infraestructura en el campo, decenas de vías rápidas en la ciudad de México, expansión de la planta siderúrgica (cuando no había demanda). La modernización absoluta en un sexenio.

El caso de Pemex, la mayor empresa pública de México, fue ilustrativo. Las inversiones se realizaban sin orden ni concierto: se tendía un gasoducto de setecientos cincuenta millas y costo de un millón y medio de dólares sin cerrar el contrato de compraventa con los Estados Unidos. Se construía la inmensa torre de Pemex, el mayor elefante blanco de la historia mexicana, como para demostrar que también en México hay rascacielos. El sindicato de Pemex se volvía contratista y subcontratista. En Tabasco, donde se hallaban los mayores yacimientos, nacía una impresionante ciudad. El resultado no se hizo esperar: en el balance de 1981, Pemex debía ya el 87 por ciento de sus activos; su deuda era mayor que la de todo el sector público y representaba la quinta parte de la deuda externa total.[10]

El faraonismo petrolero contagió también a las grandes empresas privadas, como el poderoso Grupo ALFA de Monterrey. Rompiendo su tradicional y saludable desconfianza hacia el centro, que se remontaba a tiempos porfirianos, poniendo en peligro su autonomía, los empresarios regiomontanos empezaron a comprar empresas al por mayor. No discriminaban. Adquirían fábricas de cuchillos, de plásticos, empacadoras... Pagaban generosamente, sin regatear mucho. Para administrar sus nuevas empresas, contrataban a jóvenes con fabulosos doctorados pero sin experiencia alguna. Les pagaban sueldos millonarios. El dinero para la construcción de esa vasta pirámide provenía de bancos extranjeros. No parecía haber límite. Su límite era el cielo.[11]

No era el poder lo que embriagaba al presidente y a muchos mexicanos que se identificaban con él en 1980. Era la gloria, esa palabra que había cruzado los sueños criollos del siglo XIX y que ahora parecía cumplirse por fin en la biografía paralela de un país desdichado que recobraba su riqueza y un criollo arruinado que reivindicaba su linaje. Por eso López Portillo mandó erigir en Monterrey una estatua ecuestre de sí mismo. Santa Anna, tras vencer al «osado enemigo» en la guerra de los Pasteles, había hecho lo mismo en la antigua Plaza del Volador, cerca del Palacio Nacional.

¿Qué faltaba en aquella apoteosis? Humillar al enemigo histórico de México. Si Jimmy Carter pronunciaba en el Congreso de México el discurso más sensible que un presidente norteamericano hubiera pronunciado jamás, había que desdeñarlo como un acto de hipocresía o de debilidad. Sin embargo, a otro criollo, el comandante Castro, había que visitarlo y apoyarlo; él sí era macho entre machos, ¡jamás un coyón rajado! Al recordar la reciente visita de Carter a México, López Portillo comentaba en privado: «Tan pronto le di la mano me dije: a éste ya me lo chingué.» ¿Acaso pensaba en reconquistar California?

En aquel concierto de megalomanía se escucharon las voces disonantes de dos ingenieros: Heberto Castillo y Gabriel Zaid. El primero alertó a la opinión pública en la revista *Proceso* contra la precipitación y el despilfarro: «... no hay petróleo para siempre».[12] Desaconsejó, además, la construcción del gasoducto. La crítica de Zaid fue más ambiciosa. Desde las páginas de *Plural* y a partir de 1976 en *Vuelta*, publicó una serie de ensayos que recogería en 1979 en el libro *El progreso improductivo*. En el momento en que el petróleo semejaba «una especie de arca llena de fondos inagotables e inmediatamente disponibles», Zaid documentaba las crónicas deseconomías del sector público (sus secretarías, empresas, organismos, consejos) y retomaba por su cuenta el viejo tema de Frank Tannenbaum proponiendo un «cambio copernicano» en la política económica del país. A la pregunta ¿qué hace falta en el mercado interno?, no respondió con las palabras habituales (inversión, empleo, gasto) sino con una fórmula distinta: una oferta de medios de producción baratos, bien diseñados, pertinentes para las necesidades de los pobres. Más valía una máquina de coser, un paquete de semillas mejoradas, un sistema barato para recoger lluvia o una bicicleta equipada para el reparto en el campo, que la gloriosa inauguración de grandes elefantes blancos (escuelas, oficinas de turismo ejidal, fideicomisos para la redención campesina) que, en la práctica, no enriquecían más que a sus burócratas. En varios textos, Zaid profetizó el desastre que vendría no sólo por el efecto acumulado de la improductividad, el despilfarro y la corrupción, sino por la inadvertida fragilidad de un edificio construido sobre un ladrillo solitario, tan inadvertido que nadie hablaba de él: el precio del barril de petróleo. Cuando el precio cayó, el país despertó de un sueño para entrar en una pesadilla.

López de Santa Anna era «capaz de arrojar sus condecoraciones a las patas de los gallos si no le quedan monedas en el bolsillo y de jugar su gloria contra la fortuna de un giro». También López Portillo se veía a sí mismo como un apostador. Él «se la jugaba». Su discurso inicial había sido una apuesta retórica que reanimó a la nación. Luego vendría el petróleo salvador; más que una apuesta, una lotería. Las ganaba «de todas, todas». ¿Cómo dudar de su suerte? Por eso seguía jugando, comprando fichas en la banca internacional y echándolas al tablero de las inversiones. En 1981, según estimaciones de Zaid, López Portillo tomaba decisiones que representaban una inversión de 1.400 millones de pesos (casi 70 millones de dólares) por hora. Ningún monarca del mundo tenía, en términos relativos, un poder semejante.

De pronto, en junio de 1981, ocurrió lo inesperado: «... al reino de la ilusión habían llegado malas noticias de la realidad».[13] Los clientes avisaron que tenían ofertas de crudo más baratas. El director de Pemex, Jorge Díaz Serrano, tomó la decisión natural de bajar cuatro dólares el precio. Al enterarse, el presidente lo despidió enviándolo de embajador a la URSS. Lo sensato en ese momento era ajustar la paridad y cancelar los grandes proyectos. Pero López Portillo no iba a permitir que la realidad jugara con «su petróleo». De acuerdo con su consejero económico, José Andrés de Oteyza, López Portillo no sólo no bajó el precio del barril sino que lo subió dos dólares y regañó a los clientes, advirtiéndoles que si no compraban ahora, en el futuro México no les vendería. Pero los perversos clientes no hicieron caso de las amenazas y el presidente perdió la apuesta.

¿Rajarse? Jamás. Él no era un «coyón rajado» sino un macho. Y como macho había que apostar de nuevo, esta vez a favor de «su peso». El dólar no tenía por qué valer más. Había reservas suficientes. Pero, obviamente, el dólar era el bien más barato del mercado y la gente se precipitó a comprarlo. Los días pasaban y el presidente pedía prestado para seguir apostando. Entre julio y agosto de 1981 salieron del país cerca de nueve mil millones de dólares.

Tenía terror de devaluar, y en un acto casi suicida vinculó explícitamente la devaluación del peso con su propia devaluación como presidente y como persona. Frente a una nación sensible al melodrama, representó un psicodrama: «Afirmemos y reafirmemos», dijo con la voz entrecortada, «el derecho a tomar nuestras decisiones en la ley monetaria, con los aranceles, con las licencias y con los estímulos y fomento a la exportación. Ésa es la estructura que conviene al país. Ésa es la estructura a la que me he comprometido a defender como un perro».[14]

«Defender el peso como perro.» El patetismo de la frase sólo logró alimentar la desconfianza de los perversos cuentahabientes, que no hicieron caso del sentimentalismo monetario del presidente y siguieron comprando dólares. Una vez más, López Portillo había perdido la apuesta. En febrero de 1982 «devaluó y se devaluó».

Como Santa Anna, había sido indolente en la victoria y, como Santa Anna, se dejaba abatir en la derrota. Pasaba del entusiasmo a la depresión. «No hemos pecado», repetía, con tonos religiosos fuera de lugar, «no tenemos por qué hacer acto de contrición.» Pero los números reflejaban el desastre. En el sexenio de López Portillo la deuda externa pasó de 26.000 millones a 80.000 millones de dólares. El peso cayó de 22 a 70 pesos por dólar (el presidente entrante, Miguel de la Madrid, lo fijó en 150 como primera medida de gobierno). En agosto de 1982, un terremoto financiero sacudió los mercados internacionales: México declaraba tener un «problema de caja» temporal, pero en realidad estaba en quiebra.[15]

El primero de septiembre de 1982, día de su último informe de gobierno, López Portillo encaró a la nación. ¿Emularía a Santa Anna? Luego de la guerra de Texas, el general «aparentaba cierta desilusión frente a su propia debilidad, pero atribuía siempre los reveses de la fortuna a un ciego y variable destino, un tiránico "ya estaba escrito" ... culpa a todos menos a él ... a todo le encuentra excusa, todo lo que ha hecho le parece justificado, meritorio». El general muestra despecho, aspereza, desvío, depresión y, de pronto, pasa a la alegría más absurda. Y, sin embargo, tiene la voz llorosa, improvisa una arenga conmovedora, apela a Dios y a la historia, y al final se humilla: «Mi carrera ha terminado».

El presidente criollo no podía quedarse atrás: «... soy responsable del timón, pero no de la tormenta», declaró, antes de desgranar su largo listado de excusas y hacer su último gesto, la «apuesta patética de un ego en quiebra»;[16] culpó del desastre a los banqueros y «sacadólares», y de un plumazo, jamás coyón rajado, nacionalizó la banca. Un solo golpe de timón lo convertía en un nuevo Cárdenas, un solo golpe lo arreglaría todo, un sexenio de tres meses comenzaría el primero de septiembre. Pero sabía muy bien que la comedia había terminado, y al recordar a los pobres, a los desheredados, a quienes hacía seis años había pedido perdón, José López Portillo lloró frente a millares de telespectadores.

La vieja historia de los criollos se había cumplido una vez más, causando la ruina del país y la suya propia. Los del siglo XIX, acaudillados por López de Santa Anna, habían perdido la mitad del territorio. López Portillo y sus gurús habían incurrido en una falta histórica menor, pero grave: habían hipotecado el país.

En noviembre de 1982, Gabriel Zaid recordó unos versos de López Velarde. Formaban parte del célebre poema *La Suave Patria*, publicado en 1921. En aquel año en que el país se descubría a sí mismo y los mexicanos disfrutaban su primer auge petrolero, el poeta —que moriría a los pocos meses— veía el peligro de un nuevo triunfalismo, de una «patria pomposa, multimillonaria, honorable en el presente y epopéyica en el pasado». A esa versión porfirista, López Velarde le oponía otra patria «más íntima», extraída del sufrimiento y la pobreza, «una patria menos externa, más modesta y probablemente más preciosa». «López Velarde», escribía Zaid, «no vivió para ver el nuevo porfiriato, la nueva patria pomposa y multimillonaria que hoy está en quiebra, pero hace poco Octavio Paz le ha dado una nueva expresión a [la idea de] López Velarde: "necesitamos un proyecto nacional más humilde".»

Algo más se necesitaba, y con urgencia, para afrontar la quiebra, el desánimo y la desconfianza. Era la única vía para desterrar el providencialismo político, la clave para desmontar pacíficamente un anacrónico sistema que no tenía ya «pan» para dar y se había manchado las manos al dar «palo». Era el último recurso moral de la Revolución mexicana, el viejo y vigente ideal de Madero: la democracia.

El presidente Miguel de la Madrid recorre la ciudad de México después del sismo del 19 de septiembre de 1985.

En 1983, la opinión pública de México abrigaba un agravio insatisfecho. Su origen estaba en las heridas abiertas de Tlatelolco y el 10 de junio, la demagogia del periodo echeverrista y la frívola irresponsabilidad con que el gobierno de López Portillo había dispuesto de la enorme riqueza que pasó por sus manos entre 1977 y 1982. Se había esfumado una oportunidad rara y quizás irrepetible de desarrollo armónico. Con ella se había desvanecido también la posibilidad de aliviar los problemas ancestrales del país desde tiempos de Humboldt. La conciencia de la pérdida era más aguda porque el público entreveía que la caída no había sido inevitable. La sensación de haber sido víctima de un gran engaño, las evidencias de la más alucinante corrupción, el sacrificio cotidiano e incierto que imponía la crisis, todo ello se enlazaba hasta formar un nudo difícil de desatar, un nudo hecho de angustia e incomprensión.

Desde un principio, el nuevo presidente Miguel de la Madrid prometió no prometer lo imposible. Fue muy claro en su diagnóstico del mal que debía vencerse –la inflación– y en advertir que la medicina que suministraría al paciente –en la sala de urgencia– sería durísima. A su juicio, y al de muchos otros mexicanos, no había alternativa. Pero la pertinencia de la cura o el valor del cirujano no podían satisfacer por sí solos el agravio. Hasta el campesino más humilde había escuchado la prepotente publicidad del «oro negro para todos» seguida, al poco tiempo, de un mensaje diametralmente opuesto: «Vivimos una economía de guerra». Y todo esto sin que mediase explicación pública alguna sobre las causas del desastre o una mínima admisión de responsabilidades.

A diferencia de lo ocurrido después del 68, el gobierno no tenía ya, materialmente, la posibilidad de *integrar* a los agraviados. ¿Cuáles eran entonces las alternativas? De la Madrid tenía un as en la manga, olvidado desde la presidencia de Madero: la democracia. Era un ideal revolucionario relegado por otros fines igualmente válidos pero distintos: el bienestar económico, la justicia social, la afirmación nacionalista, la paz y la estabilidad. Siempre se habían puesto adjetivos a la democracia: prematura, tardía, formal, burguesa. Siempre había una tarea prioritaria, una estructura que no era prudente remover, un «tigre» que era peligroso despertar. Siempre rondaban los fantasmas del caos, la desintegración nacional, el fascismo o el comunismo. Sin embargo, la lección histórica era clara. Las sociedades más diversas y las estructuras más autoritarias descubren, sobre todo en momentos de crisis, que el progreso político es un fin en sí mismo. Así lo atestiguaba el caso reciente de España, a raíz de la muerte de Franco, acaecida en 1975.

La ausencia de límites a la silla presidencial había llegado a sus límites y «el tigre» comenzaba a despertar. En muchos poblados del sur y del centro, anclados en el México viejo, era común encontrar un alto grado de radicalización. En el sureste, algunos obispos sembraban la teología de la liberación. En el norte crecía un reclamo de autonomía que se expresaba en el renacimiento del PAN, en elecciones cada vez más disputadas y adversas al PRI, en la fuerza creciente de la prensa regional, en la nueva actitud crítica de la Iglesia y hasta de algunos empresarios. Una vez más, como en 1908, la sociedad, las generaciones, las ideas y la geografía política estaban cambiando. Porfirio Díaz no lo ignoró, pero en vez de restablecer la vida constitucional quiso detener indefinidamente el paso a la democracia y pagó con su régimen y su prestigio por ese agravio. ¿Seguiría sus pasos el viejo sistema político mexicano?

«El presidente en México puede hacer todo el mal que quiera y aunque quiera apenas puede hacer el bien», decía en aquellos días Octavio Paz. En 1983 Miguel de la Madrid tenía en la mano una clara oportunidad de hacer el bien: desmontar paulatinamente el sistema político mexicano y devolver el poder a la sociedad a través de los votos. Era la forma más elevada y natural de desagravio.

El presidente tenía la sensibilidad intelectual y moral para abrir paso a una democracia sin adjetivos. La duda estaba en su capacidad política, porque si bien era temperamentalmente opuesto al Gran Elector que lo destapó, carecía, como él, de experiencia política.

Nacido en Colima en 1934, hijo de una familia de clase media en la que faltaba el padre (un abogado asesinado cuando el hijo tenía tres años de edad), De la Madrid se educó en colegios privados de la ciudad de México y en 1952 entró a la Facultad de Derecho. Su huella política inicial no fue el alemanismo sino el ruizcortinismo: un régimen de contención. En la escuela, descubrió a la «sin par generación de los liberales». Al concluir su carrera, contribuyó tácitamente a los festejos del centenario de la Constitución de 1857 con una tesis que presagiaba las dos vertientes de su vocación, la liberal y la técnica: «El pensamiento económico de la Constitución de 1857».

El contraste con su maestro José López Portillo no podía ser mayor: uno estudiaba a Hegel, impartía clases de teoría del Estado y emularía a Santa Anna; el otro citaba a Montesquieu, daba cátedra de derecho constitucional y admiraba a los liberales que supieron vindicar «el valor de la individualidad humana frente a la organización estatal». En 1962, al cumplirse el bicentenario de Rousseau, De la Madrid escribió un estudio sobre «La soberanía popular en el constitucionalismo mexicano y las ideas de Rousseau», donde refutó la teoría de una constitución por encima de la soberanía del pueblo. En 1964 estudió la división de poderes y la forma de gobierno en la Constitución de Apatzingán. En ese ensayo citaba a Morelos: «... el influjo exclusivo de un poder se proscribirá como principio de tiranía».

Tras una estancia de un año en la Universidad de Harvard, donde obtuvo la maestría en administración pública, se incorporó al servicio público en una serie de altos puestos relacionados con finanzas y crédito. Trabajó en el Banco de México, en Pemex, en la Secretaría de Hacienda. A partir de 1979 ocupó la Secretaría de Programación y Presupuesto. En 1981 López Portillo declaró con todo cinismo lo que todos sabían pero no proclamaban por respeto a las formas: que él y no el PRI era el fiel de la balanza, al menos a efectos de la elección de su sucesor. Y acto seguido destapó a su imagen en negativo: su sobrio y discreto ex discípulo Miguel de la Madrid.

Sus propuestas de campaña electoral recordaban sus textos sobre el liberalismo y su cátedra de derecho constitucional. Proclamaba que México debía acercarse a la letra del artículo 40 constitucional y ser una auténtica república, representativa, democrática, federal. Prometía continuar la reforma política, fortalecer los poderes legislativo y judicial, limitar el poder ejecutivo con actos simbólicos (el presidente pagaría impuestos y desterraría el culto a la personalidad) y sustantivos (disposiciones contra el nepotismo, obligatoriedad de declaración anual patrimonial de los funcionarios públicos). Crearía la Secretaría de la Contraloría y la Ley Federal de Responsabilidades de los Servidores (no funcionarios) Públicos. Trataría, en suma, de «volver a la sobriedad y austeridad propias del régimen republicano». La palabra democracia aparecía en dos de los postulados de campaña: «planeación democrática y democratización integral». El concepto de federalismo se reflejaba en la «descentralización de la vida nacional», cuyos aspectos más relevantes serían la reforma al artículo 115 en apoyo de los municipios –un clamor desde tiempos de Venustiano Carranza– y una descentralización educativa de la que se encargaría nada menos que don Jesús «el del gran poder».

Con Miguel de la Madrid, el siglo XIX liberal reaparecía en el discurso público al lado de la Revolución. Sólo Madero y Carranza se habían acordado de él. La política podría quizá volver a desplegarse como una dimensión de los individuos y la sociedad. El Estado perdería tal vez sus inútiles prestigios hegelianos (o tomistas) para reducirse a una imperfecta creación humana.

La ciudadanía respondió a su apelación. En medio de la crisis financiera, la sorpresa mayor fue la copiosa participación electoral del 6 de julio de 1982. No se había visto nada similar desde tiempos de Almazán o Vasconcelos, pero ambos eran candidatos de oposición. La caída del abstencionismo y la copiosa votación por De la Madrid (76 por ciento) intrigó a los observadores políticos. Pero no había misterio en los resultados. Se trataba de un voto en favor de Miguel de la Madrid, no en favor del PRI, que veía disminuido considerablemente el sufragio en favor de sus candidatos a diputados y senadores. Tal vez un candidato fuerte en la oposición hubiese modificado la proporción, pero el votante no veía otra alternativa viable y quiso creer en la «renovación moral de la sociedad» que proponía De la Madrid. La interpretó como una declaración de guerra contra la corrupción. La gente quería un gobierno decente, veraz, un gobierno firme pero autocontenido. Y esperaba el desagravio. Para eso descubrió el valor del voto.[1]

Dos años más tarde, De la Madrid viajaba en el avión presidencial a Chihuahua. Se le veía cabizbajo. Acababa de ocurrir una trágica explosión en San Juanico, un inmenso depósito de gas en la ciudad de México, y se sospechaba que era el propio sindicato de Pemex el que lo había maquinado para presionar al presidente por el retiro de algunos privilegios adquiridos durante la «administración de la abundancia». Para entonces, el líder Joaquín Hernández, «la Quina», hacía años que se había convertido en un cacique en el sentido tradicional del término. Pero a su poder regional en el noreste de México se sumaba una impresionante acumulación de riquezas y fueros superiores a los de las corporaciones eclesiásticas del siglo XIX: tenía diputados, senadores, regidores, barcos, haciendas, fábricas, tiendas, diarios, escuelas; sus ingresos no eran gravables; sus empleados insubordinados podían sufrir desde la inocente cláusula de exclusión hasta la muerte. Si De la Madrid tenía datos fidedignos sobre un sabotaje, se los guardaba, pero el sindicato no tenía empacho para amagar en público al presidente: si Pemex no invertía en el sentido en que el sindicato recomendaba, los accidentes podían seguir ocurriendo. «La Quina» parecía no conformarse con ser el presidente de los obreros petroleros. Pasando por encima del máximo jerarca Fidel Velázquez, parecía buscar, a la larga, la presidencia de los mexicanos.

De la Madrid sabía que «la Quina» y su sindicato no eran una desviación excéntrica del sistema político mexicano sino, más bien, su consecuencia natural y extrema. Y sin embargo, en aquel avión hablaba en privado de su propia impotencia: «El presidente no tiene el poder para hacer muchas de las cosas que la gente pide, a veces no puede imponer su voluntad al gabinete. La gente me exige que cambie al rector, que componga la prensa –una cloaca de corrupción–, pero no puedo hacerlo, no me corresponde, éste no es un régimen totalitario. No debo hacerlo».

El país había corregido un tanto su rumbo económico, pero el presidente parecía escéptico:

«Si no salimos de la inflación no salimos de nada. La crisis no disminuirá pronto porque las clases altas y medias no ahorran. Tienen hábitos excesivos de consumo y una especie de complejo frente a los norteamericanos que es difícil erradicar. Padecemos un nivel delezynable en la educación. Si la prensa fuese objetiva y profesional ayudaría mucho, pero como en la ley de Gresham de la economía, la moneda mala sube a la superficie y predomina».

Otro hombre en su situación hubiese buscado tal vez una salida populista, pero ni el gobierno en quiebra tenía posibilidades para «dar», ni De la Madrid –por convicción, responsabilidad y temperamento– hubiera desempeñado ese papel. Había vivido el populismo muy de cerca, y lo detestaba.

Ahora se dirigía a Chihuahua para apaciguar al PRI local, herido de muerte por haber perdido en 1983 frente al PAN varias presidencias municipales, entre ellas las de las dos ciudades principales: la capital, Chihuahua, y Ciudad Juárez. El PAN había renacido en el estado natal de Gómez Morín. Uno de los principales promotores del renacimiento era aquel empresario textil liberal, preocupado por los problemas sociales, insobornable, honesto, independiente y quijotesco: Luis H. Álvarez. Después de dirigir la Cámara de Comercio y la Asociación Cívica de Ciudad Juárez a mediados de los cincuenta, había sido candidato a gobernador por el PAN en 1956 y, dos años más tarde, candidato panista a presidente de la República. A partir de aquel momento, el PAN de Chihuahua, como el de todo México, se eclipsó. A las convenciones –recordaba Álvarez– asistían ciento cincuenta personas. De pronto, en los ochenta sobrevino el desastre económico y su secuela natural de repudio al PRI. En 1983 Luis H. Álvarez llegó a la presidencia municipal de la ciudad de Chihuahua. No hubo ocasión de fraude electoral: en un acto sin precedentes, el candidato oficial, Luis Fuentes Molinar, admitió su derrota antes de que los alambiques del PRI comenzaran a urdir su misteriosa mezcla.

En Ciudad Juárez había triunfado un «neopanista», el joven contador Francisco Barrio. Su trayectoria se parecía a la de Álvarez, sólo que transcurría exactamente treinta años más tarde. Como Álvarez, Barrio trabajó en la iniciativa privada de Ciudad Juárez; dirigió una empresa de ciento cuarenta personas (su «escuela de liderazgo»); llegó a la presidencia del Centro Empresarial y a raíz del *shock de la nacionalización bancaria»* decidió afiliarse al PAN. Los mártires panistas se sorprendieron de la frase del neopanista: «El PAN pierde porque tiene mente perdedora». Lanzó su candidatura a la presidencia municipal de Ciudad Juárez. «Si no ganamos, sacudimos», les respondía. Y ganó.

El gobernador de Chihuahua, el licenciado Óscar Ornelas, era un hombre con una trayectoria paralela a la de De la Madrid. Amigo de López Portillo, profesor de derecho, ex rector de la Universidad de Chihuahua, hombre discreto de convicciones pluralistas, había llegado a la gubernatura en 1980. Según uno de sus discípulos, Ornelas veneraba a Montesquieu. Quizá por eso sus primeras actitudes políticas parecieron tan dubitativas que lo asemejaban a un «Hamlet moral». Hamlet o no Hamlet, Ornelas se decidió a no usar la violencia con fines electorales. Ya en 1980 esta abstención provocó problemas al PRI en algún municipio, pero en 1983 la votación a favor del PAN y la presión del gobierno federal lo colocó en una situación verdaderamente hamletiana. El resultado fue la victoria panista en varios municipios importantes del estado, incluyendo a la capital. «Para mí no es problema gobernar con un presidente municipal panista», declaró. Y en efecto, las relaciones con Álvarez eran respetuosas.

Pero en aquella visita De la Madrid lo regañó públicamente. En reuniones multitudinarias del más puro estilo priísta declaró que «se engañaban quienes creían que el partido de la Revolución estaba en crisis». Había que cerrar filas, fortalecerse, purificarse... Ya no hablaba como liberal, hablaba como un miembro de la «familia revolucionaria». A nadie sorprendió que en 1985 el PRI empleara sus tácticas habituales contra el renaciente PAN en las elecciones para gobernador de Nuevo León y Sonora.

Mientras en los muros del país aparecía una significativa leyenda neoporfiriana «PRI: 55 años de paz social», Octavio Paz publicó un ensayo con una frase más ajustada a la realidad: «PRI: hora cumplida». El presidente habló con él en privado y le comentó que la reforma democrática era imposible: el PRI, en pleno, se opondría.

El 19 de septiembre de 1985 el peor terremoto de la historia de México golpeó el corazón del país: la ciudad de México. El gobierno reaccionó con estupor y lentitud. Como una señal más –por si faltara– de la petrificación del sistema, la Secretaría de Relaciones Exteriores antepuso el nacionalismo al más elemental sentido de caridad y anunció con orgullo que «absolutamente en ningún caso» se hicieron peticiones de ayuda, menos que a nadie a los Estados Unidos. El pueblo, por su parte, no sólo aceptaba la ayuda: la imploraba. Nunca se supo el número de muertos. Se calculan cincuenta mil.

La esclerosis oficial contrastó con la valerosa actitud de la juventud. Desde los primeros momentos, las calles se llenaron de preparatorianos, estudiantes del Politécnico y universitarios que espontáneamente organizaron brigadas de salvamento de las víctimas y de ayuda a los damnificados. Miles de muchachos de todas las clases sociales se arriesgaban entre las ruinas para lograr lo que se volvió voz común: «sacar gente». Cientos de automóviles ostentando una cruz o una bandera roja cruzaban la ciudad en un hormigueo incesante. Fue una suerte de bautizo cívico. En algún lugar de Tlatelolco –conjunto severamente golpeado por el temblor–, un muchacho de escasos 15 o 16 años acaudilla el rescate. Lo obedecen todos: policías, militares, brigadistas. Se vive el mismo fenómeno de afirmación y solidaridad del 68, pero en sentido inverso: ahora los estudiantes no gritaban «únete, pueblo», sino que se unían a él.

Los jóvenes desplegaron una auténtica cruzada de acopio y distribución de bienes, información y servicios. A las universidades privadas y, en menor medida, a las públicas llegaron agua, ropa, alimentos, mantas, medicinas, camas, juguetes, agua, biberones, escobas, jeringas. En sus instalaciones se organizó de inmediato un sistema de información que cotejaba los recursos con las necesidades. Mientras en las cocinas se preparaban las comidas y en los almacenes se reservaban los productos que no era preciso distribuir de inmediato, miles de brigadistas salían a la calle –a los albergues, las colonias, las aceras, los parques, los edificios en ruinas– para distribuir bienes perecederos y necesarios.

El 90 por ciento de la operación en todas las universidades estatales y privadas estuvo en manos de los estudiantes. Hubo selección de víveres, verificación de necesidades, servicios de telecomunicación, intercambio de información para evitar –a menudo inútilmente– duplicidad, envíos con recibo para dar transparencia a la operación, censo y organización interna en los albergues. De inmediato se discurrieron los servicios más variados: desde el peritaje de edificios con ex alumnos hasta la fotografía de cadáveres para su posterior identificación.[2]

Se trataba a todas luces de un momento dúctil en el que el gobierno podía haber intentado descentralizar la vida del país. La ciudad de México era una auténtica «ciudad-Estado» que, como nuevo centro imperial, devoraba los recursos y las divisas de sus «colonias» en el resto del país. En la capital vivía la quinta parte de los mexicanos, los cuales consumían la mitad de las importaciones. El déficit del país provenía del déficit de la capital. En el Distrito Federal se subsidiaban alimentos, vivienda, transporte, servicios. Era el momento de comenzar al menos la lenta labor de desmontar la pirámide mediante el doble proceso de restar privilegios a la capital y devolver a los estados y municipios recursos económicos y autonomía política. Era la oportunidad, pero el gobierno la dejó pasar.[3]

En julio de 1986 tendrían lugar las elecciones para el cargo de gobernador en Chihuahua. Desde el año anterior, el estado vivía una excitación política sin precedentes desde los remotos tiempos de Pancho Villa. En 1985 se celebraron elecciones para diputados locales. Un distrito tuvo que ser congelado porque la victoria del PAN hubiese equilibrado la representación en el Congreso. En septiembre estalló un conflicto estudiantil que el gobernador Ornelas no supo, no pudo o no quiso controlar. El día en que el terremoto sacudió la ciudad de México, Ornelas cayó. Tiempo después, declaraba a un diario nacional: «Hubo quienes sugirieron utilizar la represión para frenar al PAN. Pero la violencia se hubiera desbordado sin control. Decidí entonces respetar la voluntad popular. Luego tuve que renunciar». En cuanto a las elecciones de julio de 1986 advertía: «Si el PRI no atina en la

Miguel de la Madrid, *ca.* 1986.

selección de candidatos para alcaldes y diputados locales, el partido sufrirá la peor debacle de su historia. Más grave aún que en 1983».

En abril de 1986, la debacle parecía segura. En Chihuahua o Ciudad Juárez, donde se concentraba el 80 por ciento del electorado, la capacidad de convocatoria del PAN saltaba a la vista: mítines concurridos, campañas de afiliación simbólica con distintivos y calcomanías, participación política incluso de los niños. El estribillo de campaña lo decía todo: «En Chihuahua... ¡ya es tiempo!» El ascenso del PAN se explicaba por el agravio general del país, pero tenía también motivos particulares y remotos. En la historia de Chihuahua, como en la de otros estados del norte, existía una gravitación natural hacia la autonomía. En Chihuahua, «el centro» seguía siendo la fuente de todos los males, el lugar de los litigios, los permisos, las «mordidas», los dobleces, el legalismo, la dictadura de escritorio, los privilegios, la tecnocracia, la burocracia, los increíbles subsidios, el paternalismo, la gesticulación.

La libertad de que hacía uso la prensa de Chihuahua era un dato nuevo y alentador, pero acaso la mayor novedad fue la actividad política franca y abierta del clero. Desde los remotos tiempos de la Cristiada no se escuchaban declaraciones como las que se atrevía a hacer don Adalberto Almeyda, arzobispo de Chihuahua: «El pueblo está cansado de engaños y habrá violencia si no se respeta el voto». El 19 de marzo de 1986 los obispos de Chihuahua, Torreón, Tarahumara, Ciudad Juárez y Nuevo Casas Grandes publicaron la exhortación pastoral «Coherencia cristiana en la política», dirigida «a los católicos que militan en los partidos políticos». El documento atacaba al sistema político en dos flancos: «la intolerancia y absolutismo de un solo partido» (prácticas «totalitarias» contra las que se declaró, expresamente, el Concilio Vaticano II), y la «corrupción que se ha apoderado desde hace tiempo de las instituciones» y cuya causa primera es «la reticencia que se tiene a abrirse a una sincera y auténtica democracia». «La falta de democracia en un partido revela la voluntad decidida de ejercer el poder de una manera absoluta e ininterrumpida. Y el poder absoluto, en manos humanas, necesariamente limitadas, lleva inexorablemente a la corrupción.»

El presidente De la Madrid había hecho una severa advertencia contra toda intervención del clero en cuestiones políticas. El artículo 130 la prohibía. El arzobispo Almeyda respondió: «...es responsabilidad de la Iglesia luchar por el bien común y a eso no renunciamos». Para la Iglesia –decía un comunicado episcopal– «un fraude electoral es un pecado tan grave como el robo o el aborto».

El nuevo espíritu afirmativo de la Iglesia tenía un origen muy claro: la apoteósica visita del papa Juan Pablo II a México en 1979. Todo el México católico –es decir, casi todo México– se había volcado en las calles para expresarle lo que los franciscanos del siglo XVI ya sabían: que los mexicanos son «religiosísimos». El Papa parecía buscar expresamente que las Iglesias nacionales se reformaran a imagen y semejanza de la Iglesia polaca: como un contrapoder. La Iglesia de Chihuahua lo estaba logrando.

Francisco Barrio era un hombre carismático. Su popularidad se palpaba en la calle. En una reunión con un grupo de empleados de la RCA, reconocía que su táctica había sido básicamente de «ataque» y «cuestionamiento», con «poco énfasis en un programa». A sus colaboradores les exigía honestidad y capacidad. Un manejo eficiente de las finanzas estatales atenuaría el efecto de la crisis; para ello contaba ya con gente «lista para chambear». En cuestiones electorales, se quejaba, ya «no se cuidan ni las formas...» En todo el estado, el PRI afrontaba una situación difícil. Una encuesta reciente en Chihuahua favorecía al PAN en una proporción de tres a uno: «El fraude está canijo y sin embargo está en marcha ... el gobierno pregona textualmente que 'no va a soltar nada'... Tenemos que arrebatárselo... ¿Hasta dónde llegaremos?... Hasta todo. Evitaré la violencia pero no me doblego, no blofeo».

El fraude estaba «canijo», pero los periodistas independientes advertían que la maquinaria del sistema había tomado diversas providencias: impedía que trabajadores, maestros, padres de familia y campesinos manifestaran su apoyo al PAN; presionaba a los medios de comunicación, en especial a los concesionarios de radio y televisión, para apoyar abiertamente al partido oficial; manipulaba el padrón electoral eliminando miles de nombres y reteniendo credenciales. Para contrarrestar «el fraude que ya estaba en marcha», Barrio leía a un clásico de la política y la desobediencia civil: Gandhi.

Fernando Baeza, el candidato del PRI, era diez años mayor que su principal oponente. Su padre, ranchero de profesión, fue fundador del PAN local. Baeza estudió con los jesuitas. Hombre tranquilo y conciliador, su carrera política arrancó en la presidencia municipal de su ciudad natal, Delicias. Cuentan que el padre le dijo: «No voto por ti»; pero como Baeza quería ser líder y no mártir (corrían los años setenta), siguió en el PRI, hizo una buena gestión en su municipio y llegó al puesto de subprocurador en la Procuraduría General de la República.

No obstante, Baeza decía cosas raras ante el micrófono: «... la palabra ha perdido credibilidad ... los chihuahuenses están cansados de buenas intenciones ... Lo único intolerable es la intolerancia ... Queremos participación libre, convencida y razonable». Cerrando los ojos, se habría dicho que Baeza era el candidato del PAN. Por eso se hablaba de que se había «empanizado». Su táctica era la misma que había dado frutos al sistema durante su ya larga existencia: incorporar, incluir, cooptar.

La izquierda contendía también en las elecciones de Chihuahua. El candidato del PSUM (Partido Socialista Unificado de México) era el profesor Antonio Becerra Gaytán, cincuentón simpático y sencillote. Su trayectoria iba de la ortodoxia a la heterodoxia. Hijo de militar, profesor normalista, seguidor de Othón Salazar y fundador del Movimiento Revolucionario del Magisterio, se hizo comunista en 1960. «Hay que entender el momento», explicaba como excusándose levemente, «no era sólo Othón, era el MRM, el movimiento ferrocarrilero, Cuba.» «La sumisión al maestro Lombardo Toledano me molestaba.» Con esfuerzo autodidacta, se ganaba la vida dando clases de psicología e historia de México en la Universidad Autónoma de Chihuahua. Viajó al Este. En Rumania dijo para sí: «Yo no peleo por esto». Criticó la invasión a Praga. El 2 de octubre de 1969 Becerra sufrió un secuestro político. El PAN pedía su liberación. Y –sólo podía pasar en Chihuahua– ¡el obispo ofreció una misa! Un alumno suyo comentaba: «La derecha lo hizo demócrata».

En los setenta participó en la autocrítica del PC («¡Somos una secta!»). La relación de Becerra con su propio partido, el PSUM, no había sido fácil. «Donde gane el PAN no firmo», le dijo algún compañero, a lo que contestó: «No se es demócrata limitado. ¿Tienes o no confianza en las masas? O lo haces o te niegas». Sobre las elecciones próximas opinaba: «El PRI perdió la sensibilidad de reconocer la cultura del hombre libre frente a la cultura del empleado. Si a este electorado no se le reconoce sobrevendrá el repliegue y la frustración. Chihuahua vive hoy la revolución de la democracia. Chihuahua puede ser la cuna de los tiempos nuevos».

En contra de lo que De la Madrid mismo creía, el presidente de la República contaba con el poder para enarbolar *en ese mismo momento* la bandera de la democracia. El único protagonista político del «primer círculo» que hubiera protestado era el PRI, y ni siquiera todo el PRI sino parte de la burocracia política y las corporaciones sindicales. El ejército se plegaba al presidente, los caciques regionales pertenecían a la historia (Gonzalo N. Santos había muerto años atrás). Las cámaras, los magistrados, los gobernadores hubieran aplaudido unánimemente.

En el «segundo círculo», la relativa subordinación ya no era tal: varios periódicos y revistas mexicanos eran independientes, y si no prosperaban, al menos sobrevivían; varios intelectuales vivían fuera del presupuesto, ejercían la crítica al sistema y tenían cada vez más lectores; algunos sectores de la Iglesia adoptaban valores y actitudes liberales; los estudiantes habían demostrado su valor cívico en el terremoto; hasta algunos empresarios jóvenes comenzaban a admitir lo que después del desastre económico y la nacionalización bancaria era ya un secreto a voces: el sistema político mexicano debía reformarse y dar pie a la democracia.

En el tercer círculo, el de los «no subordinados», la independencia era la norma. El PAN cosechaba los frutos de su larga trayectoria democrática y ofrecía una salida natural y pausada de progreso político: el tránsito pacífico del poder a la oposición en los estados y municipios más desarrollados del país, sobre todo los del norte. La izquierda seguía dividida en varios partidos, algunos «paleros del gobierno», otros independientes como el antiguo PC (ahora llamado PSUM) y el PMT (Partido Mexicano de los Trabajadores), acaudillado por Heberto Castillo. Pero lo más notable en la actitud de la izquierda política era su naciente compromiso con la democracia.

Lo mismo cabía decir de la izquierda intelectual. En los diarios, la cátedra, las revistas literarias o los cafés, podía defender a los sandinistas y los guerrilleros de El Salvador, pero la revolución democrática del sindicato Solidaridad en Polonia había herido de muerte el dogma del paraíso comunista. Las reformas de Gorbachev se veían como una esperanza. No faltaba quien, en privado, se atreviera a criticar a Fidel Castro.

Era una oportunidad formidable. La opinión pública, la sociedad no corporada, fuera del sistema, hubiera aplaudido el tránsito paulatino a la normalidad democrática. La reacción internacional hubiese sido de entusiasmo. Pero el gobierno dejó pasar el tren de la democracia y echó a andar la maquinaria de la «alquimia electoral» en

Chihuahua. El fraude estaba «canijo», pero se dio: victoria del PRI, derrota del PAN.[4]

Junto con dos prominentes panistas, Luis H. Álvarez se declaró en huelga de hambre. Así comenzó el PAN un vasto movimiento de resistencia civil. En un acto sin precedentes, veintiún intelectuales firmaron un manifiesto que se publicó en los principales diarios del mundo. Señalaban las irregularidades del proceso electoral, exigían la anulación de los comicios y la celebración de nuevas elecciones. El secretario de Gobernación, Manuel Bartlett, invitó a algunos de esos intelectuales a cenar. Les dijo que era «imposible ceder a su petición porque la victoria del PAN en Chihuahua abría las puertas a tres enemigos históricos de México: la Iglesia, los Estados Unidos y los empresarios».

Los escritores refutaron sus argumentos. La triple teoría conspiratoria sobre el ascenso del PAN era ridícula. La influencia de la Iglesia –le dijeron– convergía en el proceso, lo apoyaba y lo aprovechaba, pero no movía las actitudes cívicas. Se había hablado también del dinero norteamericano que engrosaba las arcas del PAN. Si existían pruebas, ¿por qué no se exhibían? El argumento habitual era que en Chihuahua estaba en jaque la soberanía nacional. ¿En qué sentido concreto México sería «menos México» con un gobernador no priísta en Chihuahua? Fueron dos gobiernos priístas los que, en gran medida, hipotecaron al país entre 1970 y 1982. Si los cien mil millones de dólares que el país debía ya en 1986 (a una tasa del 10 por ciento) hubiesen entrado al país como inversión extranjera, repatriando el 4 por ciento (después de cubrir sueldos, impuestos, compras, reinversiones, etcétera), ¿no tendríamos, en sentido concreto, más soberanía? Si se cambiara el *statu quo*, no se disminuiría la soberanía de la nación sino la soberanía del PRI. En cambio, el fortalecimiento de Chihuahua a través de la democracia no podía conducir sino al fortalecimiento de la nación. Quedaba, en fin, la tercera *bête noire:* los empresarios. Su apoyo al PAN –se argumentó– era relativo. De los setecientos miembros del Centro Empresarial sólo cincuenta eran abiertamente panistas. La gran empresa de la ciudad de Chihuahua era priísta. Los empresarios chihuahuenses, para todos los efectos prácticos, eran en su mayoría apolíticos o, cuando mucho, «prendían dos veladoras». En suma, el juicio de Luis H. Álvarez era exacto: «...se ofende al electorado de Chihuahua al decir que lo manipulan los empresarios, la Iglesia o los Estados Unidos».

Bartlett –que en su juventud había sido un colaborador y ardiente partidario de Carlos Madrazo– escuchó los argumentos y no modificó un ápice su posición. Al final de la cena sugirió que se había cometido un fraude, pero era un «fraude patriótico». Cualquier disturbio, advirtió, se toparía con la fuerza pública.[5]

Era un error histórico. Chihuahua podía haber sido la cuna de la democracia; pero al decidir que no lo fuera, el gobierno de la «renovación moral» perdió su gran oportunidad de encabezar el cambio democrático.

Una «corriente crítica» nació dentro del PRI exigiendo democracia. La encabezaba el ex gobernador de Michoacán, el hijo del «Tata Lázaro», un hombre que en su nombre y apellido concentraba simbólicamente el nacionalismo popular de la historia mexicana: Cuauhtémoc Cárdenas. Había solicitado su ingreso al Wilson Center en Washington, pero a raíz de los sucesos de Chihuahua –y a diferencia del gobierno– leyó con claridad su oportunidad política y la aprovechó. Junto con otros priístas destacados (como el ex presidente del PRI y ex secretario de Trabajo y de Educación, Porfirio Muñoz Ledo) recogería la bandera democrática que De la Madrid había despreciado y se la llevaría con él, de ser preciso, fuera del PRI.

A mediados de 1987, a unos meses del «destape», De la Madrid reflexionaba en privado sobre la trayectoria de su gobierno. Su mayor satisfacción consistía en haber comenzado una auténtica reforma económica, una «perestroika» a la mexicana que estaba dando frutos sustantivos. A partir de índices del 150 por ciento, la inflación se estaba controlando gracias a la novedosa idea de un «pacto» entre el gobierno, las corporaciones obreras y las cúpulas empresariales. En 1986, el Estado había hecho lo impensable: declarar en quiebra una empresa pública, y no cualquier empresa; nada menos que la legendaria Fundidora de Fierro y Acero de Monterrey, adquirida por el gobierno echeverrista –como tantas otras empresas quebradas o en problemas– para beneficio de los empresarios, los banqueros, los burócratas y para desgracia del presupuesto nacional. Más de mil empresas públicas creadas entre 1970 y 1982 se hallaban en situación de virtual bancarrota. El gobierno se proponía deshacerse de ellas. Además del control del gasto público y el arranque de la privatización, De la Madrid se había inclinado a favor de la entrada de México al GATT. Éstas y otras reformas de liberalización económica tenían que volverse irreversibles. El mensaje era obvio:

el próximo presidente debía ser un hombre que consolidara el cambio económico.[6]

A pesar de los números que dejaría a su sucesor (una deuda de cinto dos mil millones de dólares, crecimiento nulo, caída de 8,6 por ciento en el salario real, una devaluación que llegó a 925 pesos por dólar), Miguel de la Madrid había logrado una corrección del rumbo económico del país. Él mismo confesaba que había sido difícil: se había formado en una mentalidad reticente ante el mercado, proclive al Estado. Pero había cambiado, y al cambiar había redescubierto su propia raíz intelectual: las ideas económicas de los liberales.

¿Y la política? Al hablar del PRI ya no se mostraba cabizbajo. «El PRI ocupa el centro del espectro político de México, necesita renovarse, atraer a la clase media, y lo puede hacer.» A la derecha estaba el PAN, lleno de gente que «no es seria» y ligado a la Iglesia, con la que era difícil negociar y discutir. El país «necesita una izquierda moderna», pero los izquierdistas mexicanos eran «dogmáticos y a veces locos». Ahí, a la izquierda, era donde debían parar los «populistas» Cuauhtémoc Cárdenas y Muñoz Ledo: «...por mí que se vayan, que formen otro partido».[7] La prensa era una cloaca, los empresarios sólo pensaban en el dinero. ¿La democracia? México vivía una democracia, pero imperfecta y perfectible. En términos políticos, la moraleja era clara: Miguel de la Madrid había olvidado a la «sin par generación de los liberales». Era, a fin de cuentas, un hombre del sistema.

Como quería y preveía De la Madrid, Cuauhtémoc Cárdenas y Muñoz Ledo abandonaron el PRI. Sin haber organizado un partido para las elecciones de 1988, Cárdenas aceptó su postulación por una coalición de pequeños partidos. Antes del día de las elecciones, el otro candidato de la izquierda –Heberto Castillo, cabeza del PMT– tuvo el acierto de declinar su candidatura para apoyar al hijo del general. Por el PAN contendía un bravo empresario de Sinaloa, un antiguo jugador de futbol americano del Tecnológico de Monterrey que ahora empleaba sus técnicas de *full-back* para horadar la débil defensiva del equipo del PRI: Manuel Clouthier. Por el sistema, el candidato era un joven y brillante economista, ex secretario de Programación y Presupuesto: Carlos Salinas de Gortari.

La campaña del PRI obtuvo menos éxito de lo esperado, pero ni en sus más salvajes sueños los jerarcas pudieron prever lo que sucedería el 6 de julio de 1988. Como ocurrió seis años atrás, el electorado volvió a votar, pero esta vez no para avalar al candidato oficial sino para castigarlo, para insistir en el agravio insatisfecho, para formular un deseo absoluto de cambio. Cuando los primeros datos llegaron a las oficinas de Gobernación en Bucareli, los resultados a favor de Cárdenas eran tan alarmantes que el sistema decidió inventar un desperfecto técnico para ganar tiempo, manipular la elección electrónicamente, revertir la tendencia y dar el triunfo a Salinas. El propio sistema llamó al desperfecto –con humor involuntario, con justicia poética– «la caída del sistema». Se refería, claro, al sistema de cómputo, pero el ciudadano común comprendió que el que se había caído era el otro, el verdadero, el presidencialismo mexicano.

Los ciudadanos nunca supieron el resultado real de aquellos comicios ni lo sabrán jamás. En el cenit de su presidencia, Carlos Salinas de Gortari ordenó quemar los paquetes de aquella votación que estaban resguardados en los sótanos de la Cámara de Diputados. Es probable que contuvieran la evidencia de su derrota. Cuauhtémoc Cárdenas luchó tenazmente contra lo que consideraba una usurpación. Una orden suya pudo haber incendiado al país. Pero quizá recordó a su padre, el general misionero, hombre de convicciones pero no de violencia, y haciendo un inmenso servicio al país, optó por formar un nuevo partido político de izquierda que en sus siglas definía su vocación: el PRD, Partido de la Revolución Democrática.

A pesar de la turbulencia política, Miguel de la Madrid terminó su sexenio sin sufrir el repudio de la opinión pública. A Díaz Ordaz lo perseguiría hasta la muerte el espectro sangriento de Tlatelolco; a Echeverría, la estela de su demagogia; a López Portillo, las personas en los restaurantes le ladraban cruelmente en recuerdo de aquella frase inmortal: «defenderé el peso como perro». De la Madrid podría caminar por la calle sin recibir aplausos pero tampoco insultos. Saludos corteses. Creyó que para cumplir con la «renovación moral» bastaba con repetir el episodio de austeridad republicana de Ruiz Cortines, practicar personalmente una ética de la abstención, dejar atrás la prepotencia, la megalomanía, la frivolidad. Aunque la gente apreciaba el respiro de esos seis años de autocontención, comprendía también que De la Madrid había confundido la prudencia con la pasividad y a veces con la inmovilidad. Pagó los platos de doce años de borrachera populista, pero pudo y debió hacer más, debió poner en práctica la «renovación moral» que en verdad se le pedía: devolver a la sociedad el control de su destino, instaurar la democracia.

Carlos Salinas de Gortari
El hombre que sería rey

Carlos Salinas de Gortari, *ca.* 1993.

México cruzaba en diciembre de 1988 la zona minada de una legitimidad incierta. El nuevo presidente debía actuar rápido, no para lograr legitimidad –algo imposible, que sólo nuevas e impensables elecciones podían haberle dado– sino credibilidad, esa sensación de que en Los Pinos había un líder firme y decidido. De pronto, a principios de 1989, en un amplio operativo, un grupo militar capturó al líder petrolero Joaquín Hernández, «la Quina». Se decía que «la Quina» había apoyado la campaña de Cárdenas y había financiado un libelo contra Salinas denominado «Un asesino en la presidencia» (el texto refería el homicidio accidental de una sirvienta cometido por Salinas de Gortari a los cuatro años de edad). «La Quina» pasaría el sexenio entero en la cárcel, acusado, entre otros delitos, de acopio de armas. El mensaje era claro: Salinas de Gortari no dejaría que nadie dentro del sistema político lo «calara»: era él quien «calaba». La reacción social fue una mezcla de admiración y alivio. El chaparrito Salinas de Gortari creció. Había un líder en Los Pinos. Tenía «huevos».[1]

Pero no sólo huevos; también talento económico y político, y capacidad para rodearse de talentos. Con Salinas entró a gobernar la joven generación que Miguel de la Madrid había propiciado. En Hacienda, Pedro Aspe Armella (egresado del Massachusetts Institute of Technology) ya había probado su eficacia en el proceso embrionario de privatización, corrección de las finanzas públicas y control de la inflación durante el periodo de De la Madrid. Aspe, uno de los mejores economistas de su generación, era un líder natural que formó un verdadero equipo de reformadores. En el gobierno del Distrito Federal –donde la votación de 1988 había favorecido a Cárdenas–, Salinas colocó a su antiguo amigo de la Facultad de Economía de los años sesenta, casi su hermano: el experimentado Manuel Camacho Solís (egresado de Princeton). El PRI se lo encomendó a su hijo político, el economista Luis Donaldo Colosio (egresado de North- western), hombre suave, conciliador, con buena pinta de charro mexicano.

Otros nombramientos de importancia fueron los del inteligente y austero economista Ernesto Zedillo (egresado de Yale) en la Secretaría de Programación y Presupuesto, y el inteligente y locuaz economista Jaime José Serra (también egresado de Yale) en la Secretaría de Comercio. Era la *Ivy League* en el poder.[2]

Salinas de Gortari había elegido un equipo a su propia imagen y semejanza. También él era economista y había estudiado en Harvard, pero sus credenciales parecían insuperables. Llegaba al poder muy joven, a los cuarenta años cumplidos; sólo Lázaro Cárdenas y Francisco I. Madero habían llegado a una edad menor, a los treinta y ocho años. Podía presumir de ser un hijo legítimo de la «familia revolucionaria»: su padre, el economista Raúl Salinas Lozano, había desempeñado el puesto de secretario de Industria y Comercio en el régimen de Adolfo López Mateos. La carrera del hijo parecía una copia de la del padre. Ambos habían estudiado en Harvard, se habían formado en la Secretaría de Hacienda y habían alcanzado una secretaría; pero el hijo superaba al padre en varios aspectos: tenía una maestría en administración pública, así como otra maestría y un doctorado en gobierno y política económica. Su carrera administrativa había sido igualmente brillante: a la sombra de su padrino Miguel de la Madrid, escaló varios puestos de investigación y *planificación* económica hasta convertirse en el imaginativo y dinámico jefe de su campaña presidencial y, a partir de 1982, en su poderoso secretario de Programación y Presupuesto. En la práctica, aquella secretaría era mucho más que un ministerio: era un laboratorio del régimen siguiente. No es casual que sus dos principales subsecretarios hayan sido Aspe y Camacho.

Caballista consumado, Salinas de Gortari había ganado una medalla en los Juegos Panamericanos de Cali, Colombia, en 1971. «Es un especialista en salvar obstáculos», comentaba aquel valeroso *full-back* del PAN, Manuel Clouthier, quien murió poco después de las elecciones de 1988 en un accidente de automóvil. Una ambición profunda se anidaba tras los ojos vivaces, la sonrisa juguetona y la inteligencia helada, filosa, de Carlos Salinas de Gortari.

Junto a él, acompañándolo como una sombra, aparecía siempre un hombre silencioso, envuelto en el misterio. Era su asesor, José María Córdoba. Hijo de republicanos españoles, veterano del 68 parisino, tenía una cultura humanística y una perspectiva global de la que carecían los tecnócratas del «salinismo». Era el poder detrás del trono.

En la historia del México moderno ha habido algunos cuantos presidentes reformadores, hombres decididos a escuchar la llamada del futuro. Porfirio Díaz, Plutarco Elías Calles y Miguel Alemán eran de esa estirpe modernizadora. Creían en el progreso económico más que en la libertad política. Eran los nuevos Borbones, los déspotas ilustrados de la edad moderna. A esa estirpe imperiosa e impaciente pertenecían Salinas de Gortari y su generación.

Su proyecto de fondo era la rehabilitación plena de la mayor empresa mexicana del siglo: el sistema político mexicano. Sólo modernizando esa empresa podría modernizar el país.[3] El plan de acción no podía incurrir en anacronismos ni repeticiones. Por definición, era imposible e indeseable volver a las épocas del populismo dadivoso que había llevado al país a la quiebra, pero tampoco se necesitaba destruir todas las prácticas del sistema. Algunas podían resultar útiles. La clave estaba en hallar un diseño equilibrado y eficaz para poner en práctica la frase de oro de Jesús Reyes Heroles: «Cambiar para conservar».

En la cúspide, Salinas ejercería el poder presidencial sin la violencia de Díaz Ordaz, los sobregiros verbales de Echeverría o el boato de López Portillo, pero con una visibilidad mucho mayor que De la Madrid. Nada de reticencias: su mano firme seguiría sintiéndose, como en el caso de «la Quina». La energía juvenil del nuevo presidente, la resolución con la que pondría en práctica su nuevo programa económico y hasta la medida contra «la Quina» recordaban el arranque de Miguel Alemán.

El PRI debía entrar en un proceso de reforma paulatina. Bajo la *mano suave* de Colosio se pondrían las bases para un proceso de federalización dentro del partido; a largo plazo, se pretendía transformarlo en una organización de ciudadanos, no de sectores. Colosio solía hablar con entusiasmo sobre estos esfuerzos, como si estuviesen al alcance de su mano. Quizás ignoraba el antecedente de Madrazo. Un PRI integrado por ciudadanos, un PRI con elecciones internas, no era el PRI. El partido se sometió a una primera prueba en 1989, con motivo de las elecciones en Baja California Norte. El PAN obtuvo un triunfo claro y Salinas de Gortari instruyó a Colosio para que aceptara sin ambages la derrota. Era la primera vez en la historia moderna de México (y del PRI) que un candidato de oposición –el panista Ernesto Ruffo– llegaba a la gubernatura de un estado. El fortalecimiento moral que extrajo el gobierno de esa derrota confirmaba, en retrospectiva, el error de Chihuahua. Los Estados Unidos no invadieron Baja California, que tampoco cayó en manos de la Iglesia ni de los empresarios. Había triunfado la democracia, pero el PRI bajacaliforniano no le perdonaría nunca al régimen –ni a Colosio– la humillación.[4] Un grupo político se formó entonces en las zonas más turbias del priísmo de Baja California. Su designio vengativo estaba inscrito en su nombre: TUCAN, «Todos Unidos Contra Acción Nacional».

Salinas había encarcelado a «la Quina», pero mantenía las mejores relaciones con el presidente vitalicio de los obreros. A sus ochenta y ocho años de edad, don Fidel Velázquez seguía tan activo y dinámico como en tiempos de Calles. Hombre pragmático por excelencia, atento al «itacate», cercano a las masas, desdeñoso del «camino» y la ideología, «don Fidel» reconocía el éxito del pacto efectuado en 1988 entre las corporaciones sindicales (que dependían mayoritariamente de él), el gobierno y los empresarios: la inflación había caído de manera impresionante, del 15 por ciento, en enero de 1988, al 0,4 por ciento en agosto de ese mismo año. Estos resultados lo animaron a reafirmar «el indestructible pacto histórico» entre el «gobierno revolucionario y la clase obrera». En cualquier país latinoamericano, un ajuste drástico de los salarios (como el que suponía el nuevo pacto) hubiese arrojado a los obreros a las calles en protestas multitudinarias. No así en México: «es una de las ventajas del corporativismo», comentaba Salinas de Gortari. El gobierno utilizaba sus instrumentos políticos premodernos para corregir el rumbo económico y despegar hacia la siempre anhelada modernidad.

Con los campesinos, Salinas de Gortari empleó una estrategia más compleja. Las manifestaciones de crisis económica en el campo eran evidentes desde tiempos de Cárdenas: baja productividad, pobreza extrema, erosión de la tierra, éxodo a las ciudades. El gobierno de Salinas comenzó a preparar la más ambiciosa reforma económica y social desde tiempos de Alemán: nada menos que una modificación de fondo al intocable artículo 27 constitucional. Se trataba de dar al campesino la oportunidad de decidir libremente el régimen de propiedad que le conviniese, ya sea el colectivo (ejidal) o el individual (propiedad privada). Lo importante era que el campesino tuviese títulos de *propiedad* sobre su tierra, no meros «derechos ejidales» que en la práctica lo sometían a la tutela permanente de ese eterno e impersonal patrón: el gobierno local, estatal o federal en turno.

El sentido genuinamente liberal de esta reforma implicaba una voluntad de manumitir al campesino y convertirlo en mayor de edad. Las viejas figuras autoritarias y venales del campo mexicano (el cacique, el comisario ejidal) verían disminuido su poder en la medida en que el campesino tomara conciencia de su libertad y la ejerciera. No obstante, el sistema no pretendía romper amarras con los campesinos. Eso parecía inconveniente en el sentido económico (porque los campesinos, conservadores y desconfiados, tardarían en asimilar las bondades de las reformas) y en el político: los cambios al sacrosanto legado de Cárdenas podían fortalecer la oposición cardenista. El grupo de Salinas comenzó a concebir un sistema de apoyo al campesino que, esquivando la pesada, onerosa y corrupta burocracia, atendiera directamente al campesino compartiendo inversiones y proyectos como un socio financiero. El programa obtuvo un éxito notable en casi todo el país: se llamó «Solidaridad». La televisión se llenó de anuncios que pregonaban sus logros como un nuevo Evangelio del progreso. Con el tiempo, las malas lenguas dirían que Solidaridad era el embrión de un nuevo partido que encabezaría Salinas al salir de la presidencia, su plataforma histórica. Tales rumores nunca se confirmaron, pero entre los campesinos Solidaridad gozaba de una aceptación evidente. El gobierno los ayudaba no con palabras ni con proyectos administrados por burócratas: con dinero en efectivo.

El ejército permanecía tan subordinado e institucional como siempre. En las Cámaras de Diputados y Senadores se habían producido cambios de consideración. En ambos casos predominaba la obediente máquina del PRI, pero los representantes del PAN y el PRD introducían un debate real que un sector de la prensa recogía y proyectaba a la opinión pública, dando por primera vez al poder legislativo, si no un peso real, al menos la apariencia de un poder auténtico e independiente. De particular importancia había sido la ruptura del ritual el primero de septiembre de 1988. El senador del PRD, Porfirio Muñoz Ledo, interpeló por primera vez en la historia al presidente (De la Madrid), despojando a la «investidura presidencial» de su aura sagrada. La opinión pública apreció la importancia del hecho, pero los jerarcas del PRI insultaron a Muñoz Ledo en pleno recinto legislativo gritándole «traidor».

El poder judicial seguía siendo débil, pero en los demás poderes formales, en las gubernaturas y en las presidencias municipales, el coraje cívico de los mexicanos deparaba notables sorpresas que el régimen no supo prever ni interpretar.

En la zona tradicionalmente «no tan subordinada», se produjeron cambios impresionantes. Una parte de la prensa seguía pegada a las ubres del Estado. Como en los viejos tiempos del alemanismo, eran meras oficinas de información oficial. Si una bomba atómica hubiera caído en Nueva York, muchos periódicos de México hubieran cabeceado en la primera plana: «Atómica en Nueva York; Salinas consternado». Pero junto a esta sujeción voluntaria (que se repetía en el caso de los noticiarios de televisión), la prensa escrita y la radio ejercían su libertad pasando por encima de las sutiles amenazas oficiales y los riesgos. Periódicos como *La Jornada* en la ciudad de México y *El Norte* en Monterrey, revistas independientes como el semanario *Proceso*, daban un ejemplo de libertad que no tardaron en seguir otros órganos de la capital y la provincia. La novedad de los tiempos fue la apertura política de la radio. Siguiendo la pauta abierta por la estación Radio Red en su noticiario matutino *Monitor* (escuchado religiosamente por millones de personas), otras cadenas abrieron su programación a una cobertura objetiva de las noticias y a un debate político cada vez más libre.

Si la prensa y la radio se escapaban a su control, el gobierno salinista diseñó un acercamiento sin precedentes a dos protagonistas colectivos de la zona «relativamente subordinada»: los empresarios y la Iglesia. La intervención de los primeros en el pacto de 1988 fue el preludio de una luna de miel que duraría todo el sexenio. No podía ser de otra forma. Las reformas económicas que instrumentaría Salinas representaban una reversión completa de los esquemas populistas de Echeverría y López Portillo. No había duda del rumbo que había que seguir, como sí hubo con López Mateos, y «ni siquiera» titubeos, como con De la Madrid. Cuando Salinas decía que México podía ingresar en el Primer Mundo, lo creía de verdad, y se refería claramente a un esquema capitalista. Los cambios macroeconómicos infundían confianza en el inversionista –sobre todo en los grupos oligopólicos nacionales–, pero la prueba tangible la tuvieron en el proceso de privatización que, saltándose todos los tabúes, los benefició. Con excepción, fundamentalmente, de las industrias nacionalizadas por don Porfirio, Cárdenas y López Mateos (los ferrocarriles, el petróleo, la energía eléctrica), el gobierno cerró y subastó, a buenos precios, la gran mayoría de sus empresas. A la nacionalización de la banca instrumentada por López Portillo, Salinas la trató como lo que era: un sainete que no sólo podía sino quería y debía revertir.

Una de las primeras argucias de Salinas fue la de acercarse a la Iglesia y tantear la posibilidad de fumar la pipa de la paz. Para ello había que modificar sustancialmente el artículo 130 de la Constitución, con lo que que se dotaría de personalidad jurídica a la Iglesia, así como plena autonomía para gobernarse en su régimen interno y hacer manifestaciones de culto externo. Ahora los sacerdotes podían opinar como les pareciera y votar. El nuevo concordato incluiría también el restablecimiento de relaciones con el Vaticano. El Estado salinista pensó extraer del acuerdo una fuerte tajada de prestigio y legitimidad, pero lo cierto es que el pueblo, religiosísimo como siempre, tomó con indiferencia la reforma, que sólo avalaba una situación de hecho. La Iglesia, por su parte, se avino astutamente a una reforma que le costaba poco, la beneficiaba mucho y confirmaba la conciliación iniciada por el piadoso Ávila Camacho.

A despecho de la llamarada provocada por el terremoto del 85, los estudiantes no eran los del 68. Aquel espíritu de los sesenta sería irrepetible. El gobierno podía darse el lujo de revertir la tendencia populista y relegar la inversión en las grandes universidades públicas. No ocurriría nada, fuera de aislados conatos de rebeldía y una romántica adhesión estudiantil a Cárdenas, que ya se había manifestado en las elecciones del 88. Por lo demás, en fuerte contradicción con su política económica, el gobierno salinista no «adelgazaba» en absoluto, sino que mantenía el tamaño del sector público central, que de ese modo podía seguir cumpliendo las tradicionales funciones de aspiradora social, dando empleos.

Esta filantropía era un dato central en el esquema. El «pan» que seguía previniendo el «palo». En el año de las fiestas del Centenario, Díaz empleaba a 64.381 personas, el 1,2 por ciento de la población ocupada. En 1970, en la cima del «desarrollo estabilizador», había 616.607 burócratas, el 4,8 por ciento de la población ocupada. Echeverría salvó de «vivir en el error» a 2.151.890 personas, y López Portillo, a 3.990.702 (el 14 y el 20,4 por ciento de la población ocupada, respectivamente); pero De la Madrid llevó la beca nacional a 4.365.500 personas y Salinas la sostuvo en ese nivel.[5]

Quedaba un sector con peso e influencia crecientes en la opinión pública: el de los intelectuales. Tras la turbia elección de 1988, Salinas, necesitado de una urgente transfusión de legitimidad, logró reclutar a un sector importante de la intelectualidad mexicana. El presidente repitió la vieja receta porfiriana (y más tarde echeverrista) de dar «maiz al gallo» bajo la forma de viajes al extranjero (por cuenta del erario), contratos editoriales, acceso privilegiado a medios oficiales de comunicación y, desde luego, dinero contante y sonante. Con todo, los intelectuales mexicanos mostraron, en su conjunto, madurez. Desde periódicos, revistas y estaciones de radio independientes, ejercieron la crítica fundamentada del salinismo. Algunos reconocían aspectos positivos en la política económica, otros se distanciaban o la reprobaban de plano. Pero la mayoría se quejaba de la inadmisible dilación de la reforma política.

El mayor depósito de legitimidad estaba, obviamente, en la zona de la «no subordinación», territorio exclusivo de la oposición. Agraviado con plena justicia por el fraude de 1988, el PRD nació de espaldas al salinismo, como su enemigo mortal. Nada ganaba Cárdenas con acercarse a Salinas (a quien siguió llamando «usurpador», el «señor Salinas» o sencillamente «Salinas») y cuando el presidente logró un *modus vivendi* legal y político con el PAN, pensó que no necesitaba al PRD. El PAN saboreó el triunfo en Baja California y previó certeramente que la «brega de eternidades» se terminaba; pero un conjunto de factores hicieron que la brega siguiera; no eterna, aunque sí prolongada. La popularidad de Salinas crecía a la par que el claro reconocimiento internacional a sus reformas; con una estrategia de populismo dosificado, Manuel Camacho recuperaba los votos perdidos del Distrito Federal; Solidaridad entregaba electricidad, pavimento, escuela, trabajo y hasta títulos de propiedad a zonas campesinas pobres y marginales; para cerrar el círculo, una machacante propaganda en televisión engrandecía la obra y figura del presidente. En esas circunstancias, el triunfo del PAN en Baja California parecía excepcional.

No lo fue. En la segunda mitad de su periodo, el electorado en varios estados de la República votó masivamente a favor del PAN. A raíz de esas votaciones, tendrían lugar conflictos poselectorales destinados a modificar el mapa político de México. Un sector importante del México moderno había dejado de confiar en las presidencias del PRI y reclamaba la reforma siempre pospuesta: la democracia. Sólo esa reforma hubiera sentado al PRD a la mesa de las negociaciones, pero la estrategia oficial relegaba la política a un segundo plano y, en lo que a la izquierda se refiere, confiaba en su aislamiento definitivo.

No fue sólo con declaraciones y mercadotecnia política como Salinas ganó el apoyo de los empresarios e inversionistas de México y –en una medida creciente– del extranjero. Fue con su certero desempeño en al menos tres ámbitos de la política económica (además del campo): las finanzas públicas, la política monetaria y financiera, y el comercio exterior. Las revistas especializadas, los observadores internacionales, los despachos de consultoría, los gobiernos extranjeros, no se engañaron con lo que veían: México, el «patito feo» de las

Carlos Salinas de Gortari, *ca.* 1993.

finanzas internacionales en 1982, pasaba a convertirse en el «chico modelo».

Echeverría y López Portillo habían destruido el paciente edificio del «desarrollo estabilizador» desquiciando las finanzas públicas. En 1986, por los efectos del terremoto y una drástica caída adicional de los precios del petróleo, el déficit fiscal había alcanzado los ciento cincuenta mil millones de pesos. A cargo del problema desde 1987, el futuro equipo de Salinas de Gortari –con Pedro Aspe a la cabeza– redujo el déficit de manera dramática hasta volverlo superávit en 1991. La inflación tuvo una corrección paralela. Los populistas pregonaban que «el pueblo de México tenía que aprender a vivir con la inflación»; pero el pueblo de México no aprendía. En 1987 había alcanzado un tope histórico de casi el 170 por ciento anualizado. El pacto de enero de 1988 la redujo de manera efectiva y drástica. En 1991, a mitad del sexenio, la inflación era inferior al 20 por ciento.

En términos macroeconómicos o a corto plazo, la privatización se proponía equilibrar el presupuesto para bajar la inflación y volver a crecer. En un sentido estructural, pretendía desmantelar una de las enfermedades económicas de México: el estatismo. A fines de 1982, el número de empresas públicas que habían ido creándose alcanzaba la cifra de 1.155. Los sonorenses, Cárdenas, Ávila Camacho y Alemán habían fundado empresas y expropiado otras, pero casi siempre con un propósito estratégico y productivo. En tiempos del populismo, las empresas públicas experimentaron un incremento geométrico: 232 con Echeverría y 651 con López Portillo. La norma era comprar –con dinero que no pasaba por el presupuesto– empresas quebradas de la iniciativa privada. Se beneficiaban los empresarios enriquecidos, que podían dormir sin riesgos; sus banqueros, que recobraban créditos incobrables; el gobierno, que podía presumir de engrandecer «el patrimonio nacional», y los burócratas, que tenían nuevos empleos para «hacer patria», cobrar o medrar, según el gusto de cada uno. Quien no se beneficiaba era el público consumidor, el contribuyente y el erario, porque las empresas, en su inmensa mayoría, eran improductivas. La solución no era invertir en ellas: la solución era quebrarlas o venderlas a la iniciativa privada. Alentado por las privatizaciones que llevaba a cabo con toda naturalidad el gobierno socialista de Felipe González, Aspe promovió la quiebra en 1986 de la Fundidora de Fierro y Acero de Monterrrey, seguida en 1988 de Aeroméxico y, ya en tiempos de Salinas, con la aún más legendaria compañía minera de Cananea (la cuna de la Revolución), Banpesca y otras cuarenta empresas públicas más. En los casos de empresas deficitarias pero viables, el gobierno puso en marcha un proceso de venta por licitación pública. Al cabo del ciclo, el 85 por ciento de las empresas públicas se habían declarado en quiebra, cerrado o vendido. Los recursos que obtuvo el erario llegaron a los 22.500 millones de dólares que luego, por desgracia, se volatilizaron. Se había detenido una sangría anual de 4.500 millones de dólares.[6]

La renegociación de la deuda pública externa constituyó otro éxito redondo y sonado. Se instrumentó, mediante bonos de deuda y otros instrumentos financieros, en 1990, y logró reducciones de principal e intereses por cerca del 35 por ciento. En 1988, la deuda neta total del sector público era del 66 por ciento del producto interno bruto (PIB). En 1994 se redujo a menos de la mitad, el 24,8 por ciento. En el mismo periodo, el pago anual por intereses de la deuda pública total (interna y externa) pasó del 3,6 por ciento del PIB en 1988 al 1 por ciento del PIB en 1994. Otros aspectos sobresalientes de la reforma económica salinista fueron la devolución de la autonomía al Banco de México, y —el paso decisivo— el Tratado de Libre Comercio (TLC) con los Estados Unidos y Canadá.

El TLC fue el acto culminante de la «perestroika a la Salinas», llamada por algunos «salinastroika». Años atrás, el solo hecho de pensarlo infringía el onceavo mandamiento mexicano: «No confiarás en norteamericano alguno». Salinas entendió que se trataba de una convicción que tenía fundamento en la historia, pero que resultaba improcedente en la época contemporánea. Se atrevió a plantear el tratado y a promoverlo con denuedo. Su mayor acierto fue su actitud: logró que México pensara más en el futuro que en el pasado. Con buenos argumentos sociales y económicos (detener la emigración mexicana hacia los Estados Unidos, aprovechar la complementariedad de las economías, mejorar la competitividad de la zona frente a los bloques europeos y asiáticos), y mediante un trabajo activo de cabildeo, inusitado en la clase política mexicana, Salinas, junto con su equipo de la *Ivy League*, logró finalmente vender la idea a los Estados Unidos. Su imagen internacional no superó la fama de Emiliano Zapata, pero llegó a las páginas de todos los periódicos y revistas prestigiosos (y no prestigiosos) en el planeta.

No faltaron críticas y críticos a su programa económico. La izquierda señalaba, con insistencia y con razón, que la privatización se había realizado en beneficio de unos cuantos empresarios privilegiados y, en varios casos, con métodos no del todo transparentes. Había indicios claros de corrupción. También la opinión liberal ponía sus peros: todo el programa económico había sido impuesto desde arriba, como en tiempos de los Borbones, sin debate ni participación social alguna; la rigurosa reforma fiscal era lesiva y depresiva para los pequeños y medianos negocios. ¿Dónde estaban las grandes inversiones productivas nacionales o extranjeras? ¿Dónde estaba la gran desregulación prometida? La exportación no crecía lo suficiente porque el gobierno se empeñaba en mantener sistemáticamente sobrevaluado el peso. Lo más grave era el hecho de que todo el edificio económico pendía de un hilo: los miles de millones de dólares invertidos Ça corto plazo en la bolsa de valores, no en empresas. Eran, según la atinada expresión mexicana, «capitales golondrinos». En suma, el tan publicitado milagro económico se trataba sólo de un ajuste macroeconómico que había beneficiado primeramente al sistema, la gran empresa del poder, creada por Alemán. En referencia a esa empresa y para no confundirla con el país, el crítico Gabriel Zaid escribió a fines de 1993: «la salvación del Grupo Industrial Los Pinos ha sido un éxito espectacular del presidente Salinas. Hasta el país se benefició... Mientras la gente se lo crea, el milagro puede seguir: importar fiado, como si el ahorro externo disponible no tuviera límites. Ojalá que no termine mal».

«No podemos permitir que nos pase lo que a Rusia.» Salinas insistía en mirarse en el espejo de Gorbachev, del que sacaba la conclusión de que había que reformar primero la economía, para luego (en un futuro indeterminado, cuando él y su equipo decidieran) intentar la apertura política. Fue, literalmente, un error mortal.

El momento adecuado para hacerlo era a mitad del sexenio. La reforma económica tenía un gran éxito. El prestigio interno e internacional de Salinas crecía a ojos vistas. Para advertir la pertinencia de una reforma política no se necesitaba ser visionario o profeta: bastaba dar una ojeada realista al mundo y la historia.

Es verdad que cualquier cambio democrático se topaba con la inercia autoritaria del pasado mexicano: aztecas, novohispanos, porfiristas, revolucionarios, cachorros de la Revolución, populistas, todos los regímenes históricos de México –salvo la fugaz república liberal (1867-1876) y los quince meses del presidente Madero–, habían tenido un carácter autoritario. El aura sagrada del *tlatoani*, el carácter ubicuo y dadivoso del virrey, la fuerza caprichosa de los caudillos criollos, la política integral de don Porfirio, su legado permanente de «pan o palo», la férrea jefatura de Carranza, el militarismo de Obregón, el fanatismo antifanático de Calles, la corporativización de Cárdenas, la arrogancia de Alemán, la intocable investidura de Ruiz Cortines, la dureza de Díaz Ordaz, el maquiavelismo de Echeverría, la farsa criolla de López Portillo, y hasta la pasividad política de Miguel de la Madrid tenían como denominador común la impronta innegable del hombre del poder sobre el país. Pero justamente esa concentración de poder hubiese permitido a un estadista osado y reformador, como pretendía ser Salinas, abrir el sistema. Ésa era la verdadera lección de Gorbachev, no la otra. La *Glasnost* constituyó su mayor servicio a la historia rusa. Ejemplos de un partido que se eterniza en el poder, para luego abrirse a la competencia, había muchos y exitosos. Ahí estaba España, que construía la democracia tras casi cuarenta años de franquismo, y en ese momento, literalmente, el mundo entero.

El año 1989 sería recordado como el *annus mirabilis:* la Revolución de terciopelo en Praga, la caída del Muro de Berlín, el fin de la guerra fría, la liberación de la «Europa secuestrada», como la llamó Milan Kundera. Merecería ser recordado también por un milagro menos ruidoso y dramático, pero igualmente esperanzador: por primera vez en la historia independiente de América Latina, la mayoría de los países elegían la democracia y dejaban atrás cuatro paradigmas del pasado: el militarismo, el marxismo revolucionario, el caudillismo populista y la economía cerrada. El ímpetu democrático había logrado (o lograría muy pronto) desenlaces que parecían increíbles: la caída de los dictadores Pinochet y Stroessner; la derrota de los sandinistas por una valerosa mujer de estirpe liberal; la paz en El Salvador, donde hasta los antiguos guerrilleros se convertían cínicamente en prósperos empresarios capitalistas; el voto razonado contra el populismo en Brasil y la autocorrección del peronismo en Argentina, entre otros ejemplos. Doscientos años después de la Revolución francesa, un fantasma bienhechor recorría el mundo, el fantasma de la democracia; pero en América Latina sólo habría tres países que le cerra-rían sus puertas y ventanas: dos islas geográficas (Haití y Cuba) y una isla histórica (México).

Si los vientos del mundo no convencían a los tecnócratas, no faltó quien recordara dos antecedentes de la historia mexicana: los desastrosos casos del México borbón y el Porfiriano, empeñados ambos en un progreso económico que excluía la libertad política. Los paralelos del sistema político mexicano con el porfiriano habían parecido un tanto exagerados cuando en los años cincuenta los formuló Cosío Villegas; ahora se habían convertido casi en un lugar común. Las palabras de Justo Sierra referentes al porfirismo parecían contemporáneas: «toda la evolución social mexicana habrá sido abortiva y frustránea si no llega a ese fin total: la libertad».[7] El próspero fin del siglo XVIII, cuando España se negó a dar libertad a sus colonias, había conducido a la revolución de Independencia. El próspero fin del siglo XIX, cuando don Porfirio pospuso la democracia hasta las calendas griegas, había conducido a la Revolución mexicana. ¿Por qué esperar una tercera cita con la historia?

El tiempo transcurría y, entretanto, las preguntas quedaban en el aire: ¿por qué no intentaba Salinas una apertura política legitimada por los ejemplos de la propia historia de México: los liberales, Juárez, Madero? ¿Por qué no calibraba la profundidad del agravio acumulado: Tlatelolco, el 10 de junio, el desastre económico, la mentira, la corrupción? Y, lo más extraño de todo, ¿por qué hacer oídos sordos a las evidentes ventajas prácticas, económicas incluso, de la reforma política? La democracia introducida de manera resuelta en los estados y municipios, hubiera situado al país en el círculo virtuoso de una descentralización efectiva (no sólo declarativa) y le hubiera dado posibilidad de desmontar pacíficamente las onerosas pirámides del corporativismo burocrático, sindical y hasta académico. ¿No era ése el proyecto de libertad que impulsaba la reforma del artículo 27 en el campo? ¿O acaso un gobierno podía ser liberal en la economía y autoritario en la política?

La verdad es que Salinas de Gortari nunca se tomó en serio las voces que pedían la reforma política. Ningún argumento le parecía convincente, menos si eran de una obvia naturaleza moral, como el sentido educativo de la democracia en la formación de ciudadanos responsables, la madurez que supone discutir los desacuerdos sin recurrir a las armas o las imposiciones, la vitalidad que sentiría el mexicano común ante un horizonte político nuevo. Los ejemplos de ese aprendizaje, de esa madurez, de esa vitalidad estaban prefigurados en las múltiples iniciativas cívicas que surgían en el país, en la actividad de la prensa, la radio y los intelectuales independientes. No se abrió paso a la democracia porque no se quiso.

El pretexto, como siempre, era la agitación de la izquierda. ¿Se creía de verdad que la izquierda mexicana podía armar la revolución socialista tras su histórica derrota en el mundo? A la izquierda, luego de 1989, lo que había que ofrecerle era un «puente de plata» para que, salvando la cara, pudiera enterrar a los fantasmas del sistema totalitario que los embrujó por varias generaciones. Era natural que el PRD estuviera agraviado: por más cómplices del sistema que sus líderes hubieran sido por tantos años, habían tenido el valor de dejar al PRI, habían salido a la intemperie, probablemente habían triunfado en las elecciones de 1988 y habían sido despojados de la victoria. Cualquier oferta conciliadora que no fuese la reforma democrática era humillante.

La reforma política requería arrojo, imaginación, generosidad, facultades nada sobrehumanas. Los objetivos eran unos cuantos, pero fundamentales: concertar el divorcio del inadmisible matrimonio entre el PRI y el gobierno; prohibir las mil y una formas de transferencia económica del gobierno al PRI; prohibir el uso de los colores nacionales por parte del PRI; otorgar plena independencia al Instituto Federal Electoral; fortalecer en la práctica y la ley los poderes legislativo y judicial; duplicar, como mínimo, los ingresos de los estados; triplicar los de los municipios; fortalecer los derechos ciudadanos, sobre todo el derecho a la información, tradicionalmente conculcado por la televisión privada, aliada incondicional del sistema.

No era imposible, pero a mediados de 1991, en medio de la apoteosis general, la *hybris*, ese pecado capital, se apoderó de Salinas. Toda la amargura de aquella noche de julio de 1988 se volvía miel. Los votantes lo habían rechazado. Ahora él, en la cúspide del poder, los rechazaría a ellos.

El triunfo del PRI en el Distrito Federal a mitad del sexenio parecía presagiar la eternidad del partido. Con esa idea en mente, el candidato oficial a la gubernatura de Guanajuato gastó los fondos públicos en una costosísima campaña y movilizó a los campesinos, tratándolos como lo que habían sido siempre: ganado político. Los transportó, los alimentó, los consintió, los convenció y, en su momento, seguramente los intimidó para que votaran por él. El candidato del PAN, Vicente Fox, un empresario independiente, hizo una buena campaña que, según sus cómputos, le dio el triunfo. Por el PRD contendió eficazmente Porfirio Muñoz Ledo. Las autoridades dieron la victoria al PRI. Los resultados de Guanajuato parecían mostrar que en México la alternancia del poder, aun en el nivel local, era prácticamente imposible.

De pronto, además de las severas protestas del PAN y el PRD, un vasto sector de la opinión pública nacional mostró activamente su desacuerdo. La inconformidad llegó hasta la prensa internacional, que a partir del caso Chihuahua lanzaba sistemáticamente sus reflectores a las elecciones del más pequeño municipio de México (de hecho, un lío electoral en el pueblito de Tejupilco llegó a la primera plana del *New York Times*). En el caso de Guanajuato, el *Wall Street Journal* comentó que era conveniente anular los comicios fraudulentos. Ese editorial se volvió profético: el candidato del PRI renunció y se designó a un gobernador interino del PAN.

El siguiente episodio tendría una gran significación histórica, debido a la estatura moral del candidato de oposición. En San Luis Potosí ya no había un cacique personal, sólo uno colectivo: el PRI. A la fuerza de movilización, persuasión y control del PRI se atuvo el candidato potosino que desde su juventud no se paraba en San Luis: Fausto Zapata. A la fuerza del PRI y a sus inagotables fondos. Con ellos compró la buena voluntad de toda la prensa y los medios locales. Pero la mayoría de los potosinos apoyaban a otro candidato, el caudillo cívico de los años sesenta que a sus setenta y cinco años de edad, y enfermo de cáncer, daba su última pelea por la democracia: el doctor Salvador Nava.[8]

Nava encarnó una vez más los valores de la democracia de un modo sencillo y claro, sin retorcimientos teóricos, sin abstracciones: abogó por la participación de los ciudadanos en las decisiones; por la disposición para escuchar la voz de la gente; por el contacto permanente de los líderes con los ciudadanos; por el respeto escrupuloso de las leyes y de la libertad de expresión, y, desde luego, la limpieza en los procesos electorales. Antes de las elecciones, quiso elaborar un documento que sirviera de apoyo para el Frente Cívico Nacional que quería fundar. Propuso que se basara en el Plan de San Luis, de Madero. Alguien le recordó que aquel plan convocaba a una revolución, y Nava contestó: «Lo mismo haremos nosotros: convocar a una revolución de las conciencias».[9]

La lista de agravios electorales en las elecciones para gobernador en San Luis Potosí fue inmensa: credencialización selectiva –baja en la ciudad, alta en la Huasteca– y muy inferior a la media nacional; existencia –y entrega parcial– de casi cien mil credenciales «fantasmas»; diferencias entre las listas nominales entregadas a los partidos políticos y las que se utilizaron en las elecciones; expulsión o amedrentamiento de representantes de la oposición en las casillas; falta de actas de escrutinio y boletas; actos de proselitismo y manipulación el día de las elecciones; escamoteo de resultados por casilla y de las listas correspondientes a las sesenta y cinco mil credenciales supuestamente «cremadas».

Salinas dio posesión a Fausto Zapata. Nava supo que la idea democrática crecería en México con un ímpetu irresistible, pero supo también que su salud y su vida no le alcanzarían para verla culminar. Entendió que debía vivir con la mayor intensidad el trecho que le quedaba. Entendió que debía ser el agente de una gran aceleración histórica, por eso inició una gran marcha a la ciudad de México en los últimos meses de 1991. Llamaba la atención el que un hombre que durante casi toda su vida libró su lucha cívica en un ámbito local se convirtiera de pronto en un líder nacional capaz de sumar voluntades y lealtades, sobre todo entre los jóvenes. Su fuerza era moral. Con ella derrotó temporalmente al sistema en San Luis Potosí. Antes de que Nava llegara al Zócalo, Zapata renunció. Nava murió el lunes 18 de mayo de 1992.

Sometido a intensas presiones internas y externas que recordaban el escandaloso fraude contra el propio Barrio en 1986, Salinas permitió que se realizaran elecciones limpias en Chihuahua; ganó el PAN, hubo continuidad económica, orden social, estabilidad política. Mientras daba posesión a Barrio, otro problema electoral estallaba en Michoacán, esta vez con el PRD. El gobernador electo del PRI renunció, pero Salinas no consintió en que lo sustituyera interinamente un político del PRD.[10]

Las «elecciones interminables» –como las llamó Zaid– presagiaban algo muy distinto a la hegemonía eterna del PRI: presagiaban que la propia elección presidencial de 1994 podía volverse interminable. Salinas de Gortari no lo vio así. Hubo un momento en que, muerto Nava, el gobernador interino de San Luis (el primer jefe de Salinas en el sector público en los remotos años sesenta, el ingeniero Gonzalo Martínez Corbalá) intentó lanzar su candidatura para el periodo siguiente. Equivalía, de hecho, a una reelección. Las malas lenguas vieron en el intento la «mano negra» de Salinas que, como Alemán, Echeverría y Obregón, se concedió a sí mismo el dulce sueño de la reelección o, al menos, el de una prórroga. El poderoso secretario de Gobernación Fernando Gutiérrez Barrios negó que el presidente abrigase semejantes intenciones.

«Salinas deberá decidir entre ser Calles o ser Cárdenas», había dicho en 1991 un consejero muy allegado a Salinas. Si se decidía por Calles, instrumentaría un «salinato» (sucedáneo de maximato) y, tras vigilar estrechamente a su sucesor por seis años, podría volver a ser presidente en el año 2000, a sus tiernos cincuenta y dos años. Si se decidía por emular a Cárdenas, se retiraría del poder reservándose un ascendiente moral. Su decisión fue ser Calles.

El año 1993 iba a ser decisivo: el año del destape. Salinas lo inauguró con un cambio sorpresivo en el gabinete: salía Gutiérrez Barrios y lo sustituía el gobernador de Chiapas, Patrocinio González Garrido. Luis Donaldo Colosio pasaba del PRI a la Secretaría de Desarrollo Social, que había absorbido al programa Solidaridad y que por eso mismo tenía el «pan» para repartir por toda la República. A eso se dedicó desde ese momento Colosio, a viajar y dar. Cuestión de Solidaridad y de estrategia política salinista.

Para ese entonces, es posible que Salinas estuviese engañando a todo el mundo... con la verdad: parecía que apoyaba a Colosio, porque *en verdad* apoyaba a Colosio. Era su hijo político: le debía todo, no lo traicionaría, le permitiría vigilarlo, ejercer el salinato, se daría una reelección colegiada, no de Salinas sino del salinismo. Las otras cartas conllevaban riesgos: Aspe era demasiado burgués, implacable, sería una barrera para la reelección colegiada. Era preferible que siguiera en su puesto de presidente de las finanzas nacionales, un nuevo Ortiz Mena. Ernesto Zedillo, el secretario de Educación, era joven y podía esperar. Quedaba Manuel Camacho, su hermano en el ámbito político, su amigo. Camacho inauguraría su propia era. Hábil, quizá populista, intentaría la reforma política y probablemente rompería con Salinas. El salinato se iría a pique.

El 17 de noviembre de 1993, el Congreso norteamericano aprobó el Tratado de Libre Comercio. Para Salinas de Gortari no significaba el triunfo sino la gloria misma. Días más tarde destapó tranquilamente a su hijo político, Luis Donaldo Colosio. Ahora Salinas tenía que esperar a que los hados lo siguiesen bendiciendo con otros triunfos maravillosos: la presidencia de la Organización Mundial de Comercio a la que aspiró, apoyado en el aparato gubernamental mexicano, y ¿por qué no? la vuelta apoteósica en el año 2000. Sería el rey que inaugurara el milenio. No un presidente cualquiera sino el dueño y señor del sistema político mexicano.[11]

Pero como le sucediera a Porfirio Díaz en 1910, tras las fiestas del Centenario, la historia deparaba a Salinas una sorpresa increíble y trágica: en el cenit de su impulso al futuro, la vuelta de todos los pasados.

«Quiero que haya democracia, que ya no haya desigualdad. Yo busco una vida digna, la liberación así como dice Dios.» Hablaba el indígena José Pérez Méndez, miembro del Ejército Zapatista de Liberación Nacional, organización guerrillera clandestina formada por aproximadamente nueve mil hombres que, en la madrugada del primero de enero de 1994, había llevado a cabo la sorprendente toma de tres ciudades en el estado de Chiapas.[12] Aunque el semanario *Pro-*

ceso había documentado la existencia de este grupo guerrillero a mediados de 1993, la inmensa mayoría de los mexicanos ignoraba su origen y sus objetivos. Las altas autoridades políticas del país poseían información suficiente sobre los zapatistas, pero temerosas de afectar la firma del TLC, mantuvieron una actitud de reserva, confiando en su eventual extinción por la vía de Solidaridad.

No hay adjetivos en el diccionario para calificar el azoro con que la opinión pública mexicana recibió la noticia. ¿Una rebelión indígena en México, en tiempos del TLC, al final del siglo XX? Impensable. ¿Una guerrilla en México, cuando en la capital del país se acababa de firmar la paz entre el gobierno y la guerrilla en El Salvador? Imposible. De pronto, con la sublevación de Chiapas, muchos mexicanos sintieron que la historia se les venía encima y entraba en tropel en el escenario de fin de siglo. La historia como sinónimo de atrasos ancestrales, de mentalidades antiguas y hasta de mitos arraigados en el pueblo. Chiapas encarnaba toda esa historia latente, irresuelta, viva. El estallido era una erupción de lava histórica.

Las sencillas palabras de Pérez Méndez aportaban la clave general para entender la rebelión que estaba destinada a cambiar la vida del país. «México es el país de la desigualdad», escribió Humboldt a fines del siglo XVIII. En muchas zonas del centro y del sur su dictamen seguía siendo válido. De haber viajado a fines del siglo XX, lo hubiera matizado agregando: «México es el país de la antidemocracia»; no de la opresión tiránica o totalitaria sino de una cultura de la simulación que pervierte desde su raíz a la democracia. La desigualdad había persistido a lo largo de los siglos. La antidemocracia correspondía al siglo XX. Ambos agravios lesionaban la dignidad de José Pérez Méndez y de la mayoría de los mexicanos.[13]

José Pérez Méndez no había sido apresado por el ejército sino por campesinos como él, habitantes del poblado de Oxchuc, donde se había producido una refriega con el ejército que se saldó con decenas de muertos. Estaba claro que no todos los campesinos o indígenas simpatizaban con los zapatistas. En Ocosingo y Altamirano, informaba la prensa, «los rebeldes fueron obligados a replegarse en medio de muestras de repudio de la población». Con el tiempo se sabría que el grueso del ejército zapatista provenía de las cañadas de los Altos de Chiapas, una zona sin agua, correo, escuelas, hospitales, caminos ni electricidad, donde por efecto de la presión demográfica (un crecimiento anual del 7 por ciento en algunas zonas) se concentraba, desde hacía décadas, un sector irredento de la población indígena.

Redención es lo que buscaban, lo que necesitaban, y un mensaje de redención fue lo que recibieron de sus pastores religiosos. Como si la historia mexicana fuese una Sagrada Escritura que escribiera a los mexicanos, el drama ocurría precisamente en la tierra de fray Bartolomé de las Casas, el más célebre defensor de los indios cuyo llamado de dignidad –«la Humanidad es una»– movió a Carlos V a promulgar en 1542 las Nuevas Leyes que abolían la servidumbre y la esclavitud en los territorios conquistados. Su espíritu parecía haber permeado los siglos y haberse encarnado en la figura del obispo don Samuel Ruiz.

Los indios lo veneraban. Lo llamaban *tatik*, «nuestro padre», en lengua tzeltal. Nacido en Irapuato en 1924, estudiante en el Pío Latino en Roma, antiguo rector del Seminario de su ciudad natal, participante activo y entusiasta en el Concilio Vaticano II, había llegado a Chiapas a principios de los años sesenta e, «impactado por la realidad social que encontró», decidió encabezar una Iglesia «menos sacral [sic], más social». Profeta como Las Casas, Ruiz predicaba «la caridad de la verdad», haciendo conscientes a los indios de la situación de injusticia en la que vivían. Buscaba salvarlos, no en otra vida sino en ésta, en la historia. Ellos, por su parte, lo idolatraban, era el «caudal sin reposo», la «ceiba protectora». «Ciertamente nosotros tenemos que ver con la rebelión», declararía Ruiz, «porque a raíz de la reflexión cristiana instamos a los indios a recuperar la dignidad.»[14]

Las Sagradas Escrituras parecían contener otros pasajes antiguos que ahora regresaban. «Busco la liberación, así como dice Dios.» Sin sospecharlo, Pérez Méndez emulaba a sus propios antepasados tzotziles, aquellos que en 1712 se levantaron en armas siguiendo a un profeta autonombrado don Sebastián de la Gloria. Tras anunciar «la muerte del rey y de Dios» y el advenimiento de una virgen aparecida en la selva, De la Gloria y sus fervorosas milicias atacaron varios pueblos –entre ellos Ocosingo, escenario de la guerra actual–, matando a la población y saqueando las haciendas y los ingenios. Como ocurría también ahora, muchos de los pueblos indígenas de la zona –San Bartolomé, Comitán, Zinacantán, Chenalhó– se rehusaron a adoptar la nueva fe y a seguir aquel experimento teocrático que terminó ahogado en sangre.[15] Un siglo y medio más tarde, en la época de Juárez, el caudillo mestizo Pedro Díaz Cuzcat encabezó a los indígenas de la zona en una guerra santa contra el gobierno.[16] El resultado había sido el mismo. ¿Qué destino esperaba a esta tercera versión de la guerra religiosa y étnica en suelo chiapaneco?

La lucha del *tatik* se vinculaba con las Comunidades Eclesiásticas de Base, organizaciones de laicos ligados a la fracción de la Iglesia católica que ha «elegido la acción preferencial por los pobres». Su ideología abrevaba en la vertiente violenta de la teología de la liberación. «Quienes me enseñaron el catecismo, los que viven en el mismo pueblo, nos invitaron a la guerrilla», explicaba un compañero de Pérez Méndez. Sin embargo, los ocho mil «catequistas» de la zona a los que se refería Pérez Méndez no eran propiamente hombres en armas. Eran soldados de la fe instruidos por otros profetas cercanos a don Samuel, como el antiguo párroco de Ocosingo, el dominico Gonzalo Ituarte. Pastor de doscientas cincuenta comunidades, Ituarte recordaba con orgullo que su orden dominica impugnó la legitimidad de la conquista y practicó siempre una perspectiva eclesiológica distinta de las otras órdenes. Frente a los jesuitas (cultos y culturales, partidarios de la vía pacífica), los dominicos predicaron la justicia social y, llegado el momento, apoyaron la guerrilla. En la oficina de Ituarte, en la casa episcopal de San Cristóbal, había un inmenso mapa de Chiapas cuidadosamente punteado con alfileres de todos colores: cada alfiler era un catequista. «Soy, como dice una palabra tzeltal, *tijwanej:* 'el que pica, el que estimula'.»[17]

Pero el mando de la sublevación no lo ejercen los que «pican» o predican sino el joven que se distinguía entre todos, el de la voz, el émulo de Sebastián de la Gloria y de Díaz Cuzcat, el caudillo que había tomado el micrófono en el centro del estrado desde el primero de enero: no era un hombre torvo y malencarado sino, según una testigo que lo vio en la toma de San Cristóbal de las Casas, «un blanco, robusto sin ser grueso. Se nota ágil, probablemente usa bigote. Es amable, cortés y educado». Su imagen de guerrillero, cubierto el rostro con un pasamontañas, fumando en pipa o escribiendo un texto – las cananas al pecho y un Casio en la muñeca– recorrería el mundo. Un hombre de leyenda: el subcomandante insurgente Marcos.

Su probable identidad permanecería ignorada por más de un año. Nacido en Tampico, educado en colegios de jesuitas en los años cincuenta, Rafael Sebastián Guillén Vicente, alias «Marcos», fue animador de grupos literarios, estudiante de filosofía, marxista de la escuela francesa (escribió su tesis sobre Althusser), maestro de diseño gráfico y comunicación, actor universitario, imaginativo, humorista, cuentista, poeta, trabajador voluntario en la Nicaragua sandinista, y, desde principios de 1983, miembro del Frente de Liberación Nacional (FLN). Este grupo guerrillero había nacido –como varios otros que operaron en el país en los años setenta–, a raíz del trauma de 1968.[18] A principios de los ochenta, la dirigencia del FLN publicó sus *Estatutos*. Se proponía instaurar «la dictadura del proletariado». Su estrategia

Subcomandante Marcos, 1994.

consistía en «iniciar la lucha en aquellos lugares donde las masas irredentas estén dispuestas a empuñar las armas, aprovechando las determinaciones geográficas debidamente valoradas por nuestros mandos». El estado de Chiapas, en particular el obispado de Samuel Ruiz, muy en especial las cañadas, ofrecían las características ideales de irredención.[19]

Las proclamas iniciales de los zapatistas en 1994 no mencionaban otros fines que la destitución del «dictador» (Salinas), la derrota del ejército federal mexicano, la justicia social y la formación de un «gobierno libre y democrático». Alguien, de pronto, recordó los resabios de otra fe: «queremos el socialismo ... en nuestro caso será distinto, aquí sí va a funcionar». Sería la última vez que la palabra socialismo aparecería en el discurso. Debía quedar claro que esta guerrilla, a diferencia de las típicas guerrillas centroamericanas, no tenía inspiración marxista: era una revuelta mexicana. Con el tiempo saldría a la luz la crisis que la caída del comunismo había provocado dentro de la organización clandestina. En 1992, Marcos ironizaba: «El socialismo ha muerto. Viva el conformismo y la reforma y la modernidad y el capitalismo». La gente comenzaba a abandonar las filas zapatistas: «Pueblos enteros se nos salían», diría Marcos, «se nos armó un desmadre».[20]

El tiempo revelaría también fricciones entre el obispo Ruiz y la guerrilla antes del estallido. Don Samuel quería movilizar, despertar a la sociedad civil del país, llevarla hasta el límite para inducir el milagro de un cambio de justicia y democracia, pero se detenía ante el uso de las armas. «Esas gentes», decía refiriéndose a los guerrilleros, «vinieron a montar en un caballo ensillado.» Las desavenencias dividieron a los sacerdotes. Algunos pensaron en la vía de la conciliación. «Aquí no va a haber Palabra de Dios», sentenció entonces Marcos, cuya opción por la vía armada se impuso en 1993 sobre sus propios compañeros del FLN, «no va a haber gobierno de la República; aquí va a haber Ejército Zapatista de Liberación Nacional.»

El socialismo había muerto, pero las reformas al artículo 27 –vividas por muchos campesinos como amenazantes– favorecieron la vía armada. En Chiapas, adonde apenas si había llegado, la reforma agraria se daba por concluida. La concentración de la tierra en unas cuantas manos era la regla. Inmensos latifundios gozaban de certificados de inafectabilidad. Sólo faltaba la caída de los precios del café y, tras ella, el acto que fue percibido como el Apocalipsis: el Tratado de Libre Comercio. Los indígenas se preguntaron cómo iban a competir con los granjeros norteamericanos. Muchos decidieron no esperar la muerte lenta. Prefirieron seguir a Marcos y levantarse. Vendieron lo poco que tenían (vacas, aperos) y canalizaron los créditos del Banco Rural y los recursos del programa Solidaridad del gobierno hacia la compra de armas.[21]

Marcos crearía un Comité Revolucionario Indígena para dar la impresión de que la cabeza del movimiento pertenecía a los más antiguos habitantes del continente (en realidad, como caudillo poseía un poder inmenso, aunque no absoluto: otros comandantes indígenas demostrarían tener peso). Anclar su lucha en la historia mexicana fue uno de sus primeros golpes de genio. Los zapatistas, dijo desde un principio, son «herederos de los verdaderos forjadores de nuestra nacionalidad».

La reforma política hubiera desarmado la bomba mucho antes del estallido, o le hubiese restado legitimidad y simpatía. Como Porfirio Díaz en 1910, Salinas había «soltado al tigre», pero la violencia fratricida que muchos temían no se desató. Los guerrilleros creyeron que incendiarían al país, pero el país no se incendió. Abandonaron las ciudades ocupadas y volvieron a la selva, desde donde Marcos recordó la famosa frase de Clausewitz «... la política es la guerra por otros medios» dándole un giro más que moderno, de hecho posmoderno: «... la política es la guerrilla por los medios».[22] Se volvió el héroe romántico de las montañas del sureste, el poeta que escribía en un español genuinamente impregnado de la semántica tzeltal.

Su legitimidad residió, desde un principio, en lo que Marcos llamó el «resguardo histórico» del movimiento, es decir, su manipulación ideológica de la historia mexicana. Luego de «quinientos años de miseria y explotación», los indios de México tomaban la iniciativa: «Ahora tendrán que compartir nuestra suerte, para bien o para mal. Tuvieron antes la oportunidad de volver los ojos y hacer algo contra la gigantesca injusticia histórica que la nación cometía contra sus habitantes originales».[23] Pocos recordaron entonces la cruel paradoja de que México constituía, precisamente, la excepción a la regla de discriminación étnica en América. A diferencia del resto del continente (de los Estados Unidos a Chile y Argentina), donde el común denominador fue el exterminio sistemático, la segregación física o la franca discriminación racial de los indios por parte de los blancos, en México se llevó a cabo un vasto, prolongado y, en términos generales, exitoso proceso de mezcla social, étnica y cultural llamado mestizaje. Gracias a él, el país se había librado de plagas históricas tan devastadoras como el odio racial. Sólo algunas regiones aisladas del país se sustrajeron al mestizaje, notablemente Yucatán y Chiapas, el viejo territorio de los mayas. Por eso estallaría la guerra de castas en el siglo XIX y por eso prendió la rebelión zapatista. Pero el país siguió una pauta opuesta: tendía a la inclusión, la tolerancia, la convivencia de los hombres al margen de su origen o su color. En torno a este hecho fundador de la identidad mexicana –puesto en tela de juicio por el movimiento zapatista– los mestizos de México (casi todo México, incluyendo a Marcos) guardaron un incomprensible silencio. La obra se llamaba «La venganza de la Conquista», y eso bastaba. Efectuada la venta de imagen en el escenario internacional, Marcos adquirió una posición virtualmente inexpugnable. Perdida la guerra, triunfaba la guerrilla, por otros medios, *los medios*.

El estallido del zapatismo, sucedido desde fuera del sistema, provocó casi de inmediato un estallido dentro de él. Luis Donaldo Colosio se quebró internamente desde el primero de enero. Sus amigos sabían desde mucho antes que Colosio –hombre extremadamente suave, cortés, discreto– estaba hecho para la conciliación, no para el conflicto.[24] Para eso lo había escogido Salinas, para pasear su carisma oratorio, como López Mateos, a quien Colosio admiraba. Si antes de enero se mostraba inseguro, frágil, titubeante, después del levantamiento se sumió en una depresión profunda. No hablaba con nadie. En el silencio frío de su biblioteca, escuchaba sonatas de Bach. Su mirada –triste de por sí, como la de un niño indefenso– quedaba fija en un horizonte de temor: ¿ir o no ir a Chiapas?, ¿hacer o no hacer declaraciones? En esos días terribles de principios de 1994, otra tragedia personal lo atormentaba: su mujer, Diana Laura Riojas, padecía un cáncer terminal. Ambos lo sabían desde hacía tiempo, y aun así, incomprensiblemente, habían decidido que Colosio aceptara la nominación. Pensaron tal vez que la misión patriótica haría milagros en la salud de Diana Laura, y pusieron de lado el destino difícil que, al faltar ella, esperaría a sus hijos pequeños: Luis Donaldo, de ocho años, y Mariana, nacida apenas a fines de 1993.

Colosio repetía de manera incesante que «quería ser presidente», como si tratara de convencerse a sí mismo de una mentira, o de una verdad a medias: lo quería, pero no lo quería. «Juro por mis hijos que prefiero no llegar, a llegar a través de un fraude»,[25] decía, a sabiendas de que el fraude constituía la segunda naturaleza del sistema político que lo postulaba. Al paso de los días, y mientras confirmaba el fracaso de su campaña, se percibía a sí mismo como parte –casi involuntaria e impotente– de un drama de violencia y poder que lo rebasaba. Se le había impuesto un destino heroico e incomprensible, un papel que no sabía ni podía asumir.

La sorpresiva designación de Manuel Camacho como negociador con la guerrilla, su antiguo adversario en la contienda electoral, no hacía más que agudizar su soledad. Descartado como candidato, Camacho surgió como la única persona capaz de negociar la paz en Chiapas.[26] Colosio se sintió abandonado por el presidente, casi huérfano, y se dice que pensó en renunciar, pero la firmeza de Diana Laura lo habría disuadido. «Tú eres un hombre bueno, un hombre de familia», se atrevió a decirle un amigo; «la presidencia es muy importante, pero no a cualquier precio.» Colosio lo abrazó sin decir palabra. A los pocos días, el 6 de marzo de 1994, pronunció un valiente discurso que lo distanciaba de Salinas: él seguía viendo un México abatido, pobre, del Tercer Mundo, él sí haría la reforma política, él sí separaría al PRI del gobierno. Dos semanas después fue asesinado.[27]

¿Asesinado o ejecutado? Tal vez nunca se sepa. ¿Ordenó su muerte Salinas? Es improbable. Nada ganaba Salinas con instigar el crimen. Luego del estallido en Chiapas, era obvio que un magnicidio hundiría a su gobierno en el desprestigio, ahuyentaría a los inversionistas, destrozaría su obra. ¿Fue Aburto un asesino solitario? No es imposible. ¿Lo mataron los miembros del TUCAN bajacaliforniano? ¿O fueron los jefes de la «familia revolucionaria», los agraviados del salinismo, para cobrarle el pecado capital de bloquear la circulación de las élites políticas, querer apoderarse del sistema y convertirse en rey? Es probable. ¿O fue tal vez una alianza entre el narco y el poder, que desconfiaban de Colosio? Es aún más probable.

Visto desde la perspectiva de Tlatelolco, parecía la crónica de un desenlace anunciado: Díaz Ordaz había recurrido al asesinato en Tlatelolco; Echeverría había destruido la estabilidad económica; López Portillo había endeudado al país; De la Madrid había perdido oportunidades de oro; Salinas de Gortari, el mayor reformador económico del país desde tiempos de Calles, creyó que a fines del siglo XX, y en un mundo libre y democrático, los mexicanos podían seguir gobernados por un régimen de tutela colonial. Para colmo, Salinas intentó algo que ni el presidente empresario Miguel Alemán se había propuesto: volverse el accionista mayoritario de la empresa, su director tras bambalinas y, más tarde, su monarca definitivo. Sólo un acto faltaba en la obra: la muerte violenta del candidato presidencial.

Aunque la fuerza militar de la guerrilla chiapaneca resultó muy inferior a la que en un principio parecía, su éxito con los medios de comunicación internacionales y su sola persistencia, aunados al asesi-

Luis Donaldo Colosio, candidato del PRI a la presidencia de la República, 1993.

nato de Colosio, resquebrajaron el sistema. Los mexicanos acudieron a las urnas en agosto de 1994 y dieron su preferencia mayoritaria a Ernesto Zedillo, el candidato del PRI; no obstante, se trataba claramente de un voto contra la violencia, no en favor del sistema. El país quedó en vilo, con el pasado a cuestas, sin certeza sobre el futuro.

Recordando a Cicerón, en un ensayo «sobre el Imperio Romano», Ortega y Gasset define al estado de discordia como «una sociedad que se escinde en dos, que se disocia». El móvil de la discordia no es el disentimiento sino la radical disparidad de opiniones entre quien manda y quien obedece: «... como ande turbia esta cuestión, todo lo demás marchará turbiamente ... hasta la intimidad del individuo quedará perturbada». Cuando se «desvanece la creencia política compartida, el hueco de la fe tiene que ser llenado por el gas del apasionamiento». Desde el primero de enero de 1994, México sería un país en discordia.

La discordia social, el resquebrajamiento del sistema, la pérdida de confianza de los mexicanos en su país, tenía que proyectarse tarde o temprano en una pérdida de confianza en el exterior. Cualquier error precipitaría el escape del ahorro externo, invertido temporalmente en México debido a las altas tasas de interés. Si algo puede fallar, falla: así el error en la gestión financiera se cometió a mediados de diciembre de 1994, ya en el periodo presidencial de Ernesto Zedillo. El castillo de naipes se vino abajo. Por fortuna, la economía del país no estaba ya estatizada ni cerrada. Los logros de Salinas –la privatización, la apertura, el equilibrio de las finanzas–, unidos a la pronta acción del gobierno de Clinton, defenderían parcialmente la economía de México. Pero seguía faltando la concordia. Para recobrarla no era menester refundar al país, como demagógicamente pedía Marcos; hacía falta que el sistema se declarara en quiebra y abriera paso a la reconciliación por la vía democrática. ¿Lo intentaría el nuevo presidente, Ernesto Zedillo?

«Es Shakespeare puro», comentó Octavio Paz al enterarse de la muerte de Diana Laura, la viuda de Colosio, acaecida pocos meses después de la muerte de su marido. Para entonces, la política mexicana se había vuelto «el teatro más rápido del mundo», según expresión de Alejandro Rossi. El protagonista que había sido aclamado internacionalmente como el gran reformador, el nuevo «hombre providencial» de la historia mexicana, Carlos Salinas de Gortari, se convirtió en un proscrito: salió del país, vivió oculto, y finalmente se refugió en Dublín. Había dureza en el veredicto público, pero también motivos.

En 1995 salían a la luz hechos macabros, dignos no ya de un teatro político sino de una obra de terror. Raúl Salinas de Gortari, hermano mayor del ex presidente, ingresaba en el penal de máxima seguridad de Almoloya de Juárez, en el Estado de México, con el cargo de haber sido autor intelectual del asesinato de su ex cuñado, el secretario general del PRI, José Francisco Ruiz Massieu, perpetrado en septiembre de 1994. Aunque a fines de 1996 el crimen no había sido plenamente esclarecido, los indicios en contra de Raúl Salinas de Gortari parecían convincentes. Presuntamente había matado a Ruiz Massieu porque éste tenía posibilidades de ocupar un alto cargo en el gabinete de Zedillo, y desde allí iba a abrir la inmensa cloaca de corrupción que se había acumulado en el sexenio de su hermano; cloaca de la cual él, Raúl, era un protagonista destacado.

La cloaca se destapó, de todos modos. Semana tras semana, la prensa nacional e internacional informó sobre los turbios manejos de Raúl Salinas: el nepotismo, la corrupción, la venta de favores, el uso patrimonial de los fondos públicos, la apertura de cuentas multimillonarias en Suiza e incluso los jugosos contactos de los políticos con el narcotráfico. No eran temas nuevos en la vida de México. La novedad residía en que la opinión pública se enterara de ellos por la prensa o los medios de comunicación y que se indignara de verdad al conocerlos. Un cambio profundo se gestaba en la vida cívica del país: los mexicanos comenzaban a entender que los políticos no eran, ni debían ser, los dueños del poder, sólo sus depositarios temporales, sujetos a un mandato, a una vigilancia crítica y al rendimiento de cuentas. El mexicano común y corriente entrevió a partir de entonces aquello que Cosío Villegas había previsto desde hacía medio siglo y que el movimiento estudiantil de 1968 había evidenciado de manera trágica: que el problema central de México es de índole política. Salinas pudo haberlo resuelto. Le hubiese bastado invertir el inmenso prestigio que acumuló en propiciar la reforma democrática del viejo sistema. En vez de eso, quiso convertir su presidencia imperial en vitalicia. Y pagó las consecuencias.

Salinas de Gortari fue juzgado y condenado por una opinión pública que se sintió, con razón, víctima de un gigantesco engaño. Nadie, en su sano juicio, podía creer que él –hombre maquiavélico donde los haya– ignoraba los sucios manejos de su hermano, manejos que muchas personas le señalaron con preocupación. Y si el juicio demuestra finalmente lo que la opinión cree –que Raúl Salinas, además de socio del narcotráfico, fue, en efecto, el autor intelectual del crimen de Ruiz Massieu y quizás hasta del de su propio cómplice en la operación, su antiguo condiscípulo y amigo Manuel Muñoz Rocha–, entonces el veredicto contra el hombre que quiso ser rey será aún más severo: nadie creerá que los manejos con el narco y el asesinato de Ruiz Massieu se cometieron sin que él –antes, durante o después– los conociera y encubriera. En ese caso, ¿comparecerá Salinas de Gortari ante la justicia mexicana?

Había, en efecto, algo de tragedia shakespeariana en el destino de Salinas: el hombre que quiso ser rey alcanzó el poder mediante una votación dudosa, realizó grandes proezas para revertirla y, llegado a la cima, creyéndose más inteligente que el resto de la humanidad, fue vencido por su propia soberbia. La ilegitimidad, lo sabía Macbeth, es una mancha de origen, una marca indeleble que tarde o temprano se revela ante el público y destrona al rey. Pero quizás el paralelo teatral con Shakespeare sea excesivo y la historia se parezca a una obra más contemporánea. Así pensaba nada menos que Luis Donaldo Colosio. Un destacado periodista le preguntó alguna vez su opinión de la familia Salinas de Gortari. Su respuesta fue otra pregunta: «¿Has visto *El padrino?*»

XI
El teatro de la historia

Extraña escritura, la historia de México. La vida de todos los pueblos corresponde, hasta cierto punto, a un libreto; pero quizás en muy pocos la historia pese e influya tanto como en México. Tal vez el origen de esta fuerza de gravitación está en la antigüedad misma del país, o en el hecho de ser el lugar histórico de un encuentro –no sólo el choque– de una vertiente de la cultura occidental y un haz de culturas indígenas que no murieron del todo, que transformaron la cultura conquistadora y se transformaron en el proceso. Nunca quedaría clara la herencia resultante; tal vez por eso los mexicanos de todas las épocas han vuelto incesantemente la mirada hacia el pasado.

Una de las formas que adopta esa gravitación es la teatralidad, deliberada unas veces, inconsciente otras, que se manifiesta sobre todo en una suerte de estética de la muerte. Los héroes de la Independencia y sus sucesores, los caudillos criollos, morían por la patria, daban su sangre como Cuauhtémoc. En la biografía del poder que escribe la historia de los mexicanos, hay pocos actores en el papel de Cortés.

Sin ser conquistadores, Juárez y Díaz revirtieron la tendencia. No esgrimían una raíz cultural indígena que naturalmente les pertenecía, y aunque recurrieron a formas arcaicas de dominación, rechazaban la gravitación del pasado; querían que el país saliera de su ensimismamiento –como ellos habían salido– y escapara al futuro próspero y libre de la civilización occidental. No pensaban en la muerte heroica sino en la vida; quizá por ello construyeron tanto y murieron en su cama, no «a la mexicana», frente a un pelotón de fusilamiento.

En 1910, el orden liberal construido por Juárez, Díaz y sus respectivas generaciones llegó al extremo de sus posibilidades y estalló. La marcha hacia el futuro había hecho avanzar la posición histórica de México, pero pagando un alto costo. Muchos antiguos problemas sociales permanecieron ocultos o negados, siempre latentes. Al llegar al parteaguas, estos conflictos emergieron a la superficie. El pasado impuso una corrección histórica al proyecto liberal. Esta corrección fue la Revolución mexicana. Con la Revolución volvió también la estética de la muerte: vivir por un ideal significaba, irremisiblemente, morir a traición, como Madero, Zapata, Villa, Ángeles, Carranza. En cambio, Calles y Cárdenas –al igual que Juárez y Díaz– se salieron del libreto. No eran actores de un drama: ellos eran los escritores. Tal vez por eso, también, construyeron tanto y murieron en su cama.

En 1940, el orden revolucionario construido por Calles, Cárdenas y sus respectivas generaciones, alcanzó un nuevo límite. Todos los rasgos de la antigua cultura política mexicana –teocrática, tutelar, misional, orgánica, corporativa, estética, patrimonialista– se habían encarnado en un edificio institucional que anudaba creativamente estas corrientes tradicionales a la legitimidad carismática de los caudillos revolucionarios. Pero, en un mundo en guerra, México no podía seguir ensimismado. Había que abrirse y cambiar. En términos políticos, el mundo ofrecía a México al menos tres caminos: encauzar el orden revolucionario hacia sus tendencias socialistas y estatistas, dirigirlo hacia un modelo autoritario fascista, o desplazarlo hacia la alternativa republicana, democrática y federal soñada por los liberales puros del siglo XIX y por Madero. La solución fue un híbrido o, más bien, un arbitrio histórico tan corrupto y perverso como eficaz y original: el sistema político mexicano coronado por una presidencia imperial.

A partir de 1946 la teatralidad tomó un nuevo rumbo. Hasta entonces, la Revolución había sido un proceso errado y errático, pero genuino y deliberado: una historia escrita por los mexicanos. Con Alemán se transformó en una empresa político-teatral, en un acto permanente de simulación colectiva. Los políticos enriquecidos se describían a sí mismos como «revolucionarios» impecables y, para referirse a México, utilizaban con naturalidad palabras como república, federalismo, representación, democracia. El país progresó, no cabe duda, pero las palabras perdieron su sentido. Había cinismo y demagogia en el proceso, pero también autoengaño, porque no se trataba de una dictadura desembozada sino de un sistema que, para legitimarse, se apoderaba de la verdad, la volvía oficial.[1]

Ahí estaba la clave de la corrupción, que no era un defecto connatural a los mexicanos: era un producto natural de la mentira convertida en verdad institucional. La obra de Usigli se había vuelto el libreto político nacional. Para que la corrupción desapareciera, debía desaparecer la mentira. Sólo un público maduro y democrático podría desenmascararla, dejar paso a la verdad, presionar a los actores soberanos a que cerrasen su teatro y salieran a la plaza pública de la democracia, donde no «encarnarían» o «personificarían» a sus conciudadanos; los representarían, en todo caso, con un mandato revocable.

Por desgracia no sucedió así. Los actores que se hallaban en el escenario se posesionaron de manera creciente de su papel. La máscara se fundió con la cara. Algunos fingían, pero muchos otros se sentían de verdad, angustiosamente a veces, herederos de la Revolución, garantes de la historia, padres y benefactores del pueblo. Además, y sobre todo, tenían la pistola. Cuando en 1968 un sector juvenil del público comenzó a abuchear, el protagonista en turno (Gustavo Díaz Ordaz) sacó la pistola y los mató.

La gente empezó a abandonar el teatro. La empresa lo intentó todo: bloquear las salidas, regalar boletos y golosinas, revitalizar su demagogia, hacer campaña por el mundo (Luis Echeverría), pedir prestado sobre los bienes de la familia o vender su patrimonio (José López Portillo), realizar un súbito intermedio (Miguel de la Madrid). Como recurso final discurrió contratar a un nuevo empresario (Salinas de Gortari). Cosecharía tanto éxito que intentaría quedarse con el teatro. Pero el rechazo del público no cesaba. De pronto, fuera del teatro se escucharon disparos. «¡Ya basta!», gritaban los amotinados, que amenazaban con tomar el teatro. Eran indígenas, no hablaban siquiera el idioma de la obra, pero tal vez entendían mejor que los actores el significado verdadero de las palabras.

La confusión en el escenario fue general. Aunque la toma del teatro se frustró –era, en sí misma, un acto teatral–, los actores comenzaron a luchar entre sí. En el escenario, alguien sacó la pistola y mató al joven que iba a ser el siguiente protagonista (Luis Donaldo Colosio): la obra contra sí misma.

También en el levantamiento zapatista de Chiapas había teatro, no por casualidad lo dirigía un actor consumado. En julio de 1994, Marcos escribió varias cartas a intelectuales para invitarlos a una Convención Nacional Democrática que tendría lugar en agosto, en el poblado de «Aguascalientes». Una de esas cartas contenía una reflexión sobre la historia de México. Marcos asumía como suya la pregunta sobre si esta historia es una Sagrada Escritura que los mexicanos escriben, o si es un libreto que los escribe, y contestó:

«Las dos cosas, digo yo. La escribimos y nos escribe. Si sólo nos escribe, se condena y nos condena a repetir la historia, tal vez más grotescamente, pero a repetirla. Si sólo la escribimos, no podremos distinguir (como decía Lucas Alamán) "lo que es cierto de lo fingido", y nos otorgaremos por decreto lo que la realidad nos negará con esa terquedad que suele tener la realidad: el poder de pintar una historia sólo del falso color del heroísmo».[2]

Marcos había querido hacer historia –es decir, escribirla– mediante una gravitación no natural ni inconsciente sino deliberada de la Sagrada Escritura de la historia mexicana. El drama del zapatismo era real, su raíz y razón estaban genuinamente en México, pero también en el zapatismo había actores que sin cinismo, a veces sin conciencia plena, personificaban, encarnaban un papel: los indios de las cañadas eran indios de verdad, pero «representaban» a todos los indios de México, «supuestamente explotados por quinientos años»; Samuel Ruiz era el hombre intachable de una fe justiciera, pero también era el nuevo Las Casas; los dominicos y los catequistas eran soldados genuinos de esa misma fe, pero salieron a escena como los nuevos misioneros que picaban con el aguijón de una conciencia militante. Y estaba el subcomandante insurgente Marcos. Su compromiso de cambiar la realidad social de Chiapas y de México era genuino (su convicción democrática sería mucho más dudosa); su estancia desde 1983 con los indios en la selva había sido real y, si se quiere, admirable; pero no era menos cierto su papel protagónico.

¿Cómo se llamó la obra de un caudillo mexicano que vive muchos años cerca de los indios, conoce su idioma, se levanta en armas con ellos, toma tres ciudades y planea tomar la capital? Marcos como el nuevo Hidalgo. ¿Cómo se llamó el libreto del otro caudillo mestizo, dueño de un gran sentido del humor, que plantea rigurosamente su estrategia militar, respeta a la población civil, logra la adhesión de centenares de sacerdotes, resiste con algazara y bailes el cerco tendido por el supremo gobierno, alcanza la celebridad internacional y la lealtad de sus huestes que dan por él todo su corazón? Marcos como el nuevo Morelos. De allí provenía la segunda parte de su autodenominación: insurgente.

En la obra escrita por Marcos, los capítulos y escenarios tenían su importancia. Se convocaría a una convención –como Morelos en Chilpancingo– que se llevaría a cabo en un paraje denominado *ad hoc* «Aguascalientes», igual que la ciudad donde se reunieron los generales de la Revolución en 1914 para dilucidar el futuro del país. Pero el «resguardo decisivo» estaba en el nombre del movimiento: los actores eran un «Emiliano Zapata» colectivo.

El problema, a semejanza del otro teatro, radicaba en que los actores estaban armados. Aquí Marcos actuaba más como subcomandante que como insurgente. ¿Qué buscaba realmente? Con las armas en la mano, Marcos había dicho que «el Ejército Zapatista de Liberación Nacional no busca que gane un partido o que gane otro ... busca que haya justicia, que haya libertad, y que haya democracia para que el pueblo elija a quien mejor le acomode su entender y que esa voluntad, cualquiera que sea, reciba respeto y entendimiento de los mexicanos todos».[3] Pero estaba claro que Marcos había incurrido en una contradicción política, mil veces comprobada en la realidad: no hay más tránsito a la democracia que el tránsito pacífico; transitar por la vía violenta es, por definición, no transitar.

Había que renunciar al viejo y gastado libreto de la muerte. Los zapatistas no lo consideraron necesario. Su obra parecía requerir el elemento del martirologio. Por eso repetían que había que «devolver a la muerte su sentido». ¿No bastaban los muertos que ya había provocado la sublevación y de los que ya nadie, ni los propios zapatistas, hablaban? En medio de tanta muerte, era preferible devolver a la vida su sentido. No faltaban modelos prácticos para mejorar las condiciones de vida de los hombres y mujeres del campo, pero ¿quién iba a propiciar estas soluciones en una situación de guerra? Nadie, y el Estado menos que nadie. En un México aislado, desgarrado, o en un México tiránico, perderían todos, pero los primeros que perderían serían los que han perdido siempre, «los más antiguos pobladores de este país».

¿Cómo conjurar entonces el peligro? Era Marcos quien podía erigirse en ejemplo, buscando el liderazgo de la izquierda política en México o encabezando un partido zapatista mexicano. Si se decidía a romper la Sagrada Escritura que llevaba al fracaso y al martirio, podría contribuir decisivamente a la reconciliación nacional.

Por desgracia, hasta finales de 1996, Marcos no había cerrado su teatro; no se quitó la máscara, no reveló su rostro ni su nombre, no renunció a la obra que escribía. Significativamente, el 31 de diciembre de 1996, en el poblado de La Realidad, los zapatistas festejaron la llegada del cuarto año de su insurrección con una representación teatral de los sucesos del primero de enero de 1994: escenificaron la toma de Las Margaritas. Era el teatro dentro del teatro. Ese mismo día, Marcos declaró:

Ernesto Zedillo, 1995.

«Nuestra guerra fue y es para que la memoria recupere su lugar en la historia. No habrá paz mientras el olvido siga siendo el único futuro ... Si este cuarto año es de guerra o de paz, dependerá de que el supremo poder acepte o no la historia y de que reconozca o no que los diferentes merecen un lugar para su palabra y para su paso. Este cuarto año será, como todos los pasados y todos los que vendrán, de ... "vivir por la patria o morir por la libertad"».

Allí estaban, de nueva cuenta, los viejos temas: la gravitación obsesiva del pasado, la dictadura de la memoria en la historia: la conquista como un agravio supuestamente vivo al cabo de quinientos años, la idea de que México ha olvidado por entero su raíz indígena, y la enésima representación del martirio de Cuauhtémoc. El *stabat mater* del zapatismo como acto culminante de la Sagrada Escritura que dicta el destino de los mexicanos. Al perpetuar el teatro de la historia – al menos hasta el último día de 1996–, Marcos se condenaba y condenaba al país a repetirla, dramática o grotescamente, pero a repetirla.

Hay que mantener el sentido de las proporciones. El teatro zapatista ha sido, finalmente, un fenómeno aislado, cercado, pequeño. Su fuerza no era real sino simbólica, y no parece exagerado afirmar que, al margen de sus excesos y errores, ha contribuido positivamente a la vida pública en dos aspectos: ha avivado la conciencia nacional con respecto al problema indígena y ha catalizado la crisis en el otro teatro, el que verdaderamente cuenta, el que con su anacrónica supervivencia bloquea el acceso de México a una vida política abierta y libre como la que gozan ya, al margen de su diversa situación económica y social, una gran mayoría de los países del mundo.

«Las cosas persisten en su ser», decía Spinoza. También, por lo visto, los teatros; pero hay persistencias incomprensibles. ¿Qué diría un italiano si Mussolini siguiese gobernando su país? ¿O si el sistema mussoliniano persistiera encarnado en pequeños émulos del Duce, nacidos en los años cincuenta? Ambas cosas ocurren en México, con todas las diferencias del caso: Fidel Velázquez, el legendario líder de la organización obrera que es la espina dorsal del sistema, a fines de 1996 consideró la posibilidad de volverse líder vitalicio. Y, en el PRI y el gobierno, una generación nacida en los años cincuenta actúa y manda como si la Revolución mexicana siguiese siendo la prístina fuente de la legitimidad, una promesa de redención inagotable, siempre postergable y, por eso mismo, eterna. No es casual que la imaginación popular haya acuñado el vocablo «dinosaurios» para referirse a los políticos del PRI, sea cual sea la edad de éstos. Que a principios de 1997 México siga regido por un sistema antidemocrático cuyo origen data de la época del cine mudo es más que un arcaísmo: es una anomalía histórica. Pero el sistema, no cabe duda, tiene su tiempo contado.

A principios de 1995, el nuevo presidente Ernesto Zedillo Ponce de León pareció comprender el problema en toda su magnitud. Convocó a los tres principales partidos políticos (PRI, PAN, PRD) a una reunión en la residencia oficial de Los Pinos. El objeto fue la firma de un Acuerdo Nacional para la Democracia. Se trataba de entrar en un proceso de negociación –orientado por el gobierno, pero encabezado por los partidos– para lograr la transición definitiva de México a la democracia.

Fue un acto esperanzador. La crisis de México no tenía precedentes desde tiempos de la Revolución, era una crisis integral: económica, social, política. Había inseguridad y violencia en las calles, desánimo y desconfianza en las conciencias. No existían soluciones mágicas o providenciales para lograr la recuperación de los niveles de vida. Quedaba un largo y doloroso trecho por recorrer, pero la condición esencial para abordarlo era la reforma democrática. Así lo expresaba Zedillo en privado y en público. En cierto momento habló de la necesidad de crear y mantener «una sana distancia entre el presidente y el PRI». Parecía convencido de que la solución de fondo a los problemas de México radicaba en reconocer la quiebra de la vieja empresa, acabar con la simulación, cerrar el teatro.

Su trayectoria personal parecía favorecer esa óptica. Nacido en 1951, hijo de una familia de clase media, Zedillo creció en Mexicali, sin nexos personales o culturales con la «familia revolucionaria». Tenía –y tiene aún– en su haber varias virtudes y algunos defectos: es trabajador desde su infancia, estudiante esforzado de escuelas públicas; marcadamente austero, inteligente, metódico y analítico; también ha mostrado ser una persona cerrada y poco respetuosa de la crítica. Una prenda destacable en toda circunstancia, pero sobre todo en la actual de México, es su honradez: de hecho, nadie ha llegado con menores recursos económicos a la presidencia en el siglo xx mexicano. Doctorado en Economía por la Universidad de Yale, en lo profesional –sobre todo en el Banco de México y como secretario de Programación y Presupuesto, no tanto de Educación– su trayectoria fue brillante. Luis Donaldo Colosio lo respetaba, y por ello lo nombró jefe de su campaña. Decía que era «el mariscal Zedillo». Al morir

Colosio, Salinas hubiese preferido candidatos más dúctiles, pero un conjunto de circunstancias más o menos fortuitas determinaron que tocara a Zedillo la ruleta del poder.

Por desgracia, a dos años de aquel acuerdo de principios de 1995, la esperanza no ha cristalizado del todo. Hay, es verdad, signos alentadores, inimaginables en la época de Salinas: las elecciones estatales y municipales han sido prácticamente incontestadas, aunque en ellas el PRI ha sufrido serios reveses; los periódicos, la radio y, de manera creciente, la televisión, hacen ahora uso de una amplia libertad de expresión; un logro histórico ha sido el paso del Instituto Federal Electoral de manos del gobierno a manos ciudadanas. Aquellos remotos planetas del sistema político solar de los cincuenta que giraban obedientemente alrededor del sol presidencial, han variado su movimiento y tomado un sentido autónomo y centrífugo.

Sin embargo, a fines de 1996 el presidente propició algunas medidas opuestas al propósito reformador. Dando la espalda a una negociación que duraba ya dos años entre los partidos –aquella que provenía del acuerdo de enero de 1995–, Zedillo avaló y, de hecho, indujo un endurecimiento de la posición del PRI, que llevó a su vez a la ruptura de las conversaciones y a la aprobación unilateral de una reforma electoral por parte de la mayoría parlamentaria priísta (mayoría lograda, en palabras del propio Zedillo, por «métodos inequitativos» y en un momento anterior a la crisis económica: julio de 1994).

El punto de discordia fue el financiamiento público de los partidos. No era un asunto menor sino el meollo del problema. ¿Cómo conciliar la retórica democrática del gobierno y su ortodoxia financiera con el botín que acaudalaba el PRI, el mismo que le serviría para seguir haciendo lo que sabe hacer, es decir, comprar votos? ¿No era más coherente iniciar una era de austeridad y modernidad en la que el voto se ganara en debates públicos y no mediante inmensos despliegues económicos, muy superiores, por cierto, a los de las elecciones en los Estados Unidos?

En la actitud del presidente Zedillo ha habido ambigüedad. ¿Cómo explicarlo? Tal vez a fines de 1996 ya no cree tanto en sus propias palabras, pronunciadas ante parlamentos europeos: México –dijo– debe entrar en la normalidad democrática. Por definición, ello implicaba admitir la anormalidad que representa el PRI tal y como ha funcionado durante casi setenta años: no como un partido normal sino como un partido de Estado. Al apoyar ostensiblemente al PRI, Zedillo ha sentado las condiciones para que el sistema político mexicano pueda perpetuarse como lo que es y ha sido siempre: el negocio del poder, en manos de la familia del poder.

Es una lástima que hasta ahora no haya escogido la otra opción: la del liderazgo democrático. A principios de 1997 –cuando se escriben esta líneas– puede hacerlo todavía. El tiempo está contado, pero no agotado. ¿Lo advertirá? El mundo entero se lo reconocería. La democracia ha revitalizado a muchos países en América Latina, ha reconciliado a Sudáfrica, ha superado con éxito varias pruebas en Rusia, ha sentado las bases de un desarrollo responsable en la antigua Europa del Este. En un país con la tradición presidencialista de México, ese liderazgo reformador podría resultar particularmente efectivo. Ése fue el visionario papel del rey de España en aquella ejemplar transición. Si Zedillo no lo asume, la transición democrática deberá llevarse a cabo sin cabeza visible.

O con decenas de millones de cabezas, las de los ciudadanos que se manifiestan fuera del teatro del poder, en la plaza pública de la democracia. No es difícil que ocurra. El deterioro del PRI parece tan ineluctable como el avance del proceso democrático. A mediados de 1997 se celebrarán elecciones en varios estados y municipios del país. Se disputarán alcaldías, diputaciones, gubernaturas. Por primera vez en la historia reciente, los ciudadanos del Distrito Federal (una auténtica ciudad-Estado) elegirán al jefe de gobierno del Distrito Federal. Ese mismo día –el 6 de julio de 1997– tendrán lugar los comicios para la Cámara de Diputados. Es probable que, a despecho de la manipulación que intente el PRI, se establezcan las premisas adecuadas para que en varios niveles del poder público se logre la alternancia, algo que, en las circunstancias actuales de México, es condición necesaria para la democracia. Con la alternancia comenzaría un periodo de efectiva transición, que a su vez conduciría, sin mayores sobresaltos, al cierre definitivo del vetusto teatro en las elecciones presidenciales del año 2000.

Si las elecciones de mediados de 1997 no son impecables, si se reite-ra la percepción de iniquidad en favor del PRI (condición que ya existe de hecho, a la vista del monto del financiamiento otorgado), si el reinado de los dinosaurios se vuelve eterno, entonces podría cumplirse en México la frase terrible que Alejandro Mayta, uno de los personajes más dramáticos de Mario Vargas Llosa, pronuncia al volver a un miserable sitio de las montañas del Perú, que ya en su juventud le había parecido desolador: «No hay límites para el deterioro». Con un agravante: la violencia guerrillera, terrorista o simplemente delictiva se sentiría «legitimada» por el vacío general de legitimidad, lo cual orillaría peligrosamente al país a reponer una obra demasiado vista en el siglo XIX y principios del XX: el golpe militar y la fiesta de las balas.

Al imponer su monocorde libreto a los mexicanos, al perpetuar inadmisiblemente el teatro de la historia –teatro que desde hace décadas ha agotado el repertorio, su legitimidad y su razón de ser– y pretender que lo que allí se representa es el dictado fiel de nuestra Sagrada Escritura, el PRI se ha condenado a su vez, y pretende condenar al país a repetirla.

Había y hay otra escritura distinta. Una escritura abierta a la llamada del futuro. Nada cuesta imaginarla. Es la que la sociedad puede escribir y construir libremente, si se decide a adoptar una actitud distinta frente a la ciega gravitación del pasado. No se trata de obliterar la memoria o de hacer tabla rasa con la historia. Menos aún en un país que tiene, gracias a su historia, carácter e identidad. Se trata, eso sí, de descorrer sanamente los velos del mito, desmontar las versiones arcaicas y sacralizantes del poder y glorificadoras de la violencia –martirológica o fundacional, lo mismo da– e introducir una actitud moderna de equilibrio y responsabilidad, de veracidad y crítica. Superar, de una buena vez, la tradición corporativista, orgánica, patrimonial y absolutista del poder. Reducir a sus proporciones humanas y a sus posibilidades prácticas la vocación misional y tutelar del Estado. Dejar atrás la presidencia imperial e inaugurar, en el parteaguas del año 2000, una presidencia estrictamente ajustada a sus límites constitucionales, o incluso reformar éstos para asegurar la plena transición a la democracia. No olvidar, pero sí enterrar, reconciliados en nuestra comprensión, los inquietos espectros de Cuauhtémoc y Cortés, Hidalgo e Iturbide, Morelos y Santa Anna, Juárez y Díaz y Madero, Zapata y Carranza, Villa y Obregón, Calles y Cárdenas.

Con los protagonistas del México contemporáneo habría que ser más severos. Habría que admitir sin reparo los servicios de paz, orden y progreso que el sistema prestó al país, pero señalar también el lamentable retraso cívico que impuso a los mexicanos. De llegar el momento, no habrá reconciliación posible con Tlatelolco. Un México democrático tratará de averiguar minuciosamente la verdad sobre lo ocurrido, contestará aquellas preguntas sin respuesta, dará rostro y nombre a los muertos y ofrecerá un testimonio público de gratitud a los líderes del 68. No buscará venganza sino una madura consideración del largo y extraño episodio que el país vivió cuando la vida pública fue secuestrada por una gran empresa teatral.

Sólo así los mexicanos al fin del siglo XX podríamos escribir nuestra propia historia y dejar de ser los protagonistas de una Sagrada Escritura que supuestamente nos escribe y nos condena a repetirla. En la democracia, la biografía de México comenzaría a ser la biografía de todos. La democracia pondría punto final a la biografía del poder.

Apéndices

«El pasado inmediato es, de alguna forma, el enemigo», escribió Alfonso Reyes. En lo que atañe al historiador, tenía plena razón. Todo conspira en su contra: la falta de perspectiva frente a los acontecimientos, la carencia de una bibliografía adecuada para estudiarlos, e incluso el hecho de que las personas y las épocas que aborda no tengan ese prestigio legendario que confiere la pátina del tiempo. En México, además, conspira otro factor: la naturaleza misma del sistema político mexicano, especie de mafia cuyo primer mandamiento ha sido mantener guardados, bajo doble llave, los papeles y secretos de la familia.

«Quienes están adentro saben, pero no escriben; quienes estamos afuera escribimos, pero no sabemos», se quejaba en su vejez Daniel Cosío Villegas. Aunque había pasado una parte importante de su vida «adentro», nunca estuvo tan adentro como para pertenecer al primer círculo del poder, y siempre se le consideró un intelectual algo extraño o excéntrico. Cuando, al final, intentó estudiar la vida política contemporánea con la minuciosidad que había aplicado a la República Restaurada y el Porfiriato, se encontró con un grave problema: las fuentes. Su gran apoyo para reconstruir la historia moderna de México había sido la prensa periódica, deslumbrante en la era liberal y valiosa aún en tiempos porfirianos. Lo mismo cabía decir de la etapa revolucionaria, que Cosío propiamente no historió, pero sí vivió como un protagonista intelectual lúcido y creativo. A partir de 1940 la prensa periódica mexicana se había vuelto un mero negocio comercial cuyo verdadero patrón no era el lector sino el gobierno. Si a eso se agregaba la oferta pobre y limitada de libros, estudios monográficos, biografías, autobiografías, ensayos, testimonios, y el mutismo casi total de los que estaban o habían estado «adentro», el panorama era desolador.

Aun así, Cosío Villegas no se desalentó. Su última empresa cultural fue, precisamente, la *Historia de la Revolución Mexicana (1910-1960)* en 23 tomos, que bajo su dirección y la de Luis González y González se elaboró en El Colegio de México durante los años setenta. El título de la colección constituía por sí solo una concesión al gobierno que financiaba la investigación. Cosío Villegas sabía muy bien que la Revolución, en tanto que movimiento armado o proceso de transformación social, había concluido, respectivamente, en 1920 y 1940. Lo importante fue la integración de un equipo de jóvenes que, pese a todas las limitaciones, estudió el periodo con los mismos métodos de investigación colectiva que habían demostrado su eficacia en la *Historia moderna de México.*

Tuve la fortuna de formar parte de ese equipo y trabajar, junto con mi amigo y maestro Jean Meyer, en los tomos de la época de Calles. Ese entrenamiento fue el antecedente remoto de *La presidencia imperial,* obra que ha podido beneficiarse de la información contenida en los libros de esa magna colección, correspondientes a la etapa 1940-1960.

Al terminar *Siglo de caudillos* y *Biografía del poder,* yo mismo me topé con el problema que había señalado Cosío Villegas: la ausencia de fuentes. Contaba, es cierto, con la colección mencionada, y con otras historias generales, nada despreciables: la de José C. Valadés y la puntual crónica de Alfonso Taracena. Por desgracia, su riqueza mayor se concentraba en la etapa revolucionaria. Se habían publicado diarios de personajes relevantes, como el general Cárdenas y Salvador Novo. El primero resultaba útil como fuente propiamente biográfica, no histórica. El segundo contenía pasajes interesantes y una sabrosa chismografía política, pero sin un panorama general que los enmarcara, carecían de sentido. Había que reconstruir la época antes de utilizar esos materiales. Estaban también algunas obras de estudiosos norteamericanos. Aunque fueron muy leídas en los años sesenta, vistas a la distancia su celebridad parece excesiva y a veces incomprensible: maravillados como niños por el sistema político mexicano, Frank Brandemburg y Robert Scott aceptaron casi todas sus premisas; en cambio, el malogrado Charles C. Cumberland, Raymond Vernon y, poco después, Roger D. Hansen tuvieron más sentido crítico. Frente a todos ellos, seguía sobresaliendo la obra del gran decano de los estudios mexicanos, Frank Tannenbaum, quien por desgracia había muerto en 1969 y su último libro sobre México, titulado *México: la lucha por la paz y por el pan,* databa de 1951.

Aunque exiguas, las fuentes existían. A partir de 1940, cada sexenio contaba con biografías presidenciales redactadas con espíritu encomiástico, pero escritas con dignidad y ricas en información. Algunos personajes destacados de la época conservaban una nutrida correspondencia que fue dada a la luz por sus descendientes: el caso más notable fue el de Marte R. Gómez. En los años setenta y ochenta comenzaron a publicarse algunas autobiografías de interés; ninguna, claro está, de la dimensión literaria del *Ulises criollo,* pero jugosas e importantes: la del propio Cosío Villegas, el economista Eduardo Villaseñor, el líder ferrocarrilero Luis Gómez Z., el poeta y destacado funcionario público Jaime Torres Bodet, el fundador del PAN Luis Calderón Vega, el político Luis M. Farías, el gran periodista Julio Scherer García, el precoz autobiógrafo Carlos Monsiváis e incluso la del presidente Miguel Alemán Valdés, que fue acogida con desdén, pero que, bien leída, contenía interesantes revelaciones. Y estaban, desde luego, las *Memorias* de Gonzalo N. Santos. Era obvio que contenían pasajes exagerados o falseados –sobre todo los relativos a su propia trayectoria–; pero, cotejadas con otras fuentes, resultaban por lo general veraces. Además, por un misterio de la creación o por obra de un editor extraordinario, estaban bien escritas.

La hemerografía no resultó del todo inútil: las magnas *Fuentes para la historia contemporánea de México,* compiladas por iniciativa de Cosío Villegas desde los años cincuenta por Stanley Ross y Luis González, contenían numerosas fichas relevantes para el periodo posterior a 1940. Nunca faltó, por lo demás, un semanario, un editorialista o un intelectual que dejara un testimonio rico, objetivo y crítico sobre su tiempo político. Al contrario: hubo muchos y de diversas generaciones, pero cabe destacar, respectivamente, a la revista *Siempre!* –fundada en 1953–, al periodista José Alvarado, y al propio Cosío Villegas. Bastarían esas tres fuentes para hacerse una idea razonablemente equilibrada y justa del periodo, por lo menos hasta los años setenta.

Hubiese sido, desde luego, importante consultar archivos privados y públicos. Existen algunos de inmenso interés, como el de Antonio Carrillo Flores en Condumex, del que se obtuvo información valiosa. Por desgracia, la mayor parte de estos acervos permanecen en manos de los descendientes de los personajes, que los expurgan o siguen guardando aquel mandamiento: «No revelarás secreto alguno». Futuras investigaciones, menos panorámicas que ésta, deberán comenzar por hacer un uso exhaustivo de esos archivos.

Un trabajo pionero fue fundamental: las entrevistas que James y Edna Wilkie realizaron a varios protagonistas de la historia contemporánea, entre ellos a Manuel Gómez Morín, Vicente Lombardo Toledano, Marte R. Gómez, Ramón Beteta, Jesús Silva Herzog. Se centraban en la etapa de 1910 a 1940, pero la mayoría hacía incursiones en los años posteriores aportando datos, perspectivas e interpretaciones. Estaba clara la pertinencia del método de historia oral para abordar el tema.

La presidencia imperial se ha servido de las fuentes bibliográficas y hemerográficas mencionadas y de varias más que se consignan en la bibliografía; pero es un libro construido, en una medida importante, con testimonios. Un entusiasta grupo de jóvenes me ayudó en el esfuerzo de entrevistar a varias personalidades del periodo. Juntos cubrimos un amplio espectro. Sería largo y cansado mencionarlos a todos (fueron setenta y cuatro entrevistas en total), pero cabe destacar, entre los entrevistados, a mi querido maestro Adolfo Orive Alba, al general y licenciado Alfonso Corona del Rosal, al empresario Justo Fernández (periodo Ávila Camacho). Al ex gobernador de Veracruz Marco Antonio Muñoz, al doctor Justo Manzur Ocaña, al líder ferrocarrilero Luis Gómez Z. (periodo Alemán). Al biógrafo José Luis Melgarejo Vivanco, al político veracruzano Hesiquio Aguilar, al líder obrero David Vargas Bravo, al legendario líder de los maestros Othón Salazar (periodo Ruiz Cortines). Al empresario Juan Sánchez Navarro, al demócrata potosino Salvador Nava (periodo López Mateos). Al político poblano Gonzalo Bautista O'Farrill, al ministro de Obras Públicas Gilberto Valenzuela, a los líderes estudiantiles Luis González de Alba, Gilberto Guevara Niebla y Luis Tomás Cervantes Cabeza de Vaca (periodo Díaz Ordaz).

Entre todos los informantes, dos se mostraron particularmente generosos conmigo: don Antonio Ortiz Mena y don Antonio Mena Brito. En octubre de 1987, Ortiz Mena me recibió en su oficina del Banco Interamericano de Desarrollo en Washington, donde sostuvimos una serie de conversaciones. Años después pude entrevistarlo varias veces. Su testimonio fue invaluable. Con Mena Brito me une una excelente amistad. En varios desayunos a través de los años me narró muchas entretelas del sistema: fue, por así decirlo, mi «caballo de Troya» dentro de la cerrada «familia revolucionaria».

En todos los casos se intentó entrevistar a políticos oficiales y de oposición, a miembros de la familia, parientes cercanos, amigos de la infancia, colaboradores íntimos (choferes, cocineras, secretarios, ayudantes), miembros del gabinete, compañeros de borrachera, amigos y enemigos, amigas y amantes, observadores cercanos y lejanos. Hay testimonios de militares y civiles, empresarios y funcionarios, religiosos y laicos, intelectuales y artistas, políticos y apolíticos.

En el caso particular de Díaz Ordaz, se cubrieron casi todas las categorías arriba mencionadas. Pero la ayuda más destacada provino de la familia: las hermanas del presidente, Guadalupe y María; su hijo menor, Alfredo, ya fallecido, y, sobre todo, su hijo mayor, Gustavo, con quien *La presidencia imperial* tiene una deuda impagable. A sabiendas de que, por razones de experiencia generacional y de convicción profunda, mi juicio sobre el desempeño político de su padre era y es francamente adverso, Gustavo –sin mediar entre nosotros amistad ni conocimiento previos– no sólo accedió a dar su punto de vista y aportar sus recuerdos sino que en un acto de generosidad que lo honra me permitió leer las memorias inéditas de su padre y hacer libre uso de ellas en este libro. Espero que el retrato que hago de don Gustavo Díaz Ordaz, por más crítico que sea –y no puede sino serlo– refleje también la dramática complejidad del personaje.

Una precisión sobre el título *La presidencia imperial.* Coincide con la obra de Arthur Schlesinger hijo y, en cierta forma también, con *La república imperial* de Raymond Aron, pero el sentido de ambas es muy distinto del mexicano. Los Estados Unidos son un imperio desde la perspectiva de la política internacional, y amenazaba serlo aún más en los tiempos de Nixon criticados por Schlesinger. El título corresponde mucho mejor a la paradójica situación mexicana: una república simulada en la que los presidentes han actuado como monarcas absolutos.

I. El Estado mexicano. Fuentes de su legitimidad

1. Frank Tannenbaum, «La lucha por la paz y por el pan», *Problemas Agrícolas e Industriales*, México, vol. 3, núm. 4, octubre-diciembre de 1951, pp. 59-88.
2. Luis González y González, «La Revolución desde el punto de vista de los revolucionados», en *Obras completas VII. La ronda de las generaciones*, Clío/El Colegio Nacional, México, 1997, pp. 245-258; Jean Meyer, *La Revolución Mexicana*, Jus, México, 1991, pp. 92-114.
3. Manuel Gómez Morín, *1915*, Cultura, México, 1927.
4. Ramón López Velarde, *Obras*, México, 1971, p. 232.
5. Richard M. Morse, «La herencia de América Latina», *Plural*, México, núm. 46, julio de 1975.
6. Silvio Zavala, «Fray Alonso de la Veracruz, iniciador del Derecho Agrario en México», en *Homenaje a fray Alonso de la Veracruz en el IV centenario de su muerte*, unam, México, 1986, pp. 62-63.
7. Richard M. Morse, *Resonancias del Nuevo Mundo*, México, 1995, p. 194, y *El espejo de Próspero*, Siglo xxi, México, 1982, pp. 63-72.
8. Octavio Paz, «El ogro filantrópico», *Vuelta*, México, núm. 21, agosto de 1978.
9. Morse, *Resonancias...*, *op. cit.*, pp. 194 y 201.
10. Daniel Cosío Villegas, *La Constitución de 1857 y sus críticos*, SepSetentas/Diana, México, 1980, pp. 173-199.
11. Morse, *Resonancias...*, *op. cit.*, p. 194.

II. Manuel Ávila Camacho. El presidente caballero

1. Entrevista con Daniel Cosío Villegas, México, 1971, en Enrique Krauze, *Daniel Cosío Villegas. Una biografía intelectual*, Joaquín Mortiz, México, 1980, p. 92.
2. «Roberto Blanco Moheno entrevista al general Lázaro Cárdenas», *Impacto*, México, 22 de marzo de 1961.
3. Entrevista con Adolfo Orive Alba, México, D.F., 4 de septiembre de 1992.
4. Información proporcionada por Luis González y González.

5. José Mendizábal, *7° Almanaque de efemérides del estado de Puebla para el año de 1898*, Librería Religiosa, México, 1897, pp. 121-125.

6. Entrevista con Rafael Ávila Núñez, Teziutlán, Puebla, 14 de octubre de 1994.

7. Enrique Krauze, *Caudillos culturales en la Revolución Mexicana*, Sep-Cultura (Cien de México), México, 1985, p. 28.

8. *Ibid.*, p. 32.

9. «José C. Valadés entrevista al general Maximino Ávila Camacho», *Hoy*, México, 22 de mayo de 1943.

10. Entrevista con Rafael Ávila Núñez, Teziutlán, Puebla, 14 de octubre de 1994.

11. Luis Audirac, *Se hizo de noche*, SEP, México, 1946, p. 54.

12. Isidro Fabela, *Documentos históricos de la Revolución Mexicana*, Jus, México, 1965, t. 3, pp. 346-347 y 496-497; «José C. Valadés entrevista al general Maximino Ávila Camacho», *op. cit.*

13. «Antecedentes militares del extinto general de división Maximino Ávila Camacho», Secretaría de la Defensa Nacional, Departamento de Archivo, Correspondencia e Historia, México.

14. Uno de sus hijos aseguró en 1947 que la fortuna de su padre, que habría muerto sin testar, era de casi ciento veinticinco millones de pesos. *Tiempo*, México, 31 de enero de 1947.

15. Gonzalo N. Santos, *Memorias*, Grijalbo, México, 1984, p. 678.

16. Testimonio de Eugenia Kleinbort, residente en Puebla.

17. Alfredo Kawage Ramia, «Partió hace veinte años», *Siempre!*, México, 20 de octubre de 1975; Fernando López Portillo, «Memorias», *El Universal*, 27 de abril de 1957.

18. Alfonso Taracena, *La Revolución desvirtuada*, Costa-Amic, México, 1971, t. 8, pp. 42-43.

19. Gustavo Abel Hernández y Armando Rojas Trujillo, *Manuel Ávila Camacho. Biografía de un revolucionario con historia*, Gobierno del Estado de Puebla, Puebla, 1986, t. 1, p. 86.

20. *Ibid.*, p. 74; José Altamirano, *La personalidad del general Manuel Ávila Camacho*, México, 1940, pp. 57-59.

21. Hernández y Rojas, *op. cit.*, pp. 74-76.

22. Antonio Lomelí Garduño, *Semblanza espiritual de Ávila Camacho (recuerdos de una gira electoral)*, edición del autor, México, 1957, pp. 67-69.

23. «Antecedentes militares del extinto general de división Manuel Ávila Camacho», Secretaría de la Defensa Nacional, Departamento de Archivo, Correspondencia e Historia, México.

24. Santos, *op. cit.*, p. 647.

25. Entrevista con Alfonso Corona del Rosal, México, D.F., 6 de marzo de 1992.

26. Entrevista con Adolfo Orive Alba, México, D.F., 4 de septiembre de 1992.

27. Santos, *op. cit.*, p. 835.

28. *Tiempo*, México, 31 de enero de 1947.

29. Testimonio de Saúl Krauze.
30. Entrevista con Justo Fernández, México, D.F., octubre de 1992.
31. Entrevista con Adolfo Orive Alba, México, D.F., 4 de septiembre de 1992.
32. *El Universal*, México, 1° de octubre de 1938.
33. *El Universal*, México, 25 de junio de 1941.
34. *Excélsior*, México, 2 de octubre de 1938.
35. *Excélsior*, México, 22 de marzo de 1939.
36. *Excélsior*, México, 25 de agosto de 1939.
37. *Últimas Noticias de Excélsior*, México, 29 de abril de 1939.
38. *El Popular*, México, 18 de marzo de 1939.
39. José Pagés Llergo, «Yo hablé con Hitler», *Hoy*, México, 18 de noviembre de 1939.
40. José Vasconcelos, «La inteligencia se impone», *Timón*, vol. II, núm. 16, 8 de junio de 1940, p. 9.
41. *Combate*, México, 7 de julio de 1941.
42. Lázaro Cárdenas, *Apuntes 1913-1940*, UNAM, México, 1986, t. 1, p. 439.
43. *El Nacional*, México, 2 de septiembre de 1941.
44. Blanca Torres Ramírez, *Historia de la Revolución Mexicana. México en la Segunda Guerra Mundial*, El Colegio de México, México, vol. 19, 1979, pp. 65-80; José Luis Ortiz Garza, *México en guerra*, Planeta, México, 1989.
45. *Tiempo*, México, 29 de mayo de 1942.
46. Taracena, *op. cit.*, p. 211.
47. Entrevista con Justo Fernández, México, D.F., octubre de 1992.
48. Lázaro Cárdenas, *Apuntes 1941-1956*, UNAM, México, 1986. t. 2, p. 191.
49. «José C. Valadés entrevista al presidente electo Manuel Ávila Camacho», *Hoy*, México, 21 de septiembre de 1940.
50. Entrevista con Alicia Ávila Camacho de Fernández, México, D.F., octubre de 1992.
51. James W. Wilkie y Edna Monzón de Wilkie, *México visto en el siglo xx. Entrevistas de historia oral*, Instituto Mexicano de Investigaciones Económicas, México, 1969, pp. 333-336.
52. Pablo Serrano Álvarez, *La batalla del espíritu. El movimiento sinarquista en el Bajío. 1932-1951*, CNCA, México, 1992, t. 2, p. 21.
53. José C. Valadés, *Historia general de la Revolución Mexicana*, SEP/Gernika, México, vol. 10, 1985, pp. 74-75.
54. «La crisis de México», *Cuadernos Americanos*, México, año 6, vol. XXXII, núm. 2, 1947, pp. 29-51.
55. Jaime Torres Bodet, *Memorias. Años contra el tiempo*, Porrúa, México, 1969, p. 334.
56. Cosío Villegas, *op. cit.*, p. 37.
57. Wilkie y Monzón, *op. cit.*, p. 336.
58. Luis Gómez Z., *Sucesos y remembranzas*, SECAPSA, México, vol. 1, 1979, pp. 227-241 y 298-310.
59. Krauze, *Daniel Cosío Villegas. Una biografía...*, *op. cit.*, p. 148.

60. Daniel Cosío Villegas, *Ensayos y notas*, Hermes, México, vol. 1, 1966, p. 251.
61. Jean Meyer, *Historia de la Revolución Mexicana. Estado y sociedad con Calles*, El Colegio de México, México, vol. 11, 1977.
62. Enrique Krauze, Jean Meyer, Cayetano Reyes, *Historia de la Revolución Mexicana. La reconstrucción económica*, El Colegio de México, México, vol. 10, 1977, pp. 70-82.
63. Entrevista con Alfonso Corona del Rosal, México, D.F., 6 de marzo de 1992.
64. «Mensaje del presidente Manuel Ávila Camacho el 1° de diciembre de 1940», *El Nacional*, México, 2 de diciembre de 1940.
65. Santos, *op. cit.*, pp. 709-710.
66. *Ibid.*, p. 757.
67. *Ibid.*, pp. 768-769
68. Entrevista con Miguel Palacios Macedo, México, D.F., septiembre de 1973.
69. Cosío Villegas, «La crisis de México», en *op. cit.*, p. 132.
70. *Idem.*
71. Wilkie y Monzón, *op. cit.*, pp. 148-155.
72. Adolfo Orive Alba, *La irrigación en México*, Juan Grijalbo, México, 1970, pp. 85-92.
73. Marte R. Gómez, «Los problemas de la región Lagunera», *El Nacional*, México, 29 de marzo de 1941.
74. Cosío Villegas, «La crisis de México»..., en *op.cit.*, pp. 27-28.
75. Krauze, *Caudillos culturales...*, *op. cit.*, p. 274.
76. Wilkie y Monzón, *op. cit.*, p. 186.
77. *Ibid.*, p. 204.
78. *Ibid.*, pp. 217-223.
79. Luis Calderón Vega, *Memorias del PAN*, EPESSA, México, vol. 1, 1992, pp. 176-182; Juan Molinar Horcasitas, *El tiempo de la legitimidad*, Cal y Arena, México, 1991, p. 37.
80. Franz A. von Sauer, *The Alienated «Loyal» Opposition*, Nuevo México, 1974, pp. 98-115; Donald J. Mabry, *Mexico's Acción Nacional. A Catholic Alternative to Revolution*, Syracuse University Press, Nueva York, 1973, pp. 30-45.
81. Wilkie y y Monzón, *op. cit.*, p. 186.
82. Calderón Vega, *op. cit.*, p. 223.
83. Cosío Villegas, «La crisis de México», en *op. cit.*, p. 40.
84. Torres Ramírez, *op. cit.*, pp. 153-184.
85. Carlos Martínez Assad, «El cine como lo vi y como me lo contaron», en Rafael Loyola, coord., *Entre la guerra y la estabilidad política. El México de los 40*, CNCA-Grijalbo, México, 1990, pp. 339-360.
86. Luis Medina, *Historia de la Revolución Mexicana. Civilismo y modernización del autoritarismo*, El Colegio de México, México, vol. 20, 1979, pp. 81-91.
87. «La crisis de México», *Cuadernos Americanos*, México, año 6, vol. XXXII, núm. 2, 1947, pp. 29-51.

88. *Idem.*
89. Marte R. Gómez a José María González de Mendoza, 28 de abril de 1947, en Marte R. Gómez, *Cartas de Marte R. Gómez. Vida política y contemporánea*, FCE, México, vol. 1, 1978, p. 781.
90. Krauze, *Daniel Cosío Villegas. Una biografía...*, *op. cit.*, p. 156.
91. Torres Bodet, *op. cit.*, p. 442.
92. Entrevista con Marco Antonio Muñoz, México, D.F., 3 de noviembre de 1992.

III. *Miguel Alemán. El presidente empresario*

1. Rodolfo Usigli, «El gesticulador», *El Hijo Pródigo*, México, año 1, núm. 4, julio de 1943, pp. 236-251.
2. Justo Sierra a Porfirio Díaz, noviembre de 1899, en Justo Sierra, *Obras completas* XIV. *Epistolario y papeles privados*, UNAM, México, 1978, pp. 96-97.
3. José López Portillo y Rojas, *Elevación y caída de Porfirio Díaz*, Librería Española, México, 1921, p. 365.
4. Daniel Cosío Villegas, «La crisis de México», *Cuadernos Americanos*, México, año 6, vol. XXXII, núm. 2, 1947, pp. 29-51.
5. Usigli, *op. cit.*, pp. 236-251.
6. Leonardo Pasquel, *La Revolución en el estado de Veracruz*, INHERM, México, vol. 1, 1971, p. 85; Octaviano R. Corro, *General Miguel Alemán. Su vida revolucionaria*, TIV, Xalapa, 1945; Rafael Gallegos Llamas, *Matiz de un revolucionario. 1900-1929*, México, 1976.
7. Entrevista con Pablo Vidaña, Sayula, Veracruz, 1° de octubre de 1994.
8. *Idem.*
9. *Idem.*
10. Entrevista con Rita Alafita de González, Oluta, Veracruz, 16 de julio de 1994.
11. Miguel Alemán Valdés, *Remembranzas y testimonios*, Grijalbo, México, 1987, pp. 34-35.
12. Pasquel, *op. cit.*; Corro, *op. cit.*; Gallegos, *op. cit.*
13. Archivo Plutarco Elías Calles-Fernando Torreblanca (en adelante APEC), gav. 72, Tejeda, Adalberto (ing. y cor.), exp. 26, leg. 2/15, inv. 5558.
14. Alemán, *op. cit.*, p. 76.
15. APEC, gav. Miguel (gral.), exp. 166, inv. 166.
16. Alemán, *op. cit.*, p. 103.
17. Entrevista con Rafael Barreiro Gutiérrez, Acayucan, Veracruz, 16 de julio 1994.
18. Alemán, *op. cit.*, pp. 62-64.
19. *Ibid.*, p. 60.; entrevista con Antonio Ortiz Mena, octubre de 1987.
20. Entrevista con Antonio Martínez Báez, México, D.F., 3 de noviembre de 1992.
21. *Idem.*
22. Alemán, *op. cit.*, pp. 56-57.

23. *Ibid.*, p. 82.
24. Entrevista con Ramiro Leal Domínguez, Acayucan, Veracruz, 16 de julio de 1996; testimonio de Eduardo Turrent Rozas.
25. Entrevista con Justo Manzur Ocaña, Córdoba, Veracruz, 22 de junio de 1994.
26. Alemán, *op. cit.*, p. 125.
27. *Idem.*
28. Testimonio de Eduardo Turrent Rozas.
29. Alemán, *op. cit.*, p. 139.
30. Entrevista con Marco Antonio Muñoz, México, D.F., 3 de noviembre de 1992.
31. Alemán, *op. cit.*, p. 150.
32. *Ibid.*, p. 158.
33. Entrevista con Miguel Palacios Macedo, México, D.F., julio de 1973.
34. Luis Medina, *Historia de la Revolución Mexicana. Civilismo y modernización del autoritarismo,* El Colegio de México, México, vol. 20, 1982, pp. 81-84.
35. Entrevista con Justo Manzur Ocaña, Córdoba, Veracruz, 22 de junio de 1994; entrevista con Marco Antonio Muñoz, México, D.F., 3 de noviembre de 1992.
36. Carlos Loret de Mola, «Fue símbolo del sistema», *Excélsior,* México, 14 de mayo de 1983.
37. Blanca Torres Ramírez, *Historia de la Revolución mexicana. Hacia la utopía industrial,* El Colegio de México, México, vol. 21, 1984, pp. 25-26.
38. Entrevista con Justo Manzur Ocaña, Córdoba, Veracruz, 22 de junio de 1994. La fórmula «por las buenas» es de Gabriel Zaid.
39. Roderic Ai Camp, *Los líderes políticos de México. Su educación y reclutamiento,* FCE, México, 1983, pp. 164-177.
40. Entrevista con Antonio Martínez Báez, México, D.F., 3 de noviembre de 1992.
41. Entrevista con Antonio Ortiz Mena, México, D.F., 3 de noviembre de 1992.
42. Entrevista con Adolfo Orive Alba, México, D.F., 4 de septiembre de 1992.
43. Torres Ramírez, *op. cit.*, pp. 144-145; *Estadísticas históricas de México,* INEGI, México, 2 vols., 1985.
44. Lázaro Cárdenas, *Apuntes 1941-1956,* UNAM, México, vol. 2, 1986, p. 268.
45. Entrevista con Juan Sánchez Navarro, México, D.F., 9 de septiembre de 1992.
46. Torres Ramírez, *op. cit.*, p. 107.
47. Camp, *op. cit.*; Elvira Concheiro *et al., El poder de la gran burguesía,* Cultura Popular, México, 1979; Robert J. Schafer, *Mexican Business Organizations: History and Analysis,* Syracuse University Press, Nueva York, 1973.
48. Gabriel Zaid, *El progreso improductivo,* Siglo XXI, México, 1979, p. 222.
49. Octavio Paz, *Posdata,* Siglo XXI, México, 1970, pp. 136-139.

50. Daniel Cosío Villegas, *El sistema político mexicano*, Joaquín Mortiz, México, 1978, pp. 22-67.

51. Zaid, *op. cit.*, pp. 216-224; Zaid, *La economía presidencial*, Vuelta, México, 1987, pp. 149-170, y *La nueva economía presidencial*, Contenido, México, 1994, pp. 30-33 y 53-56.

52. Paz, *op. cit.*, pp. 136-139.

53. Miguel León-Portilla, *Toltecáyotl. Aspectos de la cultura náhuatl*, FCE, México, 1980, pp. 293-299.

54. Enrique Krauze, *Daniel Cosío Villegas. Una biografía intelectual*, Joaquín Mortiz, México, 1980, p. 282.

55. Daniel Cosío Villegas, *El estilo personal de gobernar*, Joaquín Mortiz, México, 1974, pp. 7-14.

56. Octavio Paz, *El ogro filantrópico*, Joaquín Mortiz, México, 1979, pp. 85-100.

57. Adolfo León Osorio, *El pantano. Apuntes para la historia. Un libro acusador*, México, 1954, pp. 77-80; *Presente*, México, 7 de julio de 1948 y 11 de agosto de 1948; *Proceso*, México, 23 de mayo de 1983.

58. Mario Gill, *Pistolerismo y otros reportajes*, Universidad Autónoma de Sinaloa, México, 1985, pp. 117-119, y Adolfo León Osorio, *El pantano*, *op. cit.*, pp. 77-80.

59. Hans Werner Tobler, «Las paradojas del ejército revolucionario: su papel social en la reforma agraria mexicana. 1920-1935», *Historia Mexicana*, México, vol. XXI, núm. 81, julio-septiembre de 1971, pp. 38-79.

60. Jean-François Revel («Jacques Severin»), «Démocratie mexicaine», *Esprit*, París, núm. 5, mayo de 1952, pp. 783-809.

61. María Félix, *Todas mis guerras*, Clío, México, vol. 2, 1993, p. 60.

62. *El Popular*, México, D.F., 5 de mayo de 1952.

63. Osorio, *op. cit.*, pp. 64-66.

64. Entrevista con Hesiquio Aguilar, México, D.F., 13 de julio de 1994.

65. Luis M. Farías, *Así lo recuerdo*, FCE, México, 1992, p. 247.

66. «The Domino Player», *Time*, 14 de septiembre de 1953, pp. 28-31; Osorio, *op. cit.*, p. 59.

67. Entrevista con Carlos Soto Maynez, México, D.F., 11 de julio de 1994.

68. Gonzalo N. Santos, *Memorias*, Grijalbo, México, 1984, p. 863.

69. Entrevista con Justo Manzur Ocaña, Córdoba, Veracruz, 22 de junio de 1994.

70. Osorio, *op. cit.*, p. 26; Daniel Cosío Villegas, *La sucesión presidencial*, Joaquín Mortiz, México, 1975, pp. 16-17.

71. *Siempre!*, México, 20 de octubre de 1955.

72. Cárdenas, *Apuntes...*, *op. cit.*, vol. 2, p. 452.

73. Entrevista con Adolfo Orive Alba, México, D.F., 1989.

74. *Diario de los Debates de la Cámara de Diputados*, México, 30 de agosto de 1952.

75. Entrevista con Fernando Román Lugo, México, D.F., 15 de marzo de 1994.

76. Testimonio de Augusto Elías Paullada.
77. Vicente Lombardo Toledano, «El fraude electoral más burdo habido desde 1910 hasta hoy. En la maniobra se usaron todos los procedimientos conocidos hace 50 años», *El Popular*, México, 7 de julio de 1952; «El partido oficial tiene todo preparado para hacer el fraude», *El Popular*, México, 5 de julio de 1952; «Coacción del PRI contra los empleados de CEIMSA», *El Popular*, México, 6 de julio de 1952.
78. Entrevista con Antonio Mena Brito, México, D.F., 7 de junio de 1995.
79. Medina, *op. cit.*, pp. 176-185.
80. Cosío Villegas, *La sucesión...*, *op. cit.*, pp. 14-15.
81. Santos, *op. cit.*, p. 861.
82. Miguel Alemán Valdés, «Discurso de toma de posesión», en *50 años de El Universal*, El Universal, México, 1986, pp. 80-84.
83. Entrevista con Marco Antonio Muñoz, México, D.F., 3 de noviembre de 1992.
84. Testimonio de Augusto Elías Paullada.
85. Luis Gómez Z., *Sucesos y remembranzas*, SECAPSA, México, vol. 1, 1979, pp. 303-310.
86. Medina, *op. cit.*, pp. 112-134.
87. Entrevista con Fidel Velázquez, México, D.F., 1995.
88. Gómez Z., *op. cit.*, vol. 1, pp. 323-333 y 441; entrevista con Luis Gómez Z., México, D.F., 1995.
89. Medina, *op. cit.*, pp. 164-168.
90. Revel (Severin), *op. cit.*, pp. 783-809.
91. Zaid, *La economía...*, *op. cit.*, pp. 11-30.
92. Jorge Hernández Campos, «El señor presidente», en Gabriel Zaid, comp., *Ómnibus de poesía mexicana*, Siglo XXI, México, 1989, p. 600.
93. Cosío Villegas, «La crisis de México», en *Extremos de América*, FCE, México, 1949, p. 23.
94. Luis Calderón Vega, *Memorias del PAN*, EPESSA, México, vol. 1, 1992, p. 111.
95. Zaid, *El progreso...*, *op. cit.*, p. 232.
96. Revel (Severin), *op. cit.*, pp. 783-809.
97. Cosío Villegas, «La crisis de México», en *Extremos...*, *op. cit.*, p. 22.
98. Enrique Krauze, *Caudillos culturales en la Revolución Mexicana*, Sep-Cultura (Cien de México), México, 1985, pp. 285-286.
99. Calderón Vega, *op. cit.*, vol. 2, p. 56.
100. «Habla usted un poco tarde señor Corona», *Siempre!*, México, vol. 1, núm. 5, 25 de julio de 1953, pp. 8-9.
101. Medina, *op. cit.*, pp. 95-111.
102. Juan José Rodríguez Prats, *Adolfo Ruiz Cortines*, Gobierno del Estado de Veracruz, Xalapa, 1990, p. 66.
103. Enrique Krauze, *Biografía del poder. Venustiano Carranza. Puente entre siglos*, FCE, México, 1987, p. 127.
104. Zaid, *El progreso...*, *op. cit.*, p. 331.
105. Pablo González Casanova, *La democracia en México*, Era, México, 1967, pp. 31-36.

106. Calderón Vega, *op. cit.*, vol. 2, pp. 71-72.
107. James W. Wilkie y Edna Monzón de Wilkie, *México visto en el siglo XX. Entrevistas de historia oral*, Instituto Mexicano de Investigaciones Económicas, México, 1969, p. 201.
108. Revel (Severin), *op. cit.*, pp. 783-809.
109. Daniel Cosío Villegas, *Ensayos y notas*, Hermes, México, vol. 1, 1966, p. 328.
110. *Ibid.*, p. 333.
111. Rafael Rodríguez Castañeda, *Prensa vendida. Los periodistas y los presidentes: 40 años de relaciones*, Grijalbo, México, 1993, p. 18.
112. Zaid, *La nueva economía...*, *op. cit.*, pp. 75-76.
113. Cosío Villegas, *Ensayos...*, *op. cit.*, vol. 1, pp. 328-335.
114. *Ibid.*, pp. 334-335.
115. Entrevista con el obispo Adolfo Hernández Hurtado, México, D.F., 27 de marzo de 1993.
116. Daniel Cosío Villegas, *Ensayos...*, *op. cit.*, vol. 1, p. 281.
117. Roderic Ai Camp, *Los empresarios y la política en México. Una visión contemporánea*, FCE, México, 1995, pp. 233-239.
118. «Discurso de Manuel Gómez Morín en la apertura de cursos de la Universidad Nacional, 1918», en Krauze, *Caudillos culturales...*, *op. cit.*, p. 84.
119. Zaid, *El progreso...*, *op. cit.*, p. 255.
120. Camp, *Los líderes políticos...*, *op. cit.*, pp. 40-46.
121. Zaid, *El progreso...*, *op. cit.*, pp. 253-278.
122. Testimonio de Augusto Elías Paullada.
123. George S. Wise, *El México de Alemán*, Atlante, México, 1952.
124. Gabriel Zaid, «Intelectuales», *Vuelta*, México, vol. 14, núm. 168, 1990.
125. Daniel Cosío Villegas, *La Constitución de 1857 y sus críticos*, SepSetentas/Diana, México, 1980, p. 120.
126. Zaid, *El progreso...*, *op. cit.*, p. 266.
127. Cosío Villegas, *Ensayos...*, *op. cit.*, vol. 2, p. 155.
128. Krauze, *Daniel Cosío Villegas. Una biografía...*, *op. cit.*, p. 289.
129. *Ibid.*, p. 286.
130. Cosío Villegas, *Ensayos...*, *op. cit.*, vol. 1, p. 21.
131. Calderón Vega, *op. cit.*, vol. 1, p. 27.
132. *Ibid.*, p. 24.
133. *Ibid.*, vol. 3, pp. 59-60, 142-143 y 261-262.
134. «Informe a la VIII Convención Nacional de Acción Nacional, rendido el 16 de septiembre de 1949», en Manuel Gómez Morín, *Diez años de México. Informes del jefe de Acción Nacional*, Jus, México, 1950, pp. 286-287.
135. Cosío Villegas, *Ensayos...*, *op. cit.*, vol. 1, p. 169.
136. Octavio Paz, «Los campos de concentración soviéticos», *Sur*, Buenos Aires, núm. 197, marzo de 1951.
137. Vicente Lombardo Toledano, «La perspectiva de México. Una democracia del pueblo», *Problemas de Latinoamérica*, México, vol. 2, núm. 3, 15 de abril de 1955, p. 73; Medina, *op. cit.*, pp. 120-121; Tzvi Medin,

El sexenio alemanista, Era, México, 1990, pp. 67-80; Salvador Novo, *La vida en México en el periodo presidencial de Miguel Alemán*, Empresas Editoriales, México, 1967.

138. Narciso Bassols, *Pensamiento y acción*, FCE, México, 1967, p. 186.
139. Justo Manzur Ocaña, *La revolución permanente. Vida y obra de Cándido Aguilar*, Costa-Amic, México, 1972, p. 276.
140. Entrevista con Justo Manzur Ocaña, Córdoba, Veracruz, 22 de junio de 1994.
141. Armando de Maria y Campos, *El teatro de género chico en la Revolución Mexicana*, INEHRM, México, 1956, pp. 383-385.
142. Matilde Kalfon, «Jesús Martínez *Palillo*, qué bonita es la nostalgia», *Rino*, México, núm. 8, enero-febrero de 1992, pp. 19-25.
143. Enrique Krauze, *Textos heréticos*, Grijalbo, México, 1992, pp. 127-138.
144. Torres, *op. cit.*, pp. 155-176.
145. Daniel Cosío Villegas, «El México de Tannenbaum», *Problemas Agrícolas e Industriales de México*, México, vol. 3, núm. 4, octubre-diciembre de 1951, p. 157.
146. Charles Hale, «Frank Tannenbaum and the Mexican Revolution», *Hispanic American Historical Review*, 75:2, 1995; Entrevista con Estelle T. Rothman, 30 de abril de 1983.
147. Correspondencia Tannenbaum-Kellog, febrero-marzo de 1926, National Archives Washington, D.C., United States Department of State, 711.12/685.
148. Frank Tannenbaum, «Personal Government in Mexico», *Foreign Affairs*, vol. 27, núm. 1, octubre de 1948.
149. Frank Tannenbaum, «Technology and Race in Mexico», *Political Science Quarterly*, vol. LXI, 1946.
150. Frank Tannenbaum, «México. La lucha por la paz y por el pan», *Problemas Agrícolas e Industriales de México*, México, vol. 3, núm. 4, octubre-diciembre de 1951, p. 102.
151. Cosío Villegas, «El México de Tannenbaum», *op. cit.*, p. 157.
152. Tannenbaum, «México. La lucha por la paz y por el pan», *op. cit.*, p. 111.
153. *Ibid.*, p. 125
154. *Ibid.*, p. 132.
155. Manuel Germán Parra, «México. La lucha por la independencia económica», *Problemas Agrícolas e Industriales de México*, México, vol. 3, núm. 4, octubre-diciembre de 1951, p. 282.
156. Cosío Villegas, «El México de Tannenbaum», *op. cit.*, p. 157.
157. *Ibid.*, p. 158.

IV. Adolfo Ruiz Cortines. El administrador

1. «Discurso de Adolfo Ruiz Cortines al tomar posesión como presidente de la República», *Diario de los Debates de la Cámara de Diputados*, 1° de diciembre de 1952.

2. Entrevistas con Antonio Mena Brito, México, D.F., 9 de febrero de 1994 y 7 de junio de 1995.

3. Jorge Mejía Prieto, *Anecdotario mexicano. Ingenio y picardía*, Diana, México, 1986, pp. 135-140.

4. Juan José Rodríguez Prats, *Adolfo Ruiz Cortines*, Gobierno del Estado de Veracruz, Xalapa, 1990, pp. 31-32.

5. «The Domino Player», *Time*, 14 de septiembre de 1953, pp. 28-31.

6. Rodríguez Prats, *op. cit.*, p. 67.

7. «The Domino Player», *op. cit.*, pp. 28-31.

8. *Idem.*

9. *Idem.*

10. «Primer Informe de Gobierno del presidente Adolfo Ruiz Cortines», *Diario de los Debates de la Cámara de Diputados*, 1° de septiembre de 1953.

11. Daniel Cosío Villegas, «La crisis de México», *Cuadernos Americanos*, año 6, vol. XXXII, núm. 2, 1947, pp. 29-51.

12. Frank Tannenbaum, *Mexico: The Struggle for Peace and Bread*, Green-wood Press, Westport, 1984, pp. 222-246.

13. David Alfaro Siqueiros, *Me llamaban el Coronelazo*, Grijalbo, México, 1977, pp. 62-63.

14. Gonzalo N. Santos, *Memorias*, Grijalbo, México, 1986, p. 886.

15. Entrevista con José Luis Melgarejo Vivanco, 22 de enero de 1993.

16. Entrevista con los nietos de Adolfo Ruiz Cortines, 8 de enero de 1993; entrevista con José Luis Melgarejo Vivanco, 22 de enero de 1993; Santos, *op. cit.*, pp. 884-885; Rodríguez, *op. cit.*, p. 37.

17. Santos, *op. cit.*, pp. 885-886.

18. Daniel Cosío Villegas, *Memorias*, Joaquín Mortiz, México, 1977, p. 104.

19. «Discurso de Adolfo Ruiz Cortines al tomar posesión como presidente de la República», *Diario de los Debates de la Cámara de Diputados*, 1° de diciembre de 1952.

20. Entrevista con Hesiquio Aguilar, México, D.F., 3 de febrero de 1993.

21. Artículos de Adolfo Ruiz Cortines en *Crisol. Revista de Crítica:* «Nuestras reuniones de estadística», núm. 15, marzo de 1930, pp. 186-188; «Conozcamos nuestra agricultura y nuestra ganadería», núm. 16, abril de 1930, pp. 258-262; «La sociedad gravita sobre un tercio de sí misma», núm. 24, diciembre de 1930, pp. 452-454; «Nuestra decantada criminalidad es un mito», núm. 26, febrero de 1931, pp. 115-116; «Autonomía indispensable», núm. 33, septiembre de 1931, pp. 185-186; «Donde hay un pan, hay un hombre», t. VII, año IV, núm. 41, mayo de 1932, pp. 269-273; «La población y su política», núm. 44, agosto de 1932, pp. 72-78; «México y la política de población», núm. 71, noviembre de 1934, pp. 265-272.

22. Melgarejo, *op. cit.*, pp. 106-107.

23. Adolfo Ruiz Cortines, «Donde hay un pan, hay un hombre», *Crisol. Revista de Crítica*, t. VII, año IV, núm. 41, mayo de 1932, pp. 269-273.

24. Entrevista con Hesiquio Aguilar, México, D.F., 3 de febrero de 1993.

25. Gustavo de Anda, «Adolfo Ruiz Cortines», *Mañana*, 12 de diciembre de 1973.

26. Jaime Torres Bodet, *Años contra el tiempo. Memorias*, Porrúa, México, 1969, pp. 199-204.

27. José Luis Melgarejo Vivanco, *Adolfo Ruiz Cortines*, Gobierno del Estado de Veracruz, Xalapa, 1980, p. 140.

28. Entrevista con José Luis Melgarejo, México, D.F., 22 de enero de 1993.

29. Entrevista con Fernando Román Lugo, México, D.F., septiembre de 1992.

30. Torres Bodet, *op. cit.*, pp. 199-204.

31. Julio Scherer García, *Los presidentes*, Grijalbo, México, 1986.

32. Entrevista con Hesiquio Aguilar, 3 de febrero de 1993.

33. *Idem.*

34. Entrevista con Antonio Ortiz Mena, México, D.F., noviembre de 1992.

35. Entrevista con Antonio Mena Brito, México, D.F., 9 de febrero de 1994; 7 de junio de 1995.

36. Rodríguez, *op. cit.*, p. 145.

37. Olga Pellicer de Brody y Esteban L. Mancilla, *Historia de la Revolución Mexicana. El entendimiento con los Estados Unidos y la gestación del desarrollo estabilizador*, El Colegio de México, México, vol. 23, 1988, pp. 226-227; «Rescató México el latifundio de Cananea: 261 mil hectáreas», *El Universal*, México, 22 de agosto de 1958.

38. Entrevista con Antonio Ortiz Mena, México, D.F., 5 de noviembre de 1992.

39. Entrevista con Ernesto P. Uruchurtu, México, D.F., noviembre de 1993.

40. Entrevista con Fernando Román Lugo, México, D.F., 15 de marzo de 1994.

41. Alfaro Siqueiros, *op. cit.*, pp. 63-64.

42. Santos, *op. cit.*, p. 825.

43. Luis M. Farías, *Así lo recuerdo*, FCE, México, 1992, pp. 74-76.

44. Entrevista con Luis Enrique Bracamontes, 12 de mayo de 1993.

45. «Primer Informe de Gobierno del presidente Adolfo Ruiz Cortines», *Diario de los Debates de la Cámara de Diputados*, 1° de septiembre de 1953.

46. Entrevista con Antonio Mena Brito, México, D.F., 9 de febrero de 1994, 7 de junio de 1995.

47. Julio Scherer, «Entrevista a Gilberto Flores Muñoz», *Excélsior*, México, 14 de mayo de 1975.

48. Entrevista con Antonio Mena Brito, México, D.F., 9 de febrero de 1994, 7 de junio de 1995.

49. *Idem.*; Santos, *op. cit.*, pp. 895-897.

50. Scherer, «Entrevista con Gilberto Flores Muñoz», *op. cit.*; entrevista con Antonio Ortiz Mena, México, D.F., 5 de noviembre de 1992.

51. Entrevista con Antonio Ortiz Mena, México, D.F., 5 de noviembre de 1992.

52. Santos, *op. cit.*, pp. 823-824 y 890.

53. Entrevista con Othón Salazar, México, D.F., 3 de mayo de 1993.

54. «Discurso de Adolfo Ruiz Cortines al tomar posesión como presidente de la República», *Diario de los Debates de la Cámara de Diputados*, 1° de diciembre de 1952.

55. Olga Pellicer de Brody y José Luis Reyna, *La historia de la Revolución Mexicana. El afianzamiento de la estabilidad política*, El Colegio de México, México, vol. 22, 1978, p. 39.

56. Jorge Alberto Lozoya, *El ejército mexicano*, El Colegio de México, México, 1976, p. 63.

57. Pablo González Casanova, *La democracia en México*, Era, México, 1967, pp. 202-203.

58. Píndaro Urióstegui Miranda, *Testimonios del proceso revolucionario de México*, INEHRM, México, 1987, pp. 268-269.

59. Entrevista con Hesiquio Aguilar, 3 de febrero de 1993.

60. Santos, *op. cit.*, pp. 895-897.

61. González Casanova, *op. cit.*, pp. 185-187.

62. Entrevista con David Vargas Bravo, México, D.F., agosto de 1995.

63. *Idem.*

64. Citado en Gabriel Zaid, *El progreso improductivo*, Siglo XXI, México, 1979, p. 231.

65. González Casanova, *op. cit.*, p. 34.

66. *Excélsior*, México, 22 de mayo de 1954.

67. *El Nacional*, México, 22 de mayo de 1954.

68. Rodríguez Prats, *op. cit.*, p. 66.

69. Entrevista con Antonio Mena Brito, México, D.F., 9 de febrero de 1994, 7 de junio de 1995.

70. Entrevista con Antonio Ortiz Mena, México, D.F., 5 de noviembre de 1992.

71. Antonio Mena Brito. «Acción política del PRI. Discurso pronunciado el 3 de octubre de 1958 en la Cámara de Senadores», en *Memoria del Senado de la República. 1958-1964*, México, 1964, p. 1439.

72. Moisés González Navarro, *La Confederación Nacional Campesina*, Costa-Amic, México, 1968, pp. 212-213.

73. Francisco Martínez de la Vega, «Los motivos de Jaramillo», *Siempre!*, México, 3 de abril de 1954, pp. 18-19.

74. González Casanova, *op. cit.*, p. 184.

75. Gabriel Zaid, *De los libros al poder*, Grijalbo, México, 1988.

76. *Siempre!*, México, vol. 1, núm. 1, 27 de junio de 1953.

77. Francisco Martínez de la Vega, «Que sea un turista más en el mundo», *Siempre!*, 1° de agosto de 1953, p. 24.

78. Rafael Solana, «Y perdona señor, nuestras burlas», *Siempre!*, 27 de junio de 1953, pp. 32-33.

79. «Escaparate de México», *Siempre!*, 24 de abril de 1954, p. 6.

80. Jacinto B. Treviño, *Memorias*, Orión, México, 1961, pp. 263-264.

81. *El Nacional*, México, 5 de julio de 1958.

82. Carlos Monsiváis, *Carlos Monsiváis*, Empresas Editoriales, México, 1966, pp. 40-41.

83. Alonso Lujambio, «El dilema de Christlieb Ibarrola. Cuatro cartas a Gustavo Díaz Ordaz», *Estudios*, ITAM, México, núm. 38, otoño de 1994, p. 57.

84. González Casanova, *op. cit.*, pp. 243-244.

85. Rodríguez Prats, *op. cit.*, p. 141.

86. Lujambio, *op. cit.*, p. 56.

87. Mena Brito, «Acción política del PRI», *op. cit.*, pp. 1440 y 1441.

88. Lujambio, *op. cit.*, p. 55.

89. Testimonio de Juan José Hinojosa, militante histórico del PAN.

90. Entrevista con Othón Salazar, México, D.F., 3 de mayo de 1993.

91. *Idem.*

92. *Idem.*

93. Entrevista con Antonio Mena Brito, México, D.F., 9 de febrero de 1994, 7 de junio de 1995.

94. Farías, *op. cit.*, p. 76.

95. Entrevista con Antonio Mena Brito, México, D.F., 9 de febrero de 1994, 7 de junio de 1995.

96. Entrevista con Antonio Ortiz Mena, México, D.F., noviembre de 1992.

97. Antonio Alonso, *El movimiento ferrocarrilero en México. 1958-1959*, Era, México, 1972, p. 116.

98. «Los ferrocarriles en turno», *Siempre!*, México, 9 de julio de 1953, p. 9.

99. Pellicer y Reyna, *Historia de la Revolución Mexicana. El afianzamiento...*, *op. cit.*, p. 185.

100. «Tortuguismo sobre ruedas», *Siempre!*, México, 6 de agosto de 1958, p. 9.

101. *Excélsior*, México, 16 de agosto de 1958.

102. *El Nacional*, México, 14 de septiembre de 1958.

103. Luis Gómez Z., *Sucesos y remembranzas*, SECAPSA, México, vol. 1, 1979, pp. 455-483.

104. *El Popular*, México, 8 de octubre de 1958.

105. Pellicer y Reyna, *Historia de la Revolución Mexicana. El afianzamiento...*, *op. cit.*, p. 194.

106. Francisco Villanueva, «La obra de don Lázaro Cárdenas es digna de encomio», *El Universal*, México, 15 de agosto de 1954.

107. Entrevistas con Antonio Mena Brito, México, D.F., 9 de febrero de 1994 y 7 de junio de 1995.

108. Entrevista con Adolfo Orive Alba, México, D.F., marzo de 1992.

109. Lázaro Cárdenas, *Apuntes*, UNAM, México, vol. 2, 1973, p. 348.

110. *Ibid.*, pp. 402 y 561.

111. *Ibid.*, p. 646.

112. *Ibid.*, p. 647.

113. Ramón Beteta, «Conferencias en la cumbre», *Novedades*, México, 2 de noviembre de 1959.

114. Rodríguez Prats, *op. cit.*, p. 29.

115. Cosío Villegas, «Rusia, Estados Unidos y la América Latina», en *Ensayos...*, *op. cit.*, vol. 1, p. 173.

116. *Ibid.*, pp. 153-181 y 293-312.

117. Cosío Villegas, «El comunismo en la América Latina», en *Ensayos...*, *op. cit.*, vol. 1, p. 304.
118. Cárdenas, *op. cit.*, vol. 3, pp. 40-41.
119. *Ibid.*, pp. 33-34 y 46-47.
120. Entrevista con Octavio Paz, México, D.F., octubre de 1995.
121. Ricardo Heredia Álvarez, *Anécdotas presidenciales de México*, Época, 1974, México, p. 306.
122. Adrián Lajous, *Los presidenciables*, Edamex, México, 1986, p. 60.
123. *Idem.*; Santos, *op. cit.*, p. 909.
124. Scherer, «Entrevista a Gilberto Flores Muñoz», *Excélsior, op. cit.*
125. Santos, *op. cit.*, p. 900.
126. *Ibid.*, p. 909.
127. Jorge Hernández Campos, «Cómo se hace un presidente, de Ruiz Cortines a López Mateos», *Excélsior*, México, 22 de julio de 1974.
128. Farías, *op. cit.*, p. 74.
129. Entrevista con Antonio Ortiz Mena, México, D.F., noviembre de 1992.

V. *Adolfo López Mateos. El orador*

1. Armando de Maria y Campos, *Un ciudadano. Adolfo López Mateos*, LibroMex, México, 1958, pp. 69-70.
2. *Ibid.*, p. 72.
3. *Ibid.*, p. 67.
4. Entrevista con Antonio Mena Brito, México, D.F., 9 de febrero de 1994.
5. *Idem.*
6. *Idem.*
7. Entrevista con Celestina Vargas Bervera, Toluca, Estado de México, 21 de septiembre de 1992.
8. Clemente Díaz de la Vega, *Adolfo López Mateos. Vida y obra*, Gobierno del Estado de México/Terra Nova, México, 1986, p. 45.
9. De Maria y Campos, *op. cit.*, p. 47.
10. Díaz de la Vega, *op. cit.*, p. 46.
11. Entrevista con Gustavo G. Velázquez, Toluca, Estado de México, 21 de septiembre de 1992.
12. Entrevista con Antonio Armendáriz, México, D.F., enero de 1989.
13. Díaz de la Vega, *op. cit.*, p. 56.
14. Luis M. Farías, *Así lo recuerdo. Testimonio político*, FCE, México, 1992, p. 176.
15. Testimonio del maestro encuadernador Orduña.
16. Entrevista con Roberto Barrios, México, D.F., 13 de septiembre de 1992.
17. Entrevista con Gustavo G. Velázquez, Toluca, Estado de México, 21 de septiembre de 1992.
18. Entrevista con Alfonso Sánchez García, Toluca, Estado de México, 21 de septiembre de 1992.

19. Entrevista con Víctor Manuel Villegas, Guanajuato, 23 de noviembre de 1992.
20. Díaz de la Vega, *op. cit.*, p. 194.
21. Entrevista con Gabriel Figueroa, México, D.F., marzo de 1992.
22. *Idem.*
23. Entrevista con Roberto Barrios, México, D.F., 13 de septiembre de 1992.
24. Entrevista con Antonio Mena Brito, México, D.F., 9 de febrero de 1994.
25. Entrevista con Gabriel Figueroa, México, D.F., marzo de 1992.
26. *Idem.*
27. «Discurso 'La Constitución Mexicana de 1917', pronunciado por Adolfo López Mateos en el acto de la Asociación Nacional de Abogados y la Facultad de Derecho, el día 9 de febrero de 1955», en De Maria y Campos, *op. cit.*, p. 330.
28. Entrevista con Antonio Armendáriz, México, D.F., enero de 1989.
29. Farías, *op. cit.*, p. 194.
30. De Maria y Campos, *op. cit.*, p. 234.
31. Entrevista con Luis Gómez Z., México, D.F., 17 de septiembre de 1995.
32. *Idem.*
33. Entrevista con David Vargas Bravo, México, D.F., octubre de 1995; Juan Sánchez Borreguí, *Memorias personales y sindicales. La administración y el sindicato de los Ferrocarriles Nacionales de México*, edición del autor, México, 1982, pp. 172-200.
34. Entrevista con Luis Gómez Z., México, D.F., 17 de septiembre de 1995.
35. Entrevista con David Vargas Bravo, México, D.F., octubre de 1995; Sánchez Borreguí, *op. cit.*, pp. 172-200.
36. Testimonio de Gilberto Suárez Torres.
37. Entrevista con Antonio Ortiz Mena, México, octubre de 1995.
38. *La Nación*, México, 10 de marzo de 1959.
39. Entrevista con David Vargas Bravo, México, D.F., octubre de 1995.
40. Vicente Lombardo Toledano, «El derecho a la huelga: la tranquilidad social», *Siempre!*, México, núm. 298; 10 de marzo de 1959, Luis Gómez Z., *Sucesos y remembranzas*, SECAPSA, México, vol. 1, 1979, pp. 455-483.
41. Carlos Monsiváis, *Carlos Monsiváis*, Empresas Editoriales, México, 1966, p. 42.
42. Antonio Alonso, *El movimiento ferrocarrilero. 1958-1959*, Era, México, 1990, pp. 146-147.
43. Gómez Z., *op. cit.*, vol. 1, p. 482.
44. Entrevista con David Vargas Bravo, México, D.F., octubre de 1995.
45. *El Popular*, México, 1° de abril de 1959.
46. Alonso, *op. cit.*, p. 163. El mismo texto se reproduce íntegramente en Gómez Z., *op. cit.*, vol. 1, p. 483.
47. «La Cámara fija su posición en el conflicto rielero», *Siempre!*, México, núm. 303, 15 de abril de 1959.

48. José Alvarado, «El crepúsculo, Vallejo y la poesía», *Siempre!*, México, núm. 303, 15 de abril de 1959.
49. Entrevista con Antonio Ortiz Mena, México, D.F., octubre de 1995.
50. Entrevista con Fidel Velázquez, México, D.F., 28 de septiembre de 1995.
51. Entrevista con Luis Gómez Z., México, D.F., 17 de septiembre de 1995.
52. La empresa se llamaba Etiquetas e Impresos, S.A., sus dueños eran Moisés Krauze y Alfonso Mann.
53. *Política*, México, 15 de abril de 1961; Pellicer de Brody y Reyna, *Historia de la Revolución Mexicana. El afianzamiento...*, *op. cit.*, p. 61.
54. Monsiváis, *op. cit.*, p. 21.
55. Entrevista con Carlos Monsiváis, México, D.F., octubre de 1995.
56. Carlos Fuentes, *Tiempo mexicano*, Joaquín Mortiz, México, 1973, p. 118.
57. Monsiváis, *op. cit.*, p. 42.
58. *Ibid.*, pp. 44-45.
59. En Gabriel Zaid, *El progreso improductivo*, Siglo XXI, México, 1979, p. 232.
60. Tomás Calvillo, *El navismo o los motivos de la dignidad*, edición del autor, San Luis Potosí, 1986, p. 27.
61. *Ibid.*, p. 33.
62. Entrevista con Salvador Nava, San Luis Potosí, julio de 1991.
63. Gonzalo N. Santos, *Memorias*, Grijalbo, México, 1986, p. 399.
64. Calvillo, *op. cit.*, p. 36.
65. *Noticias*, San Luis Potosí, 19 de noviembre de 1958.
66. *El Sol de San Luis*, San Luis Potosí, 21 de noviembre de 1958.
67. Testimonio de Franco Carreño, en Calvillo, *op. cit.*, p. 43.
68. *El Sol de San Luis*, San Luis Potosí, 27 de noviembre de 1958.
69. Entrevista con Salvador Nava, San Luis Potosí, julio de 1991.
70. Calvillo, *op. cit.*, pp. 71-72.
71. Diálogo y sucesos posteriores en entrevista con Salvador Nava, San Luis Potosí, julio de 1991; Calvillo, *op. cit.*, pp. 37-71.
72. Lázaro Cárdenas, *Apuntes. 1957-1966*, UNAM, México, vol. 3, 1986, p. 57.
73. *Ibid.*, pp. 91, 102.
74. «Corresponsales extranjeros en Cuba», *Revista de la Universidad de México*, México, vol. XIII, núm. 7, marzo de 1959, p. 15.
75. Elena Poniatowska, *Palabras cruzadas*, México, 1961, pp. 26-40.
76. *Ibid.*, pp. 26-40.
77. *Idem.*
78. Cárdenas, *op. cit.*, vol. 3, p. 123.
79. *Ibid.*, p. 163.
80. *Ibid.*, p. 191.
81. «Corresponsales extranjeros en Cuba», *Revista de la Universidad...*, *op. cit.*, p. 15.
82. Fuentes, *Tiempo mexicano*, *op. cit.*, p. 107.
83. Cárdenas, *op. cit.*, vol. 3, pp. 125, 244.

84. Entrevista con Daniel Cosío Villegas, México, D.F., febrero de 1972.
85. Entrevista con Antonio Mena Brito, México, D.F., 9 de febrero de 1994.
86. Información proporcionada por Luis González y González.
87. Cárdenas, *op. cit.*, vol. 3, p. 144.
88. Fuentes, *Tiempo mexicano, op. cit.*, p. 61.
89. Octavio Paz, *El laberinto de la soledad*, FCE, México, 1959.
90. Enrique Krauze, *Textos heréticos*, Grijalbo, México, 1992, p. 31.
91. Daniel Cosío Villegas, *Ensayos y notas*, Hermes, México, vol. 1, 1966, p. 342.
92. Fidel Castro, *La historia me absolverá*, Siglo XXI, México, 1986, p. 62.
93. Carlos Fuentes, «América Latina y Estados Unidos», *Revista de la Universidad, op. cit.*, pp. 11-15.
94. Moisés González Navarro, «La ideología de la Revolución Mexicana», *Historia Mexicana*, vol. X, núm. 40, abril-junio de 1961, pp. 628-636.
95. Fuentes, *Tiempo mexicano, op. cit.*, p. 64
96. *Ibid.*, p. 65.
97. Cosío Villegas, *Ensayos..., op. cit.*, vol. 1, p. 350.
98. Gabriel Zaid, «Intelectuales», *Vuelta*, México, vol. 14, núm. 168, 1990.
99. Fuentes, *Tiempo mexicano, op. cit.*, p. 98.
100. W.P. Webb, *The Texas Rangers. A Century of Frontier Defense*, Houghton, Boston,1935, p. 360.
101. Mario Ojeda, *Alcances y límites de la política exterior de México*, El Colegio de México, México, 1987, pp. 79-87.
102. Josefina Zoraida Vázquez y Lorenzo Meyer, *México frente a Estados Unidos. Un ensayo histórico. 1776-1988*, FCE, México, 1989.
103. Olga Pellicer de Brody, *México y la Revolución Cubana*, El Colegio de México, México, 1973, p. 21.
104. *Tiempo*, México, 30 de junio de 1960, pp. 10-12.
105. *Tiempo*, México, 7 de julio de 1960, p. 12.
106. Vázquez y Meyer, *op. cit.*, pp. 206-207
107. Pellicer de Brody, *op. cit.*, pp. 13-45.
108. Entrevista con Antonio Ortiz Mena, México, D.F., octubre de 1995.
109. Entrevista con Juan Sánchez Navarro, México, D.F., septiembre de 1995.
110. Cosío Villegas, *Ensayos..., op. cit.*, vol. 2, pp. 411-419.
111. *Idem.*
112. Cárdenas, *Apuntes..., op. cit.*, vol. 3, p. 465.
113. Cosío Villegas, *Ensayos..., op. cit.*, p. 167.
114. *Ibid.*, p. 163.
115. *Ibid.*, p. 166.
116. *Ibid.*, p. 167.
117. *El Universal*, México, 2 de julio de 1960.
118. *El Universal*, México, 25 de junio de 1960.
119. *El Universal*, México, 28 y 29 de junio de 1960.
120. «¿Por cuál camino señor presidente?», *El Universal*, México, 24 de noviembre de 1960.

121. Entrevista con Juan Sánchez Navarro, México, D.F., septiembre de 1995.
122. *Idem.*
123. Entrevistas con Antonio Ortiz Mena, México, D.F., febrero de 1994 y octubre de 1995.
124. Salvador Novo, «Cartas a un amigo», *Hoy,* México, 24 de noviembre de 1965.
125. Entrevista con Víctor Manuel Villegas, México, D.F., noviembre de 1992.
126. Testimonio del doctor Manuel Velasco Suárez.

VI. *Gustavo Díaz Ordaz. El abogado del orden*

1. Entrevista con Aureliano Luis Díaz Ordaz, Tlacolula, Oaxaca, 9 de abril de 1995; entrevista con María y Guadalupe Díaz Ordaz, México, D.F., 7 de octubre de 1995.
2. Entrevista con María y Guadalupe Díaz Ordaz, México, D.F., 7 de octubre de 1995.
3. Entrevista con Urbano Deloya, Puebla, Puebla, 10 de octubre de 1994.
4. Entrevista con Aureliano Luis Díaz Ordaz, Tlacolula, Oaxaca, 9 de abril de 1995.
5. Entrevista con Urbano Deloya, Puebla, Puebla, 10 de octubre de 1994; entrevista con María y Guadalupe Díaz Ordaz, México, D.F., 7 de octubre de 1995.
6. *Gustavo Díaz Ordaz. Su pensamiento. Su palabra,* s.e., México, 1988, p. 116.
7. Entrevista con Luis Castañeda Guzmán, Oaxaca, Oaxaca, 3 de abril de 1995.
8. *Idem.*
9. Entrevista con Mariela Morales, Oaxaca, Oaxaca, 4 de abril de 1995; entrevista con Luis Castañeda Guzmán, Oaxaca, Oaxaca, 3 de abril de 1995; entrevista con José Melgar Castillejos, México, D.F., 7 de abril de 1993.
10. Entrevista con Luis Castañeda Guzmán, Oaxaca, Oaxaca, 3 de abril de 1995.
11. Entrevista con Francisco Herrera Muzgo, Oaxaca, Oaxaca, 3 de abril de 1995.
12. Entrevista con Susana Franco, Puebla, Puebla, 13 de febrero de 1995.
13. *Idem;* entrevista con Luis Castañeda Guzmán, Oaxaca, Oaxaca, 3 de abril de 1995.
14. Entrevista con Gustavo Díaz Ordaz Borja, México, D.F., 29 de agosto de 1995.
15. Julio Scherer, *Los presidentes,* Grijalbo, México, 1986, p. 15.
16. Entrevista con Urbano Deloya, Puebla, Puebla, 10 de octubre de 1994.

17. Entrevista con María y Guadalupe Díaz Ordaz, México, D.F., 7 de octubre de 1995; entrevista con María del Carmen Cervantes, Oaxaca, Oaxaca, 10 de marzo de 1995.

18. Entrevista con Gastón García Cantú, México, D.F., 15 de junio de 1993.

19. *Idem.*

20. Entrevista con Urbano Deloya, Puebla, Puebla, 10 de octubre de 1994; entrevista con Trinidad Torres Flores, Puebla, Puebla, 28 de abril de 1993.

21. Entrevista con Trinidad Torres Flores, Puebla, Puebla, 28 de abril de 1993.

22. Entrevista con Urbano Deloya, Puebla, Puebla, 10 de octubre de 1994.

23. *Idem.*

24. Entrevista con Gonzalo Bautista O'Farrill, Puebla, Puebla, 13 de diciembre de 1992.

25. Entrevista con Rómulo O'Farrill hijo, México, D.F., octubre de 1995.

26. José Cabrera Parra, *Díaz Ordaz y el 68*, Grijalbo, México, 1982, p. 143.

27. Entrevista con Susana Franco, Puebla, Puebla, 13 de febrero de 1995.

28. Entrevista con Gonzalo Bautista O'Farrill, Puebla, Puebla, 26 de mayo de 1995.

29. Entrevista con Herminio Vázquez Caballero, México, D.F, 14 de diciembre de 1993.

30. Entrevista con Gustavo Díaz Ordaz Borja, México, D.F., 29 de agosto de 1995.

31. Enrique Krauze, *Textos heréticos*, Grijalbo, México, 1992, pp. 61-70.

32. Entrevista con Arturo Escamilla, Puebla, Puebla, 28 de abril de 1993.

33. Entrevista con Urbano Deloya, Puebla, Puebla, 10 de octubre de 1994.

34. *Diario de los Debates de la Cámara de Senadores*, México, 20 de diciembre de 1951.

35. Cabrera Parra, *op. cit.*, p. 27.

36. Entrevista con Emilio Bolaños Cacho, México, D.F., 24 de mayo de 1994.

37. Cabrera Parra, *op. cit.*, p. 29.

38. Entrevista con Agustín Arriaga Rivera, México, D.F., 20 de mayo de 1994; entrevista con Alfredo Atala, México, D.F., octubre de 1995.

39. Entrevista con Emilio Bolaños Cacho, México, D.F., 24 de mayo de 1994.

40. Entrevista con Othón Salazar, México, D.F., 3 de mayo de 1993.

41. Luis M. Farías, *Así lo recuerdo. Testimonio político*, FCE, México, 1992, p. 56.

42. Entrevista con Herminio Vázquez Caballero, México, D.F., 14 de diciembre de 1993.

43. Farías, *op. cit.*, pp. 235-236.
44. Entrevista con Juan Sánchez Navarro, México, D.F., septiembre de 1995.
45. Farías, *op. cit.*, pp. 56-57.
46. Scherer, *op. cit.*, p. 15.
47. Entrevista con Herminio Vázquez Caballero, México, D.F., 14 de diciembre de 1993.
48. Entrevista con Ernesto P. Uruchurtu, México, D.F., noviembre de 1993.
49. Entrevista con Gonzalo Bautista O'Farrill, Puebla, Puebla, 13 de diciembre de 1992.
50. Entrevista con Roberto Barrios, México, D.F., 13 de septiembre de 1992.
51. Daniel Cosío Villegas, *Memorias,* Joaquín Mortiz/SEP, México, 1986.
52. Entrevista con Emilio Bolaños Cacho, México, D.F., 24 de mayo de 1994.
53. Entrevista con Herminio Vázquez Caballero, México, D.F., 14 de diciembre de 1993.
54. *Idem.*
55. Entrevista con Urbano Deloya, Puebla, Puebla, 10 de octubre de 1994.
56. Entrevista con Emilio Bolaños Cacho, México, D.F., 24 de mayo de 1994; entrevista con Irma Serrano, México, D.F., 19 de marzo de 1993; entrevista con Herminio Vázquez Caballero, México, D.F., 14 de diciembre de 1993.
57. Entrevista con Donato Miranda Fonseca, México, D.F., 29 de septiembre de 1992.
58. Cabrera Parra, *op. cit.*, p. 50.
59. Entrevista con Gustavo Díaz Ordaz Borja, México, D.F., 29 de agosto de 1995.
60. Cabrera Parra, *op. cit.*, pp. 92, 147.
61. *Gustavo Díaz Ordaz. Su pensamiento. Su palabra,* s.e., México, 1988.
62. Entrevista con Antonio Ortiz Mena, México, D.F., octubre de 1995.
63. Cabrera Parra, *op. cit.*, p. 39.
64. Ricardo Pozas Horcasitas, *La democracia en blanco. El movimiento médico en México. 1964-1965,* Siglo XXI, México, 1993, pp. 93-94; Norberto Treviño Zapata, *El movimiento médico en México: 1964-1965. Crónica documental y reflexiones,* México, 1989; entrevista con Ismael Cosío Villegas, México, 1978.
65. Evelyn P. Stevens, *Protesta y respuesta en México,* Diana, México, 1979, p. 188; testimonio del doctor Eduardo Turrent Oropeza.
66. Pozas, *op. cit.*, p. 133.
67. Stevens, *op. cit.*, p. 131; Cabrera Parra, *op. cit.*, p. 73.
68. Stevens, *op. cit.*, p. 143.
69. Entrevista con Gonzalo Bautista O'Farrill, Puebla, Puebla, 13 de diciembre de 1992.
70. Cabrera Parra, *op. cit.*, pp. 67-81.

71. Stevens, *op. cit.*, p. 152.
72. *Los presidentes de México ante la nación. 1821-1966,* Cámara de Diputados, México, t. 4, 1966, p. 889.
73. Raúl Cruz Zapata, *Carlos A. Madrazo. Biografía política,* Diana, México, 1988, p. 65.
74. *Ibid.,* p. 68.
75. *Ibid.,* p. 66.
76. *Política,* México, D.F., 1° de diciembre de 1965, p. 5.
77. Cruz, *op. cit.,* p. 71.
78. *Política,* México, D.F., 1° de noviembre de 1965, p. 30.
79. *Ibid.,* p. 11.
80. *Idem.*
81. *Política,* México, D.F., 15 de noviembre de 1965, p. 9.
82. Jorge Bernardo Soto, «Por qué son importantes las reformas en la estructura del PRI», *Política,* México, D.F., 15 de noviembre de 1965, p. 10.
83. Entrevista con Gonzalo Bautista O'Farrill, Puebla, Puebla, 13 de diciembre de 1992.
84. *Política,* México, D.F., 1° de diciembre de 1965, p. 5.
85. Alonso Lujambio, «El dilema de Christlieb Ibarrola. Cuatro cartas a Gustavo Díaz Ordaz», *Estudios,* ITAM, México, D.F., núm. 38, otoño de 1994, pp. 49-75.
86. *Idem.*
87. Entrevista con Antonio Ortiz Mena, México, D.F., octubre de 1995.
88. *Diario de México,* México, D.F., 23 de junio de 1966.
89. *Ibid.,* 3 de julio de 1966.
90. Entrevista con Urbano Deloya, Puebla, Puebla, 10 de octubre de 1994.
91. Testimonio de Arnaldo Orfila Reynal.
92. Información proporcionada por Salvador Barros Sierra.
93. Entrevista con Antonio Mena Brito, México, D.F., octubre de 1995.
94. Testimonio de Jaime Labastida.
95. Entrevista con Agustín Arriaga Rivera, México, D.F., 20 de mayo de 1994.
96. *Idem.*
97. Testimonio de Jaime Labastida.
98. Entrevista con Agustín Arriaga Rivera, México, D.F., 20 de mayo de 1994.
99. *Diario de los Debates de la H. Cámara de Diputados,* México, D.F., 1° de septiembre de 1967.
100. *Los presidentes de México ante la nación. 1821-1966, op. cit.,* pp. 873-898.
101. Simón Hipólito, *Guerrero. Amnistía y represión,* Grijalbo, México, 1982, p. 25.
102. *Ibid.,* pp. 56, 60.
103. Entrevista con Raúl Gómez, Alma Gómez Ramírez y Saúl Ornelas, Chihuahua, 1993.
104. Antonio Ortiz Mena, «La relación entre el gobierno federal y el Banco de México», en *Rodrigo Gómez. Vida y obra,* FCE, México, 1991.

105. Entrevista con Antonio Ortiz Mena, México, D.F., noviembre de 1992, octubre de 1995.
106. Carlos Monsiváis, *Carlos Monsiváis*, Empresas Editoriales, México, 1966, p. 33.
107. Elena Poniatowska, *La noche de Tlatelolco*, Era, México, 1994, p. 25.
108. Entrevista con Gilberto Valenzuela, México, D.F., septiembre de 1995.
109. «Actuaron mezquinos intereses, informaron hoy Luis Echeverría y Corona del Rosal», *Novedades*, México, 30 de julio de 1968.
110. Poniatowska, *op. cit.*, p. 277; *Revista de la Universidad de México*, México, vol. XXIII, núm. 1, septiembre de 1968, p. 6.
111. Carlos Monsiváis, «Javier Barros Sierra. ¡Viva la discrepancia!», en Raúl Álvarez Garín, Gilberto Guevara Niebla *et al.*, *Pensar el 68*, Cal y Arena, México, 1993, p. 101.
112. *Gustavo Díaz Ordaz. Su pensamiento. Su palabra, op. cit.*, pp. 75-76.
113. Poniatowska, *op. cit.*, pp. 31-33, 41, 61.
114. *Ibid.*, p. 35.
115. Entrevista con Luis González de Alba, México, D.F., 16 de abril de 1993.
116. Poniatowska, *op. cit.*, p. 33.
117. Entrevista con Luis González de Alba, México, D.F., 16 de abril de 1993.
118. «Insistimos en que el diálogo tiene que ser en público», *El Universal*, México, 21 de agosto de 1968, en Aurora como Andaluz, comp. *1968. Antología periodística*, México, 1993.
119. Entrevista con Luis González de Alba, México, D.F., 16 de abril de 1993.
120. Poniatowska, *op. cit.*, pp. 97, 140; Cano, *op. cit.*, pp. 8-15.
121. Poniatowska, *op. cit.*, p. 34.
122. Entrevista con Tomás Cervantes Cabeza de Vaca, México, D.F., julio de 1995.
123. Ricardo Garibay, *Cómo se gana la vida*, Joaquín Mortiz, México, 1992, pp. 273-275.
124. Entrevista con Juan Sánchez Navarro, México, D.F., 9 de octubre de 1992.
125. Memorias inéditas de Gustavo Díaz Ordaz.
126. Entrevista con Gilberto Rincón Gallardo, México, D.F., agosto de 1995.
127. Memorias inéditas de Gustavo Díaz Ordaz.
128. *Idem.*
129. Farías, *op. cit.*, p. 191.
130. Daniel Cosío Villegas, *Memorias, op. cit.*, pp. 260-261.
131. *Idem.*
132. Entrevista con Antonio Ortiz Mena, México, D.F., octubre de 1995.
133. Cabrera Parra, *op. cit.*, pp. 161-162.
134. Memorias inéditas de Gustavo Díaz Ordaz.
135. *Idem.*

136. *Idem.*
137. Garibay, *op. cit.*, p. 274.
138. Memorias inéditas de Gustavo Díaz Ordaz.
139. *Idem.*
140. Garibay, *op. cit.*, pp. 273-274.
141. Memorias inéditas de Gustavo Díaz Ordaz.
142. *Idem.*; Cabrera Parra, pp. 161-162; Cosío Villegas, *op. cit.*, pp. 260-261.
143. *Idem.*
144. Cabrera Parra, *op. cit.*, pp. 161-162.
145. Entrevista con Leopoldo Zea, México, D.F., julio de 1994.
146. Poniatowska, *op. cit.*, pp. 34, 142; Cano, *op. cit.*, pp. 20-25.
147. Gilberto Guevara Niebla, «El movimiento a la ofensiva», en Álvarez Garín, Guevara Niebla *et al.*, *op. cit.*, p. 60; Ilán Semo, «El ocaso de los mitos (1958-1968)», en Enrique Semo, coord., *México, un pueblo en la historia*, Nueva Imagen/Universidad Autónoma de Puebla, México, vol. 4, 1982, p. 136
148. «Mantendremos el orden», «El ejército dará garantías al pueblo y al gobierno de México: García Barragán», *El Universal*, México, 29 de agosto de 1968.
149. *Idem.*
150. Memorias inéditas de Gustavo Díaz Ordaz.
151. «Están los estudiantes atentos al informe», *Excélsior*, México, 31 de agosto de 1968.
152. *Diario de los Debates de la H. Cámara de Diputados*, México, D.F., 1° de septiembre de 1968.
153. Poniatowska, *op. cit.*, p. 38.
154. Cosío Villegas, *Labor periodística e imaginaria*, Era, México, 1972, pp. 211-213.
155. Luis González de Alba, *Los días y los años*, Era, México, 1971, p. 119.
156. Memorias inéditas de Gustavo Díaz Ordaz.
157. *Idem.*
158. *Idem.*
159. *Revista de la Universidad de México*, vol. XXIII, núm. 1, septiembre de 1968, p. 25.
160. Cruz, *op. cit.*, pp. 70-75.
161. Monsiváis, «Javier Barros Sierra...», *op. cit.*, p. 102.
162. Entrevista con Gastón García Cantú, México, D.F., 15 de junio de 1993.
163. Garibay, *op. cit.*, p. 279.
164. Memorias inéditas de Gustavo Díaz Ordaz.
165. Cosío Villegas, *Labor periodística...*, *op. cit.*, pp. 217-219.
166. Poniatowska, *op. cit.*, p. 175.
167. *Ibid.*, p. 173.
168. Entrevista con Luis González de Alba, México, D.F., 16 de abril de 1993.
169. Poniatowska, *op. cit.*, p. 240.
170. David Vega, «En el lugar de los hechos», en Álvarez Garín, Guevara Niebla *et al.*, *op. cit.*, p. 123.

171. Poniatowska, *op. cit.*, pp. 177, 180.
172. *Ibid.*, pp. 184, 185-193, 195, 220.
173. Octavio Paz, *Posdata*, Siglo XXI, México, 1970, pp. 105-155.
174. Poniatowska, *op. cit.*, p. 269.
175. *Ibid.*, p. 289.
176. Memorias inéditas de Gustavo Díaz Ordaz.
177. *Idem.*
178. *Idem.*
179. Aullet, Guillermo, «Un médico ejemplar», en Daniel Cazés, coord., *Memorial del 68. Relato a muchas voces*, 2a. ed., La Jornada, México, 1994, p. 126.
180. Scherer, *op. cit.*, p. 61.
181. Testimonio del general Marcelino García Barragán, *Proceso*, México, núm. 104, 30 de octubre de 1978.
182. Garibay, *op. cit.*, p. 272.
183. Alfonso Corona del Rosal, *Mis memorias políticas*, Grijalbo, México, 1995.
184. Scherer, *op. cit.*, p. 20.
185. Entrevista con Gastón García Cantú, México, D.F., 15 de junio de 1993.
186. Entrevista con Irma Serrano, México, D.F., 19 de marzo de 1993; entrevista con Fernando M. Garza, México, D.F., 7 de enero de 1993; entrevista con Juan Sánchez Navarro, México, D.F., 9 de octubre de 1992; entrevista con Octaviano Campos Salas, México, D.F., 3 de febrero de 1993.
187. *Diario de los Debates de la H. Cámara de Diputados*, México, D.F., 1° de septiembre de 1969.
188. Cosío Villegas, *Labor periodística, op. cit.*, pp. 211-213.
189. Entrevista con Irma Serrano, México, D.F., 19 de marzo de 1993.
190. Entrevista con Gustavo Díaz Ordaz Borja, México, D.F., 29 de agosto de 1995.
191. Garibay, *op. cit.*, p. 277
192. *Proceso*, México, núm. 24, 16 de abril de 1977, pp. 6-7.
193. Luis Tomás Cervantes Cabeza de Vaca, «Ya vienen por mí», en Álvarez Garín, Guevara Niebla *et al., op. cit.*, p. 195.
194. Poniatowska, *op. cit.*, pp. 106-118.
195. *Ibid.*, p. 91.
196. Roberta Avendaño, «la Tita», «La patria que no cambió», en Álvarez Garín, Guevara Niebla *et al., op. cit.*, p. 191.
197. Poniatowska, *op. cit.*, p. 42.

VII. Luis Echeverría. El predicador

1. Entrevista con Ernesto P. Uruchurtu, México, D.F., noviembre de 1993.
2. José Agustín, *Tragicomedia mexicana 2. La vida en México de 1970 a 1982*, Planeta, México, 1994, pp. 7-58.

3. Entrevista con Antonio Ortiz Mena, México, D.F., febrero de 1994, octubre de 1995.
4. Entrevista con Carlos Monsiváis, México, D.F., septiembre de 1995.
5. Octavio Paz, *Posdata,* Siglo XXI, México, 1970, pp. 57, 74, 148.
6. Gabriel Zaid, «Carta a Carlos Fuentes», *Cómo leer en bicicleta,* México, SEP, 1986.
7. Enrique Krauze y Héctor Aguilar Camín, «La saña y el terror», *Siempre!,* México, 30 de junio de 1971.
8. Heberto Castillo *et al., La investigación,* Proceso, México, 1981, pp. 71-86.
9. Daniel Cosío Villegas, «L.E. Divagar entre las naciones», en *Excélsior,* México, 24 de marzo de 1973.
10. Testimonio de Fausto Zerón Medina.
11. Entrevista con José Ángel Gurría, Adrián Lajous, José Andrés de Oteyza, Jesús Silva Herzog y otros, en *Mexico: From Boom to Bust, 1940-1982,* entrevista televisiva en 3 partes, WGBH, 23 de noviembre de 1988, segunda parte.
12. *Idem.*
13. Gabriel Zaid, *La economía presidencial,* Vuelta, México, 1987, pp. 11-30.
14. *Ibid.,* pp. 37-38.
15. Enrique Krauze, *Daniel Cosío Villegas. Una biografía intelectual,* Joaquín Mortiz, México, 1980, p. 258.
16. *Proceso,* México, 2 de octubre de 1995.
17. Krauze, *Daniel Cosío Villegas. Una biografía..., op. cit.,* pp. 257-262.
18. *Ibid.,* p. 259.
19. Zaid, «Anacrónico y hasta impertinente», en *Cómo leer en..., op. cit.*
20. Daniel Cosío Villegas, *El estilo personal de gobernar,* Joaquín Mortiz, México, 1974, p. 125.
21. Entrevista con Daniel Cosío Villegas, México, D.F., febrero de 1976.
22. Lázaro Cárdenas, *Apuntes. 1967-1970,* UNAM, México, vol. 4, 1979, pp. 210-227.
23. Julio Scherer, *Los presidentes,* Grijalbo, México, 1986, pp. 52-53.
24. Entrevista con Manuel Gómez Morín, México, D.F., julio de 1971.
25. Vicente Leñero, *Los periodistas,* Joaquín Mortiz, México, 1978.

VIII. José López Portillo. La vuelta del criollo

1. José López Portillo, *Mis tiempos,* Fernández Editores, México, vol. 1, 1988, pp. 20-23.
2. *Ibid.,* pp. 7, 9.
3. *Ibid.,* p. 262.
4. Agustín, *Tragicomedia mexicana..., op. cit.,* pp. 131-152.
5. *Ibid.,* vol. 1, p. 64.
6. *Ibid.,* vol. 1, pp. 108-109.
7. Frase empleada por López Portillo durante una cena en casa de Ramón Xirau, México, D.F., 8 de marzo de 1978.

8. Enrique Krauze, *Por una democracia sin adjetivos*, Joaquín Mortiz, México, 1986, pp. 168-197.
9. Scherer, *Los presidentes, op. cit.*, p. 96.
10. Zaid, *La economía..., op. cit.*, pp. 66-97.
11. Krauze, *Por una democracia..., op. cit.*, pp. 17-43.
12. Citado por Zaid, *De los libros al poder*, Grijalbo, México, 1988, pp. 83-84.
13. Zaid, «Un presidente apostador», en *La economía..., op. cit.*, pp. 66-83.
14. Entrevista con José Ángel Gurría, Adrián Lajous, José Andrés de Oteyza, Jesús Silva Herzog y otros, en *Mexico: From Boom to Bust, 1940-1982*, entrevista televisiva en 3 partes, WGBH, 23 de noviembre de 1988, segunda parte.
15. *Idem.*
16. Zaid, «Un presidente apostador», en *La economía..., op. cit.*, p. 81.

IX. Miguel de la Madrid. Oportunidades perdidas

1. Krauze, *Por una democracia..., op. cit.*, pp. 44-75.
2. *Ibid.*, pp. 96-98, 99-111.
3. Zaid, *La economía..., op. cit.*, pp. 125-142, 173-178.
4. Krauze, *Por una democracia..., op. cit.*, pp. 112-142.
5. Testimonios de Carlos Monsiváis y Héctor Aguilar Camín.
6. Entrevista con Miguel de la Madrid, México, D.F., 8 de abril de 1987.
7. *Idem.*

X. Carlos Salinas de Gortari. El hombre que sería rey

1. Enrique Krauze, *Textos heréticos*, Grijalbo, México, 1992, pp. 75-82.
2. Alejandro Ramos *et al., Sucesión pactada. La ingeniería política del salinismo*, Plaza y Valdés, México, 1993, pp. 13-31.
3. *Crónica del gobierno de Carlos Salinas de Gortari. 1988-1994*, Presidencia de la República-Unidad de la Crónica Presidencial/FCE, México, 1994.
4. Entrevista con Luis Donaldo Colosio, México, D.F., enero de 1994.
5. Gabriel Zaid, *La economía presidencial*, Vuelta, México, 1987, pp. 19-20.
6. Entrevista con Pedro Aspe Armella, México, D.F., octubre de 1994.
7. Justo Sierra, *Obras completas XII. Evolución política del pueblo mexicano*, México, UNAM, 1991, p. 399.
8. Alejandro Caballero, *Salvador Nava. Las últimas batallas*, La Jornada, México, 1992, pp. 59-70, 113-128, 141-192.
9. Entrevista con Salvador Nava, San Luis Potosí, julio de 1991.
10. Krauze, *Textos..., op. cit.*, pp. 83-93.
11. Entrevista con José Córdoba Montoya, México, D.F., 1992.
12. Enrique Krauze, «José Pérez Méndez», *Reforma*, México, D.F., 9 de enero de 1994.

13. *Idem.*
14. Entrevista con Samuel Ruiz, San Cristóbal de las Casas, Chiapas, 27 de julio de 1994.
15. Juan Pedro Viqueira Albán, *María Candelaria, india natural de Cancuc,* FCE, México, 1993.
16. Luis González y González, *Obras completas V. El indio en la era liberal,* Clío/El Colegio Nacional, México, 1996, pp. 281-288.
17. Entrevista con Gonzalo Ituarte, San Cristóbal de las Casas, Chiapas, 26 de julio de 1994.
18. *Proceso,* México, D.F., 24 de julio de 1995.
19. Carlos Tello Díaz, *La rebelión de las cañadas,* Cal y Arena, México, 1995, pp. 97-98.
20. *Ibid.,* pp. 123, 136.
21. *Ibid.,* pp. 127-139.
22. Gabriel Zaid, «La guerrilla postmoderna», *Reforma,* México, D.F., 15 de mayo de 1994.
23. «Declaración de la selva lacandona», *La Jornada,* México, 2 de enero de 1994.
24. Enrique Krauze, «La mirada de Colosio», *Reforma,* México, D.F., 26 de marzo de 1995.
25. *Idem.*
26. Unidad de análisis prospectivo, «Paz», en «Informe Especial» de *El Financiero,* México, D.F., 27 de febrero de 1994.
27. Enrique Krauze, «La tragedia de Colosio», *Reforma,* México, D.F., 25 de marzo de 1994; Jorge Fernández Menéndez *et al., De Chiapas a Colosio. El año que vivimos en peligro,* Rayuela, México, 1994, pp. 140-235.

XI. *El teatro de la historia*

1. Gabriel Zaid, *La economía presidencial,* Vuelta, México, 1987, p. 160.
2. «Subcomandante Marcos a Enrique Krauze», julio de 1994, *La Jornada,* México, 20 de julio de 1994.
3. *EZLN. Documentos y comunicados,* Era, México, 1994, pp. 78-79.

Bibliografía general

Calderón Vega, Luis, *Memorias del PAN*, EPESSA, México, 1992.
Cámara de Diputados, *Diario de los Debates de la H. Cámara de Diputados 1916-1994*, Poder Legislativo, México, 1994, CD, 3 vols.
Cárdenas, Lázaro, *Apuntes. 1913-1940*, UNAM, México, 1986.
—, *Apuntes. 1941-1956*, UNAM, México, 1986.
—, *Apuntes. 1957-1966*, UNAM, México, 1986.
—, *Apuntes. 1967-1970*, UNAM, México, 1979.
Cosío Villegas, Daniel, «La crisis de México», *Cuadernos Americanos*, México, año 6, vol. XXXII, núm. 2, 1947.
—, *Extremos de América*, FCE, México, 1949.
—, *Ensayos y notas*, Hermes, México, 1966.
—, *Labor periodística e imaginaria*, Era, México, 1972.
—, *El estilo personal de gobernar*, Joaquín Mortiz, México, 1974.
—, *La sucesión presidencial*, Joaquín Mortiz, México, 1975.
—, *Memorias*, Joaquín Mortiz, México, 1977.
—, *El sistema político mexicano*, Joaquín Mortiz, México, 1978.
—, *La Constitución de 1857 y sus críticos*, SepSetentas/Diana, México.
Entrevista con José Ángel Gurría, Adrián Lajous, José Andrés de Oteyza, Jesús Silva Herzog y otros, en *Mexico: From Boom to Bust, 1940-1982*, entrevista televisiva en 3 partes, WGBH, 23 de noviembre de 1988, segunda parte.
Estadísticas históricas de México, INEGI, México, 1985, 2 vols .
Farías, Luis M., *Así lo recuerdo*, FCE, México, 1992.
Gómez Morín, Manuel, *1915*, Cultura, México, 1927.
Gómez Z., Luis, *Sucesos y remembranzas*, México, SECAPSA, 1979.
González Casanova, Pablo, *La democracia en México*, Era, México, 1967.
Krauze, Enrique, *Daniel Cosío Villegas. Una biografía intelectual*, Joaquín Mortiz, México, 1980.
—, *Caudillos culturales en la Revolución Mexicana*, SepCultura, México, 1985.
—, *Textos heréticos*, Grijalbo, México, 1992.
—, *Por una democracia sin adjetivos*, Joaquín Mortiz, México, 1986.
Medina, Luis, *Historia de la Revolución Mexicana. Civilismo y modernización del autoritarismo*, El Colegio de México, México, 1979.
Meyer, Jean, *La Revolución Mexicana*, Jus, México, 1991.

Monsiváis, Carlos, *Carlos Monsiváis*, Empresas Editoriales, México, 1966.
Morse, Richard M., *El espejo de Próspero*, Siglo XXI, México, 1982.
Paz, Octavio, *El laberinto de la soledad*, FCE, México, 1959.
—, *Posdata*, Siglo XXI, México, 1970.
—, *El ogro filantrópico*, Joaquín Mortiz, México, 1979.
Santos, Gonzalo N., *Memorias*, Grijalbo, México, 1984.
Scherer García, Julio, *Los presidentes*, Grijalbo, México, 1986.
Torres Bodet, Jaime, *Memorias. Años contra el tiempo*, Porrúa, México, 1969.
Wilkie, James W. y Edna Monzón de Wilkie, *México visto en el siglo XX. Entrevistas de historia oral*, Instituto Mexicano de Investigaciones Económicas, México, 1969.
Zaid, Gabriel, *El progreso improductivo*, Siglo XXI, México, 1979.
—, *Cómo leer en bicicleta*, SEP, México, 1986.
—, *La economía presidencial*, Vuelta, México, 1987.
—, *De los libros al poder*, Grijalbo, México, 1988.
—, comp., *Ómnibus de poesía mexicana*, Siglo XXI, México, 1989.
—, *La nueva economía presidencial*, Contenido, México, 1994.
Zavala, Silvio, «Fray Alonso de la Veracruz, iniciador del Derecho Agrario en México», en *Homenaje a Fray Alonso de la Veracruz en el IV centenario de su muerte*, UNAM, México, 1986.

Manuel Ávila Camacho

Altamirano, José, *La personalidad del general Manuel Ávila Camacho*, s.p.i., México, 1940.
Antecedentes militares del extinto general de división Maximino Ávila Camacho, Secretaría de la Defensa Nacional, Departamento de Archivo, Correspondencia e Historia, México.
Audirac, Luis, *Se hizo de noche*, SEP, México, 1946.
Fabela, Isidro, *Documentos históricos de la Revolución Mexicana*, Jus, México, 1965.
Gómez, Marte R., *Cartas de Marte R. Gómez. Vida política y contemporánea*, FCE, México, 1978, 2 vols.
Hernández, Gustavo Abel y Armando Rojas Trujillo, *Manuel Ávila Camacho. Biografía de un revolucionario con historia*, Gobierno del Estado de Puebla, Puebla, 1986.
Krauze, Enrique *et al.*, *Historia de la Revolución Mexicana. La reconstrucción económica*, El Colegio de México, México, 1977, vol. 10.
Lomelí Garduño, Antonio, *Semblanza espiritual de Ávila Camacho (recuerdos de una gira electoral)*, edición del autor, México, 1957.
Mabry, Donald J., *Mexico's Acción Nacional. A Catholic Alternative to Revolution*, Syracuse University Press, Nueva York, 1973.
Martínez Assad, Carlos, «El cine como lo vi y como me lo contaron», en Rafael Loyola, coord., *Entre la guerra y la estabilidad política. El México de los 40*, CNCA/Grijalbo, México, 1990.
Mendizábal, José, *7° Almanaque de efemérides del estado de Puebla para*

el año de 1898, Librería Religiosa, México, 1897.

Meyer, Jean, *Historia de la Revolución Mexicana. Estado y sociedad con Calles,* El Colegio de México, México, 1977, vol. 11.

Molinar Horcasitas, Juan, *El tiempo de la legitimidad,* Cal y Arena, México, 1991.

Orive Alba, Adolfo, *La irrigación en México,* Juan Grijalbo, México, 1970.

Ortiz Garza, José Luis, *México en guerra,* Planeta, México, 1989.

Sauer, Franz A. von, *The Alienated «Loyal» Opposition,* Nuevo México, 1974.

Serrano Álvarez, Pablo, *La batalla del espíritu. El movimiento sinarquista en el Bajío. 1932-1951,* CNCA, México, 1992.

Taracena, Alfonso, *La Revolución desvirtuada,* Costa-Amic, México, 1971.

Torres Ramírez, Blanca, *Historia de la Revolución Mexicana. México en la Segunda Guerra Mundial,* El Colegio de México, México, 1979, vol. 19.

Valadés, José C., *Historia general de la Revolución Mexicana,* SEP/Gernika, México, 1985.

Miguel Alemán

Alemán Valdés, Miguel, *Remembranzas y testimonios,* Grijalbo, México, 1987.

Bassols, Narciso, *Pensamiento y acción,* FCE, México, 1967.

Camp Ai , Roderic, *Los líderes políticos de México. Su educación y reclutamiento,* FCE, México, 1983.

—, *Los empresarios y la política en México. Una visión contemporánea,* FCE, México, 1995.

Concheiro, Elvira *et al., El poder de la gran burguesía,* Ediciones de Cultura Popular, México, 1979.

Corro, Octaviano R., *General Miguel Alemán. Su vida revolucionaria,* TIV, Xalapa, 1945.

Félix, María, *Todas mis guerras,* Clío, Xalapa, 1993, vol. 2.

Gallegos Llamas, Rafael, *Matiz de un revolucionario. 1900-1929,* México, 1976.

Gill, Mario, *Pistolerismo y otros reportajes,* Universidad Autónoma de Sinaloa, Xalapa, 1985.

Gómez Morín, Manuel, *Diez años de México. Informes del jefe de Acción Nacional,* Jus, México, 1950.

Grupo Acción 1925, *Miguel Alemán. Noticia biográfica,* Nueva España, México,1945.

León Osorio, Adolfo, *El pantano. Apuntes para la historia. Un libro acusador,* México, 1954.

León-Portilla, Miguel, *Toltecáyotl. Aspectos de la cultura náhuatl,* FCE, México,1980.

López Portillo y Rojas, José, *Elevación y caída de Porfirio Díaz,* Librería Española, México, 1921.

Manzur Ocaña, Justo, *La revolución permanente. Vida y obra de Cándido Aguilar,* Costa-Amic, México, 1972.

Maria y Campos, Armando de, *El teatro de género chico en la Revolución Mexicana,* INEHRM, México, 1956.

Novo, Salvador, *La vida en México en el periodo presidencial de Miguel Alemán*, Empresas Editoriales, México, 1967.

Pasquel, Leonardo, *La Revolución en el estado de Veracruz*, INEHRM, México, 1971, vol. 1.

Peral, Miguel Ángel, *Miguel Alemán. Presidente de México*, PAC, México, 1952.

Revel, Jean-François (Jacques Severin), «Démocratie mexicaine», *Esprit*, París, núm. 5, mayo de 1952, pp. 783-809.

Rodríguez Castañeda, Rafael, *Prensa vendida. Los periodistas y los presidentes: 40 años de relaciones*, Grijalbo, México, 1993.

Schafer, Robert J., *Mexican Business Organizations: History and Analysis*, Syracuse University Press, Nueva York, 1973.

Sierra, Justo, *Obras Completas XIV. Epistolario y papeles privados*, UNAM, México, 1978.

Torres Ramírez, Blanca, *Historia de la Revolución Mexicana. Hacia la utopía industrial*, El Colegio de México, julio de 1943, 1984, vol. 21.

Tzvi Medin, *El sexenio alemanista*, Era, julio de 1943, 1990.

Usigli, Rodolfo, «El gesticulador», *El Hijo Pródigo*, México, año 1, núm. 4, julio de 1943.

Wise, George S., *El México de Alemán*, Atlante, julio de 1943, 1952.

Adolfo Ruiz Cortines

Alfaro Siqueiros, David, *Me llamaban el Coronelazo*, Grijalbo, México, 1977.

González Navarro, Moisés, *La Confederación Nacional Campesina*, Costa-Amic, México, 1968.

Heredia Álvarez, Ricardo, *Anécdotas presidenciales de México*, Época, México, 1974.

Lajous, Adrián, *Los presidenciables*, Edamex, México, 1986.

Lozoya, Jorge Alberto, *El ejército mexicano*, El Colegio de México, México, 1976.

Lujambio, Alonso, «El dilema de Christlieb Ibarrola. Cuatro cartas a Gustavo Díaz Ordaz», *Estudios*, ITAM, México, núm. 38, otoño 1994.

Melgarejo Vivanco, José Luis, *Adolfo Ruiz Cortines*, Gobierno del Estado de Veracruz, Xalapa, 1980.

Mena Brito, Antonio, «Acción política del PRI. Discurso pronunciado el 3 de octubre de 1958 en la Cámara de Senadores», en *Memoria del Senado de la República. 1958-1964*, México, 1964.

Pellicer de Brody, Olga y Esteban L. Mancilla, *Historia de la Revolución Mexicana. El entendimiento con los Estados Unidos y la gestación del desarrollo estabilizador*, El Colegio de México, México, 1988, vol. 23.

Pellicer de Brody, Olga y José Luis Reyna *La historia de la Revolución Mexicana. El afianzamiento de la estabilidad política*, El Colegio de México, México, 1978, vol. 22.

Prieto, Jorge Mejía, *Anecdotario mexicano. Ingenio y picardía*, Diana, México, 1986.

Rodríguez Prats, Juan José, *Adolfo Ruiz Cortines*, Gobierno del Estado de Veracruz, Xalapa, 1990.

Tannenbaum, Frank, *Mexico: The Struggle for Peace and Bread*, Greenwood Press, Westport, 1984.

«The Domino Player», *Time*, 14 de septiembre de 1953.

Treviño, Jacinto B., *Memorias*, Orión, México, 1961.

Urióstegui Miranda, Píndaro, *Testimonios del proceso revolucionario de México*, INEHRM, México, 1987.

Adolfo López Mateos

Alonso, Antonio, *El movimiento ferrocarrilero en México. 1958-1959*, Era, México, 1972.

Calvillo, Tomás, *El navismo o los motivos de la dignidad*, edición del autor, San Luis Potosí, 1986.

Castro, Fidel, *La historia me absolverá*, Siglo XXI, México, 1986.

Chávez Orozco, Luis, *El presidente López Mateos visto por un historiador*, Patria, México, 1962.

Díaz de la Vega, Clemente, *Adolfo López Mateos. Vida y obra*, Gobierno del Estado de México/Terra Nova, México, 1986.

Fuentes, Carlos, *Tiempo mexicano*, Joaquín Mortiz, México, 1973.

Maria y Campos, Armando de, *Un ciudadano. Adolfo López Mateos*, LibroMex, México, 1958.

Martínez Carrizales, José Leonardo, «La cruzada periodística de Carlos Fuentes», tesis de licenciatura, Facultad de Ciencias Políticas y Sociales, UNAM, México, 1990.

Ojeda, Mario, *Alcances y límites de la política exterior de México*, El Colegio de México, México, 1987.

Pellicer de Brody, Olga, *México y la Revolución Cubana*, El Colegio de México, México, 1973.

Poniatowska, Elena, *Palabras cruzadas*, Biblioteca Era, México, 1961.

Sánchez Borreguí, Juan, *Memorias personales y sindicales. La administración y el sindicato de los Ferrocarriles Nacionales de México*, edición del autor, México, 1982.

Vázquez, Josefina Zoraida y Lorenzo Meyer, *México frente a Estados Unidos. Un ensayo histórico (1776-1988)*, FCE, México, 1989.

Webb, W.P., *The Texas Rangers. A Century of Frontier Defense*, Houghton, Boston, 1935.

Gustavo Díaz Ordaz

Álvarez Garín, Raúl, Gilberto Guevara Niebla *et al.*, *Pensar el 68*, Cal y Arena, México, 1993.

Cabrera Parra, José, *Díaz Ordaz y el 68*, México, 1982

Cano Andaluz, Aurora, comp., *1968. Antología periodística,* México, 1993.

Corona del Rosal, Alfonso, *Mis memorias políticas,* México, 1995.

Cruz Zapata, Raúl, *Carlos A. Madrazo. Biografía política,* Diana, México, 1988.

Garibay, Ricardo, *Cómo se gana la vida,* Joaquín Mortiz, México, 1992.

González de Alba, Luis, *Los días y los años,* Era, México, 1971.

Hipólito, Simón, *Guerrero. Amnistía y represión,* Grijalbo, México, 1982.

Lujambio, Alonso, «El dilema de Christlieb Ibarrola. Cuatro cartas a Gustavo Díaz Ordaz», *Estudios,* ITAM, México, núm. 38, otoño 1994, pp. 49-75.

Poniatowska, Elena, *La noche de Tlatelolco,* Era, México, 1994.

Pozas Horcasitas, Ricardo, *La democracia en blanco. El movimiento médico en México. 1964-1965,* Siglo XXI, México, 1993.

Sin autor, *Gustavo Díaz Ordaz. Su pensamiento. Su palabra,* s.p.i., México, 1988.

Stevens, Evelyn P., *Protesta y respuesta en México,* Diana, México, 1979.

Treviño Zapata, Norberto, *El movimiento médico en México: 1964-1965. Crónica documental y reflexiones,* México, 1989.

Luis Echeverría, José López Portillo y Miguel de la Madrid

Agustín, José, *Tragicomedia mexicana 2. La vida en México de 1970 a 1982,* Planeta, México, 1992.

Castillo, Heberto *et al., La investigación,* Proceso, México, 1981.

Leñero, Vicente, *Los periodistas,* Joaquín Mortiz, México, 1978.

López Portillo, José, *Mis tiempos,* Fernández Editores, México, 1988, 2 vols.

Carlos Salinas de Gortari y El teatro de la historia

Caballero, Alejandro, *Salvador Nava. Las últimas batallas,* La Jornada, México, 1992.

EZLN. Documentos y comunicados, Era, México, 1994.

Fernández Menéndez, Jorge *et al., De Chiapas a Colosio. El año que vivimos en peligro,* Rayuela, México, 1994.

González y González, Luis, *Obras completas. El indio en la era liberal,* Clío/El Colegio Nacional, México, 1996.

Méndez Asensio, Luis y Antonio Cano Gimeno, *La guerra contra el tiempo. Viaje a la selva alzada,* Temas de Hoy, México, 1994.

Presidencia de la República, *Crónica del gobierno de Carlos Salinas de Gortari 1988-1994,* Presidencia de la República-Unidad de la crónica presidencial/FCE, México, 1994, 8 tomos.

Ramos, Alejandro *et al., Sucesión pactada. La ingeniería política del salinismo,* Plaza y Valdés, México, 1993.

Sierra, Justo, *Obras completas XII. Evolución política del pueblo mexicano,*

UNAM, México, 1991.

Tello, Díaz Carlos, *La rebelión de las cañadas*, Cal y Arena, México, 1995.

Viqueira Albán, Juan Pedro, *María Candelaria, india natural de Cancuc*, FCE, México, 1993.

Publicaciones periódicas

Periódicos

El Diario de México
El Financiero
El Nacional
El Popular
El Universal
Excélsior
La Jornada
Reforma
Últimas Noticias de Excélsior

Revistas

Combate
Historia Mexicana
Hoy
Impacto
Mañana
Plural
Política
Problemas Agrícolas e Industriales de México
Revista de la Universidad de México
Siempre!
Tiempo
Timón
Vuelta

Entrevistas

Hesiquio Aguilar
Rita Alafita de González
Antonio Armendáriz
Agustín Arriaga Rivera
Pedro Aspe Armella
Alfredo Atala

Alicia Ávila Camacho de Fernández
Rafael Ávila Núñez
Rafael Barreiro Gutiérrez
Roberto Barrios
Gonzalo Bautista O'Farrill

Emilio Bolaños Cacho
Luis Enrique Bracamontes
Octaviano Campos Salas
Luis Castañeda Guzmán
María del Carmen Cervantes
Luis Tomás Cervantes Cabeza de Vaca
Luis Donaldo Colosio
José Córdoba Montoya
Alfonso Corona del Rosal
Daniel Cosío Villegas
Ismael Cosío Villegas
Urbano Deloya
Aureliano Luis Díaz Ordaz
Guadalupe Díaz Ordaz
Gustavo Díaz Ordaz Borja
María Díaz Ordaz
Arturo Escamilla
Justo Fernández
Gabriel Figueroa
Susana Franco
Gastón García Cantú
Fernando M. Garza
Manuel Gómez Morín
Luis Gómez Z.
Luis González de Alba
Adolfo Hernández Hurtado
Francisco Herrera Muzgo
Gonzalo Ituarte
Ramiro Leal Domínguez
Miguel de la Madrid Hurtado
Justo Manzur Ocaña
Antonio Martínez Báez

José Melgar Castillejos
José Luis Melgarejo Vivanco
Antonio Mena Brito
Donato Miranda Fonseca
Carlos Monsiváis
Mariela Morales
Marco Antonio Muñoz
Salvador Nava
Rómulo O'Farrill hijo
Adolfo Orive Alba
Antonio Ortiz Mena
Miguel Palacios Macedo
Octavio Paz
Fernando Román Lugo
Estelle T. Rothman
Samuel Ruiz
Othón Salazar
Juan Sánchez Navarro
Irma Serrano
Carlos Soto Maynez
Trinidad Torres Flores
Ernesto P. Uruchurtu
Gilberto Valenzuela
Celestina Vargas Bervera
David Vargas Bravo
Herminio Vázquez Caballero
Fidel Velázquez
Gustavo G. Velázquez
Pablo Vidaña
Víctor Manuel Villegas
Leopoldo Zea

Uruchurtu, Ernesto P.: 204, 234, 250, 322, 518, 527, 531
Usigli, Rodolfo: 91, 169, 490, 511

Valadés, José C.: 504, 508, 509
Valdés de Alemán, Tomasa: 96, 97
Valenzuela, Gilberto: 353, 505, 529
Valle, Eduardo («el Búho»): 355, 381, 393
Vallejo, Demetrio: 224, 225, 226, 251, 252, 253, 254, 255, 256, 258, 261, 265, 360, 407, 522
Vallejo Aillón, Alfonso: 315
Vanegas Arroyo, Arsacio: 274
Vargas, Pedro («el Tenor Continental»): 81
Vargas Bervera, Celestina: 243, 521
Vargas Bravo, David: 210, 212, 251, 252, 253, 255, 256, 505, 519, 522
Vargas Llosa, Mario: 349, 498
Vasconcelos, José: 27, 28, 32, 51, 59, 60, 73, 78, 86, 94, 99, 102, 108, 119, 131, 161, 162, 166, 167, 168, 216, 232, 244, 245, 249, 268, 278, 280, 284, 289, 307, 382, 429, 440, 509
Vásquez del Mercado, Alberto: 100, 148
Vázquez, Gabino: 106
Vázquez, Josefina Zoraida: 524
Vázquez Caballero, Herminio: 313, 314, 322, 323, 324, 325, 526, 527
Vázquez Rojas, Genaro: 344, 345, 391
Vega, Antonio: 252
Vega, David: 530
Vega Domínguez, Jorge de la: 378
Véjar Vázquez, Octavio: 59
Velasco, Luis de (virrey): 161, 163
Velasco de Alemán, Beatriz: 87, 102
Velasco Suárez, Manuel: 525
Velázquez, Fidel: 61, 136, 137, 138, 139 140, 141, 173, 224, 226, 251, 253, 259, 270, 403, 414, 441, 460, 495, 514, 523
Velázquez, Gustavo G.: 521
Vélez, Lupe: 82

Vera Jiménez, Antonio: 260
Veracruz, Alonso de la: 28, 507
Vernon, Raymond: 504
Vidaña, Pablo: 511
Villa, Francisco (Doroteo Arango): 94, 166, 252, 444, 490, 499, 520
Villanueva, Francisco: 520
Villanueva, Luis («Kid Azteca»): 81
Villaseñor, Eduardo: 504
Villaseñor, Víctor Manuel: 173
Villaurrutia, Xavier: 79
Villegas, Víctor Manuel: 301, 302, 521, 525
Viqueira Albán, Juan Pedro: 534

Wallerstein, Gregorio: 82
Webb, W.P.: 524
Weber, Max: 32, 79
Welles, Orson: 83
Wesley, John: 262
Wilkie, James: 505, 509, 510, 515
Wilson, Henry Lane: 179
Wilson, Woodrow: 179
Wise, George S: 515

Xirau, Joaquín: 78, 532
Xirau, Ramón: 532

Yáñez, Agustín: 359
Yurén, Jesús: 137, 213

Zaid, Gabriel: 16, 17, 118, 119, 142, 216, 266, 407, 408, 410, 411, 415, 417, 430, 431, 433, 434, 468, 473, 512, 513, 514, 515, 519, 523, 524, 532, 533, 534
Zambrano, María: 78
Zapata, Emiliano: 28, 94, 166, 198, 214, 261, 262, 280, 284, 343, 467, 490, 493, 499
Zapata Loredo, Fausto: 472, 473
Zarco, Francisco: 243
Zavala, Silvio: 507
Zea, Leopoldo: 530
Zedillo Ponce de León, Ernesto: 458, 474, 484, 485, 494, 496, 497, 498